모래놀이치료 핸드북

Barbara A. Turner 저

김태련 · 강우선 · 김도연 · 김은정 · 김현정 · 박랑규 · 방희정 · 신문자
신민섭 · 이계원 · 이규미 · 이정숙 · 이종숙 · 장은진 · 조성원 · 조숙자
공역

THE HANDBOOK OF SANDPLAY THERAPY

학지사

The Handbook of Sandplay Therapy

by Barbara A. Turner

◐ 역자 서문 ◑

우리나라에 모래놀이치료가 소개된 것은 일본 교토대학 심리학과 가와이 하야오(河合準雄) 교수가 쓴 『箱庭療法入門』(1969)이 『모래상자놀이요법입문』(1983)으로 번역 출판되면서이다. 그 후 일본 모래놀이치료전문가들의 초청연수를 통해 국내에 모래놀이치료가 보급되고 활성화되었다.

발달지원학회는 그동안 2003년 이후 지속적으로 국제모래놀이치료학술대회를 개최하여 국내에 모래놀이치료를 확산하고, 이를 기반으로 모래놀이치료전문가를 양성하고 있다. 이번에 출판되는 『모래놀이치료 핸드북』은 Barbara A. Turner가 쓴 『The Handbook of Sandplay Therapy』(2005)를 발달지원학회 모래놀이치료 전문가들이 중심이 되어 공동으로 번역한 것이다. 용어와 내용의 통일을 위해 공동 번역자들이 모여 수차례의 조정 작업을 하였으며, 개별적으로 번역한 1차 전체 내용을 방희정 교수와 이종숙 교수가 점검하고 수정하는 과정을 거쳤다.

이 책은 모래놀이치료에 대한 모든 내용을 집대성한 핸드북이므로 모래놀이치료를 실시하는 치료자, 상담가, 관련학과 학생, 관련 분야 전문가에게 훌륭한 지침서가 될 것이다.

이 책이 출간되는 데 공헌하신 모든 분에게 감사드린다. 특히 방희정 교수와 이종숙 교수의 노고에 깊은 감사를 드리며, 전체적으로 교정을 보아 준 강우선, 윤진영 선생에게 감사드린다. 번역에 참여하신 모든 분, 그동안 공동번역을 통합하는 작업을 맡아 책이 출판되도록 전 과정을 운영한 이승현 총무이사, 그리고 자료수집 및 편집과정을 맡은 김신희 선생의 노고에 진심으로 감사드린다. 끝으로 이 책의 출판을 맡아 주신 학지사 김진환 사장님과 책이 나오기까지 수고해 주신 관계자 여러분께 감사의 마음을 전한다.

역자 대표 김태련

◐ 저자 서문 ◑

모래놀이치료의 개관

모래놀이치료는 20세기 초반 유럽에서 유래한 심리치료 기법이다. 모래놀이는 영국 의사인 Margaret Lowenfeld(1939)의 작업에서 시작되었는데, 그녀는 치료를 받는 아동과 비언어적으로 의사소통하는 수단으로 '세계 기법(world technique)' 을 발전시켰다. 모래놀이 발전의 역사와 기타 유사한 축소모형 세계 치료에 대해서는 부록 B의 '모래놀이치료의 역사와 발전' 을 참고하도록 한다.

스위스의 후기 Jung 치료자인 Dora Kalff(1980/2003)는 Jung 심리치료에 활용하기 위해 모래놀이라고 이름 붙인 것을 발전시켰다. 모래놀이치료에 대한 우리의 조사연구는 Dora Kalff의 선구자적인 작업을 기반으로 하며, 특히 그 재료(내용)에 있어서는 Jung의 접근을 따르고 있다. 그 이유는 Jung 방식의 접근이 가장 심층의 정신적 변형을 허용하기 때문이다. 이는 모래놀이치료의 정교함을 고려해 나갈수록 명백해질 것이다. 전체적으로 모래놀이 방법은 훈련받은 임상가의 보호하에 내담자가 모래상자에서 축소모형 피겨들로 3차원의 그림을 만들어 내는 심리치료로 구성된다.

모래상자는 가로 28.5인치, 세로 12.5인치, 깊이 3인치의 크기다. 모래상자의 옆면과 바닥은 밝은 청색으로 칠한다. 모래를 옆으로 옮겼을 때 청색은 백사장 풍경에서의 물 영역을 나타내는 데 사용될 수 있다. 모양을 만들고 조각하는 데 적합하도록 하기 위해 모래에 실제 물을 더할 수도 있다. 삶의 모든 측면과 환상을 나타내는 축소모형 피겨들은 모래상자 가까이의 선반에 배열한다. 내담자가 필요한 형태를 만들 수 있는 다양한 재료 또한 이용할 수 있다.

치료자는 내담자가 모래상자 안에 좋아하는 것을 만들도록 격려하며 더 이상의 지시는 하지 않는다. 내담자가 모래상자 안에서 작업할 때 치료자는 내담자가 사용하는 것, 말하는 것, 하는 행동 등이 무엇이든지 기록하며 가까이에 앉아 있는다. 치료자는 추후에 참고하기 위해 모래상자의 그림을 스케치하거나 지도를 그리고, 모래상자가 완성되었을 때 사진을 찍어 둔다. 때로 모래상자의 실제 완성은 실망스러울 정도로 단순하기도 하다. 모래놀이를 검토할 때 우리의 관심을 끄는 것은 모래 안에 만들어진 단순한 형태의 기저에 있는 심오한 심리적, 영적 과정이다. 모래놀이를 이해하고 담아두기(containment)는 결코 단순하지 않다. 모래놀이는 정신적 과정을 너무나 완벽하게 구현하고 있어서 그 완전함을 이해하려는 모든 시도를 무색하게 할 정도로 때 묻지 않은 정제된 특성을 가지고 있다.

모래놀이치료의 이론적 근거는 정신(psyche)이 스스로를 치유하며 완전하게 성장하려는 자율적인 성향을 가진다는 Jung의 개념에 기초하고 있다(Jung, 1960/1981). 적절한 조건만 주어진다면 이러한 자연적인 성향은 활성화된다. 3차원의 모래놀이를 연속해서 창조하는 행위는 상징 형태로, 무의식으로부터 갈등을 끌어와서 정신적 내용을 건강하게 재정리하도록 허용함으로써 치유와 변형을 촉진시킨다. 모래놀이의 상징적 과정은 초월적 기능으로 알려진 변형적 성질을 통해 의식적인 자아(ego)를 Jung 심리학의 핵심적인 원형으로 여겨지는 자기(Self)로 재정돈시키는 것에 관여한다.

상징들은 모래놀이에서 개별적 피겨, 피겨의 집합이나 전체적인 모래상자, 모래상자의 연속으로 나타나며, 이는 과정으로 언급되고 있다. 모래놀이 방법은 정신적 상처의 치유를 촉진하면서 발달의 잠재력을 일깨운다. 모래놀이는 내담자가 자신의 정체성과 자기의 내적 핵심(inner core)을 일치시키도록 허용한다. 자신이 누구인지를 알게 되는 모래놀이 과정의 경과를 통해 내담자는 가장 심연의 내적 진실, 즉 신성한 어떤 곳에 다다르게 된다.

모래놀이는 치료자와 내담자의 안전한 치료적 관계 내에서 내담자가 의식적 정신의 한계를 벗어나 정신적 발달을 자극하고 더 충만하고 더 창조적인 삶의 경로로 접근하게 해 준다. 모래놀이치료는 성인과 아동 치료 모두에서 사용된다. 과정이 완성되고 작업의 통합을 경험할 만큼 충분한 시간이 경과한 후까지 어떠한 분석이나 해석도 내담자에게 주어지지 않는다.

모래상자가 만들어지는 순간에는 내담자에게 어떠한 해석도 주어지지 않지만, 치료자가 내담자의 모래놀이 과정에서 드러나는 것을 이해해 나가는 것이 매우 중요하다. 이러한 이해는 내담자에게서 출현하는 무의식적인 재료의 담아두기나 버텨주기(holding)에서 결정적인 역할을 한다(Turner, 1994). 상징적 과정에 대한 치료자의 좀 더 의식적인 인식—아직은 내담자에게는 대부분 무의식적인—은 불확실하고 거친 특성을 지니고 있는 내담자의 무의식적인 재료의 출현과 통합에 있어 자주 안정적인 요인으로 작용한다. 내담자에게서 나타나는 무의식의 내용을 안전하게 버텨주는 치료자의 능력은 상징적인 재료를 통합하고 의식화하는 내담자의 능력과 협조적으로 작업한다. 그러므로 모래놀이 치료자는 모래놀이 과정에서 상징 내용을 버텨 주고 의식적으로 인식하는 능력을 계속적으로 다듬고 개발하는 것이 중요하다. 모래놀이에서 드러나는 모든 것을 이해하는 것은 필요하지 않으며 또 가능하지도 않다. 상징과정의 본질은 항상 그 자체를 벗어나서 환원되지 않는다. 그러나 Dora Kalff(1988)는 모래놀이 치료자가 과정에 적합한 담아두기를 제공하기 위해서는 모래놀이에서 드러난 것이 의식화되는 과정에 계속적으로 참여하는 것이 필요하다고 주장하였다.

여러 명의 저명한 모래놀이 학자들이 모래놀이 과정에서의 치료자의 개입에 특별한 관심을 두었다. 유명한 모래놀이 스승이며 티베트 불교학자인 Martin Kalff(1993)는 모래놀이의 언어 분석은 상징적 이미지의 내용을 충분히 나타낼 수 없으며 분석이 그 자체를 넘어설 때만 성공적이라고 강조하였다. 모래놀이의 해석은 사고 과정을 포함하나 더불어 직관, 감정, 감각의 기능을 포함해야만 한다. Martin Kalff는 모래놀이의 해석이 내담자의 과정을 전언어 수준에서 이해하고 참여하는 능력에 버금가는 것으로 강조하였다. 이러한 활동이 함께 작용하는 것을 관찰하면서, Kalff는 모래놀이를 해석하는 정밀한 능력이 치유와 변형 과정을 위한 심층적인 측면을 촉진시킨다는 점에 주목했다. Bradway와 McCoard(1997)는 모래상자 내용의 문화적, 원형적 차원에 치료자가 친숙해질 책임이 있음을 강조했다. Kalff처럼 그들 또한 사고와 감정 모두를 통해 모래놀이를 이해하는 것이 중요함을 강조했다. Estelle Weinrib(1983/2004)은 치료자가 공감적으로 내담자와의 모래놀이 과정에 들어서야 한다고 진술하였다.

> 환자와 함께 그가 만든 세상에 들어가는 무언의 능력은 그 자체가 많은 사람을 괴롭히는 고립감을 치료하도록 도울 수 있다(2004, p. 33).

앞으로 우리는 모래놀이치료의 다양한 측면을 면밀히 살펴볼 것이다. 그 내용은 4개의 기본 부분으로 나누어진다.

Ⅰ. 이론적 개념
Ⅱ. 과정 개념
Ⅲ. 절차적 개념
Ⅳ. 사례 제시

모래놀이에 대한 우리의 탐구는 필연적으로 일부 반복과 중복되는 논의를 필요로 한다. 비언어적 과정을 언어로 묘사하기 위해 시도하는 데는 어려운 문제가 따른다. 저자로서 내가 바라는 것은 이와 같이 말로 표현할 수 없는 정신·영적인 작업의 신비를 적절하게 그리고 존경심을 가지고 그려 내고 싶다는 것이다. 내가 의도하는 것은 항상 치유와 변형이라는 애정이 깃든 정신에서 나온 모래놀이에 대한 나의 경험과 이해를 다른 사람들과 나누고 싶은 것이다. 아마도 이러한 방식으로 내 스승들이 그렇게 관대하게 내게 나누어 주었던 모래놀이의 회복적이고 재생산적인 정신이 더 많은 치료자에게 전수될 것이다. 그리고 이와 같은 나의 노력은 그토록 급박하게 요구되는 개인적인 정신과 공통적인 정신의 치유를 촉진하는 데 조그만 기여를 할 수 있을 것이다. 이 책은 모래놀이 치료자들을 위해 쓰였지만 모래놀이치료에 대해 더 알고 싶어 하는 비전문가들도 흥미를 가지게 될 것이다.

나는 여러분이 열정적으로 이 내용을 숙독하기를 요청한다. 여기에서는 '규칙'이나 '권리' 라고 말할 수 있는 것은 아무것도 없다. 정신이나 모래놀이는 그러한 이분법적인 한계의 대상이 될 수 없다. 모래놀이 치료자로서 여러분은 모래놀이 작업을 하면서 여러분 스스로의 방법을 찾아내야만 한다. 이러한 것은 궁극적으로는 여러분이 자신의 자기(Self)를 아는 진실로부터 생겨난다. 규칙을 따르는 것이 이와 같은 엄밀한 관여보다는 훨씬 더 쉽다. 그러나 여러분 자신의 진실을 이해하고 그에 따라 생활하는 것만큼 만족스러운 것은 없다. 더구나 우리 내담자들을 이러한 자기의 중심에서 바라보는 것만큼 내담자에게 치유적인 것은 없을 것이다. 궁극적으로 우리의 문화적, 총체적 병폐를 재정돈하는 것은 우리 자신의 재정돈에서부터 시작한다. 이것이 모래놀이가 하려는 것이다. 모래놀이의 이러한 여정을 통해 독자는 계속적으로 자신의 내적 진실의 부름을 깊게 듣고 이를 언제나 존중하라는 것을 깨닫게 된다.

나는 여러분이 앞으로 이 책의 내용을 즐기고 그것이 여러분의 신체, 정신과 영혼에 도전할 것을 소망한다. 아마도 여러분은 무관심과 깊은 감명, 강한 혐오 사이의 어딘가에 걸쳐 있는 내용에 대해 여러분이 책임을 지고 있음을 발견할 것이다. 모래놀이는 정신의 가장 깊은 곳에 다다르게 하는 능력이 있으며 매우 강한 정서를 불러일으킬 수 있다. 여러분이 책을 읽고 커다란 영감을 느낀다면 사적으로 그리고 전문적으로 이것이 여러분의 자기 내부로 더 깊게 들어갈 수 있기를 바란다. 또한 여러분이 강하게 저항하거나 충돌한다는 것을 발견하면 여러분 내부의 깊은 무언가에 다다르게 된다는 것을 확신하게 될 것이다. 모래놀이는 이와 같은 기본적 수준에서 우리의 참된 경험이 위협받는다고 느낌으로써 우리를 참여시킬 수 있다. 우리 자신 내의 이러한 내적 투쟁을 버텨 주고 우리에게로 이동하여 변형되도록 허용하는 것은 우리가 직면하는 가장 어려운 도전의 일부가 될 수 있다. 이러한 작업을 통해서 우리 자신 내에 가볍게 두드려진 장소가 어디든, 우리가 모래놀이 과정에 깊이 몰입되었다는 증거로 그것들을 환영하는 것이 내가 바라는 것이다. 나의 가장 깊은 소망은 우리 자신의 알려진 자기의 한계를 넘어서서 각자의 선천적인 가능성을 깨닫고, 우리가 가진 더 많은 것이 잠재력이 되도록 그것들을 버텨 주어 우리를 변화시키게 하는 것이다.

◐ 차 례 ◑

| 제4부 |

내담자 사례 예시

제1부

이론적 개념: 모래놀이치료는 어떻게 작용하는가

도 입

Jung 학파의 모래놀이치료는 다른 모래상자에서의 작업 방식과 그 초월적 기능이라고 알려진 것과는 구별된다. 초월적 기능이란 정신적 변화의 대행자 혹은 가장 깊은 질서의 기능을 의미한다. 무의식과 관계를 맺기 위해서 혹은 우리의 치료 작업에서 초월적 기능을 위한 장소를 허용하기 위해서 정신과 그 기능의 개념적 틀을 형성해야만 한다. 물론 정신은 언어나 기술을 넘어서는 것이다. Jung(1960/1981)은 정신을 기술하려는 것은 세상을 기술하려는 것과 같다고 말했다. 우리는 어디서 시작해야 할까? 혹은 어떤 렌즈로 볼 것인가? 모래놀이 치료자로서 우리는 모래상자에서 내담자의 작업에 개입하는 방법으로 Jung 학파의 렌즈를 사용한다. 그 이유는 Jung 학파의 정신에 대한 이론적 모델이 변형에 대한 가장 깊은 질서와 인간 잠재력의 최대한의 발달을 위한 공간을 의도적으로 제공하기 때문이다.

정신에 대한 어떤 이론적 설명에서도 우리가 설명하는 것은 지도(map)이지 영역(territory)은 아니다. 우리가 논의할 다양한 정신적 구조와 역동의 정의는 그 자체에 기초하여 이루어지고 그 자체의 용어로 정의된다. 이러한 개념들은 파악하기 힘들고 또 치료자로서 그것들과 관계를 맺는 작업을 심도 있게 하기 위해 우리의 과거를 자주 되돌아보는 것이 필요하다. 이는 우리가 우리 자신에 대해 인내심을 가지도록 요구한다.

이 책에서 다양한 개념을 설명하기 위하여 사용하는 예들은 사례 자료에서 추출한 것으로 전체 과정을 반영한 것은 아니다. 사례에 대한 설명은 내담자의 허락하에 4부에 익명으로 제시되어 있다. 각 사진 자료는 특정 이론적 개념이나 과정을 설명하려는 시도로 제공된다. 이들 예 중 몇 가지는 다른 예보다 여러분에게 더 많은 도움이 될 것이다. 이러한 예가 여러분 자신의 임상 작업에서는 볼 수 없을 수도 있음을 명심하는 것이 중요하다. 모래놀이의 특성은 다양하고 고유하여 여러분 자신의 자료에서 정신의 표현은 제한 없이 다양하게 나타날 수 있다. 예들은 특정한 정신 구조의 정취만을 제공할 뿐이다.

1장에서는 정신 구조의 요소를 고찰할 것이고, 2장에서는 이 요소들 중 역동과 상호작용을 살펴보게 될 것이다. 3장에서는 상징과정과 상징들이 어떻게 치유하고 변형되는지를 검토할 것이다. 마지막으로 4장에서는 모래놀이치료에서 치료자의 중요한 역할을 탐색할 것이다.

제1장

정신의 구조

Jung(1956/1976)은 사고에는 유도된(directed) 사고와 지시되지 않은(undirected) 사고의 두 가지 유형이 있다는 것을 관찰했다. 그는 사람들을 관찰한 후 유도된 사고가 질서를 확립하려 한다는 것에 주목했다. 유도된 사고는 언어로 특징지어지며, 직선적 · 순차적이며 합리적이다. 그러나 Jung은 유도된 사고 유형은 또 다른 형태의 사고 외부에서 출현한다고 보았다. 그는 내재된 정신과정은 우리가 알고 있는 전통적이고 관습적이며 합리적인 사고와는 다르다는 것을 관찰했다. 그가 주장하고자 했던 것은 상(image)으로 특징지어지는 지시되지 않은 사고 유형이었다. Jung은 지시되지 않은 사고가 전혀 무질서하지 않으며, 내재된 정신과정의 의미 있는 부산물로 출현한다고 지각했다. 이러한 관찰을 통해 Jung은 무의식과 의식에 대한 개념을 발달시켰다.

무의식

우리는 무의식의 본질을 분리해서 구분하지만, 여전히 많은 부분을 알지 못한다. 무의식은 개인적(personal) 무의식과 집단적(collective) 무의식으로 구성된다(Jung, 1953/1977).

- 개인적 무의식(Personal Unconscious): 개인적 무의식은 본래 억압에 의해 생성된다. 우리는 무엇인가를 의식했지만, 그에 대해 잊거나 접근할 수 없거나 또는 참을 수 없다는 것을 깨닫게 되면 그것을 무의식에 감춘다(Jung, 1953/1977).
- 집단적 무의식(Collective unconscious): 집단적 무의식은 본능과 원형으로 구성된다. Jung(1960/1981)은 다음과 같이 가정했다.

> 집단적 무의식은 인류 진화의 총체적인 정신적 유산이 내포된 것으로 각 개인의 두뇌 구조에서 새로이 탄생한 것이다(p. 158).

집단적 무의식은 문화나 시간의 모든 제약을 넘나드는 총체적인 인류의 잠재력 및 역사와 연관된다. 신화와 동화는 집단적 무의식의 내용이 투사된 것이다. 개인적 그리고 집단적 정신계는 그 개념이 지칭하는 것처럼 분명하게 나누어지지는 않는다.

이미지와 상징은 무의식의 언어다. Jung(1959/1980, 1960/1981)은 무의식은 창조적인 잠재력과 함께 개인과 인류의 발달 가능성을 지지해 주는 기능이 있다고 보았다.

의식과 의식화

의식(consciousness)과 의식화(being conscious)는 Jung 심리학을 이해하는 데 매우 중요한 두 가지 개념이다. 하지만 두 용어가 종종 혼동되고 혼용되기 때문에 우선 의식의 영역과 의식화되려는 활동(activity of being conscious)을 구분해 보도록 하겠다.

의식은 기본적으로 우리가 알 수 있는 것이다. 의식은 무의식에서 나온다. 본질적으로 의식은 정신의 한 분야로 자각 또는 사고 과정의 내부에 해당한다. Jung은 의식 영역이 네 가지 기능 또는 내부 세계와 외부 세계의 정보를 처리하는 양식으로 구성되어 있다고 정의 내렸다.

자아(ego)는 의식의 영역에 있는 구성요소들을 반영하고, 밝게 비추어 주고, 그것들을 의식적 자각(conscious awareness)으로 이끈다. 의식화된다는 것은 개인화(individuation) 과정의 본질적인 요소로 자아가 정신 내용과 관계를 맺는 것이다. 의식의 기관인 자아는 감추어진 정신 내용에 근접해서 그것들을 의식화할 수 있다. 자아에 의해 반영되지 않은 정신 내용의 많은 부분은 무의식에 남아 있으며, 자아가 참조하지 않는다면 아무것도 의식화될 수 없다.

모래놀이에서의 의식과 무의식

모래놀이는 의식과 무의식의 경계적인 요소를 가지고 있다. 모래상자에는 내담자에게 3차원적으로 의식화되는 요인들이 있다. 만약 내담자가 모래상자에 젖소를 놓으면서 "너무 귀여운 젖소야."라고 말했다면, 그 내담자는 그것이 젖소라는 것을 의식하고 있는 것이다. 하지만 모래상자의 다른 요소 중 무엇이, 왜, 어떻게 소와 관련되는가는 의식적이지 않다.

모래상자 내용은 내담자가 자신의 모래상자에 반영하는 의식적 자각보다 높은 수준을 담아낸다. 모래놀이 작품의 많은 부분이 그것이 만들어지는 순간에는 내담자에게 논리적이지 않다. 이것은 내담자의 의식적 자각이 진전된 것으로 볼 수 있다. 3차원적이며 구체적인 형태로 나타나는 모래놀이의 내용은 두 참가자(치료자와 내담자)의 의식적 자각의 변화에 영향을 미칠 수 있도록 의도적으로 나타난 것이다.

모래놀이 치료자는 상징적 내용을 꿈에 대한 작업이나 전통적인 분석에서 하는 것과 같이 확대해서는 안 된다. 치료자는 침묵으로 내담자의 작업을 버텨 주어(hold) 내담자의 잠재력이 발달할 수 있도록 해 주어야 한다.

모래놀이 전통은 두 가지 유형의 정신과정을 명확히 나타낸다. Martin Kalff (1993)는 Erich Neumann(1953/1973, 1972/1955)과의 작업에서 의식에서의 달과 태양의 형태(Lunar and solar form)를 구분했다. Kalff는 모래놀이가 자각의 달 유형이라고 관찰했다. 달 의식은 무의식적이지 않으나 태양 의식의 논리적이고 언어적 특징과 구분된다. 즉, 모래상자에 나타나는 것들은 의식적인 자각의 한 유형이지만 완전히 의식 수준에서 나타나는 것은 아니라는 것이다. 모래놀이에서 나타난 것들은 무의식의 파동의 정점에 있는 것들이지만 구체적이고 3차원적이라는 점 때문에 의식적이라고 할 수 있다.

세계 기법(world technique)에 대한 설명에서 Margaret Lowenfeld는 원형 체계(proto system)라고 명명한 의식의 형태에 대해 언급한 바 있다(1993/1979). Lowenfeld는 원형 체계가 아동의 단계적인 추론과 언어적 능력이 발달하기 이전의 정신 경험의 특징이라는 것을 관찰했다. 원형 체계의 의식에는 시간의 진행이 존재하지 않는다. 발산된 모든 것들이 일회적이다. Lowenfeld는 세계의 창조물들은 이러한 초시간성(timelessness)의 상태에서 창조된다고 보았다. 그녀의 초기 관찰은 치료자가 모래놀이에서 일어나는 것을 버텨 주고 이해할 수 있도록 도와주는 유용한 도구를 제공해주고 있다. 모래놀이치료에서 일어나는 것들은 눈에 보이지만 논리적으로 이해되거나 언어적으로 설명될 만큼 의식적인 것은 아니다. 비록 모래상자에서 발생한 것들이 역사적이거나 시간의 흐름에 따른 것일 수 있지만, 우리가 모래상자에서 보는 것은 동시에 나타난 재료에 대한 정신 경험이다. 이것은 시간 밖에 있는 것이다.

리네 리네의 작품은 모래놀이에서 나타나는 의식과 무의식의 움직임을 보여준다. 8세인 리네는 부모가 이혼했으며, 알코올중독자인 아버지가 리네를 성학대하는 것을 어머니에게 목격되는 일 등을 겪었다. 이러한 문제들과 관련하여 치료가 시작되었다. 가족 체계에서의 무의식적인 역동이 리네의 1번 상자에서 뚜렷하게 나타난다. 잠자리에 든 인형 가족은 엄마, 아빠, 두 자녀로 내담자의 가족과 같다. 그들은 물가 옆에 누워 있다. 두 아이의 얼굴을 덮고 있는 책들은 무의식적인 상태를 시사한다. 왼쪽에는 젖병이 반쯤 파묻힌 채 놓여 있다. 첫 번째 모래상자에서는 많은 것들이 무의식적이지만, 양육에 대한 표상인 펠리컨은 희망적인 지표다. 그리고 작은 소나무는 성장의 시작을 나타낸다.

리네의 작품 6번 상자에는 중앙에 놓여 있는 나선형 모양의 조개껍데기에서 출현한 고래 가족으로 의식적 자각의 깊은 수준이 표면화되었다. 고래들은 심해에서의 여행을 표상한다. 여기서 고래의 외양은 지하계(underworld)의 여행에서 수집된 새로운 자각을 가지고 왔다는 증후다. 점진적으로 확장되는 나선형 모양의 조개는 성장 또는 점진적인 움직임을 나타낸다. 이 모래상자에서 중앙에 놓인 고래 가족은 깊은 곳으로부터의 출현—가족 혹은 가족 역동에 대한 의식적 자각—을 나타내는 것처럼 보인다.

자 아

자아는 활동적인 복합체(complex)이며 의식의 집행부다. 자아 복합체는 의식 영역에 있는 재료를 반영한다. 자아는 정신 내용과 우리가 이미 학습했던 것들 간의 관계를 통찰력 있게 반영한 자각과 정신 내용의 보존에 의지한다. 의식적으로 자각한다는 것은 지각의 의미와 그것을 개인 삶에 적용하는 것을 조직화하는 과정이다. 자아의 기능은 외계와 내계를 인지하고 동화하며 우리가 경험하는 세계를 다루기 쉽고 일관성 있는 현실로 해석하는 것이다.

자아는 정신 내용들을 구별하게 해 준다. 자아는 본능을 통제하고 문화적 규범에 적응하는 것을 돕는 기능이 있다. 이러한 과정을 통해서 자아는 균형을 잃고 정신의 어두운 요인들과 접촉하게 된다. Jung(1956/1976)은 심각한 무의식적인 폭발이 일어나지 않도록 자아가 무의식적인 정신 내용의 존재와 힘을 반영하는 것이 중요하다고 느꼈다. 이것은 개인뿐만 아니라 집단적, 문화적 수준에서 일어나는 과정이다. 사실 Jung(1954/1981)은 서구 문명의 많은 질병이 합리주의(rationalism)에 편중된 가치를 부여하고 정신생활의 덜 의식적이고 신비한 요인들을 회피한 결과 초래되었다고 주장한다. 이러한 Jung의 주장은 20세기 초반에 이루어진 것이지만, 오늘날의 철학자들과 생태학자들도 서구 합리주의가 가지고 있는 불균형이 내포하고 있는 총체적인 위험을 비난하고 있다(Glendenning, 1994; Harman, 1988). 많은 사람들이 우리가 개인적으로나 문화적으로 우리 자신이나 지구의 알려지지 않은 신비에 대해 주의를 기울이지 않는다면 우리의 세계가 생존할 수 없다고 예언한다. 자아 복합체는 매우 귀중한 정신 요소이지만, 개인과 지구의 생명력을 복원하기 위해서는 자아 의식(ego consciousness), 의식화되려는 활동들과 무의식의 더욱 깊은 수준 간의 건강하고 균형 잡힌 관계가 요구된다. 현대 서구 문화의 결과로, 우리는 의식적 자각과 우리를 에워싼 채 지지하고 있는 더 큰 신비 간의 중요한 관계성을 재건하는 방법에 대한 지식을 빼앗겼다. 이것이 모래놀이치료가 심오한 이점을 가질 수 있는 이유다. 모래에 들어간다는 것은 불가사의한 무의식과 의식을 연결시켜 주고, 무의식의 웅대함을 깨닫게 하고, 우리가 원하는 곳에 대한 정보를 알려 준다. 종종 자아는 어두운 방에 있는 플래시 빛에 비유된다. 자아는 그 빛이 비추어진 것에만 초점을 맞추고 반영하나 거대한 그림을 볼 수는 없다. 자아 복합체는 큰 총체적 자기(Self)의 작은 부분만을 비추어 현실의 일부를 구성한다(Jung, 1971/1977).

동양 철학을 살펴보자. 삼라만상(Jung 심리학에서는 자기라고 알려진)은 자유로운 에너지며 통일된 전체다(Eliade, 1958/1996). 이러한 전체성을 이해하기 위해서 인간인 우리는 우리가 지각하는 것에 대한 경계와 한계를 정해야 한다. 그렇게 하지 않는다면 우리의 존재는 압도될 것이다. 그래서 자아는 정신적 복합체로서 우리가 의식적 자각에서 지각하는 것들을 이해하고 제한을 두는 기능을 갖는다.

자아 복합체는 의식의 중심이다. Jung은 자아를 의식의 주관적 자기(subjective self of consciousness)라고 기술했다. Jung은 자아를 다음과 같이 기술하며 자아의 특징과 자기를 구별했다.

> 나는 자아를 의식의 중심이며 일관성과 정체감을 가지고 있는 아이디어의 복합체로 이해한다(1971/1977, p. 425).

우리의 플래시 전구 유추에 비추어 볼 때, 자아는 플래시 전구의 빛을 조정하고 방향을 결정하는 능력을 가지고 있다. 자아는 빛이 비춰지고 있는 정신 내용의 내부다. 우리가 누구인지에 대한 지각, 즉 주관적 자기는 자아가 이 세상에서 우리 자신의 범위를 분명히 규정지어야 가능해진다. 의식적 자각의 중심이 되는 조직화 관점에서 볼 때, 현실은 자아 복합체에서 만들어진다. 일단 현실의 그림이 비춰지면 자아는 그쪽을 향한다. 인간인 우리는 무엇 또는 예견되는 것이 무엇인지에 대한 감각이 필요하다. 이런 것들이 없다면 정신적 혼란에 빠질 것이다. 따라서 자아란 우리의 현실과 정체감을 규정하고 유지시키는 정신기관이라고 할 수 있다.

우리가 이러한 개념을 우리 자신의 현실에 대한 개인적 지각을 넘어 광범위한 사회문화적 구조로 확장할 때 고려해야 할 점이 있다. 우리가 개인적으로 또는 사회집단적으로 현실로 받아들이는 것이 개인적 또는 집단적 자아 구조 그 이상이라는 점을 기억해야 한다. 현실은 지각의 조각들이 모인 것이다.

자아의 또 다른 중요한 특징은 자아가 자기실현(Self-actualize)의 추동을 가지고 있다는 것이다. 플래시 전구 유추로 설명하면, 자아는 그 빛 속에 있는 것들을 비추는 동안에도 전체가 되고자 하는 내적 동기를 가지고 있다는 것이다. 즉, 자아는 더 큰 그림을 보고자 한다. 여기에 내적 긴장이 내포되어 있다. 자아는 의식의 기관으로서, 그 범위가 제한적이지만 주관적으로 자아가 반영하는 현실이 모든 것이라고 인식한다. 그러나 동시에 자아는 그 한계에 만족하지 못하고 더욱 확장되려고 한다. 확장을 위해서는 속성과 한계가 변화되어야 한다. 개인이 발달하고 의식적 자각에 더 많이 반영하기 위해서 자아는 부분적인 파괴를 감수해야 한다. 성장과 변형(transformation)의 과정에서 자아 구조는 무의식의 공격을 견디어 낼 수 있을 정도로 강건해야 한다. 자신의 외관을 유지할 수 있도록 강해야 하며 동시에 변형될 수 있도록 유연해야 한다. 플래시 그 자체를 파괴하지 않은 채 전구의 빛과 명도가 증가되어야 한다.

모래놀이는 존재의 심연(depth of being)을 탐색하기 때문에, 모래놀이자의 자아는 이러한 괴로움을 견디어 낼 수 있도록 강건해야 한다. 모래놀이에서 치료자는 내담자의 자아 구조가 재배치될 때 안정성을 제공할 수 있다. 치료자라는 존재는 내담자 스스로 할 수 있게 될 때까지 치유의 장에서 요구되는 자아 강도를 일으킬 수 있다. 또한 모래놀이는 취약한 자아를 강하게 할 수 있을 뿐만 아니라 완고한 자아를 부드럽게 할 수 있다. 치료자라는 존재는 내담자가 위험을 무릅쓰고 매우 완고한 자아를 이완시키려 할 때 내담자의 과정을 담아 두고(contain) 버텨 주는(hold) 잠재력이 있다.

다음 예의 모래놀이는 자아 기능의 다양한 속성을 보여 준다. 모래상자에는 우리가 생각하는 것 이상의 많은 것이 있다는 점을 기억하자. 지금은 자아 구조에 대해서만 살펴볼 것이다.

애런 9세 된 애런의 1번 상자는 안정된 자아 구조를 보여 준다. 애런은 알코올 중독인 아버지와 부모의 이혼 등과 관련된 분노 문제를 다루기 위해 치료를 시작하였다. 모래놀이 과정이 진행될수록, 그는 남성성 문제와 관련된 작업을 많이 했다. 모래상자들은 안정되며 연령에 적절한 자아 기능을 나타낸다. 모래상자에서는 많은 일이 나타났지만, 그의 자아 강도는 그 내용이나 구조가 조직화되어 있으며 합리적이고 경계가 분명하다. 이러한 모래상자는 애런의 자아 구조가 그 앞에 놓인 심오한 작업을 견디어 낼 수 있다는 것을 보여 준다.

로사 12세 된 로사의 1번 상자는 완전히 다른 그림을 보여 준다. 이 아동의 자아 안정성과 분화(differentiation) 정도는 불안정하다. 우리가 첫 번째 예에서 보았던 구조, 조직화, 명확성, 유동성, 그리고 관계의 속성들이 이 상자에서는 나타나지 않는다. 일견 모래상자가 12세 아동의 작품처럼 보이지 않는다. 그녀는 몇 차례 모래와 접촉했지만 모래놀이를 두려워했다. 내가 그녀에게 모래놀이가 두렵냐고 질문하자, 그녀는 안도하며 머리를 끄덕였다. 그녀는 더 이상 모래놀이를 할 필요가 없었다고 확신한다. 이 아동의 자아 구조는 너무나 취약해서 심지어는 자신이 모래놀이를 하고자 하는지조차 판별할 수 없었다. 슬프게도 나는 그녀를 너무나 두려운 상황에 빠뜨렸던 것이다.

타라 30대인 타라는 아동기의 성학대 경험과 관계성의 어려움 때문에 치료가 시작되었다. 1번 상자는 흔들리는 자아 구조를 보여 준다. 여성 토르소는 조직화와 구조를 보여 준다. 목과 어깨는 왼쪽을 향하고, 엉덩이와 골반은 오른쪽을 향하고 있다. 가슴은 그녀가 처음 성학대를 당한 부위로 특별한 주의가 기울여져 있다. 마치 신경질적으로 만든 것처럼 모래 형태가 고르지 않다. 피겨의 내용이나 위치는 무질서하고, 피겨들 간의 관계는 거의 없어 보인다.

중앙에 작은 언덕을 만들고 그 위에 나선형 조개를 놓은 타라의 20번 상자는 자아 구조가 매우 강화되었음을 보여 준다. 더욱이 의도적으로 나선형 조개를 비추기 위해 둥근 거울을 배치하고 있는 점은 이를 잘 나타낸다. 수년이 지난 후에도, 나는 이 내담자가 둥근 거울을 조정해서 아름다운 나선형을 비추면서 기뻐하던 모습을 떠올리면 미소 짓게 된다.

레오 레오의 1, 4, 6번 상자는 강한 자아 구조를 확립해 가는 정신의 움직임을 보여 준다. 1번 상자는 혼란스러운 환경과 빈약한 자아 구조를 나타낸다. 4번 상자에서는 중앙에 놓여 있는 큰 산의 정상에 깃발을 꽂음으로써 자아가 확립되었음을 시사한다. 6번 상자에서는 자아가 확립되어 감에 따라 그가 자신의 힘을 어떻게 움직이기 시작했는지를 보여 준다. 비록 레오의 치료는 6회기에 갑작스럽게 종결되었지만, 그는 행동을 개시할 수 있는 능력과 치유를 위해 내적 자원들을 끌어낼 수 있는 능력이 상당히 진전되었다.

네 가지 기능

경험을 통해 Jung은 정신 활동에는 내계와 외계로부터 정보를 받아들이고 처리하는 방식에 네 가지의 뚜렷한 스타일, 유형이 있음을 확인하였다. 네 가지 기능은 내적, 외적 경험을 잠재적으로 의식화하는 방식으로 의식의 영역을 구성한다.

Jung은 사람들의 정신 경험은 두 가지의 합리적인 처리 방식과 두 가지의 비합리적인 처리 방식으로 구별된다고 보았다. 사고(thinking), 감정(feeling), 감각(sensation), 직관(intuition)이 그것이다. 알려진 바와 같이, 네 가지 기능은 각 개인에게 다양한 조합으로 나타난다. 전형적으로 한두 가지는 우세한 반면에 한두 가지는 덜 발달된다. 덜 발달된 기능들을 세 번째, 네 번째 기능이라고 하며 열등한 기능(inferior function)으로 본다. Jung은 심리적 유형(psychological type)의 네 가지 기능을 다음과 같이 소개하고 있다.

> 의식적인 정신은 적응과 지향(orientaion)을 위한 기관으로서 수많은 정신 기능으로 구성된다. 이 가운데서 기본적인 네 가지는 감각, 사고, 감정, 직관이다. 감각에는 감각기관을 통한 모든 지각이 포함된다. 사고에는 지적 인지 기능과 논

> 리적 결론의 형식이 포함된다. 감정은 주관적인 가치판단의 기능이다. 직관은 무의식적인 방법에 의한 지각 또는 무의식적인 내용에 대한 지각이다(Jung, 1971/1977, p. 518).

Jung은 사람들이 성장하고 변화되기 위해서는 열등한 기능들을 발달시켜야 한다고 결론지었다.

외향성(extraversion)과 내향성(introversion)이라는 두 가지 주요한 주관적 지각의 유형은 네 가지 기능의 지각 능력에 영향을 미친다. Jung의 전기 작가 Deirdre Bair는 네 가지 기능과 관련해서 외향성과 내향성의 차이가 무엇인지 다음과 같이 설명하고 있다.

> …내향적인 사람은 그 자신의 상황에 따라 세상을 보는 반면, 외향적인 사람들은 자신의 주위에서 어떤 일들이 벌어졌는가로 자기 자신을 정의 내린다. 이처럼 세상을 지각하는 두 가지 기본적인 방법에 따라, Jung은 두 유형에서 다른 조합으로 나타나는 네 가지 기본적인 기능인 사고, 감정, 지각, 직관을 첨가했다. 그는 네 가지 기능을 더욱 세분화해서 사고와 감정의 합리적 조합, 감각과 직관의 비합리적인 조합도 포함시켰다. Jung은 각각의 분류와 조합을 통해 사람들이 내적 자기와 외적 세상에 자신을 적응시키고 어떤 상황에 처하게 되는가에 대한 모델을 제시한다(2003, pp. 155-6).

많은 문헌이 네 가지 기능에 대해 다루고 있다. 모래놀이를 이해할 때 중요한 점은 의식의 구성물로서 네 가지 기능의 역할이다.

페르소나

페르소나(persona)는 라틴어로 사람이라는 뜻이다. 페르소나는 외계의 특정한 역할에 직면하기 위해 개인이 쓴 가면을 언급한다(Jung, 1971/1977). 우리 각각은 가족 구성원, 직업인 등으로서의 다양한 능력에 따라 다른 얼굴을 하게 된다. 개인은 여러 가지의 페르소나를 가질 수 있다. 이처럼 다른 얼굴들은 시간이 갈수록 바뀌고 발전한다. 또한 사람들은 동시에 두 가지 이상의 조합으로 이루어진 마스크를 사용한다.

페르소나는 필수적인 정신적 요소이며 본질적으로 병리적인 것은 아니다. 페르소나는 우리가 외부 세상에 접촉하는 데 도움을 주며, 우리는 외부 세상에서 다양한 기능을 충족시키기 위해 각기 다른 페르소나를 이끌어 낸다. 그러나 페르소나와의 과도한 동일시는 병리적이다. 왜냐하면 자기의 깊은 외침이 전달되지 않기 때문이다. 예를 들어, 어떤 사람이 직업적인 역할이 가지고 있는 경계를 미리 예측하지 못한다면 그 사람은 자신의 인간적 잠재력의 상당 부분을 무시하는 것이다. 이처럼 페르소나에 견고히 고착(fixation)된 경우라면, 자기실현이라는 자아의 욕구는 고정된 정향성(orientation)에 압력을 가하게 되고, 결과적으로 이를 보상하기 위해 무의식적인 재료나 에너지의 폭발을 낳는다.

페르소나는 자기 보존(self-preservation)과 만족을 위해 개발된 일련의 기술과 방어로 구성된다(Jung, 1953/1977, 1971/1977). 현실을 창조해 가면서 우리는 무슨 일이 생기는지, 다른 사람과 관계 맺는 방법은 무엇인지 등을 배운다. 우리가 학습한 적응 기술 중의 일부는 다른 것들보다 건강하지만, 초기에는 적응 기술 모두가 우리의 생존에서 역할이 있었다. 페르소나는 적응적 성격 또는 얼굴이라고 할 수 있으며, 사람들은 사회적 역할에 적응하기 위해 페르소나를 사용한다.

페르소나는 우리가 환경적 피드백을 통해 무엇이 수용되는가를 학습한 것들이다. 우리가 누구인가는 자아의 역할이다. 건강한 자아는 내부 세계에서 자기와 상호작용한다. 페르소나는 외부 세계에서 우리의 관계를 용이하게 한다. 이것은 생존 기술 또는 정체성에 부합하기 위해 학습한 방법이다. 그러나 때때로 자아는 페르소나와 동일시된다. 자기실현이라는 자아의 추동에 대해서 이야기할 때 살펴보았던 긴장으로 돌아가 보자. 자기실현이라는 자아의 추동은 종종 페르소나의 한계와 상충된다. 페르소나는 자아와 자기 간의 관계성을 지지하기도 하지만, 과도한 동일시가 일어날 경우에는 이를 방해하기도 한다. 우리는 건강한 발달과정 속에서 외계에서는 무엇이 적절하며 무엇이 작용하는지, 그리고 우리의 내적 진실 속에서 우리가 누구인지 배우고자 한다. 가장 중요한 것은 그 두 가지의 차이점을 아는 것이다.

발달적으로 부모는 페르소나 형성에 가장 중요한 도구다. 부모는 수없이 많은 피드백과 본보기라는 경험을 통해서 아동의 정체감 형성에 영향을 미친다. 아동에게 부모는 신의 투사(projection of god)라고 할 수 있다. 안전한 부모의 존재를 통해 아동은 공격을 이겨 낼 수 있고, 위험을 감수하며 미지의 상태에 들어갈 수 있게 된다(Wickes, 1927/1966). 이를 통해서 아동은 배우고 성장하게 된다.

부모상에 결함이 생기거나 안전감이 손상되었을 때, 정신적으로 취약해진 안전감은 파괴된다. 주 양육자가 아동이 성장하고 발달하는 데 필요한 신체적, 심리적 안전함을 제공하지 못한다면, 아동은 자기 보존의 기본 욕구를 우선시하게 된다. 성장하여 자기감(sense of Self)이 확장되지만, 아동은 안전하지 않은 환경 속에서 생존하고 적응하기 위해서 필요한 도구가 무엇인지 학습한다. 자기와 관계하는 대신, 자아는 페르소나와 동일시한다. 페르소나 혹은 아동이 발달시킨 일련의 기술은 안전한 환경에서 발달된 내재적 정체감과는 다르다. 아동은 환경이 건강하고 안전해야만 자유롭게 환경의 요구를 다루면서 자신이 누구인지 탐색할 수 있다. 좋은 부모가 되기 위해서는 아동의 자기를 자각하고 수용해야 한다. 부모는 성인 안내자이며 보호자로서 아동에게 자신의 가치와 지시를 조금씩 가르치면서도 아동의 독특한 자기를 존중해야 한다.

초기 아동기 경험을 통해 발달한 페르소나가 새로운 환경의 요구에 적합하지 않거나 작동하지 않더라도 개개인은 그 페르소나를 가지고 나아간다. 특별한 환경, 특히 역기능적이고 불안전한 장면에서 습득된 생존 기술은 반드시 안전하고 건강한 삶의 방식으로 변형되지는 않는다. 우리가 되고자 했던 그 사람 그리고 우리가 힘든 환경 속에서 살아가도록 배운 방법이 우리를 그 환경 속에서 살아남을 수 있도록 해 준다. 그러나 그렇게 학습된 기술은 다른 장면에서는 심각한 제한점을 갖는다. 역기능적인 환경에서 생존하기 위해 습득했던 방법이 다른 장면에서는 적용되지 못하고 부적절하다. 이러한 페르소나는 계속해서 어려움과 문제를 야기할 수 있다. 이것이 많은 사람들이 심리치료를 받는 이유다. 우리가 하고자 하는 것과 우리 자신을 보는 방법이 우리에게 도움이 되지 않는다. 자아가 자신에 따라 적절히 정렬되지 않았을 때 그리고 페르소나와 동일시되었을 때, 우리의 에너지는 계속해서 잘못된 방향으로 향하게 된다.

페르소나와 과도한 동일시가 이루어지면, 정신적 성장과 발달이 이루어지기 위해서 제한된 자아정체감이 최초의 권위자인 부모의 심리내적인 대항을 겪어 내야 한다. 이러한 환경 속에서 최초 신(original gods)의 원형적 이미지는 반드시 도전받게 된다. 자아가 다시 자기를 따르기 위해서는 내가 누구인지에 관한 진실을 밝히고, 최초의 양육자에 의해서 유지되고 반사되었던 잘못된 자기를 직면해야 한다. 이것은 심리내적인 위험을 야기하므로 우리는 반드시 혼자 일어서야 하며, 우리를 정의했던 그 사람들과 사물에 도전해야 한다. 병리적인 페르소나를 포기하는 과정에서 우리는 자신의 길을 발견해야 한다는 욕구에 직면하지만, 이는 최초의 환경에서 매우 안전하지 못한 방식으로 행동할 것을 요구한다.

전통적인 분석에서 개인화(individuation)의 첫 번째 단계는 잘못 받아들인 페르소나를 분리하는 것이다(Stein, 1982). 잘못된 페르소나는 모래놀이치료 시 내담자의 좀 더 의식적인 이미지로 초기에 출현할 수도 있지만, 모래놀이를 하는 사람이 즉시 덜 의식적인 수준으로 작업한다면 무시될 수도 있다.

그림자

그림자(shadow)는 우리가 숨기기를 갈망하거나 전혀 알지 못하던 성격의 특징들이다. 그림자는 개인 무의식(personal unconscious)이라고 할 수 있는 의식의 한 영역이라고 할 수 있다. 그림자는 의식에서 경험되는 재료로 구성되지만 자아와 양립할 수 없고 억압된다(Jung, 1959/1978, 1959/1980). 그림자는 더 깊은 집단 무의식(collective unconscious)의 내용으로 구성되어 있다. 그림자는 그 성격상 원형적이며 무의식의 영역에 남아 있는 인간 경험의 모든 우수한 잠재력으로 구성되어 있다. 그림자에는 자신이나 공동체가 받아들일 수 없거나 알지 못하는 우리의 취약점, 열등감, 원시적인 특성들이 포함된다. 페르소나가 외계와 우리를 연결하는 것처럼, 개인적 그림자는 집단적 무의식과 연결된다. 그림자가 의식과 통합될수록 페르소나 무의식은 감소하고, 깊은 집단 무의식의 내용에 더욱 근접하게 된다.

모든 사람은 그림자를 가지고 있으며 그림자를 완전히 제거할 수는 없다. 자아의 모든 것이 그림자를 드리운다. 그림자가 의식에서 격리될 때는 예기치 않게 분출될 수 있다. 성장과 심리적 성숙을 위해서는 그림자와 타협해서 그 존재를 인식하고, 우리 본성의 그림자 부분과 실행 관계성(working relationship)을 개발해야 한다. 모래놀이 분석의 한 가지 과제는 의식과 그림자 사이의 장벽을 관통해서 그 존재를 더욱 의식화하는 것이다.

전통적인 분석에서 그림자는 페르소나가 무너졌을 때 다루는 첫 번째 정신 요소 중의 하나다(Stein, 1982). 사람들은 열등감, 실패, 취약성 등 많은 것들을 다루는 방법을 배우고, 궁극적으로는 이를 얼싸안아야 한다. 모래놀이에서는 그림자가 빈번히 그리고 직접적으로 그 존재를 나타낸다는 점에서 치유적이고 변형적인 힘을 가지고 있다고 할 수 있다. 이는 Dora Kalff가 언급한 바와 같이 자유롭고 보호받는 공간을 통해서 가능해진다(1980/2003). 내담자의 그림자는 모래상자가 가지고 있는 물리적 경계와 그 과정에 대한 치료자의 담아두기(containment)를 통해 다양한 피겨들로 자유롭게 모래놀이 상자에 표현된다.

노먼 노먼은 1번 상자에서 주요한 피겨들을 이동하고 교체하여 구성하고 있는데 그 과정에서 그림자가 출현하였다. 그는 40대로, 발기 문제와 관계 형성의 어려움 때문에 치료를 시작하였다. 첫 번째 피겨는 완성된 형태를 보여 주고 있지만, 두 번째 피겨는 그것을 구성하는 동안 노먼이 경험했던 과정들을 보여 주기 위해서 재구성되었다.

노먼은 처음에 두 쌍의 해골과 큰 금색 두개골을 배치하였다. 이것을 구성할 때 그의 정신과정이 적나라하고 꾸밈없이 나타난 것처럼 느껴진다. 노먼은 신경질적으로 무시무시한 피겨들의 특징을 살펴본 후, 재빨리 이를 치우고 갑옷 입은 큰 기사로 교체하였다. 마지막에는 앞서 유령이 출몰했던 자리에 더 강한 기사들을 놓았다. 비록 그림자적인 특성들은 출현했지만, 다시 한 번 무의식의 지점으로 건네졌다.

노먼의 5번 상자는 잠복되어 있는 그림자 재료와 함께 중요한 발달을 나타낸다. 이 시기에 발기부전의 문제에 의미 있는 진전이 있었는데, 아마도 무장하지 않은 사람의 손에 쥐어진 크고 기다란 막대기가 이를 시사하는 것 같다. 그러나 중앙의 피겨 뒤에 있는 위협적인 용은 설명되지 않고 남겨진 문제들의 그림자가 극적으로 나타난 것으로 보인다.

원형

원형(archetypes)은 정신 경험의 결정화된 본질이며 열매다. 원형은 유전되어 온 정신의 한 부분으로 심리적 경험의 주요한 형태를 구성한다. 원형은 정신 경험의 핵심적인 형태이며, 부착되어 있는 이미지와는 구별된다(Jung, 1960/1981). 예를 들어, 빌렌도르프의 비너스(Venus of Willendorf), 성모마리아, 그리고 우리가 좋아하는 할머니는 대모(Great Mother) 원형이 가지고 있는 밝은 측면에 부착되어 있는 이미지로 내재된 원형 자체를 구성하는 것은 아니다.

원형은 에너지를 끌어당기고 발휘하도록 하는 정신 내부의 지점(point)이다. 원형은 정신을 구성하고 조직화하도록 기능한다. 원형은 물질적 본능에 대한 영적 안내자다(Jung, 1960/1981, 1971/1977). 본능이 물질적 존재를 지시하고 조직화하는 것처럼, 원형은 정신을 구조화하는 기능이 있다. 원형과 본능의 구별은 인위적이다. 그들은 같은 동전의 양면과 같다. 수없이 많은 원형이 있다. 우리가 원형을 명명하고자 한다면 이는 사람들의 에너지가 충만한 내재된 잠재력을 제한할 뿐이다. 자기는 중심적인 원형으로 다른 원형들을 포함하고 있다. 삶의 평범한 경험을 조직화하는 기능을 하는 원형에는 어머니, 아버지, 자녀, 현자, 늙은 할머니 등이 있다.

원형은 잠재력 또는 가능성의 유형이다. 원형은 개인이나 집단의 정신 또는 집단적 정신(collective psyche)에서 명확해지거나 활성화될 것이다. 신화적 주제는 원형의 표현이다. 원형이 표현되는 양식은 개인이나 집단의 성격뿐만 아니라 문화의 영향과 변형 등에 따라 다른 특성을 가지고 있다. 이것이 다양한 문화 속의 많은 종교나 신화가 유사한 내재된 주제나 형태를 가지고 있는 이유를 설명해 준다(Eliade, 1952/1991, 1958/1996; Wickes, 1927/1966).

Jung이 원형으로 설명하고자 한 것은 불명확한 것으로부터 명확한 존재가 어떻게 형성되는가 하는 점이라는 것이 나의 관찰이다. 중국에서 전해지는 동양 철학서 『역경(*I Ching or Book of Changes*)』에는 이와 같은 과정을 다음과 같이 기술하고 있다.

> …현상은 하늘의 모습을 취한다. …모습들은 땅 위의 존재들로 이루어진다(*I Ching*, 1950/1971, p. 283).

Jung은 다음과 같이 언급했다.

> 원형이 나타날 때 분명한 초자연적 특성을 가지고 있으며 '마술적' 이라는 표현이 너무 강하다면 '영적(spiritual)' 이라고 표현될 수 있는 특성들이다(1960/1981, p. 205).

원형은 매우 강한 에너지, 힘을 발휘한다. 원형은 강한 느낌을 불러일으키고 의식적으로 설명되지는 않지만 개인이나 집단을 압도하는 능력이 있다.

전통적인 분석이나 모래놀이는 인생의 원형적인 측면에 대한 심오한 이해를 가능케 한다. 사람들이 존재의 원형적 측면과 의식적으로 상호작용하는 능력을 배양한다면 존재의 집단적 근원뿐만 아니라 명백한 존재와의 중요한 연결로 통하게 된다.

모래놀이를 통해 원형에 접근할 수 있다는 점은 개인과 전반적인 치유 효과에 큰 잠재력을 갖는다. 우리가 모든 것들 간에 내재되어 있는 관계성을 인식할수록 다른 사람이나 세상에 대한 의미를 왜곡해서 받아들이는 것은 크게 감소된다.

에이드리엔 에이드리엔의 10, 11, 12번 상자는 내담자의 심오한 정신적 원천과 힘을 나타낸다. 30대 여성인 에이드리엔은 상당 기간 지속되어 온 우울증과 가족 문제를 다루기 위해 치료를 시작하였다. 자기애적인 어머니와 그녀가 10대일 때 암으로 사망한 병약한 아버지 밑에서 방치되었던 이 여성은 그녀 스스로 성장해야만 했으며, 일평생 자기의심과 혼란을 경험해 왔다. 그녀의 모래놀이는 그녀를 목적과 권한 부여라는 원형적 원천에 접근할 수 있게 해 주었다. 10번 상자에서 에이드리엔의 정신은 핵심 또는 신성한 본성과 속세 여정의 합일점에 다다르게 된다. 선천적인 전체성의 관점에서 볼 때, 원형적인 신성한 어머니(holy mother), 천사, 지쳐 있는 방랑자가 함께 십자가에 경배할 때 그녀가 가진 투쟁의 의미가 화해에 이른 것이다.

에이드리엔의 변화가 자아에 닻을 내리도록 하려면, 그녀의 정신구조는 비극적인 현세의 어머니상과 의식적으로 직면할 수 있도록 준비해야 한다. 에이드리엔은 어머니는 죽고 작은 여자 아이 혼자 남겨진 자동차 사고를 표현한 11번 상자를 통해 그녀 자신의 인생을 나타냈다.

이러한 방식으로 유기된 경험을 해소할 때 큰 원형적 에너지가 방출된다. 에이드리엔의 12번 상자는 모래상자를 가로질러 작열하는 태양을 향해 요란하게 질주하는 말의 무리를 보여 준다.

제2장

정신의 역동성

우리는 1장에서 정신 구조가 어떻게 치유하고 전이되도록 기능하는지 살펴보았다. 이 장에서는 이러한 정신 구조의 의미 있는 상호작용에 대해 탐구해 볼 것이다.

개인화와 분화

처음에 Freud(1933, 1931/1966)는 자아가 에로스(eros)와 타나토스(thanatos)에 의해 추동된다고 보았다. 에로스는 쾌락과 번식의 추동으로 거리낌이 없다. 타나토스는 죽음의 본능이다. 그것은 은퇴하고 휴식하고자 하는 힘이다. 그것은 서로 반대다. Jung(1971/1977)은 자아의 동기가 자기를 실현하는 것이라고 개념화했다. Jung의 관찰에 따르면 개인의 내재된 삶의 목적은 가능한 한 많은 자기의 원형을 실현하는 것이다. 이는 가능한 한 많은 그림자를 동화시켜 집단 무의식으로부터 우리를 분리시키는 개인 무의식의 층을 감소시킴으로써 성취된다. 이러한 과정을 개인화(individuation)라고 명명하였다.

개인화는 Jung(1971/1977)이 분화(differentiation)라고 명명한 또 다른 정신과정에 영향을 미친다. Jung은 초기 작업에서 성장과 발달의 과정에서 네 가지 기능, 사고, 감정, 감각, 직관이 분리되어야 한다고 보았다. 경험을 통해 Jung은 사고, 감정, 감각, 직관을 구분하는 능력은 사람들이 행동의 목표와 과정을 분명히 확인하도록 해준다고 결론지었다. 그는 두 가지 이상의 기능으로 혼란스럽다면 사람들이 의미 있는 방향으로 움직일 수 없다고 보았다. 왜냐하면 그들은 적절한 목표가 무엇인지 구별할 수 없기 때문이다. 후기 작업에서 Jung은 의식과 무의식의 재료들에 대한 분화가 개인화 과정에서 더욱 중심이 된다는 것을 강조하였다. 개인화는 자아와 집단적 무의식 간의 관계성을 형성하는 과정이다. 무의식은 의식을 보상하고 의식에 대한 찬사를 나타내기 때문에 그들 간의 차이점을 분명히 이해하는 것이 개인화를 용이하게 한다. 비록 후기 작업에서는 네 가지 기능의 분화를 덜 강조했으나, Jung은 각각의 또는 열등한 기능의 발달이 전체적인 개인화 과정에서 중요하다고 보았다.

개인화와 분화는 다른 사람들 혹은 집단의 문화와 의미 있고 적절한 관계를 형성하는 능력이 성장하는 것이라고 할 수 있다. 이것은 모래놀이에서 중요한데, 모래상자 시리즈에서는 의미 있는 관련성을 가진 피겨들과 요소들의 출현이 증가하기 때문이다.

개인화에 대한 Jung의 개념은 서구의 심리이론에 중요한 기여를 한다. 그것은 개인의 발달에 고유한 의미와 목적을 부여하기 때문이다. 개인화는 각 개인의 독특성을 존중하면서 동시에 모든 존재의 공통된 근원(source)을 인정하는 것이다. 개인화는 정신의 그림자적인 요소나 의식 밖으로 밀려난 자아와 관련된 통합과정과는 구별된다. Jung의 이론을 통해 인생의 영적인 목적이 서구의 발달이론으로 통합되었다.

개인화 과정은 자아가 정신의 그림자 요소나 포기된 부분을 의식화하게 되는 통합의 과정과는 구별되어야 한다. 개인화 과정은 의식의 성장을 초래하는 동시에 성격의 중심인 자기와 자아가 연합하는 데 영향을 미친다. 건강한 자아만이 개인화의 어려움이나 자아의 자기에 대한 재배열을 견디어 낼 수 있는 것처럼, 그림자의 통합은 건강한 개인화의 필수 전제조건이다. 그러나 요소(element)들을 의식으로 통합하는 것이 개인화는 아니다. 개인화는 항상 자기에 따라 의식에서의 위치가 재정비된다.

사람들이 자신의 독특성과 총체성을 인지하는 것이 개인화 과정이다. 동시에 개인화는 인간적인 평범함을 겸손히 인식하는 것이다. 자신의 그림자적인 특성과 한계에 대해 인식하지 않을 때 발생하는 위험이 심각한 고양감을 야기한다면, 자신의 독특성과 총체성에 대한 진실된 가치를 평가하지 못하는 것은 침체감을 야기한다.

처음에 Jung은 개인화가 인생의 후반부가 되어야 가능한 것이라고 생각했지만, 후기의 이론들은 개인화를 초기 발달의 개념으로 확장시켰다. 잠복기 연령의 아동들의 모래놀이 과정은 개인화가 인생 초기에도 이루어질 수 있다는 것을 보여 준다. 9세 된 애런의 모래놀이는 아동기의 초기 개인화 단계를 보여 준다. 애런의 작품은 자기에서의 중심인 총체성, 부드러운 형태의 남성다움, 자신의 성격을 통제하려는 욕구에 대한 건강한 인식 등을 보여 준다. 이 소년의 모래놀이 작업에서는 개인화 과정의 특징들이 모두 가시화되었다.

모래놀이치료는 그림자 요소들을 통합하고 자기의 핵심적 원형에 정신을 집중하고 그에 초점을 맞출 수 있는 환경을 만들어 줌으로써 개인화가 용이하도록 한다.

보 상

보상(compensation)은 집단적 정신에 대한 자아의 관계성과 관련된 역동이다. 의식에 대한 과도한 중요성을 보상함으로써 정신의 균형을 이루도록 하는 작업은 평생에 걸친 긴 과정이다. 보상의 과정을 통해 집단적 무의식은 자아가 잘 기능하고 있는지에 대한 지속적인 해석을 제공하면서 자아의 의식적 지점에 반응할 수 있도록 작용한다.

자기실현(Self-actualize)이라는 자아의 추동(drive)과 이러한 추동이 마지못해 포기되어 섬의 왕이 되지 못하고 노예가 된다는 것을 다시 생각해 보자. 자아는 자기의 총체성에 따라 정렬하지만 항상 그렇지 않은 경우도 존재한다. 의식적 지점이 자기의 욕구와 협조하지 않을 때 무의식 속에 반대되는 긴장이 형성된다. 보상의 과정은 오인된 그것과는 정반대되는 정신적 산물 혹은 능력(quality)을 제공한다. 이것은 의식적 자각에서 교대로 유지되는 두 가지 갈등적인 동일시 사이에서 자아의 동요를 야기한다. 이러한 과정을 'enantiadromia' 라고 하는데, 이는 극단적인 것을 따르는 모든 것은 그와 반대로 바뀌게 된다는 Herakleitos의 말을 인용한 것이다. Jung은 다음과 같이 밝히고 있다.

> 'enantiadromia' 라는 용어는 시간의 진행 속에서 무의식적인 반대가 출현하는 것을 의미한다. 이러한 현상은 극단적이고 편파적인 경향이 의식적인 삶을 지배하는 경우에 항상 나타난다. 똑같은 강력한 반대성이 존재한다면, 처음에는 실행을 억제하지만 그 후에는 의식적 통제에서 벗어난다(1971/1977, p. 426).

'enantiadromia' 는 의식적 통제하에 있는 것이 아니라 의식적 통제에 따라 발생한다. 자아의 극단적인 동일시가 교대되는 동안 한쪽 극이 의식화되면 다른 쪽은 무의식에 남게 된다. 이유 없이 변화는 일어나고, 한쪽 극은 다른 극으로 바뀌게 된다. 양극단의 이러한 동요는 의식적 자각에서 두 가지를 버티는 자아의 능력을 통해 정지되며, 정신 에너지는 무의식으로 감소하여 갈등을 해소할 수 있는 잠재력을 가지고 있는 재료(material)들을 활성화한다. 이를 상징 형성(symbol formation)이라고 한다.

적 응

적응(adaptation)은 외부 환경과 자아의 관계성에 관련된 역동이다. 일상의 사건과 소소한 일들은 계속해서 개인적인 의식적 자극에 도전하고 반응을 선택하도록 한다. 개개인이 이러한 도전에 어떻게 반응하고 적응하는지는 개인화 과정에서 중요하다. 사람들은 무의식적으로 반응하기도 하고 기계적으로 환경의 요구에 반응하기도 한다. 그러나 개인화 과정에서는 자기의 방향과 일치해서 외부 환경에 적응하게 된다.

개인화 과정은 삶의 도전을 이용해서 자기의 진실을 향해 더 깊은 곳으로 움직이는 것이다. 적응적인 선택이란 깊은 중심의 내재된 방향을 따르는 것으로, 자기의 방향을 존중한다는 점이 적응의 과정을 신성하게 한다. 우리가 자기를 개인의 지혜가 향하는 목표로 그리고 모든 생명체가 발산하는 원천으로 받아들였을 때, 자기와 협력한 적응은 총체적인 함의뿐만이 아니라 심오한 개인적인 함의를 갖게 된다. 생명의 원천이 자기 안에 있다는 Jung의 이론은 동양의 정신적인 전통이나 모든 존재는 본질적인 내적 관계성을 가지고 있다는 양자(quantum)물리학과 같은 것이다(Goswami, Reed, & Goswami, 1993; Walker, 2000). 개인이 자신의 삶 속에서 자기의 방향을 숭배할 때, 모든 존재는 집단적 자기에 따라 존경으로 재정비된다. 우리가 자신에게 솔직해지는 것은 모든 존재에 매우 실질적이며, 물질적인 영향을 미친다.

상징 형성

상징 형성은 자아가 반대 극에 대해 교대적으로 동일시하는 것을 누그러뜨릴 때 시작된다. 보상의 과정에서 살펴본 바와 같이, 자아가 의식적 자각에서 대극 모두를 동시에 버텨 줄 수 있을 때 상징 형성이 발생한다. 자아가 더 이상 하나의 극과 동일시하지 않게 되면 큰 긴장이 생긴다. 정신 에너지가 만들어지지만 어느 곳으로도 가지 못하고 무의식에 가라앉게 된다. 심리학자 Pierre Janet(1903)는 이를 'abaissement du niveau mental', 즉 정신적 명료함의 감소라고 명명했다.

감소된 정신 에너지는 반대적인 딜레마를 통해 힘을 얻는다. 자기는 조직화의 중심이 되어 위기에 부합하는 원형을 찾는다. 활성화된 원형에 부착된 이미지는 개인의 독특한 사적 경험뿐만 아니라 문화적 경험을 통해서 형성되며 상징을 형성한다. 상징은 자아가 적응의 위기를 겪게 되면 무의식에서 원형적 이미지로 출현한다. 상징은 자아의 원초적인 정돈되지 않은 상태와 무의식에서 나온 최종적인 보상적 산물을 연결해 주며 특정한 위기를 설명하기 위한 새로운 관점을 제공한다.

상징은 다양한 형태로 자아의 자각에 나타난다. 상징은 꿈이나 환상으로 나타날 수도 있다. 또 상징은 직관 또는 갑작스러운 영감으로 나타나기도 한다. 신체적 또는 신체화 증상은 상징적 정보를 몸으로 전달하는 기능을 하기도 한다. 설명되지 않는 기분 변화는 상징 형성의 지표가 될 수 있다. 그리고 상징은 모래놀이치료에 나타난다.

초월적 기능

초월적 기능은 인간의 변형에서 가장 심원한 질서를 의미하는 것으로, 적응적 그리고 정신적 위기에서 의식과 무의식의 반대되는 위치의 간극을 뛰어오르거나 초월하는 능력이다. Jung 이론에서 가장 의미 있는 개념 중의 하나인 초월적 기능은 특히 상징화 과정과의 관계에서 모래놀이치료의 독특한 특징이 된다. 여기서는 초월적 기능의 개념을 간략히 살펴보고, 상징이 어떻게 치유하고 전이되도록 작용하는지를 보고, 더 심층적으로 다룰 것이다.

초월적 기능은 상징에서 새로운 정신 에너지가 출현한다는 점에서 역동이라고 할 수 있다. 무의식은 자아가 자기를 따르지 않을 때 보상적인 부산물을 만든다. 이것은 'enantiadromia' 의 과정에서 대극의 동요를 야기한다. 환경이나 피할 수 없는 운명의 힘이 우리에게 두 가지의 잘못 해석된 반대의 관점이나 의식상에서의 정신 내용들을 수용하도록 할 때 초월적 기능은 작용한다. 이때 자아는 잘못했다는 것과 그 반정립(反定立)을 동시에 확신하게 되는 불가능한 상황을 초래한다. 이것이 정지된 양극에 대한 불안정한 동일시를 발생하며 정신 에너지가 형성되어 반대적인 갈등을 해결하기 위해 나타난 상징을 활성화시킬 수 있도록 무의식으로 들어가게 된다.

초월적 기능은 의식의 참여가 요구되는 반복적인 과정이지만, 우리가 통제할 수 없는 무의식적 정신의 기능이다.

릴리 7세 된 릴리의 모래놀이는 보상 역동의 좋은 예다. 릴리는 약물 중독자인 어머니와 함께 지내지 않고 있다. 그녀는 어머니와 관련된 문제를 다뤘다. 5번 상자에서 릴리는 점 모양의 송곳니가 있는 호랑이를 상자에서 멀리 떨어진 왼쪽 구석에 가두어 놓았고, 오른쪽 옆에는 천사를 놓았다. 천사의 보상적인 상대역은 안전하게 감금되어 있는 늙은 어머니상이다. 10번 상자에서는 같은 상자 안에 두 마리의 새끼 호랑이와 두 마리의 펠리컨을 보호받을 수 있도록 함께 우리 안에 놓음으로써, 릴리의 정신은 그 자신의 안전감과 양육을 발견하게 된다. 상징적 과정을 통해서 그녀는 모래놀이 작업에서 새롭고 원형적인 어머니 역할(mothering)을 발견할 수 있었다.

메이지 8세인 메이지는 함께 살고 있지 않은 생모 그리고 통제적인 계모와 관련된 문제를 가지고 있었다. 메이지의 9, 10번 상자는 자아의 한계 직면에 대한 좋은 예들이다. 모래상자에서 그녀는 자신의 여성성 정체감의 문제를 다루고 있다. 모래상자의 모든 것들을 엄숙한 의식을 치르듯이 물로 성사(anointing)를 하는 시늉을 한 후, 메이지는 바비 인형을 물에 빠뜨렸다. 일련의 상자들을 통해 메이지는 부모가 그녀에게 기대했던 페르소나 또는 유발된 성격에서 그것을 벗어나고 변화시켰다.

제3장

상징적 과정: 상징은 어떻게 치유하고 변형되도록 작용하는가

상징의 개념

상징(symbol)은 무엇인가 표상하는 것을 의미할 때 흔히 쓰인다. 이것은 심층심리학이나 모래놀이치료의 요소인 상징과는 다른 의미이다. 상징은 정신의 적극적인 기능이다. Jung은 무엇인가 다른 것을 나타내는 것은 신호(sign)라고 명명했다.

보상과 상징 형성의 과정을 논의하면서 자아의 의식적 부분이 위기에서 망설일 때 어떻게 상징이 나타나는지를 살펴보았다. 자기에 대해 자아가 적당하지 않을 때 무의식은 보상적 부산물을 만들어 낸다. 자아의 잘못된 동일시(misidentification)는 'enantiadromia' 라고 알려진 불안정한 상태에서 정돈되지 않은 정체감과 보상적 부산물 사이를 왔다 갔다 한다. 자아가 의식적 자각에서 동시에 반대 극을 버틸 수 있을 때 거짓된 정체감이 번갈아 가며 교체하는 것은 없어진다. 두 가지 모두 또는 한 가지와도 완전히 동일시될 수 없으므로 자아는 좌절되고 일시적으로 정지된다. 이때 초월적 기능이 움직이기 시작한다. 자아 위기의 과도한 압력은 상당한 양의 정신적 에너지를 만들어 낸다. 이러한 에너지는 무의식에 몰입해서 자아의 딜레마를 해소하기에 적합한 원형을 활성화시킨다. 특정한 원형적 핵심에 부착되어 있는 많은 이미지와 경험을 이끌어 내면서, 정신 에너지는 원형에서 자기로 세차게 흐르게 되고 의식에 상징으로 재출현한다.

상징은 자아의 의식적 지점과 보상적인 대극 모두에 대한 평형 지점(counter-balancing position)을 수용하고 있다. 상징은 정신적 반대의 모든 면을 수용할 뿐만 아니라 존재하는 갈등의 가교가 된다는 점에서 역설적이다. 상징은 대극에 동조하기보다는 예견되는 위기를 설명할 수 있는 새로운 방식의 기회다. 의식적이든 또는 가시적이든, 상징 형성은 무의식적 재료를 수용하며 개인화 과정을 지지하고 촉진한다.

상징은 일부는 의식적이며 일부는 무의식적이다. 의식적 부분은 우리가 볼 수 있고 알 수 있는 측면이다. 예를 들어, 고양이의 상징에서 의식적인 측면은 털이 많고 밝은 눈을 가진 동물이라는 점이다. 어떤 사람의 경우 고양이에 대한 상징에서 깊은 원형적인 토대는 의식적 자각으로 통합될 때까지 무의식에 남아 있다.

한 사람에게 상징으로 기능하는 것이 다른 사람에게는 단순한 신호로 기능한다. 고양이의 경우에 그 이미지가 상징으로 기능하는 경우에는 강한 흥미를 갖게 하고 끝없는 호기심을 자극한다. 그러나 다른 사람에게는 그저 애완동물이나 야생동물을 표상할 뿐이다.

상징을 창조하는 것은 불가능하다. 상징을 창조한다는 것은 상징의 무의식적인 측면을 훑어보는 의식적인 노력일 뿐이다. 상징은 항상 그 너머의 무언가를 가리킨다. 상징에서 의식화되는 부분은 뭔가를 나타내기는 하지만 상징은 보이지 않으며 알 수도 없다.

『심리적 유형(*Psychological Types*)』이라는 저서에서 Jung(1971/1977)은 상징은 알 수 없지만 존재한다고 알려져 있거나 혹은 존재한다고 가정되는 무엇인가를 가장 잘 나타내는 것으로 묘사했다. 상징은 무의식적이며 직접적으로 표상될 수 없는 무엇인가를 가리킨다. 상징은 무엇인가가 되고자 한다. 상징은 감추어진 의미가 있다. 상징은 살아 있으며 움직이고 있다. Jung은 다음과 같이 관찰하였다.

> 상징은 의미를 내포하고 있는 동안에만 살아 있는 것이다(p. 474).

일단 상징이 완전히 의식화되면 이제 상징으로서의 기능은 끝나게 된다.

상징의 초월적 기능

상징은 자아의 한계적 지점과 자아의 한계에 대한 반응으로 무의식에서 제공된 보상적 부산물 간의 가교 역할을 한다. 자아의 제한적인 관점이나 보상적 산물 모두 자아의 위기를 해결할 수 있는 해답을 가지고 있지 않다. 오히려 그것들은 대극이라는 상황을 만들고 적절히 해결하지 못한다. 상징은 두 대극을 연결하는 에너지이지만 그 정신 내에서 무의식적이고 가장 깊은 중심은 원형적 구성물로, 자아가 위기를 해결하기 위해서는 상징이 필요하다.

초월적 기능에서 발생하는 상징의 결과와 자아가 자기와 연합하지 않을 때 생기는 무의식적이며 보상적인 정신 결과물은 차이가 있다. 'enantiadromia' 동안 정신 에너지가 대극 사이를 오갈 때 자아는 한 면만 채택한다. 이때 동일시의 한 측면은 의식적 지점으로 이동하고, 그 대극은 자아의 에너지 소실에 따른 결과로 무의식으로 복귀한다. 따라서 보상적인 결과물은 자아 에너지가 균형이 깨짐으로써 무의식에서 나오게 된다.

반면 초월적 기능의 과정에서 상징은 대극의 모든 면이 의식에서 똑같은 긴장으로 동시에 경험될 때 발생한다. 상징은 해결될 수 없는 딜레마를 해결하며 자아 통합을 통해 인성을 의식적인 자각으로 확장하고 발전시킨다. 상징 형성은 정신 에너지의 증가를 통해서 가능한데, 이는 매우 강력해서 성장과 발달에 작용할 수 있도록 알려지지 않은 무의식의 내용을 활성화시킨다. 상징은 자아 지점과 자아의 한계에 의해 생성된 보상적인 결과물 사이에 발생하는 역동적 긴장을 전달한다. 상징은 원형적 핵심에서 나오는데, 그것은 자아의 지점을 확장하도록 자극한다. 원형에 의해 버텨지는 특성들은 자아가 성장하고 발달하며 현재의 위기에 대처하는 데 필요한 것들이다. 그 특성들은 현재 의식적 지점에서 부족하거나 볼 수 없거나 혹은 동일시하는 데 실패한 것들이다.

상징의 가교 기능은 매우 중요하다. 강력한 긴장이 정신갈등의 두 극 간에 축적된다. 자아는 여전히 특정한 지점과 동일시하려 시도하며 두 극 사이에서 동요한다. 어떠한 극도 더 이상 자아를 만족시키지 못한다. 그러나 두 극 사이의 역동적 긴장은 자아의 위기를 지속시켜 해결이 요구되도록 만든다. 만약 상징적 과정이 변형(transformation)으로 진전된다면 자아는 실현되거나 볼 수 있는 지점에 이르게 되며, 갈등적인 양극을 동시에 동일시할 수 없으므로 정지에 이르게 된다. 자아의 지점은 갈등의 두 측면 사이에서 중지된다. Jung은 정신 에너지는 정지할 수 없다고 본다. 따라서 해결될 수 없는 갈등의 두 측면에 의해 야기된 거대한 압력은 에너지를 무의식에 있는 상징의 원형적 핵심으로 향하게 한다. 위기 상황에 대처하기 위해 자아가 요구하는 새로운 부산물은 힘을 얻고 의식적 자각에 이르게 된다.

초월적 경험의 기능은 죽음처럼 느껴질 수 있는데, 그것은 자아의 돌이킬 수 없는 변화를 수반하기 때문이다. 자아의 의식적 버텨주기가 아직 알 수 없는 새로운 대안에 굴복하게 되면 초월적 경험에서 절망과 무기력감이 느껴질 수도 있다. 초월적 기능을 경험하려면, 필요할 때 기꺼이 자아의 버텨주기를 방출하고 그 결과가 더욱 충만한 삶일 것이라고 믿어야 한다.

일례로 상징적 과정을 설명해 보자. 한 젊은이가 학대적이고 거부적인 아버지에 의해 양육되었다면 그는 자신을 무가치함과 동일시했을 것이다. 이처럼 무가치하게 여기는 것은 자기의 중심적 원형에 따르는 것이 아니기 때문에 무의식은 웅장함이라는 정반대의 정체감을 전달하여 보상한다. 이때 자아는 생존을 위해 페르소나와 동일시한다. 결과론적으로 보상적인 동일시는 최초의 오지각(original misperception)과 마찬가지로 균형을 깨뜨린다. 그 젊은이는 잘못된 정체감 간의 무익한 싸움 속에서 삶을 살며 자신의 총체성을 발견하기 위해 시도한다. 어느 날 자아는 동시에 두 지점을 반영할 수 있게 되고, 이것이 무가치하고 웅대하다는 것을 인식한다. 비록 다른 가능성은 없으나 자아는 더 이상 각각의 극과 동일시하지 않는다. 극의 양 측면에 대한 의식적 자각으로 두 잘못된 정체감 사이에서 에너지의 움직임은 중단된다. 정신 에너지는 핵심이 되는 원형적 아버지를 향하는 무의식으로 침잠한다. 그가 어렸을 때 TV에서 방영되는 야생동물 다큐멘터리, 특히 사자의 다큐멘터리에 빠져 있었다고 가정해 보자. 발달과정에서 숫사자의 이미지가 그의 아버지 원형에 첨가

된다. 그의 발달에서 이 문제가 활성화되면서 부정적인 아버지의 이미지에서 나온 강력한 정신 에너지는 강하고 잔인하고 침착한 사자의 내적 이미지에 부착된다. 이러한 방식으로 사자는 그 젊은이의 정신에서 한 가지 상징으로 활성화된다. 사자는 정신 이미지로 충전되어 거부적인 아버지의 폭력과 흉폭성은 보상적인 과대평가 그리고 남자로서의 자신의 이미지로 확대된다. 사자의 상징은 그의 남성적 자기의 손상된 이미지를 이어 주며, 자기와 더욱 진실하게 일치하는 새로운 정체감을 수용한다. 이 경우 사자는 그에게 상징적으로 작용한다. 상징적으로 작용하는 사자는 그의 정신의 아버지적인 측면을 정복하고, 사자와 같은 특성이 발달되도록 돕는다. 상징은 활발하고 적극적이어서 상징이 전달하는 특성들은 의식적 자각으로 통합된다. 이 과정이 완성될 때 그는 자신을 더욱 가치 있고 유능하다고 여기게 될 것이다.

관찰하는 태도

Jung은 어떤 것이 상징으로서 기능을 할 것인지를 결정하는 것은 관찰자의 태도라고 지적하였다. 상징의 의식적 · 무의식적 요소들을 이야기하면서 Jung은 다음과 같이 적고 있다.

> 관찰하는 의식의 상징적 태도는 그들 모두에게 상징의 특성을 부여하는 것이다 (1971/1977, p. 477).

고양이의 예로 돌아가 보자. 고양이의 이미지가 상징적 방법으로 기능하고 있는지의 여부를 결정하는 것은 관찰자의 상징적 태도(symbolic attitude)다. 상징적 태도란 명상의 한 형태로, 의식이 합리성에 따른 버텨주기를 중단하고 더 깊은 무언가로부터 나오는 정보를 수용하게 되는 것이라고 볼 수 있다.

이것은 발달과 학습 이론에서 보는 의식적 자각과 무의식의 어디엔가 위치하고 있다는 놀이에 대한 자각과 유사할 수 있다. 우리는 발달과 자유로움, 보호받는 공간을 고려하면서 이 주제를 심도 있게 탐색하였다. D. W. Winnicott은 이러한 자각의 상태를 내계, 외계 현실의 평형을 유지하려는 긴장과 관련지어 보았다.

현실 수용(reality-acceptance)이라는 과제는 단 한 번도 완성된 적이 없다. 어떠한 사람들도 내적인 그리고 외부 현실과 관계 맺는 데서 오는 긴장에서 자유로울 수 없다. 이러한 긴장에서 벗어나기 위해서는 도전받지 않는 경험(예술, 종교 등)이라고 할 수 있는 매개 공간에 의해 보호되어야 한다. 이러한 매개 공간은 놀이에 열중하고 있는 어린아이의 놀이 공간과 연속선상에 있다고 할 수 있다(1958/1992, p. 240-241).

놀이라는 평온한 상태에서, 우리는 상징을 통해 자신의 알려지지 않은 신비로 들어간다. 놀이에 몰두하고 있는 아이들과 같이, 상징적 태도에 적응하는 것은 정신이 자기의 방향성을 경험하도록 해 준다.

Jung은 원형적인 핵심 때문에 상징이 모든 정신의 유사한 측면과 맞닿아 있는 것을 관찰했다. 몇몇 사람에게서 또는 사회 그룹에서 특정한 이미지를 상징적 태도로 받아들인다면, 상징은 관찰자 개개인에게 유사한 정신적 특성을 활성화시킬 것이다. 한 가지 상징의 원형적인 구성요소는 각 개인이나 그룹 정신에 부합하는 원형적 요소를 활성화시킨다. 물론 한 개인이 특정한 이미지에 독특한 특성을 부착시킨 경우가 있는데, 이것은 상징의 집합적 의미에 비해 그 사람에게 매우 강한 에너지를 전달하고 있는 것이다.

Jung은 상징에 대해 다음과 같이 주장했다.

> …무의식적 참여를… 강요한다. 그리고 생기를 주고 삶을 증진시키는 효과를 가진다(1971/1977, p. 476).

이것은 매우 흥미롭다. Jung은 일단 의식적 자각에서 상징이 나타나고, 이를 상징적 태도로 보게 되면 상징은 관찰하는 정신에 따라 작용한다고 파악했다. 관찰자의 태도가 적절히 조화를 이루어야만 상징에 의해 연결된 에너지는 정신 에너지를 활성화시키고 움직여서 관찰자의 정신이 변화하고 성장하게 된다.

상징이 어떻게 기능하는가를 이해해야만 모래놀이치료가 어떻게 치유하고 변화시키는지 볼 수 있다. 3차원적인 모래놀이의 힘은 이해하기 힘들다. 전체 모래놀이 과정에서 일련의 모래상자에서 나타나는 상징적인 내용은 너무나 광범위해서 측량할 수 없다. 모래놀이가 구체적인 형태로 만들어지고 3차원적인 방법을 통해서 관련된 내용이 전달된다는 것은 독특하고 강력한 상징 형성의 근원이다.

모래놀이 내담자가 사용하는 피겨들은 그 개인의 성장과 변화 욕구에 따른 독특한 상징적 생산을 가능케 한다. 상징적 구성의 3차원적인 속성은 내담자의 정신에 큰 영향을 미친다. 상징 형성으로서 모래놀이는 신체, 마음, 정신의 행위다. 모래가 형태를 이루고 이동되며 모래놀이자 스스로의 손으로 피겨를 선택하고 독특한 관계에 따라 배치하는 것은 심오한 방식으로 정신을 움직이는 것이다.

제4장

상징적 과정에서 치료자의 역할

이전 논의에서 우리는 상징에 대한 관찰자의 태도가 어떻게 변형적인 잠재력을 활성화시키는지 살펴보았다. 더불어 상징이 어떠한 작용을 통해 관찰자의 정신을 움직이고 변화시키는지 보았다. 모래놀이치료에서는 모래놀이 내담자와 치료자 두 사람이 동시에 상징적 과정에 참여한다. 내담자의 상징적 과정에 적극적이고 동시적으로 참여하는 독특한 치료적 유대는 흥미로운 역동을 불러일으키는데, 이는 모래놀이의 심오한 치료적 잠재력의 원천이다.

치료자는 모래놀이실에서 가장 중요한 도구다. 모래상자를 구입하고 모래놀이 소장품들을 모으는 것은 모래놀이 치료자의 과업이다. 이것도 중요하지만, 모래놀이에서 가장 중요한 요소는 치료자의 보이지 않는 작업이다. 우리는 상징적 과정과 관찰하는 태도에서 모래놀이 작업의 전체적인 질을 결정하는 중요한 요인 중의 하나가 치료자 존재의 특성임을 알게 되었다.

치료자가 가지는 의식의 특성은 모래놀이치료의 치유와 변형의 과정에 실질적인 영향을 미친다. 치료자는 내담자의 상징적 작업을 버텨 주고 이해하기 위해 의식적으로 동의해야 한다. 동시에 치료자는 내담자의 모래놀이를 통해 자신의 무의식에서 생겨나는 요구를 기꺼이 견딜 수 있어야 한다. 치료자는 내담자와 협조하여 정신에너지의 협조적인 장을 마련하여 내담자의 상징적 시도를 버텨야 한다. 상징적 과정에서 관찰하는 태도가 미치는 효과에 따라 치료자와 내담자는 상징적 장에 함께 들어가게 된다. 공동의 노력으로 상징적 활동이 강화되고 정신적인 변형이 커지게 된다. 치료자의 존재는 내담자의 상징적 변화에 큰 영향을 미칠 수 있다.

초월적 기능에 대한 논의에서 자아의 지점이 더 이상 유지되지 못하고 새로운 내용이 무의식에서 출현할 때 정신에서 일어나는 위험한 상황을 살펴보았다. 모래놀이에서 이러한 단계의 과정에 다다르면 내담자는 버텨주기를 현실에 맡겨야 한다. 이것은 매우 두렵고 불안정한 상태다. 관찰하는 태도는 상징과정에 영향을 미치기 때문에 치료자의 존재는 이러한 시련을 겪는 동안 정신의 장을 안정시킨다. 비록 이것이 가시화되지는 않지만, 치료자의 관찰하는 자아가 가지고 있는 안정성은 불안정한 시간에 내담자의 정신과정을 버텨 주고 담아낸다. 내담자의 특정한 정신 구조의 외부가 됨으로써, 그리고 이러한 과정에 대한 의식적인 자각을 통해서 치료자의 관찰하는 태도는 격렬한 정신적 분리를 경험하는 모래놀이 내담자에게 요구되는 담아두기를 제공할 수 있다. 치료자의 정신은 연금술적인 변화가 일어나는 튼튼한 큰 냄비라고 말할 수 있다.

치료자의 존재는 내담자의 상징적 변화에 견고함과 안정감을 제공한다. 만약 치료자가 부적절한 영향을 미친다면, 상징적 과정의 격정 속에서 크게 위험하지는 않더라도 내담자에게 위해를 가할 수 있다. 모래놀이 치료자가 갖추어야 될 책임과 의무는 매우 중요하다. 치료자에게 모래놀이는 상징적 작업에서뿐만 아니라 치료자 자신의 내적 작업과 인생 여정에 대한 온전한 존재와 완전한 주의를 요구한다. 상징적 과정에 개입하기 위해서는 치료자 스스로 더욱 깊은 목적을 향해 끝없이 재정비하려는 자기의 방향을 지속적으로 검증해야 한다.

모래놀이 작업에 참여한다는 것은 삶의 약속에 참여하는 것이다. 내담자의 작업과 모래상자는 특별하며, 상징의 의미에는 한계가 없다. 모래놀이 치료자는 사무실에서 무엇인가를 하는 것이 아니다. 오히려 치료자는 상징적 삶과 적극적인 관계를 맺는 것이다. 이 관계성은 삶을 위한 것이며 본질적으로 끝없는 자기에 대한 개입을 위한 것이다.

모래상자에서의 내담자의 상징적 작업은 치료자에 의해 생명력 있는 존재로 탄생해서 내담자에게 의식화된다. Jung의 신호와 상징에 대한 변별을 떠올려 보면, 모래상자에서 이루어지는 작업이 내담자에게 의식화될 경우 그 상징적 활동은 중단되고 휴지기로 들어간다. 이 순간까지 치료자는 내담자와 함께 상징적 신비의 긴장을 전달하고 담아 두는 신성한 의무를 지니게 된다.

모래상자에서 이루어지는 작업이 의식적으로 통합되려면 내담자에게 수년이 소요될 수도 있다. 또한 나는 그 내용이 내담자의 삶에 의식적으로 통합될 때까지 치료자가 모래놀이를 지속해야 하는가에 대해 강한 의구심을 갖는다. 치료자는 모래놀이 창작품을 태아기의 정신발달로 여기며 내담자의 정신에서 의식적으로 탄생할 때까지 발달하고 성숙해야 하는 것으로 받아들여야 한다. 이러한 기간에 모래놀이 치료자는 잉태되는 상징적 재료를 통해 큰 영향을 받는다. 심지어는 이러한 정신적 내용이 내담자의 삶에서 탄생한 후에도 치료자의 정신은 그 산물을 기억한다.

모래놀이의 상징적 내용은 광범위하며 한계가 없다. 모래놀이 치료자가 일련의 과정에서 일어나는 모든 것을 알고 이해해야 하는 것은 아니다. 필요한 것은 그것을 알 수 있도록 개방되어 있어야 한다는 것이다. 1988년 스위스에서 공부하고 있을 때, 나는 Dora Kalff에게 모래놀이 상자에서 일어나는 모든 것을 이해할 필요가 있는지 질문했다. 그녀의 인상적인 대답은 다음과 같다.

> 우리가 모든 것을 이해할 필요는 없습니다. 그러나 우리가 반드시 해야 되는 것은 이해하는 과정에 참여하는 것입니다.

Dora Kalff가 충고한 것처럼, 이해하는 과정에 참여하기 위해서 모래놀이 치료자에게는 다음과 같은 점들이 요구된다.

반드시 자신의 모래놀이 작업을 해 보아야 한다. 내담자의 모래놀이에 참여하기 위해서 치료자는 반드시 같은 방법을 통해 정신의 모든 움직임을 경험해 보아야 한다. 우리가 상징적 과정에서 무엇을 해야 하며 그 작업의 목격자가 된다는 것이 가지는 깊은 의미를 알려면 자신의 모래놀이 경험을 가져 보는 것이 중요하다. 모래놀이 작업을 경험하지 않고 내담자의 모래놀이에 참여하려고 하는 것은 준비되지 않은 슬픈 행위다.

모래놀이 치료자는 내담자의 작업에서 나타나는 상징에 대해 연구하고 작업해야 한다. 내담자의 작업을 통해 모래놀이 치료자에게 제시되는 상징적 재료는 치료자 자신의 삶에서 탐구되어야 한다. 치료자의 모래놀이 작업의 참여에서 중요한 것은 상징적 내용에 대한 치료자의 활발한 연상이다. 모래놀이 치료자는 의식적인 의도를 갖고 내담자의 상징들과 관계를 형성해야 한다. 치료자는 모래놀이에서의 상징적 형태라고 느껴지는 신비한 치료적 동맹자에 대해서 읽고, 숙고하고, 즐기고, 꿈을 꾸고, 논의하고, 상상할 수 있는 모든 방법을 통해서 고찰하고 이해해야 한다.

모래놀이 치료자는 다른 모래놀이 치료자에게 자문을 구해야 한다. 안전한 그룹이나 신뢰할 수 있는 모래놀이 치료자와 개인적으로 모래놀이 사례의 재료를 고찰해 보는 것이 중요하다. 모래놀이 치료의 상징적 내용과 그 과정은 한 명의 치료자가 담아두기에는 너무 크다. 그러므로 다른 사람들이 가지고 있는 자료와 지지는 매우 중요하다.

개인 또는 집단 자문은 버텨주기 환경을 확장시키는 기능을 한다. 사례의 재료들을 재검토하는 자문은 내담자의 상징적 과정에 대한 목격과 참여라는 치료자의 역할을 돕는다. 일관성 있는 그룹 성원들과의 신뢰 있는 관계가 중요하다. 이것은 치료적인 버텨주기 환경을 안정화하고 강화시키는 역할을 한다. 자문 집단의 구성원이 자주 교체되는 것은 상징적 과정을 추적하는 데 요구되는 버텨주기를 제공하지 못한다. 또한 그처럼 취약한 상황에서는 버텨주기가 희석되고 확산되어 내담자의 작업을 경시하게 된다.

모래놀이에 대한 자문을 구하는 것은 큰 이점과 즐거움이 있다. 일정하게 이루어지는 자문은 우리의 내담자의 작업에 대한 이해를 깊게 하고, 그 과정에 대한 우리의 정신적 버텨주기를 강화한다. 치료자가 자문을 구한 후에 내담자의 모래놀이에 극적인 변화나 깊이가 생기는 것을 흔히 본다. 자문을 통해 깊어진 치료자의 이해와 자문이 가지는 버텨주기 힘의 추가적인 담아두기는 내담자의 정신을 움직이게 한다. 또한 신뢰할 수 있는 자문단은 우리와 함께 모래놀이의 불확실성을 공유하며 위안을 준다. 모래놀이는 놀라움을 준다. 필요할 때마다 동료들과 의논하여 무엇이 발생했는지 분명히 하고 치료자로서의 입장을 수정하는 것이 중요하다.

모래놀이 치료자는 꿈, 환상, 동시에 일어나는 사건들, 그리고 삶의 경험을 통해 나타나는 자신의 상징에 대해 지속적으로 연구하고 작업해야 한다. Jung 분석가인 Edward F. Edinger의 말을 인용하자면, 모래놀이 치료자들은 상징적 삶을 살아야 한다(1972, p. 117ff). 사람의 상징적 차원에 귀 기울이고 주의를 기울여야 한다. 그리고 상징적 신화가 모래놀이 치료자에게 요구하는 것을 신성한 의무로 존중해야 한다.

모래놀이 치료자는 인생의 모든 차원에 대해 지속적으로 자기 검열(self-examination)을 해야 한다. 기본적으로 치료자 존재의 특성은 모래놀이 과정을 초래하는 도구다. 모래놀이 치료자는 내담자와 함께 상징적 과정을 촉진할 수 있는 능력을 신장시켜야 한다. 치료자는 자신의 의식과 무의식의 협력적인 유대를 통해 내담자의 상징적 경험을 지지하고 그 경험에 의해 감동받을 수 있어야 한다.

모래놀이 작업을 하기 위해서는 지속적으로 신성한 것을 숭배하고, 신성한 것에 대해 개방된 태도를 가지며, 상징적 과정을 기꺼이 알려고 해야 한다. 궁극적으로 모래놀이란 내담자 내부와 치료자 자신의 신적인 존재, 그리고 존재하는 모든 것에 충만되어 있는 신비와 의식적인 유대를 맺는 것이다.

1부 결론

이론적 개념에 대한 고찰을 통해 정신의 구조적 요인과 역동적 움직임, 그리고 상징의 기능과 모래놀이에서의 치료자의 역할에 대해 살펴보았다.

이제 모래놀이가 가지고 있는 치유와 변화의 다양한 측면을 이해하기 위해서 과정 개념이라는 주제를 살펴보도록 하자.

제2부

과정 개념: 모래놀이치료에서의 치유와 변형

도 입

앞 장들에서는 정신적 변형에 있어 상징의 역동과 역할에 특히 주의를 기울이면서 정신 작용의 이론적 개념들을 검토하였다. 이 개념들은 모래놀이에서 나타나는 치유와 변화 과정에 대한 더 많은 탐색을 하는 데 필요한 토대를 형성한다. 이 부분에서는 모래놀이에서의 정신적 성장과 발달을 살펴볼 것이다. 우리는 모래놀이치료의 치유와 변화 과정을 이해하는 방법뿐 아니라 모래상자에서 이러한 치유와 변화가 나타나는 주제 또한 검토할 것이다.

전반적으로 모래놀이 과정은 무의식 속의 자기로의 하강과 그 뒤를 잇는 의식의 재출현 및 자기에 대한 자아의 재정돈으로 구성된다. 그것은 우리가 나오고 되돌아가는 원초적 전체에 대한 의식의 재정돈이다. 자기에 대한 우리의 탐색에서 논의했던 것처럼, 이러한 자기에 대한 자아의 의식적 정돈은 인생에 의미를 부여하고 도전과 환경에 목적을 부여한다. 모래놀이 안에서 자기에 대한 의식의 재정돈 과정은 여러 가지 방식으로 나타날 수 있다. 비록 과정의 일반적 패턴을 인식할 수는 있지만, 각각의 모래놀이 사례들은 본질적으로 독특하며 다른 사람은 보기 전에 허락을 받아야 함을 기억해야 할 것이다.

모래놀이에 적용되는 발달적 고려사항들은 여러 학파를 연결시킨다. 우리의 일차적인 관심사는 심리내적 성장과 치유에 있지만, 발달의 다른 차원들도 모래놀이 과정에 하나의 요인으로 포함된다. 나이, 성, 개인력과 같은 문제들이 모두 모래놀이에서의 발달과정에 영향을 미친다. 앞으로의 장들에서는 세 가지 주요한 관점인 심리학적, 신화적, 신경생물학적 관점을 통해서 발달 주제를 다룰 것이다.

모래놀이에서의 발달에 대한 우리의 심리학적 고찰은 Erich Neumann(1953/1973, 1971, 1972, 1973)의 작업에서부터 모래상자의 상징 안에 정신내적 과정이 일어나는 것을 보고 설명하려고 한 Dora Kalff(1980/2003)의 작업에 우선적으로 기반을 둔다. Neumann의 작업에서, Kalff는 마음의 깊이로부터 발달을 날카롭게 구분하는 이론 구조를 발견하였다. 비록 Neumann의 작업은 이해하기 어려울 수 있지만, 모래놀이 작업의 더 깊은 관계로 가면서 우리는 마음의 변화 과정에 대한 내적 계획에 적절한 지도를 필요로 하게 된다. 이러한 성장과 변화의 더 내적인 측면을 검토하고 난 후, 모래상자에서 외견상 발달적 차이가 날 때 보이는 몇 가지 특징을 알아볼 것이다. 이는 모래놀이에서 내담자의 나이와 성에 대한 문제를 고려하는 것을 포함한다.

이러한 발달의 더욱 합리적인 고려사항에서 벗어나서, 변화의 내적 작용에 대하여 풍부한 심상적 이해를 하기 위해 정신 자체의 언어인 신화학을 살펴볼 것이다. 무수한 신화적 전설이 치유와 변형의 패턴들을 묘사하고 있지만, 나는 Neumann과 Kalff의 이론과 비교하여 모래놀이에 대한 우리의 이해를 더욱 촉진하기 위해 북유럽 신화인 위그드라실(Yggdrasil),[1] 즉 세계수를 골랐다. 위그드라실의 기저에 있는 뿌리는 심리발달에 포함된 단계들을 묘사하며, 이는 변화과정으로의 진입 시점의 역할을 한다. 두 가지 고려사항은 모래놀이에서의 우리의 작업에 수확을 가져다주었고 면밀한 검토를 할 만한 것이다.

마지막으로, 신경생물학 분야에서의 몇 가지 최근 발견들에 질문을 던져 모래놀이에 대한 매우 다른 접근을 채택할 것이다. 비록 내가 개인적으로 아마추어의 관심 이상으로 과학에 대한 이해에 어떤 주장을 할 수는 없지만, Kalff와 Neumann의 앞선 관찰과 극적으로 비슷한 최근 연구에 대한 조야한 검토를 시도할 것이다. 뇌의 성장과 발달에서의 대인관계의 결정적인 양상들을 기록하는 자연과학에서의 발견들을 탐색할 것이다. 그 외에 우리는 자기(Self)라고 일컫는 마음의 중심적인 조직적 특성을 살펴보는 과학적 연구를 검토할 것이다.

모래놀이에서의 발달에 대한 논의를 진행하면서, 우리의 유일한 목표는 모래놀이 과정에 대한 우리의 관계를 더 깊게 하려는 것임을 기억할 필요가 있다. 우리가 말하는 그 어떤 것도 확정된 것은 아니며, 우리가 논의하는 모든 것은 그 관계를 촉진하는 하나의 안내자로 여겨질 것이다.

---

1) 역자 주: 북유럽 신화에 나오는 거대한 물푸레나무인 세계수를 말하는 것으로 이는 우주를 떠받치고 있는 동시에 천국, 땅, 뿌리를 통해 지하세계와 이어 주는 역할을 한다.

제 1 편

모래놀이치료에서의 발달적 고려사항

제1장

모래놀이의 발달이론: Neumann과 Kalff

서 론

Dora Kalff(1980/2003)는 모래놀이에서 나타나는 치유와 변형의 과정을 설명하기 위해 Erich Neumann의 1973년도 연구인 『아동: 초기 성격의 구조와 역동(*The Child: Structure and Dynamics of the Nascent Personality*)』을 인용하였다. 이 장에서는 Kalff가 보았던 정신내적 성장과 변화의 순서 및 특징을 이해하기 위한 구조를 계발하기 위해서 Neumann의 심리 이론을 검토할 것이다.

Neumann의 이론들은 유아기 발달에 포함되는 변화의 내적 기제를 이해하는 도구뿐 아니라 성인의 치유와 성장 과정을 이해할 수 있는 도구를 제공한다. Neumann의 가설은 자기를 중심적 조직 원리로 가정한다. 그의 이론은 이러한 정신적 변화의 보이지 않는 요소들과의 관계에 들어가는 도구로서 잘 적용될 수 있다.

Neumann은 유럽인이었기 때문에 의식적 자각을 그 목표로 두는 서양 정신에서의 내적 성장과정을 묘사하였다는 것을 알아 두는 것이 중요하다. 서양에서는 의식적 자각과 무의식 간의 구분이 발달의 척도로 여겨지지만, 동양에서는 이런 점이 두드러지지 않는다. 저명한 일본 모래놀이 학자인 Hayao Kawai(1988)는 아시아인의 정신은 전체를 보려고 노력하기 때문에 무의식과 의식 간에 모호한 경계를 유지하고 있다고 관찰하였다. 서양과 동양 간 심리적 발달의 차이는 탐구하기에 흥미로운 영역이지만 이 책의 범위를 넘어선다. 이러한 주요한 차이들은 모래놀이에서 나타나고, 아시아인 내담자들과 작업하는 서양 치료자뿐만 아니라 비서양 문화권의 치료자 또한 주의해야 하기 때문에 여기에 언급하였다.

Neumann은 C. G. Jung의 개인 제자였으며 Dora Kalff와는 면식이 있는 사이였다. 『아동』(1973)은 Neumann의 후기 저서 중 하나이며 그의 탁월한 경력 중에서도 최고봉으로 여겨진다. 『아동』에서 Neumann은 Freud, Klein, Levy-Bruhl, Piaget 및 다른 학자들에 의해서 발전되어 온 이론들을 Jung 학파의 개념적 틀인 정신내적 이론으로 통합시켰다. 그럼으로써 그의 저서는 자기의 중심 조직 원리하에 있는 생애 초기의 성격 출현에 대해 자세한 설명을 제공해 주었다. Jung의 연구가 주로 후반기 삶을 사는 성인 개인에 관련된 것이라면, Neumann의 연구는 자아와 자기 관계에 대한 초기 정신적 토대들을 설명하고 있다.

아동 발달에 대한 다수의 연구들은 이러한 분야의 초창기 작업들 이후로 나타나게 되었다. 현대의 연구들이 유아 발달에 관한 Neumann의 견해에 대해 많은 논쟁을 제기하고 있지만, 그의 관찰은 출생에서부터 의식적인 자아가 안정되고 외부 공동체적 삶에 대한 적응이 될 때까지의 정신적 성장과 발달에 계속적으로 가치 있는 길잡이를 제공하고 있다. 사실 대상관계와 자기심리학 이론들에 친숙한 독자들은 Neumann의 관찰에서 어떤 유사점을 발견할지도 모른다.

Neumann의 연구는 우리에게 성장하는 유아가 경험한 내적 발달의 가장 초기 단계들의 미묘한 점을 인지하게 하는 강력한 도구를 제공해 준다. 이러한 자료를 이해하는 것은 모래놀이 연구를 할 때 필수적이다. 빈번하게 내담자는 자신의 상처로 인해 경험의 시작으로 되돌아가서 강건한 성격발달 및 건강한 기능을 위한 정신적 기초를 재정돈하고 재건한다. 초기 심리발달에 대해 확실하게 파악하는 것은 또한 후반기 삶에서의 개별화 과정 동안의 건강한 개인의 내적인 작업 특징을 이해하기 위해서 필수적인 것이다.

Kalff와 Neumann은 의식적인 자각의 모든 확장에는 초기 발달과정을 심리적으로 되짚어 보는 것이 포함된다고 인식했다. 각각의 내적 변형을 거침으로써 자아는 죽고, 다시 자기와의 더 많은 의식적인 관계 속에서 재탄생되어야 한다. 성격으로 충분히 통합되기 위해서 각각의 새로운 자각은 정신 진화의 모든 단계를 통해서 진행되어야 한다. 따라서 심리발달 과정을 고려해 볼 때, 우리는 다음의 세 가지 변화 차원을 살펴볼 것이다.

Ⅰ. 아동의 초기 심리발달

Ⅱ. 심리내적 상처 및 고착의 치유

Ⅲ. 전 생애를 걸쳐 일어나는 의식적 자각의 새로운 확장의 발달

Dora Kalff(1980/2003)의 연구는 모-아 사이의 근본적인 관계에 대한 결정적인 중요성을 강조하였다. Kalff는 Neumann이 초기 관계로서 언급한 것을, 모-아 단일체로 불렀다. Kalff는 모래놀이의 치유력과 변화의 작업은 이러한 발달의 초기 수준들에서 일어난다는 것을 관찰하였다. Kalff는 상징에 대한 심오한 직관력 및 인식을 바탕으로 모래상자 속에 나타난 가장 초기 발달 단계를 통해 내담자들의 정신내적 움직임을 따라갈 수 있었다. 종종 Kalff는 모래놀이 심상이 모-아 관계에 있어서 초기 상처들을 보여 준다는 것을 관찰하였다. Kalff는 많은 사람들의 모래놀이에서 나타나는 정신적 움직임을 조심스럽게 따라가 봄으로써 내담자들의 치유과정들이 빈번히 Erich Neumann이 기술한 초기 아동 발달의 단계들로 되돌아간다는 것을 발견하였다.

Kalff가 관찰한 패턴은 안전한 모-아 단일체의 증거를 나타내는데, 그것은 어머니 피겨와의 관계에 의해서 나타난다. 그다음에 자기 원형의 구성에서 나타나는 정신적 중심화가 따라온다. 건강한 자아발달은 다음 단계에서 나타나게 되며, 그 결과 증상이 감소되고 기능들이 복구된다.

심리발달 과정의 초기 세 단계에 대한 Neumann 및 Kalff의 이해 비교

심리발달의 초기 단계	
Neumann	Kalff
어머니와의 초기 관계	모-아 단일체
세상의 부모들과의 분리	어머니와의 관계
중심성	자기의 구성

자아발달의 초기 단계에 대한 Neumann 및 Kalff의 이해 비교

자아발달의 단계	
Neumann	Kalff
남근기적인-지하에 사는 마술적인-남근기적인	동식물
마술적인-호전적인 태양의-호전적인	투쟁
태양의-합리적인	집단에 대한 적응

심리발달에 대한 Erich Neumann의 이론

이제 Neumann(1973)의 저서 『아동』에서 나오는 아동 발달에 관한 이론으로 돌아가, 그의 이론을 모래놀이에서 적용시키기 위한 연결점들을 만들어 보고자 한다. 나는 모래놀이 이해를 위해 특별히 중요한 점들인 Neumann의 개념을 요약하고 개관하고자 했다.

초기 심리발달의 단계

심리발달의 첫 번째 단계: 초기 관계

Neumann(1973)은 심리발달에 대한 지각의 기초를 주도적인 중심으로서의 자기의 개념에 두고 있다. 자기는 선험적이고 환경과의 관계에서 삶의 과정 내내 발달해 간다. 또한 자기는 발달 이전에 존재한다. 자기는 존재와 발달의 원천이고, 발달을 이끌어 가는 궁극적으로는 삶 자체의 목표다.

Neumann(1973)은 발달의 최초 단계를 초기 관계라고 기술하였다. Dora Kalff는 이 관계를 후에 '모-아 단일체(mother-child unity)'로 불렀다. 앞으로 우리는 이 용어들을 호환성 있게 사용할 것이다. 출생 후 모-아 단일체는 참여 비법이라 할 수 있는데, 여기서 아동은 자기와 타인에 대한 인식이 없다. 다만 아동과 어머니는 무의식적으로 서로를 이해한다. 이것은 하나의 일체화된 장이라 할 수 있는데, 여기서 아동은 분리된 신체나 개별성을 지각하지 못한다. 이러한 것들은 1세 정도가 될 때까지 발달하지 않는다. 하지만 이러한 견해는 현재 연구들에서 논쟁을 불러일으키는 것이다. Daniel Stern(1985)은 비록 이후의 뇌 발달에서 이용할 수 있는 것보다 덜 형성되어 있고 좀 더 총체적인 형태이긴 하지만 유아도 자신만의 지각 경험을 가지고 있다고 주장하였다. 이러한 초기 발달의 세부 사항에 대한 연구의 중요성을 간과해서는 안 되지만, 우리의 연구의 중요한 특징은 유아와 초기 돌보는 사람 간의 관계에 관한 것이다. 따라서 우리는 위에서 언급한 논쟁에 주의를 기울이지는 않을 것이다.

이러한 초기 관계는 차후에 맺게 되는 모든 관계의 기초다. 초기 관계 속에서 얻게 되는 최초의 안전감은 타인 및 다른 것들과의 모든 접촉 속에서 나타나는 정서적 관계성의 토대를 형성한다.

아주 좋은 어머니

모-아 단일체의 초기 관계는 아동의 자아 인식의 발달 전에 존재하는 발달의 근본적인 단계다. 자아 이전의 정신의 원형적 속성 때문에, 이러한 초기 단계 동안 유아는 어머니를 좋은 어머니 그리고 인간의 형태를 한 어머니 여신으로 지각한다. 그녀는 원형의 구성요소다. 실제로 Neumann은 아동이 개별화되고 자아가 발달될 때까지 어머니는 아동에게 아주 강력한 인물임을 관찰했다. 원형적 좋은 어머니는 아동의 발달에 필수적이다. 아동의 자아가 어머니-자기의 보호적인 전체에 잠시 보류되어(suspended) 있는 동안, 좋은 어머니는 성격의 건강한 발달에 필수적인 안전과 신뢰를 제공한다.

Neumann(1973)은 어머니가 아동의 자기를 대표하거나 수행한다고 가정했다. 그는 아기 같은(neotenous) 특질이 아동과 부모의 부드러운 상호작용을 일으킨다는 것을 관찰했다. 아기의 아기 같은 특징은 둥근 머리, 조그마하고 작은 얼굴, 돌출한 볼과 이마를 포함한다(Gould, 1977; Montague, 1981). 제한된 아기 움직임 또한 이러한 특징에 포함된다. 어머니의 본능적인 양육 행동은 아동 안에 복잡한 정신적인 기능을 하게 한다. 비록 그들이 발달과정에서 아주 초기에 있다 할지라도, Neumann은 이를 자아와 무의식 간의 정신발달의 시작으로 기술하였다.

Neumann(1973)은 초기 아동기에 아동의 경험은 신체-자기와 같다는 이론을 세웠다. 그는 아동이 외적 세계는 피부를 통해, 내적 세계는 소화관(alimentary canal)을 통해 경험한다고 제안했다. 어머니와 되풀이되는 접촉은 분리된 자기로서 신체에 대한 자각을 점차적으로 가능하게 한다. Neumann에 따르면 어린 아동은 몸통 부분에 대한 감각을 덜 가지고 있다. 이것이 어린아이들이 빈번하게 사람을 몸은 없고 머리, 팔다리로 그리는 이유다. Neumann은 음식은 이 관계에 대한 상징이라고 언급했다. 그러나 이에 대한 충분한 대체물은 아니다.

Neumann(1973)은 초기 모-아 단계에서 아동이 신체적이고 실제적으로 모든 영적이고 정신적인 요소들을 경험한다는 것을 관찰하면서 이런 추론을 이어 갔다. 외적 세계는 영혼과 영의 내적 실제와 아직 분리되지 않아서 단일체로 경험된다. 따라서 Neumann은 아동이 세계를 신화적으로 이해한다는 것을 관찰했다. 즉, 아동의 경험은 신화 내에서부터 나온다. 아동은 신화적 경험을 사고, 단어 또는 독특한 정신 이미지로 반영하는 능력이 아직 발달되지 않았다. 꿈꾸는 사람의 자아가 잠자는 동안 정지되는 것처럼, 아동은 자아 없이 살아간다.

초기 관계의 중요성

초기 모-아 관계의 속성은 모든 형태의 관계의 질을 결정한다. 이것은 자기 자신의 정신내적 경험뿐 아니라 다른 사람, 사물, 사건에 대한 관계를 포함한다. 따라서 자기 자신에 대한 아동의 관계는 원래의 모-아 관계의 질에 의해 결정된다.

자기 확신은 어머니에 대한 최초의 관계에 거의 전적으로 의존한다. 그러나 어머니에 대한 아동의 초기 경험이 원형적이기 때문에, 유아는 다른 긍정적인 모성적 원형 영향력에 개방적이 된다는 Neumann(1973)의 관찰은 매우 흥미롭다. 그는 어머니의 긍정적인 담아두기뿐 아니라 모-아의 불충분함에도 불구하고 아동이 나무와 정원 등의 원형적인 모성적 특징에 의해 긍정적으로 영향을 받을 수 있다고 제안하였다. Neumann의 관찰은 어떻게 명백히 형편없는 초기 양육을 받은 내담자들이 그럼에도 아주 안정적이고 견고한 성격을 나타내는지 이해하는 데 유용하다.

Neumann(1973)은 이것은 사랑에 빠지는 것에 대한 일반적 의미의 원형이 되는 초기 모-아 단일체의 경계 없는(uroboroic) 경험이라고 지적하였다. Neumann은 많은 성인들의 관계 행동이 다른 사람과 관계를 맺는 견고하게 발달된 능력 대신, 어머니에 의한 초기 관계 함입 차원으로 격하되어 있다고 제안하였다. 서구문화에서 낭만적이고 유혹적인 광고 매체가 상품 판매를 위해 이용되는 것을 미루어 보면, 얼마나 우리가 좀 더 성숙한 형태의 관계를 맺을 수 없는지가 고통스럽지만 명백하다. 명백하게도, 많은 사람들이 초기 결핍에서 유래된 다양한 정도의 설명할 수 없는 상처를 가지고 있다.

Neumann(1973)은 현실을 관련 없는 파편이 아닌 정돈된 전체로 지각할 수 있는 아동의 능력을 초기 관계의 사랑하고 생기를 주는 에너지인 에로스의 덕으로 돌린다. 그는 에로스를 감정이 실린 질서와 의미의 경험으로 정의하였다. 모-아 관계에서 경험된 사랑의 유대는 아동이 자신의 에너지를 의미 있는 방식으로 삶에 사용하도록 한다. Neumann은 초기 관계의 에로스가 풍부한 속성을 의식의 모권적 수준이라고 불렀다.

안정적인 모-아 관계에서 견고한 기초의 다른 측면은 결핍이나 상처를 견디는 개인의 능력이다. 건강한 모-아 단일체 안전성에서, 어머니는 아동에게 자기로서 행동한다. 그렇게 함으로써 어머니는 아기의 내부와 외부의 유해한 경험을 중재하기 위한 보상적 방식으로 행동한다. 어머니는 부정적인 속성이 아동의 경험을 지배하지 않도록 아기를 안심시킨다. 이런 식으로 어머니는 아동의 발달하는 능력이 고통과 어려움을 견디도록 촉진한다. 발달이 진행되고 어머니와 아동이 분리됨에 따라, Neumann(1973)은 그들 간에 사랑이 증가한다고 언급했다. 그는 이것이 긴장을 견디는 아이의 능력을 더 발달시킨다고 제안하였다.

긍정적인 초기 관계로 인해, 발달하는 자아는 이후에 개인적이고 개별적인 발달에서뿐 아니라 개인의 한계를 초월한 차원에서 발생할 수 있는 위기들을 통합할 수 있게 된다. 즉, 긍정적인 모-아 관계는 아동이 일생 동안 발생하는 무의식 재료를 유익하게 사용하도록 하는 데 필요한 정서적 기술과 성격을 발달시키도록 도와준다. 초기 관계에서 견고한 기초로 인해 개인이 무의식적인 폭발을 더 잘 이해하고 참을 수 있게 된다. 또한 더 큰 수준의 심리내적 발달을 향해 움직이도록 하는 내적인 힘을 가지게 된다. 초기 아동기에 발달된 이러한 정서적 도구들이 없다면 개인은 무의식적 재료에 의해 망가질 수 있다. 그로 인해 무의식적 충동에서 어느 정도의 부적절한 행동화가 나타나거나 경직된 성격 구조에 의해 방어적이 될 수 있다. 어떤 경우든지 개인은 내적 세계와 외적 세계의 진실성과 관련성에서 차단된다. Neumann(1973)은 심리내적 긴장을 견디지 못해 서구문화의 많은 장애가 나타났다고 생각했다. Neumann은 수년 전에 이것을 썼다. 하지만 그의 초기 관찰이 폭력과 잔혹함이나 현대 삶의 소유적인 특성들을 어떻게 설명할 수 있는지를 이해하는 것은 어렵지 않다.

모-아 단일체의 장해

초기 관계의 결정적 시기 동안의 어머니 상실은 아동에게 세상과의 접촉 상실을 만든다. 이것은 자기 보존과 성장하고 발전하는 능력의 기본적 손상을 초래한다. 이런 발달의 초기 단계 동안의 어머니 상실은 본질적으로 자아발달 시작의 파괴다. 이 발달 단계 동안 아동은 어머니 원형에 의한 거절이나 비난을 지각한다. 아동은 자기를 신체로 경험하기 때문에 신체의 수용이나 거절 또한 어머니에 의한 수용과 거절과 관련이 있다.

모-아 단일체의 장해는 아동이 경험한 어려움의 결과로 일어날 수 있다. 복통과 같은 신체적 질병이나 불편은 아동의 편안감이나 안전감에 무시무시한 장애가 된다. 아동은 아직 어머니의 신체와 분리된 자신의 신체를 경험하지 못하기 때문에 이러한 혼란을 어머니의 상실로 경험한다. Neumann(1973)은 심리발달의 문제를 고려하기 위한 결정적인 요인은 항상 아동의 원형적 경험이지 단지 객관적 자료가 아니라는 것을 우리에게 상기시켰다.

공격성과 심리발달

초기 관계에서 굶주림, 고통, 공포가 자신의 안녕을 방해할 때 아동은 공격적이 된다. 이 공격성은 자기 방어의 수단이거나 어머니에게 어려움을 알리는 경보기의 역할을 한다. 아동은 자신의 어머니가 적절하게 반응해 줄 때, 자신의 공격성을 통합하고 강한 감정을 다른 식으로 표현하거나 담아 둘 수 있다. 원형적 경험 안에서부터 아동은 이와 같은 안전한 버텨주기를 좋은 어머니로 경험한다.

Neumann(1973)은 공격성은 발달의 새로운 단계가 시작되는 동안 자연스럽게 나타난다는 것을 관찰하였다. 심리발달의 어떤 새로운 단계의 시작에서든지, 안녕감은 성장과정에 필요한 변화에 의해 방해받는다. 초기 아동 발달이든 후기 성장이든, 변화에 의해 유발된 주관적인 경험은 초기 삶에서 환경적 박탈이 일으킨 경보감과 같다. 모래놀이에서 새로운 발달 단계들과의 관계에서 공격성 주제를 따라가는 것은 유용하다. 만약 공격적인 주제가 모래놀이 과정 동안 갑자기 나타나는 것 같다면, 그것은 Neumann이 새로운 발달에 수반하는 것으로 설명한 공격성일 수 있다.

죄책감과 심리발달

Neumann(1973)은 성장과 변형의 정상적인 과정에서 발생하는 만연한 형태의 죄책감과 일시적인 죄책감 간의 차이를 구별했다. Neumann은 만성적인 죄책감이 초기 관계의 장해를 나타낸다고 관찰하였다. 어머니는 상실된 존재로 경험되는데, 이로 인해 아동은 자기 자신을 끔찍한 어머니로 여기는 신화적인 경험을 하게 된다. 아동은 어머니의 상실을 사랑받지 못하고 비난받으며 비정상적이고 불쾌한 것으로 경험한다. 아동이 이러한 비난을 더 수준 높은 원형적인 판단의 형태로 경험하기 때문에 죄책감은 전반적인 감정이 된다. 아동은 정신의 원형적인 수준에서 이것을 신에 의한 비난으로 주관적으로 경험한다.

이후의 삶에서 치유나 변형이 없으면 개인은 모욕과 비난을 당연하고 의심할 여지없는 사실로 계속 지각한다. Neumann의 초기 죄책감 형성에 관한 관찰은 모래놀이에서 우리에게 커다란 도움을 줄 수 있다. 치료자는 만연한 죄책감을 심오하지만 아직 표현하기 어려운 언어 이전의 박탈과 동등한 것으로 다룰 수 있기 때문에 내담자의 치유와 변형의 원시적 특징을 더 잘 담을 수 있다.

성격이 발달하면서 이전에 동일시했던 것에 대한 집착을 포기할 때, 죄책감은 또한 변형과정의 자연스러운 구성요소가 된다. 죄책감은 새로운 정신적 경험에 대해 의식적으로 충성하기 위하여 이전에 매우 높게 평가되었던 것을 버리는 느낌과 같다. 따라서 심리발달의 모든 변화는 죄책감과 상실감을 동반한다. 게다가 상실한 것에 대한 애통함의 요소가 있다.

자기애와 초기 상처

Neumann(1973)은 발달 초기 단계에서의 고통은 무감동과 유아로의 퇴행을 일으키는 자아 부재 형태를 초래한다고 관찰하였다. 아동의 발달이 진행되고 약간의 자아 구조가 형성됨에 따라, 초기 고통의 경험으로 인한 주관적인 괴로움과 부정성이 나타나게 된다. 그 극단적인 형태로, 매우 장해가 있는 모-아 관계는 사랑받지 못한다는 주관적 경험을 하게 한다. 이런 삶의 필수적인 기초 성분의 부재는 사랑의 결핍을 보상하기 위한 탐욕스러운 갈망을 일으킨다. 이 상실은 Neumann이 부정적이 된 자아의 버려진 특징이라고 기술한 자기애의 부분이다. 그는 이것을 자아가 어느 정도의 공고화를 획득했을 때, 즉 발달 후기 단계의 상처로 인해 발생하는 약해진 자아와 구별하였다. 부정적이 된 자아는 접촉을 차단한다. 이런 고립은 불안정과 유기의 주관적 경험을 증폭시킨다. 이것은 다시 열등감과 비참함을 왔다 갔다 하는 경직성, 공격성, 부정성의 악순환을 초래한다.

Jung 학파의 성격이론에 대한 우리의 논의를 되새겨 보면, 자아의 과업은 내적·외적 세계 모두와 직면해서 전체 성격을 나타내는 것이다. 자아는 의식을 보호하고 무의식의 영향에 개방적이 되도록 한다. 안정된 자아는 성장과 변형뿐 아니라 세상의 연속성을 유지할 수 있다. 반면 부정화된 자아는 경직되어 있다. 그것은 에너지가 만들어지게 하는 무의식적 내용을 배제한다. 이로 인해 혼돈의 범람과 분노의 주기적인 삽화가 나타나게 된다.

해럴드 해럴드의 모래놀이 사례는 이 수준의 초기 상처와 자기애적 방어의 좋은 예다. 그가 6세 때 만든 모래놀이는 그에게 초기의 상실을 다룰 기회를 주었다. 해럴드의 상처는 그가 명확하게 표현하거나 의식적으로 이해할 수 있는 능력보다 발달적으로 이전에 일어났다. 모래놀이의 비언어적이고 상징적인 특징은 그의 거대성, 낭만적으로 묘사된 방어, 상실, 그리고 그의 약점인 고통으로 되돌아가도록 하였다. 해럴드는 1번 상자에서 과장되게 섹시한 젊은 여자의 대각선 반대편에 심하게 상처 입은 늙은 남자를 묘사했다.

해럴드는 자신의 모래놀이 진행과정을 따라 그의 상실을 인정하고 몹시 슬퍼할 수 있었고 여성성과 건강한 심리내적인 연결을 형성할 수 있었다. 해럴드의 2~5번 상자는 상실과 비통함에 대한 깊고 고통스러운 인정을 담고 있었다. 5번 상자에서 늙은 중년의 남자가 공원 벤치 중앙에 있었는데, 그는 헛되이 전 생애 동안 찾고 있었던 비현실적인 과장된 여성상을 직접적으로 마주 보고 있었다. 그가 대리석 우상을 직면하면서 양육의 새로운 원천이 그의 옆 테이블에 나타났다. 이제 그는 그의 영혼을 의미 있게 유지할 실제 음식을 먹을 수 있다.

해럴드는 자신의 심리발달에 따르면 처음으로 돌아가서 치유하고 그의 발달 여정을 다시 시작할 수 있었다. 그는 자신의 생활연령 때문에 차후 발달의 모든 단계를 다 향상시킬 수는 없을 것 같았다. 하지만 그의 모래놀이는 자신에 대한 근본적인 자각을 다시 정리해 주었다. 해럴드는 자신의 만연한 죄책감과 비난을 처음으로 치유하고 변형할 수 있었기에 자신이 인간으로서 가치 있고 사랑스럽다는 것을 깨닫기 시작했다.

모래놀이의 초기 관계: 모-아 단일체

신화적 통각으로 아동은 편안함을 천국으로 경험한다. 바꿔 말하자면, 아동은 원형적으로 고통을 지옥에 있는 것으로 경험한다. 공식적인 방법으로 모래놀이 피겨에 어떤 구체적인 의미를 붙이는 것이 결코 불가능한 반면에, 모-아 수준에서 심리발달의 새로운 부분의 시작에 대한 일반적인 분위기는 순수한 평온함의 분위기이다. 이런 평온함은 새롭게 나타나는 요소들을 충분히 버텨 주고 지지한다. 모래놀이 상징에 있어서 모-아 단일체는 어머니와 아기의 쌍으로 목가적인 장면으로서 나타날 수 있다. 이러한 것들은 동물적인 어미와 그들의 어린 새끼나 인간의 어머니와 아기가 될 수 있다.

에이드리엔 자신의 모래놀이 작업에서, 에이드리엔은 11, 20번 상자에서 오히려 직접적으로 자신의 어머니의 거부에 대해 이야기했다. 모래상자는 그녀의 고통스러운 상실에 대한 무덤이 되었다. 26번 상자에서 모래 전체가 새로운 잠재력의 출생을 위한 자궁이 된다. 매우 즐거운 아기들은 그녀 자신인 대지의(earth) 어머니의 표면 위를 기어 다니기 때문에 26번 상자는 모-아 단일체의 아름다운 본보기다. 지구 몸체의 둥근 자궁은 임신한 여성의 피겨를 나타낸다는 것을 관찰하라.

아이비 그녀가 천국이라고 불렀던 아이비의 2번 상자는 모-아 단일체에 대한 또 다른 아름다운 본보기다. 아이비의 작업에 있어서 심리발달의 이러한 시초는 평화스러운 정원에서 머무는 한 쌍의 동물로 나타난다. 에이드리엔이 그랬던 것처럼, 자신의 여성성에 대한 아이비의 변형된 수용은 대지의 자궁으로부터 일어난다.

애런 애런의 모래놀이 작업에서 심리발달의 세 가지 초기 양상 모두가 그의 4번 상자에서 동시에 나타난다. 1, 2번 상자에서 그의 상처, 장점, 내적 작업에 대한 방향을 상징적으로 명확히 했기 때문에 그의 변화에 대한 초기의 세 가지 단계가 4번 상자에서 함께 나타나고 있다. 모-아 단일체는 미국 원주민 어머니들과 그들의 아기들에게서 보인다. 어머니와의 관계는 불 주위에 있는 공동체의 원 모양 집회로 나타난다. 자기는 중앙의 불 주변으로 원과 사각형의 결합된 풍경의 원형적 형태로 모양을 이루고 있다.

발달의 가장 초기 단계에서 자아와 무의식을 구별하는 것은 불가능하기 때문에, 유아는 신체를 통해서 모든 것을 경험한다. Neumann(1973)은 매우 어린 아동에게는 모든 심리적이고 환경적인 요소들이 신화적이고 영양을 주는 상징으로 경험된다고 추측했다.

먹이거나 양육적 주제를 가진 상징은 모-아 단일체 심리발달의 첫 단계의 특징이다. 모래놀이에서 먹이거나 먹는 주제를 볼 때, 우리는 양육되는 마음의 초기 수준에 대해 주목해야 할지 모른다. 우리는 내담자가 마치 새로 태어난 갓난아기처럼 발달의 가장 처음으로 되돌아오게 된다는 것을 이해하게 될 것이다. 생활연령과는 관계없이 모래놀이 내담자는 양육과 지지의 상처 없는 장으로 들어간다. 새로이 출현한 아기의 마음과 같이 새로이 발달하는 마음의 특성이 모래놀이에서 막 출현하기 시작한다. 내담자의 새로운 정신적 산물은 그것의 태생의 근원으로부터 아직 분리되지 않았거나 구별되지 않았다. 그러나 그것은 날카로운 기대의 고요함 속에서 명백한 실재를 가지고 있다.

Neumann(1973)은 아동의 경우 흡수와 배설의 자연스러운 소화과정이 창조와 변형의 과정에 대한 신화적인 추론이라고 추측했다. 아동의 관점에서는 창조와 변형을 매일 견뎌 내고 있는 것이다. 내담자가 모래에서 정신의 이런 수준에서 작업할 때 똑같은 원형적인 역동이 적용된다. 자아의 현실에 대한 버팀이 무너지기 시작할 때 모래놀이에서 변형의 초기 단계 동안에 느끼는 고통은 유아가 자신의 전체 세계가 위협받을 경우 느끼는 고통과 똑같다. 모래놀이에서 발달의 어떤 단계에서든 발생하는 변형과 그에 의해 유발된 정신내적 고통은 배고픔과 게걸스럽게 먹는 상징을 발생시킬 수 있다.

이러한 지각의 수준에서 고통에 대한 핵심 상징은 배고픔이다. 굶주림의 고통과 게걸스럽게 먹는 주제들이 나타난다. 모래놀이에서 우리는 위협적인 상어와 괴물과 같이 삼키는 것의 위협적인 형상을 볼 수 있다. 문어의 많은 게걸스럽게 먹는 팔들은 또한 이런 원초적인 위협 수준을 유지한다. 삼키거나 게걸스레 먹는 형태와 먹이고 양육하는 주제 간의 차이를 구별하기 위해 우리는 작업의 정동뿐 아니라 사용된 피겨들도 고려해야만 한다.

아이비 아이비의 4번 상자는 영화 스타워즈(Lucas, 1977; Reynolds, 1998)의 방탕하고 끊임없이 배고픈 괴물인 허트의 자바 피겨에서 초기 관계의 게걸스러운 측면을 나타낸다. 지구는 새로운 탄생에 대한 가능성으로 팽창하고 페가수스의 두 가지 피겨가 일어나서 고함치기 때문에, 아이비의 심리발달은 어둠의 존재와 원형의 게걸스럽게 먹는 측면이 필요하다. 원형의 그런 측면으로 인해 모래놀이의 안전한 상자에서 그녀의 새로운 성장이 활성화될 수 있었다. 아이비는 이 상자를 오래전에 완성시켰다. 그러나 그것을 검토할 때 나는 여전히 전율하게 된다. 그것이 가지고 있는 힘은 경이롭다.

에이드리엔 에이드리엔의 20번 상자는 아기를 낳다 죽은 어머니의 유령 귀신 앞에 서 있는 게걸스럽게 먹는 괴물들을 유사하게 옮겨 놨다. 에이드리엔의 모래놀이에서 우리는 26번 상자에서 볼 새로운 탄생을 준비하기 위해 초기 관계의 게걸스럽게 먹는 측면을 직면하게 된다.

심리발달의 두 번째 단계: 세상 부모와의 분리

인생 첫해의 끝무렵을 향할수록, 아동의 마음은 어머니의 마음에서 분리된다. Neumann(1973)은 이 발달 단계를 세상 부모와의 분리라고 언급했다. Dora Kalff는 그것을 아동이 어머니와의 관계를 형성할 수 있는 기간이라고 묘사했다.

이 발달 단계 동안, 아동의 자각은 탐험과 학습에 대한 소망을 보이면서 외부 세상으로 향한다. 아동의 마음은 더 이상 어머니의 마음 안에 포함되어 있지 않기 때문에 세상을 양극화시키기 시작한다. 처음에 이러한 양극화는 좋은 것과 나쁜 것의 매우 단순한 구분이다. 아동이 성숙함에 따라 양극화는 복잡해진다.

초기 발달에서의 여성성 및 남성성 에너지

Jung 심리학의 언어에서 아동의 가장 최초 경험은 여성에게서 생긴다. 이러한 이유로 Neumann(1973)과 Kalff(1980/2003)는 정신 차원을 모권적인 것으로 언급했다. 이는 적고, 어두운, 미지의, 감정적인 음조의 차원인 힘의 특성이다. 그것은 무의식의 영역이다. 정의, 경계, 합리성, 의식적 자각의 남성 특성은 후에 자아발달과 함께 진화한다. Neumann은 발달 초기 단계에서 아동이 남성으로서의 안녕감 쪽으로 침투를 경험한다고 이론을 세웠다. 여성 전체에 대한 이러한 간섭은 남성적 에너지의 시작이다. 간섭은 긍정적 혹은 부정적 경험일 수 있다. Neumann은 아동이 긍정적인 경험은 좋은 어머니에게, 그리고 부정적인 경험은 나쁜 어머니에게 귀인하면서 이후에 긍정적인 경험과 부정적인 경험을 구별할 수 있다고 주장하였다. 남성적 에너지는 후에 합쳐지고 후기 자아 형성과 함께 좀 더 명확해진다. 그럼에도 불구하고 모-아 관계에서 모든 것은 어머니에게서 나오는 것으로 경험된다.

나쁜 어머니

Neumann(1973)은 경험을 양극으로 초기에 나누는 것은 좋은 어머니와 나쁜 어머니 간의 분리 형태를 취한다고 관찰하였다. 그는 어린 나이에 어머니에 대한 아동의 계속된 의존과 아동이 자신의 독립성을 외로움으로 주관적으로 경험하는 것이 이러한 초기 분리를 설명한다고 주장했다. 자율성의 건강하고 자연스러운 감각 속으로 성장해 가는 이런 과정에서, 새로운 경험에 대한 불확실성은 아동에게 불안을 일으킨다. 어린 아동은 이러한 부정적인 성질을 어머니에게 귀인하고, 이로 인해 아동은 어머니를 나쁜 어머니로서 경험한다.

아동의 발달과 탐색이 계속되기 때문에 마음은 점진적으로 양극단의 쌍으로 조직화된다. 아동은 자신의 세계에 질서와 형식을 주는 사물의 쌍들에 대한 패턴을 배운다. 위아래, 앞뒤, 좋고 나쁜, 안팎 등의 차이점은 세상의 일들을 푸는 데 도움을 주는 심리내적인 구조적 틀을 세우기 시작한다.

모래놀이에서 세상 부모와의 분리: 어머니와의 관계

모래놀이 과정에서 심리발달의 두 번째 단계에서 새롭게 등장한 심리성장 특징은 피겨 쌍으로 나타날 수 있다. 마치 그들 존재가 초기에 인식하기를 원하듯이, 피겨들은 두 개의 집단으로 놓일 수 있다. 예를 들어, 길들이 두 개의 다른 색깔로 펼쳐질 수 있다. 상징적인 표현에서 다양성은 끝이 없지만, 이 심리성장 단계의 주제는 다른 것들과의 관계에서 무언가의 새로운 출현의 주제로 남아 있다. 새로운 것이 존재로 드러나고 인정된다. 관계에서 확인됨으로써 그 존재가 인정된다.

이 발달 단계에서 상처와 결핍은 사악하고 유기적인 어머니와 마녀로서 나타난다. 이는 죽음과 상실을 보여 주기 위해 출현과 성장이라는 대조법으로 나타날 수 있다. 어떤 경우에든 모래놀이에서 이 발달 단계의 어두운 면의 출현은 그것의 존재에 대한 인정이다. 비록 깊은 슬픔에 의해 동반되는 것임에도 불구하고 그것은 인정을 통해 성장과 발달 과정의 일부분이 된다.

심리발달의 세 번째 단계: 중심화

삶의 첫 단계 동안의 아동의 경험에서 어머니는 자기 원형을 가지고 있다. 안전한 모-아 단일체에서 아동은 충분히 정돈되고 상보적인 전체로서 현실을 경험한다. 이런 신화적인 입장에서 아동은 내부 및 외부 세계 모두를 전체적이고 완전한 것으로 동시에 경험한다. Neumann(1973)은 완전함의 주관적인 경험이 후기 발달에서 자기로 깨어날 아동의 마음에서 질서에 대한 선천적인 경향을 자극한다고 추측했다. 위에서 언급한 대로, 지속적인 건강한 발달과 함께 아동은 명백한 현실에 내재하는 양극단을 경험하기 시작하고 초기 양육자와의 관계를 발달시킨다.

적절한 사랑과 안전의 조건에서 대략 3세 정도에 아동의 마음은 중심성의 자연스러운 과정을 경험한다. 어머니의 전체성을 경험함으로써 아동의 마음에 발화된 전체성의 불꽃은 아동에게 자기의 출현을 일으킨다. Neumann(1973)은 이 과정을 중심화라고 불렀다. 그리고 Dora Kalff(1980/2003)는 이를 자기의 구성이라 언급했다.

이 기념비적인 발달적 사건과 함께, 아동의 마음은 어머니의 마음으로부터 분리되어 자기 원형의 중심화 영향에 의해 이끌리고 주도되는 자율적인 전체 속으로 들어간다. 아동은 중심성의 깊은 내적 경험을 하고, 삶의 조직화의 거대한 형식의 중심에서 자신의 존재를 주관적으로 깨닫는다. 물론 이 나이에 아동은 아직 경험에 대해 심사숙고하게 하는 자아 구조가 발달하지 않았다. 이 발달 단계에서 자기의 주관적인 경험은 완전함이다.

초기 아동기에 자기의 경험은 인간 중심의 한 형태인데, 이는 아동이 세상의 중심으로 자기 자신을 보는 것이다. 아동에게는 초기 아동기의 자기의 무의식적인 경험은 자신을 신으로 경험하는 것이다. 자기의 초기 구성은 모든 인간 경험을 조직화할 수 있는 중심점이라고 정의된다. Neumann(1973)은 이것이 모든 인간 발달을 위한 필수불가결한 기본요소이고 인류에게 독특한 것이라고 언급했다. 비록 어느 고양이 애호가들이 Neumann에게 동의하지 않는다 할지라도, 삶 후반에 가능한 자기를 중심으로 의식적으로 인식할 수 있는 능력이 인간의 독특한 부분이라고 말하는 것은 상당히 안전하다.

동시에 아동은 자기의 거대함을 압도적인 것으로 경험한다. 모-아 관계의 견고함으로 인해 아동에게 강력한 힘에 항복하도록 하는 안전함이 주어지는 반면, 자기의 완전성은 아동의 마음을 공격한다. 만약 어머니와 아동의 관계가 안정적이라면 아동은 공격을 버텨 낼 수 있을 것이다. 이런 식으로 건강한 모-아 관계는 아동에게 영적 각성을 가능케 한다. 이것은 아동의 후기에 자기의 좀 더 의식적인 발달을 위한 토대가 된다.

모래놀이의 중심화: 자기의 배열

모래놀이 과정에서 자기의 배열은 심리발달의 자아 이전 단계를 완성시킨다. 새롭게 나타나는 정신적 특성은 출현하는 존재로서 지금 적절하게 버텨지고 양육되고 인정된다면 이 단계에서 마음의 중심으로 오게 된다. 초기 상실과 외상으로 자기의 구성을 손상당한 개인의 경우, 모래놀이에서 자기를 중심에 두는 것은 삶의 질서와 의미를 회복하게 해 준다. 자기를 중심에 두는 것과 함께 내담자는 인생에서 친밀감과 목적에 관해 의심을 버리게 된다. 초기 자기의 배열과 함께 마음은 급진적으로 중심으로 재정렬하게 된다. 이것은 개인이 그 후 내내 자신과 모든 현실을 신성하다고 의식적으로 지각한다는 점에서 깨우쳤다고 얘기하는 것은 아니다. 대신 그것은 영원한 신의 존재를 원형적으로 경험하게 될지도 모른다는 중심성과 목적과 핵심의 깊은 인식을 일깨운다. 자기에 대한 더 발전된 인식을 계발하는 것은 개인이 자아와 자기의 의식적인 관계에 대해 지속적인 관심을 두느냐에 달려 있다. 이런 관심은 더 나아가서 발달과정 내내 가능하다. Jung의 성격이론의 탐색에서 살펴보았던 것처럼, 이것은 개인화 과정의 과제이다.

이 논의 부분에서 자기가 초기 아동기 발달 및 그 이후의 정신의 성장과 변화에서 자기의 역할과 관계가 있기 때문에 우리의 관심은 주로 자기의 중심화에 있다. 새로운 정신적 재료의 전의식적 출현의 세 번째 단계로서, 자기는 새로운 특징들을 조직화하고 동화하기 위해 중심점 역할을 한다. 통합된 성격을 위해서 새로운 것은 의식으로 나아가기 전에 자기를 접촉하거나 관통해야만 한다.

이러한 과정을 봉건국가의 구성원의 발달과 성숙으로 비교해 본다면 왕에게 바치게 되는 과정의 단계로 비유할 수 있을 것이다. 이런 왕국에서 성장할 때는 세상에서 우리의 입장을 취하기 이전에 전통의 근원을 알 필요가 있다. 또는 왕국의 구성원이 되기 위해 왕에게 인정받는 것이 필요하다. 삶에 참여하기 위해서 삶의 시작을 기억하고 처벌을 받아들인다는 것뿐만 아니라 우리가 세상 속으로 나갈 때 계속해서 누구에게 봉사해야 하는지를 기억하는 것이 중요하다.

나의 경험을 통해 볼 때, 자기는 모래놀이 과정 전체 동안 자주 여러 가지 방법으로 접촉할 수 있다. 내가 선호하는 것은 많은 양의 중요한 발생으로서의 자기의 초기 배열과 차후의 중심으로의 회귀로서의 자기의 현시를 구분하는 것이다. 나 자신의 작업의 경우에는 자기가 초기에 구성될 때 내담자가 겪는 상처와 복구의 근본적인 수준을 확인함으로써 이런 구분을 한다. 그러나 차이점과 구분을 논하는 것은 정말 중요하지 않는 것 같다. 우리가 차이를 경험한다 할지라도 자기는 자기다.

모래놀이에서 자기의 출현은 공식과 같은 것으로 제시할 수 없다. 그 중심적인 원형적 특성 때문에 자기는 자주 만다라 형상으로 나타난다. 그러나 모든 만다라가 자기의 출현은 아니며, 모든 자기의 구성이 만다라는 아니다. Dora Kalff(1980/2003)에 따르면 모래놀이에서의 자기 출현은 주로 자기의 신성한 에너지에 의해 구별될 수 있다.

자기 출현이 무엇인지 또는 자기의 출현이 아닌 것은 무엇인지를 논하기를 시도하는 것은 불필요한 것 같으며, 아마도 내담자의 작업에도 무례한 것일 수 있다. 결국 모래상자에서 나타난 모든 것들은 여러 가지 점에서 자기의 반영을 나타낸다. 자기는 모든 존재하는 것의 근원이기 때문에 내담자가 마음을 치유하고 재정돈하기 위해 움직일 때 엄청난 상처와 장애에도 버틸 수 있다. 이런 자각과 함께 모래놀이 작업을 버텨 주는 것은 자기 상자를 설명하려고 시도하는 것보다 훨씬 존중할 만하다. 만약 모래상자에서의 표현이 신성하다면, 그것은 신성한 것이다. 그러나 신성하지 않다 할지라도 그것은 합리적인 작업이며, 여전히 근원으로서의 자기에 기초를 두고 있다.

Dora Kalff의 수련 사례들은 자기의 구성으로 가득 차 있었다. 나의 수많은 모래놀이 동료들의 경험과 나의 경험을 살펴보면, 자기는 자주 모래놀이에서 접촉되는 반면 자기 구성은 자주 일어나지 않는다. 설령 그렇다 하더라도 치유와 변화의 실질적인 과정은 일어난다. 왜 그런 일이 일어나는지는 곧 나올 위그드라실(Yggdrasil) 신화에서 분명해진다.

자아발달: 정신의 의식적 기능의 형성

어머니로부터의 분리와 자기의 중심화 이후에, 자아발달의 과정은 원활히 진행된다. 우리는 자아가 의식의 기관이라는 Jung 이론의 논의를 기억한다. 발달의 현 시점까지 아동은 부모의 정신에 무의식적으로 참여하고 있는 관계 상태로 살고 있다.

자아는 아동이 성공적으로 부모로부터 분리감을 발달시켰을 때, 어머니와 관계를 맺을 수 있을 때, 그리고 개인의 성격의 중심으로서 자기를 구성했을 때 만들어지기 시작한다. 이런 상태에서 자아는 독립적인 의식적인 기능 수준에 도달할 때까지 발달의 진행 단계를 통해 움직인다.

자기의 중심화와 같이, Neumann(1973)은 진정한 자아의 시작은 성격으로 명백해지기 전인 발달의 매우 초기 단계에서 일어난다는 것을 알아냈다. Neumann은 정상적인 아동 발달과정에서 완전한 자아의 형태는 천천히 시간이 흐르면서 형성된다는 것을 발견했다. 완전한 자아는 아동이 좋은 어머니와 동일시하는 환경에서 살고 있는 동안 나타나기 시작한다. 점차적으로 완전한 자아는 Neumann이 자아-자기 축이라고 불렀던 것에서 자아 축이 된다. 이런 발달은 초기 관계의 첫 단계에서 시작되고 모-아 단일체의 두 번째 단계에서 중심적 위치를 획득한다. 이때는 대략 1세경으로 아동의 정신이 어머니로부터 분리되기 시작할 시기다. 그러나 연구 목적을 위해 Neumann은 자기가 성격의 중심이 된 이후 발생하는 단계에서 자아발달을 확인하였다. 그는 중심화는 자기의 중심화 가능성뿐만 아니라 의식의 중심으로서 자아의 미래 발달을 위한 가능성을 창출한다는 것을 관찰하였다.

의식발달의 역동

Neumann(1973)은 정신역동의 용어로 자아발달 과정을 확인한 반면, Kalff는 이런 역동을 전형적으로 특징짓는 상징적 심상을 언급하였다. Neumann은 의식의 출현을 다섯 단계로 정의하였다. Dora Kalff(1980/2003)는 모래상자에서 상징적인 출현에 근거하여 다섯 개 단계를 세 개 단계로 통합하였다.

Neumann의 1단계 자아발달: 남근기적-지하세계의 단계

Neumann(1973)에 따르면 자아발달의 시작 단계는 수동적이고 좋은 어머니의 원형에 의해 이끌어진다. 남성의 무의식은 참여 비법(participation mystique)에서 시작되기 때문에, 모권적 무의식은 여전히 자아발달의 이 첫 수준 동안 우세하다. 발달의 이 초기 단계에서 아동의 주관적 경험은 전지전능하기도 하고 무력하기도 하다. 아동은 발달된 의식의 한계에 의해 제한되지는 않으나 무력하다. Neumann은 이것을 긍정적이든 부정적이든 간에 전지전능감으로 묘사하였다.

Neumann의 2단계 자아발달: 마술적-남근기적 단계

Neumann(1973)은 이 발달 단계 동안 어린 자아가 나름대로 활성화되기 시작하지만 본질적으로 어머니 원형에 의해 결정된 채로 남아 있다고 이론화하였다.

이 발달 단계 동안, 원의 상징은 만다라로서 아동의 정신에 나타난다. 자아가 최초 심리발달 단계의 경계가 불확실하고(urobric) 확실하지 않은 전체성에서 분리하기 시작할 때, 원은 싹트는 자아를 버텨 준다. 자아가 합쳐지고 세상과 분리되기 시작할 때, 원의 상징은 자아를 가지고 있다. Neumann(1973)은 자아가 여전히 이 초기 발달 단계에서 자기의 전체성에 대한 소속감을 여전히 느끼고 있어서, 성장하는 의식적인 자율성에 마술적인 전능감을 주게 된다고 말했다. 이 발달 단계 동안 자아는 신체에 대한 전지전능감을 경험하고 세상에 대한 주관적인 우월감을 경험한다. 아동의 주관적인 경험은 의식적이 되지만, 여전히 자기에 뿌리를 두고 있어서 세상의 중심에 있다고 경험한다. 아동의 경험은 의식적 자각보다는 정서성에 의해 영향을 받는다.

성장하는 아동은 여전히 자신을 세상의 중심으로 경험하기 때문에 그 지향점이 신화적이다. 경험은 상징과 원형의 신화적 이해로 분류된다. 중심점으로부터 수직축에 하늘과 땅의 신화적 방향이 나타나고 수평 축에는 시간의 흐름의 지각이 나타난다. 아동의 정신은 방향의 신화적 경험을 통해 정신의 의식적 현실을 구성하기 시작한다. 삶에 대한 의식적인 관계의 차후 구성은 이런 미발달적이고 신화적으로 경험된 좌표 위에 세워진다.

이 자아 출현 단계에서 중심적인 다른 신화적 요소는 세상에 대한 개인의 의존성과 개인에 대한 세상의 상응하는 의존성 지각이다. Neumann(1973)은 음식의 획득이 개인에게 중심적임을 관찰했다. 여전히 마술적인 자기의 축에 있으며 이런 욕구를 점차적으로 의식하기 시작하면서, 개인이 세상에 의존하는 것뿐 아니라 세상이 개인에 의존한다는 것을 동시에 지각하기 시작한다. 이는 훌륭한 어머니에 의한 젊은 연인인 아들의 살해와 멸망과 같은 신화적 주제나 태양을 계속 움직이도록 하기 위한 희생적 피의 의식에서 관찰할 수 있다.

여러 면에서 Neumann(1973)의 자아발달의 첫 두 단계를 전의식적인 정신 활동의 첫 번째와 두 번째 단계와 구별하는 것은 어렵다. 게다가 나타나는 자아의 중심점으로서 원의 출현에 관한 Neumann의 관찰은 Kalff(1980/2003)가 자기의 구성과 관련해서 말한 원의 초기 출현과 구별하기 어렵다. 초기 발달과정은 마음의 내용이 의식적으로 자각되기 시작하면서 반복된다. 차이점은 자아의 발달 단계 동안 자아의 여행에 새로운 내용이 수반되도록 반영적 자각의 요소가 발달한다는 것이다. 자아 출현 동안 일어나는 이런 발달 단계의 반복은 청소년의 삶의 발달 단계에서 보게 되는 과정과 매우 유사하다. 청소년의 발달 단계에서 청소년의 마음은 초기 생활사건을 의식적 자각에 통합하는 부가적인 과제로 인해 그것을 재경험하게 된다. 심리내적 발달에서 각각 생겨난 내용은 처음에는 무의식 속에 있고 나서 의식에서 나타나게 된다.

의식적 자각의 발달 단계에서 기억해야 할 중요한 것은 여전히 연결된 자기와 자아의 신화적이고 마술적인 특성이다. 의식이 나타났지만, 그것은 신화적 영역에 여전히 뿌리를 둔 채 남아 있다. 그것은 마술적이고 반영적이지 않다. 모래놀이에서 모래놀이의 움직임을 계속해서 의식적으로 자각하는 것은 유지되고 허용되어야 한다.

Kalff의 자아발달의 동식물 단계

Dora Kalff(1980/2003)는 Neumann(1973)의 첫 두 단계를 합쳤는데, 이런 의식의

초기 단계를 조직화하기 위해 마음이 사용하는 상징의 유형 때문에 그녀는 이 단계를 동식물적(animal-vegetative)이라고 명명하였다. 1단계와 2단계는 의식이 싹터서 처음으로 원시 세계에 들어가기 때문에 상징적으로 동물과 식물로 나타난다. 경계가 불확실한 무의식의 바다에서 나온 재료는 초기 방식으로 재료 형태로 나타난다. 상징적으로 새로운 내용이 의식되어 감에 따라 새로운 내용은 원시 형태를 띤다.

마음은 의식 속으로 여행을 시작할 때 세상의 진화를 재경험하게 된다. 이 과정은 초기 아동 발달 동안 발생하고, 의식되는 새로운 심리발달과 함께 일어난다는 것을 기억하는 것이 중요하다. 이 발달 수준에서 의식은 모래놀이에서 숲과 정글, 동물, 식물, 땅과 같은 장면으로 나타난다. 그것은 생기와 원초적 에너지로 가득 차 있다. 자아 출현의 동식물 단계의 분위기는 조용하고 거의 감상적인 고요함을 갖는다.

르네 르네의 14번 상자에서 자기가 구성되고 15번 상자에서 심리내적 가족 군집에서 자기가 표현된 후에, 그녀는 19번 상자의 동식물 세계에서의 바다의 삶으로 되돌아갔다. 심지어 매우 분열되고 구분적인 가족 가운데서도, 르네는 자신의 가치와 중심을 점차 의식적으로 자각하고 있다는 것을 자신의 지하 천국에 포함된 마음과 금 조각들에 의해 새롭게 알게 되었다. 20번 상자에서 그녀의 진보를 계속해서 의식함에 따라, 르네의 가족은 여전히 수평적이지만 지금은 그녀 자신의 자기중심성의 마음으로 둘러싸였다.

아이비 아이비의 마음은 10번 상자에서 자기의 중심에 접촉한 후, 11과 12번 상자에서 자아발달의 두 단계의 결합에 의해 나타나기 시작한 건강한 여성과 남성 에너지의 자각을 빠르게 받아들였다. 아이비는 자신의 평화스러운 언덕 풍경 정상에서 자랑스럽게 진주를 잡고 있는 유아 인어로 서 있었다. 11번 상자는 동시에 자아발달의 다음 단계에 이르게 했다. 떨어져 있는 토템 막대기와 두드러진 장례식장 굴뚝은 그녀의 가족의 근본적인 종교적 유산을 통해 그녀에게 주어진 여성으로서의 자신의 가치에 관한 투쟁과 혼란을 입증한다.

Neumann의 3단계 자아발달: 마술적-호전적 단계

Neumann(1973)은 이 단계 동안 자아가 모권에 대한 의존성을 극복하기 시작한다는 것을 관찰하였다. 이것은 여성성으로부터 남성의 에너지를 분리하기 시작하는 초기 단계다. 의식적인 자아는 남성적 에너지와 동일시하는 방향으로 이동해 나아간다.

Neumann(1973)은 외부 세상과 같은 자연을 지배하고자 하는 욕구는 사냥꾼이 무서운 어머니의 측면과 같은 호랑이, 사자 등을 이겨 낸다는 점에서 사냥의 상징으로 나타난다는 것을 관찰하였다. 상징적으로 보이는 남성적 힘은 이러한 자아의 발달 단계 동안 여성성의 강렬한 힘을 극복한다. Neumann은 이 단계를 자아가 어머니 원형의 지배에서 자유로워질 때 대체되는 의식의 초기 형태로 기술하였다.

Neumann(1973)은 원형들의 전체 영역은 자아에게 좋은 어머니로 나타난다고 말했다. 반드시 극복해야만 하는 각각의 단계는, 예를 들어 더 깊고 덜 의식적인 차원으로의 퇴행을 위협하는 상징적 용이다. 남성적 에너지와 같은 자아의 성장은 자신을 유지하고 움직이기 위해서 용과 맞서 싸워야만 한다. 신화적으로 이것은 고전적인 영웅의 여행이다. 이는 의식화되기 위한 아동 능력의 초기 발달에 관한 신화다. 또한 무의식의 어둠에서 벗어나 자각의 빛을 향해 들어가는 것처럼 우리의 의식적 자각 모든 측면에 관한 이야기다. 이 단계에서 상처나 지체가 일어날 때, 의식적 자아는 여성성에 의한 지배에 고착된 상태로 남겨진다. Neumann(1973)은 이것을 모권에서 부권으로의 전이 실패, 또는 무의식적 상태에서 완전히 발전된 의식발달의 상태로의 전이 실패라고 기술하였다. 그는 자아 출현의 마술적 단계 동안 입은 상처가 남성성에 대한 영원한 환상관계를 초래한다는 것을 관찰하였다. 여기에서 그가 상위의 태양적 남성성이라 명명하던 것은 하위의 남근기적 남성성과 혼돈된다. Neumann은 이것이 끊임없이 몽상적으로 애정을 획득하고자 했지만 압도적인 존재의 공포에서 벗어나 실제적인 관계를 맺지 못하는 돈주앙이라는 남성에게서 명백히 드러나는 것을 관찰하였다.

Neumann(1973)의 예는 남성 발달에 적합하지만, 그에 해당되는 역동은 자신들의 의식적 자율성을 완전히 발달시키고자 하는 능력을 거절당한 여성의 상처에서도 나타난다. 돈주앙 신드롬과 다르지 않게, 이것은 남성에 대한 의존성과 보상적인 비판을 초래한다. 왜냐하면 지금 여성에게서 이 단계를 넘어선 발달에 대한 제약이 문화적으로 가해지고 있느냐 아니냐에 대한 논쟁만 벗어나면 역동은 똑같기 때문이다. 이 단계에서 개인의 발달 지체는 지배성에 대한 연속적인 갈등을 초래하는데, 이것은 포섭되는 것에 기저하는 공포에 의해 야기된다. 유사하게 이 단계에서 등장하는 생산물의 심리내적 지체는 유사한 내적 갈등으로 나타난다.

Neumann의 4단계 자아발달: 태양적-호전적 단계

Neumann(1973)은 이 단계에서 자아가 무의식적인 여성성 에너지로부터 분리를 완성하는 것으로 기술하였다. 그는 자아가 이제 어머니 원형과 동일시하는 것에서 아버지와 동일시하는 것으로 이동할 수 있다고 설명하였다. 이 자아발달 단계에서 자아는 분리된 의식적 존재로 확립된다.

Neumann(1973)은 자아 의식의 발달과 한번 도달했던 위치에 고착하려는 정신의 관성 간에 근본적인 갈등이 존재한다는 것을 관찰하였다. 이것은 자아 자각의 첫 번째 목표 중 하나가 외부 세계에 대한 힘과 정복이기 때문이다. 동시에 성장하는 자아는 여전히 제약의 책임감에 묶여 있고 내적 세계의 무의식적 차원과 싸우고 있다. 상징적으로 Neumann은 이것이 어머니 원형의 끈질긴 측면으로 나타난다고 관찰하였다. 그는 이것이 자아를 급하게 붙들고자 하는, 각각의 이어지는 발달 단계의 지배적인 원형의 경향성으로부터 유래된 것이라고 설명하였다. 다음 단계의 원형은 그것의 좋거나 밝은 측면을 보여 주는 경향이 있는 반면, 지나온 단계의 원형은 어둡거나 무서운 끈질긴 측면을 보여 준다.

Kalff의 자아발달의 투쟁 단계

Dora Kalff(1980/2003)는 이 의식발달 단계의 상징적 심상이 전투의 특징을 띤다고 관찰하였다. 모래상자에서 의식 출현의 단계는 대립되는 위치에서 서로 직면하는 형태로 나타난다. 심리발달의 이 시점에서 자아는 무의식의 어머니 에너지로부터 분리된다. 자아는 성장하는 자율적인 심리적 실체로 기능하면서 남성적인 의식적 에너지와 동일시하게 된다. 이것은 여성성과 남성성, 어둠과 빛과 같은 양극단의 조건을 만들게 된다. 나타나는 정신적 내용은 우선 어둠과 무의식적 여성성 에너지의 불확실한 영역과 동일시되거나 포섭된다. 그것은 빛을 향해 나오고 의식적 정의에서 구분됨에 따라 어둠 속에 있는 이전의 집을 버려야만 한다. 강력하게 의식 속으로 움직이는 것은 남성적이 된다. 그 출현에 의해 남성성과 여성성, 빛과 어둠 간에 양극화가 확립된다.

한때 무의식의 바다에서 형태가 없었던 것은 고른 움직임으로 상호작용하는 대립되는 에너지 쌍으로 나타나고 형태를 지니게 된다. 이것은 자신을 반영할 수 있는 능력을 지닌 의식적 자각이다. 상징적으로 그것은 반대의 반대로서 한 쌍의 양극단으로 나타난다. 모래놀이에서 이러한 자아발달 단계에 도달한 의식은 동등한 힘을 보이면서 서로서로 대립하는 두 개의 투쟁하는 팀으로 자주 나타날 것이다. 빈번히 나쁜 팀에 맞서는 좋은 팀이 있을 것이다. 이것은 또한 어두운 특징을 지닌 심상과 맞서는 밝은 특징을 지닌 심상으로 나타날 수 있다.

Dora Kalff(1988)는 자신의 모래놀이 작업에서 자아발달의 투쟁 단계 동안 여자 아동과 남자 아동의 모래상자에서의 차이점을 관찰하였다. 남자 아동의 모래놀이는 투쟁 심상을 포함하였지만, 여자 아동의 모래상자는 빈번히 말의 심상을 지니고 있었다. Kalff는 성차가 남성은 갈등의 스타일이 지배하고 여성은 양육과 보호를 제공하는 것이 지배적이라는 것을 증명한다고 추측하였다.

투쟁 단계는 발달의 전의식 단계에서 이전의 것들을 반영한다. 전의식 발달의 초기 단계와 자아발달의 투쟁 단계 사이에서 정의된 차이는 대립되는 양극단에서 나타난 의식의 두드러진 역할이다. 상징적 차원에서 의식은 정반대의 상대를 완전히 인식할 때 분명해진다. 백인을 볼 때 흑인은 자신이 상대방과 완전히 다르다는 것을 인식하게 된다. 나쁜 사람을 만났을 때 착한 사람은 차이를 인식하게 된다. 발달과정의 이 단계에서 작용하는 요소는 인식의 의식적 자각에 있다.

아이비 아이비는 자신의 새롭게 발견한 여성성과 신체 표상을 의식적으로 통합하기 시작했기에 그녀의 9번 상자에서 활기찬 말의 무리를 보여 주었다. 아이비의 의식으로 나타난 새로운 심리적 특성은 인디언 마을의 평온한 가정 장면에서 일어난다. 그녀의 자각은 의식의 공고화를 향해 이동하기 때문에, 그녀의 자각은 동물적 본능에 의해 운반되고 집으로 이동한다.

애런 애런의 6, 7번 상자는 의식적 자각을 향한 움직임을 유사하게 반영한다. 6번 상자에서는 군인들의 자세를 반대편에서 전쟁하는 팀의 자세로 만들었다. 애런은 "나는 전쟁을 일으킬 거예요."라고 선언했다. 애런의 새롭게 발달한 의식은 명백하게 남성성 발달의 특징인 반대의 상징 역동에 직면했다. 아이비의 인디언 마을처럼, 애런도 새로운 의식적 산물을 7번 상자에서 자신의 방의 평온한 집 위치로 가져왔다.

초월 기능에서의 양극 대립

Jung의 성격이론을 논하면서, 우리는 또한 초월 기능 동안에 양극단의 상징적인 만남을 관찰했다. 우리는 이것을 의식하기 시작하면서 일어나는 반대 측면의 출현과 혼동하지 않도록 주의해야만 한다. 이 점에서, 초월 기능 동안에 일어나는 양극 대립은 전진하는 발달과정의 반대다. 초월 기능의 양극 대립은 자아의 이미 발달된 위치가 더 이상 유지될 수 없을 때 일어난다. 마음은 의식적으로 자각하는 것이 완전히 실행 불가능한 입장을 인정하고 더욱 성장과 발달을 위해 무의식으로 돌아올 것을 강요한다. 양극 대립은 자아의 위치에 대한 상징이 원형적으로 반대인 요소들과 분리될 때 일어나며, 이로 인해 마음은 힘들게 멈추고 새로운 근원에 접근하기 위해 아래쪽으로 에너지를 보내게 된다. 그러면 새롭게 타진된 정신적 특징은 발달단계를 통해 의식을 향해 위로 나아가야 한다. 내 경험으로 볼 때, 초월 기능은 때때로 모래놀이에서 분명한 양극 대립으로 나타나지만 항상 그렇게 나타나는 것은 아니다. 그리고 내 생각으로 볼 때, 초월 기능에 대한 양극 대립이 상징적 행렬에서 나타나고 심리적 에너지가 아래로 향하는 돌진을 예언해 주지만 그것이 항상 명백한 것은 아니다.

우리가 모래놀이에서 변화와 발달에 대한 이런 모든 측면을 분별할 수 있을 것인지 아닌지는 미해결 문제다. 그것은 또한 중요한데, 모래놀이 치료자는 반드시 그들의 이론적인 설명의 맥락에서 그것들을 보아야 할 것이다. 우리는 그 이론이 이해 방법을 제공하기 위해 경험에서 추출되었다는 것을 기억해야만 한다. 모래놀이의 신비와 아름다움은 상징과정의 풍부함이며, 그 풍부함 안에서 마음은 끝없는 방식으로 전개되고 드러난다. 몇몇 사례에서 우리는 발달 단계들이 때때로 질서에서 벗어나거나 반복되거나 동시에 일어난다는 것을 알아차렸다. 예를 들어, 애런의 4번 상자에서 모-아 단일체, 어머니와의 관계 및 자기의 구성은 모두 동시에 나타난다. 각 사례는 독특하다. 우리는 그것이 우리에게 이야기하도록 놔두어야 한다는 것을 기억해야 한다.

Neumann의 5단계 자아발달: 태양적-합리적 단계

발달의 다섯 번째이자 마지막 단계는 자동적으로 자기를 향해 성장을 지속하는 동안 세상에서 그 자체로 생존하고 유지하기 위한 의지를 가지는 의식적이고 발달된 자아다. 이 발달의 마지막 단계에서 자아는 의지의 상대적인 자유를 행사하고 무의식과 관계없이 기능한다.

Neumann(1973)은 각 발달의 단계에서 자기는 과정을 이끄는 원형으로 구체화되지만 원형과 같아지지는 않는다는 것을 반영하였다. 그는 자기를 각 발달 단계의 최고의 주도적 특성으로 지칭했다. Neumann은 발달과정을 통해 자기가 처음에는 어머니 원형으로 나타나고, 그다음에는 아버지 원형, 한 집단 자기, 그리고 개인적인 자기가 순서대로 나타난다고 말했다. 우리는 이것을 처음에는 모권적 무의식의 어둠으로 합쳐지다가 점차적으로 남성적 의식의 빛 속으로 이동하는 것으로 생각할 수 있다. 성장하는 개인이나 나타나는 정신 특징이 의식적 자각에 도달하면 더 커진 존재의 역할을 할 수 있다. 계속되는 발달과 함께 사람이나 정신 특징의 개별적 독특함은 집단 속에 포함될 수 있다.

Neumann(1973)은 현명하게도 발달의 다양한 단계를 통한 자기의 변화로 인해 발달하는 자아가 지금까지 최고의 가치였던 것을 무력화시켰다는 것을 우리에게 상기시켰다. 의식적 자각 때문에 이것은 불안과 죄의식과 고통을 초래한다. 내적이고 외적인 모든 인간 발달은 사람을 창조적이고 영웅적인 동시에 고통을 가지도록 하는 창조적 개방성에 의존한다.

자아-자기 축

Neumann(1973)은 자율적인 자아와 자기 전체를 연결하는 하나의 선을 시각화했는데 이를 자아-자기 축이라고 명명했다. 그는 이것을 전체 정신의 중심점으로서의 자기와 의식의 더 작은 집단의 중심으로서의 자아를 연결하는 성격의 축으로 가정했다. 앞서 검토한 심리발달의 단계들을 통해서, 우리는 어떻게 자아가 파생물로서 자기로부터 분리되어 나올 수 있는지를 살펴보았다. 자아-자기 축은 독립성을 성취하고 자기의 단일 실체로부터 떨어져 있다. 그러나 자아의 뿌리에 자기가 있어서 두 원들은 함께 속해 있다. 삶의 후반부 동안 자아와 자기는 다시 함께 되돌아온다. 이후의 삶 전체에서 성장의 목표는 그 둘 사이의 의식적인 연결을 발전시키고 유지하는 것이다.

자아-자기 축은 평행적이고 대립되는 과정의 복합체다. 그것은 한편으로 자기 중심의 주도적인 전체성과 다른 한편으로 자아의 의식 사이에서 일어난다. 자아-자기 축은 정신이 의식적이고 무의식적인 구성 성분과 분리될 때 삶의 전반부 동안 생겨난다. 건강한 자아-자기 축 혹은 자아와 자기 간의 관계는 꿈과 심상과 같은 무의식적인 재료의 안팎의 움직임을 일상적으로 경험함에 있어서 중요하다.

Neumann(1973)은 모-아 관계 동안 경험하는 불안정성이 불안정한 자아-자기 동맹을 초래한다고 관찰하였다. 이런 사례들에 있어서 자아는 자기로부터 나오는 의사소통에 대해 지나치게 방어하게 될 것이다. 이로 인해 자기의 내적 진실로부터 보내지는 메시지에 주의하지 않거나 저항하게 된다. 약한 자아-자기 축은 또한 부정적 자기상과 그것의 계속적인 과장된 의식적 방어기제를 초래한다. 무의식적 방향을 너무 강조하는 약한 자아-자기 동맹은 정신병을 일으킨다.

주목할 것은 Neumann이 힘의 문제가 항상 자아와 그것의 파생물과 관련되어 있다는 것을 관찰했다는 것이다. Neumann은 우리에게 힘이 결코 진정한 성격 구조와 관련되지 않는다는 것을 상기시켰다. 오히려 자기와의 건강한 관계에서 자아는 항상 자기의 단일한 실체를 경험하기 위해 개방되어 있다. 이러한 관심은 권력을 행사하거나 행사하지 못하는 것에 관한 것이 아니라 오히려 자기의 중심적인 원형에 대한 자아의 제휴에서 만들어지는 권능감에 관한 것이다. 개인화 과정에서 자아는 자신을 자기에게 내어 주지만 자아는 멈추지 않는다. 오히려 그것은 전체적인 성격이 되고 더 이상 파생물이 아니다.

Kalff의 집단에의 적응

모래놀이에서 이 자아발달 단계 동안 나타나는 심상을 Dora Kalff(1980/2003)는 집단 또는 시장에의 적응이라고 명명하였다. 이것은 자아발달의 마지막 단계로, 여기에서 정신의 새롭게 의식된 속성은 일상적인 외부 생활에 자리를 잡게 된다. 이것은 자아가 성취감을 생각하게 되는 자아발달 단계다. 의식적인 자각은 그것이 도달되었다고 느끼게 된다. 자아는 그것이 누구이고 어떤 것이 무엇인지를 알게 됨으로써 안도의 한숨을 내쉬고 일시적인 평안함에 접어들게 된다.

일상적인 생활 장면은 새로운 의식적인 산물을 일상적인 자각 속으로 동화시키는 것을 알려 주려는 것처럼 보인다. 새로운 정신적 산물은 우리가 누구이고, 무엇을 하고, 어디에 있는지에 대해 의식적으로 지각된 현실이 된다. 모래상자에서 이것은 평소와 다름없이 돌아가고 있는 마을이나 동네로 반영될 수 있다. 투쟁은 끝나고 정신의 원형적인 요소는 땅속으로 사라졌다. 하나의 작업의 이러한 완성 단계 동안에 사용되는 피겨들과 상징들은 일반적으로 동시대적인 반면에 잘 구별되지 않는다.

초기 아동기에 이 자아발달 단계에의 첫 도달은 아동을 사고, 감정, 자신의 의지 및 외부 세상에 대한 소속감을 가진 개인으로 자리 잡게 한다. 의식의 잇따른 성장 속에서 이것은 내적 작업 요소의 최고점이며, 여기에서 의식적 자각은 안내하는 중심이자 근원으로서 자기에 대한 더 큰 자각들을 점진적으로 통합한다. 이전에 알지 못하고 의식하지 못했던 것은 이제 아는 것의 축적된 전체 속으로 들어가게 된다. 자아는 자기의 압력에 의해 더 나은 발달을 요구받을 때까지 잠시 쉬게 된다.

아이비 아이비의 마지막 상자인 13번 상자는 시장으로의 회귀에 대한 아름다운 예다. 그것은 그녀의 미국 원주민의 유산에서 무의식적으로 유래한 마을을 나타낸다. 어도비 벽돌 건물들은 멋있는 마을 광장을 만들어 낸다. 이것은 조용하고 평화로우며, 마을 사람들의 도착을 기다리고 있다.

애런 애런의 15번 상자에서 강의 오른편은 일상적인 생활로 돌아온 것을 나타낸 것이다. 왼쪽에는 그가 의식의 새로운 수준에 도달하기 위해 발버둥쳤던 투쟁의 흔적을 남겨 놓았다.

해럴드 해럴드의 마지막 상자는 자신의 내적 사랑의 근원의 발견과 새로운 시작을 축하하면서 상징적으로 일상적인 생활로 되돌아온다. 환희에 찬 치어리더는 코끼리의 행진을 환영하고, 지친 노인은 휴식할 준비를 한다. 코끼리는 강력한 도로 청소부이고 헌신적인 어머니다. 이상화된 여성에 대한 그의 평생 추구의 결과물은 바로 옆에 놓여 있다. 강력한 원더우먼 피겨는 그의 헛된 추구의 공허에 대한 의식적이고 해학적인 생각을 반영하며, 비너스는 나무숲에 자리 잡은 조각상으로서 숭배된다.

1장 결론

이상의 논의에서는 Erich Neumann와 Dora Kalff의 심리이론에 기초하여 정신적 확장과 변화의 모든 요소들에 의해 경험되는 정신의 전반적인 성장에서의 완전한 진보와 건강한 발달과정을 살펴보았다. 우리의 목표는 모래놀이에서 작용하는 치료과정의 기초에 대한 이해를 깊게 하고 다듬는 것이었다.

Dora Kalff(1980/2003)는 모래놀이가 적절하게 담아 줄 때 건강하고 정돈되며 건전한 심리발달을 하는 데 있어서의 모든 환경적 방해물을 제거해 준다는 것을 인식했다. Kalff가 기술한 자유롭고 보호받는 공간은 본래의 모-아 단일체의 원형적인 조건을 재현해 낸다. 이런 단순한 진술의 중요성은 아무리 강조해도 지나치지 않다. 모래놀이 방법은 충분한 범위의 심리 치료와 발달에 의도적으로 몰두하는 것을 가능하게 한다. 모래놀이의 자유롭고 보호받는 특징은 내담자로 하여금 모든 성장과 발달이 시작하는 초기 심리 조건으로 되돌아가도록 만든다. 안전한 용기(container)로서 모래놀이 방법은 심리발달 과정의 모든 단계를 통해 재정돈된 심리적인 내용의 안전한 성숙을 촉진하는 조건을 만들어 준다.

자유롭고 보호받는 공간에서 내담자는 원형적 수준에서 무의식적인 개입을 할 수 있다. 이것이 일어날 때 통합이 일어난다. Neumann(1973)은 원형적인 장으로의 모든 개입은 마음의 수준으로 내려가는 것을 의미하는 불어 용어인 'abaissment du niveau mental'를 이끌어 낸다. 원형적인 차원에서 의식은 줄어들고 현상은 강화된다. 주체와 객체 사이의 경계는 모호해진다. 이런 경험을 하는 동안 통일된 현실이 의식적인 자각의 일상적인 현실을 대체한다. 이것은 참여적 신비의 형태다. 모래놀이에서 내담자와 치료자의 두 정신은 모-아 단일체의 상태를 재현하면서 모래놀이의 전언어적이고 상징적인 맥락에서 합쳐진다. 모래상자에서의 상징적 심상의 활동과 움직임으로 인해, 내담자는 우리가 앞서 탐색했던 발달 단계를 통해 모-아 단일체로부터 심리적 성장의 길을 되찾고 되짚어 보게 된다.

모래놀이에서 내담자의 마음은 발달의 초기 시기로 되돌아갈 수 있다. 우리가 내담자의 경험을 Neumann이 아동의 신화적 이해로서 언급했던 것을 통해 평가하는 것은 중요하다. 우리가 원형적 차원들을 동반하는 인식에서의 전환들을 자각할 때, 모래놀이 과정에서 평가하는 원형적 차원을 보유할 준비는 더 잘되는 것이다. 우리가 심리발달의 각 단계의 신화적 경험 내부로부터 작업을 잘 버틸 수 있을 때, 작업을 간직할 수 있는 우리의 능력은 훨씬 강화된다.

모든 모래놀이 과정이 우리가 탐색해 온 발달의 전 과정을 따르는 것은 아닐 것이다. 또한 심리발달 단계가 반드시 구별되고 연속적인 형태로 일어나는 것도 아닐 것이다. 실제로 많은 모래놀이 작업은 단지 전체 발달과정의 파편과 부분만을 설명하는 것처럼 보인다. 이런 압축된 특징의 작업이 심리발달의 모든 범위를 망라하거나 완결된 사례를 만들어 내지는 않지만, 나는 여전히 그것이 합리적이고 가치 있는 과정이라고 생각한다. 치료자로서의 지속적인 관심사는 작업을 가능한 한 온전하게 담아 두고 마음이 작용하는 방식을 인식하는 것이다.

제2장

모래놀이치료와 기타 주요 발달이론

초기 유아 발달에 관한 Neumann과 Kalff 이론의 유사점은 고전적인 발달 이론가들의 다양한 저서에서 찾아볼 수 있다. 앞에서 Neumann과 Kalff의 이론에 대하여 다루었는데, 이 장에서는 다른 주요 발달이론과 모래놀이의 관계를 간략히 살펴보겠다.

J. H. Pestalozzi

19세기 후반 교육자인 J. H. Pestalozzi(1895)는 아동 심리의 발달에 대해 독창적인 입장을 가졌다. Pestalozzi는 초기 아동기 교육이 관찰과 지각에 관한 아동의 내적인 능력발달을 촉진시키도록 설계되어야 한다고 제안했다. 당시에는 아동이 빈 그릇과 같은 존재로서 기계적인 암기를 통해 사실들을 채워 간다고 보는 입장이 일반적이었기 때문에 그의 이론은 매우 놀라운 것이었다.

Pestalozzi의 이론은 아동이 안전하고 자유롭게 탐색할 수 있는 환경에서 학습할 수 있다는 점을 인식했다는 면에서 훌륭하다. 이 이론은 유치원을 확대하고 어린 아동의 발달과 학습 과정에 관한 관심을 확장시키는 계기가 되었다. 모래놀이에서 자유롭고 보호된 공간은 그의 초기 연구를 반영한다. Dora Kalff(1980/2003)는 Pestalozzi가 단순하고도 예리한 관찰력을 가졌다고 평가했다.

> …아동이 내적인 단일체를 향한 자신의 길을 찾아 마침내 인간이 가진 신적인 측면에 도달할 수 있게 해 주는 것은 바로 어머니에 의한 완전한 사랑이다(p. 7).

J. R. Herbart

J. R. Herbart(1901) 또한 초기 아동 발달 이론가로서 아동이 일련의 발달 단계를 거치면서 각 단계마다 특징적인 도전과 결과를 가진다고 생각했다. 오늘날에는 이러한 설명을 당연하게 받아들이지만, 당시에 아동 발달에 관한 Herbart와 Pestalozzi의 관점은 가히 혁명적이었다. 그들의 연구는 아동의 정신발달과 이를 촉진시키는 환경적 조건에 관한 이후 연구들을 활성화시키는 전례가 되었고, 덧붙여 성인기에도 유사한 정신발달 과정을 거치는지를 살펴본 이후 연구들의 기초가 되었다.

Jean Piaget

20세기 초기에 Jean Piaget(1928/1976, 1929/1975)는 아동 인지발달의 특성과 진보에 관하여 연구하였다. 그는 경험이 성장과 질적인 변화에서 핵심적 역할을 한다고 강조했다. 이러한 Piaget의 설명은 모래놀이와 특별한 관련성을 가진다.

Piaget(1928/1976, 1929/1975)는 발달이란 아동이 환경과 적극적으로 상호작용함으로써 획득하게 되는 현실에 대한 점진적인 구성 개념이라고 이해했다. 인지 구조에서 질적으로 다른 변화는 그가 평형화라고 부른 과정에서 새로운 환경과 만나게 될 때 일어난다고 생각했다. 평형화란 아동 스스로 자신의 기존의 정신 능력과 외부 세계의 경험 간에 적절한 균형을 유지하게 하는 자기조절 체계(self-regulatory system)다.

Piaget는 아동이 성장해 가면서 정신적인 평형을 성취하기 위하여 두 가지 주요한 전략을 사용한다고 이론화하였다(Flavell, 1963). 하나는 동화(assimilation)로서 아동이 외부 경험을 이해하기 위하여 기존의 인지 전략을 사용하는 것이다. 아동이 가지고 있는 기존의 능력으로 그들이 겪게 되는 경험을 이해하고 딜레마를 적절하게 해결할 수 있는 경우도 있다. 그러나 어떤 경우에는 아동이 가지고 있는 인지적 도구가 환경에서 직면하는 과제를 수행하기에 충분하지 않을 수 있는데, 이때 아동은 외부 자극을 기존의 인지 구조로 동화시키기 위해 그 자극에 대해 정신적으로 경계를 늦추지 않게 된다. 기존의 정신 능력과 외부 경험 간의 갈등으로 인해 긴장이 너무 커지면 아동은 인지 구조를 변화시키게 되고, 이는 아동으로 하여금 유입되는 자료를 이해하도록 해 준다. Piaget는 이 과정을 조절(accomodation)이라고 불렀다. 새롭게 발달된 인지 능력은 내부와 외부 경험 간의 갈등을 해결하고 평형을 회복하게 해 준다. 동화와 조절의 상호작용은 발달의 전 과정에서 일어나고, 이 과정을 통해 아동의 인지는 연속적으로 네 수준을 거치게 된다.

Piaget(1970)는 인지발달에서 관계와 행동(relationship and action)이 필수적이고 아동은 자신의 발달에 적극적인 역할을 담당한다고 보았다. 그는 다음과 같이 언급하였다.

> …대상을 알기 위해서 행위의 주체는 대상에 영향을 미쳐야 하고, 그 결과 그것을 변형시켜야 한다. 그는 대상을 대치하고, 연결하고, 조합하고, 분해하고, 다시 조립해야 한다(p. 704).

외부 대상을 책임지는 행동과 정신을 변형시키고자 하는 힘들 간의 관계에 대한 Piaget의 입장은 모래놀이 방법에서도 명백히 나타난다. 모래놀이에서 내담자는 자신의 내부 세계를 움직이고 변형시킴으로써 외부 세상의 요소들, 즉 모래와 피겨들을 움직인다. 모래놀이에서 외부 세계의 대상들에 대한 이러한 조작은 현실에 대한 기존의 제약들이 일시적으로 정지된 상태에서 새롭고 확장된 지각을 가능하게 하는 놀이의 차원에서 일어난다.

L. E. Jones(1982)는 Piaget의 인지발달 단계를 모래상자에서 직접적으로 연구하였다. Jones는 Boyer Pickford(1970)의 모래상자에서의 규준적인 발달 척도, 발달적인 모래상자 평가(Sandtray Assessment of Development) 측정치들과 인지발달 단계에 관한 Piaget의 정의를 조합하여 모래놀이에서의 발달적 구조를 살펴보았다. Jones는 자신의 연구가 모래놀이 분석을 위한 인지 발달적인 방법론을 제시했다고 보았다. Jones의 연구는 모래놀이를 이해하기 위한 인지적인 평가에 지대한 공헌을 하였다.

Sigmund Freud

Sigmund Freud(1933)는 성인기 성격을 조성하는 데 아동기 경험이 중요하다고 강조했다. 이러한 강조점은 아동 심리 분야에 강력한 영향력을 행사하였다. Freud, Klein 그리고 Erikson은 모두 초기 영아기 경험의 중요성을 강조했다. Freud는 인간 의식 내면의 정신적 추동(mental drives)의 힘에 대한 연구의 새로운 지평을 열었다. 그는 인간의 정신 활동은 두 가지 반대되는 힘, 즉 삶과 사랑, 관계 등을 향한 동기인 에로스와 삶과 사랑, 관계 등에서 멀어져 죽음을 향하고자 하는 동기인 타나토스(thanatos)에 의해 결정된다고 가정했다.

Freud의 연구는 정신과 뇌가 인간의 정신 건강과 병리를 형성하는 데 어떻게 작용하는지에 관해 풍부하고 예리한 통찰을 제공하였다. 심층 심리에 관한 Freud의 연구는 이후 그의 제자인 Jung이 무의식에 관한 상징 연구를 발달시키는 데 기초가 되었다. 이러한 초기 이론들은 상징적인 과정의 에너지의 대극화(polarization)를 탐색하는 이후의 연구에 기초를 제공하였다.

Anna Freud

Anna Freud는 Sigmund Freud의 딸로서 아동 치료 분야의 선구자였다. 1923년 Anna Freud는 아동을 대상으로 정신분석을 시작하였고, 이후에 정신분석 이론을 아동 치료에 적용하는 연구와 강의 및 저술을 활발히 함으로써 자신의 독보적인 경력을 만들어 나갔다. Anna Freud는 아동 발달의 단계와 시기에 관해 초기 아동 정신분석학자인 Melanie Klein과 이론적인 차이점을 가졌다. Freud와 Klein은 아동 치료에 관해 다른 접근을 추구하였다.

Melanie Klein

Melanie Klein(1932)은 아동을 정신 분석적으로 치료하기 위한 수단으로 놀이를 사용한 최초의 임상가 중의 한 명이었다. Klein은 초기 아동기의 정상적인 발달이 자기 파괴와 자기 보존의 갈등적인 본능들이 상호작용하면서 일어난다고 이론화했다. Klein은 이러한 기초적인 본능이 갈등과 불안을 다루기 위한 수단으로 투사, 내사, 분열의 방어적인 기법을 야기한다고 보았다.

Klein은 발달이 초기 아동기에 선과 악의 대상 간의 구분이 생기는 것에 기초한다는 점에 주목하였다. 이러한 분화가 차이를 만들어 내는 데 충분하지만 압도할 만큼 강력하지는 않을 때, 아동은 정신적인 안정감의 기초 토대를 형성한다. Klein의 생각은 모든 정신 변화과정뿐 아니라 초기 발달에서 Neumann과 Kalff가 인식했던 강력한 정반대(energetic opposites)의 대극화와 유사하다.

Erik Erikson

발달 이론가인 Erik Erikson(1950/1963, 1959/1980)은 8개의 뚜렷한 발달 단계를 거쳐 발달해 가기 위하여 매 단계에 해결되어야 할 일련의 위기가 있다고 제안하였다. Freud와 Klein과 유사하게, Erikson도 두 개의 대립되는 기본적인 동인이 앞으로 나가게 하는 힘과 반동적으로 내부로 향하게 하는 힘 간의 진행되는 투쟁을 낳는다고 이론화했다. Erikson은 진보적인 발달을 낳게 하는 것이 바로 이러한 투쟁과 그 해결이라고 보았다.

Erikson에 따르면 변화와 발달은 점진적으로 복잡해지는 일련의 갈등적인 발달적 도전이나 과업을 통해 일어난다. Erikson(1950/1963)은 이 과정을 후성적(epigenetic)이라고 불렀는데, 이는 인간 유기체에 내재하는 잠재력인 심리사회적 과업의 단계적 발달을 말한다. 후속되는 단계의 발달은 이전의 과업을 얼마나 성공적으로 성취했는가에 달려 있다. 그러나 Erikson은 하나의 발달 과업을 성공적으로 협상했다 할지라도 도전에서 극복된 정반대 특성의 부정적 측면을 영원히 제거하지는 못한다는 점을 강조했다. 그는 다음과 같이 경고했다.

> 신체의 신진대사가 쇠퇴에 대처해 나가는 것처럼, 성격은 끊임없이 실존하는 위험 요소들과 맞물려 있다. 우리는 손상받은 개인의 상대적인 강점과 증상 상태를 진단하게 될 때, 인간 삶의 명백한 역설들과 비극적인 잠재력들을 더욱 명백히 직면하게 된다(1950/1963, pp. 273-274, note).

또한 Erikson은 놀이가 아동의 경험을 조직화시켜 주므로 초기 발달의 유의미한 특성이라는 점에 주목했다.

D. W. Winnicott

D. W. Winnicott(1958/1992)은 어머니와 아동 간의 초기 유대관계를 일차적 어머니의 선점(primary maternal preoccupation)이라고 불렀는데, 이 시기 동안 어머니는 오로지 신생아에게만 독점적으로 헌신한다.

> 내가 '일차적 어머니의 선점' 이라고 부른 이 발달 상태의 어머니는 영아의 성격을 명백히 드러나게 하고 발달적 경향성을 열리게 하고, 영아가 자발적인 움직임을 경험하고 삶의 이러한 초기 국면에 적절한 감각 경험들의 주인이 되게 하는 환경을 제공한다(p. 303).

또한 Winnicott(1958/1992)은 후속 발달에서도 어머니와 아동 간 유대가 중요하다고 강조하였다. 그는 초기 아동 발달에 관한 자신의 생각을 정신분석학 분야에 응용하였다. 특히 전통적인 정신분석 이론에서 적절한 자아 형성이 전이성 신경증(transference neurosis)의 형성에 전제 조건으로서 필요하다고 한 점을 검증하였다.

그는 영아에게 충분히 좋은 보살핌을 줄 때(good enough infant care) 자아가 나타나게 되고(p. 295), 그 이후의 자아발달 특성은 이러한 초기 상태에 기초한다고 보았다. 만약 이 시기에 적절한 보살핌이 없었다면 영아기에 어머니와의 일차 동일시로부터 참 자기(true self)가 발달될 수 없게 된다. 참 자기는 숨겨진 채 남고, 환경과 상호작용하고 환경에 반응하기 위해 Winnicott이 거짓 자기(false self)라고 부른 것이 발달된다. 참 자기가 보존을 위해 유보되어 있는 반면, 거짓 자기는 외부 세계에 대처하기 위해 행동 패턴을 발달시킨다. Winnicott은 거짓 자기가 연속성과 통일성을 갖기 위해 외부에서 나타나게 되면 삶을 있는 그대로 경험하는 것은 불가능하다고 생각했다.

Winnicott(1958/1992)은 전통적인 정신분석 방법이 이러한 사람들에게 적절하지 않고, 그들의 치료는 그가 환경(setting)이라고 부른 것을 통해 나올 수 있다고 생각했다. 환경은 환자와의 관계에서 치료자가 존재하는 방식이다. 그는 다음과 같이 말했다.

> 내담자는 적응할 수 있도록 충분히 좋은 보살핌을 분석가에게서 제공받음으로써, 마침내 자신의 참 자기가 삶을 경험하기 시작할 때 겪을 수 있는 위험을 감수할 수도 있다는 희망을 인식하게 된다. 결국 거짓 자기는 분석가에게 넘겨지게 된다. 이때가 커다란 의존의 시기이자 진정한 위기이고, 내담자는 당연히 심각하게 퇴행된 상태에 빠지게 된다.
>
> …이 상태에서 전이는 내담자의 과거를 현재에서 경험하도록 허용하는 방식이라는 특성을 가진다. …전이성 신경증에서 과거가 상담실이라는 현재로 오는 반면, 이 작업에서는 현재가 과거로 돌아가서 과거가 된다고 말하는 편이 훨씬 옳다. 따라서 분석가는 내담자가 처했던 원래의 의미가 있는 환경에서 내담자의 일차적 과정(primary process)과 직면해야 한다.
>
> 분석가에 의한 충분히 좋은 적응(good enough adaptation)은 치료에서 기대하는 결과, 즉 내담자가 기능하는 주된 곳에서 거짓 자기로부터 참 자기로의 이동을 낳는다(pp. 297-298).

모래놀이에서 상징은 내담자와 치료자가 함께 상징적인 장을 공유할 때 내담자의 역사적 경험을 담게 된다. 모래놀이 방법의 상징적인 성격은 내담자의 내외적인 역사적 경험이 이성과 언어 이전의 방식으로 안전하게 유지될 수 있는 이상적인 환경을 제공한다. 내 경험상 모래놀이의 상호 공유된 상징적 맥락은 Winnicott이 의존적 전이(dependent transference)라 부른 것을 방지할 수 있다. 이와 같이 상징은 내담자의 정신을 감동시키고, 결국 치료자가 전이를 직접적으로 다룰 필요는 훨씬 줄어들게 된다.

John Bowlby

1969년 John Bowlby는 그의 유명한 애착 연구에서 어머니와 아동의 초기 관계의 핵심을 간파하였다. Bowlby는 애착 행동에 관한 자신의 이론을 발전시켜 새로운 지평을 열었는데, 초기 아동 발달이 충동과 관련된 것이 아니라 어머니와의 상호작용에 의해 영아 행동 체계가 활성화된 결과라고 밝혔다. 그는 이 과정에 관련된 행동 체계가 어머니와 아동을 근접하게 만든다고 설명했다. 행동 체계는 고도로 조직화되어 있고 아동이 이러한 근접성에 의해 양육될 수 있도록 작동한다. Bowlby는 이후 신경생리학적 연구의 이론적 기초를 제공했다. 그의 연구는 어머니와 아동 관계의 핵심적 성격과 이 관계가 이후 모든 발달에 기초가 됨을 강조했다.

Kalff(1980/2003)는 모래놀이에서 정신의 모권적 수준이 활성화된다는 점을 관찰했는데, 이는 초기 발달 단계에서 어머니와 아동 상호작용의 역할에 관한 Bowlby의 설명에 대해 구체적인 증거를 제공한다. Kalff는 모래놀이가 자유롭고 보호된 공간을 통해 핵심적으로 필요한 초기 발달의 행동적 활성화 체계에 직접 접근할 수 있게 해 준다는 점을 인식했다. 그리고 인생 후반의 나이가 많은 내담자까지도 인생 초기 동안의 발달적 손상과 결핍으로 돌아가 그것의 질서를 다시 잡아 줄 수 있어, 그렇지 않을 경우 여생에 영향을 줄 수도 있는 정신적 와해를 교정해 주는 수단을 제공하는 것으로 생각했다.

Margaret S. Mahler

Margaret S. Mahler(Mahler, Pine, & Bergman, 1975)는 정신병 아동에게서 볼 수 있는 발달 지체와 퇴행적이며 공생적인 행동을 이해하는 과정에서, 초기 아동기 개인화의 건강한 양상을 먼저 이해할 필요가 있음을 깨달았다. 이에 아동 발달 분야에 지대한 공헌을 한 정상인 어머니-영아 쌍의 상호작용에 관한 유명한 연구들을 시작했다.

Mahler와 동료들은 태어나서 19개월까지의 영아기 동안 어머니와 아동이 공생적 단계(symbiotic phase)를 겪음을 관찰했다(Mahler et al., 1975). 이 시기 동안 어머니는 경계를 설정해 주고 좌절을 중재해 줌으로써 아동에게 자아로서 기능한다. 어머니는 내부와 외부 자극 간의 완충자 역할을 하며, 영아가 이들을 조직화하도록 도와준다. 공생적 단계 동안 어머니는 아동이 이후에 스스로 할 수 있게 되는 과업을 수행해 준다.

Mahler는 아동이 약 18개월에서 36개월 사이에 분리와 개별화(separation-individuation)의 단계를 겪는다고 보았는데, 이 시기 동안 영아는 어머니로부터의 분리를 상당히 복잡한 방식으로 경험하기 시작한다(Mahler et al., 1975). Mahler는 영아가 신체를 통해 순수하게 근육운동 감각적 자극으로 지각했던 것을 점차 대상으로 지각하고 궁극적으로 어머니와 분리하게 된다고 이론화했다. 그녀는 영아가 걷기 시작하면서 분리와 개인화가 시작됨을 관찰했다.

3세 정도가 되면 분리-개인화 이후에 정신내적인 분리가 오게 되는데, 그 결과 아동은 자신을 어머니와 분리된 존재로 지각하게 된다(Mahler et al., 1975). Mahler는 아동이 분리-개인화 과정을 처음으로 성공적으로 완성하게 될 때 심리적 탄생을 낳게 되고, 이는 이후의 성공적인 발달에 결정적으로 중요하다는 점을 강조했다.

Jung 이론이 3세 때 분리와 함께 일어나는 심리적 중심화의 내적 과정에서 원형적 중요성을 찾는다면, Mahler 이론에서는 공생과 분리-개인화의 초기 단계에서 유사한 과정을 찾을 수 있다. 이 시기 동안 아동의 정신은 자기가 배열되는 중심화 과정(centering process of the constellation of the Self)을 겪는다.

2장 결론

초기 발달에 관한 여러 이론을 개관하면서 Neumann과 Kalff가 가정한 여러 특성들과의 유사점을 간략히 살펴보았다. 여기서 검토한 이론들은 아동의 내적 능력과 외현적 기술 발달의 다양한 측면, 그리고 이들이 이후 삶의 기능에 미치는 영향에 관한 것이다.

Neumann과 Kalff가 주로 정신내적인 성장과 변화에 초점을 두었다는 점이 중요하다. 그들은 전 생애에 걸쳐 각 단계에서 나타나는 정신적 성장의 새로운 부분이 초기 발달 단계로의 복귀와 반복을 겪는다는 점을 강조하였다. 이러한 이론적 관점을 살펴봄으로써 모래놀이에서 치유와 변형의 과정에 대한 이해가 강화되고 심화되었다.

제3장

모래놀이에서 연대기적 발달의 양상

앞서 발달의 정신내적 구성 요인들을 검토해 보았는데, 이제 다양한 연령의 아동들의 모래놀이 작품에서 나타난 발달적 차이에 관한 주제로 옮겨 가겠다.

아동의 모래상자 작품은 모래놀이 내담자의 연대기적 연령에 기초해 예측 가능한 특성을 가정할 수 있다. 스코틀랜드의 심리학자 Laura Ruth Bowyer(Pickford, 1970)는 이 분야의 초기 연구자인데, 그녀의 연구들은 연령과 성에 관련해 모래놀이 상자 현상에 대한 귀중한 지침을 제공해 준다.

Laura Ruth Bowyer의 발달적 규준

Bowyer(1970)는 Margaret Lowenfeld의 격려에 힘입어 세계 기법에 매우 열심이었다. 그녀는 세계 기법의 역사와 사용에 대해 광범위한 개관 연구를 했고 그 분야에 중요한 공헌을 하였다.

세계 기법에 관한 Bowyer의 많은 연구 중 모래상자 내용과 과정의 요소들이 정상적인 발달과정에 걸쳐 변화된다는 점을 지적한 연구가 있다(Bowyer, 1970). Bowyer의 규준은 내가 모래놀이에서 경험한 연령의 차이를 정확하게 요약해 주고 있으며, 특정 연령의 아동에게 정상적인 작품이 어떤 것인지에 친숙해지도록 하는 유용한 도구가 된다. 그러나 모래놀이의 다른 많은 측면처럼 절대적인 것은 없다. 모래상자에서 정상적이거나 전형적인 것의 예외는 항상 있다. 모래놀이 작품을 적절하게 평가하기 위해서는 이를 명심하면서도 어린 아동과 나이 든 아동 간의 구조와 내용에서의 차이를 인식하는 것이 중요하다. 연령에 따른 전형적인 모래상자 작품이 어떤 모습인지를 아는 것은 나이 든 아동과 성인에게 나타나는 발달적 지체나 문제를 인식하는 데 도움을 줄 수 있다. 다음은 Bowyer의 규준을 참조하기 쉽도록 요약하여 제시한 것이였다.

Bowyer의 연령 집단에 따른 발달적 규준

2~4세

- 모래상자의 일부만을 사용하는 것
- 모래 속으로 피겨를 찔러 넣거나 집어던지는 것
- 혼란되고 무질서한 세계
- 사람보다는 동물 피겨를 사용하는 것
- 아동들이 표현한 세계가 매우 유사함
- 피겨들을 모래상자의 측면에 쏟아붓기
- 모래를 붓거나 묻기
- 모래를 탕탕 치기

5~7세

- 질서 있는 섬들
- 공간 사용이 증가되는 것
- 동물 피겨를 사용하는 것이 현저해짐
- 극적이고 활동적인 놀이
- 주제가 음식과 먹는 것
- 방어적인 엄격한 세계의 시작
- 사람과 피겨들에 모래 붓기
- 싸움 단계의 시작(7세)

8～10세

싸움 단계의 지속
방어적이고 엄격한 세계가 10세경 절정에 달함
현실에 더 강조점을 둠
주제의 발달
모래를 더욱 구성적으로 사용

11세 이상

전체 세계가 하나의 장면으로 다 함께 엮임
패턴들의 조직화와 부분들의 상호 의존
인류 정착 공유지의 전경
마을에 관한 개념적이고 상징적인 표상
정글 동물이 다시 등장하지만 더 사실적인 모습임(11세)

이와 같이 Bowyer는 아동의 연대기적 발달과정에 걸친 세계 기법의 내용과 과정에서의 변화를 요약하였다. 아동의 모래상자에 관한 Bowyer의 연구는 이후 문헌에 중요한 공헌을 했고 현대 연구들에 의해 지지된다(Pennington, 1996). 비록 Bowyer의 주요한 연구들이 모래상자의 진단적 적용을 위해 실시된 경향이 있었으나, 그녀의 발달적 규준들은 모래놀이 치료자에게 실질적인 지침을 제공해 주고 있다.

마르티나 마르티나의 작품은 아동기에 걸친 모래놀이 구성에서 발달적 변화를 보여 주는 좋은 예다. 마르티나는 5세 소녀로서 모래놀이를 시작하여 12세 때 그 과정을 마쳤다. 마르티나는 15세에 치료를 잠깐 받았는데 모래놀이를 1회 실시하였다. 마르티나의 모래놀이 작품을 통해 연대기적 변화를 살펴보면 조직화와 관계성이 증가됨을 알 수 있다. 1번 상자에서 그녀의 작품은 5세 아동의 특성을 보여 빈약하고 최소한으로 통합되어 있다. 그리고 마지막 상자는 통합된 성격 구조의 절정에 달하고 깊은 영적인 특성을 암시한다.

모래상자에서 아동의 상호적인 놀이

3～5세 사이에 아동은 내가 상호적인 놀이라고 부르는 것에 자주 참여한다. 이는

모래상자에 피겨들을 배치시키기보다는 주제와 장면을 연기하며 피겨들을 가지고 적극적으로 노는 것을 말한다. 상호적인 놀이에서 아동은 고양이를 안고, 빈 먹이 그릇을 향해 다가가 "야옹! 야옹! 배고파요!"라고 소리친다. 이후의 더 발전된 표상 놀이에서는 고양이가 배가 고프기 때문에 아동은 고양이를 빈 그릇 앞에 데려다 놓는다. 놀이에서의 이러한 변화는 아동의 인지발달이 진행된 데서 기인된다. 상호적인 놀이는 어린 아동과 함께하는 모래놀이의 공통 요인이기 때문에 이를 더욱 자세하게 검토해 보는 것이 중요하다.

1940년대 초반, 발달심리학자인 Heinz Werner(1940/1973)는 사람과 대상 주체와 객체 간의 혼동을 매우 높은 수준으로 경험하는 아동기를 **인상학적(physiognomic)** 시기라고 부르고 이에 대한 연구를 시작했다. Werner는 3~6세의 아동이 자신을 둘러싼 세계를 운동과 정서적인 채널을 통해 경험한다는 점을 관찰했다. 이 시기의 발달에서는 객체를 주체로부터 구별하고 분리시키는 경계가 거의 없다. 인상학적 형태로 인지하는 어린 아동은 사물을 살아 있는 것으로 지각하고, 내적인 삶과 감정, 의도와 소망을 가진 것으로 생각한다. Werner는 인상학적인 인지가 즉각적이고 대상을 신체·정서적으로 깊이 체험하는 참여적인 경험이라고 특징지었다. 인격화(personification)는 대상에 귀속되는 것을 의식하는 것이 수반되기 때문에 인상학적 지각이 대상의 인격화에 선행되는 것임에 주목하는 것이 중요하다.

어린 아동의 인상적인 지각은 놀이에 완전히 빠지는 데서 기인된다. 어린 아동은 대상과 놀이의 역동으로 들어가 이들에게서 분리되지 않는다. 어린 아동은 놀이에 깊이 몰두되어 있다고 느끼고 삶을 몸으로 강렬하게 느낀다. 대략 18~45개월 사이의 초기 아동기에 아동의 놀이는 자신의 내적인 경험을 놀이 대상으로 인상적으로 전이하는 것으로 구성된다. 이와 같이 놀이에서 경험이 장난감으로 전이되는 것은 아동이 발달하면서 점차 가장놀이, **인격화된 놀이(personified play)**로 대체된다. 전체적으로 Werner(1940/1973)는 3~4세경에 인상학적인 지각이 결정적으로 감소되고, 바로 이 시점에서 아동은 놀이 대상을 인상학적으로 경험하는 것으로부터 더욱 인격화된 놀이로 옮겨 간다고 결론지었다. 인격화된 가장놀이에서 아동은 자신이 가장하고 있다는 것을 점차 의식하기 시작한다.

예를 들어, 아동은 인격화된 놀이에서 대상의 옆구리를 때렸기 때문에 대상이 실제로 아픈 것은 아니라는 인식을 계속해서 키워 나가면서 놀이의 대상과 매우 높은 수준의 동일시를 유지한다. 이러한 변화는 점차적인 것이어서 두 유형의 놀이 간의 경계가 우리가 생각하는 것만큼 명확하지는 않다. 나이 든 아동은 모래놀이 피겨들 중 날카롭고 예리하게 번쩍이는 전구가 자신이 지난밤 폭풍 속에서 경험했던 공포와 완전히 일치되지는 않지만, 모래놀이에서 같은 두려움과 힘을 가진다는 점을 안다. 어린 아동의 놀이 특성인 인격화는 사람이나 피겨가 말하거나 행하는 것을 표상하는 것이 아니라 활동 그 자체다.

Werner(1940/1973)의 연구는 18개월부터 초기 아동기 전체에 걸쳐 인격화된 놀이가 지배적이다가 약 6세까지 점차 줄어들고 성격이 변화됨을 보여 주었다. Werner는 한 아동의 인격화된 놀이가 18개월에서 6세까지 발달해 감을 보여 주는 Charlotte Buhler의 표를 자신의 연구에 포함시켰다. 여기서 물리적인 대상에 대한 인격화는 시간이 지나면서 점차 감소되고, 6세까지 식물과 동물과의 인격화된 놀이가 증가되며, 자연 사건들에 대한 인격화는 오르락내리락하게 된다. 이러한 경향은 3, 5세경에 절정에 달하는 것으로 나타났다.

아동들의 그림을 언급하면서, Werner는 다음과 같이 관찰하였다.

> 아동의 그림 표상(graphic representation)은 단순한 시각적 현상이 아니라 그려진 대상의 인상에 표현된 전체적인 태도의 침전물이다(1940/1973, p. 74).

이런 형태의 지각에서 모든 동작은 감정의 표현이거나 혹은 의도나 행위의 표현이다. 모래놀이 과정에서 상호적 놀이에서의 피겨들의 동작은 아동의 정서와 감정, 경험으로 가득하다.

Werner는 어린 아동을 관찰하고, 대상들과 그로부터 어떤 것을 필요로 하는 아동의 요구가 아동의 인상적 경험과 짝을 이루게 되면서 아동은 인격화를 위한 더욱 발전된 능력을 갖게 된다는 점을 시사했다. 그는 다음과 같이 말했다.

> 즉, 사물은 소망되는 어떤 것이 있을 때 사람이 된다(1940/1973, p. 78).

이를 모래놀이에 적용해 볼 때, 어린 아동의 정서적이고 정신적인 욕구가 아동으로 하여금 피겨들을 선택하게 하고 모래상자에서의 상호적인 놀이에서 그를 살아 움직이게 한다고 쉽게 가정할 수 있다. 치유와 발달을 위한 내적인 힘은 치유에 대한 아동의 욕구에 기초하여 아동의 피겨 선택을 고무한다. 피겨에 대한 아동의 지각력은 아동으로 하여금 그 욕구를 충족시키기 위해 상처를 통해 적극적으로 움직이게 한다.

일부 나이 든 잠재기 소년의 전쟁 장면에서 우레와 같은 대포 발포와 사격이 나타나는 것은 별도로 하고, 피겨와의 살아 있는 듯한 상호적 놀이는 대부분 6세경까지 감소된다.

모래놀이에서의 성차

모래놀이 발달의 또 다른 측면은 자기와 타인과 관계를 맺는 능력의 발달과 관련된다. 여기에서는 주로 모래놀이 내담자와 외부 세계 간의 관계 발달과 성이 이러한 발달에 미치는 역할에 초점을 두어 살펴볼 것이다.

Kalff(1988)는 자아발달에서 두 번째 국면을 전투로 묘사했다. 이는 정상적인 연대기적 발달과정에서 7~9세경에 일어난다. Kalff는 모래상자에서 소년과 소녀가 나타내는 차이에 주목했는데, 소년은 이 시기에 전쟁과 공격적인 대결을, 소녀는 양육의 주제를 뚜렷이 나타내는 경향이 있었다. Kalff는 이 시기 소녀들의 모래상자에서 말을 돌보는 장면을 많이 볼 수 있었다고 보고하였다.

이 시기 동안 모래놀이에서의 성차에 관한 Kalff의 견해는 현대 연구자, V. J. Burke(1996)와 D. P. Cohn(2000)의 연구에 반영되어 있다. Burke는 소년과 소녀의 작품에서 주제의 차이를 분별하기 위해 7~11세 아동의 모래상자를 연구하였다. 그 결과 관계와 관련된 주제에서 유의미한 차이를 발견하였다. 소년의 모래상자에서는 공격적인 상호작용 주제가 흔한 반면, 소녀들의 작품에서는 이자관계(dyadic)나 가족관계에 관한 주제가 지배적으로 많았다.

Cohn(2000)은 모래놀이에서 전투 단계 동안 아동들의 주제와 행동을 연구하였다. 이 단계의 모래놀이 작업 동안 남아는 흔히 공격성과 갈등의 주제를 언어화하고 이에 덧붙여 친사회적 행동과 문제 해결 경향도 보여 주었다. 반면 여아의 경우 주제를 언어적으로 말하는 경우가 거의 없고, 내용 면에서 호기심, 발견, 환상을 포함하였다. 또한 수동적인 관찰과 희생화(victimization)의 주제도 여아의 모래상자에서 흔히 나타났다.

모래놀이에서 Kalff(1988)의 연구는 소녀들이 일차관계에서 자신의 어머니를 동일시한 결과 그들의 관계는 동일시의 특성을 갖게 된다고 설명한 Neumann(1973)의 이론과 관련된다. 소년들은 다른 경험을 가진다. 즉, 그들의 성이 어머니와 다르기 때문에 관계는 핵심적으로 대결적이 된다.

관계를 맺는 능력이라는 관점에서 발달과정을 고려할 때, 모래놀이에서 나타나는 성차에 관한 Kalff의 관찰은 남성과 여성이 맺는 관계의 차이가 갖는 특성의 정신내적인 요인으로 이해될 수 있다. 건강한 발달에서 이러한 단계는 남녀에게 작용하는 성적인 기능과 생물학적, 사회적 힘이 생기기 시작하기 바로 직전인 청소년기 이전에 일어난다.

상징적 표현에서의 성차는 내부와 외부 세계와 맺는 관계의 성격에서의 성차를 반영한다. 우리가 모래놀이에서 볼 수 있는 것은 남녀가 외부 그리고 내부의 실체와 매우 다른 방식으로 관계를 가진다는 것이다. 여성은 자신의 세계들을 연결되고 양육적인 것으로 만나게 되는 반면, 남성은 영역과 우위를 위해 다투고 경쟁적인 것으로 본다.

많은 현대 이론이 이 주제에 관해 풍부한 정보를 제공하고 있는데, 자아가 발달하는 이 시기 동안 모래놀이에서 일어나는 관계적인 상징에서의 차이는 특히 주목할 만하고 이후 연구에서 더 심층적으로 살펴볼 필요가 있다. 여기서는 자아가 발달해 가는 과정에서 나타나는 상징적인 내용을 모래놀이 실시과정에서 중요하게 다루었다.

3장 결론

이 장에서는 모래놀이치료에서의 치유와 변화의 발달적 과정을 심리학 이론의 관점을 통해 탐색해 보았다. 이제 동일한 정신적 영역을 전혀 다른 관점인 신화의 패러다임에서 보기로 한다.

제4장

모래놀이에서 발달에 관한 신화적 고찰: 세계수 위그드라실

서 론

심리학적 이론의 토대에 기초하여, 이제 신화에서 나타난 정신의 고유한 언어를 통해 더욱 직접적으로 변화와 변형의 과정을 살펴볼 것이다. 우리는 모래놀이 작품에서 변화과정의 미묘한 부분을 더 잘 설명하기 위해 위그드라실의 신화적인 설명을 볼 것이다.

세계수 위그드라실 이야기는 『산문 에다(*Prose Edda*)』에 나오는데, 이는 12세기 Snorri Sturluson(1954/1984)이 그동안 구전되어 오던 것을 처음 기록한 고대 아이슬란드 신화 이야기다. 길피 왕과 세 명의 현자 간의 일련의 시적인 질의응답으로 제시된 『산문 에다』는 초기 북유럽 사람들의 신화에서 독창적인 책이다.

거인과 신들에 관한 이 풍부하고 신비한 이야기는 무의식의 원형적인 언어로 해석할 때 내적인 세계의 신비함을 풀기 위한 가능성을 쥔 열쇠라고 말할 수 있다. 위그드라실의 큰 가지들과 뿌리에는 정신적인 성장과 변화의 수단이 놓여 있다. 이 아

위그드라실의 세 개의 뿌리(B. Turner, 2003)

름다운 창조 신화는 최초의 남성과 여성이 물푸레나무와 느릅나무의 두 나무에서 만들어졌다고 이야기한다. 위대한 신인 오딘과 그의 부인 프리그는 아스가르드로 알려진 땅에서 에시르라는 신들과 함께 살았다. 오딘은 모든 신들과 사람들의 아버지라는 뜻으로 '모든 이의 아버지(All Father)'라고 불렸다. 땅의 신으로 알려진 프리그는 오딘의 딸이자 부인이다.

이 이야기에서 특히 흥미로운 부분은 신들의 성소로 알려진 위그드라실이라는 이름의 물푸레나무다. 세계수 위그드라실은 세계의 중앙에 서서, 그 나뭇가지들이 세계의 전체를 감싸고 하늘에 아치를 만들었다. 가장 높은 곳에는 현명한 독수리가 앉아 있는데, 그 눈과 눈 사이에 매 한 마리가 앉아 있다. 위그드라실은 삶과 죽음의 전체 주기를 동시에 담고 있다. 나무는 커다란 고통을 겪는데, 사슴이 나무껍질을 갉아먹고, 독뱀 니드호그가 뿌리와 그 옆의 고사한 나무줄기를 먹는다. 유한한 존재로서의 삶은 대가 없이 이루어지지 않는다. 예를 들어, 성장해 가는 대신 고통이나 상실을 겪는 것이다. 다람쥐가 나무 정상의 독수리와 뿌리에 있는 독뱀 니드호그 사이에서 괴로운 메시지를 나르면서 나무 몸통의 아래위를 오르락내리락 뛰어다닌다. 하늘의 새인 독수리와 땅의 창조물인 독뱀은 남성적 원칙과 여성적 원칙으로서 싸움을 시작한다. 세계수의 이미지는 시간과 환경에 걸쳐 유한한 운명의 전체를 담고 있다. 동시에 생명을 통한 개인의 삶에 내재된 영원한 전체성의 잠재력을 내포하고 있다. 위그드라실은 시간과 영원함의 교차로와 관련된다. 이는 개별적인 존재로서 우리가 자기를 더 많이 깨닫기 위해 자신의 일상적인 삶의 환경을 얼마나 사용하는가와 관련된다. 이 신화는 자기 원형의 형상으로 현시되기 위해서 끊임없는 투쟁을 견뎌 내야 함을 환기시켜 준다.

현시된 존재로서 남성성과 여성성의 대극 에너지들은 균형과 불균형의 다양한 조합으로 서로 경쟁한다. 그들의 투쟁은 나무를 파괴시킬 정도로 위협적이지만, 전체적인 과정은 더욱 깊은 무언가에 의해 부채질되고 유지된다. 그리하여 위그드라실은 우주의 항상적인 재생성의 상징이 된다. 그것은 항상 성장하고 언제나 파괴된다. 그것은 자기의 원시적인 전체성(primordial wholeness)에 의해 끊임없이 가르침을 받고 궁극적으로 최초의 전체성으로 되돌아간다. Jung(1956/1976)은 그것이 생명의 나무인 것처럼 죽음의 나무이기도 하다고 말했다. 위그드라실 이야기는 우리에게 물질적인 삶은 반드시 고통을 수반한다는 점을 일깨워 준다. 유한한 존재는 고통이지만 그것은 시간과 형상을 초월하는 자기의 불멸의 원리에 의해 부채질되고 유지된다.

위그드라실은 '위그의 말' 이란 의미인데, 여기서 위그 혹은 위그르는 오딘이다. 위그르(Yggr)는 '두려운 자(terrible one)' , 전쟁, 투쟁, 인간 희생과 고통의 신이다. 위그드라실은 '두려운 자의 말' 로서 의식과 무의식의 차원에 걸쳐 현실의 영역들을 여행하는 수단이 된다. 위그드라실은 무의식의 심연으로 여행해서 의식적인 각성으로 되돌아올 수 있는 매개물이다.

Jung(1967/1983)은 교차점에서 보이는 자기의 상이 만다라인 것과 같이 여기서는 나무가 그렇다고 설명하였다. 즉, 성장과 발달의 과정 중에 있는 자기가 바로 위그드라실인 것이다. 땅에 뿌리를 내리고 하늘을 향해 뻗은 세계수는 대극의 합일을 의미한다. 이 신화적인 존재는 대극 합일의 가능성을 인류에게 시사한다. 원형적으로 말해서, 우리는 세계수로부터 왔고 세계수를 통해 자기의 전체성의 의식적인 현시로 되돌아가는 길을 발견한다.

따라서 위그드라실은 현시된 존재와 그의 발달을 위한 신화적인 판형(template)을 제공한다. 자아와 자기의 관계에 대한 은유적인 지도와 같이, 그것은 자기를 의식적으로 보다 많이 통합하기 위한 길을 안내한다. 위그드라실의 바닥에 있는 세 개의 우물은 우리가 발달에서 심리학적으로 고려하는 변화와 발달에 관한 주요한 세 가지 국면을 정의해 준다. 덧붙여 위그드라실을 먹여 살리는 세 개의 우물은 개인화 과정으로 들어가 이와 맞물리는 세 가지 두드러진 양상 혹은 방식을 정의한다.

위그드라실의 세 뿌리와 우물들

위그드라실은 주요한 세 가지 뿌리를 가지고 있는데 세 개의 독특한 우물에 의해 수분을 공급받는다(Davidson, 1964; Hveberg, 1962). 첫째 뿌리는 신과 인간의 영역인 에시르에 있다. 여기에 세 명의 노른, 즉 우르드(Urd), 베르단디, 스쿨드가 관장하는 운명의 우물인 우르드(Urdr)가 있다. 두 번째 뿌리는 죽음의 영역에 있는 니플헤임이다. 이는 지하계이거나 어둠의 거주지다. 반은 검고 반은 살색인 여자 협잡꾼

헬이 니플헤임을 통치한다. 큰 독뱀 니드호그가 여기에 거주한다. 이 뿌리에 있는 우물은 흐베르겔미르로 알려져 있다. 세 번째 뿌리는 서리 신의 땅이자 광활한 공허의 땅인 기눙가가프에 있다. 여기에 미미르의 우물이 있는데, 이는 지혜와 이해를 가지고 있고 거인 마임이 통치한다.

세 개의 확고한 기반과 이들을 먹여 살리는 우물들로부터, 위그드라실 신화는 우리에게 인간의 정신 경험을 설명할 수 있는 세 가지 주요 변형 국면에 대해 말해 준다. 이는 Neumann(1973)과 Kalff(1980/2003)의 심리이론에서 제안한 정신발달의 단계들과 정확히 일치한다. 부가적으로 뿌리와 우물은 우리가 모래놀이에서 만나는 주요한 변화의 양식들을 보여 준다.

Neumann(1973)의 이론은 새로운 정신 속성의 시작에서부터 성장의 모든 단계를 거쳐 의식의 충만함이 최고점에 달하게 되는 정신발달의 완전한 과정에 대해 설명을 제공한다. 위그드라실의 기반에 있는 세 우물은 정신발달의 전의식적인 세 가지 국면을 포함하고, 다음으로 전의식적 정신 활동의 충만하고 완전한 예를 만나게 된다. 위그드라실의 뿌리에 있는 세 우물은 Neumann과 Kalff가 기술한 초기 발달의 단계들에 비유될 수 있는데, 그 내용은 다음 표와 같다.

위그드라실 신화의 세 우물과 Neumann 및 Kalff가 이해한 정신발달의 초기 단계 간의 비교

정신발달의 초기 단계		
Neumann	Kalff	위그드라실 신화
어머니와의 초기 관계	모-아 단일체	니드호그의 우물
세속 부모와의 분리	어머니와의 관계	노른의 우물
중심화	자기의 배열	미미르의 우물

현장에서 모래놀이치료를 실시해 온 내 경험에 따르면, 치유와 변화의 과정은 Neumann(1973)과 Kalff(1980/2003)가 기술한 구체적인 발달의 순서를 항상 따르는 것은 아니다. 종종 그 과정은 다양한 단계들을 통해 앞으로 나아갔다가 다시 돌아가기를 수차례 하면서 진행되는 것으로 보인다. 또한 나는 모래놀이가 발달의 모든 단계를 통해 진전하는 것은 명백히 아니라는 점을 목격했다. 그럼에도 불구하고 내담

자는 치유되고 변화되고 더 충만한 삶을 살기를 계속한다. 위그드라실 이야기를 탐색한 것처럼 Neumann(1973)과 Kalff(1980/2003) 이론들의 유사점에 초점을 둘 것이다. 그러나 우리의 주요 관심은 세 우물의 각각에 유용한 치유와 변화의 양식을 검증하는 것에 맞춰질 것이다.

정신 변화과정의 충만함이 위그드라실의 세 뿌리에 존재하므로, 그 우물들은 우리로 하여금 그들 중의 하나 혹은 그들의 어떤 조합을 마시도록 초대하고, 특정한 순서 없이 그렇게 하는 것으로 보인다. 이 고대 신화의 비유는 정신 변화의 무의식적 혹은 지하의 단계들이 세 가지 주요 양식이고, 이들 중 어떤 것이라도 합당하고 심오한 변화과정으로 들어가는 지점을 구성할 수 있다고 가정한다. 이는 심원한 변화과정이 세 양식의 어느 하나를 통해 일어날 수 있고, 이러한 다양한 시작점으로부터 내적인 변화의 단계를 거쳐 진행될 수 있다고 제안한다. 또한 이 이야기는 변화의 전의식적인 세 단계 모두를 거쳐 진행하는 것이 항상 필수적인 것은 아니라고 제안한다.

지하계의 우물: 초월의 모래놀이 과정

모래놀이 과정의 첫째 형태는 우리가 초월(transcendent) 기능으로 인식하는 양상이다. 이는 정신의 가장 어두운 시작점이다. 즉, 정신이 모권적 무의식(matriarchal unconscious)과 합쳐져 있는 곳이다. Neumann(1973)은 이를 초기 관계로, Kalff (1980/2003)는 모-아 단일체로 불렀다. 변형의 이러한 형태는 니플헤임으로 알려진 위그드라실의 뿌리에서 일어난다고 설명된다. 이는 암흑의 거주지로 지하계 혹은 죽은 자의 영역이다. 세계수의 이 뿌리를 먹이는 우물은 흐베르겔미르인데, 반은 검고 반은 살색으로 되어 있는 협잡꾼인 여자 거인 헬이 이러한 변화 영역의 통치자다. 위그드라실 이야기는 우리에게 '파괴하는 타자(striker that destroys)' 라 불리는 거대한 독뱀 니드호그가 뿌리를 갉아먹고 그 나무의 정상에 앉아 있는 독수리와 전쟁을 벌인다고 말해 준다. 어두운 여성적 원리로서 이 독뱀은 밝은 곳에 앉아 있는 남성성의 의식적 지위와 반대된다. 나아가 무의식적인 지위는 가만히 있는 것으로 만족하지 못하기 때문에 니드호그는 관심을 얻기 위해 뿌리를 끊임없이 씹는다. 무의식은 성장과 발달을 자극하기 위하여 자아의 의식적인 지위를 압박한다.

니플헤임은 땅보다 오래전에 창조되었다. 위그드라실 이야기가 여기서 기술하는 정신의 영역은 무의식의 가장 깊은 곳이다(Metzner, 1994). 이는 의식적인 인식보다 앞서서 의식을 형성한다. 이 정신 영역의 한 가지 기능과 변화의 방식은 의식적인 지위를 보상하는 것이다. 니플헤임은 집단적인 지혜를 가지고, 독뱀 니드호그를 통해 자기와 더욱더 제휴하고 통합하기 위해 의식을 갉아먹는다. 우리가 기꺼이 흐베르겔미르의 우물을 마시도록 선택하는 것이 아니라, 자아의 지위가 더 이상 유지되지 못할 때 변화의 필요성에 의해 어둠의 심연으로 빨려 들어가는 것이다.

흐베르겔미르의 우물에서 변화 방식은 초월의 방식이다. 초월은 정의상 통과하거나 건너가는 것과 관련된다. 이는 횡단이나 건너다를 의미하는 '초(超, trans)' 라는 단어의 어원에서 온 것이다. 따라서 초월하기 위해서는 어떤 것의 한계를 넘어서 가야한다. Jung의 심리치료에서는 무의식에서 나온 새로운 부산물을 통합함으로써 자아의 한계를 넘어서는 것을 초월이라고 설명한다. 상징적인 과정에 관한 우리의 논의에서 알 수 있었던 것처럼, 자아는 그 지위를 놓치는 것을 싫어한다. 따라서 이 변화의 방식은 급격한 붕괴라는 특징을 가진다. 이는 급작스럽고 종종 무섭고 놀랍다. 비록 초월적 기능이 무의식의 깊은 곳에서 일어난다 할지라도 의식은 변형에 참여해야 한다. 자아 혹은 의식적인 지위는 점차 그 자신의 약화와 임박한 붕괴를 인식하게 된다.

여신 헬은 이 변화의 영역을 지휘한다. 헬은 다른 문화, 예를 들어 힌두 신화에서 칼리와 랑다의 이미지와 닮았다. 헬의 육신의 반이 이 세계의 것인 반면, 나머지 반은 무의식의 심연으로부터 온 암흑으로 반반씩 뒤바뀔 수 없게 이루어져 있다. 헬은 자신의 존재가 계속되고 삶의 주기를 유지하기 위해 현세의 삶, 즉 의식적인 것을 소비하여야 한다. 그녀는 의식적인 인식을 소비하여 그것을 무의식의 내부로 집어던짐으로써 자신의 육신의 측면을 먹여 살린다. 그리고 제한된 의식적인 지위를 소화하고, 무의식으로부터 온 이전에는 알려지지 않은 풍요로움으로 그것을 먹여 살림으로써 의식을 확장한다.

헬의 지시 아래, 독뱀 니드호그는 우리를 움켜잡고 우물로 빨아들인다. 만약 우리가 생존할 수 있다면 급격한 변형을 겪는다. 니드호그의 폭력은 자아가 정지 상태로 되고 정신적 에너지가 상징의 원형적 핵을 향해 무의식으로 강제될 때의 상징적인 과정에서 발생하는 격렬한 불화를 신화적으로 기술한 것이다. 이러한 변화의 방식은 일반적으로 우리도 모르게 다가오는 것이지 의지적으로 들어오는 것은 아니다. 그 경험은 해로울 뿐 아니라 폭력적이다. 이러한 변화 방식은 우리를 자아의 한계에 이르게 하거나 그것을 넘어서게 한다. 그것은 우리가 알고 있는 현실의 반대편으로 우리를 건너게 하여 갑자기 우리의 의식을 더 많은 자기로 열리게 한다. 그것은 우리가 누구이고 무엇인지에 대한 우리 의식의 돌이킬 수 없는 변화다.

모래놀이에서 지하계의 우물

모래놀이의 내담자가 니플헤임의 우물에 끌려 움직일 때 초월 기능에 참여하게 된다. 이 변화의 과정은 심오하고 혼돈이 특징이며, 개인 자아와 자신이 누구인가에 관한 의식적인 인식에 관한 급격한 재질서화와 관련된다. 이는 개인의 지각의 한계를 극적으로 파괴하고, 가능한 것과 불가능한 것에 대한 인식을 확장하며, 자기의 중심적 원형과 모두 일치된다.

이러한 형태의 모래놀이 과정은 무의식까지 내려갈 때 뚜렷하게 나타난다. 무의식으로의 하강은 좀 더 편안한 의식의 수준까지 간헐적으로 되돌아 올라가는 시기에 일어날 수도 있다. 그것은 상징의 양극 간의 투쟁이 정반대의 힘에서 정점에 달했을 때 지대한 암흑과 엄청난 에너지라는 특징을 가진다. 이 과정에서 자아의 부적절함이 의식적으로 관찰된다. 자아의 마비와 궁극적인 죽음과 함께, 그 문제를 직접 기술해 주는 원형에 의해 충분히 알려진 새로운 생성물이 의식적인 인식으로 올라온다. 따라서 자아는 다시 생기를 회복하여 확장되고 자기와 더 많이 조율된다.

내담자가 갑작스러운 변화로 행동화하는 경향이 있을 수 있음을 명심해야 한다. 내담자가 이러한 급격한 변화를 의미 있고 생산적인 방식으로 의식적으로 통합할 수 있도록 하기 위해 주의 깊은 치료적인 담아두기 시간이 요구된다. 혼돈과 창조는 마치 무의식과 의식처럼 보상적인 관계로 존재한다는 것을 기억하는 것이 중요하다. 대극의 긴장은 심리적인 성장의 전제조건이다. 혼돈은 필수적이고 피할 수 없다. 혼돈은 질서와 의식의 모양을 미리 나타낸다. 이런 의미에서 혼돈은 신성하다.

그 안에 모든 것을 가지고 있다. 정신의 어두운 측면은 전체성을 향한 성장과 풍부함의 근원이다. 개인화 과정에서 자아가 미지의 세계, 즉 혼돈과 적절한 관계를 맺는 능력을 발달시키는 것은 매우 중요하다. 심리적인 혼란은 종종 자아가 정신의 좀 더 어두운 측면들과 부적절한 관계를 가지는 데서 기인한다.

앞서 언급한 바와 같이, 세계수 뿌리에서의 변화는 종종 급작스럽고 위험하고 위협적이다. 내담자가 흐베르겔미르의 뿌리에서 혼돈에 들어갈 때, 치료자의 치료적 담아두기 능력은 시험에 든다. 치료자는 내담자의 과정에서 일어나는 격앙된 미지의 세계들을 정신적으로 버텨 줄 수 있어야만 한다. 마치 어두운 폭풍 바다에서 견고한 배처럼 내담자는 동요되지 않게 유지되어야 한다.

이 수준의 변화에서 정신의 급격한 붕괴는 정신적 발달이 진행되는 과정들을 통해 통합되는 것이 필요하다. 파괴된 것은 새로운 생성물로서 정신에 통합되도록 유지되고 보살펴져야 한다. 니드호그의 우물로 들어가는 모래놀이 과정은 일련의 발달 단계들의 순서를 통해 수행되어야 하는 깊은 수준의 작업이다.

캐리 캐리의 모래놀이 작업은 니드호그의 우물을 통해 들어갔다. 그녀의 과정은 깊은 암흑으로 갑자기 내려갔다가 덜 압도적인 정신 영역으로 간헐적으로 올라옴으로써 잠시 중단되는 양상으로 진행되었다. 예를 들어, 7번 상자에서 방사상 모양의 삼각형 섬들을 빠르게 구성할 때, 캐리의 작업은 급박하고 거의 광적인 속성을 나타냈다. 비록 캐리가 자신의 모래상자에 대해 "주변에 모두 다이아몬드가 있어요."라고 설명했지만, 이는 슬픈 어둠을 가지고 있다. 그녀는 그 상자를 만들 때 눈물을 흘리며 깊이 흐느끼면서 아무것도 느껴지지 않지만 매우 춥다고 말했다.

캐리의 모래놀이 과정에서 종종 그녀와 나는 모두 우리의 버텨주기 능력의 한계에 이르렀다. 매 하강마다 암흑과 공포가 공간을 채웠다. 이러한 모래놀이에서는 캐리의 손이 모래를 만질 때 통제할 수 없을 정도로 떨렸다. 이 예에서처럼 그녀는 근원에 관한 의식적인 인식은 하지 못한 채 종종 깊은 흐느낌으로 절정에 달했다. 니플헤임의 뿌리에서 캐리의 변형은 격앙되지만 깊이 변화시킬 수 있는 힘이 있다.

운명의 샘: 치유와 회상의 모래놀이 과정

위그드라실의 이 뿌리는 신과 인간의 영역인 에시르 가운데 하늘에 있다(Davidson, 1964; Hveberg, 1962; Sturluson, 1954/1984). 에시르의 뿌리를 먹여 살리는 우물은 우르드로 운명의 우물을 의미한다. 이는 현시가 시작되고 존재로의 이동이 눈에 보이기 시작하는 발달 단계다. Neumann(1973)은 이를 세속 부모와의 분리로 보았고, Kalff(1980/2003)는 어머니와의 관계로 설명했다.

이 우물에는 백조 두 마리가 있고 세 명의 노른이 통치한다. 노른은 사람과 신의 운명을 결정하는 세 명의 소녀다. 상징적으로 백조는 남성적인 남근 모양의 목과 둥글고 여성적인 몸을 가졌다는 점에서 대극 합일의 양성적인 표상으로 간주되어 왔다(Eliade, 1964/1974). 남성적인 힘과 여성적인 에너지의 균형 잡힌 합일체로서 백조는 신비한 중심(mystic center)을 상징한다. 일부에서는 백조가 커다란 새라는 점에서 독수리가 싸울 생각을 할 수 있는 유일한 새라고 주장한다. 또한 일부 신화에서는 노른들이 백조로 가장하여 자신의 과업을 수행한다고 생각한다. 운명의 샘에서 수영하는 백조가 두 마리라는 점은 흥미롭다. 둘은 현시 혹은 이중성의 수로서, 사람들의 운명이 정해지는 샘에서 둘이 함께 수영을 한다. 두 마리의 백조는 유한한 존재의 현시(mortal manifestation)의 장 내에서 대극 합일의 가능성을 수행한다. 가장 큰 한 쌍의 새인 백조는 우리에게 현시된 존재의 근원과 중심의 전체성으로서뿐 아니라 현시의 목적으로서 균형의 가능성을 일깨워 준다.

노른들은 인간의 구체화된 행로의 세 측면과 관련된다. 그들은 종종 과거, 현재, 미래 혹은 탄생, 삶, 죽음으로서 그리스 신화의 운명의 세 여신에 비유된다. 그러나 이는 그들의 의미를 시간의 차원에만 지나치게 엄격하게 국한시키는 경향이 있다. 모래놀이 치료자로서 우리에게 중요한 것은 시간을 통한 사건들의 과정에서 의미의 차원이다. 위그드라실의 꼭대기에 자리를 잡은 독수리와 끊임없이 언쟁을 벌이는 니드호그의 경우에서처럼, 노른들이 지배하는 정신 수준에서의 활동은 관계 맥락에서 이루어진다. 두 마리의 백조는 함께 우물에서 수영하고, 세 명의 노른은 우리의 운명을 알려 주기 위해 제휴하여 움직인다.

노른들은 또한 우리의 운명을 형식으로 표현하는 데 작용한다. 세 명의 노른이 말하는 정신은 시간적인 사건과 구체화된 현시에 관한 것이다. 그것은 세상일에 관한 의식적인 주의와 관련된다. 이 우물의 물은 우리의 근원과 조상과 관련된다. 그것은 집합적 무의식의 심연에 있는 고대의 기억과 이들 기억을 개인화 과정에서 의식의 일부로 만드는 것과 관계된다.

이 우물의 기능은 회상에 있다. 그것은 빚을 갚고 상처를 치유하는 것과 관계된다. 또한 인간 존재로서 우리의 뿌리, 즉 우리가 어디에서 왔는가에 관한 것과 관련된다. 이는 우리의 시간적 경로다. 다시 말해, 유전적이고 가족적이며 문화적인 유산이다. 위그드라실 이야기는 신들이 땅에서 하늘로 올라 그들이 알현식을 거행하기 위해 비프로스트라는 다리를 건너는 것에 대해 말한다. 신화가 이 뿌리에서 우리에게 주장하는 바는 유한한 여정과 사건을 자기의 전체성과 관련시키는 정신의 기능이다. 자아가 자기와 연계되는 것을 설명하는 원동력은 바로 보상적인 기능이다.

세 명의 노른은 위그드라실의 가지를 살리기 위해 우물에서 나온 흰 진흙을 위그드라실에 발라 편안하게 해 준다. 그리하여 "…우르드의 우물 바로 위에 항상 푸르게 서 있다." (Sturluson, 1954/1984, p. 46) 이는 네 마리의 사슴이 끊임없이 나무 껍질과 잎들을 갉아먹기 때문에 필수적이다. 따라서 신화는 이 우물에 의해 제공된 자양분의 종류가 위로와 달래기라는 점을 말해 준다. 이런 돌봄은 물질적이고 세속적인 삶이 계속되도록 허용하고 고무한다. 이는 이중성을 겪는 것을 완화하고, 남성적 힘과 여성적 힘 간의 투쟁에서 오는 긴장을 참기에 충분한 위안을 제공한다.

우르드라 불리는 노른은 운명의 차원을 주재한다. 이는 더욱 위대한 자기(greater Self)의 관점에서 우리가 누구인가 하는 독특성과 관련된다. 우르드의 영역은 독특한 가능성을 가진 존재로서 우리 각자가 가져오는 것이다. 이 잠재성은 세속적인 위대함에 의해서가 아니라 자기의 독특한 실현이라는 관점에서 정의된다. 이는 "…함께 묶어 주거나 유지해 주는…" (Reyna, 1993, p. 55)이라는 글자 뜻 그대로 힌두교의 달마(dharma)의 개념과 유사하다. 우리의 달마는 우리가 실제로 누구인가에 대한 물질적인 현시다. 특정한 형태로 체화된 가장 높은 수준의 보편적 진실로서 현상의 실제 성질과 관련된다.

우르드는 회상을 다루는 치유의 차원과 관련된다. 이는 개인의 역사와 과거에서 잊혀진 부분을 회고한다는 관습적인 의미에서의 회상뿐 아니라 자신의 달마를 존중한다는 의미에서 다시 묶어주기(re-membering)를 포함한다.

우르드는 다음과 같이 묻는다.

이렇게 독특한 형태로 구체화된 나는 도대체 누구인가?

우르드는 인간 존재 각자가 독특한 선물과 재능의 가능성을 타고났고 그들이 인식되고 현시될 때 전체성의 구체화된 존재로서 기능할 수 있다는 점을 확인시켜 주는 작용을 한다. 즉, 모든 것에는 의미가 있고, 그 의미는 각자가 내적인 진실을 발견하고 수용하고 존중함으로써 개인 각자의 삶에서 드러나게 된다. 백조처럼 우르드의 안내를 마음에 두는 사람은 삶의 과정에서 자신만의 신비한 중심인 자기를 알게 된다.

베르단디는 존재와 과정의 노른이다. 그녀의 영역은 개인의 독특한 운명에 따라 조화롭게 행하는 것이다. 베르단디는 반응이 요구되는 유한한 과정의 측면을 감독한다. 그녀는 존재의 변형적인 가능성과 자기에게 정해진 시간적 경과에 관한 의식적인 인식과 관련된다. 이는 힌두교의 카르마(karma)와 유사한 개념이다. 카르마는 흔히 '자신의 행동으로 인해 야기된 운명' 이라는 단순한 뜻으로 잘못 이해되어 왔지만, 사실은 행위 그 자체의 영역과 관련된다. 이는 개인의 달마와 조화되는 행위이자 특정한 환경의 요구에 적절하게 반응하는 행위다. 개인이 자신의 달마, 즉 자기를 벗어나 행동하여 자기가 그 행동의 결과에 부적절하게 부착될 때 미래 과제와 반동이 만들어지게 된다. 이는 삼스카라(samskaras)로 알려진 것인데, 이에 대해서는 잠시 후 좀 더 생각해 볼 것이다. 베르단디는 자기를 좀 더 실현하는 데 삶의 도전을 사용하게 하는 부분에 관심이 있다. 이것은 적응의 역동으로, 앞서 정신의 역동적 요소들에 대해 논의할 때 다루었다. 베르단디의 초점은 올바른 행위를 통한 치유에 있다. 모든 환경에서 자기를 존중함으로써 내부와 외부의 질서를 확립하고 유지하는 것이 베르단디에게 중요하다. 시간과 공간을 통해 이루어 가는 과정에서 자신의 보다 위대한 존재를 존중함으로써 우리의 삶이 자기와 통합되도록 한다.

베르단디는 다음과 같이 묻는다.

참된 나를 가정할 때, 특정한 상황에서 지금 현재 나의 적절한 반응은 무엇인가?

세 번째 노른은 스쿨드다. 그녀는 궁핍, 빚 그리고 죄의 영역과 관련된다. 이는 우리 자신의 행위와 우리의 조상 그리고 어쩌면 과거 삶으로부터 와서 현재 삶에서 우리가 빚지고 있는 것들이다. 이는 앞서 삼스카라라고 부른 것으로, 저절로 생긴 꼭 갚아야 할 빚이다. 이것이 바로 우리가 배워야 할 교훈이다. 스쿨드는 과거의 잘못에 대해 책임을 져야 하는 우리 삶의 일부가 자기를 재구성화하기 위한 우리 자신의 교훈으로 사용되는지를 감독한다. 스쿨드는 슬픔, 용서, 책임을 떠맡는 것에 관련된 치유의 측면과 관련된다.

스쿨드는 다음과 같이 묻는다.

무엇이 완성되지 않은 채 남아 있는가?

모래놀이에서 운명의 우물

모래놀이에서 내담자가 우르드의 우물을 묘사할 때는 회상과 치유를 위한 변화를 다루고 있는 것이다. 이는 시간에 걸친 내담자의 실제 삶과 관련된다. 정의상 치유는 전체가 되거나 구체화된 조건에 꼭 맞는 것과 관련된다. 이는 질병이나 우환에서 자유로워지고 건강과 건전함을 회복하는 것과 관련된다. 모래놀이에서 존재의 뿌리에 양분을 공급하는 우물에서 나오는 것은 과거를 의식적으로 인식함으로써 치유를 가져올 수 있고, 그 결과 필요한 슬픔을 느끼고 용서를 가능하게 한다. 즉, 망각된 것을 회상하고 슬퍼하면서 이러한 일시적인 경험이 자기에서 질서를 다시 잡도록 해 준다. 이러한 치유는 억압되거나 인식이 거부되어 우리에게 미해결된 콤플렉스로 짐을 지워 준 우리 과거의 일부에게 의식적인 인식을 회복시켜 주는 것이다.

이런 형태의 치유는 초월적인 기능에서 보았던 심연의 변형과는 확연히 다르다. 이는 바로 개인화 과정의 핵심적 특질이고 모래놀이에서 매우 흔히 볼 수 있다. 모래놀이 연구자는 종종 모래놀이에서 변화의 두 가지 형태를 확인할 수 있다. Weinrib(1983/2004)은 이를 치유의 과정과 의식의 확장이라 말했고, Ammann(1991)

은 치유와 변형을 구별했다. 즉, 치유는 이후의 발달에 손상을 가져오는 정신발달의 상처 부분을 건강하게 회복시켜 주는 과정이다. Ammann은 치유가 건강한 자아로 귀결됨에 주목했다. 변형은 개인화 과정에서 자기와의 의식적인 관계를 심화하고 확장시키기 위한 기초로서 안정된 자아가 시작점이 되는 특징을 가진다. 그러나 Bradway와 McCoard(1997)는 치유와 성장의 과정을 언급하면서 두 과정이 동시에 일어날 수 있음을 강조했다.

회상과 치유의 과정이 변형의 고전적인 초월과정과 관련하여 일어날 수 있음은 명백하다. 이는 모래놀이에서 자주 일어난다. 중요한 점은 일련의 모래놀이 과정이 회상과 치유 과정 패턴으로만 구성될 때도, 여전히 이는 심리치료적인 작업과 신뢰할 수 있는 모래놀이 과정의 합당한 형태라는 점이다.

회상과 치유 과정은 모래놀이에서 여러 형태로 나타난다. 그것은 학대나 상실의 역사에서 기인된 상처를 회상하는 것으로 나타날 수 있다. 내가 샌프란시스코에서 임상수련생으로서 모래놀이를 처음 만났던 경험이 기억난다. 매주 내담자와의 만남은 클리닉의 사정에 따라 다양한 곳에서 진행되었는데, 하루는 모래놀이 치료실에서 하게 되었다. 30대 여자 법대생이었던 내담자가 모래놀이 상자를 꾸며도 되는지 물어왔다. 모래놀이 절차에 완전히 무지했던 나는 사진을 찍어 놓지 못했다. 다음 시간에 그 내담자는 모래놀이 상자가 진실로 그녀 자신과 함께했고 깊고 오래된 무엇인가를 건드린 것 같다고 말했다. 그녀는 어린 소녀였을 때 자신의 아버지가 성적으로 부적절하게 행동했던 것을 기억하기 시작했다. 다행히 우리는 모두 이러한 새로운 사실과 모래놀이에서 떠오른 기억을 담아 주면서 다루어 나갈 수 있었다. 이는 내담자에게 궁극적으로 큰 안식과 치유 그리고 그 내담자의 능력을 키워 주었고, 치료자인 나에게는 모래놀이 치료자로서 새로운 길을 가게 되는 계기가 되었다.

회상과 치유의 과정은 신체의 질병과 다른 신체적 불쾌감 같은 문제를 중점적으로 다룰 수도 있다. 회상과 치유는 종교적인 유산이나 선조 혹은 문화적인 혈통을 떠올리고 영예롭게 여기는 형태를 취할 수도 있다. 또한 그 과정은 엘리자베스의 사례에서 볼 수 있듯이 책임감을 갖고 과거의 잘못에 대해 슬퍼하는 것과 관련될 수 있다.

엘리자베스 엘리자베스의 6번 상자는 모래놀이에서 종종 치유를 동반하는 슬픔이 표현된 아름다운 사례다. 이 상자에서 강은 가장 왼쪽의 동떨어진 마을로 표현된 일상적인 삶의 세계로부터 오른쪽 구석 주변의 활동을 분리시키고 있다. 일곱 마리의 작은 아기 돼지를 담은 작은 보물상자가 강의 근원인 우물 곁의 신성한 꽃의 숲에 있다.

엘리자베스가 이 상자를 만들었을 때는 40대 후반의 전문직 여성이었다. 그녀는 아이들을 사랑했지만 자신의 자녀는 한 명도 없었다. 자신의 사례를 검토하면서 그녀는 이 상자에서 자신이 출산하지 않았던 아이들의 상실을 슬퍼하고 있음을 깨달았다.

이 작업에는 치유와 용서의 진행과정이 본질적으로 내포되어 있다. 상자를 완성하면서 엘리자베스는 그 강을 향해, " … 이 슬픔으로부터 인생은 흘러 지나간다."라고 말했다. 훨씬 이후에 그녀의 작업을 함께 검토하면서, 엘리자베스는 자신의 삶에서 상실과 치유의 중요성을 충분히 의식하기 시작하게 되었다.

캐리 캐리의 6번 상자는 강렬한 슬픔과 치유의 예를 제공한다. 그녀는 과거에 수백 마리의 동물들을 안락사시키는 일을 하였다. 이 모래놀이에서 그녀는 12개의 작은 흙무덤을 잇따라 만들면서 천사와 보석을 포함한 신성한 피겨들을 여기저기에 놓았고, 마치 특별히 단단한 경계를 유지하려는 듯 전체 상자의 가장자리 둘레에 선을 그었다. 그녀는 마지막 피겨로 조각난 심장을 선택하여 왼쪽 구석 가까이에 아픈 듯이 살며시 배치시켰다. 당시에 캐리가 의식적으로 알지는 못했지만, 그녀의 정신은 자신의 손에 죽어 간 수많은 죽음에 주의를 기울이고 신의 보살핌에 그들의 영혼을 의탁하고 있었다. 이러한 치유과정의 시작과 동시에 그녀는 깊은 슬픔을 경험하였다.

치유와 회상의 우물은 매우 다양한 방식으로 다가갈 수 있다. 고전적인 모래놀이 양상과는 다르지만 치유와 변화를 보이는 사례는 자동차 사고로 외상 경험을 한 어린 소년의 경우다.

찰리 8세 소년인 찰리는 불안과 외상 후 스트레스 증후군의 증상으로 내과의로부터 의뢰되어 왔다. 찰리는 1번 상자에서 중앙의 흙무덤 위에 자동차 충돌 장면을 두드러지게 배치시켰다. 비교적 짧은 후속 세션들에서 찰리는 대극하는 힘들을 다양한 형태로 나란히 세웠다. 2번 상자에서는 경기를 곧 시작하려는 축구팀 선수들이 서로 경기장에서 마주 보고 있는 것으로 표현하였고, 3번 상자에서는 공룡들이 작은 나무로 표시된 중앙 지점을 둘러싸고 있었다. 4번 상자에서는 백색의 축구 팀이 붉은 팀에 대항하여 열렬히 싸웠으며, 5번 상자에서는 다양한 야생 고양이들이 등을 위협적이지 않게 꿈틀거리며 중앙에 있는 유쾌한 어린 새끼 주위를 빙빙 돌았다. 그리고 7번 상자에서는 중앙의 권투 링에 수많은 권투선수들과 가라테 선수들을 올려놓았다. 찰리는 자신이 원하는 것은 무엇이든 해도 좋은지를 묻고, 링으로 모래를 던지고 그 속으로 선수들을 쑥 밀어 넣었다.

찰리의 모래놀이는 종료되었다. 찰리는 모래놀이를 좋아하였고, 그것을 통해 커다란 치유와 힘을 얻었다. 그러나 그의 과정은 자기의 현시나 초월 기능을 전혀 포함하고 있지 않다. 그는 10회기 후에 밤새 편안하게 잠을 잘 수 있는 능력과 불안함 없이 차를 탈 수 있는 자유를 회복하고 치료를 마쳤다. 찰리의 증상은 없어졌다.

앞의 사례들에서 볼 수 있듯이 모래놀이 작업은 노른의 우물을 통해 들어올 수 있음이 명백하다. 진정한 치유는 반드시 니드호그의 심연에 빠지거나 일련의 연속적인 발달 단계를 통해 앞으로 나아가지 않아도 거기서 일어날 수 있는 것으로 보인다. 상징을 통해 회상하고 정신의 이러한 움직임과 자기 간의 연결을 확립하는 것은 모래놀이 상자에서 참된 치유와 합당한 정신적 보상을 구성한다. 이런 작업에서 자기의 완전한 배열이나 현시가 나타나지 않을 수도 있지만, 새로운 소재가 중심과 일부 연결되거나 중심으로 등장하는 것은 매우 중요하다. 치유된 것은 반드시 중앙의 전체성과 관련되어야 한다. 정신의 중심은 시금석이나 홈루(home base)로서 인정될 필요가 있는데, 통합된 모든 요소들은 여기에 관련된다. 이는 시작의 방출점, 근원지점 혹은 중앙점이라는 수많은 방식으로 나타나는 것으로 보인다. 찰리의 사례 중 1번 상자의 중앙의 자동차 충돌, 3번 상자의 중심에 있는 나무의 성장, 그리고 5번 상자의 중앙의 안전하고 유쾌한 어린 새끼라는 특성에서 정신은 자기의 조직화 원칙을 인정하였다.

비록 치유와 회상의 우물에 국한된 작업은 시작에서 종료까지 겪게 되는 정신발달이 완전함에는 분명히 미치지는 못하지만, 경험상 치유와 회상은 그 자체로 내담자가 해야 할 필요가 있는 모든 작업인 것 같다. 어떠한 경우에도 치유와 회상 작업이 많은 내담자가 자신의 모래놀이에서 성취하는 것의 특성이 된다는 점이 명백하다. 치유와 회상 작업은 고전적인 모래놀이 과정의 많은 특징이 결여되어 있지만, 그럼에도 불구하고 그것은 치유적이고 변형적이다. 중요한 것은 그 작업이 포함하고 있는 목적을 그 자체로 공손하게 인정하는 것이다.

지혜의 우물: 희생의 모래놀이 과정

모래놀이 과정의 세 번째 형태는 희생의 형태다. 본의 아니게 들어가게 되는 니플헤임의 뿌리에서의 변화와는 달리, 이러한 유형의 변형은 무의식을 동반하는 의도적인 의식적 참여의 특징을 보인다. 위그드라실 신화에서 이러한 변형 양상은 거인과 혹한의 땅인 요툰헤임에 위치한 세계수의 세 번째 뿌리에서 일어나는 것으로 묘사되고 있다. 요툰헤임은 오래된 북유럽 민화에서 긴눈가갑으로 불리는 영역인 열린 공간(open void)으로 존재하는 것으로 묘사된다(Hveberg, 1962). 위그드라실에서 이러한 뿌리를 키우는 우물이 미메스브룬이다. 이 우물은 깊은 곳에서 매일 물을 마시고 세상의 어느 누구보다 가장 많이 알고 있다고 알려져 있는 미미르가 지배한다. 이것이 Newman(1973)은 중심화라고 지칭하고 Kalff(1980/2003)는 자기의 배열(constellation of the Self)이라고 일컬은 전의식 발달의 세 번째 국면이다.

미메스브룬에서 얻을 수 있는 영양분의 형태는 숨겨진 지혜와 이해다. 심리학적으로 말하자면 미미르의 우물을 마신다는 것은 개인이 사물이 보이는 표면적인 것을 넘어서 그 이상을 볼 수 있게 하는 것이다. 세계수의 뿌리로 묘사되는 정신 영역이 바로 열린 공간이다. 이 정신 영역이 모든 것의 원천으로 보이는 자기이다. 이것은 물질적 현시에 선행되는 영역이며, 그것이 묘사하는 것은 의식의 영향을 벗어나는 식역의 공간이다. 아동 발달에서 그것의 초기 경험은 바로 자기의 전체성(totality of the self)에 정신이 집중되는 것이다. 이후의 발달에서 그것은 자기에 대한 의식적 인식의 과정을 거쳐야만 한다. 미미르의 우물에서 변형 양상의 기능은 무의식을 동반하는 의식적 참여와 관련된다. 세계수를 오르락내리락하는 다람쥐의 이미지는 존재 국면 사이를 여행하는 능력을 표상한다. 위그드라실에서 다람쥐는 위아래로 오르락내리락하는 여행을 통해 천국과 지하 세계 모두에 의식적인 참여를 하게 된다. 꼭대기의 의식적 · 남성적 위치의 독수리와 뿌리의 무의식적 · 여성적인 깊은 곳, 심연에 있는 구렁이 니드호그 사이에서 메시지를 전달하는 다람쥐는 의식적으로 무의식과의 대화로 들어가는 인간의 능력을 상징한다. 그리고 요툰헤임 뿌리에서 묘사되는 변화의 형태는 무의식과의 의지적 관계다.

북유럽-독일 우주론은 위그드라실을 3층의 세계(three-fold world)로 묘사한다. 이 3층의 세계는 각각 세 겹으로 구성된 세 개의 주요 단면으로 이루어져 있다. 따라서 모두 9개의 층을 가지며, 각 분리된 영역에는 신, 거인, 난장이, 꼬마 요정, 인간이 모두 존재하고 있다. 나무를 오르락내리락하는 다람쥐처럼 선각자나 특별한 통찰력을 획득한 사람들만이 세계 간의 여행을 할 수 있다.

샤먼 전통은 우리에게 이러한 유형의 정신적 변형에 대한 강한 모델을 제공한다. 비록 현대 서양 사회에 알려지지 않고 잃어버렸지만, 샤먼 전통은 광범위한 문화적 경계를 넘어 오래되고 풍부한 역사를 갖고 있다. 신화학자이며 종교역사가인 Mircea Eliade(1964/1974)는 지구상의 샤먼 전통의 오랜 역사를 기록하였다. 미메스브룬의 우물에서 그려지는 것처럼, 샤먼은 전형적으로 그들이 움켜쥐고 있는 의식적 현실을 해제하고 세계 간을 여행한다. 이것은 여행하기 위해 큰 고통과 공포의 위험을 감수하는 샤먼에게 본질적인 대가를 보증해 주는 것이다. 이러한 여행의 목적은 전반적으로 사회와 개인에 관한 치료와 진단적 지식을 얻는 것뿐 아니라 더 심오한 지혜를 얻기 위함이다. 더욱이 샤먼은 종종 잃어버린 영혼을 되찾거나 죽음의 땅으로 가는 영혼을 동반하기 위한 여행도 한다.

샤먼 세계에서 우주나무(cosmic tree)가 두드러지게 나타나는 것이 특히 흥미롭다. Eliade(1964/1974)는 우주나무가 첫 번째 샤먼의 창조물로 키워졌다고 언급했다. 세계수가 어디에 위치했건 그 나무는 우주의 중앙에 있다고 생각된다. 그래서 나무는 천국으로 가는 샤먼 여행을 할 수 있게 하고, 또한 천국과 지상을 함께 부르게 하기 위한 신화적 판본(mythological template)이라고 할 수 있는 은유적 수단이 되는 것이다. 특정한 문화의 특성과 위치에 따라 샤먼은 종종 세계수를 대신하는 것을 가지고 다닌다. 어떤 문화에서는 샤먼의 상승을 위한 세계수로 단계가 새겨져 있는 긴 막대로 표상하기도 한다.

때때로 이것은 샤먼이 세계들 간의 여행에서 올라가려고 하는 샤먼의 숙소에 있는 작은 나무 모형이다. 말레이시아의 물-문화에서 샤먼은 종종 뱃머리에 조그마한 세계수를 실은 작은 보트를 가지고 있는데, 이것이 샤먼을 양쪽 세계들로 데려다 주는 것이라고 생각하였다.

미미르의 우물과 그것의 무속적 여행은 천국과 지상을 함께 불러오는 신화적 판형을 제공한다. 심리학적 용어로, 이러한 여행은 전 생애를 통해 그리고 전 생애 속에서 자기의 전체성에 대한 의식의 발달로 설명할 수 있다. 이러한 변형의 방식은 무의식에 의해 알려지는 정보를 기꺼이 취하고자 하는 의지를 수반한다. 이는 자기 성장을 하는 데 필수적인 변화를 견디겠다는 영속적 동의다.

미미르의 우물에서 물을 마시는 것에는 희생이 따른다. 자아는 지혜로 들어가는 방법으로 현실에 전적으로 매달리는 것을 기꺼이 풀어놓아야만 한다. 무속적 변형은 우리를 유지시켜 주는 자기의 전체성에 대한 보답의 맥락에서 의식적 입장을 포기하는 것이 그 특징이라 할 수 있다. 그것은 자기, 타인, 자연에 신비주의적인 조율이자 귀를 기울이는 근본적 행동으로, 이것은 우리에게 알려진 의식적 입장을 무시할 때 가능해진다. 희생이라는 단어는 신성을 제공한다는 것을 의미한다. 이 단어는 하는 것 혹은 성취하는 것이라는 의미의 라틴어 'facero'와 성직자로 기능한다는 의미의 'sacrificium'에서 유래되었다(OED). 희생은 속죄와 경의를 목적으로 하는 포기다. 희생은 희생되어야 하는 것이 놓이는 제단을 암시한다. 희생한다는 것은 더 높은 요구를 하고 있는 어떤 것을 위하여 가치 있는 무언가를 버리는 것이다.

비록 이러한 변형 방식은 기꺼이 시작되지만, 그것은 위험으로 가득 차 있다. 개인은 자기에서의 성장을 지속하기 위해 자아의 한계를 포기해야 할 필요성을 인식하기 때문에 이러한 형태의 변화를 선택한다. 이러한 변화의 형태는 알려진 현실에 대한 자아의 영향력을 해제할 필요를 이해하고 의식적으로 자아를 유보시킬 수 있는 개인화 과정을 충분히 경험한 사람이 겪게 된다. 북쪽의 신화는 미미르의 우물에서와 같은 여러 개의 변형을 우리에게 제공해 준다. 한 이야기에서 오딘, 즉 모든 것을 지배하는 신은 우물에서 한 모금 마실 것을 요청했다. 그는 한쪽 눈을 희생할 때까지 물을 얻지 못했다. 그래서 오딘은 '살해된 자의 아버지(The Father of the Slain)'로 알려져 있다(Sturlusion, 1954/1984). 그는 순전히 의식적 수준보다 심오한 지혜를 얻기 위해 한쪽 눈을 희생해야만 했던 것이다. 오딘은 하나의 통찰을 얻기 위해 양안적(두 눈으로 보아야 하는) 시야를 희생했다.

땅의 신인 바니르가 하늘의 신인 에시르에게 전쟁에서 속았던 감정에 대해 다른 설명을 해 준다. 그들은 미미르의 머리를 자르고 그 머리를 에시르에게 보냈다.

이것은 지상의 힘은 천국에 있는 대응자가 더 많은 지혜를 사용할 수 있음을 아는 것처럼 보인다. 아마도 그들은 그들의 머릿속에 너무 많은 것이 있었고, 훨씬 더 어둡고 더 깊은 무엇인가를 끌어낼 필요가 있었다. 오딘이 감춰진 지식을 얻기 위해 미미르의 잘린 머리와 상의하는 것은 전통이다.

'하바말(Havamal)'이라는 시에서 오딘은 숨겨진 지식을 얻기 위해 자발적 희생으로 창에 찔려서 스스로 위그드라실에 9일간 매달려 있게 된다(Davidson, 1964). 처절하게 그는 말한다.

> 나는 안다, 내가 매달려 있음을
> 바람에 휩쓸린 나무에,
> 9일 낮과 밤 동안을,
> 나는 창에 찔렸고
> 오딘에게 주어졌고,
> 나 자신에게 주어진 나 자신…(pp. 143-144)

우리가 이 고대 운문에서 알 수 있는 것은 인간 오딘이 신 오딘에게 그 자신을 희생하는 오딘의 이야기다. 의식적 자아의 한계인 더 낮은 요소들은 자기에게 스스로를 희생한다. 의미심장하게 오딘은 그가 신탁 예언을 위한 북극권 도구인 고대문자룬을 발견할 때 나무에서 풀려난다. 나무에 매달린 결과로 오딘은 그가 추구했던 숨겨진 지식과 지혜를 획득하고 보이지 않는 진실에 도달하는 수단을 갖게 된다. 위그드라실에서의 오딘의 희생은 이 세상 축에 있는 의례적 죽음이다. 이것은 자발적으로 들어가는 무속적 죽음과 부활이다. 오딘은 의식적으로 자아의 희생을 통해 알고자 하는 것에 참여한다. 고대문자 룬의 발견은 육체적 실존을 통해 그리고 그 안에서 자기를 통해 진실을 볼 수 있는 새롭게 발견된 능력이다.

위그드라실 신화처럼 스스로 목매달린 신들과 세계수의 형상에 대한 이야기는 문화들에 걸쳐 샤먼의 여행 이야기에서 두드러지게 나타난다. 위그드라실에서 오딘이 스스로를 매다는 것은 나무 십자가의 예수의 희생과 연결될 수 있다. 위그드라실과 같이, 십자가는 존재의 국면의 교차점을 상징하는 나무로 된 다른 매개물을 의미한다. 수평 십자가 막대는 물질적 국면, 존재의 상황적 국면을 표상하는 것이고, 이것은 수직적 막대 또는 자기의 잠재적인 신적 가능성과 교차한다. 한 사람이 존재의 국면들 간을 여행할 수 있으며, 자기의 지혜를 가지고 다시 물질적 현실로 돌아간다는 것이 그 요점이다.

Jung(1956/1976)은 나무에서의 희생이 변형적임을 알리면서 위대한 어머니로서 인생의 나무를 언급했다. 나무에서 희생이 일어날 때 Jung은 말했다.

> 죽은 자들은 재탄생을 위해 어머니의 품으로 돌아간다(p. 233).

그 나무에서의 희생은 한 사람의 동물적 본성의 포기(renunciation) 상태를 만들어내고, 위대한 어머니에게로 정신적 에너지를 성공적으로 되돌리는 것이다. Jung은 이것을 퇴행적 몸짓이 아니라 오히려 이러한 에너지의 영성화(spiritualization)를 구성하는 것으로 보았다.

모래놀이에서의 지혜의 우물

모래놀이 내담자가 미미르의 우물을 묘사할 때는 무의식의 신비에 대한 정보에 도달하게 된다. 의식적 의도를 갖고 내담자는 자기에게로 좀 더 향하기 위해 자아를 유보시킨다. 이러한 것은 자신의 내적 세계와 정신 작업에 아주 친숙한 내담자의 작업이다. 이러한 사람은 인생을 이끌어 가는 요소인 자기에 대해 이미 의식적으로 인식하며 살아간다. 그들은 이미 모래놀이 영역과 친숙한 사람들이고 변형의 매개물에 대한 능력을 깊이 존중하는 사람이다. 대부분의 모래놀이 내담자가 이러한 사람에 해당되지는 않으며, 인지발달의 미성숙으로 정신의 추상적 영역에 대한 의식적 참여가 어려운 아동도 해당되지 않는다.

지혜의 우물에서 무의식적 희생이나 무속적 참여를 위해서 현실에 대한 자아의 버텨주기는 자발적으로 포기된다. 이러한 방법으로 무의식을 만나기 위해서는 준비가 필요하고 어느 정도의 발달 수준과 정신 및 경험의 내적 영역의 작업에 대한 친밀성이 필요하다. 여기에서 우리는 의식적이고 의도적인 참여와 니드호그의 우물에서의 변화 양상의 특징인 무의식적이고 불수의적으로 빠져드는 것(slip)을 구분해야 한다.

미미르의 우물에 나타난 변형이 어느 정도의 정신적 · 영적 발달을 가정하기 때문에, 변형의 이러한 양상이 모래상자에서 가능한 변화를 가져오는 다른 수단보다 훨씬 우위에 있음을 의미하는 것은 결코 아니다. 그들은 단지 다를 뿐이다. 반대 에너지는 충돌하고 통합되며 자아는 자기에게 필요한 재정비를 허용한다. Jung은 개별화 과정의 투사에 수많은 샤먼 여행의 상징을 비유하였다. 연금술과 비슷하게, 샤먼 여행 이야기는 그들이 기꺼이 그 속으로 들어간다 할지라도 의지와 의식으로부터 독립적인 내적 발달과정을 묘사한다. 연금술에서처럼, Jung은 그 과정에 낮고 높은 요소, 왼쪽과 오른쪽과 같이 상반된 것의 잦은 연합이 수반함을 관찰했다. Jung은 무의식과의 어떠한 성공적 만남도 그와 같이 반대쪽과의 연합이 필요함을 관찰했다.

이런 방법의 변형과 초월 기능에서 행해진 것 간의 주된 차이는 자아의 위치다. 초월 기능이 작용하는 데 있어 의식은 상징의 반대 극의 압력으로 정지하게 된다. 의식의 지위(conscious position)의 포기는 의식 외부의 힘에서 일어난다. 문제가 되는 상징 재료의 반대 극은 자아를 굴복시키고 결국 의식의 위력을 지워 버린다. 무의식에서 자기의 힘에 의해 발생되는 새로운 재료는 의식으로 나타나고 현실에 대한 자아의 버텨주기의 확장을 보여 준다.

단지 지혜의 우물에서 변형이 의지적으로 일어났다고 해서 그것이 위험에서 자유로운 것은 결코 아니다. 무의식과의 만남은 위협으로 가득하다. 자아의 해방은 그것이 무의식적이든 희생에 의한 것이든 자아에게 위협적이다. 우리는 정신발달의 이러한 방식의 요구에 대한 좀 더 명료한 아이디어를 얻기 위해 위그드라실에서 오딘이 자신의 칼로 자신을 찌르는 것을 그려 보거나 혹은 그가 자신의 눈을 도려내는 장면을 회상하는 것이 필요하다.

희생은 제물이 놓이는 제단을 암시한다. 참여하고 있는 모래놀이는 항복의 제단으로 제공될 수 있다. 좀 더 고차원인 것을 위하여 항복의 의도를 갖고 모래놀이에 의식적으로 들어가는 것은 세계들 간 샤먼 여행을 하는 것이다. 이것은 모래놀이에는 위대한 희생이 요구될 수 있다는 것, 큰 위협을 만날 수 있다는 것, 돌이킬 수 없이 변할 수 있다는 것에 대한 충분한 인식을 갖고 그 과정에 자발적으로 참여하는 것이다. 인식을 가지고 모래놀이 과정에 들어가는 것은 자기에게 더 큰 위협이 될 수 있다. 한편으로 그것은 우리를 지원하고 유지하게 하는 것에 경의를 표하는 수단이며, 동시에 많은 것이 요구될 것임을 알게 하는 수단이다. 그것은 단지 수동적 제공을 하는 것일 뿐이다.

희생적 작업의 예시로 모래놀이 치료자 동료를 들 수 있는데, 그녀는 요구된 주요 학업 보고서와 관련하여 커다란 문제를 가졌다. 이미 모래놀이에서 광범위한 작업을 했던 그녀는 근본적으로 학업 진전을 멈추게 했던 보이지 않는 장애물을 표현하기 위해 몇 개의 상자를 다시 하기로 하였다. 그녀는 정지하게 되었던 것을 깨달았다. 그녀의 의식적 수준에서의 한계는 의미 있는 성취를 달성하는 것을 방해하고 있었다. 그녀에게 희생이 요구되었으나 그것이 무엇인지에 대해 그녀는 알지 못했다. 그녀는 모래놀이 작업에 나타난 것을 보고 인식하게 되었다. 단지 하나의 상자를 하고 난 직후, 그녀는 확실한 명확함을 느꼈고 열정적으로 그녀의 작업을 다시 시작하였다.

엘리자베스 다른 예는 엘리자베스의 작업이다. 엘리자베스는 이미 모래놀이에서 광범위한 작업을 하였다. 40대 후반에 이르자, 그녀는 자신의 전문적 성취에서 그녀가 자신이 발전하기 위해 너무 열심히 일해 왔던 전문적 노력이 고갈 수준에 도달했다. 엘리자베스는 마지막 상자를 만든 이후 7년이 지나서 모래놀이를 다시 하였다.

3년 동안 1년에 한 상자씩 하면서 엘리자베스는 그녀의 의식 수준에서 한계를 인식할 수 있었다. 그리고 새로운 것을 일으키기 위해 그녀에게 소중한 직업적 정체성이 희생되어야 한다는 의식적인 깨달음을 가졌다. 10번 상자에서 의사로서 엘리자베스의 역할은 상자 중앙에 죽어서 누워 있었다. 관처럼 반짝이는 별 안에 들어간 모습에서 보석 길은 지금 완성된 그녀의 의미 있는 작업의 역사를 나타낸다. 새로운 것에 대한 약속은 이 보석으로 된 길에 놓여 있는데 이 길은 완성 장면으로부터 떨어져 있었다. 비록 이것이 그녀에게 깊은 고통이 되었지만, 모래놀이에서 이 반짝임의 출현은 그녀의 내부와 외부 세계에 대한 관계에서의 드라마틱한 변형에 영향을 주었다.

4장 결론

여기에서는 신화적 언어를 통해 치유의 발달과정의 탐색과 모래놀이치료의 변화를 탐색하였다. 이제는 같은 정신적 영역의 다른 관점인 과학적 패러다임으로 설명하고자 한다.

제5장

모래놀이에서 발달의 신경생물학적 고려

서 론

지금까지 심리학과 신화의 문을 통해 개개인의 정신발달을 연구해 왔으므로 이제 과학으로 들어가겠다. 현재의 연구자들은 마음이 물질로부터 어떻게 나타나는가에 대한 비밀을 해결하기 위해 신경화학적 과정에서의 세포 내 세계를 연구한다. 나는 심리학적 이론, 신화, 신경생물학의 세 가지 영역 간의 많은 유사성이 발견될 것을 믿는다. 발달에 대한 이러한 학제적 접근은 모래놀이에서 치유와 변형의 중요한 특징에 대한 이해를 강화시키고 영혼뿐 아니라 마음을 성장시키는 통찰에의 균형을 제공한다.

모래놀이에서 모-아 단일체와 대뇌 구조 발달

현재 신경생물학은 인간 대뇌발달의 생리학적 기능에서 관계의 필요성에 대한 통찰을 제공한다. UCLA 의과대학의 정신의학 및 생물행동과학부의 신경정신의학자인 Allan N. Schore(1994, 2001a, 2001b)는 영아의 정서(affect)에 대한 일차적 양육자의 조절과 고차 두뇌 구조 발달을 위한 유전자의 촉발 간의 관계에 대한 놀라운 관찰을 하였다. Schore는 다양한 원리로부터 많은 연구를 통합하고 조직하였는데, 아동과 어머니 간의 관계는 대뇌 구조에 실질적이고 영구적인 영향을 주며, 그 관계는 생의 초기 동안 결정적인 발달의 국면을 겪게 된다고 지적했다.

Schore의 연구는 모래놀이에서의 작업에 직접 관계가 있는데, 특히 생애 첫 3년 동안의 대뇌 발달과 모-아 상호작용의 역동성 및 중요성에 관한 것이다. Dora Kalff(1980/2003)는 모든 치유와 변형은 모-아 단일체의 정신 수준에서 발생한다고 가르쳤다. Dora Kalff(1980/2003)의 유일한 책에서 가르치고자 하는 그녀의 주된 관심 영역은 치유와 변형에서 발달의 초기 국면의 절대적 중요성에 대한 것이었다. Kalff는 변화가 정신의 모권적 수준에서 일어난다는 것을 명백하고 간결하게 썼다. 그녀는 치유를 위해서 정신은 이러한 초기 발달 수준으로 돌아가야만 함을 강조했다. 신경생물학적 발달의 관계 맥락에 대한 Schore의 연구는 Kalff의 관찰을 실증하고, 모래놀이 과정에서 관계를 유지하는 기법에 대한 깊은 이해를 제공한다.

최근 연구는 세포 재조직화와 발달을 가져오는 유전적 과정을 유발하는 것이 관계 맥락에서 어머니의 적응적 조절 기능이라는 것을 보여 준다(Schore 1994, 2001a, 2001b). Schore의 관찰의 핵심은 어머니와의 관계에서 일어나는 상호작용이 아동에게서 진행되는 복잡한 뇌 구조 발달의 주도성과 적시성을 조절하는 신경 호르몬과 신경전달물질을 유발한다는 것이다. 그는 다음과 같이 설명했다.

> …환경 투입을 중재하고 조정함으로써, 주 양육자는 개인의 사회 · 정서적 기능 조절을 담당하는 구조화된 체계의 경험 의존적인 성숙에 필요한 경험을 제공한다. 사회정서적(socioaffective) 자극을 잘 조정해서 제공함으로써, 어머니는 신경생물학적으로 자기조절 기능을 중재하는 피질 변연계와 피질하 변연계 구조 간의 연결 성장을 촉진한다(1994, pp. 32-33).

Schore는 발달에서 신경화학적, 신경생물학적 기제를 지배하는 것은 주로 어머니와 아동 간의 정서와 관련된 비언어적 의사소통임을 발견했다.

Schore의 동료이자 UCLA 정신의학 교수인 Daniel J. Siegel(1999)은 두뇌와 마음은 둘 다 관계 속에서 창조된다고 주장했으며 그것을 대인 간 신경생물학이라 하였다. Siegel은 다음과 같이 주장했다.

> …마음은 신경생물학적 과정과 대인관계의 연결 회로를 발달시킨다. 사회적 지각을 담당하는 회로들은 의미의 창조, 신체 상태의 조절, 정서의 조정(modulation), 기억의 조직화, 대인 간 의사소통 능력을 통합하는 회로들과 같거나 혹은 밀접하게 연결되어 있다. 따라서 관계 경험은 두뇌에 중요한 영향을 끼친다(1999, p. 21).

Schore(2001a)와 마찬가지로 Siegel의 연구 역시 대뇌의 구조와 기능은 관계 맥락 안에서 결정됨을 확인하였다. Siegel은 일반적으로는 마음으로 언급되는 대뇌의 생성물을 연구했는데, 마음은 이 관계와 신경생물학의 조합에서 일어남을 지적했다. 모래놀이에서 특히 관심을 끄는 것은 마음이 대뇌의 에너지 패턴에서, 또 관계에서의 대뇌 간의 에너지 패턴에서 발생한다는 Siegel의 관찰이다. 그는 다음과 같이 관찰하였다.

> …물리적 거리가 있더라도 한 사람의 마음은 에너지와 정보의 전달을 통해 다른 사람의 마음 활동과 발달에 직접적인 영향을 줄 수 있다. 이러한 통합과정은 언어적, 비언어적 행동 반응을 통해 일어나고, 한 마음을 다른 마음으로 전달하는 신호 기능을 하기도 한다. 단어와 말의 운율적, 비언어적 요소 모두는 받는 사람의 마음 안에 표상적 과정을 만드는 정보를 담고 있다(1999, p. 277).

내담자와 치료자 간 대뇌 에너지의 보이지 않는 교환이 모래상자의 공유된 장면에서 마음에 영향을 준다는 설명은 놀라운 의미를 포함하며, 담아두기의 중요한 요소를 설명할 수 있다. 모래놀이에서 내담자와 치료자 모두는 내담자의 방대한 무의식적 상징과정에 관계한다. 상징들에 대한 상호 경험과 관련하여 내담자와 치료자의 관계는 내담자와 치료자 간의 대뇌 에너지의 상호작용적 교환 및 내담자의 정서 상태에 대한 치료자의 미묘한 조절 기능 모두를 포함하는 관계적 장에 영향을 미친다. 이러한 모든 것은 내담자의 모래놀이의 상징적 장 안에서 일어난다. 내담자, 치료자, 모래놀이의 세 가지가 한 조로 움직일 수 있도록 하는 가능한 의사소통의 교환을 상상하는 것은 어렵다. 본질적으로 상징들은 참여자 모두의 정신을 움직인다. 이것은 내담자와 치료자 간의 깊은 정신적 의사소통 교환을 이끌어 내고, 그 안에서 대뇌 에너지는 서로 영향을 받고 움직이고 나아가 놀이자 간의 모든 방향에서 서로 교환된다. 그러는 동안 동시적으로 치료자는 전 과정을 안전한 용기 속에 유지한다. Siegel의 연구가 모래놀이 회기에서 보이지 않게 일어난 것에 대해 강하게 확언하는 것은 실로 주목할 만하다.

초기 대뇌 변연계 발달: 모래놀이에서의 정서와 관계

태아기 3분기부터 출생 후 18～24개월까지의 기간 동안, 영아의 우측 대뇌 변연계는 급성장한다. 변연계는 애착 및 양육과 더불어 사회적 인지, 신체적, 정서적 상태의 조절과 관련된다. 변연계의 발달은 대략 3세까지 아동의 성숙과정에서 매우 중요하다.

변연계 조직의 성장은 초기 양육자와의 상호작용에 의해 매우 큰 영향을 받는다. 영아와 양육자는 정서적 동조를 형성한다. 정서적 동조는 영아의 신경발달에 영향을 주는 하나의 생물학적 실체로 효과적으로 기능한다. 이것은 놀이하는 동안 영아와 어머니 간의 심장 박동률이 유사한 증감을 보여 주는 임상 연구에서 확인되었다. 상호작용 놀이와 어머니가 아기의 각성 수준을 적절히 조절하는 것은 아동이 결국에는 자신의 정서를 조절하도록 하는 대뇌 구조의 발달을 촉진시킨다. 그래서 놀이와 편안한 상호작용을 통해 대뇌 변연계 구조가 발달하고 고차원 수준의 조직을 유지할 수 있게 된다.

영아와 어머니 모두 관계 안에서 변한다. 어머니의 관계는 아동의 발달에 따라 변화한다. 영아가 발달하면서 새로운 정서는 성숙과 변화 능력을 가져온다. 이에 따라 어머니는 아동의 정서를 보유하고 조절하는 역할을 하면서 동시에 아동의 성숙하는 정서에 적응하고 반응한다.

Kalff(1980, 2003)가 모래놀이에서 상징적으로 동일시했던 모-아 단일체의 융합된 조건으로부터의 발달은 대뇌 변연계 발달의 적응적, 성숙적, 관계적 맥락에서 발생되는 것으로 이해될 수 있다. 치료자가 무의식적으로 적응할 수 있게 되고, 내담자의 발달하는 정신과 활기차게 의사소통하게 되면서 조금씩 내담자와 치료자 간의 정서적 교환이 가능해진다. 이로 인해 원형적 어머니 안에서의 인식되지 않은 융합 상황에서 진보하여 어머니와의 관계를 시작할 수 있게 된다. 치료자의 정신은 발달적 변화가 내담자의 정신에 원형적으로 영향을 주는 동안 모래놀이를 통해 내담자와 상호적으로 기능하면서 성장에 필요한 피드백을 제공한다.

초기 정서 조절과 모래놀이에서의 자유와 보호된 공간

Dora Kalff(1980/2003)는 모든 치유와 변형은 정신의 가장 심오한 수준에서 시작된다고 이해하였다. Kalff는 이러한 전의식적인 모권적 상태에 연결되기 위해서 내담자가 잠정적으로 의식적 인식을 해야 하고 또 놀이를 하거나 인식의 놀이(ludic) 상태에 있어야 함을 깨달았다. 축소 모형과 모래상자가 현실에 대한 의식적 집중을 줄여 주는 것과 함께, Kalff는 내담자가 모권적 수준의 영역으로 들어갈 수 있기 위해서는 안전감과 안정감에 대한 확신이 필요함을 알게 되었다. 그래서 Kalff는 모래놀이의 보이지 않는 두 가지 중요한 요소는 자유와 보호이며, 이것은 훈련이나 형식에 의한 것이 아니라 치료자와 내담자 간 관계의 본질로서 존재한다고 정의하였다.

대뇌발달에서 어머니와 영아 관계의 중요성에 대한 Schore(1994, 2001a, 2001b)의 통찰은 모래놀이에서 유지되는 관계에 대한 깊은 이해를 제공했다. 모래놀이는 내담자와 치료자 간의 심오하고 강력하지만 주로 비언어적인 의사소통을 촉진한다. 성장하는 영아와 어머니의 관계와 같은 형태로, 모래놀이 내담자는 치료자와의 정신적 의사소통의 매우 열정적이고 한결같은 영역에 머문다.

우리가 담아두기라고 하는 것에서, 치료자의 정신은 자유 그리고 보호된 공간으로 알려진 미묘하지만 강력한 제한 설정을 통해 규칙적으로 기능한다. 내담자의 모래놀이 작업에서 변화하는 요구에 적응함으로써 치료자의 유지와 조절 능력 모두는 내담자가 치유하고 발달을 지속하는 데 필요한 정신적 재조직화 및 비조직화를 자극하고 허용한다. 모래놀이 과정에서 경험하는 정신적 변형과정에서는 모-아 관계에서 일어나는 것과 유사한 방식으로 대뇌 구조의 재조직화가 일어난다고 할 수 있다.

위계적 대뇌 구조 발달과 모래놀이에서의 외상

Schore(2001a, 2001b)는 아동 발달은 좀 더 복잡한 대뇌 구조의 진행적 발달 개념을 통하여 이해될 수 있다고 주장했다. 이러한 증가하는 복잡성은 일반적으로 아동 발달로 여겨지는 행동과 능력의 발달을 설명한다. 신경생물학적 구조들은 영아의 두뇌발달에서 끊임없이 조직화, 비조직화, 재조직화를 한다. 이것은 모래놀이 작업에서 익숙한 상징의 과정과 초월적 기능에 병행한다. Schore는 1931년 John Hughlings Jackson이 이론화한 대뇌는 위계 수준에 따라 수평적으로 조직화된다는 것을 언급했다. 이러한 초기 제안은 발달하는 대뇌 구조가 실제적으로 초기의 원시적 부분의 더 복잡한 버전이라는 최근의 관찰과 일치한다. 영아의 대뇌성장은 단계들의 연속성 안에서 후기 피질 구조가 좀 더 초기의 하부피질 구조를 조절하는 방식으로 진행된다. 하부 구조와의 연결 증가는 상위 단계 처리를 가능하게 한다. 좀 더 발달된 구조는 실행 방식으로 기능하지만, 구조의 모든 수준은 연결된 채로 유지된다. 이러한 것은 정서를 조절하고 관리하기 위해서 더욱 고차적으로 발달된 수단을 가져온다.

신경학자인 Paul MacLean은 삼부뇌(triune brain; Cory & Gardner, 2002)로 불리는 모델을 개발했다. 대뇌는 연속적으로 복잡한 과제와 싸우며 진화적으로 발달했음을 제안하면서 Maclean은 대뇌가 실제적으로 세 개의 뇌로 구성되었다고 했다. 그것은 기본적인 생존 과제를 지배하는 뇌간, 좀 더 발달한 정서의 중심인 변연계, 그리고 가장 진화된 고차원의 피질이자 좀 더 진보된 인지 기능의 위치인 대뇌피질이다.

대뇌의 연속적인 복잡한 층들을 그림으로 제시하면 다음과 같다.

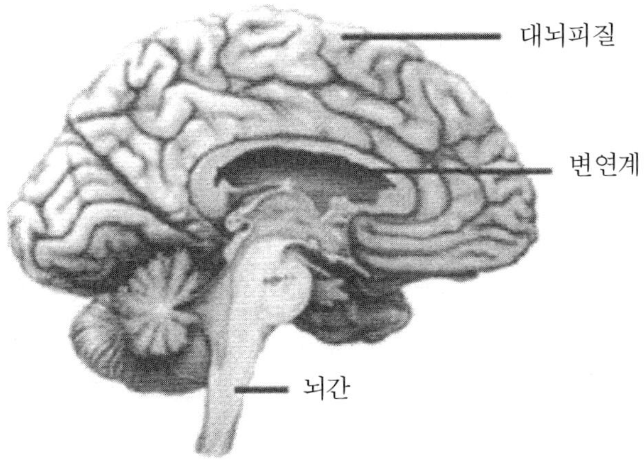

대뇌의 세 가지 주요 영역 - 대뇌피질, 변연계, 뇌간

우리의 논의 목적을 위해 대뇌의 상당히 복잡한 구조를 아주 간단한 요소로 환원시켜 보면 대뇌가 낮은 수준에서 좀 더 복잡한 높은 수준으로 성장함을 볼 수 있다. 생존에 필요한 구조들은 출생 시에 편도체와 뇌간 영역의 낮은 수준의 자동적 기능

대뇌 주요 세 영역의 요소와 기능

대뇌 수준	구조적 요소	기능
대뇌피질	전두엽 피질 시각, 청각, 감각, 피질연합 영역 언어, 운동, 피질연합 영역	복잡한 사고, 지능, 성격, 감각 충동 해석, 운동 기능
대뇌 변연계	편도체 대상이랑(cingulate gyrus) 해마 시상하부 시상 후각피질	정서 정서 반응 호르몬 조절 고통 쾌락 동기 기분
뇌간	중뇌 연수 뇌교	자동화 기능, 호흡, 심장 박동률, 혈압, 소화, 경계, 각성

으로 존재한다. 복잡한 대뇌 기능은 발달이 진행됨에 따라 다양화되고 계속 진화한다. 발달하는 대뇌 구조들은 하위의 선행된 것보다 복잡한 기능을 실행한다. 대뇌는 하위 기능들을 단순히 대신하기보다는 이미 발달된 능력을 점진적으로 더 복잡한 능력으로 만들고 합병한다. 높은 수준으로 발달이 진행됨에 따라, 우리는 새롭게 발달된 정신 도구를 사용하여 더 낮은 구조의 능력을 증가시키기 위하여 이미 형성된 발달의 기저 층들로 되돌아간다.

나는 이러한 대뇌발달의 위계적 성질이 성장과 발달의 나선적 원형을 어느 정도 설명할 수 있을지 궁금하다. 아마도 상위 수준의 새로운 발달이 그 능력들의 구조적 선행자들에 다시 반영되면서 나선형을 인식하게 되는 것일 수 있다. 또 다른 나선형 원형 양상에 대한 흥미 있는 신경학적 추론은 수초로 알려진 신호 전달 능력을 높이는 것을 담당하는 신경세포가 축색 둘레에 나선형 운동으로 성장한다는 것이다. 나선형은 정보 전달과 연결의 신경적 과정을 위해 생리적으로 타고난 것으로 보인다.

Bruce D. Perry(2001, 2002)는 외상(trauma)의 영향에 대한 대뇌발달 연구자로, 모든 투입되는 감각 정보는 대뇌 조직의 각 수준에서 이전 경험의 기억 혹은 판형에 따라 맞춰진다는 것을 관찰하였다. 새로운 사건들이 이전 경험의 패턴 혹은 판형에 따라 맞추는 것은 점차적으로 복잡해지기는 하지만 일관적인 태도로 우리의 실체를 조직하는 능력을 요한다. 같은 이유로 외상의 경험이 어떻게 연속되는 대뇌발달을 저지하는지 이해하기 쉽다. 즉, 투입되는 신호들이 원래의 위험으로 계속 지각되는 것이다. 외상이 있는 개인은 두려움과 경계 상태로 남아 있고, 이것은 고차원 수준의 대뇌 구조 발달을 촉진하는 안정감과 관계 상태를 방해한다.

대뇌는 구조를 조직하고 발달시키기 위해 경험에 의존한다. 경험의 박탈은 축색과 시냅스의 사망과 제거를 가져온다. 이것은 가지치기로 불리고, 대뇌가 필요한 것보다 더 많은 신경 연결을 갖는 초기 아동기 동안에 일어나는 세포 선택의 자연적 과정이다.

유전자는 대뇌 구조의 성숙을 계획한다. 경험은 어떤 유전자가 유발되고 시냅스 연결 성숙에 어떻게 영향을 주는지 결정한다. 가족, 문화 등의 경험은 특정 환경에서 아동이 기능하고 생존하기에 필요한 신경 경로를 선택해 내며, 자극받지 않은 것들을 가지 쳐낸다. 환경 박탈의 경우, 신경 경로 성장은 경험에 의해 활성화되지 않고, 박탈된 경험으로 인해 중요한 신경물질이 가지치기 된다.

대뇌는 출생 시 인간 신체 중 가장 미분화된 기관이다. 그래서 초기 경험이 대뇌 발달에 굉장한 영향을 준다. 초기에 발달하는 대뇌 구조는 기본적인 생존을 위한 감정인 위협, 분노를 조절하는 능력을 다스린다. 경험이 전 인생을 통해 대뇌가 어떻게 기능하는지에 지속적으로 영향을 주지만, 핵심적 자기조절 구조는 생애 초기에 구성된다. 초기 발달에서 외상은 이러한 깊은 두뇌 구조에 의미 있는 영향을 줄 수 있고, 후에 스트레스를 적절히 처리하는 개인의 능력을 심하게 손상시킨다.

생애 초기 9개월 동안, 모-아 관계의 발달 손상 또는 외상은 편도체와 다른 변연계 구조 발달에 영향을 준다. 이것은 피질하 기능의 빈약한 조절과 빈약한 자율신경계 조절을 가져온다. 이러한 조건의 한 가지 결과는 긍정적 정서를 경험하는 능력이 감소되고 정서를 조절하는 능력이 손상되는 것이다. 이러한 외상은 이후의 삶에서 손상된 정서적 기능과 사회적 연결 형성의 어려움으로 나타날 수 있다. 9~18개월 시기 동안, 외상은 피질 변연계 조직의 다른 층 간의 통합을 저조하게 한다. Schore (2001a, 2001b)는 조직화되었지만 불안정한 애착은 외상의 이러한 경험 중 하나로부터 생기고, 비조직화된 애착은 유형들 간의 충돌에 기인하다고 주장했다.

Schore(2001a, 2001b)는 사회적 관계, 의미, 자기 인식, 정서 조절과 반응 같은 통합적 기능을 담당하는 대뇌 영역은 성인기까지 지속적으로 성장한다고 했다. 이 영역은 안와전두엽 피질로, Schore는 이곳을 낮은 수준의 피질 기능이 고등 수준의 피질 회로들과 만나는 집중 장소로 설명하였다. 그는 외상은 피질-하위 피질 영역에서 과도한 신경 가지치기를 가져오고, 이것은 자기조절 능력의 손상을 가져온다고 했다.

중증의 외상 사례의 경우, 깊은 대뇌 구조는 미래에 성장이 불가능하거나 치명적 제한을 갖는 수준으로 손상된다. 그러나 어떤 경우들에서는 인생 후기에 형성된 안정된 대인관계들이 어린 아동기에서와 같이 대뇌 구조 성장을 촉발하는 건강한 애착 경험을 가져올 수 있다(Perry, 2001, 2002).

신경해부학자인 Marian C. Diamond(1988)는 대뇌의 성장과 발달은 (어떤 연령이라도) 신경세포에 적절한 자극이 주어진다면 가능함을 관찰했다. Diamond는 후기 발달에서 신경을 자극하는 중요한 요소는 환경에 적극적으로 참여하는 것임을 강조했다.

이러한 최근 연구들은 대뇌 치유와 성장이 아직 가능한 경우들을 보여 줌으로써 모래놀이 내담자가 영아기부터 남아 있는 신경학적 구조의 손상과 결함으로 되돌아가고 재정렬하는 기회를 가질 수 있는 가능성을 보여 준다. 모래놀이 상자의 자유와 보호된 공간은 내담자가 원형적 모-아 단일체 안에서 건강한 애착을 재구성할 수 있는 조건을 창조한다고 할 수 있다. 모래와 상징들을 가지고 적극적인 신체적 참여를 통해 신경학적 구조 성장이 일어나고, 지속되는 대뇌발달의 자연적 진행과정을 이루고 상처받은 영역을 고칠 수 있다.

정서 조절 패턴과 자기발달

Schore(1994, 2001a, 2001b)는 자기 자신에 대한 정신적 지각의 구조화된 진화를 통합된 전체로서 언급하면서, Jung(1954/1981, 1959/1980, 1960/1981)이 자기(Self)라고 명명했던 것에 대한 과학적 설명을 제공하였다. 앞에서 논의한 바처럼, 초기 발달 맥락은 아동과 어머니의 관계다. Neumann(1973)과 Kalff(1980/2003)는 어머니는 영아의 자기를 버텨 주고 있다고 주장했다. Schore는 Diamond, Balvin과 Diamond(1963)의 초기 연구를 인용했는데, 그것은 어머니가 아동의 보조 피질로서 기능함을 관찰한 것이었다. 연구자들은 어린아이는 강력한 환경 자극으로 인해 과잉 자극되거나 충격이 되는 위험 속에 있는 하피질적 창조물이라고 하였다. 투입을 조절하는 데 필요한 구조적 특징이 부족하므로 어머니가 영아를 위해 이런 과제를 대신하는 것이다.

Schore(2001a, 2001b)는 최근 연구에서 어머니의 적절한 상호작용이 하위 피질 변연계와 피질 변연계 구조 간의 연결 성장을 가져온다는 것을 보여 준다고 지적했다. 이러한 연결들은 변연계 영역의 깊은 정서적 경험과 그것을 범주화하고 정의하는 합리적 능력을 연결하는 다리 역할을 한다. 그래서 이러한 구조들은 영아의 자기조절 기능의 성장을 촉진한다.

발달 중인 아동의 자기감은 정서적 상태에서 변동을 거쳐 응집된 존재감을 일으키는 정서 조절 패턴의 결과로서 일어난다. 초기 양육자와의 정서적 관계의 몰입으로부터 나오는 아동의 일관된 자기 감각의 발달은 진행과정과 퇴행과정 모두를 포함한다. 이것은 어머니와 아동 간의 정서적 연결과 정서 조절의 맥락 안에서 대뇌 조직화, 비조직화, 재조직화의 반복적 양상을 수반한다.

모래놀이에서 피험자의 성장과 변화에 대한 특별한 관심은 의미 창조, 기억 조직화, 정서의 자기조절을 담당하는 전두엽 피질 대뇌 구조가 사회적 지각을 촉진하는 구조들과 아주 밀접하게 연결되어 있다는 사실이다. 이러한 신경생물학적 발견을 Jung의 성격이론으로 설명하면, 자기의 일관된 중심은 사회적 지각 맥락에서 발생한다는 것으로 추론할 수 있다. 그래서 의미와 목적을 갖는 일관된 전체로서 자기의 경험은 본래 관계적이다. 자기에 대한 첫 경험은 아동의 대뇌가 통합된 의미 체계의 핵심으로 존재함으로써 아동의 지각을 명백히 하는 고차 수준의 대뇌 구조를 발달시킬 만큼 충분히 발달된 약 3세경에 일어난다.

대뇌 조직과 학습과정에서 정서의 심오한 역할이 주어지면 모래놀이의 관계적인 상징 특성이 비합리적 우뇌 변연계에서 작용하는 것과 같다. 이것은 대부분 정신발달의 가장 초기 수준에 해당될 것이며, 새롭게 발달된 재료의 좀 더 합리적이고 의식적인 통합은 결과적으로 좌뇌에서 이루어진다.

관계 안에서 인간 마음의 창조와 모래놀이

Siegel(1999)은 세 가지 주요 개념을 강조하면서 신경생물학과 대인관계 간의 연결을 연구했다. 그는 다음과 같이 밝히고 있다.

1. 인간의 마음은 대뇌 내에서 또는 대뇌들 간에서의 정보와 에너지 흐름의 양상에서 나타난다.
2. 마음은 신경생리적 과정과 대인과의 경험의 상호작용 안에서 창조된다.
3. 발달하는 대뇌의 구조와 기능은 특히 대인관계 안에서 경험이 신경계의 유전적으로 계획된 성숙을 어떻게 만드는가에 의해 결정된다.

모래놀이의 자유와 보호된 공간에서의 관계적 성질이 Siegel(1999)이 설명한 마음의 교환을 촉진하는 것으로 보인다. 더불어 상징 작업에서 상호적으로 경험하는 맥락은 관계 안에서 창조되는 변화와 변형의 능력에 강력한 영역을 추가한다. Siegel은 마음이 서로에게 상호적으로 영향을 주고 한 마음에서 다른 마음으로 보내지는 신호들은 신호를 받는 마음의 에너지 흐름에 직접적 영향을 준다는 것을 관찰했다. 그는 마음들은 심적 상위 조직을 형성하기 위해 중첩될 수 있다고 했는데, 상위 조직 안에서는 다른 것을 소모시키거나 강화하는 기능이 존재한다. 모래놀이에서 겹쳐지는 정신 영역은 정확하게 상호적으로 강화된 심적 영역과 같은 것으로서, 내담자의 새롭게 출현하는 정신 재료를 강화하고 지원하도록 발달된다.

Siegel(1999)은 성인일지라도 생존하기 위해서는 사랑과 보살핌뿐 아니라 우리 자신과 유사한 마음 상태를 다른 개인과 동시적 경험을 갖는 것이 필요함을 일깨웠다. 그는 인생에 목적과 의미의 통합을 부여하는 것은 관계에서 마음의 통합임을 관찰했다. 모래놀이의 자유와 보호의 공간, 즉 내담자의 상징 창조물이 소리 없이 공유되는 이 공간에서 치료자와의 관계는 의미 만들기의 심오한 경험이라고 Siegel은 설명했다.

내담자와 치료자의 관찰 태도는 모래놀이의 상징 영역에서 마음의 심오한 일관성을 창조하기 위해 연결된다. 내담자의 모래놀이의 참여 경험은 공유된 마음의 넓고 깊은 상황을 불러일으킬 가능성을 갖고 있다. 상징들의 방대한 의미와 모든 수준에서의 정신의 동시적 활성화가 우리의 능력으로는 파악하기 어려운 공유된 마음의 상황을 어떻게 창조하는가를 상상하는 것은 어렵지 않다. 내담자의 모래놀이에서 상징 영역에 대한 공유 경험의 정도가 주로 의식되지 않으나 자기에게로 정리된다는 것이 가장 중요한 것이다. 자기의 중심 원형에 닻을 내림으로써 모래놀이에서 공유하는 마음의 동시성과 범위는 인생의 핵심적 생명력, 통합성, 목적을 제공한다.

신화 만들기와 신비적 경험

자기에 대한 신경생물학은 신화 만들기 작업과 신화적 경험에서의 정신 기능을 연구함으로써 설명된다. 의학 연구자인 Andrew Newberg와 Eugene D'Aquili(2001)는 신화적 경험 삽화 동안에 일어나는 대뇌 생리학의 작동(operation)을 연구했다. 이 연구는 우리가 자기라고 지칭하는 것의 물리적 성질에 대해 더욱 과학적인 통찰을 제공해 준다. 안타깝게도 D'Aqili는 이 주제에 관한 그들의 책이 완성되기 전에 사망했다. 그러나 Newberg는 작업을 계속했다. 펜실베이니아 대학 핵방사선과 종교학과 교수이면서 내과의사인 Newberg는 종교적, 신비적 경험을 담당하는 신경학적 기제를 설명했다.

전체성을 실현하기 위한 대뇌 추동

Newberg(2001)는 신비적 경험이 신경학에 기초하고 인간 경험에서 만들어진다고 결론지었다. 더욱이 그는 이러한 단일 경험을 향한 인간의 자연적 추동이 존재함을 발견했다. 이러한 인간의 추동은 인간의 대뇌 기능에 생물학적으로 타고난 것이다. Newberg가 신경생물학적으로 강조한 것은 Jung이 자기로서 언급한 심리학적 요소다.

Newberg(2001)는 신비적 상태를 경험하는 동안에 여러 피험자들의 대뇌 활동을 조사했다. 대뇌 영상 연구의 피험자들로는 다른 영적 전통을 가진 다양한 수도승과 수녀가 포함되었다.

모든 피험자는 상당히 종교적이거나 영적이었고 최고의 신비적 상태를 주관적으로 경험했음이 Newberg의 대뇌 영상에서 확인되었다. 그들은 존재하는 모든 것을 인식하는 통합의 상태나 혹은 어디에나 존재하는 신의 존재 앞에 완전한 몰입의 상태를 경험한 것으로 보였다. Newberg는 연구에서 신경학적 과정을 보여 주었는데, 그 과정은 개인에게 일상적인 의식적 인식의 기저에서 지지해 주며 명시적(manifest) 실체 모두를 연결하는 절대적 실체에 대한 인식을 열어 주는 과정이다. 그는 다음과 같이 관찰했다.

> 신비적 실체는 존재하며, 신경학은 신비한 실체를 부정하지 않는다. 사고, 기억, 정서, 대상에 대한 마음의 지각 아래, 그리고 우리가 자기로서 생각하는 주관적인 인식 아래 더욱 심오한 자기가 있다. 이 자기는 주관과 객관의 한계를 넘어서 보는 순수한 인식의 상태이며 모든 것이 하나인 우주를 낳는다.

Newberg의 대뇌 영상에 나타난 심오한 자기는 Jung이 설명한 자기와 일치한다.

Newberg의 연구에서 신경생물학적 과학은 영구적인 종교적 전통의 신화적이고 시적인 원리와 마찬가지로 심리학 이론을 공고화시킨다.

신비적 상태에서의 대뇌 활동과 상징과정

대뇌피질은 우뇌, 좌뇌로 나누어진다. 각 대뇌반구는 배엽으로 알려진 4개 하위 구역으로 구분된다. 인간 대뇌가 굉장히 복잡하고 이러한 기능들이 전체로 통합될지라도, 대뇌피질의 좌우 반구는 일반적으로 지각 양상에서 특수화되는 것으로 생각된다. 대뇌 좌반구는 좀 더 합리적이고 분석적으로 기능하고, 우반구는 추상적이고 상상과 관련된 것이다. 배엽들의 특정한 기능은 좌반구 혹은 우반구에 있는 배엽들의 위치에 따라 다양하다. 배엽에 대한 광범위한 견해는 다음과 같다.

대뇌피질의 네 가지 배엽	
배엽 명칭	일반적 기능
측두엽	언어, 개념적 사고
후두엽	시각
두정엽	감각 지각, 시각,공간 과제, 신체 정향성
전두엽	주의, 추론, 판단, 성격, 근육 활동 주도

종교적 경험의 신경생물학적 기초를 증명하기 위해, Newberg와 동료들은 의식의 초월적 혹은 신비적 상태 동안 대뇌의 후두 상위 두정엽(posterior superior parietal lobe) 활동이 감소됨을 발견했다. 이 논의를 단순화하기 위해 연구자들은 이 영역을 정향성 연합 영역(orientation association area) 또는 OAA라고 지칭했다. 대뇌의 이 영역의 주된 기능은 다른 사람과 사물과의 관계에서 개인의 한계를 정의하는 것이다. 다시 말해, OAA는 나와 내가 아닌 것의 인식을 하도록 한다. 이것은 시간과 공간에 우리를 위치하게 하는 대뇌 영역이다.

Newberg(2001)는 다양한 고차원적 인지과정을 조작자들(operators)이라고 명명했다. 이 조작자는 자기의 경험에서 중요한 역할을 한다. 조작자는 다양한 기능을 형성하고 단일 경험의 기초를 이루는 신경학에 접촉함으로써 현재 경험의 한계를 넘어서 개인의 의식적 인식을 나르는 작업을 함께한다. 여덟 가지 조작자는 문제와 수수께끼에 대한 해답을 찾고 확인하는 정신과정을 포함하는데, 그 해답은 개인의 현재 이해 수준을 능가한다. Newberg의 발견을 Jung 심리학으로 번역하면 신비적 경험에 포함된 조작자들이 우리가 전형적으로 상징과정으로 언급하는 기제와 유사하다는 것을 발견하게 된다.

신비적 경험의 여덟 가지 조작자와 상징과정

Newberg(2001)는 많은 인지적 조작자 혹은 기능들이 있지만 인간 사고, 감정, 이해 등을 돕는 조직화 원리로서 작용하는 데에 신비적 경험의 요소가 되는 여덟 가지의 특별한 것이 있다고 주장했다. 여덟 개의 조작자는 다음과 같다.

- 전체적 조작자: 전체로서 사물을 지각하고 사물 간의 관계를 보는 능력이다.
- 환원적 조작자: 사물의 구성 부분과 요소 안에서 사물을 볼 수 있는 능력이다.
- 추상적 조작자: 분리된 정보 조각을 동화시켜 그것에서 더욱 광범위하고 일반적인 개념을 이끌어 낸다.
- 양적 조작자: 시간과 공간에서 추상적 형태를 분간하는 능력이다.
- 인과적 조작자: 원인과 결과 용어로서 경험을 이해할 수 있는 심적 능력이다.
- 이원적 조작자: 반대편 짝에 대한 경험의 모든 구성들을 감소시킬 수 있는 심적 기능이다.
- 실존적 조작자: 현실대로 사물을 지각하게 하는 심적 능력이다.
- 정서적 조작자: 지각에 정서적 가치를 부여한다.

Newberg(2001)는 신화 만들기가 인간의 신경생물학으로 만들어짐을 관찰했다. 그는 이러한 신경학적 조작자들이 기본적인 인간의 질문과 두려움을 만들어 내는 신화적 근거를 창조하기 위해 함께 작용함을 이론화했다. Newberg는 복잡한 환경 위협들을 지각하기 위해 인간의 심적 능력은 탄생과 죽음과 같은 설명할 수 없는 조건과 환경 위협을 이해하고 납득하는 데 필요한 요구를 공급함을 가정했다. 탄생과 죽음과 같은 설명할 수 없는 조건과 위협을 지각함으로써 만들어진 불안은 의미와 목적을 발견하기 위해 고차원의 인지적 조작자들을 이끈다.

마음은 신화 만들기를 통해 문제가 되는 실존적 비밀에 대한 자연적 해결을 찾는다. 신화 이야기들은 실존적 불안에 위안을 제공하기 위해서, 그리고 그 해결과정을 설명하기 위해서 경험을 통해 진화된다. 전통적 신화 형태는 삶의 근원, 죽음의 발생 등과 같은 대답할 수 없는 실존적 문제로부터 시작된다. 신화적 이야기는 대극의 개념인 딜레마를 개념화하기 위해서 문화적 경험에서 요소를 이끌어 낸다. 그다음 이야기는 일상적인 의식적 인식을 초월하는 힘이나 신의 중재(intervention)를 통해서 딜레마를 해결해 간다.

신화 이야기는 우리의 불안을 버텨 주고 담아 두는 판형으로서의 역할을 하며, 동시에 해결 수단을 밝혀 준다. 신화 이야기는 성장, 발달, 학습 과정 시 대뇌에서 일어나는 동일한 과정을 반복한다. 문화 간의 신화와 상징들의 보편성은 실존감을 이해하는 기본 대뇌 구조와 조직적 특성으로부터 기인한다. 아마도 Jung이 설명한 원형도 대뇌의 이와 같은 구조적 요소에서 나타날 것이다.

인과적 및 이원적인 두 가지 인지적 조작자는 신화 만들기의 자연적 과정에서 특별히 중요하다. Newberg(2001)는 알려지지 않고 이해할 수 없는 것이 두려움을 이끌어 냄을 관찰했다. 이것은 인지적으로 긴급한 높은 수준의 긴장을 제거하기 위해 알려지지 않은 것을 확인하도록 이끈다. 그는 인과적 조작자는 특별히 설명되지 않는 상황에 대한 이유를 구한다고 언급했다. 존재하는 문제에 대답이 없기 때문에, 이원적 조정자는 문제의 요소들을 대극으로 분리한다. 이것은 두 극 간에 에너지를 균등하게 분배함으로써 높은 수준의 불안을 방지한다. 극성을 얻은 에너지의 균형 상태는 좌뇌, 우뇌 반구 활동을 이끌어 내게 되는데, 이는 알려지지 않은 문제의 갈등을 해결하려고 동시에 그러나 독립적으로 시도된다. 좌반구가 합리적 또는 지적 해결을 찾는 상황에 몰입하는 반면, 우반구는 문제 파악을 위해 전체적, 직관적, 정서적, 상상적 시도에 몰입한다.

Newberg는 두 대뇌반구가 문제를 해결하기 위해 매우 강렬한 활동을 한다는 것을 관찰했다. 두 대뇌반구의 요소들이 적합하거나 합쳐지는 새로운 요소들과 함께 발생할 때 해결에 도달한다. 새로운 이해는 심오한 쾌락감과 평화를 가져오는 신경학적 반향을 이끌어 낸다. Newberg는 그 경험을 황홀감과 외경의 물결로 설명했다.

신화 만들기의 신경 기제들에 대한 Newberg(2001)의 기술은 모래놀이에서 우리가 종종 상징과정이라 부르는 것뿐 아니라 Jung(1960/1981)에 의해 기술된 초월적 기능과 상통한다. 두 대뇌반구 간의 대화를 방해하는 것으로부터 발생하는 새로운 생성물은 정신이 상징에 매혹될 때 나타나는 초월적 생성물이다. Jung은 초월하는 것은 가로질러 가는 것을 의미하는 것으로 이해했다. 신경학이 대뇌반구의 의사소통이 잠정적으로 분리되고 그다음 새로운 정신 요소의 탄생으로 연결됨을 설명한 것은 환상적이다.

새로운 연결들을 이어 주는 좋은 예가 릴리의 모래놀이에서 나타난다. 릴리는 어머니에게 버림받았던 어린 소녀다.

릴리 과정 초기의 2번 상자에서 릴리는 그녀가 고통받았던 깊은 상처를 연결하는 데 필요한 정신적 요소들을 모은다. 그녀 작품의 이러한 국면에서 다리는 완전히 물속에 있다. 새로운 연결은 형성되기 시작했지만 그녀가 앞으로 발달을 시작할 때까지는 표면화되지 않을 것이다. 상어가 근처에서 헤엄치고, 그녀에게 앞으로 남아 있는 넘어야 하는 위험을 강조한다. 다리를 건너는 여행을 준비하는 것은 어미 물개와 아기, 뱀 가족과 한 쌍의 해마다. 두 개의 아름다운 금색 물고기가 산호초 머리의 튀어나온 조각 꼭대기에 앉아 있다. 산호초 머리는 아주 긴급하게 전체가 되어야 하는 릴리 가족의 정신내적이며 원형적인 연합을 일으키기 위한 새로운 방법으로 연결되어야 했다. 10번 상자에서 다리를 놓는 것이 충분히 완성되었는데, 그것은 펠리컨들이 안전하게 우리 안에 새끼들을 두게 함으로써 이루어졌다.

5장 결론

신경생물학에 대한 개관을 통해 정신 능력의 다양성을 설명하는 대뇌 구조 발달의 측면들과 익숙해졌다. 관계 맥락에서 공유된 대뇌 활동과 인간 마음의 지속적 성장 및 치유에 미치는 대뇌 영향에 관련된 최근의 발견들은 신경생물학의 최근 연구에서 모래놀이치료에 대한 기초를 제공한다. 우리는 이러한 기능들이 어떻게 상징과정과 초월 기능의 신경학적 기초가 될 수 있는가를 알았다. 우리는 모래놀이에서 관찰한 심리적 능력의 변화와 성장을 설명하기 위해 대뇌 구조 발달을 재조명했다. 우리는 모래놀이에서 치료자와 내담자 간의 관계에서 마음의 심오한 태도와 마음 현상의 신경생물학적 측면을 탐구했다.

모래놀이 치료자로서 우리에게 가장 중요한 것은 정신내적인 성장과 변화의 모든 국면에서 인간관계에 필수적인 요소에 대한 신경생물학적 실재다. 관계가 신경의 발달을 어떻게 촉진시키는가를 인식하게 됨으로써 모래놀이 관계 안에서 창조되는 치료적 가능성을 중시하게 된다. 모래놀이 관계에서 창조되는 자유와 안전은 모-아 애착의 정신적 조건을 재창조하고, 그렇게 함으로써 모권적 의식의 가장 초기 수준에 도달하는 것을 촉진한다. 모래놀이의 공유된 상징 영역은 내담자의 심상이 풍부한 전의식 언어의 상호 경험을 위한 조건을 창조한다. 관계에서 내담자와 치료자는 직접적으로 내담자의 깊은 내적 정신 자료를 경험한다. 모래놀이 상징이 갖고 있는

정신적 변형의 세 가지 패러다임 비교		
Kalff	위그드라실	신경생물학
모-아 일체성	헬, 니드호그의 우물/지하 세계 가장 어두운 땅 분리 없음	하위 피질 편도체와 초기 변연계 성장
어머니는 아동의 자기 기능을 버텨 준다.	초월을 통한 변형	양육자는 아동의 높은 수준의 피질 기능을 담당한다.
어머니와의 관계	논의 우물/운명 대극의 출현	대뇌 변연계의 성장/조직
아동은 어머니와 관계를 맺는다.	치유와 회상을 통한 변형	자기조절의 성장 능력
자기 배열화	미미르의 우물/지혜 천국과 연결됨	피질-변연계 연결
아동의 정신은 존재의 전체성으로 들어간다.	지혜와 희생을 통한 변형	감정 상태의 요동을 거쳐 존재의 일체감

구체적 성질은 내담자가 밀접한 관계 안에서 심오한 수준에서의 내담자의 적응 성장과 변형을 지원하는 초월적 피드백의 심적 교환과 정서적 반향을 촉진함으로써 정신 구조를 조작하고 형성하도록 한다.

1편 결론

모래놀이에서 일어나는 것에 대한 이해는 학문 간 연구를 통해 깊어지고 강화된다. 우리가 조사한 세 가지 국면인 심리학, 신화, 신경생물학에서의 정신성장 과정은 방법론과 언어에서 상당히 다르다. 그러나 각각은 유사한 발달과정을 설명한다. 함께 확인해 본 결과 그 유사성은 명백해졌다.

Dora Kalff가 가르친 것, 위그드라실의 고대시가 정보를 주는 것, 현대의 신경생물학이 확인한 것에 따르면 모래놀이의 관계 영역에는 치유와 변형의 무한한 가능성이 있다.

나는 Dora Kalff가 모래놀이에서 개인적, 문화적 변형 모두의 가능성을 인식했다고 믿는다. 내담자의 모래놀이에서 관계적 치유 공간에 들어가는 것은 변형의 친밀하고 개인적인 경험이다. 한 번에 한 내담자와 하는 모래놀이가 작은 활동으로만 생각되지만, 우리는 관계에서 친밀성이 변형과정에 필수적임을 기억해야 한다. 우리 자신, 내담자, 내담자의 가족, 지역사회, 문화, 그리고 세계에서 일어나는 변형은 관계로부터 시작한다. Dora Kalff가 명확히 관찰한 것처럼, 변형은 이러한 관계에서 시작할 뿐 아니라 관계없이는 발생될 수 없다.

이것은 모래놀이치료에서 어떻게 성장과 변화가 일어나는가와 발달에 관한 우리의 고찰에 대해 결론을 내려 준다. 지금부터 이러한 과정에 대해 이해하고 우리의 관계를 심화시키는 방법을 고양시키기 위해 모래놀이의 주제의 특징을 살펴볼 것이다.

제 2 편

모래놀이치료에서의 주제

앞서 1편에서 논의되었던 치유와 변형 과정을 추적하기 위해 치료자가 모래놀이에서 의미 있는 관계로 들어가는 방법을 개발하는 것이 필요하다. 내담자의 과정에 적절한 치료적 담아두기를 해 주기 위해서는 치료자가 내담자의 드러나는 비밀을 이해하기 위해 적극적으로 개입해야 한다는 Dora Kalff의 견해가 떠오른다.

모래놀이 과정에서 관계를 발달시키는 데 유용한 도구는 나타나는 주제 양상을 파악하는 것이다. 어떤 주제 유형들이 발생했는지를 밝혀내는 것은 모래놀이 과정의 관계를 발전시키는 데 도움을 줄 수 있다. 모래놀이 과정에 특정 공식을 대입하는 것은 불가능하지만, 주제 유형들을 추적해 봄으로써 어떠한 과정에 관한 것인지 그리고 내담자의 작업이 어디를 향하고 있는지에 대한 의미를 파악할 수는 있다. 나는 구성상 다음의 네 가지 일반적인 제목하에 주제 유형들을 분류했다.

- 내용 주제
- 공간 주제
- 정서 주제
- 동작 주제

우리가 주제들을 연구하면서 이러한 범주가 명확하지 않다는 것을 알아야 한다. 여러분은 여러분 자신의 취향과 선호에 더 적합하도록 추가하거나 변화시킬 수 있을 것이다. 중요하게 기억해야 할 것은 우리는 알려지지 않은 많은 모래놀이 과정에 관여하는 수단들을 찾아내려고 한다는 것이다. 이를 적절하게 담아내기 위해서 상징 언어로 대화를 시작하는 방법을 찾아내야만 한다. 이러한 관계는 우리에게 모래놀이로부터 정보를 제공받게 한다.

우리는 종종 단 하나의 의미 있는 항목들인 것처럼 상징을 언급하지만, 전체 모래놀이 과정이 상징적으로 기능함을 우리는 기억해야 한다. 주제 유형을 확인함으로써 우리는 상징의 의미를 깨닫기 위해 상징과정의 요소들을 애써 따로 구분하고자 한다. 그래서 우리는 이러한 주제 유형들을 탐색하면서 어떤 모래놀이 사례에 대해 고정된 의미를 부여하려 하지 말고 가능한 상징적 의미를 마음에 새기도록 하여야 한다.

제1장
모래놀이에서의 내용 주제

서 론

모래놀이의 내용 주제를 검토하는 것은 모래놀이 과정과 관계를 맺는 또 다른 수단을 제공하여 모래상자에서 표현되는 내담자의 작업에 대한 이해와 적절한 담아두기를 촉진시킬 수 있다. 우리가 아래에 소개된 요소들을 살펴볼 때, 이 요소들이 개개의 모래상자뿐 아니라 모래놀이 과정 전반에 걸쳐 발생하는 주제들에 관여한다는 사실을 기억해야 한다.

모래놀이 과정에서 사용되는 피겨

내담자가 모래놀이에서 선택한 피겨들은 치료자가 모래놀이 과정을 이해하는 데 도움을 준다. 사용 가능하게 진열된 모래놀이 수집품 중에서 특별하게 선택된 피겨들은 매우 중요한 의미를 지닌다. 실제 현실과 상상의 전 영역에서 선택한 것들이 함께 조합될 수 있다는 것은 독특하고 놀랄 만하다.

모래놀이의 조용한 분위기 속에서, 내담자는 급격히 변화할 수 있는 속성을 지닌 자신의 정신세계를 표현하기 위해 물질적인 형태로 나타나 있는 피겨들을 인지하고 선택할 수 있다. 내담자의 정신은 전혀 혹은 거의 의식하지 못한 채 나타났다 사라진다. 전체 피겨뿐만 아니라 모래가 지니고 있는 유동성에 의해 가능한 전체 스펙트럼이 물질적인 형태로 표현됨으로써 정신세계가 실체적·물질적으로 연합되어 내담자와 치료자 간에 공감대가 형성된다. 내담자와 치료자가 잡고 있는 연합된 의식과 무의식을 통해 정신세계는 자아(ego)가 전체성에 집중하여 중심이 되는 원형인 자기(Self)로 향하도록 하는 자연스러운 변화과정에 필요한 조건을 만들고 촉진한다.

내담자가 모래놀이를 하기 위해 피겨들을 인지하고 선택할 때, 우리는 다음과 같은 인식을 가지고 있어야 한다. 내담자가 단순한 바위들이나 나무들을 선택했더라도 그것이 정신세계를 표현한다는 사실을 기억해야 한다. 정신세계가 외부로 표현되어 치료자로 하여금 정신세계를 적절하게 수정 및 조정할 수 있게 해 준다.

모래놀이에 사용된 피겨들을 살펴보는 데는 여러 가지 방법이 있다. 다음의 방법들은 피겨들을 선택하는 데 고려해야 할 기초적인 사항을 제시해 준다. 여기서 우리는 피겨 자체의 상징적 내용이 아닌 내담자가 선택한 피겨들의 전반적 유형이 지닐 수 있는 의미에 관심을 가져야 한다. 우리는 피겨를 세속, 상상, 원형적 내용을 지닌 피겨로 나누고자 한다.

세속에서 표현되는 피겨

일상생활로부터 표현되는 피겨

일상생활로부터 표현되는 피겨들은 전형적으로 내담자의 세계를 표현하는 피겨와 장면에 관한 것들이다. 이러한 것들은 의식적으로 좀 더 지각할 수 있는 물질들을 지칭하는 것 같다. 여러 범주 중에서 이 범주는 동물이나 식물과 같은 자연 그리고 외부 세계에 대한 일반적인 대상(objects), 즉 사람, 가구, 건축물의 피겨를 포함한다.

모든 경우에 있어 선택된 심상(image)과 내담자의 개인적인 관계뿐만 아니라 심상이 특징적으로 상징하는 암시를 살펴보는 것이 중요하다. 대상들을 전반적으로 분류함으로써 정신세계의 발달과정과 연관 지을 수 있다. 가령, 동물과 식물은 주로 본능의 문제에 관심을 갖는 것일 수 있다. 피겨들이 더 야생의 것들인지, 길들여진 것들인지를 관찰하는 것이 중요하다. 여러 단계의 모래상자를 통해 표현되는 야생의 것과 길들여진 장면들 사이로 이동하는 것은 더욱 깊고 본능적인 측면의 인격이 출현한다는 것을 가리킬 수 있다. 이것은 조절되지 않은 상황에 대한 우려가 나타난 것일 수도 있고, 본능과의 접촉을 억제할 필요가 있음을 나타낼 수도 있다. 자연세계로부터 선택한 피겨들은 각각의 경우에 해당하는 독특한 맥락 속에서 숙고되어야 한다.

집, 마을, 일상생활을 경험하는 보통 사람처럼 일상생활의 장면을 묘사하는 모래놀이는 일명 시장(market) 모래상자로 대표될 수 있다. 시장 모래상자는 종종 모래놀이 과정의 완성 단계에서 이루어진다. 이러한 모래놀이에서 일어나는 내담자의 작업은 무의식의 영역으로 들어가 자기가 중심이 되는 원형과 자기의 정신세계의 내용을 재정돈하는 것과 관련이 있다. 시장은 일상적인 의식적 자각으로의 귀환을 의미한다. 시장 모래놀이는 내담자로 하여금 모래놀이 과정을 종료하는 것을 용이하게 하고 새롭게 통합된 정신세계의 작업을 외부 세계로 통합할 수 있도록 돕는다. 과정이 진행되는 동안 중요한 물질의 단편들이 통합됨으로써 일상생활에서 얻은 장면들의 외형을 만들어 갈 수 있다.

애런 시장 장면의 좋은 예로 애런의 7번 상자가 있다. 이 모래상자는 15회의 시리즈 중의 일곱 번째로, 애런의 남성적 본능과의 갈등을 해결해 나가는 결론 부분에서 발생했다. 애런의 작업은 의식적 자각이 드러나는 표면으로 잠시 떠오른 후에 그 자신도 모르는 더 깊은 정신적 본능을 두드리는 심연까지 내려갔다.

일상이나 시장 내용이 반복적으로 출현하는 것은 모래놀이에서 더 깊은 수준의 의미 있는 작업이 종결된다는 것을 의미할 뿐만 아니라 정신세계가 하강하는 것에 대항하는 방어기제일 수도 있다. 각 사례는 각각의 맥락 안에서 고려되어야 한다.

모래놀이에서 내담자의 문화적 특성을 고려해 본다면 내담자들이 선택한 사람들의 피겨들이 일상생활 내용과 시장 내용을 암시하는 것을 알 수 있을 것이다. 내담자가 자신과 매우 다른 피부색을 가진 사람의 피겨를 사용할 때는 전형적인 시장의 모습과는 다른 어떤 것을 함축한 것이다. 극적으로 다른 피부색의 피겨를 선택한 것은 위에서 서술한 일반적인 의식세계의 시장의 모습보다는 좀 더 깊이 있는 상징적인 견해로 볼 때 더 잘 이해가 된다.

피겨의 성별과 나이 또한 상징과정의 의미 있는 측면을 보여 줄 수 있다. 모래놀이에서 어떤 성별이 우세하거나 결여되었는지를 관찰하는 것은 중요하다. 남성과 여성의 피겨들이 모래놀이에서 나타날 때, 우리는 그것들이 어떻게 연관되고 조화를 이루는지 혹은 부조화를 이루는지를 살펴보아야 한다. 또 내담자의 생활연령에 비해 묘사된 피겨의 연령이 매우 다를 때는 내담자의 정신세계 작업에서 가능한 한 의미를 주의 깊게 살펴볼 필요가 있다.

시간적으로 멀리 있는 피겨

역사, 고대, 원시문화와 같은 시간을 반영하는 모래놀이 내용은 개인적인 정신세계, 가족의 혈통, 혹은 둘 다에 있어서의 특정한 사건(issue)이 있던 시대를 반영한다. 전형적인 예가 갑옷을 입은 전투 기사 혹은 과거의 기사들이 현대의 군사들과 싸우는 것으로 가득 차 있는 모래상자다. 역사적 피겨들이 있는 모래상자에 대해서는 그 내용물이 무엇과 관계되었는지뿐만 아니라 그 사건이 얼마나 오래된 것인지에 대한 의문을 가져야 한다. 사건의 시기는 내적 정신세계의 견지로부터 예측될 수 있다. 다시 말하자면 상처가 발생했을 당시의 내담자의 발달 단계라고 고려할 수 있다. 싸우는 기사의 경우는 상처가 오래됐거나 오래전에 발생한 것을 말한다. 과거의 기사들과 현대의 군인들이 뒤섞여 싸우는 전쟁에서는 전사들이 대표하는 시대의 차이점에 의해 표현되는 내용을 고려하는 것이 중요하다. 그것은 오래된 상처가 현재의 발달 단계에서 특정한 싸움을 하고 있다는 것이다. 즉, 현재의 갈등으로 인해 오래된 상처가 다시 드러나는 것이다. 같은 방식으로 역사와 어울리지 않는 시대의 내용물을 담고 있는 모래놀이는 사건의 본질에 대한 혼동이나 장애 혹은 사건들의 관계가 불확실하다는 것을 가리킨다. 또 다른 한편으로 역사적 내용이 혼합되어 나타나는 경우는 오래된 사건들을 다시 끄집어내기 위한 통합된 과정으로 작용하기도 한다. 이런 것들이 우리가 보아 온 다양한 예다.

모래상자에서 공룡이나 다른 고대 생물을 보게 되는 경우, 우리는 내담자의 상처에 영향을 미치는 역사적 역할을 고려해야 한다. 이것은 내담자의 발달 단계에 서 매우 초기에 상처가 있다고 말할 수 있다. 눈에 띄는 공룡의 존재는 아주 오래된 가정 내에서의 상처나 기능을 하지 못한 가정에서 초래된 부산물을 암시할 수 있다. 이것은 가족 공동체가 공룡들로 묘사될 때 더 잘 나타난다.

거리상 멀리 있는 피겨

내담자가 알지 못하는 먼 곳에 있는 피겨들이 출현하는 대부분의 경우는 불가사의한 정도를 나타내기도 한다. Dora Kalff(1980/2003)는 내담자가 영적인 측면과 접촉하기는 했지만 아직 의식적인 관계를 형성하지는 않았을 때, 선택된 피겨들이 내담자에게 알려져 있는 어떤 것과는 상당히 거리가 먼 영적 세계의 형태로 출현할 수 있다고 하였다. 즉, 그것들은 세상의 다른 편에서 나타난다는 것이다. 이는 동양 전통을 의식 수준에서 잘 이해하지 못하는 서양인에 의해 만들어진 동양 사찰 건축물의 고요함 등에서 엿볼 수 있다.

그것은 아동이 잘 이해하지 못하면서도 멀리 있는 인도나 중국의 건물들이나 종교적 피겨들을 사용하는 것에서 흔히 볼 수 있다. 이런 경우 우리는 내담자가 먼 곳의 정신세계에 도달하려고 한다는 사실을 알 수 있다. 정신세계의 기적(miracle of psyche)은 내담자가 지속적으로 성장하고 변형하는 데 필요한 내용을 다듬어 준다. 이것이 상징들을 중요시하는 정신세계가 가지고 있는 아름답고 신비로운 능력이기에, 내담자에게는 너무나 생소하지만 그들의 전체성을 일깨워 주는 에너지를 불어넣어 주어 그들의 신비로운 본성에 정보를 제공해 주는 것이다.

애런 애런의 9번 상자는 고요하고 영묘한 중국으로부터 되돌아옴을 보여 준다. 그의 보트는 크고 파란 돌고래에 이끌려 집으로 돌아오는 여정을 시작했다. 그리고 10번 상자에서 애런은 학급과 학교 운동장의 세계로 돌아왔다. 이 어린 소년의 모래상자 진행과정에서, 그는 영적 가능성을 경험하고 난 후 새로이 경험한 지식을 현재의 시장에서 통합하기 위해 집으로 돌아온 것이다.

아이비 또 다른 예로 9세의 아이비의 작업이 있는데, 그녀는 엄격한 서양 종교 구역에 속한 아이다. 아이비의 8번 상자에서 중국 부처상과 라마야나의 힌두 영웅 이야기가 함께 나타난다. 의식적으로는 완전히 알지 못함에도 불구하고, 아이비의 정신세계는 찾고자 하는 심상을 신성하고 공손한 방식으로 그려 내었다. 부처상을 '뚱뚱한 녀석' 이라고 언급하면서 여성성의 손실과 회복을 의미하는 고대 인디언 설화에 나오는 등장인물의 특성들과 부처상의 심상을 일맥상통시키면서 흥분하였다. 이런 것은 아이비의 작업에서 그녀가 직면했던 더 깊은 주제들이었다. 아이비의 신념과 관련된 맥락 내에서 그녀의 몸과 여성성은 억압되고 비난당했다. 모래상자의 안전함 속에서 정신세계는 그녀가 성장하고 발전하는 데 요구되는 핵심적 특성들에 접근하고 통합될 수 있었다.

지구의 먼 곳과 관련된 내용이 깊고도 거리가 상당히 먼 정신세계의 내용을 내포하는 것처럼, 은하계 간 피겨들과 우주 여행을 나타내는 피겨들은 정신의 하위 영역과의 연계성을 가리킨다. 다른 운성에서 온 우주선이나 외계인이 모래상자에 착륙할 때, 그것은 내담자의 내부 세계에서 상당히 먼 어떤 곳으로부터 무엇인가 출현했음을 의미한다. 우리가 상당히 먼 곳으로부터 출현한 피겨들을 볼 때는 새로운 정신세계의 내용이 출현할 수 있다는 가능성을 열어 두는 것이 중요하다. 새로운 것에 대해 수용하는 자세를 취하는 것이다. 모래놀이의 다른 측면에서 반대되는 상황 또한 나타날 수 있는데, 우주선과 로켓들이 더 방어적 또는 탈출적인 내용을 나타낼 수도 있다.

애런 애런의 3번 상자에서, 모래상자의 오른쪽 구석에 막 착륙한 둥근 은색의 우주선에서 나사(NASA) 우주복을 입은 두 남자가 반갑게 인사를 한다. 이 예에서 외부 우주세계로부터 출현한 우주선의 형태를 통해 그의 정신세계에 무엇인가가 출현했다는 사실을 확실히 알 수 있다. 죽음과 괴물들의 정복 장면을 함께 보여 준이 모래상자 다음으로 애런의 4번 상자에서 자기가 출현한다.

환상에 관한 피겨

환상에 관한 피겨들은 종종 아동의 상상 속에 등장하는 친구나 동료들이다. 인기 TV 프로그램이나 영화에서 표현되는 만화 피겨들은 아동의 인생에서 중요한 사람이 될 수 있다. 그것들은 종종 내부와 외부에 존재하는 악당, 영웅과 괴물들의 힘이 어린 아동의 경험에 존재하고, 그들의 인생 여정을 뚫고 지나갈 수 있도록 돕는다고 여겨진다.

성인의 모래놀이 작업에서 나타나는 환상에 관한 피겨들은 회피 또는 부족한 기초를 의미할 수도 있다. 성인의 모래놀이에서 환상에 관한 피겨들이 나타날 때, 현실세계를 붙잡는 힘이 약하거나 좀 더 성숙하게 책임지기를 거부하고 있다는 사실을 파악해야 한다. 상징들에 의해 내담자의 부정적이고 긍정적인 측면 사이의 간격이 나타나기 때문에 과도하게 책임감 있는 태도를 균형 있게 맞출 수 있는 좀 더 즐거운 환상이 필요할 수도 있다.

원형적 내용을 가진 피겨

원형적(archetypal) 내용을 갖고 있는 피겨들은 내세의(초자연적인) 형식이나 에너지를 구체화하는 것들이다. 원형의 피겨들은 이 세상에 흔한 동물이나 인간의 형태와 같은 자연에서 기인된 형태로 나타날 수 있다. 그러나 그것들은 평범한 특성 이상의 힘을 발산한다. 원형으로서 나타나는 동물 형태는 종종 용, 뱀눈나비, 불사조와 같은 신비한 창조물들이다. 인간으로 묘사된 원형적 피겨들은 신화적 깊은 정신세계의 언어에서 나타나는 신, 여신, 괴물, 영웅들이다. 달걀, 크리스털 구슬, 별들, 보석과 같은 생식(seminal)의 형태들 또한 원형적 내용을 담고 있다.

모래놀이에서 원형의 피겨들은 정신세계의 먼 곳에서부터 기원한다. 그들은 매우 어둡거나 혹은 매우 밝은 영혼의 성질을 나타낸다. 그래서 그것들이 모래놀이에 존재할 때 신성한 또는 신비한 힘을 발산한다. 원형의 내용은 힘이 있으며, 특정한 영혼의 성질 중 가장 핵심적인 것일 수 있다.

> **애런** 애런의 12번 상자는 반짝거리는 얼음과 눈들로 덮여 투명한 원형의 힘을 방출한다. 모래놀이에 사용된 피겨들이 현실 생활에서 비롯되었음에도 불구하고, 스키 타는 사람을 제외한 모두는 흰색 또는 투명으로 채색된다. 애런이 '겨울나라(Winterland)' 라고 부르는 이 창조물의 아득한 고요(remote stillness)는 원형의 내용을 구성한다. 이 모래놀이에서 둥글고 네모난 모양을 무의식적으로 나란히 놓음으로써 그는 핵심 에너지를 표현하고 있다.

원형의 내용은 모래놀이에서 더 혼란스럽고 더 확실한 형태의 정신적 탐험에 대한 방어로 사용되기도 한다. 이렇게 쓰였을 때 원형의 힘은 사라진다. 모래상자는 매우 어두운 또는 빛나는 모습을 갖기도 하지만 단조로운 감정을 표현하기도 한다. 그러한 것을 보일 때 치료자는 저항이 무엇을 의미하는지를 이해하기 위해 모래놀이 과정에 무엇이 빠져 있는지를 주의 깊게 살펴보아야 한다.

피겨의 상징적 내용

피겨들이 의미하는 상징적인 주제를 파악하기 어려운 것은 그 상징적인 내용이 우리가 모래놀이를 살펴보는 과정에서 탐험하는 거의 모든 것들의 맥락에 담겨 있기 때문이다. 하나의 피겨와 그것의 전통적 상징의 의미와 모래놀이 과정의 전체적인 맥락이 별개로 고려되어서는 안 된다. 그럼에도 불구하고 우리는 개개의 피겨 자체가 모래놀이치료에서 중요한 역할을 하고 있다는 것을 깨닫는다. 피겨가 전통적으로 상징하는 함축은 모래놀이의 중요한 특징이지만, 그 의미를 하나로 고정시켜서는 안 된다. 피겨의 상징적 특징들을 지나치게 결정된 방법으로 정의하거나 확인하게 되면 총체적으로 상징들이 지닐 수 있는 가능성을 제한할 수 있다. 또한 하나의 피겨를 하나의 의미로 고정시키는 것은 폭넓고 맥락적인 상징의 과정을 일부분만으로 제한하는 것이다.

자연세계 전반에서 피겨들의 본능적 혹은 일상적 역할부터 신화와 신비함의 비밀의 영역까지 전반에 걸친 다양한 출처를 통해서 피겨들의 상식적인 함축된 의미를 이해할 수 있다. 자연에서 기인한 의미들은 관찰을 통해 찾아낼 수 있다. 더 깊고 심층적인 자연의 의미들은 인류의 정신세계가 공통적으로 경험하면서 전해지는 것처럼 보이는 비교문화적(cross cultural) 신화들의 주제로부터 기인한다. Jung (1954/1981)은 이것을 집단 무의식이라고 언급하였다. 상징적 의미는 또한 문학, 예술작품, 역사, 종교, 지리, 문화적 습관 등에서 얻은 것이다. 상징으로서의 역할을 하는 피겨들은 심상의 밝고 어두운 측면을 연결하고 있다는 점에서 그 의미를 고정시키는 것이 얼마나 불충분한지를 똑바로 인식하게 한다.

상징을 풀이해 놓은 많은 사전과 신화와 민속에 관련된 백과사전에서 신속하게 자료를 참조할 수 있다. 그러나 그것은 단지 이차적(부수적)인 자료라는 것을 아는 것이 매우 중요하다. 그러한 자료는 원자료에서부터 선택되고 생략되고 수정된 요약본들이다. 좀 더 구체적으로 이해하고자 한다면 또한 연구에 목적이 있다면 근원이 되는 자료에 접근하는 것이 중요하다. 예를 들어, 상징 사전에서 문학작품의 한 구절을 언급한다면 그 근원 자료를 찾아보고 이해하는 것이 중요하다.

다양한 문화의 민속, 우화, 신화에 관한 연구에서 상징주의를 깊게 이해하려는 노력을 발견할 수 있다. 고대 또는 먼 곳의 예술사를 통해 문화에 특정하게 영향을 주는 상징에 대한 많은 정보를 얻을 수 있다. 종교적인 조각들을 통해 자주 종교적 내용을 가진 모래놀이 작품에 대한 통찰력을 얻을 수 있다. 다양한 종교와 기후에 뚜렷하게 나타난 동물과 식물의 자연 연대기 또한 많은 정보를 준다.

내담자의 문화적 유산과 사회경제적인 배경은 모래상자에서 피겨가 의미하고자 하는 것에 커다란 영향을 끼칠 수 있다. 같은 피겨들이라도 한 가지 문화에 국한된 경험을 한 중산층 아동과 가난한 이민자의 아동을 비교한다면 매우 다른 의미를 가질 수 있다.

피겨에 관하여 내담자가 말하는 것 또한 모래상자에서 상징주의의 기능을 이해하는 데 중요한 역할을 한다. 우리가 여성으로서 알고 있는 피겨가 내담자에 의해서 남성으로 언급될 수도 있다. 예를 들면, 캐리는 모래놀이 시리즈 동안 사자 머리를 한 이집트의 신 샤크메트의 피겨를 계속 사용하였다. 모든 경우에서 그녀는 이 피겨를 '사자 인간(The Lion Man)' 이라고 언급하였다. 캐리의 작품에서 이 피겨는 남성으로 존재했다. 이 사례에서 피겨의 성별은 즉시 명백하게 드러나지는 않았다. 만약 내담자가 명백한 여성 피겨를 '그'라고 언급했다면 문제는 전체적으로 달라질 수 있다. 이 사례에서 피겨의 외형과 내담자의 속성이 합쳐지면 상징과정에서 피겨가 어떻게 기능할 수 있는지를 좀 더 알 수 있게 한다.

내담자가 모래상자에 가져온 개인 소유의 사물들이나 자신이 손으로 만든 창조물들은 그들의 상징적 의미가 강조된다. 손으로 직접 만든 모래놀이 피겨들은 내담자의 정신세계에서 힘을 부여받은 것들이다. 이러한 피겨들은 문자 그대로 주어진 형태이거나 또는 내담자의 손에 의해 탄생되었다. 우리는 그것들이 상징적 과정에서 매우 중요한 역할을 한다고 추측할 수 있다. 또한 내담자가 모래에서 사용하기 위해 가져온 사물은 강한 정신세계의 역할을 담당한다. 만약 사진처럼 이것이 일정 기간 동안 내담자가 지니고 있었던 것이라면, 그 상징은 내담자의 정신세계에서 잠시 동안 존재해 왔으며 작동되어 왔을 것이다. 피겨가 내담자가 그냥 가져온 것이라 하더라도 그것은 내담자의 모래놀이 과정에 영향력을 지니고 함께 기능을 하게 된다.

상징에 관하여 앞에서 논의한 내용을 상기해 볼 때, 상징적 과정은 한 가지 피겨에 제한되어 있지 않고 다층적이라는 사실을 알게 된다. 가령, 각각의 상징적 힘을 갖는 피겨들이 모여 구성된 집단들은 다른 한편으로는 군집으로서의 상징적 역할을 한다. 더 나아가 그 집단들은 상징적 내용을 갖는 더 큰 군집들로서 기능하게 된다. 전체 모래상자들은 상징적으로 기능하며, 전체 모래놀이 과정은 하나의 상징과정으로 작용하는 것이다.

개개의 피겨들이 함축하고 있는 상징적 내용의 의미를 탐색하는 것도 중요하지만, 모래놀이에서 상징적 내용의 다양한 계층과 관계를 형성하는 것 또한 중요하다. 모래상자 전체에 있는 다양한 피겨 집단들이 나타내는 내용의 공통점과 차이점을 탐색하는 것뿐 아니라, 연속된 모래상자들 간의 다양한 피겨 집단들의 내용을 탐색하는 것은 모래놀이 전반에 걸쳐 중요하다.

피겨 출현 순서

피겨가 출현하는 순서는 종종 모래놀이 내용에서 중요한 부분이다. 모래놀이에서 무엇이 먼저인지 마지막인지도 특히 중요하다. 같은 방식으로, 완결된 모래놀이 과정에서 첫 번째 피겨와 마지막 피겨 역시 커다란 비중을 갖는다. 새롭게 출현한 피겨와 다시 출현하는 피겨도 중요한 의미를 지닐 수 있다.

모래상자에서 다음 모래상자로의 순서와 모래놀이 시리즈의 전체 과정을 고려하는 것은 중요하다. 예를 들어, 내담자가 모래놀이 구성을 시작할 때마다 항상 두 개의 군대를 줄지어 세운다면, 모래상자 구성에서 아주 작은 변화일지라도 특별히 주의를 기울여야 상징적 내용의 중요한 특징을 파악할 수 있을지 모른다. 그렇게 함으로써 우리가 특별한 주의를 기울이지 않을 때 보지 못하고 지나칠 수 있는 미묘한 내면적인 변화를 더 잘 포착할 수 있다. 이러한 관점에서 볼 때, 우리는 내용과 위치의 순서를 정확히 기록함으로써 의미 있게 모래상자를 살필 수 있을 것이다.

모래놀이 내용에서 피겨들의 위치 변화 또한 세밀한 주의를 요구하는 또 다른 특징 중의 하나다. 모래상자를 구성하는 동안 피겨들이 위험한 위치에서 안전한 위치로 이동할 때, 또는 말단에서 중심으로 이동할 때, 위치 변화가 모래놀이 내용에서 어떻게 중요한 역할을 하는지 쉽게 이해할 수 있다.

피겨들은 다른 것 위 혹은 옆 등에 층을 만들 수도 있다. 피겨를 놓는 순서—어떤 피겨가 다른 것보다 앞서 있거나 뒤따르거나—는 매우 중요한 의미를 가질지도 모른다.

Martin Kalff(1993)는 치료자들에게 적절한 위치에 있지 않은 피겨들을 기록하라고 충고하였다. 땅 위에 있는 배와 수중 생물, 물속에 있는 차와 트럭 등은 이들을 구별하는 능력이 확실하지 않거나 외부와 내부의 세계 간의 관계를 명확하게 구분하지 못함을 의미할 수도 있다. 모래놀이의 모든 것에 관심을 가짐으로써, 반드시 제 위치에 있지 않은 것들의 의미를 전체적인 과정의 맥락 안에서 고려해야 한다.

래리 래리는 4세 소년으로 양어머니에 의해 치료에 의뢰되었다. 원래의 가족 내에서 심하게 무시되었고, 학대당했으며, 정신적으로 충격을 받았다. 1번 상자에서 래리는 미완성된 태도를 가지고 모래놀이 과정을 시작하였다. 모래상자에 물을 첨가하고 그 안에서 물과 모래를 허둥지둥 섞은 후 모래상자의 중앙 부근에 대략 호수 같은 모양으로 둘러싸여 있는 흙무더기가 연상되는 모양을 만들었다.

그는 그것을 모래성(sandcastle)이라고 불렀다.

2번 상자에서 래리의 영웅인 배트맨이 중심이 되었으며 3번 상자에서는 흩어져 있는 대상들이 명확히 드러나게 하였다. 이 모래놀이 전 과정 중 마지막에서는 물길에 있는 시계 앞에 사진과 작은 비닐 음반을 위치시켰다. 확실히 일반적이지 않은 위치여서, 우리는 이제 래리가 그의 깊은 정신세계로부터 흘러나오는 멜로디의 선율을 듣기 시작하는 중이었는지가 궁금하였다. 5번 상자에서 래리는 무작위로 사람, 새, 물고기를 큰 호수 안에 배치하였다. 상호작용 놀이를 열광적으로 즐기면서, 그는 거위, 아이, 아기와 엄마를 매장하고 있다고 말하였다. 이 작업을 마친 뒤, 래리는 땅에 묻지 않은 모든 피겨들을 호수의 끝에 단정하게 줄지어 세워 놓고, 모래 댄(sand dan: 그가 모래놀이를 부르는 말)을 해서 행복했다고 말했다. 래리의 초기 생애와 내면의 발달 과정에서 보였던 요소들처럼 모래놀이 과정에서 보였던 피겨들은 제 위치에서 벗어나 있었다. 모래놀이 과정을 통해 래리는 이러한 것들을 직면하고, 관리하고, 재정리하는 능력을 성장시켰다.

애런 애런의 14번 상자에서도 제자리에 위치하지 않은 것들의 매우 다른 예가 보인다. 이 모래상자에는 마지막인 15번 상자 바로 직전에 행해졌는데, 애런은 의도적으로 사물들을 제자리에 놓지 않았다. 애런은 그것을 미친 세상(crazy land)이라고 불렀다. 이전의 예와는 상당히 다르게, 마침내 애런은 새롭고 즐거운 관점으로 삶 속의 사물들을 볼 수 있었다. 그는 강에서 자전거 타고 달리는 사람, 오르막을 오르는 스키 타는 사람, 그리고 골프공이 진짜 폭탄인지 의심하면서 조사하는 사람들을 웃으면서 묘사하였다. 그는 그 위치가 매우 안전하지 않다고 말했다. "사물들로 인해 다치지는 않지만 그것들을 의지할 수는 없어."

그 모래상자를 만든 후 5개월이 흐른 뒤, 그는 자발적으로 한 회기에서 그 모래상자를 자신의 삶에 비유하면서 그것으로 돌아가겠다고 하였다. "내 삶처럼, 내가 생각하기에 그것들이 그래야만 한다고 생각하는 대로 된다는 것을 항상 기대할 수는 없어."

래리의 모래놀이에서 제자리에 있지 않은 것들이 초기에는 내담자의 환경과 불확실한 관계를 반영하는 한편, 애런의 미친 세상에서 의도적으로 불규칙하게 배치한 것들은 자기(Self) 속의 확고함과 외부 세계에서 받는 도전들을 다룰 수 있는 유연한 자아(ego)의 힘을 나타낸다.

내담자가 처음으로 피겨를 알아보고 그것들이 새로운 수집품인지 물어볼 때 모래놀이의 또 다른 흥미로운 유형이 발생한다. 최근에 12세 남자 아이가 내 모래놀이실에서 동물들이 놓여 있는 여러 선반을 보고 흥분하였다. "오! 우와." 그는 덧붙였다. "드디어 이것들을 갖게 되었구나!" 물론, 그 선반들은 계속 거기에 있었다. 매우 중요한 것은 그것들이 그에게 새로이 보였다는 것이다. 모래놀이실에서 그것을 발견한 그 순간에 그 소년의 정신세계는 자연스럽고 본능적인 표현을 할 새롭고 많은 가능성에 처음으로 열리게 된 것이다.

내담자가 자신이 처음으로 본 피겨들에 대해 언급할 때 나는 어떻게 반응해야 할지 조심스럽다. 만약 그들이 특별하게 어떤 특정 피겨가 새로운 것인지를 묻는다면 나는 이렇게 대답할 것이다. "아니, 하지만 너에게는 아주 새로운 거야." 위 소년의 사례에서 나는 아무것도 말하지 않고 그가 새로운 것을 충분히 경험하도록 하였다. 그는 매우 가난하고 학대받는 환경에서 자라 왔다. 그러한 환경으로 인해 그는 정상 발달에서 일반적으로 경험해야 하는 것을 제대로 경험하지 못했다. 모래놀이실에서의 그의 발견은 획기적인 발전 단계였다. 침묵 속에서 우리는 함께 발견의 새로움을 감상하였다.

주제에서 약간 벗어나거나 모래놀이 내용의 상위(meta) 단계일지는 모르지만 같은 날에 여러 내담자가 같은 피겨나 피겨들을 사용하기도 한다. 나는 이것이 무엇인지 확실히 알지는 못하지만 여러 모래놀이 치료자가 그들의 임상 속에서 이러한 일이 발생한다는 사실을 이야기하는 것을 들어 왔다. 나는 심지어 두 명의 내담자가 같은 날에 관련이 없는 세 개의 피겨들의 동일한 조합을 사용하는 것을 경험하기도 하였다. 이것이 나에게는 충격이었다. 우리가 특정 피겨를 더 선전하려 하지 않고 우리 자신의 많은 에너지를 특정 피겨에 불어넣지 않는 것이 확실함에도 이러한 일이 왜 발생하는지 설명할 수 없다. 이러한 현상에 대해 연구한다면 매우 흥미로울 것이다.

피겨들의 숫자와 색이 함축하는 내용

숫자

상징적 내용은 모래상자에서 쓰인 특정 피겨들에 의해서뿐만 아니라 쓰인 사물의 개수에 의해서도 나타난다. 종종 우리는 모래상자에서 피겨들이 짝으로 또는 셋, 넷 등으로 나타나는 것을 보기도 한다. 어떠한 역동성이 관련되어 있는지를 더 깊이 이해하기 위해서 숫자 자체가 갖는 상징적 의미에 대해 조사할 필요가 있다(Eastwood, 2002). 여러 가지 전해 내려오는 지식과 문학 속에 숫자의 의미가 서술되어 있다. 어느 정도의 깊이 내에서 숫자 상징을 이해하기 위해서는 주제를 좀 더 탐구하는 것이 중요하다. 어떤 상징적 물질이 있을 때 상징적 특성의 밝고 어두운 측면 모두를 고려하는 것이 필요하다. Eliade(1987/1995)는 모래놀이 작업에서 마음에 새겨 두면 도움이 될 만한 몇몇 보편성에 대해 강조하였다.

- 숫자 1: 하나(one)는 나누어지지 않은 전체 또는 표현의 가능성을 갖는 조화를 가리킨다. 하나의 모양으로 묘사되었을 때 그것은 다른 피겨들이 시작되는 하나의 점 혹은 모든 가능성을 포함하는 빈 동그라미를 의미한다.
- 숫자 2: 둘은 하나의 첫 분할이다. 명백하게 존재하는 모든 것의 긴장으로 구성된 이중성이다. 모양으로서 그것은 선이며 삶의 흐름이다.
- 숫자 3: 셋은 하나와 둘의 합성이다. 그리고 존재의 복수성과 연관이 있다. 그것은 다수를 표현한 것이다. 그것은 시작, 중간, 끝, 과거, 현재, 미래를 가지는 시간을 의미한다. 그래서 움직임 또는 역동성과 관련되어 있다. 모양으로서 그것은 삼각형이다.
- 숫자 4: 넷은 혼돈에서 벗어나 질서를 가져다준다. 그것은 이 세계와 모두이다. 물질적 세계는 네 개의 기본적인 점에 의해 정돈되어 있다. 다양한 정신적 전통에서 보면 4개의 강 또는 물줄기로 구성하여 천상의 상태를 묘사한다. 시간은 4개의 사계절의 흐름에 의해 또는 네 개의 위대한 시대에 의해 정돈되어 있다. 모양으로 볼 때 넷은 사각형이다.
- 숫자 5: 인간의 형태가 머리, 두 개의 팔, 그리고 두 개의 다리로 다섯 가지 부분

으로 묘사될 수 있기에 다섯은 자연적인 사람을 표현하는 숫자다. 완전한 자아(anthropos)로 알려진 인간 피겨의 전형적인 표상은 인간 내면의 안내자 역할을 하며 신체 형태 측면에서 자기의 전체를 나타낸다고 여겨진다. 다섯은 꽃과 잎사귀 등의 자연에서 형성되는 형태에서 발견된다. 자연에서 다섯은 성과 생식과 관련이 있다. 모양으로서 이것은 별이거나 오각형이며, 원기를 회복하게 하는 마법의 힘이 있다고 여겨진다.

- 숫자 6: 두 개의 셋 또는 세 개의 둘로서 여섯은 영적인 세계와 물질적인 세계의 결합이다. 서로 얽힌 두 개의 삼각형으로서 또는 육각형으로서, 6은 위에 있는 것이 또한 아래에 있는 것임을 반영한다.
- 숫자 7: 일곱은 4에 의해 질서에 이르는 3의 복수로 구성되어 있기 때문에 종종 신성한 숫자로 간주된다.
- 숫자 8: 여덟은 4의 배다. 8은 전형적인 순서로서 영원을 가리킨다.
- 숫자 9: 아홉은 세 개의 3으로 구성되어 있고 완벽과 관계가 있다. 세 개의 3으로서 9는 완성을 가리킨다.

모래놀이에서 숫자 상징주의는 숫자들로 묶인 피겨들의 집단으로 나타날 수 있다. 그 예로 많은 동물들이 셋, 넷 등의 집단으로 나타나는 농장 풍경에서 이러한 방법을 사용한 숫자의 예들이 나타난다.

숫자 상징주의는 모래상자의 전반적인 형태에서 나타날 수 있다. 예를 들어, 네 개의 나무가 모래상자의 네 개의 코너를 표시한다. 또 다른 예로 길이나 또는 동그라미나 세모로 표현되는 연결 형태로 표현될 수 있다. 숫자 상징주의는 또한 모래로 조각되거나 모래에 그려진 특징적인 모양으로 나타날 수도 있다. 내담자가 모래에서 모양을 그리고 난 후 그 위 또는 둘레에 피겨들을 배치할 수도 있다. 내담자가 젖은 모래에 정육면체나 다섯 개의 꼭지점을 가진 별과 같은 모양을 조각할 때 그러한 숫자 상징주의에 빠져들 수도 있다. 모래놀이에서 숫자 상징주의를 사용한 예를 들자면 끝이 없다. 중요한 점은 모래놀이 내용의 이러한 차원을 내담자의 작업과 치료자와의 관계를 깊게 하는 수단으로서 인식하는 것이다.

에이드리엔 에이드리엔의 26번 상자는 숫자 상징주의가 사용된 피겨들 그리고 모래의 조각된 모양뿐 아니라 그것들이 품고 있는 상징적 내용을 명확하게 뒷받침하는 예를 보여 준다. 이 모래놀이에서 에이드리엔은 중앙의 둥근 흙무더기에 임신한 여자를 묻었고, 그 꼭대기의 네모난 모양 안에 네 명의 아기를 놓고 다섯 번째 요소로서 중앙에 아기 예수의 피겨를 놓았다. 피겨의 상징적 내용은 임신한 배꼽 모양의 흙무더기에 이제 새로운 가능성을 가지고 있는 임신한 엄마 피겨를 매장한다는 것이다. 아기들과 중앙의 아기 예수의 신성한 가능성으로 새로운 삶이 꼭대기를 장식한다. 숫자 상징주의에서 좋은 측면으로 생각해 보면 하나(엄마)를 묻고 이제 둘(임신)이 된다는 것이다. 이 탄생은 구체화된 전체(넷)를 낳으며, 다섯 번째 요소(신성한 가능성)로서 완성된다.

색

모래놀이에서 색의 존재와 부재는 상징적 내용의 중요한 측면이다. 몇몇 모래상자는 특별히 빨간색, 흰색, 검은색, 노란색 등으로 나타난다. 몇몇 사례는 완전하게 색이 없이 나타나기도 한다. 또 이전에는 색이 없던 곳에서 주제를 나타내는 색의 형태들이 갑자기 나타나기도 한다. 모래놀이 사례에서 색의 이러한 주제적 모습의 출현과 변화를 통해 현재 진행 중인 작업과 우리의 관계를 더 깊게 할 수 있다.

우리가 숫자 상징주의에서 발견한 여러 공통점과는 다르게, 색과 관련된 의미들은 매우 다양하다. 사실 빨간색은 모든 인도-유럽 언어에서 'rudhro' 라는 고정된 어원에서 출발한 유일한 색이다(Eliade, 1987/1995). 몇몇 문화에서는 특정 색을 지칭하는 단어가 없기도 하다. 중국어와 일본어는 파란색과 초록색을 구분없이 쓰기도 한다. 각 언어는 두 색을 지칭하는 단어가 하나다. 동시에 에스키모 사람들은 눈의 상태에 따라 흰색을 지칭하는 단어들이 15개가 넘는다. 거의 모든 문화가 흰색과 검은색을 구별하며, 일반적으로 세 번째 색은 빨간색이다. 색의 의미는 문화와 역사에 따라 다양하다. 그래서 색에 대한 우리의 심리적 반응이 조건화되어 있다고 여겨진다. 정신분열증으로 고통받는 사람들은 종종 색에 대해 비정상적인 인식을 지닌다. 발달적 측면에서 어린아이는 빨간색이나 주황색과 같은 좀 더 밝은 색을 선호하는 경향이 있다. 이러한 요인 모두를 고려할 때, 모래놀이에서 색은 여전히 모양, 공간, 동작과 더불어 우리가 심상을 어떻게 경험하는지에 있어 중요한 역할을 수행한다.

일반적인 색 이론에서 빨간색, 파란색, 노란색의 세 가지 일차 색을 정의하고 있는데, 이것들을 일차 색이라고 하는 것은 다른 색들이 이 색들을 만들기 위해 섞일 수 없기 때문이다. 두 가지 기본 색을 함께 섞음으로써 초록색, 주황색, 보라색의 이차 색을 창조한다. 이러한 조합에서 일차 색의 양을 더하거나 뺌으로써 이들 사이에서의 변형을 초래한다. 검은색 또는 흰색은 순수한 색채를 더 밝게 하거나 어둡게 하기 위해 더해질 수 있다. 노란색과 빨간색 범위에 있는 색들은 종종 따뜻하고 활기가 넘친다고 하며, 파란색 범위에 있는 색들은 차갑고 진정하는 색이라고 언급된다.

모래놀이에서 색의 중요성을 소개하기 위하여, 우리는 서양과 동양(부) 전통의 색 상징주의를 검토해 보아야 할 것이다. 숫자에 관한 논의와 마찬가지로, 색 상징주의에 관한 연구가 얼마나 광범위하고 매혹적인지를 기억하도록 하자.

초기 구석기시대의 무덤은 빨간색을 많이 사용하였다. 연구자들은 작은 묘실의 빨간색 내부가 어머니의 생산기관들과 죽은 이의 대지로의 귀환을 상징한다고 믿어왔다(Eliade, 1987/1995). 유대 전통에서는 속죄일(Yom Kippur, the Day of Atonement)에 겸손과 도덕을 나타내기 위해 흰색을 사용한다. 히브리 신비철학(Kabalistic)의 문헌에서는 색의 복잡한 상징주의를 표현했다. Eliade(1954/1995)는 서양 지역 종교적 전통들이 사막의 땅에서부터 출현한 이래로, 초록색이 잎, 오아시스, 도피처로서 표현되며 그 중요성이 무척 강조되었다는 사실을 관찰하였다. 이슬람은 초록색을 시원하고, 보호적인 평온의 그림자로서 언급한다.

교황 이노센트 3세가 색의 표준을 정의한 이래로, 중세의 교회에서는 서양의 예배 전통에서 체계적으로 색을 사용하기 시작하였다. 흰색은 순결한 처녀 마리아, 예수 그리스도, 그리고 순교하지 않은 성자들을 위한 축제들을 위해 사용되었다. 빨간색은 순교자와 사도, 그리고 십자가 전쟁과 오순절을 나타내는 것이었다. 검은색과 짙은 보라색은 사순절과 강림절, 그리고 죽음을 상징하기 위해 쓰였다. 검은색은 교회의 목회자들(Church Father)이 그것을 악마의 색이라고 여겼기 때문에 사용되지 못하였다. 초록색은 다른 모든 경우에 사용되었다. 좀 더 최근의 개혁 이후에는 종려 주일(Palm Sunday)과 수난일(Good Friday)에 빨간색을 사용해 왔다.

콜럼비아 이전 시대와 아메리카 원주민 전통은 대지를 4개의 기본적인 지역으로 나누고 각각을 특징이 있는 색을 가진 나무로서 묘사하였다. 각 나무는 십자가 모양이며, 꼭대기에는 새가 있었다. 아즈텍(Aztec)과 마야(Maya) 사람들은 동쪽 지역의 나무를 빨간색으로 보았고, 서쪽 나무는 파란색으로, 남쪽 나무는 초록색으로, 북쪽 나무는 노란색으로 보았다. 이러한 다양한 전통적 방법에서 불일치가 보이는데, 예를 들면 Eliade(1954/1995)는 마야문명이 수평선을 넘어가는 해의 움직임에 의해 시간과 공간을 표시한 것을 관찰하였다. 그들은 빨간색을 동쪽, 검은색을 서쪽, 흰색을 남쪽 그리고 북쪽을 노란색과 관련시켰다. 아파치족 국가는 색들이 네 방향, 즉 흰색은 북쪽, 파란색은 남쪽, 검은색은 동쪽, 노란색은 서쪽에 속한다고 생각했다. 북아메리카의 한 종족인 블랙풋(Blackfoot)족 사람들은 빨간색을 태양을 상징하기 위해, 검정색은 달을 상징하기 위해 사용하였다.

서양 전통의 연금술에서는 색들을 기본 금속들이 금으로 점차 변형되는 단계에 사용하였다. 원래 물질이 사라지는 단계인 검은색에서 시작하여 순화되는 단계로 하얀색을, 그리고 철학자의 돌을 생산하는 최고점으로 빨간색을 사용하였다.

동양 전통에서는 다양한 많은 색의 특성이 중복된다는 것을 알 수 있다. 중국의 도교 전통에서는 노란색이 중심 색이다. 첫 제왕이고 왕족의 선조인 황제(Yellow Emperor)는 하늘의 중앙에서 네 방향의 중심부에 산다고 여겼다(Eliade, 1954/1995). 중국 연금술은 신체적 불멸을 목표로 세우고 빨간색을 연금술 과정과 관련지었다. 중국의 전통에서 특정 색은 또한 물질적 세계를 지시하는 다섯 단계 또는 요소들로 나뉜다. 즉, 나무는 초록색, 불은 빨간색, 땅은 노란색으로 묘사되고, 금속은 흰색, 물은 검은색으로 묘사된다. 또 방향과 계절의 속성에 상응하여 다섯 단계와 서로 관련된다. 앞으로 우리는 모래놀이에서 공간적 주제에 관하여 좀 더 논의할 것이다. 인도 전통에서 색의 차원은 마음 또는 신비적인 힘(manas)의 속성으로 간주된다. 전체에서 분리되지 않은 의식으로 원래 자신이 풀지 못한 쿤달리니 에너지(kundalini energy)[역자 주: 근원적인 생명 에너지로 모든 사람의 안에 감겨 있는 보이지 않는 힘]가 일어나는 것을 밝은 빨간색으로 묘사한다.

색 상징주의에 광범위한 다양성이 있는 것은 명백하다. 모래놀이에서 내용 주제로서 색을 탐구할 때 색 사용에서의 역동적인 변화뿐 아니라 모래상자 시리즈들을 통해 색의 유형을 고려하는 것이 필요하다. 모래놀이 사례에서 이러한 초기 관찰이 이루어지고 난 후, 그 특정한 사례에 대한 내용의 다른 특성들은 색에 의해 표현되는 상징주의를 좀 더 깊이 조사하기 위해 해야 할 방향을 제시해 줄 수 있다.

피겨의 부재

모래놀이에서 피겨를 사용하지 않는 것은 내부 세상과 외부 세상으로 피겨를 이끌어 내는 능력이 다소 발달되지 않았다는 것을 나타낼 수 있다. 어린 시기에 모래를 단순히 붓거나 옮기는 놀이에서 볼 수 있듯이, 아주 어린 아동에게는 피겨를 사용하지 않는 것이 발달상 정상일 수 있다. 그러나 더 나이 든 아동의 모래놀이에서 어린 아동에게서 나타나는 것과 동일한 방식의 상징적인 사물의 부재는 초기 발달 단계의 가치 박탈(애정 결핍)에서 초래된 결과일 수 있다. 이것은 에너지가 매우 낮거나 우울함을 나타내기도 한다.

반면 잘 발달된 건강한 내담자도 모형들을 사용하지 않고도 모래놀이를 할 수 있다. 이 경우 피겨의 부재는 좀 더 발달된 형태로 나타날 수 있는 새로운 기질과 능력이 형성되기 시작했다는 암시일 수 있다. 또한 가끔 모래상자를 2차원으로 사용하는 경우처럼 피겨가 없는 모래상자는 매우 복잡한 정신세계를 표현한 것일 수도 있다.

레지나 7세 레지나의 작업은 상징적인 표현이 잘 나타난 활동의 좋은 예다. 첫 시간에 레지나는 1, 2번 상자를 완성하였다. 작업 초기의 아주 상징적이고 연상적인 모래놀이에 이어 레지나는 요리놀이를 하기 위해 모래상자를 이용하였다. 그녀는 어릴 적 발달상 상당한 가치 박탈을 경험했기 때문에 모래놀이에서 퇴보하는 형태의 작업을 보였다. 이후 몇 회기 동안 3번 상자에서 보여지듯 레지나는 우리가 먹을 맛있는 음식을 만들기 위해 요리를 하고 모래를 붓고 뒤섞었다. 이러한 초기 발달 과제가 충분히 만족되었을 때, 레지나의 놀이는 더 상징적이 되었다. 7번 상자에서 쌓기를 하는 동안에 나의 도움을 요청하면서 초기 작업에서 레지나에게 먹을 것이었던 모래더미로부터 성이 출현했다.

엘리자베스 엘리자베스의 작업은 모래상자에서 많지 않은 피겨들을 사용한 다른 예다. 여기서 거의 뼈대의 형태로만 구성된 모래놀이를 통해 내부 정신적 문제를 관찰할 수 있다. 예를 들어, 엘리자베스의 2, 3번 상자의 조망과 피겨의 내용은 최소한으로 표현되었을지라도 심연의 깊은 정신상태를 나타낸다. 2번 상자에서 어릿광대는 감시견과 그녀의 강아지가 중요한 금관으로 이끄는 우로보로스의 피겨를 통해 진주들이 놓인 길을 따라간다. 길을 따라 죽은 엄마와 아이가 서 있다. 3번 상자는 다른 쌍의 엄마와 아이를 보여 준다. 이번에 그들은 외관상으로 흩어진 바위와 나무들로 암시되는 숲을 여행 중인 원시적인 피겨다.

외부 세계에서는 아주 복잡하고 화려한 여성인 엘리자베스는 모래놀이 과정에는 장식이나 부속물 없이 바로 참여한다. 그녀의 작품은 빈약하지만 그것은 정신적 박탈에 의한 것이라기보다는 내부적인 문제를 신속하고 명쾌하게 다루고자 하는 다급함에 의한 것이다.

모래놀이의 우화적인 내용

서 론

모래놀이 주제의 내용으로서 피겨들을 검토해 보기 위해 이제 우리는 우화적인 내용을 살펴보려 한다. 우리의 목적은 정신세계의 변화과정과 연관된 다양한 목소리나 언어에 친숙하도록 노력하는 것이다. 다음 자료에서 이야기, 주제 신화에 대해 살펴볼 것이다. 더불어 연금술, 천연의 구성요소들과 차크라에 유의하면서 몇 가지 전통적인 변형의 패러다임을 검토할 것이다.

내용으로서의 이야기와 주제

모래놀이의 이야기 또는 주제의 내용은 전반적인 모래놀이 과정을 이해할 수 있게 해 준다. 우화적인 내용은 반드시 모든 모래놀이의 한 부분은 아닐지라도 기억해야 할 중요한 특징이다. 우리가 살펴보았던 모래놀이와 다른 차원으로서 전체 모래놀이 과정의 상징적인 이야기에서 어떤 흐름이나 변화뿐만이 아니라 각각의 모래상자가 나타내는 이야기나 주제 내용에 대해 생각하는 것이 중요하다. 예를 들어, 여행, 투쟁, 전쟁, 탐험, 상실, 박해 또는 떠남과 되돌아옴의 주제들은 개별적인 모래상자를 특징지을 수 있다. 다양한 모래상자의 놀이과정에서 변화와 변이를 통해 동일한 주제로 나타날 수 있다.

모래상자를 구성하면서 말로 이야기를 하는 내담자가 있다. 아동, 특히 어린 아동은 종종 놀이에 너무 열중한다. 그래서 그들은 이야기를 말로 함으로써 매우 사적인 부분을 치료자에게 터놓는다. 아동의 경험을 함께 공유하는 신비적인 공간으로 초대되는 영광은 놀랄 만큼 아주 대단한 것이다. 모래상자에서 나타난 아동의 적극적인 창조 작업에 대해 언급함으로써 아동 자신의 발전하는 존재를 우리에게 확장시킨다. 아동의 구어적인 설명은 상징적인 과정의 한 측면이기 때문에 주의 깊게 들어야 한다. 종종 이러한 이야기는 일치되어 나타나지 않는다. 이치에 맞지 않게 보이는 모순되거나 상반되는 경우가 종종 있다. 우리는 상징적인 귀(symbolic ear)를 가지고 들어야 한다. 이러한 이야기들은 여기저기 그려진 이미지로 구성된 그림과 같다. 그것들은 현실적인 시간과 공간에서 작용할 수 없다. 즉, 그것들은 신화적인(상상의) 차원에서 나온다.

내담자는 모래놀이를 끝마치고 모래상자에 무엇을 꾸민 것인지 설명하는 이야기를 할 수 있다. 모래놀이 도중이나 후에 내담자가 말하는 것에 주의를 기울이는 것은 매우 중요하지만, 동시에 그들이 이야기를 해야 한다고 주의를 주기 위해 어떤 방식으로든 그들이 작업하는 과정을 방해하지 않도록 주의하여야 한다. 이 부분에 대해서는 모래놀이의 절차를 설명할 때 상세하게 논의할 것이다. 이제 우리의 관심은 우선 내담자가 이끄는 대로 따르는 것이다. 내담자가 이야기하면 우리는 그것을 꼼꼼하게 기록해야 한다.

성인 내담자는 아동이 만들어 내는 것과 같은 관련된 이야기를 하지 않는 경향이 있다. 그러나 항상 예외는 있다. 종종 성인 내담자는 모래상자에서 하나의 피겨나 장면에 대해 설명한다. 이 또한 치료자가 중요하게 고려해야 할 점이다. 성인 내담자에게 이러한 설명은 아동 이야기에서와 같은 의식의 신화적인 단계에서 비롯되거나 혹은 상당히 무의식적인 것을 좀 더 의식적으로 반영한 것일 수 있다. 다시 말해서, 성인의 반응은 상징적 과정의 한 부분이거나 그 과정을 외부에서 평가하거나 방어하는 것일 수 있다. 치료자는 작업을 주의 깊게 듣고 살펴봄으로써 이러한 차이를 명확하게 할 수 있을 것이다.

모래놀이에서 거의 모든 것에 예외가 있듯이, 아동은 모래놀이를 그들이 본 영화 또는 TV 쇼라고 이야기할 때가 있다. 성인이 좀 더 의식적으로 반영한 것과 마찬가지로, 이것은 아동이 모래상자에서 작업한 것을 외부 세계에서 인식하는 것이다. 이러한 모래놀이도 아동이 더 신비롭게 여기는 모래놀이만큼 여전히 상징적 중요성을 내포하고 있다. 어쨌든 그것은 모래놀이에 대해 특정 이야기 또는 영화를 선택하게 하는 아동의 마음속 깊이 작용하는 그 무엇인 것이다.

성인 내담자가 회기 동안 모래놀이 과정과 관계없는 이야기를 하는 것 또한 모래놀이 작업의 우화적인 내용의 한 요인으로 포함시킬 수 있다. 내담자의 구어적인 치료의 하부 맥락은 모래놀이가 의미하는 주제 내용을 이해하는 데 도움을 줄 수 있다. 치료자에게 중요한 것은 내적으로 차분해야 하고 주의 깊게 경청해야 한다는 것이다.

신화적 주제

신화적 주제는 모래놀이의 일반적인 특징이다. 우리는 정신세계의 상징적인 과정과 역동성에 대한 이전의 논의에서 신화가 무의식의 언어 또는 이야기라는 것을 상기할 수 있다. 신화는 통합(integration) 또는 개별화(individuation)의 더 높은 수준을 따라 이동하는 정신세계를 묘사하고 설명하기 위해 사용되는 줄거리다. 모래놀이는 정신세계의 이동과 변화를 3차원적으로 묘사한 것이기 때문에 모래놀이 내용에서 신화적 주제가 종종 나타난다. 그러나 신화적 주제가 연속되지 않은 장면들에서 명확하게 나타나지 않을지라도 전반적인 모래놀이 과정은 총체를 향한 정신세계의 이동을 표현하는 신화라는 것을 반드시 명심해야 한다.

많은 신화적 주제가 있지만, 모래놀이에서 경험할 수 있는 몇 가지 일반적인 것은 탄생과 죽음, 탐색, 발견, 소생, 귀환, 암흑과의 직면, 통합과 집중이다. 몇몇 경우에서 우리가 이미 알고 있는 신화, 동화 또는 전설이 나타나기도 한다. 종종 이것은 내담자가 의식적으로 인식하지 않고 행해진다. 메두사 또는 어둠의 어머니에 이어 페가수스가 출현하고 그 뒤를 이어 창조적인 발달의 새로운 국면이 뒤따라오는 페르세우스의 고대 그리스 신화를 본뜬 많은 사례를 볼 때 두려움을 느낀다. 근본주의 종파(fundamental religious sect)에 속한 9세 소녀인 아이비의 사례를 통해 이러한 예를 볼 수 있다.

아이비 여성의 역할에 대해 심한 제한을 두는 억압적인 환경 속에서, 막 성적인 관심이 싹트기 시작하여 갈등하는 아이비의 4번 상자에서 페가수스의 두 피겨들이 우뚝 서서 으르렁거림과 동시에 강렬한 어둠과 직면하는 장면이 보인다. 뒤이어 5번 상자에서는 말무리들로부터 새로운 에너지가 방출되고, 귀중한 도구와 보석으로 덮인 흙무더기 중앙에 두 개의 금관이 씌워져 있다.

아이비는 생명을 창조하고 파괴할 수 있는 마법의 피를 지닌 무서운 고르곤인 메두사의 이야기에 대해 모르고 있었다. 너무 무서워서 그녀를 직접 본 사람은 돌로 변한다는 여신에 대해 알지 못했다. 아이비는 메두사의 맹렬한 머리의 피로부터 날개 달린 말인 페가수스가 날아오른다는 것이나 페가수스의 말발굽이 박힌 뮤즈의 샘에 대해서도 알지 못했다. 그러나 그녀의 정신세계는 이러한 이미지를 선택했다. 아이비가 모래놀이 과정 속에서의 변화를 통하여 여성이 느끼는 두려움에 직면하게 되었을 때, 그녀의 정신세계는 새롭게 풍성한 에너지가 넘치는 가능성으로 전개되었다.

이야기 또는 주제가 막혔을 때

이야기 또는 주제가 끊임없이 반복되어 나타나거나 변화가 없을 때 우화적인 내용을 중요하게 고려해야 한다. 첫 번째로 고려할 점은 아주 작은 변화라도 나타나는지 사례를 검토하는 것이다. 처음에는 인지하기가 어렵겠지만, 변화가 보일 때 우리는 그 과정이 이동하고 있음을 알 수 있다. 아주 면밀하게 검토함으로써 작업 진행을 촉진할 수 있다. 또한 내담자가 더 빨리 과정을 진행하기 위해 우리 치료자에게 요구하는 것이 무엇인지를 스스로에게 질문해야 한다. 이것이 발생될 때 우리 작업에서 자문을 하는 것은 중요하다. 물론 이것은 정신세계의 이동 속도가 필요한 만큼만 이동하는 단순한 상황일 수 있다.

지각할 수 있는 변화 없이 주제가 동일하게 유지된다면 과정 중에 우리가 치료자로서 인식하지 못한 것이 무엇인지를 고려해야 한다. 치료자가 그것의 중요한 부분을 버텨줄 수 없을 때, 모래놀이 과정은 막혀서 어디로도 가지 못할 수 있다. 이것은 매우 흥미롭다. 어떤 과정은 지루하게 끌다가 멈추지만 어떤 과정은 치료자가 의식적으로 무슨 일이 일어나는지를 인식하지 못하는 상태에서 신속하게 진행되는 것은 참으로 기이하다. 그 차이점은 눈에 보이지 않는 담아주기의 복잡성과 관련된다. 치료자가 모래놀이에서 내담자의 작업에 대해 인식하지 못하나 내담자의 정신세계가 특정 원형적 구성요소와 관련된 자기로 향하도록 질서를 잡아가는 상황에서 치료자는 숨겨져 있는 것에 손상을 주지 않는다. 그러나 모래상자에 내담자의 상징적인 작업이 치료자의 상처나 그 반대로 이루어진 정신세계 영역을 자극하면, 관찰되고 있는 태도는 숨겨져 있는 것에 장애를 주게 된다. 내담자의 상징적인 작업은 이렇게 방해를 받고 정지된다. 무의식적이기는 하나, 내담자는 치료실이 그의 작업에서 더 깊이 있게 이동할 수 있는 자유로움을 가지기에 충분히 안전하거나 보호된다고 느끼지 못한다. 이 경우 치료자 자신의 발달상 장애물은 내담자의 작업이 진행되기 전에 발견되고 해결되어야 한다. 치료자는 상담이나 심도 있는 자기 반영을 통하여 방해가 되는 내용을 처리할 수 있다. 치료자도 자신을 치료함으로써 문제점을 해결할 필요가 있다.

과정을 지연시키는 것은 내담자의 작업에서뿐만 아니라 치료자의 작업에서도 매우 중요하다.

어떤 사라진 조각이 중요한 내용 주제임을 아는 것이 필요하다. 치료자와 내담자가 사라진 조각의 내용을 알아채지 못할지라도 내담자 작업의 무의식적인 측면으로 이동할 수 있을 때까지 모래놀이 작업의 과정은 이 내용에 좌우된다.

사라진 조각의 범위는 스펙트럼의 한쪽 끝인 치료자가 아직 의식적으로 인식하지 못했으나 관찰할 수 있는 어떤 것에서 시작하여 다른 한쪽 끝인 치료자의 정신세계에 존재하는 깊은 상처나 어두운 요소까지 넓을 수 있다. 이는 모래놀이치료의 준비 과정에서 치료자의 내적 치유와 발달을 고려하는 것이 왜 중요한가를 보여 준다.

성실하고 철저하게 훈련받았음에도 불구하고 치료자가 모래놀이 과정에 손상을 주는 치료자 정신세계의 상처를 감춘다면 이러한 잠재된 내적 요소가 내담자와의 작업을 통해 활성화될 것이 분명하다. 이러한 상황을 피하기 위해 모래놀이 치료자가 엄격한 훈련과 준비를 했다 하여도 그 상황은 발생할 수 있다. 자문을 의뢰하게 되면 그것이 인식될 것이다. 모래놀이 자문가가 방해가 되는 우리 자신의 문제를 이야기할 때 우리는 그것을 존중하고 즉시 수정하여야 한다.

변형의 전형적인 패러다임

신화적 주제들에 덧붙여서, 모래놀이 과정에서 변형의 다른 전형적인 패러다임이 나타날 수 있다. 모래놀이 시리즈에서 보이는 심연의 정신세계 변형은 변화의 모델들을 수반하거나 그렇지 않고 드러날 수 있다는 것을 고려해야 한다. 여기서 우리가 논의하고자 하는 것은 전통적인 변화의 패러다임이 모래놀이에서 주제 내용으로 나타날 수 있다는 가능성을 깨닫기 위한 것이다. 다양한 전통에서 나온 많은 변형 모델이 있지만 우리는 연금술과 요소, 그리고 차크라에 대해서만 검토할 것이다.

연금술의 변형 패러다임

연금술의 역사

연금술은 동양뿐만 아니라 서양에서도 역사적 뿌리를 가지고 있는 내적 변형의 패러다임이다. 연금술은 실험 기구와 신비로운 유사 화학적 방식 때문에 흔히 화학이나 과학의 원시적인 형태로 오해받기도 한다. 모든 연금술사의 목표는 기본 물질 혹은 금속을 금으로 변형시키는 것이었다. 변형된 금은 불로장생의 약으로 여겨졌다. Jung학파에 따르면 연금술은 내면의 여행을 영원한 자기로 향하게 이끄는 훈련이요 수련이며 그 과정이라 할 수 있다.

몇몇 학자는 연금술의 기원을 기원전 500년의 중국으로 보고 있으나, 또 다른 학자는 헬레니즘 시대의 이집트로 보고 있다. 다양한 문화권에서 대략 유사한 시기에 유사한 과정(연금술)이 생겨났다는 것은 매우 흥미롭다. 모든 문화권에서 연금술의 목적은 비밀스러운 종교적 전통과 관련되어 있다. 중국에서 연금술은 도교의 중심적 특징이었다. 인도에서의 연금술의 행위는 탄트라의 전통과 연관이 있다. 헬레니즘의 이집트에서는 영지주의자들이 연금술을 행하였다. 이슬람 문화에서는 연금술이 신비주의와 관련이 있었다. 유럽의 중세시대와 르네상스 시대에는 연금술이 기독교 신비주의 교파와 신비학(Hermeticism), 그리고 카발라의 추종자와 관련되어 있었다. 초기 힌두교와 불교의 연금술은 700~1600년경에 번성하였다. 1100년대경에는 서유럽으로 이슬람 문헌들이 번역되어 들어가면서 연금술도 같이 유입되었다. 유럽에서의 연금술은 1800년대의 과학혁명과 함께 끝을 맺게 되었다.

서양에서 연금술에 의하여 금이 만들어졌듯이, 역사적으로 중국의 연금술사들은 진사(cinnarbar) 혹은 수은 황화물로 알려진 붉은 결정의 미네랄을 그동안 염원해 오던 불사의 영약으로 여겼다. 오늘날에도 초기 연금술의 의식은 도교의 도사들에 의해 계속 행해지고 있다. 최근에 나는 이러한 의식이 아직 존재하고 있는 중국의 도교 사원을 참배할 수 있는 영광을 가질 수 있었다. 모든 사람은 거대한 만다라 위에서 '아이칭(I Ching)' 이라는 3중음으로 작곡되어 대나무 피리와 징, 북소리로 연주되는 고대의 선율에 집중한다. 그들은 팔과 몸을 미리 규정된 동작에 맞추어 움직이고 정성스럽게 종이를 태운다. 나는 소위 '나이탄(naitan)' 혹은 내면의 연금술이라고 불리는 그들의 깊은 수행 의식을 느낄 수 있었다.

의식을 진행하는 동안 사제는 자신의 몸을 그릇 모양처럼 만들고 소위 '불멸의 태아(Chiao)' 라고 불리는 변형이 된 기본 물질을 손에 쥔다. 서양의 현자의 돌(philosopher's stone)처럼 'Chiao' 는 순수하고 신성하며 영원하다. 오늘날의 도교 사제들은 이런 방식으로 공동체를 위한 상징적인 행사를 수행한다.

연금술이라는 단어는 '케미아(chemia)' 라는 그리스어에서 유래하였는데, 이는 변형의 예술(art of transmutation)이라는 뜻이다. 이슬람 문화권에서는 '알키미야(alkimiya)' 라는 단어로 발전되었는데, 이는 그리스어에서 유래한 것이기도 하고 혹은 '금을 만드는 액체' 를 뜻하는 중국 남쪽 지방의 단어 '키미야(kimiya)' 에서 유래한 것이기도 하다. Eliade(1978)는 연금술적 상징들이 쇠를 벼리고[역자 주: 날이나 끝이 무디어진 연장을 불에 달구고 두드리고 하여 날카롭게 만드는 것] 금속을 변형시키는 대장장이의 작업에서 유래되었다고 보았다. 물질 상징주의는 기본 물질이 변화되면서 그 대신 새로운 물질이 출현한다는 대장장이의 작업에서 도출된 것이다. 유럽에서 연금술사들은 모든 물질은 살아 있고 스스로 완벽해지기 위하여 노력하고 있다는 관점을 발달시켰다. 그들은 기본 물질이 여러 차례의 변형과정을 거쳐 마침내는 완전한 상태에 이르게 될 것이라고 보았다. 기본 물질의 완성은 현자의 돌로 알려져 있는 연금술을 통해 생산물을 획득함으로써 귀결된다.

연금술의 철학

연금술의 근원적인 목적은 물질과 시간의 한계를 극복함으로써 자연적으로 더럽혀진 물질세계에 완전성을 가져오는 것이었다. 연금술사의 실험이 내적인 형태든 외적인 형태든 간에 중요한 것은 실험 자체이지 그 실험의 결과물이 아니었다.

인도에서는 불멸성(immortality)이 금에 비유되었다. '브라마나스(Brahmanas)'로 알려진 고대의 문헌에서는 인간의 육체는 금의 영원성을 성취할 수 있다고 하였다. 도교에서의 수행과 마찬가지로, 인도의 연금술은 내면에 중점을 둔다. 반면 불교도들의 연금술은 외적이고 화학적인 물질을 추구하였다. 인도 연금술사들의 목적은 절대적인 것으로의 회귀를 뜻하는 사마디(Samadhi)였다. 도교에서 연금술의 목적은 길을 뜻하는 도와 하나가 되는 것이었다. 헬레니즘 시대의 이집트에서 연금술사들은 연금술의 희생적인 수행을 통하여 물질의 속박에서 영혼을 해방시키는 것을 갈구하였다.

우리가 앞서 언급했던 샤먼들의 의식처럼, 연금술사들은 속세의 속박에서 벗어나 신성한 세계로 해방시켜 줄 수 있는 신비스러운 사다리를 통하여 그노시스(gnosis), 즉 신의 지혜를 갈구하였다. 헬레니즘 시대의 이집트 연금술사들은 외적인 수행과 내적인 수행을 혼합하였다. 그들은 물질을 금 자체로 변화시키기보다는 외적으로 금의 형상으로 변화해 가도록 노력하였다. 그렇게 함으로써 연금술사들은 육체에서 정신으로, 다시 영혼으로 평행적인 변화를 추구하였다.

Maria Prophetissa(Haeffner, 1994) 또한 인간의 육체와 정신, 그리고 금속의 외면

과 본질의 연결시키는 작업을 강조했다. 5세기 초엽의 헬레니즘 이집트에서 '연금술의 어머니'로 알려져 있는 Maria Prophetissa는 신으로부터 연금술의 비밀을 직접 전달받은 것으로 전해지고 있다. 그녀의 연금술은 인간 존재에 대항하는 영지주의자(Gnostic)[역자 주: 고대 그리스 말기에 나타난 종교 교도]적 이중성을 낳았다. Prophetissa는 남성적인 특성과 여성적인 특성을 자신의 실험실에 있는 금속의 성격에 비유하였고, 그녀의 작업에서 습함과 건조함, 땅과 하늘, 물과 불, 추위와 더위와 같은 상반되는 조합들을 강조하였다. Jung(1953/1977)은 Maria Prophetissa의 작업에서 보이는 상반되는 조합들 속에서 정신세계의 변형과정을 인식하였다. Jung은 Prophetissa의 가장 유명한 말을 인용하였다.

북경 사원에서 변형 의식을 행하고 있는 도교 사제(사진: B. Turner, 2003)

> 하나는 둘이 되고 둘은 셋이 된다. 그리고 세 번째, 네 번째를 통하여 융합을 이룬다. 그러므로 둘은 하나다. 남성적인 것과 여성적인 것이 만나면 그대는 그대가 갈구하던 것을 찾을 수 있을 것이다(Jung, 1953/1977, p. 23).

Prophetissa의 초기 저작을 통하여, Jung(1953/1977)은 '반의성(antonymy)'의 법칙을 표현하였다. Jung은 이 용어를 현실세계의 모든 존재가 나타내는 이중성의 조합들이라고 언급하였고, 흠이 없는 완전한 자기에 그 근원과 목표를 두고 있다고 하였다. 그럼으로써 그는 연금술을 개체화와 자기로의 회귀를 목적으로 하여 내면 정신세계의 경험을 물질에 투사하는 것이라고 보았다.

연금술의 과정과 상징

연금술을 통하여 기본 물질을 순수한 영약으로 변형시키는 과정은 여러 문화권에서 유사한 단계를 거치게 된다. 아랍 이슬람 문화권의 연금술사들은 금속이 납, 구리, 주석, 금으로 연속적으로 변화된다고 보았다. 힌두교의 전통에서는 금속의 변형과정을 납, 주석, 구리, 은, 금의 순서로 인식하였다. 그리스의 연금술사인 아테네의 Antiochus는 육체에서 정신으로 그리고 영혼으로 발전해 가는 과정을 금속이 납에서 은으로 그리고 금으로 변형하는 것으로, 또 검은색, 흰색, 노란색으로 묘사하였다. 이집트의 영지주의자인 Valentinus는 이 과정이 승화의 산물인 '영(pneuma)'에서 시작한다고 정의하였다. 이에 이어 순수한 것에서 불순물을 걸러내는 '비등(ebullient)' 과정을 거치게 되고, 최종적으로는 영지(靈知)의 씨앗인 '스퍼르마(sperma)'에 다다르게 된다.

서양에서는 검은색에서 흰색을 거쳐 붉은색으로 변하여 간다는 점에는 연금술사들이 동의를 하였지만, 금속이 기본 물질에서 순수한 물질로 변화해 가는 단계에 대해서는 다양한 이견을 보였다(Edinger, 1991). 서양의 연금술사들은 연금술의 산물이 불순한 것을 순수한 것으로 만드는 능력을 지닌 신비로운 현자의 돌이라는 생각에는 의견이 일치하였다. 색의 변화는 물질의 변형과정과 관련이 있다. 검은색은 기본 물질이 태워지거나 죽음을 당하는 첫 번째 단계다. 이를 배소법(calcination)이라 한다. 분리(separation)로 일컬어지는 흰색의 단계는 불에 의하여 파괴되고 남은 물질을 정제하고 순수화시키는 변화과정이다. 이는 영혼 혹은 정신을 물질에서 해방시키고 순수화하는 과정인 것이다. 이러한 과정을 통해 **발효**(fermentation)와 **투사**(projection)로 알려져 있는 최종적인 붉은 상태가 가능하게 되는데, 이 최종 단계에서는 순수한 정신이 '현자의 돌' 이라는 물질로 응축된다. 그러면 그 순수해진 물질은 다른 불순물질을 변형시킬 수 있는 능력을 가지게 된다.

모래놀이에서의 연금술

우리는 변형과정을 상징적으로 추적해 가는 하나의 모델로서의 연금술을 설명하는 데 시간을 할애해 왔다. 물론 모든 다른 모델과 마찬가지로, 이 모델은 다른 경우보다 모래놀이 치료자에게 더욱 매력적일 수 있다. 연금술의 과정에 대해 이야기하는 것은 중요하다. 왜냐하면 이 지식이 어떤 모래놀이 사례들에서의 변형을 통한 내담자의 움직임을 살필 수 있는 유용한 도구를 제공하여 주기 때문이다. 예를 들어, 태움과 죽음으로 시작되는 심연의 질서의 변화를 이해하는 것은 필수적이다. 정신 내부에서 이것이 무엇에 관한 것인가를 이해하고 새로운 특성이 나타나기 이전에 정화와 분류의 과정이 왜 나타나는지를 이해하는 것이 중요하다. 치료자로서 내면의 변화의 본질을 확실히 파악하기 위해서는 그러한 과정을 주목하는 것이 필수불가결한 요소다.

모래놀이에서 더 이상 필요하지 않은 것들을 태우고 죽인 후에 분류하고 포기하는 주제에서 연금술적인 변형의 상징과 지표를 볼 수 있다. 신성화 혹은 정화의 과정이 발생하고 난 후 자신이 명확하게 드러난다. 모래놀이에서 이 변형의 단계가 지난 후에 새로운 정신세계의 생산물이 통합된다. 내담자의 자아 혹은 자존감은 변형된 특성에 의해 형성되고, 내담자는 일상생활로 돌아가게 된다.

연금술의 과정은 이야기의 주제로 나타날 수 있다. 예를 들어, 태움과 죽음의 주제들은 흔히 해골과 묘지로 표현된다. 죽음은 모래상자 안에서 무엇인가가 파괴되는 것으로 나타난다. 검은색은 천연의 혹은 기본 금속물질로 변형의 초기 단계에서 중요한 특징일 수 있다.

물에서 침례를 받거나 모래 혹은 물을 뿌리는 세례의 주제에서 정화와 분리가 나타날 수 있다. 변형에서의 이 단계는 모래놀이에서 마법을 행하는 천사, 마법사 혹은 요정의 모습으로 나타날 수 있다. 정화 단계는 흰색을 두드러지게 사용하거나 혹은 은과 같이 보다 정련된 금속으로 진전되는 과정에서 확연히 나타난다.

자기의 발현과정은 현자의 돌을 통한 연금술사의 신성화 과정과 대등하다. 모든 존재의 원천인 자기가 경험된다. 성스러운 것과 빛을 과장하는 경향이 있는 연금술의 과정과는 대조적으로, 모래놀이에서 자기의 경험은 전체적인 특징으로서의 어두운 측면을 포함한다. 우리는 일반적으로 자기 상자(Self tray)에서 어떤 어두운 측면을 발견할 수 있을 것이다. 아마도 그것은 어두운 보석으로 나타나거나 혹은 전체성과 모든 존재들 사이의 연관성에 영향을 미치는 위협적인 피겨로 나타날 것이다.

위에 언급한 바와 같이, 자기의 발현은 일상생활 속에서 재통합 과정에 이어 나타난다. 이는 현실세계 사람들의 일상적인 관계, 보통의 마을에서 생활하는 것으로 나타난다. 이것이 두드러진 연금술적인 상징으로 나타나건 그렇지 않건 인간의 삶을 신성한 것들과 연결해 주는 변형의 과정이기에, 어떤 면에서는 전체적으로 모래놀이의 과정은 연금술적이다.

기본 요소의 변형적인 패러다임

기본 요소는 또한 모래놀이에서 변형과정을 지칭할 수 있다. 흙, 공기, 불, 물, 때때로 금속과 에테르의 다양한 조합은 정신세계의 균형 혹은 불균형의 특성을 나타낼 수도 있고 변화의 과정을 통하여 발전을 나타낼 수도 있다.

기본 요소와 4인조

기본 요소를 신성한 것, 혹은 눈에 보이는 세계 전반에 깔려 있는 획일화된 전체성의 반영이라고 묘사하는 것은 세계 문화권 전반에 걸쳐 나타난다. 넷이든 다섯이든 간에 원소는 물질적 존재의 기본을 구성하는 '4인조(quaternity)' 로 흔히 특징지어진다. 흙, 공기, 불, 물, 금속과 에테르 등의 기본 요소는 네 가지의 기본 방향과 전통적인 중심과 연관되어 있다. 그리하여 기본 요소는 삶의 본질에 정보를 받거나 전달해 주는 특성으로 여겨진다. 이러한 요소는 실존하는 세계로서 우리가 보고 있는 것을 구성하고 있는 지구의 수평적 차원에서 상호작용하는 것들이다. 그 요소들은 물질적인 실체를 구성함에도 불구하고 실재하는 세계 뒤편의 것을 반영한다고 여겨진다. 또한 그것은 구체화된 존재의 특징인 시간의 흐름, 즉 사계절과 연관되어 있다. 그러므로 그 요소들은 시간과 공간의 차원 사이에 존재하는 물질의 산물인 것이다.

아시아 전통의 요소

네 가지 요소 개념의 증거는 현재 파키스탄에 위치한 고대 인도문명인 모헨조다로에 나타나 있다. 기원전 2500년부터 현재까지, 학자들은 요소들의 개념이 힌두교 발상지인 그곳에 최초로 출현했다고 추측했다(Rao, 1914/1985). 힌두교도 전통에서 삼위일체는 브라마(Brahma), 비슈누(Vishnu), 시바(Siva)의 세 신의 삼두정치로 이루어져 있다. 브라마는 창조자이고 시바는 파괴자다. 비슈누는 삶을 유지시키는 존재로서 출생과 죽음의 양극의 균형을 유지한다. 비슈누는 네 개의 팔을 가지고 있는데, 이것은 네 개의 방향을 향한 그의 권력을 의미한다. 하나의 팔은 힌두교 전통의 다섯 요소의 상징인 소라(conch shell)를 잡고 있다. 소라의 연속된 공간에서 인생이 성장하고 발전함과 같이, 비슈누는 명백한 실체의 도착과 출발을 주관하는 권한을 갖는다. 비슈누는 또한 우주세계의 변화하는 자연을 상징화한 궁형과 연꽃 무늬를 가지고 있다. 힌두교 전통에서 요소들은 실체가 아닌 과정이다. 그들은 변하기 쉬운 우주세계를 이끈다. 힌두 전통에서 삶의 목적은 변화무쌍한 요소들의 거짓을 벗겨내고 그들 뒤에 놓인 절대적인 전체를 드러내는 것이다. 신성으로 향하는 방법은 이와 같이 요소들을 통한 것이어야 한다.

기원전 500년경, 초기 중국 전통의 도교 신자들은 물질세계의 체계적인 특성을 구성하는 다섯 개의 요소 또는 단계를 묘사하였다. 기본적인 특성에서 끌어낸 음과 양(여성과 남성), 목재, 불, 흙, 금속, 물 요소는 끊임없이 움직이는 현상의 상호 관계된 특성으로 보인다. 기원전 4세기 중국에서는 다섯 개의 요소 또는 단계가 규칙적이고 예측 가능한 변화의 과정으로 움직인다는 것을 관찰하였다. 이러한 움직임의 패턴은 복잡하고 그들 사이의 관계에서 광범위하게 변화한다. 이러한 변화의 주기는 대략 기원전 1000년 초기 중국 주왕조로부터 유래된 중국에서 존경받는 다섯 개의 고전

작품 중 하나인 『역경(*I Ching, the Book of Changes*)』에 잘 묘사되어 있다.

다섯 단계의 사이에 변화관계의 진행은 두 개의 기본 과정을 따른다. 하나는 극복 또는 쇠퇴이고, 다른 하나는 생산 그리고 생식이다. 이러한 주기는 변화과정을 뜻하고 설명한다. 일차적으로 상관관계를 맺는 요소들은 운성, 숫자, 색, 기본 방향, 계절, 동물, 신체기관, 맛 등이다.

중국 전통에서 기본 요소들은 시간과 공간 속에서 존재의 특성으로 여겨지며, 단순하게 물질 표상(material manifestation)의 소멸될 수 있는 요소로 여겨지지 않는다.

원래 인도에서 발전한 불교 전통에서는 네 가지 요소를 물질의 특성이나 특질이라고 여긴다. 불교 신도에게 물질은 그 자체 그리고 그 안에 존재하는 것이 아니라 그것의 기능과 보이는 외형이라는 용어로 묘사된다. 힌두교도의 전통에서처럼 네 가지 요소들의 작용은 항상 변화한다.

테라바다 불교학교의 종교적인 원문이며 부처의 가르침으로 이루어진 팔리어 경

힌두교의 비슈누신, 서스테이너

기본 요소의 변형과정과 우주의 변화되는 모습을 상징한다.

도교 전통: 다섯 가지 요소 특성 간의 상관관계

단계	+/-	방향	계절	운성	색	숫자	동물	기관	맛
목재	양	동	봄	목성	초록	3	용	간	신
불	양	남	여름	화성	빨강	2	빨간색 새	심장	쓴
흙(땅)	균형	중앙	한여름	토성	노랑	5	없음	위/비장	단
금속	음	서	가을	금성	하양	4	백색 범	폐	매운
물	음	북	겨울	수성	검정	1	거북/뱀	신장	짠

전(The Pali Canon)은 부처가 죽은 후 기원전 1세기인 500년경에 쓰였다고 한다. 여기에서 여섯 개의 요소가 표현되는데(Collins, 1995) 흙, 물, 불, 바람의 네 개 요소에 공간과 이해를 추가한 것이다. 일본의 신곤슈 불교학교에서 전해진 이러한 개념은 기원 794~1185년 동안 확립되었다. 신곤슈는 인식의 대상(known)이라고 불리는 물질세계의 다섯 가지 요소인 흙, 물, 불, 바람, 공간과 여섯 번째로 인식자(knower)라고 언급된 관찰의 요소를 인정하였다. 본래 이 전통에서 인식하는 것(knowing)과 인식되는 것(known)의 특성은 분리할 수 없다.

서양 사회에서의 기본 요소

서양 사회에서 언급한 기본 요소는 많은 전통에서 발견되었다. 조로아스터교 신자들은 신성이 다섯 개 요소에 반영되어 나타난다고 믿었다. 기원 2세기 후반, 영지주의 크리스천 전통에서 알렉산드리아의 Clement는 천사가 땅의 요소인 네 개의 요소와 함께 별과 다른 하늘의 다른 본체들의 움직임을 관리한다고 가르쳤다. 이와 같이 그는 신의 운명과 물질세계에서 그것의 표상(manifestation) 간의 상관관계를 끌어왔다.

또한 그리스인은 네 개의 요소를 물질의 기본 형태라고 여겼다. 기원전 5세기의 중국인처럼 Empedocles[역자 주: 그리스 철학자]는 물질세계 안에서는 어떠한 것도 창조되지 않고 파괴되지 않는다는 것을 관찰하였다. 오히려 물질세계는 네 개의 요소인 흙, 공기, 불, 물 사이의 상호관계의 결과로 변화를 경험한다고 하였다. Aristotle은 그의 유황과 수은 이론을 통해 여성과 남성의 범주에서 물질의 기본적인 특성을 정의하였다. 남성성을 대표하는 유황은 뜨겁고 건조하며 이것은 불과 지구 요소에 상응한다. 여성성으로 대표되는 수은은 차갑고 습하며 공기와 물에 상응한다.

기원 5세기 후 그리스 문자에 의해 요소들과 알파벳 사이의 매우 흥미로운 상관관계가 묘사되었다. 그리스 문자들은 단어들 또는 문자들과 물질 표상 및 운명 간의 초자연적인 관계를 추측하였다. 근래에 채택된 이오니아 철자(Ionian alphabet)는 실로 강한 특성을 소유한 것처럼 보인다. 단어들의 철자를 말하고 쓰고 복잡한 무형의 생각을 의사소통하기 위하여 알지 못하는 신과 영들이 활동해야 한다. 신성과 지상의 영역에서 그리스 문자와 그들의 알파벳의 7개 모음과 17개 자음이 어떻게 서로 관련이 있는지 알 수 있다. 게다가 그리스 문자와 어떤 이집트 문자에서 모음들은 엄청난 힘을 소유한다고 여겨진다. 이 힘은 너무 거대해서 어떤 그리스어와 콥트어(Coptic) 저작에서는 문자의 사용이 신을 기원하는 것뿐만 아니라 그들을 창조할 수 있다고 지적했다. 7개의 모음은 7개의 운성에 견줄 수 있고, 운명으로부터 기원되었다고 생각했다. 따라서 모음은 운성뿐만 아니라 사람들의 운명을 담당한다. 자음은 12궁동의 12개 사인과 공기, 물, 불, 에테르, 지구의 다섯 가지 요소를 담당한다고 여겼다. 24개 문자들은 낮과 밤의 24시간과 상응하고 1년, 12개월의 두 배와 일치한다. 이러한 생각의 체계에서 우리는 시간에 있어 물질을 통하여 활동하는 신성을 보게 된다.

아메리카 원주민 전통의 요소

아메리카 원주민 전통에서 네 가지 요소인 흙, 공기, 불, 물은 네 개의 방향과 관련이 있다. 그것들은 수직의 가로지르는 두 개의 선들이 중심에서 교차되고 있는 하나의 원으로 구성된 마법의 바퀴(medicine wheel)라고 불리는 것에 의해 사실적으로 표현되고 있다(Storm, 1972; Thomas et al., 1993). 개인의 마음 또는 가정이 중심에 있다.

마법의 바퀴는 모든 명백한 실체를 반영한다. 마법의 바퀴 위의 모든 실체들은 서로 역동적인 관계를 이룬다. 따라서 바퀴는 질적인 변화와 변형의 패러다임이다. 건강하고 전체가 조화를 이룬 사람은 마법의 바퀴 특성들의 조화로운 균형을 위하여

아메리카 원주민의 마법의 바퀴

애쓴다. 각 사람은 바퀴 위의 특정 위치에서 태어나기 때문에 어떤 특정한 힘과 결함을 가진다. 이렇게 볼 때 마법의 바퀴는 개개인의 성장의 방향과 변화를 나타낸다. 마법의 바퀴 위의 각 교차점은 동물적 영과 색에 의해 특징지어진다. 예를 들어, 동쪽과 남쪽의 매우 통찰력 있고 순결한 사람 또는 불과 물은 그 사람의 자연적인 통찰력을 활용하기 위하여 북쪽의 지혜와 공기 소리, 서쪽의 기초와 땅이 필요하다. 좀 더 마음의 중심 위치에 살기 위하여, 사람들은 어떤 주제를 반복해서 생각하고 숙고하고 다른 사람들과 어떻게 상호작용하고 반응해야 하는지에 대해서 깨달을 수 있는 능력을 개발해야 한다.

아메리카 원주민의 전통: 네 가지 요소

방향	요소	색	특성	동물 영혼
북	공기	하양	지혜	들소
동	불	노랑	계발	독수리
남	물	초록	순결	쥐
서	흙	검정	자기 성찰	곰

흙점과 요소

모래에 무작위로 그려진 패턴이나 선을 예언적으로 해석하는 전통인 흙점(geomancy)은 네 가지 요소로 구성되어 있다. 유럽, 아시아, 아프리카, 아랍 전역에서 사용된 흙점을 해석하는 방법은 인간과 주변 환경의 힘 사이에 상호 일치가 있다는 인식에서 생겨난 것이다. 흙점의 용도는 현재 상황의 초자연적 원인을 이해하고 당면한 어려움에 대한 치유법을 발견하기 위한 것이다. 흙점의 기본 구조는 전문가의 해석에 의해 구성되며 모래에 그려지거나 주조된 패턴 간 관계의 의미를 결정하는 것인데, 이 기본 구조는 모든 문화에서 매우 일관적이다. 패턴은 요소들인 12궁 운성과 모래에 외양으로 드러난 특별한 특성 사이의 관계를 말한다.

모래와 흙점의 관계는 기묘하다. 그것은 모래놀이와 전혀 다르지는 않다. 모래놀이는 자기와 치유방법이 잘못 배열된 영역들을 드러내서 더 높은 개인화 수준으로 이동할 수 있게 한다. 모래 자체는 물질 표상의 기초적인 형태다. 모래는 움직일 수 있고 무한한 방법으로 조작할 수 있다. 많은 문화권에서 모래를 물질적인 형태 그 자체로서 보여 주는 것보다 높고 깊은 그 이상의 것을 보여 주는 매개체로 사용하고 있다는 사실에 이해가 간다. 모래가 요소들이 입증할 수 없는 형태를 능가하는 첫 번째 구성성분인 것처럼, 모래는 여러 요소가 정신세계 이동의 무한한 피겨들로 결합될 수 있는 가장 기본이 되는 대지로서의 역할을 담당한다. 흙점에서 모래를 사용하는 것처럼 모래상자 속의 모래는 가장 필수적이다. 모래상자 속의 모래는 축소시킬 수 없는 구체적인 형태 속에서 정신세계와의 결합과 정신세계의 변형을 표현하는 그림물감으로 인식될 수 있다.

모래놀이의 요소

변형의 과정과 동일한 경로를 따르는 연금술의 단계와는 다르게, 요소들이란 변화의 순차적인 단계를 보여 주지는 않는다. 요소들에 의해 설명되는 변형의 본질은 자각의 모든 수준에서 경험하는 특성 간의 관계 및 조화와 연관이 있다. 연금술 패러다임이 변형의 발달 단계를 나타내는 반면, 요소들은 개개인의 독특한 여정에 대한 질적 취향을 표현한다. 연금술 패러다임은 우리가 어디에 있는가를 나타내는데,

요소들은 우리는 어떠한가에 초점을 둔다. 연금술 패러다임은 변형의 수직적 축에서 기능하며, 요소는 수평적 축에서 질적인 특성으로서 기능한다고 보인다. 모래놀이의 공간적인 주제를 논의하는 데 있어 이러한 축의 중요성에 대해 살펴보자.

연금술은 정신세계가 인식하고, 무의식으로 이어지며, 새로운 산물이나 자각과 더불어 재출현하는 실체를 붙잡고 있는 힘을 포기할 때 발생하는 변형을 말한다. 요소들은 인생 여정을 통해 겪는 경험의 본질에 대해 설명한다. 인생 여정에 존재하는 요소들 간의 관계는 내담자가 경험하는 변화과정의 질적인 본질을 포함한다. 내담자가 정신세계를 모래놀이에 연결시키기 시작할 때, 요소들은 내담자가 그것을 어떻게 느끼는가에 대해 설명해 준다. 가령, 요소들은 내담자가 과거의 자아 구조가 붕괴되는 지점인 변화의 배소(calcination) 단계를 어떻게 경험하는가를 나타낼 수 있다. 이것은 진흙투성이에 빠진 것처럼, 맹렬한 화염과 거센 바람처럼 발생할 수도 있고 옅고 부드럽게 발생할 수도 있다. 내담자의 취향 혹은 변형 단계의 특성에 대해 자각함으로써 내담자의 작업이 의미하는 본질에 대해 알고 이해할 수 있다.

개개인의 모래상자 위에서 혹은 모래놀이의 과정을 통해 표현되는 요소들의 실재나 부재 혹은 상대적인 균형을 모니터하는 것 또한 내담자가 개별화(된) 과정에서 조화를 이루기 위해 발전시켜야 하는 특성들의 본질을 인식할 수 있는 좋은 방법이다. 모래놀이에서 요소들은 여러 측면으로 표현될 수 있다. 예컨대, 흙은 모래 그 자체다. 요소인 흙이 작동하고 나무와 꽃들이 심어질 때 흙의 존재가 느껴지고 인식된다. 모래가 만져지지 않고 사물들을 올려놓는 평평한 표면으로 사용될 때 흙으로서의 요소는 존재하지 않고 결핍되어 있다고 여겨진다.

강, 호수나 물줄기는 모래에서 만들어질 때 물의 요소를 지칭하기도 하지만 물을 지니고 있고 운송하는 땅을 의미하기도 한다. 물수레, 양동이, 컵도 모래상자 내에서 물을 담을 수는 있지만 땅과는 무관할 수 있다. 우리는 혈관 내에 있는 물, 땅 위에 쏟아진 물, 땅에 범람하는 물 간의 미묘한 차이의 중요성을 고려할 필요가 있다. 이러한 요소 간의 상대적 관계들에 의해 표현되는 심적인 과정에 주의를 기울여야 한다.

공기는 새, 풍차, 깃발, 향이나 다른 여러 가지로 표현될 수 있다. 공기의 부재는 모래상자에서 숨이 막히는, 지하의, 닫힌 혹은 막힌 느낌으로 표현된다. 모래상자에서 공기가 존재할 때 공기와 특정 요소 간에 어떤 연관이 있는지를 살펴보자. 공기 혹은 다른 요소가 없을 때 어떤 다른 요소들이 존재하는지 기록하도록 하자. 현존하는 것과 부재인 것 사이의 연관성이 없을수록 이 과정을 더 잘 이해할 수 있게 될 것이다.

불은 화염과 연기, 해, 그리고 음식을 할 때 사용되는 오븐에 의해 표현된다. 우리는 불이 없을 때 추위 혹은 생명력이 부족하다고 느낀다. 모래상자에서 너무나 적거나 너무 많은 불은 정신세계의 조화를 위해 필요하다는 것을 무엇인지 나타낼 수도 있다. 예를 들어, 타오르는 화염과 타고 있는 건물들은 돌 주위의 캠프파이어나 오븐에서 끄집어낸 빵과 매우 다르다. 다른 요소들과 마찬가지로 불이 어떻게 행동하고 다른 요소들과 어떻게 상호작용하는지에 주목해 보자. 차갑고 불길한 예감이 드는 모래놀이에서 불이 없다면 우리는 물건들을 따뜻하게 할 불의 필요성을 느낄 수 있다. 이러한 자각을 통해 모래놀이 과정의 조용한 담아주기를 더욱 강화시킬 수 있는 것이다.

금속성 요소는 금속의 피겨들을 의미한다는 사실을 인식해야 한다. 하나의 요소로서 금속은 단단하고 강함을 의미할 수 있다. 다른 요소들과의 관계가 없을 경우는 차갑고 단단함을 의미할 수 있다. 혼란스럽거나 확실하지 않은 상황에서 금속의 갑작스러운 출현은 보다 견고함이 요구되기 시작했다는 것을 의미할 수 있다. 다른 한편 다른 요소들과 조화를 이루지 않는 상황에서 금속이 빈번하게 출현한다면 내담자가 견고하게 고립된 정신세계의 일부에 도달해 있다는 것을 나타낸다. 부드러움으로 이러한 방어기제를 묵묵히 지켜보면서 내담자가 경험하는 공포를 존중해 준다면 어려운 단계를 통과해 나가고 있는 내담자를 의미 있게 지지할 수 있다.

모래놀이에서 다른 변형된 주제들에 따라 기본 요소들을 이해의 수단으로서 각 사례에 사용할 수도 있고 그렇지 않을 수도 있다. 어쨌든 모래놀이 과정에서 요소, 요소 간의 상호관계, 그리고 움직이는 과정을 인식하는 것은 내담자의 작업을 이해하고 지지할 수 있는 또 다른 견해를 제공해 준다.

캐리 캐리의 모래놀이 과정을 통해 기본 요소적 특성들을 추적하여 요소 간의 부조화에서부터 좀 더 조화롭게 교정되어 가는 과정을 조명해 볼 수 있다. 초기 단계에서 캐리의 작업과정은 물과 흙이 주 요소였다. 1～4번 상자는 슬픔과 외로움을 표현한다. 약간의 격렬한 에너지를 나타내는 사자들과 호랑이들이 5번 상자에서 나타난다. 다음으로 6번 상자에서 천사와 바다, 별의 황금 천체 피겨들에 처음으로 공기를 지칭하는 것들이 나타나고 부서진 하트 모양이 앞의 왼쪽 가장자리에 나타난다.

7번 상자에서는 물이 단단한 수정들로 변화하는데, 이는 8번 상자에서 땅과 물속으로 깊은 소용돌이를 만든다. 15번 상자에서 바다로부터 솟아오른 산의 꼭대기에 희미한 빛이 나타날 때까지 땅 아래에서의 여정은 길고 험난하다. 격렬한 해가 땅에서 솟아올라 전체적으로 고쳐진 마음을 표현한다. 21번 상자는 새로운 것을 받아들일 준비가 된 지구의 표면이 알몸을 드러낸다. 21번 상자는 수정 반지 주위로 우아한 천사들이 원을 그리며 돌고 땅 아래로부터의 피겨들이 구경을 한다. 23번 상자는 격렬한 고양이들이 물기가 축축한 땅 주위를 걷고 있고 천사들의 부서진 하트(심장)를 보호하고 있는 손을 에워싼다. 모든 요소들이 캐리의 깊은 슬픔을 지지하기 위해 존재한다. 24번 상자에서 캐리는 이러한 과정 단계를 따라 자기의 보석들을 발견하고 보호하기 시작한다.

캐리의 모래놀이 작업은 여기에서 멈추지 않고, 풍부하고 도전적인 치유와 변형의 과정을 통해 지속된다. 이 모래놀이 과정의 많은 중요한 측면들을 바라보는 동안, 캐리의 정신세계로의 여정 첫 단계에서 표현된 요소들의 현존과 움직임을 추적하면서 모래놀이를 고찰하는 것이 얼마나 가치가 있는지를 알 수 있다.

차크라: 에너지의 중심

[주의] 모래놀이의 수직적인 측면을 논의하는 데 있어 우리는 정신세계의 발달과 변형에서의 패러다임으로서 일곱 차크라 혹은 에너지 중심을 자세하게 살펴보겠다. 아래에서 재료들을 언급하는 것은 모래놀이 내용으로서 차크라를 논의하는 데 도움이 될 것이다.

모래놀이에서 차크라를 통해 표현되는 움직임은 눈에 보이는 계단이나 단계를 동반하거나 그렇지 않은 공간적 상승으로서 나타날 수도 있다. 쿤달리니 에너지(Kundalini energy)를 인식하는 단계는 똬리를 틀고 막 움직이려는 힘이 센 뱀으로 표현될 수 있다. 환기된 에너지를 표현하는 좋은 예는 10세 애니와의 작업에서 살펴볼 수 있다.

애니 애니의 4번 상자는 그녀가 변형과정을 통해 쿤달리니의 움직임을 만들어 가는 놀라운 예다. 3번 상자에서의 초점이 된 애니의 중심이 되는 가치를 파악함으로써 4번 상자에서 새로운 정신세계 에너지의 수직적 상승 방식을 명확히 알 수 있다. 착한 요정이 바라보는 가운데 애니는 새로운 발전을 위해 솟아오르는 에너지를 회전하는 물레방아에 쏟아붓는다. 그렇게 함으로써 뱀들은 중앙의 수직으로 뻗은 탑을 올라간다.

5번 상자에서 애니의 새로운 에너지들은 아름다운 말들로 표현된다. 여기에서 정신에너지는 정반대의 양극이 짝을 이루고, 애니는 6번 상자에서 좀 더 새로운 내적 성숙으로 상승할 준비를 한다. 불행하게도 애니와의 작업은 이 지점에서 종결되어 더욱 의식적으로 통합되어 가는 단계에 있는 모래놀이 과정을 지켜볼 수가 없었다. 그녀와의 작업을 회상할 때 애니가 모래놀이에서 경험했던 강한 출발의 힘으로 그녀의 정신세계의 통합과정을 지속할 수 있었을 거라고 희망을 갖는다.

애니와의 작업은 차크라를 통해 주목할 만하게 에너지가 증가된 생생한 실례이지만, 일반적으로 쿤달리니 에너지의 활동은 각 차크라의 개성적 특성들을 상징적으로 드러낸다. 가령, 텐트, 음식, 오두막집과 캠프파이어는 종종 첫 번째 차크라의 활동하에서 생존에 기본적으로 필요한 요소로 표현된다. 이러한 것이 육체와 지상에서의 생존에 기본이 되는 것들이지만, 차크라에 대한 인식은 모래놀이를 하는 내담자가 정신세계의 생존과 발달에 기본적으로 요구되는 것들이 제자리에 위치해 있어야 함을 표현한다는 사실을 우리에게 알려 준다.

생존에 관한 주제 다음으로 차크라의 창조적이고 재생산적인 주제 특성이 나타난다. 차크라를 통한 정신세계의 발전에 관해 우리가 아는 것은 내담자의 더 깊은 내부 정신세계의 발전에 대해 깨우쳐 준다. 예를 들어, 요리를 하는 상징, 불, 아기들과 새끼 동물들은 두 번째 차크라를 일깨워 주는 에너지를 의미한다.

세 번째 차크라 상징은 당당하게 지니면서 사용하는 힘과 관련이 있다. 그것은 왕이나 전쟁 영웅과 같은 훌륭한 지도자로 표현될 수도 있다. 또 오래되고 강하며 보호의 역할을 하는 억센 참나무일 수도 있다. 세 번째 차크라의 힘의 성격은 사용할 수 있는 어떤 것이다. 그것은 무서운 충돌 한가운데에 있는 힘은 아니다.

네 번째 차크라는 마음, 자기, 모든 것의 중심이다. 네 번째 차크라 상징은 앞의 세 차크라 이후에 순차적으로 일어나며 자기의 배열로서 나타난다. 중심이 되는 상징은 여러 가지 방법으로 표현된다. 그것은 만다라 형성이나 단일, 핵심 피겨일 수도 있다. 네 번째 차크라 에너지를 유지하는 모래놀이의 특성은 모든 것이 의미 있게 상호연관성이 있다는 것이다. 그것은 평화로우며 동시에 매우 강력한 힘이 있다. 그것은 Dora Kalff(1980/2003)가 묘사한 대로 자기가 드러날 때 발생하는 초자연적인 신비로움을 지닐 수 있다.

다섯 번째 차크라를 강하게 인식하는 것은 네 번째 차크라에 이어서 올 수 있으며 진리가 행동으로 표현되어 나타난다. 모래놀이에서 여러 가지 다양한 방식으로 표현될 수 있다. 그것은 순결하지 못한 것을 관습적으로 제거하는 데 필요한 임무를 가지며 간단하지만 신속하게 처리할 수 있는 위력을 가진다. 위엄을 갖춘 엄숙한 장례 예식 혹은 어떤 진리를 올바른 장소로 옮기는 것은 다섯 번째 차크라를 표현하는 방법들의 예다.

엘리자베스 엘리자베스의 낱말이나 목소리의 가치를 완전히 수용하는 11번 상자를 통해 다섯 번째 차크라 에너지를 볼 수 있다. 그녀는 신성한 장소로 통하는 문에서 출현한다. 모래상자를 구성하는 동안 자신이 만든 작은 책에 자신만의 단어들을 써서 담아 놓는다. 또한 바구니에는 그녀 내부에 새롭게 생성된 잠재력을 나타내는 여러 명의 작은 아기들이 있다. 빛나는 눈과 희망을 가진 어린 소녀를 등에 업은 어미 돼지와 그 뒤를 따르는 여러 새끼 돼지 역시 이러한 강한 가능성을 나타내는 것들이다. 사물의 깊이를 이해하고 방향을 지시하는 아름다운 금붕어가 이 행렬을 지휘한다.

여섯 번째 차크라는 신성과의 연관성을 의식적으로 자각하는 단계다. 이 과정은 모래놀이에서 자주 일어나는 사건은 아니지만 그 정신의 중심을 표현하는 움직임이 모래놀이에서 나타나기도 한다. 차크라의 기초가 되는 다섯 차크라의 발달이 적절하게 형성될 때 모든 존재가 하나가 된다는 깊은 명상이 이 에너지의 중심적 특성이다. 그것은 모든 존재의 궁극적인 원천이자 목적으로서 자기를 의식적으로 심사숙고하는 깊은 명상 에너지다. 모래놀이에서 여섯 번째 차크라를 표현하는 특별한 피겨들은 서로 무관하다. 왜냐하면 이 차크라로의 진입은 모든 사물 안의 신성을 고려하기 때문이다. 모래놀이에서 이를 표현하는데 중요한 것은 모든 것들 안에 그리고 그것들을 통한 고요한 정적과 신성의 존재를 의식적으로 자각하는 것이다.

여섯 번째 차크라에 이어 모래놀이에서 일곱 번째 차크라의 출현은 실로 드물다. 나 또한 모래놀이에서 이 과정을 본 적이 있다고 생각하지 않는다. 이 차크라의 에너지는 자아를 완전히 흡수하는 것이며 모든 이중성을 초월해서 존재한다. 이 차크라의 특성이 자아 내부로 도달하는 동안 물질세계에서 개인적 특성화와 지속적인 발전을 위해 그 뿌리가 필요하다. 일곱 번째 차크라는 물질세계로부터 더 이상의 피드백과 교훈이 필요하지 않은 완성된 시점을 의미한다. 이 수준으로까지 발전되었다는 것은 처음도 끝도 없는 신성의 경지에 개인이 머무르게 된다는 것이다. 힌두와 불교 전통에서는 최고의 차크라를 자각하는 것이 요기(yogis)와 수사들이 추구하는 목적이다. 힌두에서의 '산야신' 과 불교에서의 '보디사트바스' 의 일곱 번째 차크라는 완전한 의식세계로의 자각을 추구하지만, 일상 세계에서는 신에게 예배드리는 인간 존재로 남아 있는 사람을 말한다.

차크라를 통한 정신세계를 우리들이 순차적으로 인식함으로써 모래놀이치료의 과정을 추적하고 이해할 수 있다. 개개인의 독특한 특성에 따라 정신세계의 발전에 관한 이러한 표본들이 달라진다. 그것은 특별할 수도 있고 그렇지 않을 수도 있지만, 그럼에도 불구하고 내부 정신세계의 발전을 이해하는 데 매우 가치 있는 수단이 된다.

우리가 이제까지 언급해 온 비유적인 내용의 주제에 익숙해짐으로써 모래놀이 작업에서 우리와 내담자의 관계를 형성하는데 해결해야 할 많은 걸림돌을 해결할 수 있을 것이다. 각각의 주제를 통해 모래놀이에서 경험할 수 있는 다양한 의미를 이해할 수 있다. 각각의 비유적인 주제를 통해 내담자와 모래놀이에서 관계를 시작하고 지속시킬 수 있는 미세한 언어 기술을 알 수 있을 것이다.

모래놀이 치료자로서 우리는 우리가 논의한 모든 우화적 가능성을 잘 해석할 필요가 있다. 전설, 동화, 이야기, 연금술, 기본 요소와 차크라는 그들 자체 내에서 각각의 세계를 이루고 있다. 각각이 자신만의 언어와 의미 체계를 형성하고 있는 것이다. 이들 각 변형의 본보기들이 전체로서의 인간, 신체, 마음, 정신으로의 여정을 다루고 있다. 각각의 변형 주제들에 대한 문화를 이해함으로써 그것이 의미하는 독특한 맥락 속으로 들어갈 수 있다. 그렇게 함으로써 이러한 변화의 언어에 익숙해지는 작업 없이는 불가능한 내담자와의 작업에 깊고 의미 있게 참여할 수 있다.

모래놀이의 내용으로서 모래

모래놀이치료의 내용에 대한 고찰을 지속하면서, 우리는 모래 그 자체에 대해 자세히 알아보고자 한다. 모래는 모래놀이치료의 핵심적인 내용이다. 상자라는 제한된 용기에 담겨 보관됨으로써 모래는 모래놀이 과정에서 중요하고 풍부한 요소가 된다.

이어지는 내용에서는 모래에서 정신의 움직임과 관련성을 가지는 몇 가지 요인뿐만 아니라 변화를 촉진하는 모래의 능력에 영향을 미치는 기저 요인에 대해 논의할 것이다. 특별히 우리는 내담자와 모래, 그리고 물의 독특한 관계 내에서 모래상자에서 드러나는 수많은 정신의 결합을 살펴볼 것이다. 먼저 모래의 일반적인 성질에 대해서 고찰해 보고, 이후 마른 모래와 젖은 모래에 대해서 살펴볼 것이다. 그리고 내담자가 모래를 다루는 방식과 땅의 형성 및 모래와 물이 만나는 지점에 대해 알아볼 것이다.

모래의 성질

지구상의 한 요소로서, 모래는 매혹적인 생애를 가지고 있다. 자연에서 모래는 풍화 작용과 암석의 분해과정에 의해 형성된다. 오랜 시간 동안 바람, 비, 얼음, 열과 추위의 작용은 암석을 각각의 요소로 잘게 부순다. 식물의 성장과 마찬가지로 자연의 동시 발생적인 힘과 화학적인 풍화 작용은 암석의 구성 성분을 미네랄과 영양분, 철과 알루미늄 산화물, 규토, 침적토 및 규사로 변형시킨다. 이러한 요소가 결합하여 점토를 형성하며, 점토는 모래 및 침적토와 결합하여 옥토를 형성한다. 이러한 시간적 과정을 통해서 토양은 물에 의해서 침식되고 아래쪽으로 쓸려 내려가, 마침내는 그 경로에서 혼합물의 무게에 따라서 분류되고 퇴적된다. 모래는 가장 중량이 많이 나가기 때문에 결국은 연안 근해 지역으로 운반된다.

암석 그 자체는 오래되고 영속적인 것이다. 모래는 암석이 오랜 시간 동안 마모되면서 형성된다. 하지만 해변에 도달하기 전에 모래는 생명체가 살아가고 죽는 토양으로 사용된다. 조그마한 석영 광물의 조각들이 모래의 낟알이 되어 해변으로 밀려가는 것은 토양으로서의 생애를 다했을 때다.

모래는 먼 옛날부터 내려온 오래된 것이다. Annie Dillard(1999)는 모래에 대한 그녀의 예리한 사색을 통해서 모래의 낟알이 강의 하류까지 100마일을 움직이는 데는 적어도 100만 년이 걸린다는 점을 관찰하였다. 우리의 모래상자에 담겨 있는 모래는 시간을 가늠할 수 없을 정도로 오래된 것이다. 모래놀이치료의 의식(ritual)에서 모래에 들어가는 것은 시작도 끝도 없는 초시간적인 것에 참여하는 것이다. 모래놀이의 자유롭지만 보호받는 통제 안에서 모래에 관여한다는 것은 통상적인 시간과 공간을 벗어나서 신성한 시간으로 들어가는 것이다. 신성함이 표현되는 그 장소가 중심이 된다. 중심은 온전하며 온전한 것을 정화한다.

신성한 것으로서의 모래

'자기' 의 상징으로서, 진주의 이미지는 모래와 밀접하게 관련된다. 자연에서 진주는 바다 밑에서 모래의 작은 알갱이들이 특정한 연체동물의 살 속으로 들어가는 과정에서 형성된다. 모래 알갱이에 의해서 자극을 받은 연체동물은 진주층 혹은 진주의 어머니라고 알려진 보호제를 방출하여 자극하는 물질을 둘러싸고 덮입힌다.

이렇게 진주층들이 겹겹이 쌓이는 것이 바로 값비싸고 반짝이는 진주의 창조과정인 것이다. 진주가 만들어지는 과정에서 자극물질에 지속적으로 작용하는 것이 개인화 과정과 유사하다는 것은 명백하다. 나는 모래알갱이로서의 자기가 진주의 중심인 것, 그리고 자기와 더 깊은 연결을 형성할 수 있는 매개물 또는 맥락이 모래상자라는 대비를 통해 깊은 감명을 받았다. 진주라는 관점에서 볼 때, 모래상자에 담긴 수천 개의 모래 알갱이는 정신적인 전체성을 위한 한없는 잠재력을 보유하고 있다.

수많은 전설에서 모래는 정화시키고 순화시키는 특성이 있다고 여겨져 왔다. 이슬람교에서는 기도하기 전에 반드시 씻어야 한다. 『코란(*Koran*)』(1996)은 아프거나 여행을 하거나 혹은 종교적으로 순결하지 않은 신자들에게 기도하기 전에 모래를 사용해서 씻도록 한다.

> 믿는 자여!
> 네가 말하는 모든 것을
> 네가 이해할 수 있을 때까지
> 흐려진 마음을 가지고 기도하지 말라.
> 또한 불결한 상태에서
> (먼 길에 올랐을 때를 제외하고는),
> 온 몸을 씻기 전에도 그러하라.
> 만약 네가 병들었거나
> 혹은 여행 중에 있거나
> 혹은 너희 중 누군가가 죽음과 관련된 곳에서 왔다거나
> 여자와 접촉을 했는데
> 물을 찾을 수 없다면,
> 정결한 모래나 흙을 구하여
> 너의 얼굴과 손에 문질러서 씻어라.
> 알라는 죄를 사할 것이고
> 끝없이 용서하실 것이다(Surah, 4: 43).

여성에 대한 문화적 관점의 언급을 배제하고, 이 맥락에서 중요하게 고려해야 할 것은 모래를 사용하여 씻는 행위다.

전통적인 나바호족(Navajo)의 모래 그림은 모래를 통한 의식적인 정화와 치유의 또 다른 형태다(Bahti & Bahti, 1997). 모래 그림은 하루 중 해가 뜰 때와 지는 사이에 수행되었으며, 땅에 광석 그림물감과 모래로 신화적인 주제들을 정교하게 묘사하였다. 옥수수가루와 꽃가루도 사용된다. 1평방피트에서 20피트 사이즈가 되는 모래 그림은 여러 부족 구성원들의 작업으로 만들어질 수도 있다. 모래 그림이 완성되면 환자가 그림 중앙에 앉고, 그림에 있는 모래를 집어 올려서 직접 환자의 몸에 바른다. 따라서 그림에 포함되어 있는 신들의 힘은 곧바로 정화와 치유를 바라는 환자에게로 전달된다. 그리고 환자는 신성한 에너지를 취하게 됨으로써 변화된다.

티베트의 불교 전통에서 스님은 색깔이 있는 모래를 가지고 복잡한 만다라를 창조한다. 만다라를 만드는 행위는 신성하고 핵심적인 것이다(Bryant, 1993). 만다라를 만들기 위해 준비할 때 정확한 시간과 장소에 많은 주의를 기울인다. 완성된 만다라는 신성한 능력이 있다고 여겨질 뿐 아니라 모든 참여자에게, 더 나가가 세상에서 치유와 중심의 원천으로 작용한다. 의례의 막바지에서 만다라는 파괴되며 모래는 근처의 수원(water source)으로 다시 되돌려진다.

중국의 푸 시(fu shi) 전통이나 영혼의 글쓰기(spirit writing)에서는 예언을 목적으로 모래상자를 사용한다(de Groot, 1910/1964). 이 과정에서 매개자와 예언을 요청한 자는 각기 Y자형 예언 지팡이의 끝부분을 손으로 잡는다. 그들이 그것을 함께 잡고 있을 때, 그 지팡이의 긴 부분은 모래 위에 자동적으로 움직이면서 신의 의도를 드러내 준다. 더 중요하게는 모래 위의 그려진 그 표식들이 신이 자체의 모습을 드러내는 신성한 장소로 간주되었다는 것이다. 모래 위의 표식들은 예언을 요청한 사람들에게 해석된다.

'Smilsu Mate' 의 모래의 신성한 성질을 보여 주는 또 다른 면은 라트비아의 여신, 모래의 어머니인 스밀수 메이트에서 찾아볼 수 있다(Gimbutas, 1963). 모래의 어머니는 그리스 신화 중 땅속에 사는 인물로 지구 표면의 바로 아래에서 살고 있다(OED, 1994). 땅이 생명을 주고, 그녀는 죽음으로 그것을 다시 받아들인다. 스밀수 메이트 전통은 경작지를 둘러싸고 있는 모래 언덕에 시체를 매장하는 라트비아의 풍습에서 유래되었다. 이 전통에서는 신성하고 정화하는 모래의 성질이 죽은 이를 받아들이는 데 사용되는 것이다. 위의 예시들과 마찬가지로, 모래는 더 이상 쓸모없는 것을 흡수하여 변형시킨다. 모래는 이러한 변화가 일어나는 신성한 장소인 것이다.

명확한 것은 우리가 모래상자에서 사용하는 모래가 치료적 작업을 위한 매개물로 선택된 것은 단지 쉽게 얻을 수 있기 때문이 아니다. 그보다 모래는 정신이 인식할 만한 깊은 의미를 지닌 속성을 가지고 있다. 모래는 정화, 치유, 신성함과 예언적인 것이다. 아주 하찮은 재료의 형태여도 그것은 영원을 담고 있다. 우리는 모래의 변화시키는 속성이 나타날 수 있는 장소를 창출하기 위해 치료실에 모래상자를 두고 있다. 우리는 Margaret Lowenfeld(1950b)가 자신의 치료실에 모래상자를 도입하도록 이끌어 준 경험에서 나온 지혜에 감사할 뿐더러, 그것을 적절하게 사용하는 법을 알고 있었던 그녀의 아이들의 생득적인 지혜에 더욱더 감사한다.

마른 모래와 젖은 모래의 속성

마른 모래

마른 모래와 젖은 모래 모두 상술한 속성을 가지고 있다. 하지만 마른 모래는 수분이라는 요소가 없는 상태로 존재한다. 물에 젖어 있는 모래만 형태를 조절할 수 있는 것처럼, 우리가 형태를 조절할 수 없다는 점에서 마른 모래는 유동적이다. 그것은 굳은 고체와 같은 형태를 가질 수는 없지만 부드러운 모서리나 미세한 정교성을 가지기도 한다. 마른 모래는 매우 높이 쌓을 수는 없다. 하지만 그것은 만지기에 부드럽고 쉽게 움직여진다. 공기 혹은 바람에 의해 이동할 수 있으므로, 영혼의 미묘한 움직임을 예민하게 반영할 수 있다.

모래놀이에서 우리는 마른 상자 안이라는 장소의 속성을 살펴봐야 한다. 물이 없는 마른 모래상자가 무조건 내담자가 정신적으로 얕은 수준에서 작업하고 있다는 것을 의미하지는 않는다. 젖은 모래 혹은 물기가 있는 모래가 깊은 정신적 수준과 관련이 있는 것이 사실이기는 하지만, 그렇다고 마른 모래는 그렇지 않다는 것이 아니다.

마른 모래놀이는 거의 정교할 정도로 평온하면서 세련될 수 있는데, 특히 내담자가 모래를 움직여 그것으로 어떤 형상을 만드는 데 사용할 때 그렇다. 마른 모래상자는 신성하고 영적인 속성을 지닐 수 있다. 수직축을 참조의 틀로 사용한다면, 우리가 묘사하고 있는 마른 모래상자는 위로 향하는 천상의 속성을 가지고 있는 것이다. 그것은 속성상 심령적인 것이다. 이러한 종류의 마른 모래는 하강보다는 상승과 관련이 있다. 모래놀이에서의 공간적 차원에 대한 논의에서 배우겠지만, 상승하는 움직임은 어떤 것을 좀 더 높은 수준으로 향상시키는 것과 관련이 있다. 이와 같이 마른 모래를 사용하는 모래놀이 과정에서 중요하게 고려해야 할 한 가지 점은 명백히 상승하는 움직임이 본질적인 정신적 토대에 기초하고 있는가 하는 것이다. 그러한 상승을 지지하기 위해서는 높은 수준에서의 성격 통합이 요구되기 때문이다.

엘리자베스 엘리자베스의 5번 상자는 평온하고 영적인 속성을 가진 마른 모래상자에 관한 좋은 예시를 제공한다. 상자 안에서 조그마한 타라(Tara)[역자주: 불교의 구원자와 믿음의 열정적인 수호자] 상이 금으로 된 나무 아래서 휴식하고 있다. 그녀는 밝게 타고 있는 7개의 양초에 둘러싸여 있다. 세 마리의 물고기가 물의 왼쪽으로 수영하고 있는 것을 4개의 보석을 사용해서 나타냈다. 상자에는 물이 전혀 없었지만 그것은 개인에게 친밀하고 신성한 속성을 가지고 있다. 이것은 황량하고 창백한 장소가 아니며, 오히려 정신 내에서 매우 특별하고 친밀감이 느껴지는 장소다.

마른 모래상자는 황량하고 공허할 수 있다. 그것은 매우 낮은 수준의 에너지와 생명력을 의미하는 장소가 될 수 있다. 또한 그것은 메마르고 우울할 수 있다. 마른 모래를 만지지 않고 그대로 둘 때 그러할 가능성이 더욱 크다. 이러한 상황에서 모래는 그것의 평평한 면에 무언가를 올려놓을 수 있는 토대로 작용한다.

치료자로서 삭막하고 생명력이 없는 상자를 보기란 힘들다. 그것은 힘이 빠지기도 하고, 희망이 없어 보이게도 하고, 두렵게 할 수도 있다. 처음에 우리는 황량하고 생기가 없는 모래상자가 전반적인 모래놀이 과정에서 어디에 적합한지를 고려해야 한다. 에너지가 넘치는 모래놀이 과정에서 그러한 모래상자가 발생하는 것은 일관되게 삭막한 과정으로 이루어진 유사한 상자와는 전적으로 다른 것이다. 이것은 우리에게 모든 모래상자는 전반적인 모래놀이 과정의 맥락 내에서만 적절히 이해될 수 있다는 점을 시사해 준다. 배움을 위해 많은 모래상자를 설명과 예시로서 관찰하고 있지만, 우리는 그러한 모래놀이 과정의 맥락 내에서 보고 있다는 점을 유념하는 것이 중요하다.

활기가 넘치는 모래놀이 과정에서 황량한 상자는 모래놀이가 이루어지는 진행과정의 맥락 내에서 고려하는 것이 중요하다. 이러한 맥락에서 특징이 없는 공허함을 보이는 상자는 슬픔과 과거에 상실한 것에 대한 회상과 관련되어 있을 수 있다. 그것은 뭔가 새로운 것이 발생되는 개척지가 될 수 있다. 후자의 경우, 모래상자와 관련된 정서를 고려하는 것이 중요하다. 우리는 정서와 관련된 부분에서 모래놀이에서의 강점 내용에 대해 더 많은 논의를 하게 될 것이다.

활기가 없는 모래놀이가 계속해서 진행되고 있는 사례에서는 비록 작은 것이라도 활기에 대한 어떤 징후를 발견해 내야만 한다. 만약 에너지를 나타내는 어떤 것을 탐지한다면, 우리는 그것에 충분한 주의를 기울일 뿐 아니라 그것을 조심스럽게 간직하도록 해야 한다. 성장을 위한 이러한 작은 가능성은 매우 유약하다. 동시에 그것이 모래 속에 존재하면서도 겉으로 드러났다는 점 또한 매우 중요하다. 치료자로서 그것들을 적절하게 담아 주는 것은 그들에게 희망을 주는 것이다. 그것들을 인식하고 반영해 주는 것은 실제적으로 그들의 성장을 북돋아 준다. 모래놀이에서 일어나는 것을 인식하는 치료자의 능력은 실제적으로 모든 상황에서 발달에 영향을 주고 그것을 촉진시킨다. 이러한 치료자-모래상자-내담자의 관계적 공식은 정말로 삭막하게 보이는 사례에서 한층 더 확연하게 나타난다.

황량하고 물이 없는 모래상자에서, 치료자는 내담자가 그들의 에너지를 어느 지점에서 잃어버렸는지도 고려해야만 한다. 어쩌면 그것은 우리가 모래놀이 과정에서 확인할 수 있는 것일 수 있다. 혹은 그것은 지속된 학대와 상실의 결과일 수도 있다. 임상 연구에서 만성적인 환경적 외상과 신경내분비 기능장애의 과거력 사이에 직접적인 연결이 존재하여 만성적 불안과 우울을 초래한다는 것이 확인되었다(Nestler, Hyman, & Malenka, 2001). 이와 같은 경우 의학적인 평가 및 적절한 향정신성 약물 처방을 위해 의뢰하는 것은 내담자가 모래상자에서 정신적인 작업을 수행할 수 있도록 충분한 에너지를 얻기 위해 필요할 것이다.

젖은 모래

물은 모래놀이치료에서 두드러지는 역할을 한다. 무의식적이거나 혹은 겉으로 드러나지 않는 것으로서, 물과 같이 푸른 상자의 바닥은 모래의 질적인 요소를 밑에서 받쳐 주고 지지한다. 삶과 마찬가지로 우리가 존재하거나 드러난다고 의식적으로 인정하는 모든 것은 무의식적이거나 혹은 드러나지 않은 모든 것들로부터 발생하고 지지받는다. 이러한 의미에서 모래상자의 구조는 물질적인 형태의 근본적인 구성을 반영해 준다.

또한 모래상자의 디자인은 모래를 용이하게 움직이도록 하여 무의식적인 푸른 바닥에 있는 좀 더 깊은 측면에 더욱 쉽게 접근하도록 허용한다. 물이라는 요소 또한 모래에 실제로 물을 혼합하고 섞으면서 모래놀이에 응용될 수 있다. 마른 모래에 물을 첨가하거나 모래를 옆으로 밀어서 바닥의 푸른 물을 열어 보는 것은 모래놀이에서 물과 함께 작업할 수 있는 두 가지 일반적인 방법이다.

여기에서 우리는 모래놀이 과정에서 이러한 중요한 요소에 대해 더 깊이 이해하기 위해서 물의 상징적인 속성을 살펴볼 것이다. 우리는 모래에 물을 첨가하는 행위와 물에 담그는 의미 그리고 진창의 등장에 대해서 알아볼 것이다.

물의 속성

하나의 원소인 물은 흐른다. 그것은 표면의 가장 낮은 곳을 찾아 그곳으로 흐른다. 그것은 사물의 표면을 침식시키고 관통하고 형태를 변화시킨다. 얼어 버리면 물은 얼음이 된다. 얼어 버린 형태의 물은 생동감 없이 움직임이 멈춰져 있다. 그 자체로서 엄청난 힘을 갖고 있는 얼음은 지구의 표면을 변화시키기에 충분한 힘을 보유하고 있다.

물은 절대로 완벽한 형태를 가질 수 없다. 심지어 얼음일 때조차도 그것은 끝내 녹아 버린다. 이러한 의미에서 물은 그 잠재적인 속성을 넘어서 움직일 수 없다. 모래와 마찬가지로 모든 형태는 그 위에 존재하거나 그로 인해 형성된다. 의식(consciousness)과도 같은 모래는 무의식의 바다 위에 자리하고 있다. 하지만 밑에서부터 무언가가 떠오르거나 드러난다면, 그것은 속성상 원래부터 제한된 것이다. 그것은 단지 그 근원인 물의 전체적인 가능성 중 하나이거나 그림자일 수밖에 없다. 이것은 모래가 의식과 동일하다는 것을 뜻하지는 않는다. 그보다 모래놀이에서 물과 모래의 요소는 그들이 상징하는 정신세계의 의식과 무의식처럼 서로 상호작용한다. 물과 모래는 의식이 무의식과 관련되는 방식과 유사하게 서로 관계가 있다.

토양은 형태를 만들어 낸다. 그것은 시간과 장소의 영역이다. 반대로 물은 시간을 초월한 것이다. 그것은 창조에 우선될 뿐 아니라 영원하다. 모든 가능성에 대한 무의식적인 원천으로서, 물은 지혜와 예언적인 능력이라는 긍적적인 힘을 소유하고 있다. Eliade(1996)는 물의 신들이 시간과 역사를 넘어 존재한다는 점을 언급하였다. 그들은 물과 같이 일반적인 시간의 법칙에 의해 지배받지 않는다. 이러한 의미에서 물은 영구적이다. 그것은 시간이 있기 전에 존재했고, 시간에 의해 구속되지 않는 영원한 것이다.

물과의 모든 접촉은 재생시키는 잠재성을 가지고 있다. 그것은 풍요하게 하고 양육하는데, 무의식이 그렇듯이 물은 항상 우리의 자의식의 한계보다도 더 많은 것을 소유하고 있다. 물은 모든 가능성의 소유자로서 우리가 자아로의 여행을 떠나는 데 공급될 필요가 있는 속성을 담고 있다.

무의식의 무한한 잠재성으로서의 물은 삶을 회복시킨다. 궁극적인 자기로서 무의식의 물은 영원한 삶을 제공해 준다. 즉, 의식적인 자기로의 귀환을 통해 우리는 시간과 공간의 영역을 뛰어넘어 영원한 현재에서 살게 된다. 그러나 자기에 대한 모든 접근과 마찬가지로, 생명수는 침투하기가 쉽지 않다. 이것은 상당한 시험과 시도를 요구한다. 빈번하게 그것은 우리의 가치감을 향상시키기 위해 싸워야만 하는 괴물들로 인해 접근하기가 쉽지 않기 때문이다.

푸른 바닥 열기

모래놀이에서 모래를 파헤치고 아래에 놓인 푸른 물을 노출시키는 것은 알려진 것에서 미지의 것으로 나아가는 행위다. 내담자가 의식하지 않고 모래를 양 옆으로 가를지라도 그것은 분명히 의도가 있는 행위다. Jung의 성격이론의 논의에서 의식적인 자아는 두 개의 반대되는 목표 사이에서 분열된다는 점을 기억하라. 자아는 그것이 알고 있는 것을 소중하게 간직하고 있는 동시에 자기와 일치하도록 동기화된다. 우리는 내담자가 푸른 부분을 향해 손을 펴는 것을 목격할 때, 현실에 굳게 얽매였던 자아가 그것을 내려놓고 삶의 원천이 되는 영역을 향해 움직이는 것을 보고 있는 것이다.

이러한 놀라운 행동의 변화는 내담자를 지지해 주는 환경의 맥락 속에서 일어난다. 모래놀이의 자유롭고 보호받는 공간에서, 자아는 총체성을 향해 나아가는 이러한 추동을 발휘할 수 있다.

물 첨가하기

모래에 물을 첨가하는 것은 자아에 의해 이루어지는 또 다른 의도적인 행위다. 모래에 물을 첨가하는 것은 무의식에 직접적이고 세밀한 방식으로 참여하는 것이다. 물을 첨가하는 과정에서 모래는 그것을 빨아들인다. 훨씬 더 깊은 요소인 물은 존재적 요소인 땅과 융합한다. 그것은 미세한 모래 알갱이들 사이와 알갱이들 가운데 함유된다. 물을 담는 용기를 들어서 물을 모래에 첨가하는 것은 중요한 의도가 있음을 보여 준다. 이 행위에는 알지 못하는 것을 받아들여서 속에서 그것이 작용하도록 한다는 의지가 담겨 있다. 그것은 궁극적인 신뢰의 한 형태인 흡수되는 행위다.

모래놀이에서 물을 위해 모래를 가르거나 물을 첨가하는 것이 상자에서 물이 없는 채로 행해지는 작업보다도 반드시 더 중요하다고 결론 내릴 수는 없다. 하지만 그것이 중요한 것은 사실이다. 더불어 마른 모래에서 일어나는 과정 또한 중요하다. 우리는 모래놀이에서 일어나는 모든 것들이 어느 정도의 무의식적인 과정을 수반하고 있다는 점에서 마른 모래가 젖은 모래보다 훨씬 더 의식적이라고 가정할 수는 없다. 물이 존재하고 존재하지 않는다는 것은 개개인의 독특한 모래놀이 과정 내에서 고려되어야만 한다.

무의식에 직접적으로 접근하거나 특이한 방식으로 참여하고 있는 경우에는 모래놀이에 물이 존재한다. 젖은 모래와 관련해서 염두에 두어야 할 중요한 점은 물에 대한 내담자와 모래의 관계다. 정신은 물과 더불어 혹은 물속에서 움직이거나 깊은 곳에서부터 샘솟는 속성을 전달한다. 이전에 알지 못했던 우리 자신의 이러한 측면이 나타나서 그것들에 대한 탐험을 가능하게 한다. 이것이 정확하게 어떤 방식으로 일어나는가는 내담자에 따라 매우 다양할 수 있다. 예컨대, 내담자와 물 간의 관계는 탐색과 관련될 수 있다. 이러한 방식으로 푸른 바닥을 열어 보는 것은 밑에 깔려 있는 것을 보기 위해 깊숙하게 비치는 웅덩이 속을 들여다보는 것과 관련될 수 있다. 물과의 관계는 흡수와 새로운 속성을 받아들이는 것을 수반할 수 있다. 혹은 그것은 물속으로 뛰어들어서 알지 못했던 미지의 깊음 속으로 잠수하기 위한 준비가 될 수도 있다. 물과의 관계는 전달과정과도 관련될 수 있다. 물은 속성을 유동적으로 전달해 준다. 그것은 우리에게 더 이상 유용하지 않는 오랫동안 존재하던 방식들을 떠내려 보내고 자기 속의 먼 곳으로부터 새로운 것을 가져온다. 내담자는 물을 일종의 씻는 의식과 연관 지을 수 있다. 물은 깨끗하지 않은 것을 씻어 버리고 그것을 신성하게 한다. 내담자는 범람하거나 떠 있는 방식으로 물속에 존재할 수도 있다. 우리는 후에 물의 이런 중요한 속성에 대해 더 깊이 알아볼 것이다.

물과 관련된 모래놀이를 목격하는 데 있어 결정적인 도구는 그 과정의 다른 모든 측면과 마찬가지로 무엇이 일어나고 있는지를 경험하는 것뿐 아니라 그것이 어떻게 일어나고 있는지를 경험하는 것이다. 정신적인 움직임을 수용하는 데 있어서 모래놀이의 질적이고 정의 내릴 수 없는 측면은 때로 더욱 분명하게 드러나는 것보다 더 중요한 의미를 지닌다.

세정으로서의 물

모래놀이에서 물은 세정(ablution)의 수단으로 기능할 수 있다. 이러한 의미에서 물은 단순히 완전히 담그는 것이 아니라 순화하고 씻기는 방식으로 사용하는 것이다. 우리는 모래놀이에서 이것을 목격할 수 있는데, 예를 들어 내담자가 의식적으로 각각의 형상을 씻기거나 형상 위로 물을 붓는 경우다. 세정은 깨끗하지 않은 것을 제거해 주는 의식적인 행위다. 이것이 모래놀이에서 발생할 때 우리는 제거되고 있는 것이 무엇인지를 알 수도 있지만 알지 못할 수도 있다. 하지만 매우 중요한 정신적 움직임이 일어나고 있다는 점은 분명하다. 치료자가 그것을 제대로 다루기 위해서 이전의 상자들에서 일어났던 것들을 연속적인 방식으로 고려하는 것은 중요하다. 이것은 우리에게 이같이 중요한 내담자의 작업에 대해 더 많은 것을 인식하도록 도울 수 있다. 비록 우리가 세정이 무엇과 연관되어 있는지 의식적으로 인식하지 못하더라도, 그러한 과정에 대한 개관을 통해서 전체적인 과정에 대한 우리의 미약한 의식적 수용을 좀 더 강화시킬 수 있을 것이다.

물속으로 잠기기

상징적인 영역에서 우리는 물이 형태에 선행된다고 이해한다. 따라서 물에 잠기는 것은 형태 이전의 존재 상태로 돌아가는 것 혹은 퇴행하는 것이다. 모래놀이에서 물에 잠기기는 여러 가지 형태를 취한다. 일반적으로 우리는 잠기기가 내담자가 어떻게 해서든지 물속에 있을 때 일어난다고 생각한다. 이미 논의했던 바와 같이, 이것은 물속으로 들어가는 것 또는 물속에 잠기는 형태로 일어날 수 있다. 내담자는 바다의 바닥을 탐험하거나 전반적으로 물이 많은 환경을 조성할 수 있다.

물에 잠기기가 일어날 수 있는 방식은 다양하다. 모래놀이에서 물에 잠기기가 나타날 때, 내담자는 전형태적(pre-formal)인 형식의 존재로 돌아가는 것이다. 이러한 방식으로 물속 깊이 내려가는 것은 알고 있었던 형태에 대한 집착을 놓아 버리고 형태가 없는 것과 하나가 되는 것이다. 심리적 측면에서 물에 잠기는 것은 알려진 대로 정체성의 분리를 의미한다. 자아가 현실이라고 여기는 것에 대한 집착이 물에 잠기면서 용해되고, 가능성의 상태 혹은 전존재(pre-existence) 상태로 들어가게 된다. 모래놀이의 모든 측면과 마찬가지로, 이것은 내담자가 모래놀이를 형성해 나가면서 일어난다는 점을 인식하는 것이 필수적이다. 그것은 모래놀이 공간에서, 바로 내담자와 치료자와의 관계 속에서 발생한다.

물속에 잠기는 것은 죽음이다. Eliade(1996)는 물속으로 들어가는 것을 창조물을 파괴하고 동시에 새로 구성하는 성행위에 비유했다. 이러한 의미에서 물속으로 들어가는 것은 태고의 혼란 속으로 들어가는 것이다. 그것은 물질적인 존재에 선행하는 제대로 분화되지 않은 상태로 퇴행하는 것이다. 잠기기는 형태가 분해되는 것을 의미한다. 물로 들어가는 것은 내세 속으로 들어가는 것이다. 그것은 자기의 잠재성으로 들어가는 것이다. 이러한 의미에서 잠기기는 존재의 다양한 측면이 교차되는 바로 그 중심으로 들어가는 것으로 이해될 수 있다.

모래놀이에서 물로 들어가는 것은 진정으로 중요한 경험으로 이해할 만하다. 물속에서 자아는 붙들고 있던 정체성을 놓아야만 한다. 이러한 방식으로 자아가 용해되는 것은 무서운 것이다. 하지만 자기의 더 큰 잠재성을 열어 보이기 위해서는 그것이 절대적으로 필요하다.

그 이전의 형태들은 용해되고 과거는 포기된다는 점에서 물속에 잠기기는 정화하는 역할을 한다. 이러한 방식으로 잠기기는 창조의 시점을 새롭게 재구성하는 것이다. 과거는 없어지고 시간은 또다시 시작된다. 세례와 물과 관련된 셀 수 없이 많은 종교 의식처럼 물과의 접촉은 새로운 시작이다. 그것은 오래되고 불필요한 것을 버린다는 상징이며 새로운 생명의 시작을 의미한다.

물속에서 다시 떠오르는 것은 하나의 새로운 탄생을 의미한다. 그것은 형태가 없는 것으로부터 새로운 형상이 생기는 창조의 순간을 재현한다. 심리적으로 표현하자면, 물속에서 다시 나타나는 것은 자아의 새로운 탄생으로서 이전에 그것이 가지고 있던 한계를 뛰어넘어 자기와 더 조화된 것이다.

우리는 모래놀이에서 물에 잠기는 것이 어떻게 총체감에 대한 가장 큰 잠재 가능성과 관련된 희망을 전달하는지 이해할 수 있다. 동시에 우리는 그러한 용해의 기상천외한 위험성을 충분하게 인식하고 있어야만 한다. 치료자로서 우리는 잠기기의 불안정한 실제(precarious reality)를 주의 깊게 그리고 안정되게 버텨 줄 준비를 충분하게 해야 한다.

진창과 침수된 상자

모래에 물을 첨가하는 것은 모래의 본체를 관통하는 참여이지만 모래놀이에서 내담자가 상자 안에 있는 모래가 흡수할 수 있는 것보다 더 많은 양의 물을 첨가하는 경우가 더러 있다. 과도한 물은 모래를 침식시키고 진창이 되게 한다. 내담자가 간후에 이러한 진창을 어떻게 처리할지에 대해서는 일단 접어 두고, 진창이 된 상자에서 고려해야 할 중요한 쟁점이 있다. 이전에 논의했듯이 물은 경계를 없앤다. 모래놀이에서 치료자는 침수된 상자가 변화와 관련된 것인지 혹은 붕괴와 관련이 된 것인지를 구별할 수 있어야 한다.

Eliade(1996)는 진창에서 나타나는 물의 창의적인 힘을 강조했다. 진창에서 무의식과 관련된 물의 잠재성은 대지, 즉 형태의 재료인 흙을 움직이게 만든다. 이러한 의미에서 진창은 새로운 탄생에 대한 잠재성을 지니고 있다. 새로운 형상은 그 요소적인 힘의 융합으로부터 나타날 수 있다. 하지만 진창 속에서 내담자는 가장 깊은 어두움에 처해 있는 것이다. 이는 어떠한 형태도 존재하지 않고 방향조차 알 수 없는 전혀 빛이 없는 곳이다. 진창 속에서는 방향도, 시간도, 공간도 없다. 어떠한 종류의 정의도 진창으로 된 물속의 어두움에서는 존재하지 않는다. 이것은 완전한 두려움 자체이다.

모래놀이에서 우리는 내담자가 그것의 창의적인 잠재성을 지지해 주는 방식으로 진창과 관련을 맺고 있는지, 아니면 내담자가 그 속에서 힘없이 파묻히거나 익사하고 있는지를 고려하는 것이 필요하다. 염두에 두고 있어야 할 질문은 내담자의 개별화가 분리의 경험을 통해 창의적 결말까지 도달하기에 충분한 수준에 있는지다. 이것은 모래놀이에서 정말로 위험스러운 상황이기 때문이다.

치료자로서 우리는 내담자의 전반적인 정신적 발달 수준, 즉 자기가 얼마나 중심적인 위치를 차지하고 있는지와 그것과 자아의 관계를 고려할 수 있어야 한다. 중심적인 자기와 어느 정도 관련성을 가지고 있는 내담자는 정신적인 중심의 시금석이 부족한 내담자보다도 이러한 불안정한 물에서부터 성공적으로 빠져나올 가능성이 훨씬 더 높다. 내담자는 중심이 갖고 있는 조직화하는 원리 없이 정신적인 과정에 도달해 있거나 혹은 가까이 와 있을 수 있다. 이러한 경우 모래놀이는 너무 자극적일 수 있다. 만일 치료자가 모래에서 정신분열병 환자를 다룰 준비가 되어 있지 않다면, 모래놀이는 환자에게 위험하고 심지어 환자를 파괴할 수도 있다. 하지만 이러한 내담자와의 작업에 대해 강도 높은 훈련을 받은 모래놀이 치료자는 정신분열병 환자와도 모래놀이를 통해 매우 흥미로운 작업을 하는 것이 가능하다(Baum, 2002).

상자가 넘치는 것은 종종 모래놀이에서 과도한 피겨들로 인해 혼란스럽게 발생될 수 있다. 넘치는 상자에서는 물건들이 상자의 경계 밖으로 떨어질 수도 있다. 과도하게 물이 넘치는 지점에서, 진창의 어두움은 어둡고 악마와 같은 피겨를 사용함으로써 나타날 수 있다. 이러한 방식으로 과도하게 물이 넘치는 상자는 불길한 느낌이나 심한 불편감을 느끼게 할 것이다. 물론 내담자가 수많은 어두운 피겨들을 사용하고 있음에도 불구하고 우리가 상자가 넘치고 있다고 여기지 않는 사례도 셀 수 없이 많다. 그 둘의 중요한 차이점은 상자에 있는 피겨들 간의 관계성과 더불어 모래상자의 경계를 지키는 것에서 드러난다. 경계와 관계성은 본질적으로 그것이 중심에 근거를 두고 있는 질서감(sense of order)으로부터 유래된다. 관계성이나 경계의 부재는 억제되지 않는 근본적인 어두움의 상태다. 넘치는 상자에 대한 더 많은 논의는 모래놀이에서의 관계에 대한 부분에서 찾을 수 있을 것이다.

대부분의 경우 넘치는 상자의 출현과 더불어 모래놀이의 창의적이고 파괴적인 결과에 영향을 미치는 것은 모래놀이 과정을 담아 주는 사람으로서 치료자의 준비된 자질이다. 하지만 모래놀이에 대해 매우 경험이 많은 치료자도 내담자의 안정성을 잘못 판단할 수 있고 그로 인해 당황할 수 있다. 하지만 대부분의 경우 자격을 갖춘 모래놀이 치료자는 모래놀이가 내담자에게 적합하지 않을 때를 판단할 수 있다. 그런 치료자는 모래에서의 정신적인 변화의 변덕스러운 속성에 대해 충분히 인식하고 있다. 잘 훈련된 모래놀이 치료자는 내담자의 정신 능력을 평가하고 내담자가 모래놀이 작업에 준비된 때를 인식할 수 있다. 이러한 결정을 내리는 데에는 특정한 형식이 없다. 모래놀이에 관심 있는 치료자에게 줄 수 있는 가장 좋은 충고는 모래놀이의 심오한 본질을 이해하도록 노력하고 심도 있는 훈련과정과 경험을 쌓으라는 것이다. 준비되지 않는 치료자에 의한 모래놀이는 매우 위험할 수 있다.

모래 다루기

상자 속 모래는 내담자가 그것을 가지고 모래놀이를 시작하기까지는 형태가 없다. 모래를 다루는 방식은 모래놀이의 내용에서 정말로 중요한 한 가지 요소다. 어떤 면에서 만지지 않는 모래는 내담자의 진행과정에 대한 결정적인 요소들을 담고 있다. 여기에서 우리는 모래를 다루는 여러 가지 측면을 논의해 보고 모래놀이에서 그것이 가지는 치유와 변화의 역할을 살펴볼 것이다.

모래 만지기

상자에서 모래를 만지거나 움직이는 것은 참여하고 물질을 새롭게 형성하려는 의도적인 행위다. 모래는 마음과 행동을 결정하는 내면의 정신적인 구성요소들의 모습과 움직임을 나타낼 수 있는 단순하고도 순수한 형태의 기초 재료다. 모래를 만지거나 움직이는 것은 우리의 존재를 확신시켜 준다. 그것은 자기와 자기의 수많은 모습을 반영하는 기본 형태다. 치료자가 동반하는 안전한 상황에서 모래를 만지고 움직이는 것은 자기와 다른 사람 간의 관계를 형성하는 것이다. 이러한 행위의 중요성은 절대로 평가절하되어서는 안 된다. 손을 모래로 넣는 단순한 행위를 통해 내담자는 자신의 존재감을 확인한다. 치료자와의 관계에서 이러한 행위는 소속감에 대한 권리(정당성)를 가지게 한다. 모래놀이라는 자유로우면서도 보호받는 공간에서 모래를 만지는 것은 한 장소를 차지하고 존재하고자 하는 의도를 가지는 행위다. 치료자가 안전하게 지켜보는 가운데, 모래의 움직임은 인간으로서의 내담자의 기본적인 존재감을 형성해 준다. 치료자의 주의 깊은 관찰 속에서 모래를 움직이는 것은 '나는 여기에 있다. 나는 받아들여지고 있고 가치가 있다.' 는 것을 확인하게 한다.

게다가 모래를 만지거나 움직이는 것은 물질을 움직이려는 의도를 통해 변화와 변형에 대한 가능성을 연다. 예를 들어, 공격적으로 구멍을 쑤시는 것은 더욱 깊은 탐색을 하고 표면 깊숙이 들어가기 위해 막들을 관통하려는 개별적인 존재들의 능력과 관련될 것이다. 모래를 두드리거나 가르거나 파는 것은 내담자가 힘 또는 분노를 발달시키는 것과 관련될 수 있을 것이다. 그리고 부드럽게 모래를 손으로 쓰다듬거나 고르게 하는 것은 부드러움 혹은 공손한 태도를 나타내는 것이다. 모래를 만지는 것은 그것이 어떤 형태건 간에 치유한다. 대지가 죽음을 통해 살아 있는 모든 것을 거두듯이, 모래를 만지는 것은 문제와 장애를 대지로 풀어 놓기 시작한다. 이러한 면에서 모래는 대지로서 더 이상 필요로 하지 않은 것을 받아 변화시켜 준다.

모래와 몸에 대한 그녀의 담화에서, Markell(2002)은 변화를 위한 내면과 외부에 있는 것 사이에서의 대화를 창조하기 위해 모래와 몸이 병합되는 밀접한 연결에 대하여 이야기하였다. 정신과 물질의 구분을 불명확하게 하는 모래 속의 양손은 몸과 마음의 변화를 가져오기 위해 동시에 작동한다.

> 이미지가 형성되면서 손에 의해 전해지는 에너지들은 몸, 물질 그 자체에 의해서 감싸진다. 동시적으로 의미를 내포하고 있는 내적인 이미지는 손에 의해서 구체적이고 외형적인 이미지로 변형되며, 이런 방식을 통해 드러나는 질서의 일부가 된다. 즉, 그것은 외적인 세계와 더불어 내적인 시공간적인 차원에서 실제로 경험한 이미지가 되는 것이다(p. 62).

모래놀이의 테메노스(temenos) 혹은 신성한 공간에서 가장 기본적인 물질인 모래의 의도적인 움직임은 존재의 형상에 대한 직접적인 관여를 의미한다. 자아의 깊고 내면적이고 보이지 않는 힘에 의해 이끌려서 모래를 움직이는 것은 말 그대로 정신을 즉각적으로 움직이고 재배열한다. 모래놀이에서 우리는 영원의 장소로 들어가기 위한 시간과 공간을 초래한 곳으로 나아가는데, 우리 안에 무질서하게 된 것이 안전하게 나타나서 변화되는 곳이다. 이러한 과정에서 치료자의 자기는 내담자의 자기를 반영해 준다. 내담자의 부조리한 요소들은 따라서 자기와 조화되도록 이끌어진다. 이 과정에서 더 이상 필요가 없는 정신적인 요소들은 제거되고 훨씬 더 자기와 조화되는 새로운 요소들이 무의식에서 출현한다.

모래를 가지고 움직이는 것은 정신이 움직일 수 있는 길, 방향, 장소를 만들어 낸다. Steinhardt(2000)는 구불구불하거나 곧거나 간에 길은 방향을 나타낸다는 점을 관찰하였다. 정신은 가고자 하는 어딘가를 가지고 있다. 길은 우리를 수평선상의 퇴행과 같이 되돌아가게도 하고 과거의 사건들을 방문하게도 한다. 길은 새로운 것의 발견과 조화, 그리고 자기의 더 깊은 측면을 향해 앞으로 나아가기도 한다. 길은 우리의 경험과 가능성의 알려지지 않거나 두절된 부분과 다리를 놓거나 연결시켜 준다. 길은 차단되어 있거나 자기로의 여행에서 극복해야만 하는 장애물을 드러낼 수도 있다.

모래를 만지는 것은 모래에 손도장을 찍는 것으로 나타날 수 있다. 손도장은 개인적인 도장이며 서명이다. 내담자는 자신의 이름을 모래에 쓰는 방법을 통해 그와 유사하게 자신의 의사를 표현한다. 그것은 '내가 여기 있다.' 는 것을 확증하는 것이며, 자신의 존재에 대한 의식적인 승인이며 소유권이 된다. 손도장과 같은 제스처를 통해 자기의 구현이 인정된다. 존재에 대한 날인으로서 손도장은 자기로의 여행에 의식적으로 참여하려는 능력을 확증시켜 주며, 여정에 대한 개인적인 책임감을 인식시켜 준다. 비록 이러한 행동의 연속적인 발달적 중요성이 그 순간에 내담자에게 완전히 의식되지 않을지라도, 그것은 정신 속에 강력하게 되돌릴 수 없도록 자리 잡는다. 단어가 모래에 쓰일 때 그것들은 또한 상징적인 요소들이 되며, 치료자는 단어의 일반적인 의미와 내담자에게 있어 그것의 중요성 모두를 고려해야만 한다.

모래에 사물의 자국을 남기는 것은 손도장과 유사한 것이다. 하지만 존재와 의도적인 능력에 대해서는 덜 발달된 확증을 가진다. 모래에 사물을 내리누르고 그 자국이 드러나도록 그것을 치우는 행위는 자율성과 독창성을 확인해 주는 것이지만, 그것은 손도장이 가지는 자기의 개인적인 승인을 가지고 있지는 않다. 나는 이전에 심한 가정폭력을 목격했던 3세 된 소년과의 작업을 기억한다. 이 과정의 중반에 그는 그의 공포감을 다루는 능력이 발달되는 것을 배트맨의 형상을 모래 위에 누름으로써 표시하였다. 그의 힘센 영웅은 그 작업 단계에서 완전하게 존재하지는 않았지만 그의 힘과 중심점은 그들의 자리를 잡아가고 있었다. 3세 된 빌리는 그와 유사한 방식으로 자국을 사용한다.

빌리 그의 4번 상자에서 빌리는 그의 아버지와 어머니 사이에서의 폭력을 목격한 후 발생된 공포감을 극복하였다. 이전에는 무서운 괴물 피겨들을 만지는 것조차 두려워했지만, 이제는 그것들을 치료자의 도움 없이도 잘 다룰 수 있게 되었다. 자랑스럽게도, 빌리는 큰 해골 괴물을 모래에 단단히 누르고는 말했다. "나는 모래에 그를 눌렀어!" 이러한 예에서 빌리는 그의 공포감을 넘어선 승리의 징표를 만들고 있다.

모래는 유연한 매개물로서 셀 수 없이 많은 표시와 모형을 창조하는 데 사용될 수 있다. 모래에 흔적이 나타날 때, 내담자가 모래와 접촉하는 특성 및 상징적인 요소들로서 만들어진 표시들의 특징을 모두 고려하는 것은 중요하다. 모래에서의 모형들은 셀 수 없는 가능성을 가지기 때문에, 치료자는 각각의 등장을 개별적인 모래놀이 과정의 맥락에 비추어서 고려해야 한다.

우리가 볼 수 있듯이, 모래를 만지고 움직이는 것은 모래놀이치료의 가장 기초적인 측면 중 하나다. 모래를 움직이고 만지는 방식들은 다양하다. 내담자가 모래를 언제 어떻게 움직이는가는 모래놀이 과정에서 우리가 최대한으로 주의해야 하는 결정적이고 발달적인 측면이다.

모래를 만지지 않음

만지기를 통해 모래에 참여하려면, 내담자는 자신에게 충분한 힘과 능력이 있다고 느껴야 한다. 모래놀이 과정을 시작하는 수많은 내담자는 모래를 만지거나 움직이는 것에 필요한 발달적인 역량을 방해받았던 상처 입은 개인력을 가지고 있다. 이러한 경우에 내담자는 매우 제한된 방식으로 모래를 만지거나 혹은 전혀 만지지 않는다. 모래를 만지지 않는 것에 대한 우리의 논의에서는 모래를 지속적으로 만지지 않고 있는 과정에 대해 고려하고자 하며 내담자가 참여한 일련의 모래놀이에서 예외적으로 모래를 만지지 않는 것에 대해 논의하고자 하는 것이 아니다. 기본적인 요소로서 반복적으로 모래를 만지지 않는 것은 모래를 과도하게 다루는 것과 마찬가지로 중요하다.

내담자가 직접적으로 모래를 만지지 못하는 이유는 특정한 사례에 따라 매우 다양하다. 모래를 만지지 않는 것은 기저하고 있는 우울감 때문일 수 있다. 우울의 속성에 따라 모래놀이 작업은 그것을 다루고 극복하기에는 충분할 수 있거나 그렇지 않을 수도 있다. 내인성 우울증의 경우 유전적인 영향과 신경전달물질의 기능에 심각한 영향을 끼치는 만성화된 외상에 의해 발생되는 것으로서 의학적인 평가에 의뢰하는 것이 타당하다. 우울증이 너무 심각해서 모래상자에서 의미 있는 작업을 만들기가 불가능할 수도 있다. 심한 경우에는 적절한 약물을 복용하는 것이 내담자가 모래놀이에 참여하는 능력을 회복시킬 수 있을 것이다.

모래를 만지지 않는 것은 또한 초기 발달적인 결함을 나타낼 수 있다. 이러한 것들은 신뢰 및 독창성의 결함들로서, 위에서 우리가 논의했듯이 모래에서의 제스처를 만들기 위해서 요구되는 기본적인 정신적 성취의 부재 혹은 마비로서 가장 잘 이해될 수 있을 것이다.

모래를 만지지 못하는 것을 고유한 맥락 내에서 심사숙고하는 것은 필수적이다. 모래를 만지지 않는 것에 대한 몇몇 가능한 의미는 접촉과 관계에 대한 두려움과 관련이 있을 수 있다. 이러한 내담자는 생존의 수단으로서 철수를 선택하였을 것이다. 이와 같은 급작스러운 철수는 초기의 정신발달이 형성되는 시기에 심각한 상실 혹은 유기를 경험한 결과일 수 있다. 초기에 건강하고 안정적인 접촉을 충분하게 경험하지 못한 이런 내담자는 존재에 대한 권리와 소속감을 확인해 주는 발달적 과제들의 심각한 손상으로 인해 고통을 받을 수 있다. 모래를 만질 수 없다는 것은 심지어 한 개인의 존재에 대한 가장 근본적인 확실성과 연결될 수 있을 것이다. 이러한 내담자는 존재하는 것 자체가 고통스럽고 그에 대해 의문을 품을 수 있으며 해리적인 성향을 지닐 수도 있다. 초기의 유대감 경험의 박탈이나 그것으로 인한 고통은 관계를 맺지 못하는 것으로 나타나게 된다. 치료자 곁에서 모래를 만지거나 움직이는 것은 다른 사람과의 관계에서 내담자 존재에 대한 원동력적인 증거가 된다. 초기의 유대감 결핍은 모래를 다루는 내담자의 능력에도 심각한 손상을 입힐 수 있다.

모래를 만지는 것에 주저하고 억제되어 있는 것은 또한 주도성의 부족 및 학습된 무기력감과 관련될 수 있다. 이것은 어린 시절에 과도하게 통제적인 환경에서 통제의 경험을 박탈당한 것에 기인될 수 있다. 이러한 경우에는 치료자가 수용적이고 허용적인 태도로 함께하는 것이 모래놀이에서 무한한 지지가 될 수 있다. 매우 깊은 수준에서 내담자의 자기는 모래놀이 상자의 안전감과 자유를 인식할 수 있을 것이다. 시간이 되면 내담자의 정신은 모래에 자신의 실제적인 존재를 나타내는 위험을 감수할 만큼 충분한 신뢰감을 갖게 된다.

우리는 모래놀이에서의 발달적 규준이나 유형들에 관한 장에서 더 자세하게 초기의 발달적인 결핍의 치유에 대해 다룰 것이다. 모래를 만지지 않는 것을 고려할 때 우리가 이해해야 하는 것은 내담자의 작업이 초기의 신뢰, 안정, 접촉과 관련될 수 있다는 점이다. 이러한 초기의 발달적인 구조물들은 더 많은 발달이 이루어지기 전에 정립되어야만 한다.

우리는 모래를 만지지 않는 것이 무조건 초기의 발달적 결함을 나타내는 것이라고 가정하는 것에 대해 매우 조심해야 한다. 일련의 모래놀이에서 나타나는 이러한 특성은 개별적인 내담자 각각에게 독특한 함의를 가진다. 동시에 우리는 초기의 상처가 모래를 만지지 않는 것과 같은 아주 특징적인 방식으로 나타나지 않을 수도 있다는 점에 대해서 인지하고 있어야만 한다. 그것은 내담자가 소속된 것처럼 보이게 하여 내담자의 생존을 가능케 하는 습득된 페르소나에 의해서 잘 가려져 있을 수 있다.

레이철 15세 된 레이철의 모래 작업은 근원적으로 기저하고 있는 공허감을 방어하기 위해 잘 발달된 페르소나의 훌륭한 예시를 보여 준다. 레이철의 모래놀이들은 모두 호수와 다리가 어우러진 정교하게 지은 복잡한 마을로 구성되어 있다. 집과 나무들의 사이즈에 맞춰진 조그마한 사람들은 시종일관 서로서로 적절한 관계를 맺고 있다. 의사와 간호사는 병원 앞에서 이야기를 하고, 아이들은 나무 밑에서 함께 모여 놀고 있다. 섬세하게 난 길들은 대중교통 수단, 집, 타운, 빌딩 및 그 외의 것들과 연결되어 있다.

이러한 모래놀이에서 어떤 사람은 즉각적으로 이것은 소속감과 관계를 정교하게 잘 발달시킨 청소년의 경우라는 인상을 받을 수 있을 것이다. 그녀의 자아 기능은 강하고 분명하게 보인다. 하지만 이러한 특별한 사례에서 이렇게 모든 것이 적절하게 잘 배열된 마을은 내면의 거대한 공허감을 감추기 위한 허울 좋은 것일 수 있다. 이 아동이 진정한 예술적 감각을 재능으로 가지고 있을 수도 있다는 점은 분명하다. 그녀는 심각하게 손상을 입은 자기감을 외형적으로는 좋게 보이도록 하기 위해 그녀의 미술적 재능을 사용하고 있다. 이 아동은 사람들이 기대하는 그녀 자신의 역할을 미리 알아차려 그 역할을 하고 있는 카멜레온과 같다. 그녀는 대가족에서 태어났고 그녀의 친부모는 여러 가지 정신적인 문제로 고통을 받았는데, 그로 인해 그녀는 양육을 전혀 받지 못하거나 거의 받지 못하였다. 그녀는 불결하고 혼돈스러운 곳에서 살았다. 뭐라도 먹을 것이 있을 때는 식기 도구도 없이 깡통째로 음식을 꺼내 먹었다. 애착장애로 고통을 받고 있으면서 매우 익숙해진 생존 패턴을 갖고 있는 15세 된 이 아동의 치유와 변화를 향한 길은 매우 길고 어려울 것이다. 레이철의 작업을 통해 우리는 신뢰와 안정감이 성립되면서 이런 페르소나를 벗는 움직임을 볼 수 있게 되기를 희망하였다. 우리는 또한 근본적인 모-아의 화합을 만들어 내고 자기의 근간이 되는 진정한 성격을 재정립할 수 있기를 희망하였다.

모래에서 조각된 형성물

유연하고 융통적인 매개물인 모래는 조각하고 형태를 만드는 데에 유용하다. 특히 젖은 모래는 모래상자에서 여러 가지의 형태들을 띨 수 있다. 비록 그 자체의 물질적인 한계들을 가지고 있기는 하지만, 젖은 모래는 쌓아 올릴 수 있고, 깎아 내릴 수 있으며, 구멍을 낼 수도 있고, 무늬를 넣거나 그 밖의 것들을 할 수 있다. 내담자가 적극적이고 계획적으로 모래놀이에 참여할 때, 중요한 정신적 에너지를 전달해 주는 확인 가능한 형태들과 지형들이 나타나게 된다. 여기에서 우리는 풍경과 대지의 형성이 가지는 중요한 의미를 논의해 볼 것이다. 우리는 독특하게 조각된 형태들과 신체의 일부분의 출현 및 모래와 물이 만나는 지점의 속성에 대해서도 논의할 것이다.

대지의 형성

모래상자에서 대지와 물이라는 요소는 종종 풍경을 창조하는 데에 기여한다. 중국의 전통은 드러나는 모든 삼라만상은 도를 반영하는 것이라는 점을 우리에게 상기시킨다. 중국인의 신념에서 풍경은 물질적인 세계에서 신의 존재를 알리는 명확한 증거라고 믿는다. 이러한 이유에서 풍경화는 중국 문화에서 경외의 대상이 된다.

풍경으로서의 모래놀이는 또한 활동 현시로 간주될 수 있다. 동굴, 산과 터널은 정신적인 배경의 주요한 특성으로, 무의식과 의식의 관계를 고려한 현저하게 집중된 에너지들을 담고 있다. 모래놀이의 풍경에서 자주 등장하는 몇몇의 요소와 모래놀이 과정에서 그것들이 담고 있는 의미를 조금 더 살펴보기로 하자.

모래놀이에서의 동굴

동굴은 대지의 일부분으로 들어가는 것이다. 동굴로 들어가는 것은 대지로 들어가는 것이다. 모래상자에서 동굴을 만드는 것은 땅 밑으로 들어가는 수단과 필요성을 정신적으로 인식하는 것이다. Eliade(1959)는 모든 동굴은 신성하다는 점을 관찰하였다. 그것은 모든 존재가 나타나는 대지의 자궁이 된다. 그러므로 그것은 중심점이며 신성한 것이다.

많은 문화들은 동굴에서 신성한 의식을 이행하고 있고 동굴을 신비스러운 성역으로 간주한다. 나는 인도와 스리랑카를 여행하는 동안에 동굴 속에 위치한 여러 개의 힌두 사원을 방문했던 것을 기억한다. 남인도에서의 어느 날, 나는 우리 중 여러 사람이 자신의 운명에 대해 알고자 높은 언덕에 있는 깊은 동굴 속에 살고 있는 예언자를 찾아간 적이 있다. 그의 예언이나 충고가 맞아떨어졌는지는 잘 모르겠지만, 그가 살고 있던 장소와 힘든 여행길은 분명 그에게서 신비스러운 분위기가 나도록 해 주었다. 비록 시간이 없어서 내 차례까지 오지 못했지만, 동굴 속을 여행한 경험 자체는 기억에 생생하게 남는다.

동굴은 가능성의 장소다. 대지의 자궁으로서 동굴에서부터 새로운 삶이 시작될 수 있다. 모래놀이에서의 동굴은 새로운 것을 탄생시키는 장소다. 하지만 자궁과 마찬가지로 적절한 잉태 기간은 반드시 있어야 한다. 동굴에 들어가는 것은 중심으로 들어가는 것이다. 중심은 신성함이 나타나는 곳이다. 모래놀이에서 동굴로 들어가는 것은 깊은 내면으로부터 새로운 가능성을 탄생시키기 위해 자기에 의해서 정신적으로 수태되는 것이다.

자기와의 만남은 과감하게 무의식으로 나아가는 것이다. 이러한 면에서 동굴은 내면의 세계로 들어가는 것이다. 내면세계로 들어가는 것은 수직적인 하강이며 영적인 문제와 관련이 있다. 아래쪽으로 움직이는 것은 공간적인 방향에 관한 우리의 논의에서 주의 깊게 탐색해야 하는 모래놀이의 결정적이고 중요한 요소다.

동굴에 숨는 행위나 깊은 곳에 보물을 숨기는 것은 대지나 지하로 들어가는 것이다. 그것은 보호하는 동시에 하나의 신성한 장소로서 실제적인 세계와는 별개인 것이다. 이러한 의미에서 동굴로 과감히 나아가는 것은 그것이 어떤 행위라도 변화를 수반하는 것이다.

지하는 또한 죽음의 영역이다. 많은 문화들은 동굴을 죽은 사람을 매장시키는 데 사용하였다. 프랑스의 하수관과 마찬가지로 로마의 지하 묘지(카타콤) 모두는 사람이 만든 매장을 위한 동굴의 예시다. 죽은 사람을 땅에 직접적으로 매장하는 대신에, 로마인과 프랑스인은 죽은 사람들을 지하의 방에 두었다. 매장을 위한 동굴의 또 다른 예시는 로마인의 선조인 에트루리아인에 의해서 세워진 것이다. 이탈리아의 체르베테리와 타르퀴니아 지방에 살던 초기의 사람들은 대지로부터 솟아오르는 둥근 동굴을 건설하였다. 그들은 동굴 속에 떠나는 사람들이 사후에 필요할 것 같은 가사 용품들과 종교적인 물건들을 두었는데, 그것들을 실내 벽들을 둘러싸고 있는 정연한 벤치에 올려두었다. 죽음 후에 에트루리아인은 죽은 사람들이 지하에서 살아가도록 하기 위해 대지로 돌려보냈다.

모래놀이에서 동굴로 들어가는 것은 어두움 속에 있는 것이다. 그것은 위험하고도 무서운 것인데, 자기와의 만남은 자아의 어떤 부분이 죽을 것을 요구하기 때문이다. 많은 문화에서는 신성한 동굴에서 통과의례를 수행한다. 수행자는 하나의 형태로 동굴 속으로 들어가서 다시 태어난 다른 모습으로 나온다.

수메르인 신화의 이난나는 대지 어머니의 자궁 속에서 일어난 변형적인 여정을 다채롭게 묘사한다(Meador, 1994). 이러한 고대 설화에서 지상세계의 여신인 이난나는 지하세계로 내려가는데, 그곳에서 사악한 여신인 에레슈키갈이 그녀를 가두고 죽이겠다고 위협한다. 두 명의 작은 악령들은 그녀의 슬픔과 분노를 함께 공감하고, 마침내는 에레슈키갈로 하여금 그녀를 놓아주도록 한다. 결국 이난나와 그녀의 남동생인 두무지는 각각 1년의 반을 지하 세계에서 보내는 데 동의해야만 했다.

동굴에서의 이난나의 모험은 남성적 및 여성적인 에너지 사이에서의 적절한 균형은 무의식에 주의 깊은 관심을 기울임으로써 유지된다는 점을 설명해 준다. 이난나와 두무지에게 이것은 그들의 삶의 반 동안이나 지속되었다. 추가적으로 이 신화는 무의식을 만나게 될 때 우리가 무의식적인 힘에 대해 얼마나 쉽게 영향을 받는지를 잘 설명해 준다. 동굴에서 이러한 힘은 자기의 계획에 따라 우리를 변화시키는 힘을 지닌다. 우리는 무의식적으로는 어떤 일이 어떻게 일어날 것인지에 대해 결정할 수 없다.

모래놀이에서 동굴로 들어가는 것은 굉장한 경험이 될 수 있다. 거의 모든 경우에 동굴은 자기에 의해 지배받는 변화와 관련이 된다. 모래놀이에서 동굴로 들어가는 것은 새롭고 더욱 생명력 있는 속성이 자아의 소멸을 통해 앞으로 나타날 것이라는 믿음과 소망을 갖는 것이다.

모래놀이에서의 산

산은 정신의 성장과 발달에 있어 다양한 상징적 가치를 지니고 있다. 지구의 가장 높은 곳으로서, 그것들은 종종 신성함과 관련이 있다. 산 위에 도달하는 것은 수직적인 상승이 필요하다. 상승하는 것은 더욱 높은 것에 도달하는 것이다. 높다는 것은 종종 천국과 성스러움과 연관이 된다. 상승이나 하강의 움직임은 모래놀이에서 가장 중요한 의미를 지니기에, 우리는 정신적 상승과 하강의 중요성에 대해서는 모래놀이의 공간적인 차원에 대한 논의에서 자세하게 다룬다. 여기에서는 산 자체의 중요성에 대해서 고려해 보기로 한다.

비록 일반적으로 산은 긍정적인 연상을 일으키기는 하지만, 16세기와 17세기 동안에는 Luther와 다른 서양의 사색가들은 산을 홍수의 잔재 흉터로 간주하였다(Nicholson, 1959/1997). 산꼭대기와 골짜기들은 그 거대함으로 지구의 대칭적인 균형을 분열시키는 것으로 생각되었다. Luther는 산을 혼돈스러움과 부패를 예언하는 지구의 표면에 있는 흔적이라고 설교하였다. 다행스럽게도 이러한 종류의 생각은 18세기 초반의 자연에 대한 진정한 감사와 인정에 의해 대체되었다. 서양에서의 이러한 흥미로운 생각의 전환과는 별도로, 산은 성스러운 계시의 장소로 여겨져 왔다. 산꼭대기들은 신들에게 거주지를 제공하며, 산의 어마어마한 크기는 종종 성스러움의 징후로 생각되어 왔다.

세계의 여러 문화에서 큰 산의 지형학은 속세의 차원과 정신적 차원 모두로 구성된다. 산은 하늘과 땅 사이를 신성하게 연결하는 것으로 여겨진다. 산의 크기는 마치 방향성처럼 한 문화를 이끈다. 공간 및 때로는 시간도 산과의 관계로 측정된다고 말할 수 있다. 이러한 의미에서 산은 중심점일 뿐 아니라 세계의 신성한 중심으로서 기능한다. 동서남북의 기본적인 방향은 산으로부터 유래되었다. 또 산은 우주 혹은 세상의 축의 역할을 담당한다.

산의 지형에 따라 시간적 공간이 정의될 수 있는 것과 마찬가지로, 정신은 중심으로 향한다. 우리는 모래놀이의 공간적인 차원에 대한 논의에서 이러한 쟁점에 대해 더 자세하게 다룰 것이다. 여기에서 주목할 것은 산이 중심이라는 점이다. 산은 자기다. 산은 그것을 둘러싸고 있는 것들이 중심 쪽으로 움직이도록 하는 중추가 된다.

흙으로 만들어진 산은 지하에 깊이 뿌리를 박고 있다. 이러한 의미에서 흙으로 된 산은 무의식의 지하세계에 뿌리를 두고 있다. 그것은 실제적인 것이기도 하며 영적인 것이기도 하다. 산은 명확한 것과 명확하지 않는 것이 만날 뿐 아니라 서로를 새로 만들어 내는 곳이다.

지구를 둘러싼 산들은 신성한 속성을 가지고 있다. 하라산은 조로아스터교도에게 신성시되었다. 아틀라스 지역은 모로코인에 의해 천국의 기둥으로 불리게 되었다. 일본인은 후지산을 천국과 지상을 연결하는 것으로 보고 있다. 터키의 아라랏산은 노아가 홍수를 피하기 위해 찾은 곳이라는 전설을 가지고 있다. 동아프리카의 킬리만자로 산은 영존하는 영예로운 모든 것을 대표한다.

메루산은 불교도, 힌두교도 및 자이나교도에게 신성한 신비스러운 산이다. 세 개의 전설로부터 유래되는 여러 설화들은 천국과 같은 메루산에서 어떻게 모든 생명이 나오는지를 기술하고 있다. 발리에는 그 중심에 아궁산이 있다. 차가운 안개로 덮인 아궁산은 발리의 힌두교도에게는 성지순례의 장소가 된다. 흥미롭게도 발리 도처에 있는 사원들은 아궁산의 형세를 사용하였고, 그들의 신성한 원형을 따라 그것을 '메루' 라고 부른다.

인도에 있는 힌두 사원들은 종종 산의 형세를 가지고 있다. 산과 같은 사원들은 불교도의 사리탑에서 전형적인 형태로 발견된다. 인도에 있는 사리탑은 차이티아(caitya)라고 불리는 분토에서 그 기원을 찾을 수 있다. 부처는 자신을 화장하고 난 재를 사리탑 바로 밑에 묻으라고 요구하였다. 부처는 자신의 사리탑을 그의 생애, 죽음과 깨달음을 기념하는 유일한 성물로 지정하였다. 3세기에 아소카 왕의 통치 아래 있던 BCE 불교는 국가적인 인가를 받았고 수많은 사리탑이 인도 도처에 세워졌다. 각각의 사리탑은 부처의 유물이나 다른 성스러운 존재의 유물을 담았다.

그것들이 원래는 장례의 무덤으로 사용되었지만, 사리탑은 성지순례 및 예배의 장소가 되었다(Reyna, 1993). 사리탑은 커다란 돔 형태의 무덤으로 여러 개의 높은 층으로 되어 있는데, 일반적으로 난간이나 기둥으로 둘러싸여 있어 현세로부터 그것을 분리시켜 준다. 사리탑의 건축에는 다섯 가지의 알려진 물질적인 요소들이 사용된다. 그와 더불어 여섯 번째 요소도 있는데, 모든 밝혀진 것에 대한 밝혀지지 않은 기반인 '이해하는 자' 가 바로 그것이다. 사리탑을 순회하는 순례자들은 경의를 표하는 의식으로서 난간에 표시된 통로를 통해 들어가고 나온다.

모래놀이에서 둥그스름한 언덕이나 흙더미가 등장하는 것은 불교도 사리탑이 종교 의식의 중심점이 되는 방식으로 기능하는 것을 의미할 수 있다. 어떤 면에서 모래놀이에서 만들어지는 모든 산은 손으로 만들어지게 되고 사리탑의 신성한 의미를 수반한다.

또한 다른 문화에서의 산은 죽음의 장소로 간주된다. 와이오밍 주의 쇼쇼니(Shoshoni)족은 티턴 산지를 죽음의 전조가 되는 장소로 여긴다. 어떤 일본 작가들은 산을 죽은 사람들의 영혼이 거주하는 장소로 인용한다. 사실 관은 '산 같은 상자(mountain boxes)' 라고 간주되며, 죽음은 산으로 가는 것이라고 하기도 한다

인도 북부 사르나트의 사리탑(사진: B. Turner, 1976)
부처가 깨달음에 대해 처음으로 설법을 폈던 곳이다. 저자가 앞쪽 오른편에 서 있다.

(Nicholson, 1959/1997/1997).

상징적인 성격을 고려하자면, 산에 대한 정반대의 의미 또한 사실이다. 산은 죽음의 장소이기 때문에 동시에 생명을 주는 물의 근원이 될 수도 있는 것이다. 나일강과 갠지스강은 높고 성스러운 산에서부터 시작되고 신비하고 신성한 기원이 있다고 여겨진다. 이러한 물은 고대에서부터 땅들을 먹여 왔던 삶의 동맥으로서 사실상 생명의 전달자들이다. 수천 년 동안 그리고 오늘날까지 모든 힌두교도는 갠지스강의 신성한 물을 향해 성지순례를 한다. 수많은 순례자가 갠지스 강의 성스러운 포옹 속에서 죽기 위해 강으로 향한 인생의 마지막 몸짓을 하는 것이다.

산꼭대기는 종종 계시와 명시의 장소로 간주되기도 한다. 많은 전설에서는 높은 산꼭대기에서 신성한 계시를 받았다고 이야기한다. 모세는 시내산에서 야훼를 만났다(Nicholson, 1959/1997). 이러한 신명기의 전설은 야훼가 호렙산에서 모세에게 나타났다고 자세히 말해 준다. 예수의 변화 또한 산에서 일어났다. 히브리인에게는 신이 머무는 장소가 시내산이 아니라 신이 사람들 속에서 함께 살 수 있는 예루살렘에 있는 시온산이었다.

아메리카 원주민의 전설에서 산꼭대기는 통찰력과 능력과 관련되는 곳이다. 통찰력을 탐구하는 부족의 구성원들은 종종 힘과 영적인 통찰을 얻기 위해 산꼭대기로 여행을 한다. 일본의 야마부시산의 고행자들도 유사한 여행을 한다.

산지의 신성한 장소에 대해 알려져 있는 가장 오래된 전설 중의 하나는 크레타섬에서 발견된다. BCE 2100년과 1900년대 사이에 사용되었던 여신을 위한 동굴 및 산 정상의 신전들은 딕테, 주크타스, 이다 산에 위치하고 있다. 신성한 올림포스산 또한 고대 그리스의 신과 여신들의 본거지였다.

인도에서 시바 신은 히말라야에 있는 카일라산에 거주하고 있는 산들의 주인으로 알려져 있다. 파르바트(parvat)는 산이라는 의미를 갖는데, 그의 배우자인 파르바티(Parvathi)는 산의 딸이라고 불린다.

중국의 전설은 4개의 산을 기본적인 방향과 연결시킨다. 신성한 보리살타 혹은 깨달음에 이르는 자는 각각의 방향과 관련이 있다. 타이샨 산은 북쪽에 있으며 만주스리, 지혜의 보리살타와 관련이 있다. 치화산은 남쪽에 있다. 오메이산은 서쪽, 푸토우 샨의 작은 섬은 동쪽 연안 쪽으로 있다.

Dora Kalff(1980/2003)는 자신의 모래놀이에서 출현했던 타 노 가미라는 일본 인물에 대하여 이야기하였다. 가미는 신토(Shinto) 민족의 전통에서 나온 영적인 인물이다. 야마 노 가미라고 불리는 정령들은 가을과 겨울 동안에는 산에서 살고 있다가 봄이 오면 경작과 수확의 감독자인 타 노 가미가 되어 논으로 내려온다. 특히 일본인들은 가미가 거주하는 장소와 가미 자체를 구별하지 않는다. 야마 노 가미가 산에 있을 때는 야마 노 가미 그 자체가 산이다. 야마 노 가미가 봄에 내려와 타 노 가미가 되었을 때는 지상을 비옥하게 하기 위해 산 자체가 내려온 것이다. 높은 그것이 새로운 성장을 일으키기 위해 내려온 것이다. 야마 노 가미에는 산과 대지의 만남을 통해 일어나는 정반대의 결합에 대한 정신적인 잠재성이 담겨 있다.

신성한 힘과 산의 결합은 또한 아메리카 원주민 문화에서도 공유된다. 북태평양의 신화적인 전설은 종종 다음과 같은 말로 시작된다. "오래된 옛날, 산들이 사람이었을 때…." (Nicholson, 1959/1997) 이전에 타코마로 알려진 레이니어산은 다른 높은 산들과 마찬가지로 부족의 선조다. 유사하게 멕시코와 메소아메리카의 원주민은 포포카테페틀산, 침보라소산, 후아나카우리산을 신성한 상징으로 여긴다. 산이 신성한 자로부터 분리될 수 없고 또 산이 부족의 선조일 때, 사람들은 이 세상에서 그

타 노 가미

들의 기원의 모체와 함께 살 뿐 아니라 그 위에서 살아간다. 땅과의 그러한 연결은 명백한 것이며 어디에나 편재하는 그 존재는 생명을 신성함 속에 있는 것으로 정의한다. 돌과 마찬가지로 산도 영속적이다. 산에는 변화가 거의 없다. 가장 관심을 가질 만한 것은 산의 신성한 속성 또한 시간을 넘어 지속된다는 점이다. 일련의 문화와 전설에 의해 오랜 역사를 통해 신성한 것으로 간주되어 왔던 수많은 산이 있다. 예루살렘이 있는 모리아산은 가나안 전설에서 일찍부터 예배의 장소였다. 성서에서 나온 전설은 아브라함이 신의 요구에 따라 그곳에서 그의 아들인 이삭을 바쳤던 것으로 기록한다. 솔로몬은 그의 사원을 그곳에 지었으며, 무함마드는 같은 산에서 천국으로 승천하였다. 가톨릭 전설은 아즈텍인에 의해 신성하게 여겨진 산에 성모가 나타났다고 기록했다. 과달루페의 성모 마리아는 테페약산에서 나타났는데, 그 언덕은 아즈텍의 토난친 여신의 신성한 장소로 간주되었던 곳이다. 리미디오스의 성모 마리아는 촐룰라에 있는 케찰코아틀산의 파라미드에서 출현하였다.

비록 산이 여러 가지 상징적인 의미로 간주될 수 있을지라도 모래놀이에서 그것이 형성되는 것은 정신의 토대로부터 더 높은 것으로 향하는 연결의 실제적인 구현이다. 위를 향한 방향이 과도하게 나타나거나 방향이 불안정할 때도 있다. 이에 대해서는 모래놀이의 공간적 방향에 대한 내용에서 더 심도 있게 논의할 것이다. 여기서 산이란 단단한 정신적인 기초 토대로부터 위로 향해 솟아 있는 것을 일컫는다. 모래놀이 과정에서 내담자의 정신은 모래 표면의 2차원으로부터 세워지게 된다. 저 아래에 있는 무의식이 새로운 가능성으로 솟아오르는 것이다. 이러한 움직임은 자기의 중심으로부터 일어나며 그 자체가 매우 성스러운 성격을 지닌다. 모래놀이 상자에서 산을 만드는 것은 중심과의 관계에 있어서 더 많은 것을 향한 움직임이다. 산은 존재의 토대로서 모래에서 솟아나고 모래로 이뤄져 있다. 모래놀이에서 산을 만드는 것은 새로운 어떤 것을 세우기 위한 정신의 의도적인 발굴 작업이다. 모래의 표면에 있는 것은 의식에 더욱 쉽게 접근할 수 있다. 그 밑에 있는 것은 아직 드러나지 않고 있는 것이다.

아티 아티의 30번 상자는 상자의 중심으로부터 솟아오르는 사리탑과 같은 산의 예시를 보여 준다. 주로 산들과 형세들로 이뤄진 그의 모래놀이 작업에서, 사리탑은 28번 상자에서 그가 만든 터널을 통해 29번 상자의 빛나는 33개의 양초와의 연결이 이루어진 후에 비로소 나타난다.

아이비 아이비의 작업은 모래놀이에서 산의 여러 가지 가치에 대한 좋은 예가 된다. 두 가지 상자에서 산은 매우 높은 지점에 도달하는 동시에 깊은 골짜기를 갖고 있다. 산은 종종 아이비의 모래놀이에서 출현하였는데, 그들은 매우 강한 변화적 특성을 띠고 있다. 4, 5번 상자에서 하나의 큰 산은 상자의 거의 중심부에서 나타난다. 아이비는 두 개의 상자 모두에서 이러한 산을 '성'이라고 부른다. 성은 왕족이 기거하는 장소다. 아이비의 모래놀이 과정에서 이러한 성으로 된 산들은 가장 중요한 의미를 갖는데, 그것들은 자신의 내면의 고귀한 것, 곧 자기와 연관된 것이기 때문이다. 4번 상자의 성은 맹렬하고 놀라운 힘을 지닌 뱀, 괴물 및 신화적인 동물에 의해서 둘러싸여 있다. 정신의 이러한 영역을 건드리는 것은 위험과 공포를 수반하는 것이다. 그것은 그녀의 자아 구조의 중요한 영역들을 파괴시키려는 위협을 가하기 때문이다. 5번 상자에서 성은 값비싼 보석들이 있는 금으로 이루어진 반짝이는 장소로 변모된다. 이 모래놀이에서 아이비는 신성한 자기를 지키는 무서운 괴물을 뛰어넘어 침투한 것으로 보인다.

모래놀이에서의 구덩이와 터널

모래놀이에서 구덩이와 터널은 뚫고 들어가는 정신의 움직임으로 이해된다. 구덩이의 경우는 모래의 표면이 아래로 향하는 방향으로 뚫려지는데, 이것은 정신의 덜 의식적인 차원을 향한 정신적인 움직임의 제스처가 된다. 구덩이들은 여러 가지 크기와 속성을 지닌다. 연못과 호수를 만들어 낼 만큼 큰 구덩이들은 또한 저 아래에 있는 무의식적인 물을 열게 한다. 모래의 표현을 뚫고 나가는 이러한 형태의 속성은 물에 관한 부분에서 논의된다. 손가락이나 작은 물체로 형성된 것과 같은 더 작은 구멍들은 연못과 호수로 명확하게 정의된 것과는 그 속성이 다르다.

구덩이가 만들어진 방식은 중요하다. 한 손가락으로 큼직하고 세게 모래 표면을 관통하는 구멍은, 예를 들어 막대기로 슬쩍 파낸 구멍과는 다르다. 이러한 행동은 무의식과 의식적인 자아 간의 관계를 의미한다. 이것은 모래놀이마다 다양하므로 그 자체의 맥락 내에서 고려되어야 한다. 어떤 식으로 형성되었건, 그 구덩이는 무의식을 의식적으로 관여한 것이다. 그것은 자신감이 있든지 혹은 걱정에 싸여 있든지 자아가 곁에 있다는 것을 의미한다.

구덩이는 아래에 있는 것을 향해 표면을 뚫는 돌파다(Steinhardt, 2000). 물을 열었을 때, 그것은 마치 우물과 같은 자원으로서 기능할 수 있다. 구덩이가 상자 바닥까지 모래를 뚫을 때 정신은 아래쪽에 있는 것에 접근한다. 이러한 접근은 여러 가지 방식으로 기능할 수 있다. 우물과 같이 정신은 덜 의식적인 것을 끌어올리고 표면을 향한 통로를 제공한다. 구덩이는 지하에서 소용돌이치고 있는 것으로부터 나온 압력을 방출하게끔 해 주는 배출구를 제공해 준다. 구덩이는 처분을 하는 장소가 될 수도 있는데, 그곳에서 정신은 과도하거나 혹은 더 이상 필요치 않은 것을 배출시킬 수 있다.

모래놀이에서 구덩이를 만드는 것은 심기와 관련이 있다. 이러한 면에서 구덩이는 신석기시대 이래로 사람들에 의해서 수행된 풍작을 위한 의식으로서 성애적인 에너지를 수반한다(Eliade, 1991). 수많은 문화에서 농사를 위해 흙을 파는 것을 성적인 행위로 본다. 지구와 씨를 뿌리는 것 간의 관계는 번식을 위한 인간의 성행위와 동일한 것으로 간주된다. 이러한 면에서 모래놀이에서의 구덩이는 새로운 성장을 위해 지구에 씨를 뿌리거나 비옥하게 하는 몸짓이 될 수 있다. 그러한 의도성은 또한 무의식에 관여할 수 있는 잠재성과 능력을 수반한다.

모래에서 터널을 건설하는 것은 더욱 어렵다. 어떤 터널은 이미 만들어져 있는 형태로 놀이 용품에 포함되어 있는 반면, 모래에서 직접 손으로 만든 터널은 훨씬 더 많은 노력이 요구된다. 모래더미에서 내담자의 손에 의해서 만들어진 터널들은 흙의 요소들을 더 깊이 있게 사용하거나 혹은 직접 구조물을 손수 만들어야만 하는 더 급하고 강력한 정신적 욕구를 수반한다. 일반적으로 말해서, 두 가지 종류의 터널은 유사한 방식으로 기능한다. 치료자는 어떤 차이가 있다면 그것을 인식하기 위해 내담자의 개별적인 과정에 주의 깊게 귀를 기울여야 한다.

이미 만들어진 터널이나 손으로 만든 터널 모두는 모래놀이에서 매우 흥미로운 정신적인 움직임을 나타낸다. 터널 위의 다리는 마치 그 밑에 통로가 공간상의 두 장소를 지하를 통해 연결해 주듯이 두 가지의 정신적인 상황을 연결하기 위해 표면에서 기능한다(Steinhardt, 2000). 터널이 땅속에서 흙더미의 양쪽을 서로 연결시킬 때, 그것은 다른 세계에 존재하는 것처럼 분리되었던 정신적인 요소들을 연결한다. 터널은 지면을 수평으로 뚫는다. 그것은 정신이 속으로 파고드는 것이다. 터널은 지하세계에서 새로운 무의식의 길, 즉 움직일 수 있는 새로운 연결망 또는 방법을 열어 주는 뿌리 깊은 통찰의 형태다. 터널이 열리는 양쪽에서 그것이 무엇을 연결시키는지를 주의 깊게 관찰하는 것은 중요하다. 다른 한편으로 터널은 어떠한 요소들을 연결하는 것이 아니라 단지 지하세계를 통할 수 있는 새로운 방식을 제공해 줄 수도 있다.

모래놀이에서 터널은 어둡고 알려지지 않은, 두려운 정신적 요소를 통과하기 위한 정신적 수단이다. 모래에서 터널을 내는 것은 불확실한 작업이다. 터널은 항상 붕괴의 위험에 처해 있다. 상자에 터널이 존재하는 것은 해야만 하는 것에 대한 준비와 예비를 나타낸다. 터널은 하나의 길이며, 그 길은 뚫려 있다. 내담자의 두려운 경험을 더 잘 수용하기 위해 가능한 한 내담자가 연결하는 과정 속에서 어떤 존재인지를 인식하는 것은 중요하다. 어떤 경우 이러한 정신적인 요소들은 터널의 끝에서 나타난다. 하지만 많은 경우에 우리는 터널이 연결하고 있는 정신적인 요소들이 무엇인지를 발견하기 위해 이전의 여러 상자를 다시 한 번 살펴보아야 한다.

어떤 경우에서 터널은 연결시키는 것보다 지하세계에서의 운동성을 개발하는 것과 더 많은 관련이 있을 수 있다. 내담자가 터널을 만들 때 터널을 완성시키면서 손가락을 서로 맞닿게 되면 무의식에 유용할 수 있는 새로운 길이나 통로가 있다는 점을 더욱 의식적으로 인식하게 된다. 또한 필수적인 지하세계 속으로의 여행이 성취될 수 있다는 것을 나타낼 수도 있다. 내담자의 손가락이 터널 속에서 맞닿을 때, 우리는 내담자의 행동에서 눈으로 확인할 수 있는 성취감을 볼 수 있다. 터널을 만드는 것은 이러한 지하세계의 길을 걸어야 하는 필요를 없애 주는 것은 아니다. 정신이 새로운 통로를 뚫어 놓기는 했지만 그것은 사용되어야만 한다.

아티 8세 된 아티는 그의 학교생활을 좌절하게 만드는 학습의 어려움으로 고통 받았다. 하고자 하는 의지와 긍정적인 태도에도 불구하고, 이 성실한 소년은 그의 학습과정에서 필요한 정신적인 연결을 이끌어 내지 못했다. 게다가 아티의 삶은 그의 부모들이 이혼을 하면서 두 번째 분열로 고통받았다. 아티의 모래놀이 과정은 주로 땅의 형성에서 나타나는 움직임과 변화를 수반했다. 비록 그가 대부분의 상자에서 피겨를 사용하기는 했지만, 그의 과정을 움직이는 힘은 모래에서 자신의 신체를 사용하는 데에서 드러났다. 대부분의 상자에서 아티는 모래를 주무르고 손가락 사이로 반죽하는 작업을 했다. 그의 전반적인 작업은 그의 정신의 움직임에서의 모래 사용을 강조하였으며, 우리에게 정신이 피겨와 이미지만을 제한적으로 사용함에도 불구하고 어떻게 모래놀이를 변형시키고 움직일 수 있는지에 대한 강력한 예시를 제공해 준다.

12번 상자에서 아티는 언덕에 깊은 동굴을 만들기 위해 유리관을 사용한다. 그의 정신적인 방해물의 몸체를 조금 더 깊숙이 관통하기 위해, 그는 작은 레슬링 선수들을 돌고래의 입으로 밀어 넣고는 동굴의 안쪽으로 더 깊숙이 돌고래를 밀어 넣었다. 이어진 13번 상자에서 아티는 거의 20분 동안 모래로 작업을 하여 화산을 만들었다. 이전의 상자에 있었던 동굴을 사용하여 더 깊은 작업을 한 후에야 새로운 잠재력이 바다 바닥으로부터 일어났다. 또한 화산 구멍은 새로운 정신적인 주제가 표면에 도달할 수 있도록 하나의 채널이자 통로가 된다.

> 18번 상자에서 아티의 정신적 조망은 잘 통합된 원형의 모양을 띠고 있는데, 이것은 하나의 반달 모양과 하나의 원으로 구성된다. 분명하게 이러한 아동의 작업은 내가 그것이 어디로 가고 있었는지에 대해 정확하게 의식하지는 못했어도 형태를 가지고 진행되고 있었다. 이후에 상자에서 더 많은 분류와 정렬을 한 후에, 아티의 모래놀이 과정은 지하의 통로를 통해 완전하게 뚫려 있는 하나의 거대한 산을 만든 41번 상자에서 거의 완성되었다. 검은색과 금으로 칠한 작은 기사들이 '모래 전쟁' 이라고 그가 이름 붙인 전투에서 싸운다. 아티의 작업은 모래에 만든 하나의 경주장에서 경주하는 차들로 이루어진 재미있는 게임으로 결론지어졌다. 18번 상자에서 나누어진 원의 형태를 연상시키는 42번 상자는 하나의 거대한 고리로 이루어졌으며, 말쑥하게 중심에서 아래로 수직으로 나누어졌다. 그리고 각각의 반쪽에서는 경기가 한참 진행되고 있는 경주로가 있다. 그의 과정이 끝났다는 것을 강조하듯이, 아티는 모든 장난감 차를 선반 위에 다시 올려놓고 모래상자를 평평하게 정리했다. 그는 다 마쳤던 것이었다.

비록 나는 모래놀이의 과정을 통해 아티에게 신경정신학적으로 무슨 일이 일어났는지를 정확하게는 알 수 없었지만, 그는 학교에서 점점 더 좋아졌고 상냥한 그의 성격을 통해 많은 친구를 얻었으며 부모의 이혼 후의 삶에 적응해 나갔다.

모래에 조각된 형상과 형태

형성력이 있고 유연한 젖은 모래는 식별 가능하거나 가능하지 않은 형태와 대상들을 조각하는 것을 가능하게 해 준다. 이렇게 조각된 형태들은 모래의 표면으로부터 솟아오르거나 혹은 푸른 물이 그것들을 섬처럼 둘러쌀 수 있다. 확인 가능한 형태를 모래로 조각하는 것은 내담자와 상징이 갖고 있는 에너지 간에 강력한 초점이 맞추어진 결과로 상징적인 과정 속에서 특별하게 중요한 순간이 된다. 모래에서 상징적인 형상의 등장은 그러한 에너지들이 실제적인 형태로 나타나기 시작하는 것을 의미한다. 모래놀이 용품에서 나온 형상들의 선택과 위치 선택을 정신이 주도하는 것은 분명하다. 하지만 그 형태가 존재의 기반인 모래에서 직접적으로 태어난 것일 때, 내담자와 정신, 그리고 상징적인 형태 사이의 직접성은 서로 분리시킬 수 없을 만큼 크다. 손으로 직접 만든 특정한 상징에는 매우 강한 투입이 존재한다. 또한 내담자에 의해 만들어져서 모래상자로 옮겨진 형상들도 그러하다고 말할 수 있다.

샌더 조각된 형상의 한 가지 좋은 예는 샌더의 9번 상자에서 출현한 거대한 올챙이다. 개구리의 발달과정은 신체적인 발달뿐만 아니라 정신에 대한 강한 에너지를 수반한다. 샌더는 그의 올챙이의 등에 한 마리의 개구리를 묻음으로써 성장에 대한 새로운 잠재성을 강조한다. 자수정의 눈을 가지고 있는 샌더의 변형적인 형상은 마치 앞으로 펼쳐질 여행에 대한 예리한 통찰력을 가지고 있는 것처럼 보인다.

어떤 경우 섬들과 같이 바다 밖으로 솟아오르는 조각된 형태들은 대지 자체에서 출현한 것들보다도 훨씬 명확하다. 섬들의 주변 모서리들은 경계가 뚜렷하며 그 존재는 확실하다. 반면 대지로부터 출현한 형태들은 때로는 땅과의 구분이 덜 명확하다. 모래놀이의 여느 측면과 마찬가지로 정해진 공식이란 없다. 각각의 사례는 독특하며, 따라서 그 자체의 특유성을 분명하게 고려해 보아야 한다.

어떤 조각된 형태들은 바로 알아볼 수가 없는데, 메이지라는 8세 된 아이의 첫 번째 상자가 그런 경우다.

메이지 1번 상자에서 메이지는 조심스럽게 거의 중간 지점에 흙무더기 형태를 만들었다. 내가 기억하기로는 당시에 그것이 무엇인지를 나는 알 수 없었다. 상자를 완성했을 때 그의 작업에 제목이 있거나 이야기가 있는지 질문하자, 그는 행복하게 그 흙더미를 '집' 이라고 이름 붙였다. 모래놀이의 맥락에서, 그녀의 모래놀이 과정에서 다뤄진 문제는 그녀로 하여금 집에 있는 자신의 모습을 연상시키게 한 것이 분명하게 드러났다. 또한 이전에 논의하였듯이 산, 흙더미, 석탑의 풍부한 원형적인 중요성을 수반하고 있는 그녀의 집이 여기에서도 나타나고 있었지만 그 형태를 갖추지는 못했다. 그것에 형태를 입히기 위해서는 작업이 필요했던 것이다.

몸의 일부

몸의 일부와 비슷한 그림이나 조각물이 모래놀이에서 출현하기도 한다. 모래놀이 사례에 따라 그들이 의미하는 것은 매우 다양할 것이다. 머리나 얼굴의 출현은 모래에 손도장을 찍거나 이름을 쓰는 것과 유사한 에너지를 담고 있을 수 있다. 그것은 자아의 발달되고 있는 안정감과 그들 자신의 독특한 정체성을 인식하는 것과 관련이 있다. 그것은 팽창 혹은 삶에 대한 과도한 합리화에 대한 인식을 의미하는 것일 수 있다.

성인과 아동 모두에게 있어 무의식적인 땅의 형태들과 수로들은 모래상자에서 남성과 여성의 성기 모양이 될 수 있다. 신체적으로 출산의 영역인 성기의 이미지는 참으로 지극히 창조적이다. 모래놀이에서 나타나는 이러한 이미지는 새로운 창의적인 잠재성을 여는 것과 관련될 수 있다. 그것은 내담자가 이전에는 알지 못했던 새로운 정신적인 능력을 알아차리는 것과 관련될 수 있다. 성기의 이미지는 아니마(anima)와 아니무스(animus)인 성격의 반대 성적인 요소들의 발달과 관련이 있다. 사춘기 이전의 아동에게서 성기 이미지가 출현하는 것은 아동의 성발달에 대한 것일 수 있으며, 아동기의 영역에서 청소년기로 옮겨가는 것과 연관된 모든 것과 관련될 수 있다. 성기 이미지는 또한 성적으로 학대를 당했거나 혹은 삶이 황폐해진 내담자에게는 치유의 과정을 의미하기도 한다.

모래놀이에서 몸의 일부분은 신체의 질병과 관련될 수 있다. 앞서 말했듯이, 어떤 면에서 우리는 모래를 몸의 확장으로 간주할 수 있다. 손과 몸이 모래를 움직이고 배열할 때 모래상자에 나타나는 몸과 관련된 이슈를 이해하는 방식은 쉽다. Amatruda와 Helm-Simpson(1997)은 신체의 질병을 요소들과 차크라, 모래놀이 심상, 치료의 목적과 현존하는 문제와 연결하였다. 중증 환자들과의 풍부한 경험이 있는 그들은 자신들의 작업을 통해 모래놀이에서 이런 요인의 통찰력 있는 통합을 제공한다.

고통을 겪고 있는 신체 부위는 모래놀이에서 무의식적으로 묘사될 수 있다. 묘사된 질병이 내담자뿐 아니라 그들이 가깝게 애착을 느끼는 사람의 일부일 수 있다는 점은 흥미롭다. 아마도 우리는 이로부터 내담자와 치료자가 하나가 되듯이 내담자가 자기가 애정을 가지고 있는 사람들과 정신적인 영역을 공유한다는 점을 추론할 수 있다. 시간과 공간의 제한을 뛰어넘어 존재하는 정신이기에 질병과 같은 큰 관심사는 서로 연결되어 있는 사람들에 의해 동시에 공유된다.

정신은 미래에 놓여 있는 것만큼이나 현재의 것을 보유하고 있다. 비록 우리가 모래놀이 과정에서 신체적 고통에 대한 강력한 직관을 경험하더라도, 질병에 대한 내담자의 의식적인 의사소통 없이는 절대로 모래상자에서 나타나는 것들에 대해 확신할 수 없다. 치료자는 자신의 관점에 대해 내담자에게 이야기하고 싶은 강한 충동을 느낄 수 있지만, 상징적인 과정이 이러한 수준의 확신을 지지해 주지는 않는다. 상징적인 과정의 모든 다른 면들과 마찬가지로, 나는 치료자의 과제가 정보를 단순히 가능성 중의 하나로 담아 두는 것이라고 느낀다. 우리는 정신적인 작업을 위해 굳건하고 사려 깊은 용기가 되어 주어야만 하고 정신적 작업이 필요에 따라 진전을 보일 것이라고 믿어야 한다.

수년 전에 나는 심각하게 위독한 병으로 진단받은 엄마를 둔 한 작은 소년과 작업을 하였다. 엄마는 그녀의 아들에게 자신의 병을 말하지 않기로 결심하였다. 그녀가 수없이 많이 병원을 방문한 것과 의사에게 진료받는 것을 아들에게 숨기려고 노력하였음에도 불구하고, 그의 모래놀이 작업은 온통 질병, 병원과 치료의 주제로 가득 찼다. 그래서 나는 그의 엄마에게 아들이 의식적인 인식 없이 이런 모든 힘겨운 정보를 다루고 있었다는 점을 말해 주는 것이 중요하다고 느꼈다. 병에 대한 걱정은 가족의 무의식 가운데 존재하였다.

섀넌 신체적 건강에 대한 인식과 관련된 공유된 영역에 대한 또 다른 재미있는 예는 40대인 섀넌의 경우다. 부모와 고통스럽고 어려운 관계를 경험한 그녀는 주로 그녀의 언니에게 애착이 형성되어 있었다. 8번 상자에서 섀넌은 두 개의 섬들을 만들었는데, 이에 대해 그녀는 "그건 마치 두 개의 가슴 아니면 두 개의 눈인데 정말로 추하게 보여요!" 라고 말했다. 10번 상자에서 섀넌은 가슴 모양과 같은 두 개의 흙무더기를 또다시 만들었다. 이번에는 깊은 경외감을 가지고 "그건 어떠한 의미도 갖고 있지 않지만, 나는 그게 좋아요. 나는 색깔이 맘에 들어요." 라고 말했다.

그녀가 모래놀이를 구축하는 방식은 기본적으로 의식적이다. 모래를 만들고 집, 나무, 꽃들의 위치를 잡은 후, 섀넌은 조심스럽게 까만색과 하얀색 리본을 묶고는 부드럽게 그것들로 두 흙더미를 중간에서 연결시켰다. 그녀는 리본 위에 흙더미를 연결하는 다리를 세운 후 오른쪽 흙더미 위에 세 마리의 푸른 말들을 원을 지어서 세워 두었다.

섀넌이 8번 상자를 만들 당시, 나는 그의 중요성을 깊이 깨닫게 되었고 그것이 신체적 건강 및 질병과 어떠한 관련성이 있다는 점을 직감적으로 알아차렸다. 바로 그 후에 그녀가 사랑하는 언니가 유방암으로 진단을 받았다. 길고도 성스러운 투병생활 끝에 그 병은 언니의 생명을 앗아갔다. 비록 이것이 섀넌이 겪은 가장 큰 상실이었지만, 그녀가 모래놀이에서 한 작업은 그녀가 위엄과 지혜를 가지고 그 고통을 지나갈 수 있는 통로를 뚫어 주었던 것이 분명하였다.

되돌아봤을 때, 모래놀이에서 어떤 질병이 드러난다고 언급하는 것은 무의미할 수 있을 뿐더러 그녀의 작업을 심각하게 방해할 수도 있었던 것이었다.

타라 상해와 신체적 외상의 좋은 예는 30대 초반인 타라의 1번 상자에서 볼 수 있다. 치료에서 그녀의 초기 성추행을 받은 개인력으로부터 비롯된 관계에서의 어려움을 다루기 위해서, 타라의 1번 상자에는 여자의 몸통이 나타났다. 모래에 조각된 땅의 형태는 왼쪽에 목과 어깨에 기대고 있는 여자로 볼 수 있었다. 타라는 그녀가 초기에 학대를 당했던 가슴 부위를 두 개의 함몰된 땅으로 파냈다. 그녀는 자신이 모래에서 상처입은 여성을 만들어 내고 있었다는 것을 의식적으로 인식하지 못했다. 나는 그녀의 존재 자체의 기반 속에 매여 있는 초기 학대가 미치는 영향의 깊이를 깨달으면서, 이러한 인식에 대해서는 침묵을 지켰다.

우리가 볼 수 있듯이, 무수한 형태들이 모래상자에서 만들어질 수 있다. 어느 때는 다른 때보다 형태, 움푹한 곳 그리고 회선에 의해서 나타나는 에너지들이 무엇인지에 대한 더욱 분명한 인상을 가지게 될 것이다. 모든 상황에서 우리는 이렇게 나타나는 형태들의 가능한 의미를 고려해야만 하고 동시에 그들의 불가피한 불명확성을 계속 담고 있어야 한다.

대지와 물이 만나는 지점

모래상자에서 모래와 물이 만나는 지점은 깊은 주의를 기울일 만한 하나의 특별한 유형의 관계를 창출해 낸다. 하나의 유리한 지점에서 모래놀이의 두 가지 기본적인 요소인 모래와 푸른 물은 재료의 본질에서 두 개의 에너지의 극으로 볼 수 있다. 우리는 도교주의자의 전설로부터 나온 그림에서 모래를 동양 철학의 양, 즉 남성으로, 그리고 물을 음, 즉 여성으로 여긴다. 각각은 서로의 관계에서 정의된다. 게다가 각각은 그 자체에 반대의 가능성을 내포하고 있다. 모래놀이에서 우리는 물밑에 있는 모래와 모래나 대지의 기반을 이루고 있는 물을 생각할 수 있다. 가장 기본적인 방식으로 모래와 물의 관계는 그 순간에 존재가 나타나는 데에 있어서 필수적인 요소를 반영해 준다. 이러한 관계는 의식적인 위치와 무의식이 맺는 방식을 담고 있다.

모래놀이에서 모래와 물이 어디에서 어떻게 만나는지를 인식하라. 매우 다른 정신적인 위치들이 등장하는데, 예를 들어 물이 땅으로 둘러싸이거나 반대로 땅이 물에 의해 둘러싸이는 경우다. 습하고 여성적이며 무의식적인 에너지로서의 물은 그것이 한 곳이 열려 있을 때와 모래로 온통 둘러싸여 있을 때 매우 다르다. 모든 경우에서 우리는 무의식적인 요소가 의식적인 인식과 어떻게 관련이 있는지를(혹은 그 반대를) 고려해야 한다.

또 다른 고려할 점은 모래와 비례하는 물의 양과 관련이 있다. 주변에 땅이 거의 없는 거대한 물의 형태는 큰 땅속에 위치하는 훨씬 더 작은 호수와는 매우 다른 상징적인 중요성을 가진다. 전자의 예시에서의 강조점은 물과 물속으로 들어가는 것에 있어 보인다. 후자에서는 깊은 곳을 향한 구멍은 분명하게 있지만, 더 큰 물의 구멍에 의해 표현되는 긴박감이나 혼란감은 없다. 유사하게 거대한 모래로 된 경치에서 푸른 바닥을 조심스럽게 조금씩 여는 것은 염려와 방어적인 의식 상태를 나타내는 것일 수 있다.

리네 리네의 첫 번째 상자는 대지와 물의 관계에 대한 흥미로운 예다. 여기서 대지는 좌측에 있는 거대한 물로 인해 확실하게 우측과 대치된다. 땅과 물의 이러한 관련성은 아동의 내적이고 외현적인 삶에서 무의식이 작용하는 정도가 얼마나 중요한지를 전달한다. 물의 가장자리에 한 인형 가족을 함께 뉘어 놓은 것과 두 명의 아이들의 눈을 책으로 가린 것으로 무의식적인 지각의 주제가 더 강하게 드러난다.

우물, 호수, 연못과 시내

모래상자에서 우물, 호수, 연못과 시내의 형성은 특정한 양의 의도와 의식적인 목표가 필요하다. 그것들은 전형적으로 뚜렷한 벽 혹은 모서리로 형성되기 때문에, 이러한 종류로 물은 모래의 형태에 의해 잘 에워싸이게 된다. 그 경계와 용도는 분명하게 알 수 있다. 모래는 이렇게 물 주변을 둘러싸고 있을 뿐 아니라 그것을 지탱해 준다. 우물들은 종종 그것들 위에 물을 끌어올리기 위한 구조물을 갖게 된다. 이것은 아래에 있는 것을 이용하고자 하는 의도와 더욱 깊은 곳에 있는 것에 접근하기 위한 수단이 존재한다는 것을 표시하는 것이다.

연못과 호수는 풍경에서 환상의 장소로 나타나게 된다. 물고기, 거북이, 오리, 그리고 물에 사는 다른 생물들이 그곳에 있을 수 있는데, 이는 그곳이 침투되고 번식력이 있을 뿐 아니라 접근 가능하다는 것을 나타내 준다. 분명하게 정의된 연못과 호수들은 임의로 열었거나 혹은 모래놀이의 맥락에서 설명할 수 없는 모래에 뚫린 구멍과는 매우 다른 속성을 지닌다. 이런 것들은 덜 분명해 보이며 더 무의식적이고 어쩌면 다소 불길해 보일 수도 있다.

시내와 강은 풍경을 가로지르는 수평적인 수로다. 모래의 형태는 그들의 측면과 형태를 지지해 준다. 하지만 수로를 통해 흐르는 것은 물이다. 시내와 강은 흐르도록 하는 통로이며 무의식적인 요소의 방향이 된다. 그것들은 전달과 정신적인 내용의 움직임을 위한 통로가 된다.

시내와 강은 풍경을 구별된 구역으로 나눌 수 있다. 이러한 의미에서 강과 시내는 이전의 모호한 것 혹은 정신의 분리된 영역들을 분명하게 나누고, 그들을 서로 연결하려는 시도를 시작하게 하는 역할을 한다. 어떤 의미에서 그것들은 다리의 기능을 담당하고 있긴 한데 그것은 여전히 무의식적인 것이다. 이러한 방식으로 기능할 때 강과 시내는 좀 더 의식적인 방식으로 연결되어야만 하는 괴리들을 분명하게 한다.

해변과 바다

해변과 바다는 모래놀이에서 관심을 필요로 하는 것인데, 왜냐하면 무의식과 의식적인 영역이 서로 만나는 지점이기 때문이다. 모래놀이 과정에서 대지가 언제, 어디서, 어떻게 커다란 대양 깊이의 거대함과 만나는지에 대한 중요성은 해변과 바다에만 있는 몇 가지 속성을 고려하면 더 잘 이해된다. 앞에서 우리는 물의 속성에 대해 세부적으로 탐색하였다. 여기에서는 표면과 그 밑에 있는 것 사이의 접촉 지점으로서 해변의 중요성에 대해 특별한 주의를 기울이면서 바다의 심연에 대해서 탐색할 것이다.

바다의 거대한 물의 표면 바로 밑에는 알 수 없는 무의식이 담겨 있다. 새로운 것으로 새롭게 태어난 그 무엇은 알지 못하는 것으로부터 나타난다. 이것은 바다를 생명의 커다란 근원으로 보는 설화를 이야기해 주는 수많은 문화의 창조 신화에 의해 반영된다(Eliade, 1996). 바다는 Homer, Virgil, 오르페우스교의 Orphic 문헌, Plato 등에 의해 전해진 서구의 신화에서 삼라만상의 신들의 근원지가 된다. 고대 근동 지역의 수메르인의 전설은 커다란 바다인 남무로부터 솟아오른 천지의 산에 대해 묘사한다. 몇몇 고대 이집트의 전설에서는 대지를 눈이라고 불리는 근원적인 물 위에 위치하는 것으로 기술한다. 호루스 신의 단은 시간이 시작될 때 태고의 물에서부터 솟아오른 모래 언덕이다. 많은 고대의 인디언 신화는 물에서부터 신들과 생명이 나왔다고 말한다. 중국 신화는 땅을 둘러싸고 지탱하는 4개의 바다를 기술하는데 각각은 거대한 용왕과 관련되어 있다. 또한 유사하게 어떤 마야의 신화는 땅이 각각 다른 색깔을 띤 4개의 바다에 둘러싸여 있다고 기술한다. 고대 게르만 민족의 신화에서는 세계를 둘러싸고 있는 넓고 위협적인 바다에 대해 기술하고 있다(Sturluson, 1954/1984). 그것은 자신의 꼬리를 무는 우로보로스에 의해 둘러싸여 있고 지탱된다.

이러한 존재의 근원인 바다에 대한 전설들은 모든 문화에서 나타나며, 사실상 그 끝이 없다. Jung의 용어를 빌리자면, 이런 물의 근원적 신화의 본질은 각각 무의식의 생산적 속성에 대한 영구적인 인식이다. 창조는 본질적으로 불가사의한 것의 생산물이다. 게르만 민족 전설에서의 우로보로스의 이미지는 무의식의 총체성을 강조한다. 자신의 꼬리를 무는 뱀과 같이, 그것은 모든 시간과 공간을 담고 있는 것이다.

바다는 하나의 응집된 형태로 존재한다. 우리는 그것을 볼 수 있으며 또 그것이 존재한다는 것을 확신할 수 있다. 하지만 우리는 절대로 그것을 완전하게 뚫을 수는 없을 뿐 아니라 그 표면 아래에 있는 모든 것을 알 수도 없다. 내담자가 모래놀이에서 바다를 만나게 되면 의식의 표면 아래에 있는 자기의 넓고 풍족한 자원을 만나는 것이다. 물의 표면 아래 존재하는 정신적 성장을 위한 자원들은 무한하다. 동시에 표면 아래에 존재하는 것은 어둠 가운데 있으며 무서운 것이다. 심리적으로 말해, 우리는 매우 조심스럽게 바다에 참여해야만 한다. 그 보물을 캐내는 작업은 철저한 준비와 깊은 경외심을 요구한다. 그 힘은 엄청나고 우리를 소모시킬 수 있다.

상징적으로 해변은 무의식적인 가능성과의 정신적 만남이 이루어지는 장소다. 그 속성상 해변은 대지와 바다 모두로부터 생겨난 자연적인 파편을 모으고 정화하는 기능을 한다(Smitter, 2002). 쓸데없는 물질들은 대지로부터 해변으로 떠내려 오고 바다의 파도의 움직임에 의해 해변에 오른다. 그리고 분해성이 있는 것들은 변화되고 태양, 파도, 모래, 바다에 있는 야생생물에 의해서 다시 자연으로 돌아가 재순환된다. 이런 면에서 바다는 처리와 순화가 모두 이루어지는 장소다.

해변이 처리의 장소라는 개념은 많은 문화적인 전통에 의해 반영된다. 그중 흥미로운 것은 인도 해안에 위치한 니코바섬에서 매년 시행되는 악령을 쫓아 버리는 의식이다(Frazer, 1922/2002). 일 년에 한 번 마을 사람들은 작은 나무 보트를 만들어 이 집 저 집을 다니면서 거기에 모든 악령을 담는다. 각각의 집을 방문한 후, 그들은 그것을 해변으로 가져와서 바다로 떠나보낸다. 이러한 방식으로 그들은 어두운 것을 바다의 어둠 속으로 다시 돌려보낸다.

포기의 장소로서 해변의 위협적인 속성은 발리의 문화에 반영된다. 아름다운 인도네시아 섬의 원주민은 해변을 피하는데, 그들은 해변을 악마가 존재하고 죽은 사람들의 유골을 처리하는 장소로 간주하기 때문이다. 발리인에게 사실상 일상적인 삶의 모든 측면은 매일 주어지는 축복인 것이다. 발리인은 신성함을 모든 것에 부여하여 악령을 섬의 해안으로 몰아내는데, 그곳에서 그것들은 제거되거나 변화될 수 있다.

바다의 정화적인 측면은 또한 일본의 아이누인의 전설에도 반영된다. 아이누인은 집의 화덕을 신성하게 여기며 그것의 확실한 정화를 위해 의식을 수행한다. 집에서 누군가가 죽으면 화로에서 나온 재는 의식을 통해 집 밖의 특별한 보관소로 치우고, 집을 정화하기 위해 바다에서 가져온 깨끗한 모래를 화덕에 담는다. 발리인이 정화를 위해서 악령을 해변으로 보낸다면, 아이누인은 바다가 처리하여 정화시킨 모래를 사용한다.

모래놀이에서 바다는 정신적인 특성의 도착과 출발의 장소다. 이러한 의미에서 바다는 변화적인 과정을 하는 동안에 처분하고 정화하는 두 가지 목적을 모두 수행한다. 변화와 변형에 대한 검토를 통해, 우리는 무의식에서 새로운 정신적 가능성에 도달하기 위해 더 이상 필요하지 않은 것들을 포기하는 것이 요구된다는 점을 알고 있다. 모래놀이에서 해변의 속성은 이러한 변형적인 과정이 발생되는 방식을 나타낼 수 있다. 험준하거나 울퉁불퉁한 해안선은 사람들이 수영하는 부드러운 해안선과는 매우 다른 속성의 통로를 나타낸다.

바다의 형상은 또한 변화과정의 관계에서 내담자의 위치를 나타낼 수 있다. 나는 모래놀이 과정에서 바다로 나갔다가 다시 안전한 항구로 돌아오는 장면을 여러 번 만들어 냈던 한 젊은 남자의 사례를 기억한다. 그의 변화는 진행 중이었으나 한 번에 한 걸음씩 나가는 방식이었다. 그의 작업은 그의 변화가 완성될 때까지 이러한 방식으로 지속되었으며, 그 이후로 반복적으로 오락가락하는 것은 더 이상 필요하지 않았다.

튀어나왔거나 반도의 모양을 한 해변은 변화를 향한 정신적인 진보를 뜻한다. 이러한 형태로 형성된 해변은 앞으로 일어날 변화에 대한 준비와 기대를 보여 준다. 이것은 정신적인 발전 가능성을 풍요하게 하는 깊은 곳을 향한 침투가 된다.

비록 어떻게 모래와 바다가 만나는지에 대한 정해진 공식은 없지만, 모래놀이에서 바다의 형태와 속성에 대해 잘 파악하는 것은 우리가 내담자의 무의식의 깊은 바다에 담겨진 새로운 정신적 속성들과 만나는 것을 훨씬 더 잘 수용할 수 있도록 도와준다.

섬

Eliade(1996)는 섬의 정신적인 중요성에 대해 매우 주의 깊게 관찰하였다. 그는 물이 모든 존재에 우선하고 모든 창조물이 물로 인해 유지된다는 것을 관찰하여, 그런 모든 창조물을 물의 한가운데 존재하고 있는 섬에 비유하였다.

모래놀이에서 섬들은 특별한 관심을 필요로 한다. 정의하자면, 섬은 물에 의해 완벽하게 둘러싸여 있는 대지의 한 부분이다. 모래놀이에서 이것은 두 가지 방식으로 나타나는 경향이 있다. 하나는 바다에 나타나는 섬이고 다른 하나는 둥그런 강이나 못으로 둘러싸인 내륙에 있는 섬이다. 두 종류의 섬들은 모두 고립되어 있다. 즉, 그것들은 주요한 몸체로부터 분리된 곳들이다. 이러한 의미에서 그것들은 특별하고 독특하고 또는 새로운 것이다. 둥그런 물에 의해서 다른 육지로부터 분리된 섬은 피난처의 장소가 될 수 있다. 이러한 종류의 섬은 정신적인 철수 및 고찰을 제공한다. 이러한 의미에서 섬은 자기를 중심으로 구별해 주는 자기의 정의를 위한 장소를 제공한다.

섬은 시간과 공간과의 원형적 관계를 창출하므로 중심을 가리킨다. 섬에서 모든 것은 물과 관련성을 가진다. 대지의 평평한 면에서 수평의 눈금에 따른 위도와 경도는 개념적으로 시간과 공간을 정의해 준다. 예를 들어, 우리는 일반적으로 과거를 우리의 뒤에 있는 것으로, 미래를 우리의 앞에 있는 것으로 생각한다. 섬의 공간적인 지형은 시간과 공간과의 매우 다른 관련성을 만들어 낸다. 섬이 둥글기 때문에 시간과 공간과의 관계는 중심에서 외부로 나아가는 방사하는 형태로 정의된다. 섬의 개념적인 패턴은 안에 있는 것과 밖에 있는 것의 관계와 관련된다.

바다의 깊이로부터 솟아오른 단단한 땅인 섬은 창조의 장소다. 그것은 자기의 깊은 곳으로부터 발생하는 의식의 빛으로 들어가는 속성의 탄생이다. 창조의 원형적인 지점인 섬은 여러 가지 문화에서 조상의 신들이 탄생하는 장소로 여겨진다. 예를 들어, 일본 신화는 최고의 신이자 왕실의 선조인 아마테라스 오미가미의 어버이로 여겨지는 수호신 이자나기와 이자나미가 섬에서 탄생했다고 전한다. 고대 섬의 신인 하인과 타네에 대한 폴리네시아 설화에서는 삶과 죽음의 순환에 대해 이야기한다. 서구의 신화에서는 아폴로가 델로스의 성스러운 섬에서 탄생했고 아프로디테도 바다에서 직접 탄생했다고 기술한다. 바다에서 나타난 아프로디테는 섬의 여신이다. 그녀의 성애적이고 성적인 속성들은 원형적으로 섬에 부여된 창조적이고 변화적인 요소들과 동일하다. 이러한 의미에서 아프로디테는 섬에 대한 신화의 의인화로서 생각될 수 있을 것이다. 아프로디테의 사원들이 종종 늪지대의 해변이나 안개

낀 해변의 낭떠러지와 같이 섬과 바다의 변천 장소에 위치하고 있다는 점은 흥미롭다. 그녀의 변형적인 속성들은 섬과 바다의 상징들을 포함하고 있다.

섬이 창조와 탄생의 장소로 여겨지는 것과 마찬가지로, 종종 그것은 죽음과도 연관이 된다. 초기의 그리스 문화에서 섬의 신 아폴로는 젊은 남자의 후원자다. 그는 소년에서 성인으로 거듭나는 성인식과 관련되어 있는데, 그것은 사회의 성인 구성원으로 다시 태어나기 전에 지망생이 상징적인 죽음을 경험하는 것을 수반한다. 멜라네시아의 트로브리안드 섬에서는 죽음이 사람의 영혼들은 아직 태어나지 않은 태아의 영혼으로 변화되는 곳인 투마라는 섬으로 간다. 전설은 그들이 여성의 자궁으로 들어가서 부족 내에서의 새로운 탄생을 기다린다는 것이다. 이러한 토착민에게 있어 끝은 또한 시작이며 변화는 성스러운 섬에서 일어난다. 말레이시아의 세망족(Semang)들은 섬과 동굴의 상징을 변화와 재생의 의미에 결합시킨다. 죽음 후에 세망족은 그 영혼이 서쪽에 있는 섬을 향해 간다. 큰 기둥이 그 섬에 세워져 있는데, 기둥 맨 꼭대기에는 벼락 신의 동굴이 있다.

모래놀이에서 섬에 새롭거나 변화하는 정신적 속성이 무엇인지를 알려 주는 상징적인 표상이 존재할 수 있다. 많은 경우 이러한 변화하고 있는 속성은 전체적인 모래놀이 과정의 광범위한 맥락 속에 포함되어 있다. 정신의 변화되는 측면의 특정한 본질이 우리에게 나타나든 나타나지 않든 간에, 중요한 점은 자기의 중심에서 비롯된 것이 표면으로 나타나고 있다는 점과 새로운 정신적 산물은 오래된 것이 죽은 후에 탄생한다는 점이다.

섬과 동굴의 상징은 인도의 섬에 있는 성스러운 사원에서 결합된다. 잘 알려진 섬의 동굴 사원은 봄베이 근처의 엘레판타섬에 있는데, 이것은 Siva Trimurti의 5～8세기 CE 조각물을 포함하고 있다. 전 세계에서 온 힌두 순례자들은 이 성스러운 장소를 여행하는데 군주 시바 신의 세가지 측면—파괴자인 루드라, 창조자인 브라마, 보호자인 비슈누—에 대한 존경을 표시하기 위해서다. 수년 전에 스리랑카를 방문했을 때, 나는 해안에서 떨어진 성스러운 섬의 동굴 사원으로 여행을 하였다. 위험천만했던 여행은 크고 오래된 나무로 만들어진 나룻배로 이루어졌는데, 그 배는 정원보다 적어도 3배나 더 많은 인도의 순례자들을 실었다. 일반적으로 인도인이 물을 심하게 피하고 수영을 못하기로 유명하기 때문에, 나의 기도와 신앙심은 곧 무너질 것 같은 배에 올라탄 순간부터 시작되었다. 하지만 모든 것은 순조로웠고, 조금 지나 그 섬에 내가 안전하게 도착했을 때는 의식에 사용되는 코끼리들과 다채로운 색깔의 우산, 그리고 마음에서 잊히지 않는 관악기의 연주로 환영을 받았다. 이제 나의 경험을 되돌아보면서 나는 강을 건너는 행위가 힌두교의 사원에서 의식을 행하는 그 자체만큼이나 혹은 그보다 훨씬 더 중요하다는 점을 인식하였다.

말콤 8세인 말콤의 8, 9번 상자는 바다의 섬에서 무언가가 새롭게 나타나는 것에 대한 훌륭한 예다. 말콤은 그의 아버지의 안정된 사랑을 받으면서 살고 있었지만 그의 정체감은 생모의 심각한 정신병에 대한 슬픔과 갈등으로 인해 손상되어 있었다. 모래놀이를 통해서 말콤은 그의 엄마의 비극에 대해 슬퍼할 수 있게 되었고, 자신의 힘과 인격을 명확하게 할 뿐 아니라 통합할 수 있게 되었다. 말콤은 1, 2번 상자에서 일찌감치 그의 분노와 슬픔을 표출하였다. 8번 상자에서 말콤은 구멍을 뚫은 고무컵을 한가운데에 놓아서 그의 새로운 정신적 속성들을 위한 통로는 뚫었다. 이어서 강력한 우주 왕복선이 9번 상자의 따로 분리된 섬에서 발사하려고 준비한다. 말콤은 자기 자신의 신비로움에 대해 이제야 마음껏 탐험할 수 있게 된 것이다. 그의 작업에서의 건설하고 파괴하는 힘든 과정에 이어서, 그의 마지막 27번 상자에서 말콤은 그의 내부에 있는 정열을 모아서 올림픽의 횃불과 같은 모래탑을 만들었다. 그의 승리의 기쁨은 정신적이거나 예술적인 측면 모두에서 더 이상 클 수 없었다.

1장 결론

이상으로 모래놀이의 내용 주제에 대한 우리의 탐색을 마친다. 이제는 상징과정과 관계를 맺는 다른 하나의 수단을 계발하기 위하여 모래놀이의 공간적 주제에 관심을 돌리고자 한다.

제2장

모래놀이에서의 공간 주제

서 론

공간 주제(spartial themes)란 모래놀이 과정에 포함된 여러 요소 간의 공간적 관계를 의미한다. 모래상자의 배치에서 나타나는 패턴은 중요한 상징적 과정의 일부다. 때로는 그 패턴이 곧 상징적인 내용이기도 하다.

이 장에서는 수직적, 수평적 축의 특성에 대해 살펴볼 것이며, 중심의 성격과 원형, 삼각형, 별 모양, 방사형과 같이 전형적으로 나타나는 형태들에 대해서도 살펴볼 것이다. 또한 모래상자 내에서의 위치와 관계에 대해서도 살펴볼 것이다. 무엇보다 공간 차원의 원형적인 형태와 상징적인 특징에 논의의 초점을 맞출 것이다. 이러한 내용이 다소 어려울 수는 있으나, 공간 차원이 정신의 움직임과 관련하여 어떻게 기능하는지를 체계적으로 잘 이해하는 것은 모래놀이치료를 학습하는 데 있어 매우 중요하다. 내용, 동작, 정서에 관한 주제들과 함께 공간 주제에 대해 확실하게 파악하는 것은 모래놀이치료 과정에 대한 치료자의 담아두기를 강화시켜 준다.

수직축

모래놀이치료에서 수직적 차원(vertical dimension)은 다양한 방식으로 나타난다. 수직성은 모래로 쌓은 산이나 탑으로 나타날 수도 있고, 나무, 사다리, 깃대 등과 같이 전형적으로 위로 솟은 형태의 피겨들로 표현될 수도 있다. 물체들을 위로 올린다거나 아래로 내리는 것처럼 해서 모래상자 위에 매달은 것 역시 수직적 차원을 의미한다. 곧바로 위나 아래로 향하고 있는 화살과 궁수의 출현, 두레박이 깊이 내려간 우물 역시 수직축을 나타내는 또 하나의 방식이다. 동굴과 화산은 그 아래에 있는 것과 연결되는 수직성을 의미한다. 푸른 물을 향해 모래를 열어젖히는 것 역시 지하세계를 향한 수직축을 나타낸다.

전통적인 상징주의에서 보면, 수직축은 직접적으로 하늘, 의식, 상위의 남성적인 힘과 무의식, 지하세계, 하위의 여성적인 힘 간의 연결을 나타낸다(Eliade, 1958/1996). 모래놀이에서의 수직축은 모래놀이 상자에서 일어나는 다른 일들과 모래놀이 과정 전반과 관련된 내담자의 의식 혹은 무의식을 나타내는 것일 수 있다.

수직축은 하늘, 땅, 지하세계를 연결하는 것이기 때문에 개인이 정신내적으로 존재의 차원에 다다를 수 있도록 따라가는 선이나 방향이다. 수직축을 따라가는 이동은 위나 아래 양방향으로 향할 수 있다. 하늘을 향한 여행은 지하세계를 향한 여행과 큰 차이가 있기는 하지만 둘 다 똑같이 가치 있는 것이다. 둘은 질적으로 다른 측면일 뿐 같은 연속선상에서 이루어지는 정신적 여행인 것이다. 개인화 과정은 우리가 양쪽 영역에서 적당한 정도의 경험을 가지고, 그 상황의 요구에 따라 위로 오르거나 아래로 내려갈 수 있는 능력을 수반하게 된다.

높이와 상승

높이(height)란 세속 공간을 떠나 하늘에 더 가까이 접근하는 것이다. 따라서 높이는 신성한 특성을 띤다(Eliade, 1958/1996). 상승(ascent) 또는 더 높은 곳을 향한 이동은 높이 자체와 분리시키기 어렵다. 상승은 존재의 새로운 측면을 향한 돌파구다.

그것은 속세의 한계를 벗어나 신성함을 향하는 것이다. 상승은 절대적인 존재를 향한 상징적 이동인 것이다. 상승을 통해 평범한 의식적인 자각에서 벗어나는 것은 인간에게 불확실성과 공포를 유발할 수도 있다. 자아는 새로운 차원의 경험을 향해 열리면서 현실적인 차원에서의 힘을 잃는다. 이렇게 상승과 죽음 간에는 연결성이 있는데, 그 이유는 더 높은 차원으로의 이동에는 초월이나 기존의 존재 방식에 대한 포기가 수반되기 때문이다. 자아는 이전의 정체감을 포기하면서 비탄을 경험할 수도 있다.

어떤 차원에서든지 극단성이 나타나게 되면 과장과 위축의 요소들이 아닌지 신중하게 살펴봐야 한다. 움직임이 시작된 기반이 안정적인지를 관찰하는 것도 중요하다. 모래놀이 과정에서의 자아 기능을 나타내는 상승 혹은 높이는 움직임의 기반이 덜 견고한 경우에 비해 새로운 의식 측면에 대한 내담자의 능력이 개방적이라는 것을 보여 주는 것일 가능성이 크다. 견고한 자아 기능에 기초하지 않은 모래놀이에서의 높이와 상승은 과장일 수 있다. 어쩌면 그것은 도피하려는 시도거나 혹은 전체적인 관점을 얻기 위한 시도일지도 모른다. 또 의식적인 차원의 자각이나 남성적인 에너지를 추구하는 것과 관계가 있을 수도 있다. 각 상황은 그 맥락에 따라 고려되어야 한다.

애런 애런의 모래놀이는 수직축 사용의 좋은 예다. 모래놀이의 전 과정을 통해 그는 실용적인 성격과 더불어 심오한 정신적인 면도 가지고 있다는 것이 분명해졌다. 애런은 15개의 모래상자 중 8개의 모래상자에서 물체들을 상자 위에 매달았다. 12번 상자가 좋은 예인데, 그는 천장에 달린 줄에 1파운드 크기의 크리스털 별을 매달았다.

애런은 분명히 땅을 딛고 서있지만 그의 한 부분은 더 높은 차원의 존재를 열망하고 있었다. 애런의 경우 이러한 수직 상승과 관련된 공포는 나타나지 않는다. 사실 그는 이러한 높은 차원의 의식을 아주 편안해하고 있는 것 같았다. 모래놀이 과정을 끝낸 몇 년 후 이루어진 추후 면담에서도 그는 여전히 심오한 종교적인 상태를 유지하고 있었다.

무속적 수직 상승

모래놀이에서의 수직 상승은 다양한 차원의 존재에 대한 샤머니즘적 탐색일 수도 있다. 생을 마친 후 다른 영역으로 이동하는 것으로 여겨지는 죽은 사람의 영혼과는 달리, 무속인은 살아 있는 상태에서 존재 차원들 사이를 오갈 수 있다. 미미르 우물에 대한 논의에서 살펴본 바와 같이, 무속인은 의식적인 의도를 가지고 존재의 여러 차원을 오르내린다. 그 혹은 그녀가 세속계로 돌아올 때, 그 무속인은 더 높은 차원에서 얻은 통찰력과 지혜를 가져온다.

모래놀이에서 승천을 나타내는 공통적인 지표는 밧줄, 나무, 덩굴, 화살, 날개, 무지개, 사다리와 같은 무속적 행위와 관련된 것들로 나타난다. 그러나 이러한 것들이 나타난다고 해서 그 내담자가 반드시 무속적인 상승과 관련되어 있는 것은 아니다. 그것의 독특한 현실적 맥락 내에서 모래놀이의 모든 요소들에 대한 정보를 구해야 한다.

제이슨 40대 남성인 제이슨은 그의 심오한 영적인 특성을 의미 있는 방식으로 그의 인생에 통합시키기 위한 긴 투쟁을 경험한 후에 19번 상자에서 새로운 정신적 내용에 직면한다. 우선 그 정신적 내용은 바다에서 솟아난 섬 꼭대기에 있는 갖가지 무서운 괴물들로 표현된다. 변형의 순간에 발생하는 긴장은 대단한 것이다. 제이슨이 처음 모래상자에 놓은 피겨가 그가 해변에서 발견한 돌로 조각한 코끼리 피겨라는 점은 주목할 만하다. 그것이 예사롭지 않은 만큼, 새롭고 정신적인 특징이 지혜롭고 견고한 어떤 것에 뿌리내려져 있다.

20번 상자에서 제이슨은 황금나무의 꼭대기로 올라간 작은 트롤[역자 주: 북유럽 신화에 나오는 거인] 인형 피겨를 통해 무속적인 수직 상승을 시도한다. 그의 코끼리는 이제 좀 더 발전해서 커다란 열대나비가 꼭대기에 있는 큰 고래가 그와 함께 심연을 순시하고 있다. 마치 새로운 통합을 예고하듯이 검정과 흰색의 팬더가 그 장면에 등장한다.

마지막 모래상자인 21번 상자에서 제이슨은 심연과 높이로부터 새롭게 통합된 특징을 갖고 현실로 돌아온다. 멋진 행군 밴드가 축하공연을 하였고, 커다란 검고 흰 얼룩말이 가운데 자리를 잡았다. 제이슨의 황금나무는 이제 그의 정신적인 풍경의 한 부분인 것이다. 낚시 배와 낙타는 정신적인 심연뿐 아니라 현실을 여행할 수 있는 새로운 역량을 담고 있다.

수직축과 차크라

Eliade(1952/1991)는 무속인은 의식용 사다리의 일곱 단계를 거쳐 세계수로 올라간다고 말한다. 이런 식으로 무속인은 현실의 일곱 차원을 통과하는 것이다. 더 높은 차원의 존재를 향한 이런 무속적 상승은 인간 신체의 에너지적 산물에서 발생하는 것일 수 있다. 무속 의식을 통한 상승은 신체의 쿤달리니 에너지(kundalini energy)의 상승과 힌두교 전통에서 세분화한 일곱 가지 차크라(chakras)를 통한 신체 에너지의 움직임과 유사하다.

고대 힌두와 후기 불교의 밀교적 전통은 척추 부근을 따라 신체 내에 위치하고 있는 보이지 않는 에너지의 중심이 있다고 믿었다. 이런 에너지 중심들은 인간의 의식이 변화와 변형을 경험함에 따라 기저부에서 위로 활성화된다고 보았다(Reyna, 1993). 각 차크라 혹은 바퀴(wheel)는 각기 다른 의식의 특성을 갖고 있는데, 척추의 기저에 있는 뿌리 차크라로부터 머리 꼭대기에 있는 정수리 차크라를 통해 올라가는 길로 세분화되고 확장된다. 각 차크라에 활력을 불어넣는 것과 더불어, 고대 전통에서는 초기의 에너지가 의식의 독특한 특성을 깨운다고 보았다.

차크라는 합리성의 한계를 향해 움직이고 그 한계를 넘어서는 인간의 잠재력을 나타내는 에너지의 실체다. 차크라는 각 개인을 통해 흐르는 정신적 에너지를 처리하는 복잡 미묘한 에너지 중심이다. 각 차크라들은 한 형태로 전류를 수용해서 변형된 방식으로 방출하는 전기 변압기에 비유될 수 있다. 쿤달리니 에너지로 경험된 자각 형태는 기저에 있는 가장 기본적인 생존에 관한 의식적 자각으로부터 꼭대기에 있는 우주적 존재와 만나는 최상의 결합에 이르기까지 전 척추 범위를 따라 진행된다. 이런 점에서 차크라는 발달하는 것으로 볼 수 있다. 차크라를 통한 개인적 발달과 마찬가지로 정신적인 발달에도 질적인 서열이 있다. 이러한 이유로, 그리고 모래놀이를 하는 동안에 접하게 되는 깊이의 변화들로 인해, 차크라를 통해 이동하는 정신적 에너지의 진행과 성질들을 인지하는 것이 중요하다. Heinrich Zimmer(1971)는 그의 권위 있는 연구 결과물인 『인디아의 철학(*Philosophies of India*)』에서 정신 에너지, 즉 다양한 에너지 중심을 통한 쿤달리니의 진행에 대해 권위 있는 설명을 제시했다. 각 차크라의 이름과 특징은 다음과 같다.

- 첫 번째 차크라: 물라다라(muladhara)로서 척추의 기저에 위치하고 있으며 현실의 자리로 알려져 있다. 이 차크라의 에너지 성질은 생존과 관련되어 있다. 처음 세 가지 차크라 중 어떤 에너지와 함께 하느냐에 따라 빛이나 그림자의 특성을 갖게 된다.
- 두 번째 차크라: 스바디스타나(svadhisthana)로서 생식기 부근에 위치하고 물(水) 요소와 관련되어 있다. 이 수준의 에너지는 생식력 혹은 창의력과 관련된다. 이는 단순한 성에서부터 세련된 형태의 창조적 표현에 이르기까지 수많은 방식으로 표현될 수 있다.
- 세 번째 차크라: 마니푸라(manipura)로서 배꼽 수준에 위치한다. 이는 불(火) 요소와 관련되어 있으며, 에너지의 중심은 힘과 관련된다. 세 번째 차크라의 에너지는 확고하고 안정된 권력으로 발달될 수 있다. 또한 적대적인 공격성과 폭력을 향해 흐를 수도 있다.

대부분의 사람들은 처음의 이 세 가지 에너지 중심으로 살아간다. 이 세 가지 에너지들은 생존, 생식, 공격, 획득에 대한 관심으로 표출된다. 좀 더 높은 수준의 네 가지 차크라 에너지의 발달은 위의 세 가지 차크라에 기초한다. 다시 우리는 신체와 현세에서의 확고한 기반이 보다 높은 수준의 발달에 필수적인 선행 조건임을 알 수 있다.

- 네 번째 차크라: 아나하타(anahata)로서 가슴 높이에 위치한다. 이는 개인이 신성함의 존재를 깨닫게 되는 수준의 에너지다. 이것은 공기 요소와 관련된다.

Jung 이론가들에 따르면, 네 번째 차크라는 자기(Self)에 대한 깨달음이라고 할 수 있다. 이처럼 자기 배열을 향한 정신-생리적 귀결이 네 번째 차크라의 활성화다. 자기 배열이 나타날 때 그 개인은 모든 삶이 신성하다는 것 그리고 모든 사람들과 사물 간에 근본적인 연결이 존재한다는 것을 깨닫게 된다. 네 번째 차크라는 3세경에 처음으로 깨닫게 되며, 이후의 개인화 과정과 함께 삶에서 의식의 중심이 된다. 네 번째 차크라가 열리면, 개인은 자기 혹은 전체로 회귀하면서 그 혹은 그녀의 인생 목적을 깨닫게 된다. 이러한 이유로 상위의 세 가지 차크라는 일반적으로 그림자의 특성을 띠지 않는다. 그러나 낮은 수준의 차크라와 가슴이 열리지 않은 채 특정 요가훈련 등을 통해 높은 수준의 차크라를 강제로 열고자 하는 사람들이 있다. 차크라들을 통해 순서대로 정신적인 발달을 진전시켜 나가는 대신 필수적인 발달의 국면을 앞질러 가는 것도 가능하다. 이런 경우 높은 수준의 세 가지 차크라는 그림자 특성을 나타내게 된다. 다섯 번째 차크라는 잘못된 목소리를 내는 에너지로 표현될 것이다. 사람들을 현혹하는 종교 연설가 혹은 정치지도자에게 강제로 이끌리는 경우가 그러한 예다. 시디(siddhis)로 알려진 여섯 번째 차크라는 일반적인 신체 및 공간의 한계 밖에서의 이동과 지식을 허용하게 하는 정신적이고 초월적인 힘으로 나타날 수 있다. 이러한 사람들의 예는 이기적인 동기를 가지고, 잘못된 방향으로 가고 있는 몽상가들이다. 정수리 차크라는 한 개인이 모든 차크라를 통해 이루어진 것을 바탕으로 발전될 수 있는 의식적 깨달음에 대한 가능성을 잠깐 보여 주면서 너무 일찍 열릴 수도 있다. 요가 수행자들은 정수리 차크라를 시기상조로 강제로 열었을 때 죽음에 이를 수도 있다는 데 동의한다(Yogiraj Sri Swami Satchidananda, 개인적 대화, 1977. 11. 17).

- **다섯 번째 차크라:** 비슈다(visuddha)로서 목 부근에 위치하며 에테르 요소와 관련된다. 이 차크라 에너지는 정화하는 것이라고 한다. 다섯 번째 차크라는 세 번째 차크라의 대응적 에너지로서 소리 내어 진실을 행하는 것과 관련되어 있다. 이것은 사고와 행위를 통해 자기 의식을 구현하는 중심 실체다.
- **여섯 번째 차크라:** 아즈냐(ajna)로서 미간에 위치한다. 에너지가 이 부근에 다다르면 정신(mind)은 다섯 가지 요소들과 감각들의 한계를 넘어선다고 한다. 이것은 신성함을 직접 경험하게 하는 신성한 명상의 중심이다. 이것은 존재의 원

천과 목적으로서의 자기에 대한 명상 탐색의 자리인 것이다.

- 일곱 번째 차크라: 최상의 차크라인 사하스라라(sahasrara)로서 정수리에 위치하고 있다. 의식이 이 차크라로부터 방출될 때 이중성의 모든 한계를 넘어선다고 한다. 이 수준의 의식에서 개인은 완전한 몰입 혹은 신성함과의 합일을 경험한다. 이러한 위치에서 사람들은 완전하게 자기가 된다.

무속인과 깨달음을 얻는 다른 사람들은 의식의 이러한 의식 차원들을 활발히 오르내릴 수 있다. 여기서는 차크라에 대해 간단히 살펴보았으나 차크라에 대해 알아야 할 것들은 훨씬 더 많으며, 인도 철학을 더 깊이 연구하는 데 관심을 가진 모래놀이 치료자도 있을 것이다. 여기서는 인간 의식의 성장과 발달을 이해하기 위한 구조적인 모델을 제시하기 위해 차크라를 통한 쿤달리니의 움직임을 소개했다. 이는 여러 모델 중 하나이며, 어떤 사람에게는 더욱 설득력이 있을 수도 있다. 모래놀이 치료자로서 우리의 관심은 모래놀이 과정에서의 다양한 경험을 통해 이루어지는 내담자의 움직임을 따라가고 이해하는 데 있다.

깊이와 하강

하강(descent) 혹은 내려가기는 정신의 더 낮은 영역 혹은 지하세계와 관련된다. Eliade(1958/1996)는 하강을 죽음의 영역에 들어서는 것에 비유하는 것은 매일 해가 서쪽으로 지는 것에 대한 자연적인 관찰에서 온 것이라고 했다. 매일 아침이 되돌아오는 한 그것은 최종적인 죽음은 아닌 것이다. 심리학적으로 본다면 그것은 무의식의 어두운 영역으로의 하강이다. 길을 찾는 데 필요한 의식적인 자각의 빛을 갖고 있지 않은 우리에게 그것은 두려운 것일 수 있다. 그 특징은 미지의 것이고 그늘진 것이다.

모래놀이에서의 하강은 여러 가지 방식으로 드러날 수 있다. 가장 흔한 형태는 모래를 파서 밑바닥의 파란 물이 드러나게 하는 것이다. 더 낮은 위치로 피겨를 옮기는 것도 하강일 수 있다. 어둡고 불분명한 이미지와 피겨의 사용도 마찬가지다. 또한 그 내용물이 어둡고 혼란스러운 것일 수도 있다. 하강이 나타나는 상자에서는 우려와

미지, 심지어 공포의 감정까지 담겨 있다. 모래상자에서 동굴이나 두드러지게 큰 나무가 나타나는 것도 하강의 표시일 수 있다. 무속 설화에서는 종종 무속인이 세계수(Eliade, 1952/1991)의 축뿐만 아니라 동굴을 통해 지옥으로 하강하는 것으로 자주 묘사된다. 깊이가 나타나는 모래상자는 무의식으로의 하강을 의미한다. 그것은 여성적인 에너지의 발달 그리고 무의식의 활성화와 관련되기도 한다. 극단적인 깊이와 하강은 범람과 무의식에 의해 압도당하는 것을 나타낸 것일 수도 있다.

시 장

앞에서 살펴본 바와 같이, 일련의 모래놀이는 상승에 뒤이은 무의식적인 차원으로의 하강이나 또는 좀 더 평범한 세계로의 회귀를 보여 주는 것일 수 있다. 이러한 일반적인 세계를 시장(marketplace)이라고 지칭한다. 시장은 일상적인 일을 하는 사람들이 있을 수도 있고 없을 수도 있지만 번화가나 평범한 마을로 표현된다. 시장 모래놀이는 여러 가지 형태로 나타날 수 있지만, 항상 좀 더 원형적인 이전 작품과 뚜렷한 대조를 보인다. 그것은 평범하고 세속적인 것으로 보이고 그런 느낌을 준다.

치유와 변형의 과정에서 하강과 회귀의 양상은 여러 차례 나타날 수 있다. 이는 자아가 발달되고 자기에 대한 좀 더 의식적인 자각을 발달시키면서, 내담자가 무의식적인 재료에 접근하고 그것을 좀 더 의식적인 위치로 끌어올리고 있음을 나타낼 수 있다. 또한 하강과 복귀의 양식은 정체된 의식적인 자각을 일깨우고 무의식적인 재료에 직면시킴으로써 자아가 휴식하게 만드는 기능을 할 수도 있다.

수평축

수평축(horizontal axis)은 전통적으로 세속 차원의 상징이다(Eliade, 1952/1991). 이는 각자가 직면해 있는 환경의 현황, 즉 환경적인 과제와 관련된다. 수평축은 시간과 공간을 통과하는 개개인의 통로와 관련된다. 여기서는 모래놀이 과정을 이해하는 데 도움이 되는 또 다른 주제 요소로서 모래놀이에 나타나는 수평축의 다양한 방식에 대해 살펴볼 것이다.

대각선상의 대칭

대각선 배치는 모래상자의 반대 모서리에서 피겨들이 마주 보는 형태로 나타난다. 대각선상에 놓인 피겨의 출현은 종종 모래놀이 과정에 나타나 있는 원초적 갈등의 성격에 대한 통찰의 실마리가 된다. 대각선은 모래상자에서 나타날 수 있는 가장 긴 수평선상의 거리를 나타내고, 따라서 한 상징에 대해서 부정과 긍정의 양극으로 이루어진 완전한 연속체를 나타낼 수 있다. 또한 대각선은 역동적인 선으로 여겨지며, 운동과 변화가 이루어지는 장소다.

대각선상의 양끝에 있는 상징물의 성격을 살펴보면 모래놀이 과정을 통해 내담자가 만들어 갈 작업의 성격을 이해하는 데 중요한 통찰력을 얻어 낼 수 있다. 대각선상의 대칭은 모래놀이 초기인 두 번째 혹은 세 번째 상자에서 자주 나타나곤 하는데, 이는 내담자의 정신이 놀이에 적응하면서 모래놀이로 나타낼 필요가 생겼기 때문이다.

수평 차원에서의 대칭은 상징에서 극단적인 적대감을 일시적으로 인지하는 것과 관련이 있다. 이것이 우리가 상징적인 과정에 대해 논의하면서 살펴보았던 대립적 교착 상태다. 그 상징의 양극단을 인식하게 되면 자아의 교착이 유발되고, 그것이 초월적 기능의 전제조건이라는 것을 기억한다.

반대편의 양극단을 동시에 인식할 수 없다는 것을 깨닫게 되는 의식 단계에 이르면, 자아는 한쪽에서 다른 한쪽으로 오가는 의식적인 인식의 그네 타기를 멈추게 된다. 그것이 무엇인지 모르기 때문에 자아는 무력해진다. 상징의 극단적인 대립으로

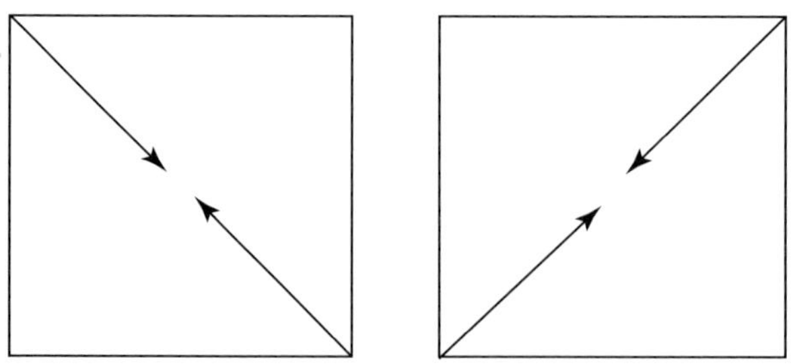

모래상자에서의 대각선상의 대칭

인한 마비 상태는 정신 에너지를 무의식으로 끌어내리게 된다. 이것은 의식에는 아직 알려지지 않은 성질이기 때문에 새로운 무언가를 가져오게 되고, 이는 현재의 딜레마를 해소시켜 준다. 그 새로운 재료는 현재 변형이 이루어지고 있는 상징적 재료의 원형적인 핵심에서 나온 것이다. 그 결과는 정신적 성장과 발달이다. 이러한 반대되는 것들의 화해를 Jung 이론가들은 융합(coniunctio)이라고 부른다.

평행적 대립

평행적 대립(parallel confrontation)이란 모래상자의 평면을 가로지르면서 피겨들이 마주 보는 선의 형태를 말한다. 모래놀이에 나타나는 이러한 수평적 대립은 균형 잡힌 에너지를 분산시킨다. 이러한 대립은 군대, 괴물, 동물, 탈것 등으로 나타날 수 있다. 각 편은 거의 동등하며 평행적인 형태로 마주 보고 있는 것이 특징이다.

모래상자에서의 평행적 대립의 특징은 내담자의 모래놀이 과정에 나타난 원형의 속성에 의해 결정될 수 있다. 어떤 원형이 대립 상태에 있는지 분명히 드러나는 경우도 있지만, 대부분의 경우에 대립은 일반적인 특징을 띤다.

대립의 성격이 대결에 사용된 피겨들의 외양을 통해 분명하게 드러나는 것만은 아니다. 때때로 대립 그 자체가 상징적인 과정에서 가장 큰 중요성을 갖는다. 작업 과정의 속성이 무엇이든지 이러한 대립의 교착 상태는 그 자체가 원형적인 것이다.

애런 대각선의 상대적 배열은 애런의 첫 번째 모래상자에서 볼 수 있는데, 이는 그가 모래놀이 과정에서 보여 줄 작업의 성격이 어떻게 전개될 것인지를 나타내고 있다. 왼쪽 모서리 가장자리에는 화난 야생의 호랑이가 조련사를 향해 울부

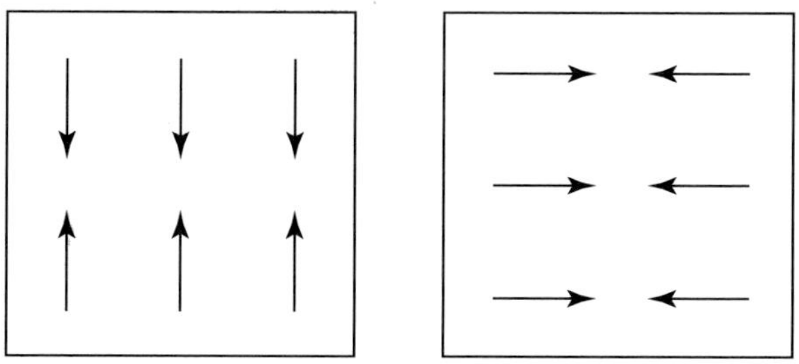

모래상자에서의 평행적 대칭

짖고 있다. 오른쪽 아래 모서리에는 배트맨이 빨간 보트를 타고 도망치려고 하는 제멋대로인 악당을 향해 포즈를 취하고 있다. 대각선의 양끝에는 통제되지 않는 분노와 질서의 원칙에 대한 요구, 애런의 모래놀이 과정의 핵심 주제인 부정적인 극단과 긍정적인 극단을 담고 있다. 대각선의 말단에 놓인 아시아인 현자와 예술적이고 조화로운 스키어의 모습에는 새로운 긍정적인 잠재성이 담겨 있다. 두 대각선의 교차점에는 단단히 갑옷을 차려입은 기사가 눈에 띄게 놓여 있다. 이들 대각선상의 상대적 배열에 나타난 역동적 에너지는 애런의 통제되지 않는 분노, 질서에 대한 필요성과 가능성을 담고 있다. 이런 배열은 또한 심오한 영적 속성, 삶 속에 이러한 속성이 균형을 잡는 방식, 그리고 첫 번째 놀이를 할 당시 애런이 스스로 발견하게 된 경직된 정신적 방어를 포함하고 있다.

6번 상자에서는 두 군대가 모래상자의 한 면을 가로질러 일렬로 서로를 마주 보고 전투 채비를 하고 있다. 대립을 그대로 표현하듯이, 각 편을 대표하는 한명의 군인이 중앙에서 서로 대치하고 있다. 1번 상자의 대각선에 담겨 있던 애런의 갈등적인 정신 에너지가 이 상자에서는 앞으로 일어날 변형을 준비하며, 6번 상자에서 표현된 것이다.

모래에서의 대열

같은 방향으로 이동 중인 피겨의 대열(lines)은 내담자의 역사와 관련된다. 수평 차원은 시공간에서의 이동과 관련되기 때문에 내담자의 계보가 수평적인 형태로 나타날 수 있다. 특정 혈통의 정신내적인 구성요소에 대한 이해를 발달시키기 위해서는 모래상자에서 나타난 대열의 내용적 특징을 알아내는 것이 중요하다. 그 대열은 가족의 계보, 인종, 전통 혹은 생존해 있거나 죽은 사람들에 대한 것일 수 있다. 대열은 이야기나 역사를 나타낸다는 점에서 내담자의 정신내적 계보를 내포할 수도 있고 내적 혹은 외적 역사와 관련되어 있을 수도 있다.

모래상자의 수평적 차원을 따라 이동하는 에너지 흐름은 물질적인, 말하자면 세속적인 구현과 관련된다. 선형 이동이 나타나는 것은 현재 일어나고 있는 상징적 작업과 연관된 에너지의 유동성(mobilization)과 관련이 있을 수 있다. 중대한 장애물의 등장 역시 내담자가 더 깊이 탐색해야 할 필요가 있는 속박 혹은 고착 지점과 관련될 수 있다. 그 대열이 어느 방향으로 향하고 있는지, 어디에서 시작됐는지 눈여겨보는 것이 중요하다. 모래놀이에서의 운동 주제에 대해 살펴볼 때에는 에너지의 방향이나 이동을 좀 더 자세히 살펴보아야 한다.

카일리 7세의 카일리는 5번 상자에서 보석을 두 줄로 나열했는데, 이는 공주가 따라 걸어갈 눈부신 길을 만든 것이다. 1～4번 상자에 나타났던 이전의 무질서한 에너지가 조직화되고 변형되면서, 이런 대열은 카일리의 분명하고 희망적인 미래를 나타낸다.

엘리자베스 엘리자베스의 놀이에서는 대열 형태의 움직임이 자주 나타난다. 그녀 앞에 놓여 있는 내적 및 외적 변형 추이는 한 마리의 작은 개구리가 잘 정비된 길을 따라 여행을 떠나기 시작하는 1번 상자에서 그 윤곽을 드러낸다. 7개의 크리스탈이 박힌 작은 종 하나가 그 길의 시작점에 놓여 있다. 그 길을 자기의 진실을 반영하는 거울로 정하기는 했지만, 엘리자베스는 여행길의 첫머리부터 4명의 어둠의 사자와 3개의 해골이 놓여 있는 공포의 길을 지나가야만 한다. 엘리자베스는 과거의 악령에 맞서야만 했다. 그녀의 여행길은 필연적으로 순서대로 하나씩 지나가야 하는 길이다. 여행길 초반에 놓인 악령의 위치는 더 성장을 이루기 이전에 체계적인 재검토와 수용을 요구하는 과거의 사건을 의미한다.

마지막 모래상자인 11번 상자에는 다른 여행자들의 대열이 변형된 중앙 부분에서 벗어나 바깥으로 나갈 준비를 하고 있다. 이번에는 심연을 들여다보며, 여행을 안내하는 큰 눈을 가진 금붕어와 영혼과 본능을 나타내는 백마 위에 안전하게 올라타 있는 원주민 여성이 포함되어 있다. 원주민 여성의 바구니에는 아기들과 책이 담겨 있다. 빛나는 눈을 가진 여자 아이는 암퇘지 위에 올라타고, 아기 돼지들을 데리고 길을 따라가고 있다. 모래놀이 과정을 통해 과거의 어두운 면(악마)에 직면하고, 그것을 통합함으로써, 엘리자베스는 이제 자신의 목소리를 내고 자신의 세계에 생명력을 부여할 수 있게 되었다.

모래 표면의 수평적 사용

모래는 때때로 스케치, 핸드프린트 혹은 그림과 같은 2차원 형태의 표현을 위해 사용된다. 이러한 것이 나타났을 때는 모래상자가 그 수평면에 내담자의 존재를 표현할 수 있는 자질을 갖추고 있는지 살펴보는 것이 중요하다. 그것은 내담자의 존재에 대한 확고한 선언처럼 느껴질 수 있다. 이러한 방식으로 모래상자의 수평면은 가치 있고 소속감을 가진 개인이 올라설 수 있는 단단한 기반이 된다. 이와 대조적으로 2차원적 표현은 시험적이거나 비정형적으로 느껴질 수도 있다. 이것은 내담자가 아직 표현할 수 없거나 3차원적인 구상으로 만들어 낼 수 없는 어떤 것일 수도 있다. 그것은 모래상자에 표현되었지만 깨지기 쉽거나 불확실했던 경우에 큰 의미가 있다.

아이작 모래놀이 과정의 막바지에 이르자, 어린 아이작은 충격과 혼란스러움으로 그를 몹시 괴롭혀 왔던 가족사건을 받아들였다는 것을 표현한다. 23번 상자에서 그는 모래상자 수평면에 단순하지만 행복한 얼굴을 그린다. 그의 모래놀이 전 과정에 걸쳐 두드러졌던 피겨인 불의 요소는 이제 미소 짓는 얼굴로 빛나고 있다. 불과 관련하여 아이작은 장난스럽게 말한다. "숲의 가운데가 아니고 이마의 중앙에 있어요."

아이작은 오른쪽 끝 모서리에 서 있는 금색 병사가 왼쪽 모서리에 그가 자랑스럽게 세워 놓은 크고 색깔이 선명한 깃발을 향해 경례하고 있다고 설명한다. 이 모래상자 표면에 그려진 그림은 그 피겨가 놓여 있는 기반으로서의 기능을 갖는다. 23번 상자에서 표면의 특징과 피겨가 갖는 요소들이 슬픔과 상실감을 치유하여 통합을 이루는 데 상징적으로 함께 작용했다는 것을 나타내고 있다.

모래놀이의 수직축과 수평축

모래놀이에서 매우 중요한 공간 주제인 이 두 주제의 기능을 더 잘 이해하기 위해서는 이미 살펴본 바 있는 상징과정의 역동성에 대해 다시 살펴보아야 한다. 우리는 상징들이 현재 의식적으로는 알 수 없으나 전체적이고 완전한 현실을 드러내기 위해 생겨나는 정신의 창조물이라는 것을 Jung으로부터 배웠다. 상징이 무엇을 드러내는지에 대해 다른 방법으로 알아내는 것은 불가능하다. 상징 속에는 대립되는 것들이 동시 발생적으로 담겨져 있다. Eliade(1952/1991)는 이러한 극단적 양면성의 공존은 인류의 다른 경험에서는 어디에서도 발견되지 않는다고 주장한다. 상징 속에 담겨 있는 것은 인간의 이성적 사고로는 이해하기 어려운 것으로 이중성(duality)을 초월하는 것이다.

Eliade(1952/1991)는 그 상징이 늘 동일하게 유지되는 동시에 신성한 것이 된 것을 우리가 인식할 때, 그 상징의 변형적인 힘을 이해할 수 있다고 했다. 달리 말해서, 상징의 외형은 이 세상처럼 일반적이며 이중성이 나타났다가 사라진다. 하지만 동시에 상징의 능동적이고 강렬하고 생동적인 측면은 이중성에 내포되어 있는 완전성도 포함하고 있다. 그것은 이중성을 초월한다. 상징의 이러한 면은 시공을 초월한다. 그것은 영원의 차원이며 신성한 것이다.

초월성의 문제에는 수평과 수직 차원 모두가 관련된다. 수평 차원에 있는 시간과 공간은 반드시 수직 차원에 있는 영원을 향한 이행과 관련되어 있다. 초월성은 궁극적으로 시간을 넘어 수직축을 통해 영원으로 진입하는 것과 관련이 있는데 초월과정(transcend-ing), 즉 여러 차원 간의 수직적인 이동은 수평축상에 있는 시간과 공간을 구체화하는 차원에서 일어난다.

모래놀이 작업에서 수평 차원은 수직축을 따라 일어나는 정신 이동과 필연적인 관련이 있다. 모래놀이는 시공의 한계를 넘는 이동을 추구하는 상징적 과정이 구현된 것이다. 모래놀이 상자는 영원 속에서 수직축을 따라 움직이는 상징적 과정에 실체를 부여하고 형성하는 수평축으로 기능한다. 이런 식으로 보면 모래놀이는 교차되는 상징을 가진 것으로 여겨질 수 있다. 십자가의 수직과 수평 차원이 원형적인 형태로 교차하듯이, 모래놀이 과정은 물질 차원과 영원이 교차하는 지점으로 기능한다. 이 교차점에서 변화와 변형이 일어나는 것이다.

중 심

중심(center)과 중심화 행위는 그것이 자기의 원형과 관련되기 때문에 모래놀이에서 매우 중요한 의미를 갖는다. 이 때문에 중심을 나타내는 상징은 우주축과 관련된다. 중심은 세계의 원형적인 중심에 비유되고 다른 존재 차원으로의 상승이 가능한 장소로 여겨진다(Eliade, 1952/1991). 우리가 위그드라실 신화에서 배웠듯이, 세계수는 세계의 중심에 서서 하늘, 대지, 지하세계를 연결하는 하나의 축이 된다.

모래놀이에서 중심에 산을 만드는 경우가 많다. 그 산은 더 높은 차원을 향하고 있기 때문에 신성한 것으로 간주된다. Eliade(1952/1991)는 산이 자연적인 신전 역할을 하기 때문에 신성한 중심 역할을 한다고 주장한다. 산은 세상에서 가장 높은 지점이고 하늘에 가장 가까운 대지인 것이다. 이처럼 중심은 대지의 배꼽인 옴파로스(omphalos)[1] 그리고 땅과 더 낮은 곳인 지하세계가 만나는 지점으로 간주된다.

모래상자와 중심

Eliade(1952/1991)는 신성함이 나타나는 곳은 어디든지 중심이라고 말한다. 이와 유사하게 어떤 사람이 일반적인 현실 국면을 헤쳐 나간 어떤 공간적 위치도 신성한 장소나 중심이 된다. 이런 점에서 모래놀이는 우주적 중심의 역할을 한다. 모래상자와 상자 주변의 경외감이 드는 장소는 반복적으로 현실 측면을 통한 이동 장소로서 기능한다. 모래놀이는 신성함이 구현되는 공간적 위치로서 작용하며, 모래놀이를 하는 것은 신성한 의식이 되는 것이다.

모래상자를 구성하는 것은 중심을 향해 정신을 이끌어 내는 것이다. 모래상자의 물리적인 측면은 시선을 이동하지 않고도 개인의 시야를 채울 수 있도록 디자인되었다. 이는 의식적인 자각에 담아 둔 것을 풀어내도록 도와주고, 자기의 중심적 원형에서 발현되는 덜 의식적인 자각에 접근하도록 도와준다. 모래의 운동성은 내담

1) 델의 아폴로 신전에 있던 반원형의 돌로, 세계의 중심이라고 여겨졌었다.

자가 의식적인 자각보다 아래에 있는 영역에 있으면서 구현될 준비가 되어 있는 원형적인 에너지에 내담자가 형태를 부여할 수 있도록 해 준다.

모래놀이 의식(ritual)에 관여한다는 것은 신성한 공간으로의 접근을 촉진할 뿐 아니라 신성한 시간으로의 진입을 촉진한다. 신성한 시간으로의 진입은 시간으로부터 자유로운 상태로 들어가는 것이다. 그것은 세속을 벗어난 것이며 시간이 존재하지 않거나 영원한 것이다. 지금이 그 신성한 시간인 것이다. Eliade(1958/1996)는 의식의 신화적 행동 표현(enactment)은 표현되고 있는 본래의 신성한 사건을 복원시키는 기능을 한다고 하였다. 의식적인(ritual) 행동 표현은 마치 그것이 지금 일어나고 있는 것이라기보다 현재의 순간 속에서 원래의 신화를 재창조하는 것이다.

우리가 내담자에 의해 모래상자에 표현되고 있는 신화적 표현이 바로 그 순간 내담자의 정신에서 실제로 일어나는 것임을 인식하기 시작하는 것은 모래놀이에서 아주 중요한 의미를 갖는다. 내담자가 모래와 피겨를 이동시키는 것과 내담자의 정신이 실제로 이동하는 것은 분리될 수 없다. 모래상자의 신성한 시간과 공간에서 일어나는 의식적인 관여는 동시에 정신도 움직이게 한다.

모래상자에서 작업을 할 때 내담자는 세속적인 시간과 공간을 벗어난다. 내담자는 신성함이 그대로 구현되고 시간이 멈춰 서 있는 매우 강렬하고 힘 있는 장소로 들어가는 것이다. 모래상자가 내담자를 위해 보유하고 있는 모든 것은 그것이 세속적인 기억이든, 집합적 기억 혹은 무의식적인 양식과 잠재성의 신화적 원형이든 간에 바로 그 순간 내담자를 위해 나타난다.

모래놀이에서의 자기 배열

궁극적으로 삶은 중심으로 가는 여행이다. 그것은 존재의 원천으로 되돌아가는 것이며 진실하지 않은 것으로부터의 탈출이다. 이것이 바로 모래놀이다. 자기가 모든 존재의 근원인 것처럼 모래상자에서의 모든 창조는 자기의 근원적 원형의 다양한 측면들을 표현한 것이라고 말할 수 있다.

흔히 모래상자에서 여러 가지 일들이 이루어지는 것을 보게 되지만 차후에 같은 주제들이 중심으로 보내지는 것을 보게 된다. 이것은 자기의 원형적 배열

(constellation of the archetype of the Self)은 아니지만 이전에는 중심적 전체와 연결되지 않았던 요소들을 재정리하는 것이다.

Eliade는 중심에 대해 의문을 제기하거나 단순히 중심의 존재에 대해 의식하는 것만이라도 "언젠가 우주적 삶을 재건하기에"(1952/ 1991, p. 56) 충분하다고 했다.

심리학적으로 중심에 대한 의문 제기는 자기를 향한 여행과 자기로 향하는 세속적인 길을 재정리하는 기초다. 그러나 그것의 발견을 필연적으로 요하는 것은 아니다. 삶의 추구는 궁극적으로 자기의 중심적 진실에 다가가는 것이며 행동으로 중심 상태를 구현하는 것이다. 상징적으로 중심은 가장 신성한 지점이고 인간이 불사불멸을 획득하는 장소인 것이다. 그곳은 가장 고귀한 곳이기 때문에 큰 뱀이나 용이 지키는 경우가 종종 있다.

엘리자베스 한 마리의 작은 녹색 용이 엘리자베스의 2번 상자의 중심에 있는 왕관 밑에 놓인 황금알을 보호하고 있다. 커다란 우로보로스 뱀으로부터 생겨나 안쪽으로 향해 있는 나선형의 진주들 끝에 있기 때문에 엘리자베스의 과정은 큰 희생을 요구할 것이 분명하다. 다채로운 색의 어릿광대는 진실의 목소리를 갖고 있고 필요시 왕을 보호하기 위해 희생을 감수한다. 고난의 십자가상은 중심에 머물기 위해 필연적인 희생을 반영하고 있다. 이 상자는 자기 배열은 아니지만 분명히 중심을 향한 이동을 나타내고 있다.

모래상자에서의 자기 배열은 중대한 사건이다. 이러한 모래상자에서의 경험을 통해 내담자는 가장 깊은 자기의 합일이 이루어지는 초기 단계가 실현되는 것을 경험한다. 내담자는 심오하게 그리고 되돌릴 수 없게 변화된다. 자기 배열과 함께 존재와 가장 깊게 연결된 자각이 일어난다. 이러한 자각과 함께 삶의 의미와 목적을 깨닫게 된다. 그리고 자기의 배열과 함께 모든 삶의 내적인 연결에 관한 자각과 그 심오하고 생동하는 관계에 자신이 참여하고 있다는 것을 분명하게 자각하게 된다.

자기 배열은 치료자와 공유되고 치료자에 의해 목격된다. 존재의 핵심으로서의 자기의 실체에 대한 확실성은 내담자와 치료자가 함께하는 상호적 경험을 통해 확고해진다. 이러한 전체성에 내담자가 참여한다는 것은 현실이며, 또 부정할 수 없는 것이다.

자기 배열과 함께 내담자의 삶 전체가 자기의 중심적 원형을 향해 재배치되기 시작한다. Dora Kalff(1980/2003)는 자기 배열을 자아의 건강한 발달의 시작이라고 주장한다. Kalff는 자기에 대한 자각과 함께 가장 깊은 진실의 외침을 향한 공명에 의해 선택들이 이루어질 수 있다고 했다. 행동들은 궁극적 의미와 일치를 이루게 된다. 정신의 의식적 차원인 자아는 독립적인 선택의 주체로서 기능하는 것이 아니고 오히려 더 큰 목적을 위해 자기의 활동을 따르고 있음을 깨닫게 된다.

모래놀이에서의 자기 배열에 투여하는 에너지는 놀랄 만한 것이다. Dora Kalff (1980/2003)는 그것을 신령스러움(numinous)이라고 했다. 신령스러움이라는 말을 정의하면 "신의 현존를 나타내거나 암시하는 것"(OED, 1994)이다. 그것은 경외와 신성함을 갖게 한다. 이러한 정의에 따르면 신령스러움이란 실제적인 하나의 사건인 것이다. 그것은 모래놀이를 하는 그 순간의 시간과 공간 속에 신의 존재가 실현되는 것이다. 동시에 그것은 영원하고 시공을 초월한다. 모래놀이에서의 자기 배열의 경험은 잊을 수 없는 것이다. 방 안은 신령스러움으로 충만하고 내담자와 치료자 간의 관계는 그 신성함에 서로가 참여하고 있다는 자각으로 채워진다. 자기 배열을 목격한 후 몇 년이 지나도, 그 모래상자의 사진을 보면 신령스러운 그 사건을 다시 떠올릴 수 있다. 사진이라는 인공물을 통해 신령스러움을 재경험하는 것은 자기 및 중심과 접촉하고 모든 시공을 초월한 자기와 접촉하는 하나의 방법이 된다. 모래상자에서의 자기 배열은 다양한 형태로 나타난다. 그것은 일반적으로 중심적 원형으로서의 속성 때문에 원형이나 방사선형으로 나타난다. 그러나 모래상자에 자기가 나타나는 데는 어떤 규칙이나 공식이 있는 것은 아니다. 다른 무엇보다 그것의 신령스러운 특징에 의해 확인될 수 있다.

자기 배열이 모든 모래놀이 사례에서 나타나는 것은 아니다. 어떤 과정은 완전한 자기 배열 대신에 독특한 전환(shift)으로 나타난다. 이러한 전환 이후 모래놀이 과정에 극적인 치유나 변형이 나타날 수도 있다. 9세 아이비의 10번 모래상자가 이런 전환의 좋은 예다. 완전한 자기 배열 대신 동네 샘물을 통해 존재의 중심적 원천을 두드린 후, 아이비의 놀이는 극적인 전환을 나타내었다.

자기 배열이 사례에 따라 나타나기도 하고 나타나지 않기도 하는 이유는 설명하기가 어렵다. 그것은 아마도 내담자가 완전한 자기 배열에 대한 준비가 되어 있지 않았기 때문일 수도 있고, 내담자의 정신이 이미 자기 원형에 중심을 잡아서일지도 모른다. 내담자가 변하지 않는 자기 자각 속에 살고 있어서일 수도 있다. 우리는 각 사례만이 갖는 독특한 특성을 존중하고 판단을 내리는 데 매우 조심해야만 한다.

일반적으로 자기 배열은 모래놀이 과정 중간에 일어난다. 자기가 중심적 원형이고 가장 깊은 원형이기 때문에 그 배열 역시 과정 중 가장 깊은 부분에서 나타난다. 이러한 사실은 모래상자에서의 사전 작업이 자기를 향한 움직임을 촉진함을 암시한다. 또한 평범한 수준의 자각으로 복귀하는 가운데 자기 배열에 수반되는 작업이 일어나는 것으로 보인다. 그러나 자기 배열은 모래놀이 과정의 시작에 좀 더 가까운 시점이나 마지막을 향한 지점에서 나타날 수도 있다. 이러한 일반적인 고려사항에 대해서조차 자아가 배열되는지, 언제 자아가 배열될지 알 수 있는 방법은 없다. 각 사례는 그 독특한 표현 방식을 고려해야 한다.

내담자가 자기 배열의 신성한 속성을 감지하고 있다고 하더라도, 모래상자가 만들어질 당시에는 의식적인 자각으로 통합이 완전하게 이루어지지는 않는다. 모래에서 이루어진 다른 작업과 마찬가지로 의식으로의 통합이 모래상자에 표현되는 것은 지연된다. 중요한 것은 자기 배열은 이전 및 이후 삶의 태도와 경험을 재배치하기 위해 중심 지점의 경계를 정한다는 것이다. 의식적인 자각으로 완전하게 이해하거나 완전하게 통합하는 것을 기대할 수는 없다. 자기 배열은 중심 원형을 구현하는 경험인 것이다. 그것은 개인이 누적된 경험을 점점 더 자각하고 그것을 이해하기 위한 특정 의도와 일치하게 되는 깊은 수준의 인식이다.

자기 배열과 함께 내담자는 거대한 에너지의 근원이 열리는 것을 경험한다. 치료자는 내담자를 통해 흐르는 이 새로이 발견된 에너지를 적절히 견제할 수 있도록 경계해야만 한다. 내담자의 행동이 극적으로 변할 수도 있다. 적절한 견제가 없으면 내담자는 거의 광적인 흥분에 빠질 수 있다. 모래놀이의 선구자인 Estelle Weinrib이 모래놀이 과정에서 자기 배열을 경험한 이후 『자기상(*Image of the Self*)』(1983/2004)에서의 거대한 리모델링 프로젝트에 갑자기 전념했던 사건은 좋은 설명을 제공해준다. 그 내담자 또는 내담자의 부모와 거대한 에너지가 방출될 가능성이 있다는 것과 그것을 알고 있을 필요에 대해 대화를 나누는 것이 중요하다. 이것은 아동과 어른 내담자 모두 예술 작업이나 운동에 몰두하도록, 혹은 어른 내담자의 경우 명상에 몰두하도록 격려할 수 있는 최상의 기회인 것이다.

모든 존재의 근원이기 때문에 모래상자에서의 자기 배열에는 어둠을 인정하거나 고려하는 것이 필연적으로 포함된다. 리네가 자기 배열을 나타낸 14번 모래상자에는 검은 구(球)와 장난꾸러기 피노키오가 등장했다. 이렇게 어두운 형태가 나타나는 이유는 존재의 완성에는 지하세계도 포함되기 때문이다. 자기의 권위는 중심적인 것이 되고 인생의 경험 모두가 이러한 중심으로부터 발생하고 되돌아오는 것으로 보인다.

모래놀이에서의 자기 현시

연구를 통해 나는 자기 배열과 자기 현시(manifestation of the Self) 간의 미묘한 차이를 발견했다. 나의 경험에 따르면 자기 현시는 이미 자기 배열을 경험했던 내담자의 작업에서 나타나는 자기의 출현이나 자기와의 접촉으로 보인다. 어떤 경우에는 내담자의 정신이 일반적인 발달과정에 따라 자기에 집중되기도 하고, 어떤 경우에는 이전 모래놀이에 자기 배열이 분명히 나타나 있는 경우도 있다.

흔한 경우는 아니지만, 내담자가 모래놀이 과정이 시작되기 전부터 중심으로서의 자기에 대해 자각하고 있는 경우도 있었다. 이러한 유형의 작업은 우리가 앞서 논의한 다른 모래놀이 과정들에서 살펴본 현명함이나 무속적인 것과 연관된 작업 방식인 것이다. Eliade(1964/1974, 1952/1991)는 중심에 대한 의식을 갖는 것은 무속적인 변화 방식이라고 말했다. 이런 내담자들은 자신의 인생 경험이 더욱 깊은 목적을 위해 적용되고 있다는 것을 의식하고 있다. 이는 자기를 영속적인 존재로 느끼거나 혹은 조직화된 목적이라고 일컫는 그들의 모래놀이에 분명하게 드러난다.

이러한 것을 염두에 두면서, 나는 가장 깊은 곳에 있는 자기가 최초로 신령스럽게 실현된 것으로서의 자기 배열과 자기의 조직화된 중심적 목적을 인식하게 되는 모래놀이와 그들의 삶에서의 자기에 대한 추후의 발현이나 관계로 나타나는 자기 현시를 별개로 생각한다. 자기 배열은 신령스러움, 즉 신성한 존재를 능동적으로 드러내는 특성을 띤다. 신령함은 그 순간 구현되고 있는 신성한 존재의 탄생인 것이다.

다른 한편으로 자기 현시는 신비스러운 것이라고 할 수 있다. 그것은 신성한 발견을 통해 드러난 영혼의 진실로 알려져 있다. 이미 드러나 있기 때문에 알려진 것이다.

모래놀이에서의 기타 기본적인 공간적 형태: 사각형, 원형, 삼각형, 별, 방사형 및 나선형

상징적인 언어로, 우리는 기본적인 기하학적 도형을 정신의 가장 초기적이고 본질적으로 원형적인 존재의 자기 현시를 물질 형태로 나타낸 것이라고 본다. 그것은 원형, 사각형, 삼각형 등 단순한 도형들인데, 현시화되지 않은 존재의 구현 혹은 합일을 나타내는 원시적인 지표들인 것이다. 다양한 기하학적 형태가 가진 중요성을 더 잘 이해하기 위해서 우선 현시화되지 않은 것이 구체적인 구현으로 들어가는 정신적 역치로 되돌아갈 필요가 있다.

불교 전통에서는 물질적 구현 이전의 존재 차원은 다른 형태로 형성되는 본질인 오온(五蘊, skandhas)[2]으로 구성되어 있다고 본다. 오온은 서로 간의 접촉 안팎을 드나들면서 형태와 모양을 갖추게 되는 활기찬 성질의 것이다. 모래의 고유한 성질인 변형성, 시간의 정지, 그리고 그 방법 속에 내재된 외부적 실재의 복합적인 특징들을 고려할 때, 이런 개념은 모래놀이를 이해하는 데 도움이 될 수 있다. 아마도 모래상자에서 자주 나타나는 기본적인 기하도형은 새로운 실재의 가장 초기 형태일 것이다. 오온의 움직임처럼 모래놀이에서 나타나는 초기적인 기본적 특징은 새로이 구체화된 가능성을 구현할 장소를 제공하는 것이다.

힌두교도 우리가 '실재(reality)' 라고 말하는 것과 비슷한 개념을 가지고 있는데 이를 '마야(maya)' 혹은 '환상(illusion)' 이라고 기술한다. 마야 안에 존재하는 모든 현상은 윤회(samsara)라고 일컬어지며, 이는 형태가 있는 유동적 흐름(the flux and flow)을 말한다. 모래놀이 치료자로서 특별히 관심이 가는 부분은 놀이(play) 혹은 릴라(lila)가 마야가 오고 가는 것의 기본적인 본질이라고 본다는 점이다. 놀이는 변

---

2) 색(色), 수(受), 상(想), 행(行), 식(識).

화의 기본 요소이고 존재하는 모든 것은 언제나 변하고 있다는 것이다. 이러한 개념은 중국의 『역경』에서의 결론으로, 변하지 않는 단 하나의 사실은 변한다는 사실뿐이라고 한다(*I Ching*, 1950/1971).

Dora Kalff(1980/2003)가 그녀가 고안한 모래상자에서의 작업방법에 대해 놀이라는 이름을 사용한 것은 결코 우연이 아니다. 모래놀이는 우리의 현실을 재구성하기 위해 정신이 이동하는 환경을 형성해 준다. 안전하고 정중한 태도로 함께해 주는 치료자가 지켜보는 가운데, 모래놀이를 하는 내담자가 피겨와 모래를 이동시키는 것은 처음엔 내적인 현실을 그리고 이후엔 외적인 현실을 재정비하고 유사한 이동을 위한 물질적 환경을 제공한다. 비교적 제한이 없는 모래가 가진 가능성은 이러한 변화놀이, 즉 정신의 움직임과 재정리를 위한 물질적 형식을 제공한다.

놀이를 할 때 시간은 정지된다. 내담자는 새로운 현실에 형태를 부여해 주는 모래의 즉시성과 완전한 수용성에 몰두하게 된다. 이러한 정신 이동과 변화가 모래에 원형, 나선형, 별 모양 등과 같은 기본적인 구조물로 나타날 수 있다. 이러한 기본 도형들은 공간을 특징지어 준다. 이런 도형들은 질서와 진행방법을 만들어 낸다. 진행방법은 의미와 목적이 성장하는 것을 돕는다. 이런 식으로 보면 모래상자에 기본적인 기하학 도형과 형태가 흔히 등장하는 것이 이해가 된다.

다양한 기하도형은 상징용어 사전과 참고 자료에 잘 나타나 있는 특정한 특징들을 보여 준다. 모든 자료를 동원해도 기하도형의 넓은 폭과 충만함을 완전하게 이해하는 것은 불가능하다. 나름의 특별한 맥락 속에서 모래상자에서 나타난 도형이 담고 있는 의미를 완전히 추출해 낼 수는 없겠지만, 기본적인 기하학적 도형의 공통적인 원형적 특성을 찾을 수는 있다. 각 도형에 대해 완벽하게 논의할 수는 없겠지만, 그들의 일반적인 특성에 대해 간단히 살펴볼 수는 있을 것이다. 기하학적 형태가 모래상자에서 나타나면, 치료자는 다른 수많은 상징적 잠재성에 대해 생각하는 자세를 가져야 한다. 중요하게 고려할 두 가지 사항은 기하도형의 기본 특성을 명심하라는 것과 단순화를 피하라는 것이다.

사각형과 원형

4개의 동일한 면과 직각으로 이루어진 사각형은 안정성, 확고한 근거, 구현, 현세에서의 존재와 물질성을 담고 있는 것으로 여겨진다. 이와는 달리 원형은 영원으로 간주된다. 원형은 궁극적 합일화(Oneness)라는 측면에서 완전성이라는 특징을 갖는다(De Vries, 1984).

Dora Kalff(1980/2003)는 특히 원형과 사각형에 관심을 기울였다. Kalff는 약 3세 경의 정상적인 발달과정에서는 "자기의 중심이 아이의 무의식 속에서 안정적으로 자리 잡고 전체성의 상징들 속에서 스스로를 구현하기 시작한다." (p. 2)라고 언급했다. Kalff는 내담자의 정신적 전체성이 발달함에 따라 사각형 혹은 4개의 단위들이 모래상자에 나타난다는 것을 알았다. 모래놀이에서 원형이 나타나는 것은 사각형이 나타난 직후거나 사각형과 함께다. 그녀는 사각형과 원형이 나타나는 것은 질서를 향한 정신의 추동이 막 피어난 것이 구현된 것이라고 주장한다. 그리고 기본적인 기하도형은 질서와 전체성을 확립하기 위해 정신에 작용하는 강력한 상징들로 보았다. 그녀의 고전적인 저서 『모래놀이: 정신에 대한 심리치료적 접근(*Sandplay: A Psychotherapeutic Approach to the Psyche*)』에서 그녀는 다음과 같이 언급했다.

> 원형은 단순히 기하도형만이 아니라 인간 내부에 보이지 않게 살아 있는 어떤 것을 비춰 주는 상징의 하나이기도 하다. 상징들은 내면의 에너지가 누적된 그림들을 대변하며 인간의 본성적인 잠재성을 말하는데, 이런 잠재성이 표현되었을 때 지속적으로 인간 발달에 영향을 준다(p. 6).

Martin Kalff(1993)는 모래상자에 나타난 곡선과 직선 도형을 구분했다. 둥글고 곡선적인 도형은 흔히 좀 더 여성적인 에너지를 반영하는 것으로 여겨지며 느낌 및 신체와 연관되는 반면, 각진 도형은 좀 더 남성적인 에너지를 나타내는 것으로 보았다. 이런 도형은 합리성과 정신을 반영한다. 선들의 특징에 따른 에너지의 차이에 대한 Martin Kalff의 관점은 사고 기능이 우세한 내담자의 모래놀이와 다른 기능, 즉 감각, 직관 그리고 느낌에서 강력한 특징을 갖고 있는 내담자의 모래놀이에서 사용하는 선의 특징의 차이점이 얼마나 다양한지 생각하게 해 준다. 이는 앞으로 이루어질 연구에서 다양한 측면으로 설명이 이루어질 것이다.

섀넌 섀넌의 모래놀이의 특징은 각진 기하학 도형이 나타난다는 데 있다. 섀넌은 사고력이 강한 타입이다. 그녀의 모래상자는 각을 이룬 도형 형태로 꾸며졌다. 섀넌은 그녀의 손바닥 옆면을 이용해 날카로운 도안을 그리면서 모래놀이를 시작하는 경우가 많았다. 그녀의 모래놀이에서 반복적으로 나타나는 기하학적 구조는 Kalff의 견해를 뒷받침하고 있다. 1, 6, 8번 상자 모두는 이러한 극적인 조각이 기본 구도로 되어 있다. 모난 모양의 조각화는 15, 17번 상자에서 각이 부드러워졌는데, 이때가 섀넌의 정신이 새로운 존재의 특성에 개방된 지점이기 때문이다. 섀넌의 모래놀이는 전체적으로 조각화된 특징을 유지하기는 했지만, 그녀의 내적 · 외적인 세계와의 새로운 관계는 더욱 미묘하게, 아마도 모래의 형태와 같이 더 부드러운 관계로 이루어질 것이다.

삼각형과 별 모양

삼각형은 사각형을 두 개로 반을 나눈 모양처럼 보인다. 이런 점에서 두 개의 반쪽은 남성과 여성의 두 양극이 물질적으로 구현된 것이다. 꼭짓점을 위로 한 삼각형은 남성적인 원리를 담고 있으며, 꼭짓점을 아래로 한 삼각형은 여성적이다. 꼭짓점이 위에 있는 삼각형과 꼭짓점이 아래에 있는 삼각형이 얽혀 있으면 양극이 결합된 다윗의 별을 형성한다. 등변 삼각형은 단단한 기반 위에 놓인 것처럼 안정적이다. 삼면은 삼위일체, 또는 하늘과 땅 사이 영혼의 접점을 암시한다(De Vries, 1984).

아이비 아이비의 1번 상자는 극적인 삼각형의 연못으로 시작되는 시리즈의 시작이다. 일반적으로 아래로 뾰족한 이 삼각형은 모래놀이에서 수행될 그녀의 여성적 본성에 대한 탐색을 예고한다.

많은 꼭짓점을 갖고 있는 별들은 복잡한 피겨다. 하늘에서 별들은 태양의 빛을 반사하고 밤하늘을 빛낸다. 별 상징화에 내포되어 있는 에너지는 풍요로우며, 모래놀이에서 별들이 두드러지게 나타날 때는 철저하게 살펴봐야 한다. 기하학적 피겨로서 오각(五角)의 별은 흥미로운 대상이다. 최초의 선을 그은 다음, 반대쪽 선을 반으로 나누면서 별이 만들어진다(De Vries, 1984). 오각의 별은 두 팔, 두 다리, 머리를 가진 완전한 인간인, 안트로포스(anthropos)에 비유된다.

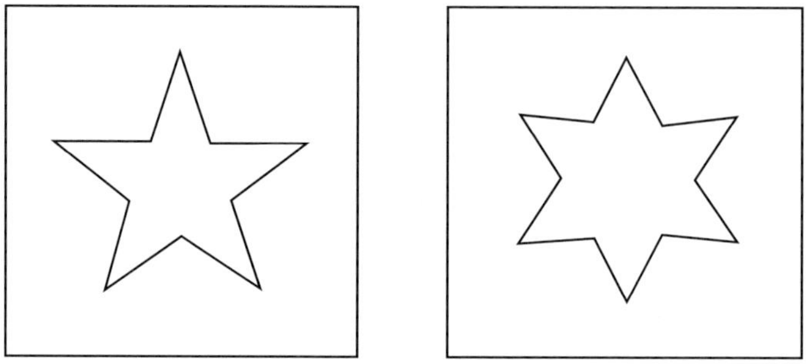

5각과 6각의 별들

엘리자베스 엘리자베스는 10번 상자에서 오각 별을 재미있게 사용한다. 중앙에 위치한 반짝이는 별은 전체성을 내포하고 있다. 그러나 동시에 그것은 포로로 잡혀 있는 죽은 박사가 갇혀 있는 우리를 형성한다. 계속 성장하기 위해서는 그녀의 값진 경력이 끝나야만 한다는 것을 인지하고 있기에 이 중앙의 별은 죽음과 충족의 가능성 모두를 내포한다.

방사형과 나선형의 피겨

방사형과 나선형의 피겨들은 앞에서 언급한 바와 같이 중심과 관련된다. 이 두 피겨 모두 중심에서 밖으로, 혹은 밖에서 중심점으로 움직이는 에너지를 지니고 있다.

방사형의 피겨들은 일차적으로 수평면에서 기능하고, 나선형들은 수평적 방향과 수직적 방향 양쪽에서의 운동을 통합한다. 방사형은 중심 쪽으로 연결된 많은 에너지로 구성된다. 심리학적으로 말해, 방사형은 중심으로부터 발산되는 것이다. 어떤 경우에는 방사형의 선이 자기의 중심성에 대한 인지로서 중심으로의 회귀를 암시하기도 한다.

나선형은 곡선 방향으로 이동하고 있는 단일 직선 경로다. 나선형은 수평면 위에서는 평평할 수도 있고 수직적으로 확장될 수도 있다. 나선형이 수직축을 따라 작용할 때는 오른쪽 혹은 왼쪽을 향해 낮은 바깥 지점에서 중심의 높은 지점으로, 또는 반대로 높은 곳에서 낮은 곳으로 이동하는 에너지를 담고 있을 수 있다. 역으로 에너지가 높은 바깥 지점에서 낮은 중심 지점으로 왼쪽 혹은 오른쪽 안을 향하며 이동할 수도 있으며, 낮은 안쪽에서 높은 바깥쪽으로 오른쪽 또는 왼쪽 안을 향해 이동할 수도 있다. 나선형은 풍부하고 복잡한 정신적인 형태다. 나선형은 그 원천으로부터 구현되는 모든 양상을 품고 있다. 이와 마찬가지로 나선형은 파괴의 모든 면과 그 근원으로의 회귀를 품고 있다. 나선형은 숙명처럼 개인을 위한 에너지의 움직임과 시간상 각 순간을 위한 에너지의 움직임을 품고 있다. 나선형은 모든 시간 내내 그리고 시간을 초월하는 영원 속에서 우주의 영원한 진실을 전달한다. 또한 완전한 역사를 담고 있거나 혹은 그 개인이 걸어온 길 그리고 모든 인류가 걸어온 각 순간에 담긴 일련의 중요성을 갖고 있다.

모래놀이에서 각 피겨가 갖는 원형적 중요성과 그들의 에너지 운동의 방향은 둘 다 중요하다. 이러한 고려사항에 주의를 기울이는 것은 내담자에게 나타난 발달을 담아 두는 것을 강화하고 초기에 현시화된 새로움을 이해하는 데 도움이 된다.

모래놀이에서 위치에 대한 고려

모래놀이 피겨나 모래를 공간적으로 위치시키는 것은 모래상자에서 일어나는 상징적 과정에 특별한 의미를 제공할 수 있다. 앞에서 우리는 모래놀이에서의 중요한 공간 차원에 대해 논의한 바 있다. 수평, 수직 차원은 모두 모래놀이 과정의 담아두기라는 면에서 매우 큰 중요성을 가지며, 신중히 고려되어야 한다는 것을 기억할 것이다. 이러한 기초적인 이해를 바탕으로 여기서는 더 구체적으로 살펴볼 것이다.

두드러지는 피겨와 형태

전체 모래놀이 과정이 상징적인 것임을 인식하고 있을지라도, 두드러지는 피겨나 형태는 그 과정에서 더 큰 중요성을 갖는다는 것이 분명하다. 이런 현상은 개별 상자에서 나타날 수도 있고 다양한 형태를 띠며 모래놀이에 연속적으로 나타날 수도 있다. 눈에 띄는 피겨의 좋은 예는 애런의 1번 모래상자에서 나타난 커다란 철제갑옷을 입은 기사다.

> **애런** 애런의 1번 상자에 있는 기사의 크기와 중심부에 놓인 위치는 관찰자에게 이 피겨가 갖는 상징적 내용이 내담자의 작업에서 중요한 측면을 갖는다는 것을 분명하게 보여 준다. 애런의 마지막 모래놀이에서 금속 피겨가 다시 등장했는데, 이번에는 은제 우승컵으로 변형되었다. 그 옆에는 아동이 놀이를 통해 이겨낸 적들과 마주 보고 있는 작은 투사가 있다. 그 뒤에는 작은 개울 한편에 그를 향해 열린 새롭고 평화로운 삶이 놓여 있다. 이 경우 피겨의 크기와 위치가 그 중요성을 나타내고 있다. 또한 커다란 기사는 어둡고 무거운 에너지를 갖고 있다. 이것이 사례 내내 다양한 형태로 재등장하는 것 역시 그 중요성을 강조해 준다.

모래놀이에서 어떤 것이 두드러지는지 결정할 수 있는 공식은 없다. 두드러진다는 것은 가능성의 영역에서 보면 극단을 나타낸다. 그것은 무척 크거나 아주 작은 것, 대단히 근접해 있거나 특별히 먼 것일 수 있다. 높게 올라가 있거나 예외적으로 깊은 것일 수 있다. 특별히 밝거나 다채롭거나 특별히 어두울 수도 있다. 특별한 정서적 영향력을 가질 수도 있다. 두드러진 것을 살펴본다는 것은 치료자에게 모래놀이의 더 큰 상징과정과 관계를 맺도록 하는 또 다른 방법을 제공한다.

숨겨진 피겨와 매장된 피겨

모래의 유연성은 모래상자에 피겨를 숨기거나 묻어 둘 수 있게 해 준다. 피겨를 동굴 속에 몰래 감춰 두거나, 벽장에 넣어 두거나 그 밖의 다른 물건 뒤에 조심스럽게 감춰 놓거나, 나무나 관모의 잎 사이에 교묘하게 숨겨 둘 수도 있다. 모래상자에 있던 피겨를 나중에 감춰 두는 것은 흔한 일이다. 반복적으로 파묻고 파내고 다시 묻고를 반복하는 경우도 가끔 볼 수 있다.

Ruth Bowyer Pickford(1956)는 그녀의 Lowenfeld의 세계 기법에 대한 많은 연구 중 하나에서 모래에 피겨들을 매장하는 것은 공격적이거나 적대적인 동작일 수 있다고 주장한다. 그러나 그녀는 엑시터 아동임상클리닉(Exeter Child Guidance Clinic)의 Eve Lewis의 다음 말을 인용하기도 했다.

> 어떤 장난감을 조심스럽게 파묻는 것은 공격성이라기보다 집합적 무의식에서 그 장난감이 상징하는 것을 수용하는 것이라고 본다(p. 162).

Lewis는 모래의 신체(corpus) 속으로 통합함으로써 상징이 아동의 존재의 실체가 되는 것을 신중하게 수용하는 것에 대해 기술한 것이다. 이러한 예와 같이 묻는 동작은 독특한 의미를 가진다.

모든 매장 동작이 분명한 것은 아니며, 우리는 단지 그 의미가 무엇인지 추측할 수 있을 뿐이다. 그런 행위는 나름대로의 맥락에 따라 살펴봐야 한다. 중요한 것은 숨겨지거나 매장되거나 혹은 감춰진 물체에 행해지는 몸짓에 담고 있는 의도다.

무엇이 숨겨져 있는가뿐 아니라 숨겨져 있다는 사실 자체도 정신적 · 상징적으로 중요하다. 만일 모래놀이의 모든 측면이 전체를 향한 주요 동인의 외적 모습이라는 사실을 기억한다면, 우리는 통합을 향한 움직임에서 이런 숨기는 행위가 수행하는 역할에 대해 고려해야 한다.

숨겨진 장소가 어디인지를 살펴보는 것도 중요한 일이다. 숨겨진 장소가 다른 두드러지는 피겨로부터 멀리 있는지 아주 가까운지, 위인지 아래인지를 고려해야 할 것이다. 또한 숨긴 장소가 무엇으로 구성되어 있는가도 중요한 고려사항이 될 수 있다. 숨기는 동작과 숨겨진 것이 내포한 상징적 내용은 그것이 무엇인지에 따라, 예를 들면 무기, 사람, 황금알인지에 따라 달라질 것이다.

매장된 피겨의 경우 그것이 아래로 내려가고 있는지 위로 올라오고 있는지를 살펴보는 것이 중요하다. 내려가는 피겨들은 억압의 문제를 나타낼 수 있다. 그들은 한때는 의식적인 자각을 했으나 다시 개인의 무의식, 그림자 속으로 밀어 넣어놓았던 것일 수 있다. 아마도 이런 것들은 내담자가 발달적으로 다룰 준비가 되어 있지 않고, 그래서 준비가 될 때까지 억압해야 하는 성질의 것이나 그런 사건일 것이다. 그러나 모래놀이에서 이런 것이 나타나는 것은 내담자가 수행하고 있는 성장과 변형에서 두드러지게 그것들이 나타나고 있다는 것을 암시한다.

만일 매장된 것이 위를 향하고 있다면, 그것은 새로 생겨나는 무의식일 수 있다. 마찬가지로 그림자 특징이 다시 나타나고 있는 것일 수도 있다. 모래놀이에서 피겨의 초기 등장은 상징적 내용에 대한 인식이 싹트기 시작한 것이다. 그들이 비록 깊은 곳에 있기는 하지만 현재에 일어나고 있는 것이며, 이런 것이 내담자에게 유용한 것이 될 것임을 우리는 알고 있다. 예를 들어, 모래상자에 완전히 드러나지 않은 숨겨진 혹은 매장된 보물을 발견하면 자신의 정체성이라는 보물에 대해 내담자가 이제 막 자각하기 시작했음을 알 수 있다.

매장된 것은 의식적으로 적당한 장례 절차를 치른 어떤 것일 수도 있다. 더 이상 필요하지 않은 특성일 수도 있고, 어쩌면 변형 중이거나 자아로부터 풀려나오고 있는 상처 혹은 자기개념(Self-concept)일 수도 있다.

어쩌면 매장은 삶과 죽음의 순환에 참여하는 것으로 죽은 것이 땅으로 복귀한 것일 수도 있다. 마치 죽은 자가 앞으로 다가올 변화된 삶에 대한 기대감을 가지고 그 이전의 삶을 전환시키면서 땅에 묻히는 것과 같이, 모래놀이에서의 매장은 특정한 정체성과 존재 방식이 끝나는 것과 관련될 수 있다. 모래상자에서의 이러한 매장은 풍부한 지하세계로부터 양분을 얻는 변형을 예고하는 것일 수 있다.

땅에 들어가는 것은 어둠으로 들어가는 것이며, 의식의 유지로부터 풀려나오는 것이다. 매장은 씨를 뿌리는 것과도 같다. 형태가 없는 지하세계의 무질서한 어둠의 혼란 속에서 씨앗의 원래 형태는 파괴되고 새로운 형태로 성장해 간다. 이런 측면에서 이와 같은 매장은 새로운 성장을 위한 영양분을 얻는 수단으로 지하세계에 들어가는 것과 같다. 모래놀이에서 매장이 모종과 새로운 성장으로 표현되는 때는 잉태된 것이 무엇인지, 그리고 땅의 자궁으로부터 다시 태어날 것이 무엇인지에 주의를 기울이는 것이 중요하다. 앞으로 나타날 것이 무엇인지를 추정하는 것은 상징화 과정에 방해가 될 수 있지만, 변형되어 나타날 것의 가능성에 대해 생각해 보는 것은 매우 중요한 일이다.

모래놀이에서 피겨의 관계

모래놀이에서 피겨들과 여러 가지 재료 간의 관계 정도는 모래놀이 공간 차원의 또 다른 측면이다. 여러 가지 요소 간의 관계는 혼란부터 경직에 이르기까지 다양하다.

모래놀이에서의 높은 관계성

모래상자 내의 피겨들이 어느 정도까지 의미 있게 관련되어 있는지는 이전의 혼란되거나 무의식적이었던 요소들을 정신이 어느 정도까지 조직화하고 있는지를 나타낸다. 일반적으로 관계성이 높으면 구분의 정도가 높다는 것을 의미한다. 우리는 정신적 경험의 독특한 활동에서 기능하는 네 가지 기능의 차별성이 개인화나 개인적 성격의 발달에서 중요한 부분을 차지한다는 Jung의 성격이론을 기억하고 있다. 개인화의 기본적인 요소는 다른 사람 및 사물과의 관계 속에서 뚜렷한 개인적 정체감을 유지하기 위한 개인 능력의 성장인 것이다.

우리는 모래상자 안에 나타나는 관계의 특성이나 속성에 주의해야 한다. 물체들과 장면들 간의 관계가 유동적이고 이완되어 나타날 때, 그것은 내담자의 정신적 운동이나 발달 국면이 안전하고 평화롭다는 것을 의미할 수 있다. 만일 피겨들과 활동 사이의 관계가 경직되고 긴장되어 있다면 그것은 내담자 내면에 두려움이 있는 것을 의미할 수 있다. 또한 이러한 경직성은 외부의 현실세계가 발달이나 개인적인 안전을 위협하는 것을 의미할 수도 있다. 지나치게 경직된 구성은 내면과 외면 모두의 위협을 포함하고 있을 수 있다. 경직된 패턴과 유동적인 패턴 사이의 변경 혹은 상자에서 상자로의 변경은 위협의 영역 안팎으로의 이동을 나타낼 수도 있다.

중요한 고려사항의 하나는 상징적 표현의 전체 맥락 내에서 보는 모래놀이에서의 관계성과 무관계성의 의미다. 만일 관련성이 없고 혼돈스럽게 표현된 모래상자에서 강한 관계성 및 차별성의 특성이 두드러진 것이 있는 경우, 이는 성장과 변형으로 인해 자아의 경계가 일시적으로 해체된 것을 나타낼 수 있다. 이런 일이 일어났을 때, 그 해체는 무의식으로부터의 새롭고 독창적인 요소의 출현을 위한 선행과정일 수 있다.

카일리 7세인 카일리의 모래놀이는 전체 작업과정에 걸쳐 관계 요소 내에서 일어나는 변화를 보여 주는 좋은 사례다. 카일리의 1번 상자에는 찻잔 세트가 놓여 있는 테이블 주변에 공상 속의 사람들과 동물들이 아무렇게나 놓여 있다. 주변 요소들이 흩어져 있고 서로 관계가 거의 없는 데 반해, 중심에 놓인 테이블은 관계를 맺는 정착점이 되어 주고 있다. 모든 것이 그 주변에 있다. 더욱이 우측 대각선의 왼쪽 끝 부근에 있는 우물과 보석 장식이 된 집, 그리고 반대편 대각선상에 있는 기도하는 소녀와 뒷발로 일어서 있는 아름다운 말의 위치는 관계의 원형적 형식을 보여 준다. 구석에 놓인 피겨들, 테이블, 그리고 그들이 보유하고 있는 상징적 에너지의 구조적인 용기로 볼 때, 카일리의 모래놀이 과정은 그녀의 심연(보석으로 장식된 집과 우물)에서 발견되고 본능(말)과 자기 인식(기도하는 소녀)의 균형에 근거한 자기의 진실에 대한 전망을 담고 있다. 상징적 특징들이 양육과 안전을 약속하는 원형 테이블을 가로지르고 있다.

2번 상자에 피겨를 놓으면서 카일리는 그녀의 고통 및 상실과 관련된 이야기를 한다. 그녀의 이야기 속에 등장하는 인물들은 1번 상자에 있던 재료들보다 더 발전된 관계를 갖고 있다. 이야기의 상징적 내용이 아주 고통스러워지자, 카일리는 그 증거를 바구니에서 쏟아낸 물건들 밑에 묻는다. 나의 회기 노트에 기록된 내용은 다음과 같다.

(피겨를 배치하고, 말을 한다)

황금독수리

은색 새

그의 아내예요.

커다란 흰 곰

의사예요. 그 의사가 "미안해요, 당신은 아기를 가질 수 없어요. 배 속에서 죽었거든요."라고 말했어요.

왕자

고슴도치

불쌍한 강아지. 그는 의사에게 그를 데리고 가서 "누군가 그의 다리에 총을 쐈어요. 그는 자신의 어머니를 찾고 있어요."라고 말했어요.

인어

그는 그녀가 자신의 엄마인지 물었어요. "아니요!"

배트맨

이 사람인가? "아뇨!"

제우스

이 사람인가? "아뇨! 하지만 난 하늘에 살고 있고 당신의 삶을 특별하게 만들어 줄 거예요."

보석들 (상자로 쏟아부으면서)

(치료자에게 말하기를) 만일 내가 이걸 전부 어질러 놓고 치우지 않으면 어떻게 되죠?

치료자: 그렇게 하고 싶니?

아니에요. 하지만 할 수는 있죠!

황금 (다음의 것들을 바구니에서 쏟아내며)

고래

황금

보석들

돼지들

음식

우산들

악기들

음악!

뜨개질과 끈

신체 부분들

더 많은 것들을 쏟아냄

사람들은 돈을 쓰레기라고 말했지만 그들은 와서 그 돈을 훔쳤어요.

치료자: 여기에 제목이 있니?

'마녀, 황금, 불쌍한 동물의 밤'

2번 상자에서 카일리의 쏟아붓는 행위는 자신의 고통스러운 과거에 대한 인식이 생겨나고 있다는 것을 반영한다. 동시에 건강한 성장과정을 위해 자기를 향해 그녀의 자아를 재정리하는 데 필수적인 잘못된 자기 감각의 해체인 것이다. 물체를 쏟아 붓기 이전, 카일리의 2번 상자에 나타난 피겨의 배치는 보다 큰 관계성을 향한 이동을 보여 준다. 이것은 그녀의 고통과 상실을 상징적으로 드러내기 위해 심연의 우물로 뛰어드는 것으로 이야기의 상징적인 내용을 반영한다.

피겨들의 관계는 카일리의 과정이 진전되면서 지속적으로 발전하게 한다. 동시에 그녀의 즉흥 동화의 주제 내용도 발전한다. 6번 상자까지 동화 『라푼젤(*Rapunzel*)』을 카일리가 나름대로의 번안한 얘기에 등장하는 등장인물의 공간적 배치도 일관성을 가진다. 그녀가 통제할 수 없었던 상실, 결핍, 필요에 대한 고통스러운 과거를 반영하면서 피겨들은 서로에게 의미 있는 관계로 이동한다.

관계 연결자로서의 다리

다리들은 관계의 도관으로 나타날 수 있는데 그것은 이전의 모래놀이에서 신중하게 다루어졌거나 무관했던 정신적인 요소들을 결합시킨다. 모래놀이에서 하나의 극단이 두드러지는 것은 그 반대편의 출현과 관련될 뿐 아니라 상대가 함께 나타날 수 있는 장소들과 관련이 있다. 그것은 양극단들이 만나는 대문, 현관, 협소한 장소들과 틈새들인 것이다. 자기의 중심이 건드려지는 지점이 바로 이렇게 양극단이 함께 나타나는 지점이다. 풍부한 무의식적 자료에 접근하고 의식적으로 유용하게 만들어지는 지점이 이렇게 양극이 함께 나타나는 지점인 것이다. 궁극적으로 그것은 자기의 실제가 이루어지는 극단의 화해다.

다리가 나타났을 때 무엇이 연결되고 있는지 관찰하는 것은 중요하다. 모래놀이에서 다리를 놓는 것은 다양한 형태로 나타날 수 있다. Bradway와 McCoard(1997)는 상반되는 것 사이에 나타나는 요소들이 그 상반되는 것을 화해시킬 수 있다고 주장한다. 그들은 상징과정에 담겨 있는 극단적 갈등에 다리를 놓는 역할을 할 수 있다. 이는 말 그대로 다리 형태로 나타날 수도 있고, 상징화 작업에서의 연결 도구로 사용되는 다양한 피겨로 나타날 수도 있다.

다리가 무엇을 연결하고 있는지 분명하지 않거나 목적 없이 모래상자에서 표류하는 것으로 보일 경우, 이런 다리들은 정신이 방향성을 상실했다는 것을 나타내는 것일 수 있다. 이런 경우 다리의 존재는 연결이 필요하다는 자각을 담고 있는 것이어서, 결국 다리가 선택되고 모래상자에 놓이게 된다. 무엇이 연결되어야 하는지, 어떻게 통합이 이루어져야 하는지를 분명하게 해 주는 장소로 정신이 아직 이동하지 않은 것이다. 연결될 요소들이 다리와 함께 같은 모래상자 내에 나타날 수도 있고 이전의 모래상자에 나타났을 수도 있다. 이렇게 표류하는 다리가 나타나는 경우 무엇이 분해되거나 혹은 분리되어 나타나는지를 탐색해 보는 것이 중요하다. 이는 나중에 나타날 다리 놓기를 견제하는 데 도움이 된다.

다리가 두 개의 요소들을 연결할 때에도 마찬가지로 다리로 연결한 것이 무엇인지 살펴보는 것이 중요하다. Martin Kalff(1993)은 다리의 양끝의 특성에 대해 강조했다. Kalff는 다리가 확연히 구분되는 장면들이나 특성을 연결할 때 더 많은 에너지의 연결이 형성된다고 주장한다. 그는 매우 비슷한 장면들을 다리로 연결하는 것은 낮은 에너지 또는 결정력의 결핍일 수 있다고 말했다.

리라 정신적인 통합 지점으로서 다리를 사용한 두드러진 예는 6세인 리라의 11번과 12번 상자다. 리라의 작업은 부모들의 격렬한 이혼 논쟁으로 인한 심각한 정신내적 불균형을 해결하려는 시도에 초점이 맞추어져 있다. 아이가 2세 때부터 부모들은 서로 말조차 하지 않았으며, 길에서 일정한 거리를 유지한 채 말도 건네지 않고 번갈아 가면서 매주 아이를 데려갔다.

리라의 정신은 심하게 분열되어 종종 두 개의 개별 모래상자에 개별적인 두 세계를 구성할 필요를 느끼곤 하였다. 11번과 12번 상자는 같은 날 만들어진 것인데, 아이는 두 개의 세계를 만든 다음 11번 상자의 오른쪽 모서리 끝에 두 세계를 연결할 다리를 조심스럽게 놓는다. 11번 상자의 아래 너머에 있는 12번 상자까지 닿지는 않았지만, 내적인 세계의 분리된 면들을 다시 연결하려는 정신적 다리 놓기가 자리를 잡은 것이다. 두 부모가 평화롭게 화합하는 것은 불가능해 보였지만, 그녀의 세계를 이어 주는 다리가 나타났다는 것은 리라가 자신의 내적 세계의 심각한 균열을 고칠 수 있게 되었다는 것을 시사한다.

다행스럽게도 리라의 다리는 그녀 부모들의 관계에 관한 선견지명이기도 했다. 수년이 흐른 후 있었던 추후 모래놀이에는 엄마와 아빠가 그들의 예쁜 아이를 키우기 위해 친절하고 협동적인 태도를 취할 수 있게 되었다는 좋은 소식을 담고 있었다.

모래놀이에서의 낮은 관계성

모호한 관계

모래상자에서 피겨의 모호한 관계는 피겨의 위치가 어느 정도의 관계를 나타내고는 있으나 분명하지는 않음을 나타낸다. 예를 들면, 동물 혹은 인간 피겨가 서로 가까이 놓여 있기는 있지만 나란히 걷는다든지 서로를 바라보는 것처럼 함께 무언가를 하는 것은 분명하게 나타나지 않는 경우다. 피겨의 모호한 관계는 심리 상태가 재정리되는 과정에서 나타나기도 한다. 다른 경우에서라면 더 연관성을 가졌을 피겨가 모호한 관계를 나타내는 경우는 특징상의 재구조화나 변형의 재구조화와 관련이 있을 것으로 보이는데, 이는 의미 있고 이해할 만한 심리발달의 한 측면이다. 모래놀이에서 제각각이거나 관련성이 없는 그룹들 혹은 요소들은 심리적 파편의 증거물일 수도 있다. 이는 손상이나 발달 결핍 상태를 반영하는 것일 수도 있다. 흩어져 있는 그룹 혹은 피겨들은 응집력 있는 구조화를 추구하는 심리를 나타낼 수 있다. 모래놀이 과정을 통해 우리는 이런 별개의 요소들이 더욱 통합적인 내담자의 인성을 향해 나아가면서 서로에게 의미 있는 관계로 변화해 가는 것을 보고자 하는 것이다. 이들 정상적인 과정에서의 요소들은 우리가 현재 우려하는 모호한 성격이 나타나는 모래놀이와는 매우 다른 것이다.

모래놀이의 모호한 특징은 모래놀이 과정에 대한 내담자의 저항을 나타내는 것일 수도 있다. 모래놀이가 내담자에게 위협적이거나 너무 자극적이라면 모래놀이 과정에 참여하지 않는 것이 현명할 수 있다.

모호한 특징의 모래놀이가 나타나는 경우 심각하게 고려해야 할 것은 치료자가 모래놀이 과정에서 나타날 수 있는 것들을 인지할 만한 적절한 준비가 되어 있는지의 여부다. 의식적이건 무의식적이건 내담자는 치료자에게 안정된 느낌을 갖지 못할 수도 있다. 사전 훈련이나 경험 없이 모래놀이를 시도하는 치료자들은 첫 번째 혹은 두 번째 모래놀이 이후 내담자가 모래놀이에 관심이 없다고 보고하는 경우가 종종 있다. 내담자와 치료자 간의 감정 전이가 강하다고 하더라도, Katherine Bradway(Bradway & McCoard, 1997)가 묘사한 필수적 상호 전이(co-tranference)가 모래놀이에서 나타날 만큼 충분하지 못할 수도 있다. 내담자가 모래놀이에서 촉발

되는 심리적 내면에 대해 치료자가 관여하는 데 동의할 만큼 안정감을 느끼려면, 치료자는 모래놀이에 대한 매우 깊은 이해와 폭넓은 준비를 하고 있어야만 한다. 모래놀이를 통해 일어나는 상호 전이에는 치료자와 내담자 사이의 암묵적인 정신적 공유뿐 아니라 내담자의 영혼이 자유롭게 움직이고 모험해 나가도록 이끄는 모래라는 매개체가 포함된다. 모래놀이 가능성에 대해 확신이 없거나 익숙하지 못한 치료자는 재앙이나 피해를 가져온다. 모래놀이 과정상의 재료와 관련된 치료자의 훈련 및 준비 문제에 대해 철저히 살펴보자.

로사 12세인 로사의 모래놀이는 모호한 관계에서 좀 더 안정적인 관계로 발전한 좋은 예다. 1번 상자는 매우 모호한 상태를 나타낸다. 로사는 두려움이 가득한 태도로 간단한 모래 작업을 시작했다. 자아에 대한 논의에서 살펴본 바와 같이, 로사는 선 채로 10~15분 정도 모래를 만졌는데 가볍지만 주저하는 태도였다. 나는 로사의 소극적인 태도가 확고함으로 변할 수 있을지 의문을 가지고 지켜보았다. 기대했던 감정의 변화 대신 두려움만 쌓여 갔다. 그 즈음 나는 조용히 모래놀이가 너무 두려운지 물었고, 아이는 모래놀이를 그만두었다.

한 달 후, 2번 상자에서 로사는 즉흥적으로 치료 기간에 그녀가 만들었던 종이접기 피겨 3개를 모래상자에 가져다 놓았다. 그리고 자신 있는 태도로 모래상자의 오른쪽 가장자리를 따라 손가락을 움직였다. 두개의 종이 오리와 상자 한 개는 1번 상자에서 보여 주었던 것보다는 더 큰 관계성을 가지고 있었다. 두 오리는 나란히 오른쪽과 앞을 보고 있었다. 밝은 분홍색으로 칠해진 상자는 오리 왼쪽 및 뒤쪽에 놓였다. 로사는 둥지처럼 구멍을 파고 상자를 그 안에 놓은 다음 상자 측면을 따라 모래를 쌓고 단단하게 손으로 두들겼다. 로사의 의도와 몸짓은 1번 상자에서 보여 준 것보다 더 깊은 수준의 관계로 진전했음을 보여 주고 있다. 또한 한 쌍의 오리와 당시 내가 서 있던 곳을 향한 오리들의 방향은 공간적 관계 요소의 수준이 높아지고 있음을 보여 준다.

4주 후, 나는 로사에게 모래놀이가 하고 싶은지 물었다. 그녀는 기꺼이 동의했고, 모래로 봉긋이 솟은 네모난 섬을 만들고 왼쪽 모서리 끝에 동그란 섬을 하나 만들었다. 로사는 큰 섬 중앙에 커다란 구렁을 팠다. 그런 다음 재빨리 기대감에 찬 표정으로 쪼그리고 앉았다. 나는 "원한다면 모래상자 위에다 선반 위에 있는 피겨들을 가져다 놔도 좋단다."라고 말했다. 내가 말을 마치자마자, 로사는 벌떡 일어나 모래상자에 피겨들을 모아 놓기 시작했다. 로사의 3번 상자는 많은 측면에서 연관성이 높아지고 있다는 것을 지속적으로 보여 주었다. 이 상자는 모래와 피겨에 대한 그녀의 유쾌하고 힘이 넘치는 관계를 나타내며, 나의 존재에 대한 그녀의 의식과 반응이 증가하고 있다는 것과 모래상자에서 피겨 간의 공간적 관계의 증거를 나타낸다.

로사가 모래상자에 처음으로 가져다 놓은 피겨는 백조와 새끼 백조들이었다. 백조들은 보호적이고 아이들을 사랑하는 엄마와의 관계를 나타낸다. 로사는 화산처럼 생긴 모래섬의 왼쪽 맨 끝에 백조들을 놓고, 그 사이와 먼 곳에 요술 말과 토끼들을 가져다 놓았다. 변신하는 거북이를 물가에 놓아두었는데, 그 물은 이곳 희망과 잠재성의 장소를 큰 섬의 중심 활동으로부터 분리시켜 주었다. 고양이 한 마리가 붉은 크리스털 하트 옆에 앉아 있는 한편 세 마리의 개는 분화구 주변을 지키고 있었다.

로사의 붉은 하트는 슬프게 느껴진다. 15년이 지난 지금도 그녀의 모래상자 옆에 있는 것과 같은 슬픔이 느껴진다. 로사의 3번 상자는 그녀의 지속적인 상실과 박탈에 대한 슬픔으로 가득 차 있기는 하지만 세 마리 개로 표현된 보호 본능과 중심의 안전한 정박지에 대한 관계도 분명히 담겨져 있다. 모-아단일체의 활동은 이러한 현저한 변화를 나타낸다.

작은 거북이가 심연으로 들어갈 준비를 한 것은 영혼의 새로운 성장과 발달에 대한 약속을 보여 준다. 3번 상자에 나타난 원형 및 네모난 섬 모양을 껍데기 위에 반영하고 있는 거북은 또한 영혼의 강인함과 로사의 불행한 인생 경험에서 우러나는 불행을 연결 짓는 역할도 한다. 이전에는 두렵고 혼란했던 심리 상태가 심리 내적으로 새롭게 통합되어 발전하는 정점에 이르게 되자, 로사는 크리스털 하트와 고양이를 중심부에 가져다 놓고 모든 피겨 위에 가볍게 모래를 뿌렸다.

불행히도 이것이 로사의 마지막 모래놀이였다. 가족 간의 불화와 혼란으로 인해 그녀는 갑작스럽게 치료를 중단했다. 로사는 세 번의 모래놀이에서 상당한 정신적 발달을 이루어 냈다. 우리는 그녀가 이뤄 낸 것이 앞으로 그녀가 헤쳐 나갈 일들에 도움이 되기만을 바랄 뿐이다.

혼돈

혼돈은 모래상자 구성 내용에 심각한 수준의 단절과 무질서가 출현할 때 나타날 수 있다. 각각의 독특한 상황에서 치료자는 특별히 주의를 기울여야 할 혼돈과정이 무엇인지를 고려하고, 일반적으로 혼돈이 갖는 원형적 중요성도 이해하고 있어야 한다.

기본적으로 우리는 내담자의 연령을 고려해야만 한다. 만약 아동이 3세라면 혼돈스러운 모래놀이는 일반적인 것일 수 있다. 아주 어린 아동의 경우, 무작위적이고 관련성 없는 피겨의 배치는 정신적 내용보다는 인지 및 운동 발달 수준과 더 관련이 있다. 하지만 어린 아동의 경우라도 뒤에 소개되는 빌리의 경우처럼 혼돈스러운 모래놀이는 일반적인 발달의 한계와 혼란스러운 정신적 내용을 나타내는 것일 수 있다.

혼돈은 창조에 선행하는 무형의 상태로 이해될 수 있다. 이런 의미로 보면 혼돈은 재생 능력을 가지고 있다. 난교와 같은 원시적 혼돈은 경계를 무너뜨리는 역할을 한다. Eliade(1958/1996)는 혼돈은 우리가 당연시 여기는 명확한 의식적 정의(definition)를 없애고 우리가 누구이며 어떻게 사물을 보는지를 재정의하는 문제를 제기한다고 강조했다. 혼돈은 풍부한 무의식이 가진 재창조적 능력을 펼쳐 내주기 때문에 신성한 것이다. 이런 점에서 혼돈은 정신적 움직임에 대한 아주 비옥한 땅이다. 하지만 모래놀이에 있어 내담자의 혼돈스러운 분열에 대한 버텨주기와 담아두기는 심각하고 철저하게 다루어져야 할 주제다.

모래놀이에 있어 혼돈 속으로 빠져드는 것은 초월적 기능의 압력으로 인해 발생하는 갑작스러운 현상이다. 모래놀이 과정에서는 순간적으로 대극이 나타날 수 있다. 상징의 다양성에 대한 탐구에서 알아본 바와 같이 의식이 극한 대립을 이루는 상징을 다루는 데 실패하면 엄청난 압력이 형성되는데, 이 압력은 정신적 에너지를 새롭고 확대된 정신적 자원을 일깨우는 무의식의 심연 속으로 몰아가게 된다. 이는 옛 스칸디나비아 신화에서 나오는 헬의 지하세계에 있는 니드호그의 우물 속으로 뛰어드는 격이다.

의식적 자각 상태에서 혼돈이 일어날 수도 있다. 의식 상태에서 혼돈 속으로 들어가는 것은 샤머니즘적 행위다. 그들은 의식 상태에서 시공을 넘나들면서 존재의 여러 차원을 오가는 것이다. 혼돈이 경계선을 무너뜨리고 분열 상태를 만드는 것처럼, 혼돈은 자기 현시가 기대되는 뚜렷한 구분이 없는 통일된 상태에 재진입할 가능성을 열어 주기도 한다. 정상적인 경계가 해체되면서, 혼돈은 일상적인 시공을 벗어나 신성한 시간 내에서 일어난다. 혼돈은 혼돈으로 들어갈 때마다 과거가 사라진다는 미신적 감각 내에서 주기적인 것이다. 그것은 시간을 재생성하는 새로운 시작인 것이다(Eliade, 1958/1996).

모래놀이에서의 혼돈은 삶에 의미를 부여하고, 신성한 시간에서 살기 위한 심오한 욕구에 의한 것이다. 어쩌면 혼돈은 삶에 의미를 부여하려는 욕구이며, 그렇게 하기 위해 익숙한 모든 안락과 안전을 기꺼이 버리는 것일 수도 있다. 모래놀이에서 혼돈을 경험할 때 이 점을 기억해 두면 편리하다. 하지만 혼돈의 재생 능력이 내재된 극도로 위험한 성질을 제거할 방법은 전혀 없다. 내담자의 분화 수준과 치료자의 버텨주기 능력은 내담자가 안전하게 재등장하고 하강으로부터 혼돈으로 변형하는 능력으로 고려되어야 한다. 모래상자에 혼돈스럽고 연관성 없는 작업이 나타나는 경우, 우리는 질서를 나타내는 원시적인 암시가 있는지를 찾으려고 노력해야 한다. 질서를 나타내는 신호가 일찍 나타나는 것은 이후에 일어날 조직화 및 발달의 방향을 나타낼 수 있다. 조직화를 암시하는 초기 신호를 치료자가 의식적으로 자각하면 벌어지고 있는 상황에 대한 통제력을 더 강화할 수 있게 된다.

혼돈스러운 모래놀이는 체계와 일관성이 거의 없는 혼란스러운 삶을 경험한 내담자의 작업에서 나타날 수 있다. 이런 모래놀이에서 표현되는 비관계성과 혼돈은 내담자의 심리적 박탈을 나타낸다. 다른 한편으로 심각한 발달 결핍을 경험한 내담자가 모래놀이실에서 허용되는 혼돈에 압도당하는 것일 수도 있다. 모래놀이는 의미 있는 발달이 모래상자 밖에서 일어날 때까지는 적절하지 않을 수도 있다.

범람한 모래상자

범람한(flooded) 모래상자라는 것은 일반적으로 피겨로 넘쳐나거나 글자 그대로 물이 넘쳐흐르는 모래상자일 수 있다. 이는 비방향성과 과도한 심리 에너지로 특징지어지는 혼란 상태와는 다르다. 범람한 모래상자는 혼돈스러운 것일 수는 있지만 반드시 그런 것은 아니다. 그것은 단순한 표상적(상징적, figurative) 내용을 포함하지만 압도적인 정서의 영향일 수 있다. 범람한 모래상자에 대해 우선적으로 고려해야 할 것은 담아두기와 모래놀이 과정이 내담자의 작업에서 표현된 압도적인 정신 에너지를 적절하고 안전하게 담아 둘 수 있는지의 여부다. 각각의 범람한 모래상자는 그 독특한 맥락을 고려해야만 한다.

범람한 모래상자는 정신이상을 나타내고 있을 수도 있다. 모래놀이에서 정신이상을 나타내 주는 특정 지표는 없다. 임상가는 모래놀이 작업에 대한 느낌이나 감각을 예리하게 유지할 필요가 있다. 한 가지 중요한 고려사항은 재료들이 모래상자의 경계 속에 완전하게 들어 있는지다. 모래상자의 벽은 물질적 형태의 정신적 담아두기를 제공하는 경계를 만들어 준다. 이러한 경계와 치료자에 의한 과정에 대한 전체적인 담아두기가 내담자의 정신적 소요를 적정히 조절해 주는지의 여부가 일차적 고려사항이다. 모래놀이에서 정신이상을 감지하거나, 모래상자 밖으로 흘러넘치는 것은 덜 확고한 담아두기 때문이다.

일반적으로 정신이상의 경우에는 모래놀이가 금지된다. 하지만 몇몇 전문가는 정신이상을 가진 내담자의 치료에 모래놀이를 이용하기도 한다(Baum, 2002). 고도의 경험을 가지고 있는 이러한 임상가는 정신이상 현상과 정신분열 이후에 오는 재통합 단계에서 모래놀이를 적용한다. 특정한 훈련, 경험 및 이 분야의 전문가의 자문이 필요하기 때문에 이러한 임상 작업의 경우 고도로 주의가 요구된다. 내 경험에 따르면 아주 약한 정신력을 가졌거나 정신이상을 경험하고 있는 내담자는 모래놀이를 피하는 게 좋다. 나는 이런 경우가 아니면서도 내담자가 모래상자를 범람하는 경우에 대해 자문을 한 적이 있다. 계속해서 강조하는 바와 같이, 임상적 준비와 담아두기는 모래놀이가 적용되어야 하는지, 그리고 어떻게 해야 하는지를 고려하는 데 가장 중요한 사항이다.

이따금 범람한 모래상자는 심각한 위기를 경험하고 있는 내담자의 작업에서 나타난다. 만약 내담자의 이전 모래놀이가 적정한 안정성과 분리화를 나타내었다면 모래놀이는 처리, 치유, 상황적 손실에 대한 통합을 위해 완벽한 매개체 역할을 하고 있는 것이다. 이런 경우 모래놀이를 지속해야 하는지 혹은 일시적으로 중단해야 하는지를 결정하기 위해 치료자는 내담자의 내면에서의 소리를 조심스럽게 읽어 내고 그에 주의를 기울여야 한다.

빌리 3세인 빌리는 처음에는 모래놀이 과정에 압도당했다. 빌리는 부모 사이의 가정폭력과 그로 인한 외상을 경험했다. 게다가 빌리의 아버지는 범죄를 저질러 경찰에 체포당했기 때문에 어린 빌리는 한동안 아버지를 만날 수 없었다. 그의 심리적 충격은 상실감으로 인해 복잡해졌다. 빌리는 겁에 질리고 혼란스러워했다. 처음에는 신이 나서 모래놀이실로 들어섰지만, 괴물과 영웅 피겨가 있는 선반 앞에 갑자기 멈춰 섰을 때는 매혹과 동시에 거의 공포에 가까운 혼란 상태에 빠졌다. 3세인 빌리는 아직 놀이에 대한 인지 능력이 완전히 발달되어 있지 않았다. 그의 정신은 그 괴물들이 진짜인지, 아니면 그런 모양을 본뜬 것뿐인지를 인지하는 중간 단계에서 표류하고 있었다. 빌리는 겁을 먹은 것이 분명해 보였지만 한편으로는 홀려 있었다. 치료자로서 나는 그가 괴물이 가지고 있는 상징적 에너지에 담긴 공포를 극복해 낼 것인지, 아니면 압도당해 범람 상태로 빠져들 것인지 매 순간 평가하고 있었다.

빌리는 두려운 듯이 괴물들을 가리키며 나에게 집어 달라고 하면서 첫 번째 모래상자를 시작했다. 나는 그가 지시하는 대로 피겨를 집어 모래 위에 아무렇게나 놓아두었다. 처음에는 피겨들을 만지려고 하지 않았고, 자신이 고른 것들도 눈길을 주지 않았다. 여러 개의 괴물 피겨들이 모래상자에 놓일 때까지 빌리는 계속 지시를 내렸다. 모래상자 위에 여러 개의 피겨가 놓이자, 그는 화장실에 가겠다고 말하고는 달려나가 버렸다. 일을 마치고 돌아온 빌리는 모래상자로 돌아와서는 검지손가락으로 괴물 피겨들을 한 번에 하나씩 망설이듯이 만져 보기 시작했다. 점차 자신감을 가지게 된 그는 미소를 짓기 시작했다. 곧 빌리는 괴물을 가지고 서로 위협하거나 공격하며 놀이에 푹 빠져들었다. 그는 '강한 녀석' 이 다른 괴물들을 이겼다는 것을 내게 알려 주었다 그러고는 피겨들을 전부 선반에 돌려놓고 엄마가 언제 오는지 물었다.

빌리는 거의 범람에 가까운 상태로 모래놀이를 시작했다. 사실 첫 번째 모래놀이를 하는 동안 정점에 달해 있는 것으로 보였다. 그의 발달 수준과 그가 경험한 심리적 상처의 심각성이 심리 능력의 한계를 테스트하는 데 가세하고 있었다. 빌리는 놀이에 열중했지만 우리가 함께하고 있다는 것을 인식하고 있었다. …나는 우리의 작업이 아슬아슬한 상황에 있기는 하지만 그래도 여전히 경계 내에서 이루어지고 있다는 것을 알고 있었다.

빌리는 무의식적으로 내가 그의 주변을 지키고 있음을 믿고, 놀라운 작업이 전전될 수 있을 것을 알았다. 빌리의 작업이 진행될수록 그는 점차 괴물들을 직접 다루게 되었고, 4번 상자에서는 완전히 혼자 다루게 되었다. 비록 긴장감이 맴돌기는 했지만, 작업이 진행될수록 범람의 직전에 있다는 느낌은 사라졌다. 게다가 빌리는 모래상자 경계 내에서 좋은 편과 나쁜 편이 서로 상호작용하는 전투를 펼쳤다. 비록 그의 최종 결과물은 다소 혼란스러워 보이긴 했지만, 상호작용적인 주제놀이는 상징적인 연관성을 가지고 있었다.

마지막 모래놀이였던 5번 상자에서 빌리는 모든 피겨들을 직접 다루었다. 그는 피겨 여러 개를 모래에 파묻어서 자신이 느낀 상실감과 그에 수반되는 공포와 슬픔을 조절할 능력을 키워 가고 있음을 보여 주었다. 끝으로 빌리는 몇 가지 물건을 바닥에 놓아도 되는지 물어보았다. 뱀과 벌레로 큰 원을 만든 빌리는 자신감 있는 모습으로 원의 중앙으로 들어서더니 의기양양하게 미소를 지었다. 빌리와 나는 말없이 그가 거둔 개인적 승리에 대한 축하 의식을 나누었다.

모래놀이에서의 경직된 배열

피겨들의 관계가 긴장 혹은 경직된 느낌을 주면서 체계적이고 확실한 통일성을 띠도록 배치되어 고정적이며 전반적으로 통제되어 보일 때, 모래놀이에 경직된 배열(rigid configuration)이 나타난 것으로 본다. 이는 자아가 불안정하거나 위협받을 때 일어나며, 부가적인 외부 지원이나 방어를 필요로 하게 된다. 내담자가 위협을 느끼는 원인은 내적인 세계에 있을 수도 있고 외적인 것에서 유래할 수도 있다. 경직된 모래놀이는 외부 세계의 폭력이나 침입을 막거나 혹은 심리적 분출에 압도당하는 것을 막아 주는 경계선을 철저히 지키고자 하는 내담자의 욕구를 나타내고 있을 수도 있다.

모래놀이에 나타나는 경직된 배열의 또 다른 표현은 이중으로 된 울타리 혹은 이중 경계선 현상이다. 이중 경계선은 확실한 분리에 대한 욕구를 나타낸다. 포위망 아래 무엇이 있는지 혹은 무엇이 그렇게 강한 보호를 요할 정도로 약한 것인지 고려해 보는 것이 중요하다. 이 외에 유사한 중요성을 갖는 것은 어떤 심리적 힘이 밀폐된 요소에 대해 위협으로 작용하고 있는지를 관찰하는 일이다. 만약 위협이 모래상자 위에 나타난 어떤 것이라면 그것은 눈에 보이고 모래상자와 주어진 환경에 포함되거나 담겨진 것이다. 모래상자의 내부 벽을 울타리가 둘러싼 것처럼 모래상자 전체에 울타리가 쳐진 경우에는 위협은 눈에 보이지 않는 것이다. 어쩌면 모래놀이 과정 전반이 특별히 보호되고 조심스럽게 다뤄져야 할 약하고 새로운 것인지도 모른다. 어쩌면 모래놀이에서 나타나는 것은 내담자가 처음으로 허락받은 유일한 개인적 진솔성(authenticity)일 수도 있다. 이런 경우 보호가 절실하다.

피겨의 군집화 및 그룹화

군집화 및 그룹으로 피겨들을 모으는 경우에는 모래놀이 안에서의 공간적 관계에 대해 고려하는 것이 중요하다. 기본적인 고려사항은 정신과정의 어떠한 요소가 분리된 단위로 조직되었는가에 대한 고려다.

Lowenfeld(1993/1979)는 아동이 의문을 갖고 있는 대상과 사건에 대한 개인적 경험의 성질에 따라 그 경험들을 그녀가 군집이라고 명명한 것으로 집단화하는 것을 관찰했다(p. 21). 아동의 초기 세계관 형성 태도에 있어, Lowenfeld는 아동이 사물과 사건에 대한 주관적인 감각 경험에 따라 의식의 군집을 그룹화하는 것을 관찰했다. Lowenfeld는 군집이 단순히 사건과 사물을 연관시키는 것이 아니라 정신의 통일된 요소로서 합쳐졌다는 것을 알아냈다. 정상적이고 건강한 발달과정에 있는 아동은 그들의 발달된 인지 능력을 사용하여 정신 내용의 군집을 추후에 다시 분리하고 재조직한다. 이 아이디어는 Jung의 콤플렉스 이론에서의 감정을 띤 중심과 유사하기는 하지만, Lowenfeld가 아동의 군집에서 관찰한 것은 경험을 조직하는 발달상의 좀 더 초기적 방법이다. Lowenfeld는 군집이 모래상자 내의 의식적 특성의 초기 원형적 형태에서 자주 나타나는 것을 발견하였다. 감각적이고 감정적인 군집으로 경험을 조직하는 것은 모래놀이 내담자가 자신의 내적·외적 경험의 다양한 측면들을 일관된 의미 있는 체계로 구분 짓는 노력과 관련된 유용한 도구다.

그룹이나 군집이 모래놀이에서 어떤 기능을 하는지 확인할 뚜렷한 방법은 없으니 여러 가지 가능성을 열어 놓아야 한다. 모래놀이에서의 그룹과 군집을 더 잘 이해하기 위해서는 무엇이 그룹화되고 무엇이 독립되는 데 관계되어 있는지를 고려해야 한다. 군집 간의 차별성 또한 내담자의 진행과정을 이해하는 데 도움이 될 수 있다. 모래상자의 피겨 그룹 간 혹은 다양한 구역 간에 현저한 대비가 있음을 발견할 수도 있다. 군집의 내용, 크기, 에너지, 구조 및 관계 역시 모래상자에서 일어나고 있는 일을 이해하는 데 도움이 될 수 있다. 군집을 자세히 연구하면 움직임의 방향이 통합으로 향하고 있는지 혹은 분열로 향하고 있는지를 알 수 있다. 이러한 고려는 내담자의 작업에서 통합되기 시작한 정신적 요소들을 나타내 줄 수도 있다. 다른 한편으로는 모래놀이에서의 그룹과 군집의 내용 및 감정적 속성을 관찰하면 내담자의 심리발달에서 부적절하게 응집되어 있는 경험의 특성을 이해하는 데 도움이 되기도 한다. 이는 내담자의 모래놀이 작업에서 구분화를 시도하는 것이 어떤 것인지를 이해하는 데 도움이 된다.

애런 애런의 1번 상자는 모래놀이를 통해 일어난 정신적 작업의 군집 그룹화의 예제이다. 높은 방어막에 쌓여 감금된 채 중심에 놓인 금속으로 된 기사는 자기의 힘을 의미 있는 방식으로 통합하려는 애런의 내적 · 외적 세계의 다양한 얼굴이다. 우리는 과속 차량을 쫓는 경찰과 야생동물을 길들이는 조련사를 볼 수 있었다. 장난스러운 만화 캐릭터는 악당과 영웅의 다양한 모습에 대해 다시 균형을 잡으려는 욕구를 반영한다. 또한 앞날을 내다보는 크리스털 구슬을 들여다보고 있는 아시아 현인은 애런의 깊은 신앙 및 영적 잠재력을 나타낸다. 온화한 스키어들은 이렇게 군집화된 애런의 심리적 측면에 대한 성공적인 통합에 내재된 균형과 자유를 담고 있다.

모래상자 가장자리에 놓인 피겨

모래상자 가장자리에 놓인 피겨들은 다양한 정신 에너지를 담고 있을 수 있다. 모래상자 가장자리에 놓인 특정한 피겨는 모래상자에 무엇이 표현되고 있는지를 밖에서 바라보는 관점을 제시하기도 한다. 이런 식의 관점은 전체를 조망하게 한다. 모래상자 가장자리에 모래상자 내에서 일어나는 것을 외부 세계로 전달하는 자동차가 놓일 수도 있다. 이런 방식으로 사용된 피겨들은 실생활로 가는 다리 역할을 한다. 모래에 파묻힌 피겨의 경우, 가장자리에 있다면 그것은 또한 모래상자 내에서 일어나고 있는 실체에 완전히 포함되지 못한 과정의 파편들을 나타낼 수 있다. 이런 피겨들은 통합을 향해 움직이거나 들어서고 있는 독립된 요소일 수 있다. 한편으로는 그것이 더 이상 필요치 않은 정신 상태일 수도 있다. 이런 식으로 보자면, 모래상자 가장자리에 놓인 피겨들은 모래상자를 떠나고 있는 것으로 생각할 수 있다. 모래상자에서 일어나고 있는 일을 보호하기 위해 보초나 경호인 피겨가 놓일 수도 있다. 어떤 경우에는 모래상자 가장자리에 놓인 피겨가 모래놀이 광경을 위에서 내려다보는 방식으로 놓이기도 한다. 내담자가 가장자리에 놓은 피겨에 관해 하는 말을 신중히 들어야 한다.

애런 애런의 4번 상자는 맨 가장자리에 얌전히 놓인 인디언 소녀 피겨가 그 좋은 예가 될 수 있다. 모래놀이를 마친 애런은 조용히 이렇게 말했다. "이 소녀는 첫 인디언이었는데 지금은 죽었어요. 그녀는 인디언들이 의식을 치를 때 불 위에서 [그것을 바라보고 있는] 영혼이에요."

이 예에서 모래상자 가장자리에 놓인 인디언 공주는 위에서 내려다보는 영적인 관찰자다.

리네 모래놀이 과정의 말미에 거의 가까워진 41번 상자에서 리네는 그녀에게 필요했던 내면의 남성적인 에너지와 안전한 관계를 성립시키는 그녀 자신의 능력을 일깨우면서, 가족 간의 불화로 인한 상실감을 이해하는 새로운 단계에 도달했다. 그렇게 해서 그녀는 42번 상자에서 자신의 본능적 에너지를 안전하게 가둘 수 있게 되었다. 이는 43번 상자에서 자기 속에 있는 보석을 더 의식적이고 구체적으로 표현할 수 있게 해 주었다. 자기의 보석(핵심)으로서 마치 다이아몬드처럼 모래상자 끝에 세워진, 사각형을 이루며 춤을 추는 네 소녀는 모래상자 오른쪽 가장자리에 준비되어 있었다. 44번 상자는 중앙의 산 위에 십자가 피겨를 그리는 것으로 시작되었다. 종교적 의식을 하듯, 그녀는 손가락으로 먼저 위에서 아래로 수직으로 그렸고 그다음에는 왼쪽에서 오른쪽으로 수평으로 그리며 이렇게 말했다.

"나는 그것을 산 위에서 갈라지게 할 거예요."

리네는 전형적으로 그녀의 내적인 전체성에서 보면 의미 있는 세속적인 투쟁의 통합에 따른 그녀 자신의 시련을 표시하고 있다. 그녀는 그것을 지우고 그것이 마치 호박인 것처럼 "이것으로 얼굴을 만들 거예요."라고 행복하게 말했다. 그렇게 만들어진 행복하게 미소 짓는 얼굴은 존재감과 안전감에 대한 그녀의 새로운 통합된 의식을 반영한다.

이렇게 힘들게 얻어진 통합은 리네가 45번 상자에서 과감한 도전을 할 수 있게 해 주었다. 모래상자 중심부 가장자리에서 인어가 아래 바다로 다이빙을 하고 있었다. 오른쪽에 놓인 외계인처럼 생긴 빨강머리 난쟁이 인형은 미지의 바다와 앞날의 속성을 반영하고 있었다. 인어에 대해 리네는 다음과 같이 말했다.

리　네: 인어가 다이빙 레슨을 받을 거예요.
치료자: 누가 수영을 가르쳐 주니?
리　네: 인어의 아버지요.
치료자: 인어가 무서워하고 있니?
리　네: 아니요.

그런 다음 리네는 그녀의 모래놀이 사진을 담은 파일을 훑어보게 해 달라고 부탁했다. 재빨리 사진을 훑어보던 리네는 14번 상자의 사진을 보더니 즉흥적으로 "여기서는 32개의 피겨를 사용했군요!"라고 말했다. 아이의 이러한 언급으로, 나는 그 모래놀이를 특별한 것으로 자동적으로 구분해 내고 얼마나 많은 피겨를 사용했는지 알아내는 아이의 명석함에 놀랐다. 우리는 피겨의 수에 대해 얘기를 나눈 적도 없었고, 내가 적어 놓은 메모 뒤쪽에 사진이 붙어 있었기 때문에 적어 놓은 숫자를 볼 수도 없었다. 리네는 자신의 문제를 더 깊은 수준에서 바라보고, 다이빙을 해서 자기에 정착할 준비가 되어 있었다. 그녀는 준비가 되어 있었으며 자신감에 차 있었다. 이제 그녀는 자신의 내적 아버지에 의해 인도를 받고 있었다. 또한 그녀는 안전하고 자신에게 진실해지면서 외부 세계의 아버지를 받아들 수 있는 능력을 새로 발견했다는 것을 암시하기도 했다.

46번 상자에서 리네는 모래상자 가장자리에 새로운 피겨를 가져다 놓았다. 이번에는 자기의 중심화였던 14번 상자에서 피겨들의 집합을 바라보고 있던 나쁜 마녀를 모래상자 앞쪽에 놓았다. 리네는 못된 마녀가 그들에게 무서운 얘기를 해주고 있지만 피겨들은 안전하다고 말했다. 마녀가 담고 있는 어두운 여성적 특성은 중심의 피겨 모음에서 따로 떨어져 다른 높이에 놓여 있었다. 리네는 맞서 싸워야 할 현실이었지만, 그녀의 발달된 정신적 구조는 중심화가 이루어진 합일체로 표현되고 있었다. 이는 자신의 존재를 위협당하지 않고도 어두운 여성적 특성이 하나의 기능으로 남을 수 있도록 자기 속에 정착시키는 것이었다. 모래상자 가장자리에 피겨들을 놓은 이 두 개의 예 모두 리네가 통합하기 시작했다는 새로운 정신적 특성을 담고 있다.

모래상자에 대한 내담자의 관계

내담자의 위치와 피겨의 위치 그리고 모래상자에서의 활동 또한 모래놀이 과정을 이해하는 데 도움을 줄 수 있다. 사각형의 모래상자는 모래놀이에 있어 중요한 구성 요소다. 따라서 모래상자에서의 내담자의 위치는 그 사각판에 대한 내담자의 자세에 근거하여 심리과정의 한 요소로서 작용한다.

모래상자의 형태

사각형의 모래상자는 네모난 모양이다. 본래 모래상자는 각지고 물질적인 지면 세계를 반영하고 있다. 하지만 모래상자는 정사각형이 아니라 의도적으로 직사각형으로 만들어졌다. Jung 학파의 모래놀이 방법에서 몇 가지 고려해야 할 사항이 있다. 우리는 의식을 넘어 정신적으로 깊은 곳까지 움직일 수 있게 해 줄 자유롭고 보호된 공간이 필요하다. 우리는 자기의 중심적 원형이 표현될 수 있는 장소를 가지고 있어야 한다. 이는 곧 자기가 물질적이고 3차원적인 형태로 표현될 필요가 있다는 것이다. 모래놀이 무대는 내부 세계의 통합을 도와주고 분명하지 않은 원형적 내용을 의식화하는 데 도움이 되어야 한다.

만약 모래상자가 정사각형이나 둥근 모양이라면 의식적 자각을 구체화하려는 견인력이 결여될 것이다. 정사각형 및 원형 형태가 원형적인 형태다. 정사각형 및 원형은 원형적인 과정에는 도움이 되지만, 그것을 물질적인 세계의 의식적인 자각으로 통합하는 데는 도움이 되지 않는다. 직사각형 모래상자의 네 모서리의 나란한 폭은 수평축을 따라 정신적 견인력을 발휘하는 데 도움이 된다. 따라서 정신의 깊이 있는 중심으로부터 나타나는 그 어떤 것이 힘차게 의식 통합으로 향해 추진된다.

모래상자 앞에서의 작업

대부분의 경우 내담자는 모래상자의 긴 면에 앉거나 서서 놀이를 한다. 이러한 자세일 경우 내담자는 짧은 면이 내담자 앞으로 펼쳐지고 긴 면이 양옆으로 펼쳐진 직사각형으로 모래상자를 보게 된다. 이런 위치에서는 모래상자의 모양이나 크기가 내담자의 시야를 채우기는 하지만 양옆으로 머리를 많이 움직일 필요는 없을 정도가 된다. 따라서 모래상자는 내담자의 집중력을 강화하고 주어진 환경을 통해 심리 상태를 구체적으로 표현하는 것을 심화시킨다. 동시에 수평의 폭은 모래놀이 과정에서 심리 상태를 표현하는 것을 돕는다.

모래상자 측면에서의 작업

내담자가 모래상자의 좁은 면에서 작업을 하는 경우에는 아주 다른 조건이 된다. 모래상자 끝에서 작업을 시작하는 경우, 우리는 내담자의 정신이 특수한 욕구를 표현하고 있거나 모래상자의 물리적 실체를 조작하는 것으로 본다. 이런 위치에서는 모래상자가 내담자의 시야를 채우지는 못하지만 여전히 작업 대상으로 제시된다. 모래상자는 내담자가 자신을 확장하여 모래와 피겨를 가지고 바꾸거나 옮길 수 있는 작업 장소가 된다. 모래상자에 대해 길이 방향으로 관계하는 것은 종종 내담자의 신체와 관련된다. 길게 놓인 모래상자는 신체적 질병과 관련 있을 수 있다. 그것은 내담자가 경험했던 상해, 물리적 침해, 그리고 외상에 관한 것일 수 있다. 모래놀이 과정에서 갑작스럽게 긴 형태의 모래상자가 등장하는 것 역시 내담자가 새로운 방식으로 표현하고 있는 특성과 관련이 있을 수 있다.

모래상자 주변에서의 움직임

아주 어린 아동이 모래상자 주변을 돌아다니는 것은 일반적이지만 연령대가 좀 더 높은 내담자가 주변을 돌아다니거나 위치를 바꾸는 것에 대해서는 깊이 생각해 봐야 한다. 깊은 상처를 받았거나 분리화가 덜 이루어진 내담자의 경우, 모래상자 주변을 돌아다니는 것은 내담자가 편안한 위치를 찾지 못했다는 것을 나타낸다. 이는 내담자가 자신의 존재에 대해 확신이 없거나 자아발달이 잘 이루어지지 않은 경우다. 이런 경우 모래상자의 과정과 내담자의 관계는 불분명하다.

Dora Kalff(1980/2003)는 모래상자에서 순회하며 나타나는 피겨와 장면들은 중심과 관련이 있다고 보았다. Kalff는 시계 방향의 움직임은 의식을 향한 움직임을 나타내며, 반시계 방향의 움직임은 무의식을 향한다고 보았다. 내담자가 모래상자 주변에서 움직이는 것도 중심을 주변으로 한 종교 의식적 움직임으로서 중심부와 관련이 있다.

모래상자 과정 동안 모래상자 주변에서 왔다 갔다 하는 것이 한편으로 적당한 것이고 발달적으로 적절한 것이라면 정신이 새로운 방향으로 이동하는 것을 나타내는 것일 수도 있다. 신체적인 또는 운동 감각적인 탐색을 하는 것이거나 혹은 새로운 편리한 위치를 찾는 것일 수도 있다. 내담자가 한 방향을 향해 움직이는지 혹은 모래상자를 향해 임의대로 무작위적으로 움직이는지를 살펴보아야 한다.

내담자와 치료자에 대한 피겨 위치의 관계

어떤 경우에는 피겨의 위치와 광경이 내담자 혹은 치료자와의 관계에서 중요한 측면이 되기도 한다. 내담자의 자리 바로 앞에 놓인 피겨는 내담자의 인식에 보다 가까운 과정의 측면을 반영할 수 있다. 마찬가지로 멀리 놓인 피겨는 내담자의 의식으로부터 더 멀리 떨어진 부분을 반영한다. 내담자 가까이에 놓인 피겨는 직접적인 위협이나 가능성일 수 있다. 이에 반해 멀리 떨어져 있는 피겨는 어렴풋한 위협이나 희미한 가능성을 뜻한다. 피겨 혹은 광경이 내담자의 위치에서 멀어질 때는 내담자가 표현하고 세상 속으로 내보낼 준비가 된 에너지를 담고 있는 것이다. 만약 상징적 피겨가 내담자를 향해 움직이는 것으로 나타난다면, 이는 의식 분야로 들어서는 새로운 특성을 나타낸다. 그 내용에 따라 내담자를 향해 움직이는 피겨는 내담자가 세상 내부 혹은 외부에서 곧 직면해야 하는 것일 수도 있다.

치료자와 가까운 곳에 놓인 피겨는 감정전이를 나타낼 수 있다. 몇 년 전 모래상자의 한 모서리에 쪼그려 앉은 자세로 총을 든 병사 피겨가 나를 향해 정면으로 놓인 것을 보았을 때 얼마나 놀랐는지 잘 기억하고 있다. 치료자로서 우리는 이러한 것들을 심각하게 받아들이고 내담자의 정신을 탐색할 필요가 있다. 어떤 상황이 벌어지고 있는지 더 잘 인지하기 위해서 모래놀이 사례를 연구하는 것이 중요하다. 이 소년의 경우는 자신이 자율권을 갖고 그의 생활 속 여성들과 싸우고 있는 중임을 느꼈다. 수동적이고 무기력한 10세의 소년은 말을 하지 못해 치료를 받게 되었다. 그는 남성의 세계로 들어설 준비를 하고 있을 뿐 아니라 매주 수요일 오후마다 치료를 받으러 와야 한다는 것에 대해 혼란스러움과 분노를 느끼고 있었다. 소년이 놓아둔 병사 피겨는 나로 하여금 그가 방과 후 친구들과 농구를 하고 싶어 하는 욕구를 더 뚜렷하게 인식하게 해 주었다. 소년의 어머니와 나는 그가 모래놀이 과정에서 보여준 내용을 존중하여 2주마다 치료를 받는 것으로 일정을 조정했다. 그러자 소년은 더 이상 나를 목표물로 삼지 않았다.

내담자가 모래에 가져다 놓는 피겨가 강력한 감정 전이적 상징성을 가질 수 있다는 것은 사실이지만, 나는 치료자들이 이런 이슈에 지나치게 중점을 두는 것은 유감스러운 일이라고 생각한다. 치료자들이 모래놀이에 나타나는 피겨를 자신을 대표하는 물체로 얘기하는 것을 들을 때마다 마음이 불편하다. 특정 피겨, 예를 들어 구급차는 치료자를 나타내는 대표물로 협소하게 정의 내리는 것 역시 좋지 않다. 이러한 피겨들이 감정전이를 내포하고 있을 수는 있다. 하지만 의식적인 개념을 그렇게 단순한 아이디어로 제한하는 것에는 주의를 기울여야 한다. 구급차가 내담자의 내면 혹은 외적인 생활에서 치유하고 구조하는 힘을 활성화하는 것과 관련된다는 것을 기억하는 것이 중요하다. 상징적 과정은 절대 단순히 한 가지만을 의미할 정도로 협소하지 않다. 모래놀이에서 담아두기에 대한 광범위한 문제에 대해 고려할 때 전이는 전체 과정에서 일어난다. 게다가 내담자와 치료자 간에는 Bradway와 McCoard (1997) 이후 상호 전이라고 부르는 정신의 암묵적 만남이 있는 것이다. 어떤 경우라도 이것은 내담자의 정신내적인 과정이라는 완전한 깨달음과 겸허함을 갖고 대해야 한다. 이는 치료자의 인준사항이 아니다.

모래놀이 공간과의 관계

그동안 살펴본 다양한 공간적 측면뿐 아니라 내담자와 치료자의 관계에 있어 모래놀이 공간 자체는 심오한 중요성을 갖는다. 치료 도구로서 모래놀이는 신성함의 구체적 형태화를 위해 디자인된 장소를 만들어 내는 것이다. 모래놀이에서 신성함은 물체 형태로 현시화된다. 이는 일반적인 의식적 자각을 초월한 것이 세속적인 공간에서 형태를 갖게 된다는 얘기다. 신성함과 세속성이 어우러지면서 존재의 여러 차원들 사이에 있는 지각된 장애물들에 대한 돌파구를 만들어 내는 것이다.

Eliade(1958/1996)는 일상적인 의식적 자각을 넘어서는 것이 특정 장소를 통해 나타날 때는 신성한 특성을 갖게 된다고 말했다. 그는 그 장소가 신성한 위치가 되며, 그 장소에 참여하는 모든 사람이 그곳에서 구현된 신성함에 의해 영향을 받게 된다고 본다. 이런 방식에서 모래놀이 환경뿐 아니라 모래상자는 세속과 분리된 장소가 된다.

모래놀이실은 내담자가 반복적으로 자기의 신성한 본질을 현시화하는 곳이다. 모래놀이 치료자는 담아 두는 역할과 함께 이러한 과정을 목격함으로써 모래놀이의 신성한 성격을 강화시킨다. 모래놀이에서 신성함을 경험한 내담자는 신성함을 발휘할 수 있는 그 능력을 인지하게 된다. 중요한 것은 모래놀이는 이런 가능성을 깨닫지 못하는 내담자에게 그 신성함을 일깨워 줄 잠재성을 가지고 있다는 점이다. 인성이론에 대한 논의에서, Jung은 모든 인간은 전체성의 원형을 향해 움직이려는 선천적인 욕구를 가지고 있다는 것에 중점을 두었다. 신성함의 가능성이 있는 모래놀이실에서 자기와의 일치점을 발견하기 위해 깊게 열망하는 것이 바로 이러한 갈망인 것이다.

더 넓은 맥락에서 하나의 환경으로서의 모래놀이에 대한 관계는 모래상자 주변의 바닥 위에 있는 피겨를 가지고 노는 아이들이 그 예가 될 수 있다. 이 경우 모래상자가 이용되지 않기 때문에 모래놀이가 진행되고 있지 않다고 볼 수도 있을 것이다. 하지만 더 넓은 관점에서 보면 그들은 모래놀이 환경 속에서 성장하고 강해지고 있는 것이다. 다시 말해, 아이들은 차후의 움직임에 필요한 내적인 준비를 하고 있는 것이다. 비록 모래상자 안에서 이루어지는 것은 아니지만, 치료자가 지켜보는 가운데 이루어지는 동시에 모래상자의 존재와 모래놀이 환경에 의해 자극을 받는 것이므로, 이러한 활동 역시 모래놀이 과정으로 고려될 수 있다. 내담자의 정신은 모래상자를 향해 움직이고 있는 것이다. 이는 모두 모래놀이의 변형과정에서 이루어지는 엄청난 성장과 발전을 포함한다. 따라서 이 역시 모래놀이로 보는 것이 중요하다.

오래전에 12세의 소녀를 매주 치료한 적이 있다. 소녀의 어머니는 소녀가 걸음마를 시작한 후부터 여러 가지 충격적인 사건을 경험했다고 말했다. 치료를 받을 당시 소녀는 학교생활에 어려움을 겪고 있었고, 혼자서만 지내며 삶에 아무런 관심이 없어 보였다. 몇 년간 치료를 받으면서 그녀는 아무런 말도 하지 않고, 직접적인 질문에만 간단히 응대했다. 모래상자로 여러 번 이끌었지만 그녀는 '싫다' 는 표시로 간단히 머리를 젓기만 했다. 아무런 진전도 없는 것 같아 조바심이 나고 걱정스러워하는 내게 소녀의 어머니는 그녀가 치료받으러 오는 것을 좋아한다고 말해 주었다. 몇 주 동안 우리 둘은 아무 말 없이 작은 탁자에 앉아 귀걸이를 만들었다. 함께 시간을 보낸 지 몇 달 후, 하루는 방을 나가면서 즉흥적으로 모래상자 위에 '안녕' 이라고 썼다. 수주가 지나자, 소녀는 방을 나가면서 재빨리 모래상자 위에 웃는 얼굴을 그렸다. 그 단순한 몸짓을 통해 그녀는 모래놀이에서 진솔한 자기와 다시 접속을 이룬 것이다. 심오한 무엇인가가 모래상자가 놓여 있는 작은 탁자 옆에서 말없이 장식품을 만들고 있는 고통스러운 긴 시간 동안 일어나고 있었던 것이다. 그녀가 '안녕' 이라고 모래상자에 썼을 때, 그녀는 나와 보다 깊은 자기와 연결된 것이다. 심리 발달적 관점에서 이는 모-아 단일체이며 어머니와의 관계다. 이러한 관계 맥락이 이루어진 후, 소녀는 자신의 초상화를 그림으로써 자기를 표현할 수 있게 되었다. 그녀는 내게 말을 걸거나 모래놀이를 하는 경우는 더 이상 없었다. 그 후 10년간 소녀의 어머니와 계속 연락을 주고받은 결과, 그녀가 사회적으로 잘 적응하고 활발하게 대학생활을 하고 있다는 놀라운 소식을 들을 수 있었다. 모래놀이 환경 속에서 엄청난 치유와 변형이 그녀에게 일어났던 것이다. 그것은 대부분 소리도 없고 보이지도 않는 것이지만, 그 작업의 본질은 서서히 현실화되고 모래상자의 물질적 실체로 구현된다.

궁극적으로 신성한 것과 세속적인 것 사이에 구분은 없다. 그 경계선은 비실체적이며, 개개인의 의식적 자각에 의해 제한을 받고 있다. Jung이 자기 원형을 모든 것이 나오는 원천이며 우리가 갈망하는 목표로 정의한 것을 고려할 때, 궁극적으로 모든 삶은 자기인 것이다. 모래놀이는 우리에게 실제적 · 물질적 환경을 제공하는데, 이러한 환경은 자각의 한계를 넘고 완전한 자기를 향한 움직임을 촉진하는 기능을 한다.

2장 결론

모래놀이 과정의 공간적 주제가 갖는 수많은 양상에 대한 우리의 논의는 여기서 끝을 맺는다. 이제 모래놀이의 치유 및 변형적 역동에 대한 이해를 발달시키기 위해 동작과 움직임이라는 주제로 관심을 돌려볼 것이다.

제3장

모래놀이에서의 동작 주제

서론

공간적 주제에 대해 살펴보면서 우리는 수직축 및 수평축에 따른 이동뿐 아니라 다양한 표상화 패턴의 원형적 중요성에 대해 논의했다. 이 장에서는 모래놀이를 이해하기 위한 주제로서의 동작(motion)의 중요성에 대해 강조하고자 한다. 공간 방향의 원형적 특성이 모래놀이에서의 동작에 대해 이해하는 데에도 계속 적용되기는 하겠지만, 우리가 여기서 주의를 기울여야 할 것은 전체적인 과정뿐 아니라 개별적인 모래상자 내의 에너지 흐름의 방향과 질(direction and quality of energy flow)에 대해 더 잘 이해하는 것이다. 모래놀이에서의 동작 관련 주제에 주의를 기울이게 되면 치료자들은 모래놀이 과정의 정신적 에너지 활동에 대한 시각적 및 운동감각적 통찰력을 갖게 된다. 내용과 공간적 방향에 대한 좀 더 상징적인 주제와 결합된 동작 관련 주제의 가시적인 물리적 특성은 정신 발달과 조절을 이해하는 데 크게 도움이 될 것이다. 모래놀이에서의 공간적 차원이 갖는 함의뿐 아니라 정신 에너지가 어떻게 흐르며 어디서 막히는지를 이해하는 것이 좋을 것이다.

모래놀이에서의 동작 관련 주제는 다양한 방식으로 나타난다. 모래놀이에서의 움직임은 피겨의 선택, 위치, 모래의 배치를 통해 보인다. 예를 들면, 자동차, 스케이트보드, 달리는 동물, 새, 풍차 및 무기류를 표현하는 것은 다양한 움직임의 형태와 특질을 나타낸다. 길, 도로, 수로, 다리, 사다리 및 양동이가 있는 우물 역시 움직임의 통로로서 동작을 나타낸다. 움직임은 실제적인 피겨의 물리적 이동으로 일어나는데 종종 어린 아동들이 모래놀이를 하는 동안 특징적으로 내는 소리와 함께 일어난다. 동작은 모래를 흩뿌리고 쏟아붓고 떨어뜨리는 것과 같이 모래의 움직임을 통해 일어난다. 모래 혹은 피겨를 가지고 이루어지는 다른 활동 역시 동작으로 고려된다. 이런 활동에는 모래상자를 구성하는 동안에 일어나는 피겨의 재배치 및 움직임과 더불어 파묻고 파헤치고 숨기고 찾아내는 것과 같은 활동을 포함한다.

Margaret Lowenfeld의 E

Margaret Lowenfeld(1946, 1979/1993)는 자신의 연구를 통해 E라고 부르는 원천적 에너지에 대해 폭넓게 논의한 바 있다. 이러한 기초적인 작업에 대해 살펴보는 것은 모래놀이에서의 동작 관련 주제를 이해하는 개념적 안내도를 제공해 줄 것이다. Lowenfeld는 E가 발달과 행동을 고무시키는 기초적 에너지라고 주장한다. 그녀는 그것의 현시화는 그 흐름이 이루어지는 통로에 달려 있다고 말한다. Lowenfeld는 기본적인 E의 현시화를 신체적 발달, 정신 및 지적인 기능, 그리고 느낌과 정서를 활성화하는 세 가지로 기술했다. E에 대한 그녀의 개념은 본질적으로 수경성(hydraulic)이다. 그녀는 통로 내에 폐색이 일어나게 되면 시스템 전체 중 어느 곳에선가 정체, 압력 혹은 범람이 일어나게 된다고 주장한다. E에 대한 약화된 수로 혹은 적정한 통로의 부족은 Jung 학파가 무의식적 갈등이라고 말하는 결과에 이르게 한다. Lowenfeld는 이러한 에너지의 차단은 신체적, 인지적 및 감정적 장애 전반을 통해 여러 증상으로 나타날 수 있다고 보았다.

Lowenfeld(1979/1993)는 치료자들이 아동의 치료실 밖의 행동과 모래놀이에서의 행동을 비교하는 데 초점을 두어야 한다고 매우 중요한 지적을 했다. 모래놀이실에서 아이가 물체를 이용하는 방법과 집 혹은 학교에서의 행동의 차이는 그들의 에너지가 어떻게 막히고 어떻게 풀어지고 통로화되는지 알아내는 데 중요한 지표가 된다. 이러한 관점은 Lowenfeld의 집과 학교에서 심각한 증상을 보이는 아동과의 경험에서 나온 것이지만 임상 장면에서도 나타날 수 있는 것이다. Lowenfeld는 이러한 아동은 내부에 축적되어 부정적이고 위험한 방식으로 표출되는 E에 대한 적정한 통로가 부족한 것이라고 추정한다. 모래상자에서의 작업은 이런 아동이 E에 대한 적정 통로를 개발하고 접근할 수 있게 해 준다.

나는 어린 시절 심각한 방임, 폭력, 성적 학대에 시달려 온 12세 소년을 치료했던 일을 기억하고 있다. 소년의 폭력성과 도덕관념의 부족 때문에, 소년의 양부모가 될 사람들은 소년이 다른 아동에게 어떤 행동을 할지 두려워하며 가족에서 제명하기 직전이었다. 그런데 외부 세상에서의 행동 및 태도와는 대조적으로 소년의 모래놀이는 깜짝 놀랄 만한 것으로, 자기의 중심을 찾아가고 외부 세계에서 중심의 표현과 관계를 위한 통로를 만들어 가는 고도로 일관성 있는 상징적 여행이었다. 점차 이 소년은 마음을 열게 되었고, 지금은 정직하고 이해심 깊고 친절하며 가족을 깊이 사랑하는 행복한 사람이 되었다.

Lowenfeld의 연구에서 보이는 것과 같이 이 소년은 적절한 발달을 할 기회를 갖지 못했던 것이다. 결과적으로 소년의 에너지는 부적절한 방향으로 인해 막히고 뒤틀렸던 것이다. 모래놀이는 그에게 상처를 치유하고 더 의미 있는 목적을 향해 에너지 흐름의 방향을 재설정할 수 있는 기회를 준 것이다.

Lowenfeld(1979/1993)는 치료 개선의 지표로서 E를 관리하는 내담자의 능력을 사용했다. 그녀는 막히고 혼란스러운 상태였던 E가 정돈된 상태로 이동하기 시작하면 내담자는 목적 있는 관계를 발달시키기 시작한다고 보았다. 일단 내담자의 선택 의지와 능력이 E를 향해 적절하게 정돈되면, 내담자는 건강한 관계를 형성하고 지적 능력을 발달시킬 수 있게 된다. Lowenfeld는 E를 관리하는 능력이 발달할수록 내담자가 지각된 적이나 상징적 갈등에 직면할 수 있다고 하였다. 모래놀이를 통해 에너지가 발산되고 적절하게 통로를 찾아 정신이 이동하면, 내담자는 내적 갈등을 표출할 수 있게 되고 동시에 외부 세계의 사람 및 사물과 진정한 관계를 가질 수 있는 능력을 발휘하게 된다. Lowenfeld는 아동 초기의 신뢰와 주도성(initiative)의 발달적 성취가 온전한 관계를 위한 능력에 필수적이라고 강조했다. 그녀의 주장은 초년기에 건강한 부모-자녀 상호작용을 갖는 것이 관계 형성을 위한 아동의 능력 개발, 즉 이후 건강한 자아 형성과 외부 세계 적응에 선행 조건이 되는 능력 개발의 기초가 된다는 Kalff(1980/2003)의 관점과 기본적으로 일치한다.

모래놀이치료는 심리(정신) 에너지를 가볍게 두드려서 지도하는 데 필요한 3차원적 형식을 제공한다. 나는 E에 대한 Lowenfeld의 관점이 모래놀이에서 정신의 이동과 관계를 이해하는 데 유용한 개념적 도구가 되며, 특히 비언어적이고 비이성적인 초기 발달장애를 다루는 데 특히 유용하다는 것을 발견했다. 모래놀이는 이성적인 언어로 설명할 수 없는 수준의 정신에 유동적으로 접근하기 때문에, 가벼운 자극을 받고 적절하게 발산되기를 추구하는 비가시적 에너지 개념은 치료자들이 포착하기 어렵지만 중요한 모래놀이 측면을 놓치지 않도록 하는 데 큰 도움이 된다. 치료자가 새롭고 폐쇄적이고 분명한 혹은 그 밖의 여러 통로를 따라 정신 에너지가 교류하고 있음을 상상할 수 있게 되면, 자아와 무의식 그리고 자기와 같은 개념적인 정신적 여행에 대해 전체적으로 이해하는 데 크게 도움이 된다.

동작과 통로의 성질

모래놀이에서의 동작에 대해 검토하면서 유동성, 강도 및 방향성의 성질에 대해 고려하고자 한다. Dora Kalff(1980/2003)는 연구를 통해 모래상자 내에서의 이동의 특징을 고려할 것을 강조했다. Kalff는 내담자의 발달을 방해하는 것이 무엇인지를 이해하기 위해 에너지의 막힘과 수축이 일어나는 장소에 대해 연구했다. 다니엘라의 사례가 그에 대한 좋은 예다. 다니엘라가 처음 모래놀이를 했을 때, 두 마리 말이 이끄는 운반차가 암소 상 옆에 놓여 있었다. 말의 다리는 모래 속에 묻혀 있었다. 모래놀이에서 보인 모든 지표가 외부 세계로 향하는 길을 분명히 보여 주는 것 같았지만, Kalff는 모성적 에너지 부근에서 곤란에 처한 마차는 에너지의 움직임이 막혔다는 것을 보여 주는 것이라고 주장했다. 이 예에서 Kalff는 주변의 상태와 암소의 상징을 보고 에너지 발달이 방해를 받고 있다는 것을 알아낸 것이다.

킴이라는 12세 아동에 대한 또 다른 연구에서, Kalff(1980/2003)는 더 추상적인 방식으로 동작 관련 주제에 대해 연구했다. 다니엘라의 모래놀이에서 관찰했던 에너지 막힘에 대한 특정의 상징적인 지표와는 달리, Kalff은 놀이과정 전체를 통해 움직임의 변화와 전반적인 성질을 관찰함으로서 킴을 이해할 수 있었다. 무기들과 바리케이트를 연속적으로 걷어내는 일련의 작품을 통해 킴의 기본적인 움직임을 추적함으로써, Kalff는 이 소년의 심리 에너지 내에서의 변화를 추적했다. 아이의 상처, 치유, 변화는 기본적으로 후반기의 놀이까지는 그다지 눈에 띄지 않는 불특정한 방식으로 나타났다.

특별히 동작 관련 주제라고 언급하지 않더라도, Kalff(1980/2003)의 사례연구 대부분이 정신적인 변형을 이해하는 한 방법으로서 놀이과정을 통해 움직임의 패턴을 추적하는 방식으로 이루어졌다는 것은 흥미로운 사실이다. 여기서 다시 그 연구들에 대해 설명하는 것보다는 독자들이 Kalff의 연구 자료를 참고해 보기 바란다.

동작 관련 주제에 대해 논의할 때는 일반성 혹은 패턴이 없다는 것을 인식하는 것이 중요하다. 우리가 해야 할 일은 각 내담자의 독특한 여정을 이해하는 것이다. 움직임은 모래상자 내에서 일어날 수도 있지만 모래상자 옆에서 이루어질 수도 있다는 것을 기억해야 한다. 약한 움직임은 강해져야 하고, 막힌 동작은 풀려야 하며, 방향성이 없고 혼란한 움직임은 통로를 만들어 가는 것이 필요하다. 또한 모든 정신에너지는 중심화가 요구된다. 이런 것이 이루어지는 과정, 조건, 시기는 각 사례마다 다르다.

모래상자 구성 시 나타나는 피겨의 움직임

모래상자를 구성하면서 내담자가 피겨를 변화시키거나 이동시킬 때, 특정 유형의 움직임이 일어난다. 무엇이 이동되고 재배치되었는지, 어디로 옮겨지고 어떻게 자리를 잡았는지는 그 순간 일어나고 있는 정신의 발달을 더 잘 이해하기 위해 모두 참작해야만 한다.

모래상자가 만들어지면서 내담자가 피겨를 이동시키거나 조정하는 경우도 흔히 있다. 자세히 관찰한다면 이런 작은 심리적 변화의 중요성에 대해 알아낼 수 있을 것이다. 모래상자 내의 변경된 물체의 위치는 피겨의 물리적 움직임이 갖는 중요성을 이해하는 데 도움이 될 것이다. 이동한 피겨와 그 주변의 것들 간의 변화된 관계 혹은 새로운 관계는 에너지 이동의 성질 혹은 속성을 나타낸다.

모래상자를 구성하는 동안 일어나는 또 다른 형태의 움직임은 내담자가 이동하거나 모든 혹은 거의 모든 피겨를 재배치할 때에 일어난다. 이런 경우에는 엄청난 정신적 이동이 일어난다. 이런 일이 일어날 때, 내담자는 두 개의 모래상자를 빠르게 연속으로 구성한다. 정신적 변화는 이러한 형태의 이동에서 빠르게 일어나기 때문에 치료자는 무슨 일이 일어나는지 가능한 한 정확하게 추적해야만 한다. 이렇게 하는 것이 어려울 수도 있고, 기록을 잘 하는 데 방해가 될 수 있다. 회기가 끝난 후 첫 번째 혹은 이전의 시나리오를 재구성하고 사진을 찍어 두는 것이 도움이 된다. 물론 그 정확도는 한계가 있다. 비록 한계가 있을지라도 놀이과정의 이런 부분을 기록해 두는 것은 내담자의 작업을 이해하고 담아 주는 데 도움이 된다. 시간 제한에 대한 문제와 진행되는 실제의 실용성은 언제나 모래상자를 재구성할 수 있는 우리의 능력과 연관된다. 하지만 가능하다면 그렇게 하길 강력히 권장한다.

노먼 노먼의 1번 상자는 피겨의 재배치를 통해 일어나는 정신적 이동에 대한 좋은 예다. 노먼이 완성한 모래상자 끝에는 중무장한 기사가 서 있었다. 기사는 모래놀이를 구성하면서 원래 놓았던 더 위협적인 해골과 두개골을 대체해서 최종적으로 놓은 피겨였다. 이 상자에서 물체의 이동은 위협 수준과 강력한 방어 욕구를 낮추어 주었다. 피겨의 이동에 담겨져 있는 방어 욕구에 대한 지각은 심리적 유약함의 담아두기에 도움이 된다.

리네 리네의 45, 46번 상자에서도 흥미로운 이동의 예를 볼 수 있다. 45번 상자에서는 상자 중앙에서 가장 먼 모서리 위에 인어가 아래로 뛰어내릴 듯이 다이빙대 위에 올려져 있었다. 이때 피겨의 자세 이동과 위치 이동이 이루어졌다. 46번 상자에서 놀이를 시작하며 리네는 갑자기 그녀의 첫 모래놀이 사진을 보여 달라고 요구했다. 조용히 사진을 들여다본 그녀는 모래 위를 두드리면서 이렇게 말했다. "손자국을 수천 개 만들면 단정해질 거예요. 원숭이 손자국 같아요."

그다음 그녀는 지난번 놀이와 정반대의 위치에서 모래상자를 구성했다. 리네

> 는 처음에는 피겨들이 활 모양 배치로 그녀를 향하도록 놓았다. 그녀는 글렌다라는 착한 마녀를 반원형의 중간에 두고 그녀와 마주 보도록 놓아두었다. 리네는 조용히 모래놀이에 집중하더니 글렌다를 모래상자 끝을 향해 돌려놓으며 "그녀는 그녀를 만나게 될 거예요."라고 말했다.
>
> 리네는 재빨리 어두운 마녀를 모래상자 가장자리에 놓아 글렌다와 마주 보게 했다. 그러고는 모래상자를 빙 돌아가 그녀의 복부 쪽에 어두운 마녀가 서게 하고, 그 쪽이 모래상자의 앞쪽이며 놀이가 끝났다고 말했다.

이 모래놀이에서의 움직임은 놀라울 정도다. 한때 자신의 영역을 향하도록 놓았던 밝은 여성을 상징하는 글렌다는 어두운 여성의 자질을 포함하지 않고는 불완전하다는 것을 인지한다. 그녀는 그녀의 어두운 면을 수용하기 위해 반대편으로 돌아간 것이다. 이 예의 경우 정신의 이동이 피겨의 위치 변경으로 나타났다. 리네가 어두운 마녀 쪽으로 이동했을 때, 그녀는 이전에는 단지 위협적이었던 자신의 한 측면에 대해 보다 큰 의식적인 통합을 이루기 위해 이동한 것이다.

49번 상자에서 리네는 폐쇄적 가족의 전형적 부모와 내적인 화합을 이룬다. 그녀는 50번 상자에서 그녀가 가장 좋아하는 인형을 모래에 놓음으로써 그녀의 정체성이 여자아이임을 확인하였다. 마지막 51번 상자에서 보여 준 울타리에 갇힌 만화 캐릭터들의 분노에 찬 표현들은 리네의 정신이 부모와 지속적인 불화를 겪고 있는 자신의 현실에 대해 인지하고 있다는 것을 나타내 준다.

구성 방식

모래놀이를 실행하는 방식은 동작에 대한 중요한 고려사항이다. 여기서 언급하는 것은 모래상자를 만드는 내담자의 움직임과 몸짓이다. 구성은 우아하고, 잔인하고, 실험적이고, 강제적인 것 등일 수 있다. 어떤 것이 내담자에게 일반적인 것인지를 이해하고 이를 바탕으로 동작의 성질을 고려하는 것이 중요하다. 예를 들어, 내담자가 습관적으로 침착하고 유순하다면 이런 방식으로 모래놀이를 하는 것은 특별한 일이 아니다. 만약 평소에는 거칠고 서투른 내담자가 침착하고 유순한 모래상자 구성 동작을 보여 준다면 대단한 중요성을 갖는다. 치료자들은 모래놀이에서의 움직임 질이 갖는 속성을 인지하고, 상징적 과정을 전반적으로 고려하면서 이러한 요소를 분석해야 한다. 또한 진행과정 중의 실행 방식의 변화도 고려해야 한다.

심리 공간에서의 이동

심리 공간에서의 에너지 흐름의 방향은 세심한 주의를 기울일 필요가 있는 움직임의 특징이다. 공간적 방향에 대한 원형적 고려는 치료와 변화가 일어나는 동안 심리 에너지가 어디서 오고 어디로 향하는지를 이해하는 데 중요하다. 우리가 앞서 모래놀이에서의 공간적 특성에 대해 다소 상세하게 논의한 것도 이 때문이다. 여기서 우리가 주의를 기울여야 하는 것은 이러한 공간적 변수들을 따라 에너지가 이동하는 동안 어떻게 이동하고 막히는지를 인지하는 것이다. '방향의 중요성' 에 대한 이해와 '어떤 에너지가 이동하는지' 에 대한 인식을 조합하는 것은 중요하다. 이러한 두 가지 움직임의 특성을 함께 고려하면 모래놀이에서의 동작과 막힘의 지표를 더 깊이 이해하게 된다.

예를 들어, 느리거나 걸림돌이 있는 상승 혹은 하락을 보이는 것은 심리적 이동에 대한 내담자의 준비가 불확실함을 나타낸다. 차단된 이동은 자연적인 속도나 내담자의 발달 유형에서부터 내담자가 심리 이동을 위한 준비가 완벽하게 되기 전에 거쳐야 할 미완성 작업에 이르기까지 다양한 요소에서 유래한다. 이런 가능성에 주의를 기울이는 것은 이전에 간과했던 것을 탐색하도록 자극함으로써 치료자의 과정에 대한 담아두기를 촉진할 수 있다. 다른 한편으로 모래놀이 과정에서의 갑작스러운 상승 혹은 하락은 진행되는 일에 대한 준비에 문제가 있다고 치료자에게 경고하는 것일 수 있다. 움직임과 방향에 대한 이런 경고는 치료자들이 안전하게 작업을 진행하는 데 도움이 될 수 있다.

몇몇 경우 왼쪽에서 오른쪽으로 큰 움직임이 일어나는 것은 무의식적 에너지의 유입을 나타낸다. 이와 유사하게 오른쪽에서 왼쪽으로 일어나는 움직임은 무의식을 향한 움직임을 나타낸다. 이런 요소들은 명심할 필요는 있지만 공식화하지 않도록 신중해야 한다. 언제나 모래놀이가 함축하고 있는 것에 주의를 기울이고 이야기가 전개되는 동안 인내력을 갖는 것이 최선이다.

움직임에 대한 또 다른 고려사항은 정신적 에너지가 통합을 향해 움직이는지 혹은 분열을 향해 움직이는지다. 에너지가 의미 있는 체제로 통합되는 것으로 나타나는지 혹은 별개로 나타나는지를 고려하는 것도 중요하다. 이제까지 살펴본 것처럼, 정신적 치유와 변형은 죽음과 재탄생의 주기를 수반한다. 모래놀이에서 이루어지는 통합과 분열을 향한 움직임에 대한 치료자의 인식은 내담자의 안전 및 의미 있는 정신적 발달을 용이하게 하거나 억제하는 것을 강화시킬 수 있다.

Lowenfeld(1979/1993)는 이동에 의해 시간이 측정된다는 것을 우리에게 일깨워 주었다. 모래놀이에서의 피겨의 이동과 함께 심리적으로 동일시하는 것은 시공간 내의 에너지를 이동하고 전달한다. 이는 심리의 질적 변형이기는 하지만 그것들은 물리적으로 경험되고 유형화되어야 한다. 모래놀이 과정에의 이동은 물리적인 형태에서 정신으로의 질적인 변화에 기반이 된다. 모래놀이에서의 이동은 시간 영역 내의 비시간적인 것을 포함한다. 모래놀이에서 이동에 의해 측정되는 시간은 정신적 시간이다. Lowenfeld는 연구를 통해 각각의 일관된 세계는 비일관적인 세계의 구성을 활성화시키는 E의 한 양상에 초점을 두고 있다고 보았다. Jung 학파의 표현을 빌리자면 자아-자기 축이 강화되면서 심리는 더 깊은 무의식으로 이동할 수 있게 되는 것이다. 모래놀이 치료자들은 에너지의 발산과 이동에 대한 관계 구축 혹은 파괴를 향한 이동을 추적함으로써 내담자의 과정에 대해 깊은 통찰력을 키울 수 있다.

흩뿌리고 쏟아붓고 떨어뜨리고 파묻는 동작

흩뿌리고 쏟아붓고 떨어뜨리고 파묻는 것과 같은 행위는 모래놀이 과정에서 나타나는 또 다른 형태의 이동이다. 모래와 물에 대해 논의하면서 이와 같은 행위에 대해 살펴본 바 있지만, 여기서는 이런 동작을 행하는 몸짓에 초점을 두고 그에 대해 다시 간단히 살펴보고자 한다.

흩뿌리기

모래놀이에서 모래나 물을 흩뿌리는 것은 토지 비옥화에 대한 신화적 행위에서 나오는 것으로 볼 수 있다. Eliade(1958/1996)는 종교와 인류학 연구를 통해 여러 문화권에 걸쳐 많은 농업적 의식 행위가 토지를 비옥하게 하는 것과 연관되어 있다고 구체적으로 언급했다. 위치나 문화에 상관없이 각각 토지의 비옥함을 유지하기 위한 방안으로서 물 혹은 재를 뿌리는 의식을 수반하는 것이다. 이런 의미에서 보면 흩뿌림 행위는 희생적이다. 이는 주어졌던 것을 다시 토지로 돌려보냄으로써 희생하는 숭배의 행위다. 모래놀이에 있어 흩뿌리는 동작은 삶의 신성함을 인지하는 깊은 신화적인 행위에 참여하는 것으로 볼 수 있다. 흩뿌리는 동작은 내담자가 모든 존재에 필연적으로 연계되어 있다는 것을 깊이 인식하고 있음을 보여 주는 몸짓이다. 아동들이 모래상자에 있는 피겨에 부드럽게 모래를 흩뿌리는 것을 자주 보게 된다. 그리고 많은 경우 아동이 조용히 "눈이 온다…."라고 중얼거리는 것을 듣게 된다. 이것은 부드럽고 경건한 동작으로, 종교 의식적 중요성을 가지는 것으로 보인다. 심각한 방임과 학대를 받은 경험이 있는 한 소녀는 "소금이다…."라고 중얼거렸다. 소금은 맛을 내고 우리 몸이 영양소를 받아들이도록 도와준다. 이는 어린 아동이 하는 단순한 몸짓이었지만 신성한 사건이었고, 우리는 조용히 함께 그것을 경험했다.

원형적 수준을 고려할 때 흩뿌림은 시작과 끝의 순환이다. 그것은 주변 존재에 참여하는 데 대한 깊은 인식을 반영하며, 자연과 자연 내의 존재에 대한 심오한 인식이다. 더 깊은 부분에서 그것은 다른 것과 모든 존재에 대한 연결을 인식하는 것이다. 개인이 자신이 생각하는 것 혹은 행동하는 것이 다른 이들 그리고 궁극적으로는 모든 존재에 실질적이고 물리적인 영향을 미친다는 것을 인식하게 되는 것이기 때문에, 이러한 인식은 본질적으로 책임 있는 존재가 되는 일의 기초가 된다. 모래놀이에서 흩뿌리는 몸짓은 이러한 능력의 시작점이다. 내담자는 모래를 흩뿌리면서 세상과 다른 사람에게 영향을 미칠 수 있는 자신의 능력을 깨닫게 된다. 흩뿌리는 동작이 깊고 내적인 연결을 자극함에 따라 외부 세계와 상호작용을 하고 대응할 수 있는 능력을 갖기 시작하며 관계를 시작하게 되는 것이다. 모든 현시성에 대한 불가분의 연결을 깨닫는 것은 보살핌의 윤리를 발생시키고 애정을 활성화시킨다. 모래놀이 당시에는 내담자가 의식하지 못할 수도 있지만, 자연과 자신의 연계를 깨닫게 되는 것은 심오한 정신적 변형을 야기한다.

떨어뜨림

모래를 떨어뜨리는 것은 흩뿌림 동작보다 덜 발달된 기능을 할 수 있다. 떨어뜨리는 동작은 연계와 능력의 시작이며 비옥화의 기초 형태일 수 있다. 거칠게 던지거나 모래를 투하하는 것은 분노 혹은 적대적 몸짓일 수 있다. 이런 형태의 몸짓이 갖는 중요성을 더 잘 이해하기 위해서는 당시 모래놀이에서 어떤 일이 일어나는지에 주의를 기울여야 한다. 그 의미를 일반화시킬 수는 없지만, 모래놀이에서의 이런 동작은 분명히 중요한 구성요소다.

내담자가 적정하게 발달된 통제력을 가지고 있다는 전제하에 논의를 하고 있기는 하지만 모래상자에 피겨를 떨어뜨리는 것 역시 분노의 표현일 수 있다. 이것은 상처나 두려움을 극복하는 통제 행동일 수도 있다. 이런 의미에서 떨어뜨리는 행위는 능력을 나타내는 행위다. 모래놀이에서 떨어뜨리는 행동이 일어나면 무엇이 떨어졌는지, 그리고 어떤 것 위에 떨어졌는지 눈여겨보아야 한다. 피겨 자체가 전체적 맥락에서 어떤 움직임과 관련이 있는지 이해하는 데 상징적 중요성을 담고 있을 수 있다.

쏟아붓기

흩뿌리고 떨어뜨리는 것과 마찬가지로 쏟아붓는 행위 역시 비옥화의 형식으로 작용한다. 무엇이 모래상자에 쏟아부어졌는가는 여러 의미를 가지고 있을 수 있다. 모래상자에 모래 혹은 물이 부어졌다면 부어진 요소 자체의 속성에 대해 고려할 수 있다. 물을 붓는 것은 물에 의한 창조 및 무의식의 잠재성을 받아들이는 것과 관련이 있을 수 있다. 모래를 붓는 것은 토지 구성요소와 연결되는 것으로 볼 수 있다. 이는 한 사람의 인생에서 행동을 취하기 위한 시작 능력에 대한 것일 수 있다. 이는 또한 무언가를 묻고 덮어 두는 것에 대한 것일 수도 있다. 보석처럼 생긴 물체들을 쏟아붓는 것은 긍정적인 측면에서는 기쁨과 풍요로움의 의미로 추정될 수 있으며, 부정적인 측면에서는 박탈과 욕망을 의미하는 것일 수 있다.

묻고 파내기

묻고 파내는 행위는 여러 가지 함의를 가질 수 있기 때문에 모래놀이에 있어 흥미로운 몸짓이다. 무언가가 묻혔을 때, 내담자는 무언가 소중한 것을 감추고 있거나 약한 것을 보호하고 있거나 혹은 씨처럼 자라게 될 것을 심거나 기르고 있는 것일 수 있다. 또 양도하거나 떠나는 것의 한 형태일 수 있다. 더 이상 일어날 필요가 없는 변형과정의 잔여물일 수도 있다. 표면 밑에 무언가를 묻는다는 것은 아주 의식적이지는 않지만 의식을 향한 이동의 특징을 나타내는 것일 수 있다. 묻는다는 것은 또한 견딜 수 없거나 혹은 무섭거나 섬뜩한 어떤 것을 감추는 것일 수도 있다. 이미 알고 있는 바와 같이, 무의식의 그림자 속에 잠복해 있는 어떤 특징은 자아에게 위협적인 것이다. 묻는다는 것은 어려움 또는 함정에 빠지거나 매장되거나 무기력한 것과 관련된 것일 수 있다.

파묻는다는 것은 아직 다뤄지지 않은 것을 통제하려는 시도일 수도 있다. 이런 식으로 본다면 묻는다는 것은 사물을 시야에서 사라지게 하려는 것일 수 있다. 모래놀이의 한 동작으로서의 묻는 행위는 보이거나 인식하는 것이 두려운 것에 대해 의식을 행하는 것으로, 최소한 부분적으로는 의식적 자각하에 이루어진다. 정신의 의식 차원은 묻는 행위를 통해 어두운 면을 다루게 된다. 비록 정신의 그림자 부분이 일시적으로 시야에서 사라져 파묻힌다 해도 내담자의 정신이 작용하고 있는 것이다. 파묻는 행위를 희미하게나마 의식하는 것만으로도 점차 그림자와 같은 성질을 변형시킬 과정을 진전시키기에 충분하다. 의도적으로 어두운 심리적 측면에 관계함으로써 의식적 심리는 그 존재를 인지하고 그에 대한 관계를 시작하게 된다. 이러한 새로운 관계는 심리를 재정비하는 데 필수적이다.

파묻는 행위를 통해 심리는 변화를 활성화시키려는 의도를 가지고 본성(quality)의 아래쪽을 향해 움직이게 된다. 그 결과는 치료자에게 아주 흥미로운 것이다. 이 에너지가 어디서 움직이는지를 관찰하고 또 어떻게, 언제, 어디서 변하는지를 관찰하는 것은 치료자가 변화과정을 통제하는 데 도움을 준다. 파묻는 동작은 현안 문제를 표현하는 새로운 능력을 활성화시킨다. 무언가를 파묻는 것은 분열을 향한 몸짓이다. 따라서 이는 재탄생과 새로운 성장과정을 시작하는 것이다. 그것이 어떻게 적기에 현시화되는지는 알려져 있지 않지만 움직임 자체가 새로운 것에 대한 씨앗이 된다.

파내는 행위에 뒤따르는 파묻는 행위는 한때 압도적이었던 것을 대면하는 새로운 능력을 나타내는 것일 수 있다. 파묻고 파내는 행위를 통해 내담자는 이전에는 자신들의 통제 능력을 넘어서 있던 무언가에 대해 통제를 실행하고 있는 것일 수 있다. 모래상자에 파묻어 둔 물체를 발굴할 때, 아동은 긍정적이건 부정적이건 치료자로 하여금 정신 특성을 이해하고 버텨 주게 한다. 파낸 피겨가 아주 어두운 것이라고 해도, 그 과정은 여전히 재탄생과 변형을 나타낸다. 이 과정은 단지 순환의 죽음 단계를 넘어서서 전개되는 것은 아니다.

파묻고 발굴하는 행위는 내담자가 자신 속에 있는 보물을 발견하는 것일 수도 있다. 어린 아동일수록 모래 속에 묻어 놓은 것을 치료자에게 찾아내라고 요구하는 일이 흔히 있다. 아동은 흔히 "좋아요, 눈을 가리세요. 엿보지 마세요…." 라고 말한다. 나와 이런 놀이를 계속 했던 한 소년을 기억하고 있다. 6세 정도였던 그는 모래 속에 보석처럼 생긴 대리석을 파묻는 동안 내게 눈을 가리라고 지시했다. 이 어린 소년의 심리는 우리가 함께 자기의 요소를 발견하고 가질 수 있도록 게임을 고안한 것이다. 내가 찾아낼 때마다 그는 얼굴이 환해지면서 즐거움으로 키득거리며 웃었다. 내가 찾기 어려운 척할 때는 약간 걱정스러운 얼굴로 "… 저기요…." 라고 속삭였다. 우리는 늘 숨겨 둔 것을 다 찾아냈다.

두 모래상자 간의 움직임

두 모래상자 사이에는 여러 가지 형태의 움직임이 가능하다. 두 개의 모래상자를 만드는 것을 장려하는 것은 아니지만, 내담자가 한 세션 내에서 두 개의 모래상자를 이용하는 방식에는 여러 가지가 있다. 내 경험에 따르면 이런 일은 성인 내담자보다는 어린 아동에게 훨씬 더 자주 일어난다. 이는 아동의 인지발달 수준과 성인 특유의 담아두기의 경계에 대한 적은 관심에 의해 설명될 수 있을 것이다. 아동은 성인에게는 오래전에 닫힌 물리적, 정신적 영역을 발견하고 그 속에 머문다. 아동은 소파 뒤에 개인적 공간을 테이블 밑에 동굴을 만든다. 이런 마술적인 영역에서 단 하나의 모래상자의 경계선이 탐색과 표현을 위한 내적 필요성과 관련되는지에 대해 의구심이 든다. 우리는 정신병리에서 볼 수 있는 범람 요법(flooding)[역자 주: 공포증 환자에게 극한적 공포 상황에 직면시키는 행동 요법] 혹은 스필링 오버 요법에 대해 논의하고 있는 것이 아니다. 이에 대해서는 다른 부분에서 논한 적이 있다. 지금 논하는 것은 의미 있는 방식으로 상자 간에 이동하는 좀 더 통합된 수준의 정신 기능에 대한 것이다.

내담자가 두 개의 모래상자를 연달아 만들 수도 있다. 이런 경우 모래놀이 과정이 빠르게 진행된다. 작업의 이러한 단계가 무엇에 대한 것인지를 이해하기 위해서는 마치 두 모래상자가 다른 세션에 만들어진 것처럼 두 모래상자 간의 유사성과 차이점을 고려하는 것이 중요하다. 첫 모래상자에서의 정신과정은 아주 빠르게 움직이며, 두 번째 모래상자에서 변화된 형식으로 표현될 준비를 하는 과정이다.

두 모래상자의 내용은 정신적 갈등의 양극을 나타낼 수 있다. 놀이과정을 되짚어 보면 어떻게 이런 갈등이 발생했는지 밝힐 수 있다. 두 개의 모래상자는 같은 틀 안에서 서로 대면할 준비가 되지 않은 상반된 성질을 안전하게 담는 역할을 할 수도 있다. 하지만 상반성이 드러났다는 것과 그 상반성을 모래놀이 과정의 전반적인 틀 안에서 분명하게 규정하는 것이 중요하다. 모래상자가 두 개이기는 하지만 치료자와 내담자는 이 모래상자들을 하나로 여긴다.

내담자는 하나의 모래놀이를 확대하는 의미로 두 개의 모래상자를 활용할 수 있다. 킴에 대한 Dora Kalff(1980/2003)의 연구는 모래상자의 끝과 끝을 연결하여 커다란 경주 트랙을 만들어 낸 좋은 예가 된다. 킴이 한 작업의 주요 목적은 에너지의 자유로운 움직임과 방출이었다. 이렇게 모래상자를 확장시키는 것은 소년의 풍부하고 잘 유도된 에너지에 대한 치료 성과를 보여 주는 것임에 틀림없다. 두 개의 모래상자가 갖는 표현의 속성을 고려하면 두 개의 연결된 모래상자가 갖는 의미를 이해하는 데 도움이 된다. 킴의 경우와 같이 두 개의 모래상자가 효과적으로 하나로 이용된 상태는 두 개의 모래상자가 각각 다른 물체를 담고 있는 때와는 아주 다르다.

내담자들은 두 번째 상자를 구성하기 전에 첫 번째 상자를 분해해서 한 회기 동안 같은 상자에서 두 개의 모래상자를 할 수도 있다.

내담자가 하나의 모래상자를 완성하고는 그것을 분리하여 피겨들을 사진 앞의 선반 위에 되돌려놓았을 때는 특별한 종류의 움직임이 이루어진다. 가능하다면 나는 한 세션이 끝난 이후에 이전 모래상자를 다시 구성하려고 할 것이다. 두 번째 상자가 완성되었을 때, 첫 번째와 두 번째 상자의 구성 사이에 일어난 변화를 살펴보면 두 모래상자 사이에 일어난 과정을 이해하는 데 도움이 될 것이다. 예를 들어, 두 모래상자는 물질을 통한 빠른 진전을 나타내는 것일 수도 있고, 처음에 나타났던 것을 숨기고자 하는 것일 수도 있다. 모래놀이는 우리에게 많은 가능성을 알려 준다. 모래놀이에서의 또 다른 형태의 움직임은 내담자가 두 개의 모래상자를 구성하고 둘 사이를 번갈아 오가는 때에 일어난다. 부모의 이혼을 경험한 아동은 한 번에 두 개의 모래상자를 만드는 경우가 흔히 있다. 두 모래상자는 거의 동일하다. 두 개의 모래상자는 통일된 원형적 부모의 헤어짐을 통해 일어난 내부 심리를 두 개의 몸체로 표현하는 것으로 추정된다. 이혼이 아이에게 미치는 심리적 영향을 과소평가해서는 안 된다. 이는 엄마와 아빠가 더 이상 함께 살지 않을 때 일어나는 내적 균열을 고쳐 보려고 애쓰는 아동의 모래놀이에서도 분명하게 나타난다. 내 경험상 학대가 심했거나 약물중독에 걸린 부모로부터 헤어지는 경우에만 부모의 이혼이 주는 이런 심오한 심리적 균열이 모래놀이에 나타나지 않는다.

아동은 두 측면의 갈등을 표현하기 위해서 두 개의 모래상자를 구성하기도 한다. 위에서 논의한 바와 같이, 모래상자는 갈등의 상반된 극단을 담고 있을 수 있다. 괴물이 슈퍼 영웅에 대립하기도 하고, 한 무리의 좋은 사람들이 나쁜 사람 무리에 맞서 두 모래상자 간에 전쟁이 벌어지기도 한다.

상호작용 놀이

모래놀이에서의 발달 이슈 논의에서 배운 바와 같이, 상호작용 놀이는 내담자가 모래놀이 피겨들을 살아 있는 것으로 상상하는 놀이이다. 어떤 것이 상상이고 어떤 것이 진짜인지 구분을 잘하지 못하는 어린 아동은 거의 전적으로 상호작용 놀이만 한다. 상호작용 놀이를 하는 평균 나이를 정하기는 어렵지만, 보통 6세 이하의 아동에게 흔히 일어난다. 더 나이가 많은 아동이 상호작용 놀이를 하는 것을 본 적도 있다. 특히 8~9세경의 소년들이 전쟁놀이를 하는 경우에 그렇다. 자주는 아니지만 성인 내담자가 피겨들과 상호작용적인 몸짓을 하는 것도 경험했다. 이런 몸짓은 어린 아동에게서 보이는 상호작용 놀이의 확대된 드라마적인 맥락이 결여된 것으로 전형적으로 독립적인 움직임이다. 이따금 분노나 혐오의 몸짓으로 피겨를 넘어뜨리는 성인도 있다. 그런 성인 내담자는 문을 통해 피겨를 옮기기도 하고 또 다른 중요한 위치로 옮겨 두기도 한다.

동작 관련 주제에 관해 기억해야 할 가장 중요한 것은 내담자의 정신은 적극적인 놀이 동작을 통해 움직인다는 점이다. 놀이의 일반적인 주제에 주의를 기울이는 것이 도움이 된다는 것도 발견했다. 상호작용 놀이를 하는 동안, 나는 그 아래 깔린 신화적 주제에 귀를 기울이고 그것을 기록해 두었다. 아마도 나쁜 일이 연달아 일어나거나 혹은 아동과 동물이 어려운 상황에 빠지거나 갇힌다. 나는 힘과 구출, 그리고 안전에 귀를 기울인다. 한 가지 주제가 행위를 통해 전달되거나 다른 것으로 변형되기도 한다. 같은 이야기 내에 여러 가지 주제가 뒤엉켜 있기도 한다. 나는 가능한 한 작업이 끝난 이후에도 기록을 할 수 있을 정도로 최대한 참관하고자 한다. 나는 놀이에서의 움직임 방향과 관련된 특성에 주의를 기울인다. 한 개의 모래상자에서 상호작용 놀이를 통한 움직임의 패턴이 나타날 수도 있다. 한편 여러 개의 모래상자에 다소 거리를 두기 전까지는 움직임을 인식하지 못할 수도 있다.

상호작용 놀이가 막바지를 향해 가거나 시간이 다 되었거나 혹은 아동이 그날 이야기를 마무리 지어야 하는 때가 되면, 나는 놀이의 주요 캐릭터들을 사진으로 찍어 두는 경우가 많다. 시간이 끝나갈 경우, 나는 조용히 아동에게 "서두르게 하려는 건 아니지만 몇 분 후면 오늘은 끝마칠 시간이란다."라고 말해 준다. 놀이가 끝났을 때 피겨들이 의도적으로 자리에 놓인 것이 아니고 아무렇게나 놓여 있으면, 나는 모든 캐릭터를 한 줄로 세우고 인사를 시키라고 제안한다. 마치 무대 막이 내리기 전에 커튼콜을 하는 것과 같다. 나는 아동과 함께 캐릭터들의 사진을 찍는다. 나는 이런 것이 아동이 상호작용 놀이에서 경험한 활발한 정신 활동을 종결지을 수 있도록 도와준다고 본다. 이런 커튼콜은 담아두기를 지지하고 작업의 중요성에 대해 상호 인지하게 하는 기능을 한다. 만약 상호작용 놀이의 마지막 피겨의 배치가 그 과정상 중요한 것으로 보일 경우에는 커튼콜을 제안하지 않는다.

3장 결론

움직임과 동작의 주제는 모래놀이와의 관련성을 높여 주고 다듬어 준다. 움직임은 내담자의 신체적 몸짓으로 모래놀이에서 일어나며 모래상자의 정적 피겨와 배열에 의해 암시된다. 모래상자에서 움직임이 나타날 때 정신 에너지가 이동을 하고 정신 에너지를 위한 통로가 발견되고 창조되며 새로운 정신 내의 연결이 형성된다. 심리적 강화, 분열, 재통합의 패턴은 개개인의 작업마다 독특하다. 우리는 에너지의 이동을 면밀하게 지켜봄으로써 모래놀이 과정에서 심오한 정신적 발달에 더 잘 조화될 수 있는 능력을 기를 수 있다.

제4장

모래놀이에서의 정서 주제

서 론

이 장에서는 모래놀이의 감정과 정서적인 구성요소들을 탐색하고자 한다. 이미 모래놀이의 내용, 공간관계, 운동에 대한 주제에서 논의하였듯이, 정서 관련 주제는 치료자가 감정적인 내용과 경험의 변화를 추적함으로써 모래놀이 과정을 더 잘 이해하는 데 도움이 될 것이다. 모래놀이 과정을 통해 표출된 정서를 따라가는 것은 내담자의 모래놀이 작업과 치료자와의 관계 유지를 위한 또 다른 수단이 된다.

상징의 정서적인 핵심

지금까지 우리가 인식해 온 것처럼, 모래놀이는 관계 맥락 내에서 발생하는 상징적 치료라고 할 수 있다. 우리는 상징의 특성이 복잡하고 따라서 상징을 완전히 이해하는 것은 우리의 능력 범위 밖이라는 것을 알고 있다. 상징은 우리가 다양한 방법으로 경험해 온 수많은 다른 특징으로 형상화된다. 모래놀이 내용에 대한 수많은 특징에 관한 우리의 논의가 이러한 사실을 증명해 준다. 우리는 상징을 볼 수 있고 촉감으로 느낄 수 있다. 상징은 기억을 불러일으키고 개인화를 하도록 무의식에 작용한다. 상징에 대한 특징 중 두드러진 점은 상징이 우리의 감정을 불러일으킨다는 사실이다.

상징에 대해 주목해야 할 점은 하나의 융합된 전체로서 상징에 대해 여러 가지 특징들을 동시에 전부 내포한다는 점이다. 상징을 반영하고 이것 혹은 저것이라고 묘사할 수 있는 있는 것은 단지 우리의 의식화된 인식일 뿐이다. 상징이 담고 있는 것은 의식보다 앞서 일어나는 것이므로 상징을 작은 부분과 조각에서 분리하여 묘사할 수 있는 방법은 사실상 존재하지 않는다. Margaret Lowenfeld의 이론은 모래놀이에서 발생하는 전언어적, 전의식적 정신 활동을 이해하는 데 도움이 되는 도구들을 제공했다. Lowenfeld(1979/1993)는 그녀의 연구에서 어린 아동의 특징인 초기의 전언어적 사고 유형에 대해 개념화하고자 했다.

Lowenfeld는 어린 아동의 사고과정은 경험, 아이디어, 감정의 파편이 정신 기능의 군집(cluster)으로 구성된 통합체라고 하였다. 우리는 모래놀이의 공간적 관계에 대한 논의에서 Lowenfeld의 군집을 탐색하였다. 이 장에서는 우리의 관심을 정서적 구성요소로 전환하고자 한다.

Lowenfeld(1979/1993)는 인지 기능의 발달 이전에 일어나는 초기 원형 체계적 사고라고 언급했던 것에서 아동이 자신의 경험을 범주화한다는 것을 관찰하게 되었다.

> 아동은 개인적 경험의 특성으로 자신에게 문제되는 사물과 사건을 보유하고 있다(p. 21).

아동은 즐겁다고 경험한 것 모두를 같이 모아 놓고 두려움에 대한 모든 것을 같이 묶는다. 게다가 다른 환경적인 요소들을 매우 긴장된 감정적 군집의 핵심과 연관시키게 된다. 그 전형적인 예는 매우 긴장된 사건들을 연상시키는 냄새와 소리라고 할 수 있다.

아동이 특별한 사건과 함께 경험하는 모든 것은 경험의 군집과 관련된다는 Lowenfeld의 깨달음은 아동이 자기(Self)에 대한 정신적인 콤플렉스의 재정리 과정에서 상징을 이해하는 데 가장 큰 도움이 될 수 있다. 이러한 경험은 어린 아동에게는 새로운 것이며, 아동은 다른 방법으로는 그것들을 이해할 수 없고, 군집된 경험들은 나눌 수 없는 전체로 결합되기 때문이다.

콤플렉스처럼, 경험의 군집들은 다양한 정신적 에너지를 지니고 있다. 이상적으로는 인지적으로 더 발달하고 성숙함에 따라 군집된 경험이 좀 더 공통적으로 수용되는 현실 지각에 맞춰 이후에 정렬된다. 그러나 상처받고 결손된 경험은 종종 지속적 발달을 방해하는데, 매우 긴장된 군집들이 경험을 모호하게 하고 정신적 에너지를 고갈시키도록 한다.

콤플렉스와 군집 개념의 일차적 차이점은 자기에 대한 관계에 있다. Jung 이론에서 전체 정신은 콤플렉스로 구성되어 있다. 우리는 우리의 정신적 경험을 콤플렉스를 통해 조직화한다. 자기에 대한 경험을 가지고 자기에 대한 콤플렉스들을 배열하는 것은 초창기 군집의 영역이 아닌 고차적인 정신적 기능을 요한다. 여기서 우리가 주목해야 할 것은 이론적인 정의의 차이점을 논쟁하는 것이 아니다. 그것은 모래놀이에서 계속되는 작업의 대부분은 초기에 정서적으로 긴장된 전언어적 인식 수준에서 일어난다는 것을 이해하여 모래놀이에서 풍부하게 융합된 상징의 특성들을 연관시킬 수 있는 방법을 만들어 내는 것이다.

Dora Kalff(1980/2003)는 모든 정신적인 변화는 모계제도라고 불리는 초기 인식 단계에서 유발된다고 확신하였다. 모든 정신적 변화와 변형은 이러한 초기 발달 단계에서 발생한다는 Kalff의 견해와 함께 Lowenfeld가 강조한 전언어적 경험에 대한 중요한 정서적인 요소를 고려하면, 상징과정 안에서 이루어지는 정서의 독창적인 역할은 분명하다.

모래놀이에서의 정서 차원

정서 영역 안에서 모래놀이 과정의 만남은 은밀하고 조용하게 이루어진다. 그리고 그것을 열정적으로 받아들이기 위해 정지된 열린 내부 공간을 만들어야 한다. 모래놀이에서 정서적인 관계에 대한 경험을 위해 치료자들은 내부의 형태가 없는 전언어적인 에너지로 고요하게 작업해야 한다. 치료자는 이러한 방법으로 직접적으로 정서적 내용을 알 수 있다.

모래놀이에서 상징에 대해 느꼈던 특성에 대해 주의를 기울이는 것은 전언어 수준의 분화과정을 촉진한다. 만약 우리가 보고 있는 것에 대한 생각과 잠시 떨어져서 하나의 군집으로서의 상징과정에 대해 생각하면서 느껴지는 특성에 집중할 수 있다면, 우리는 상징적인 경험을 결속시키는 정신적인 접착제를 이해하거나 담아두기에 더 좋은 위치에 서게 될 것이다. 하나의 모래상자나 일련의 모래상자가 어떤 느낌인지 명확하게 이해하는 것은 전언어적 경험과 기억에 대해 참조할 것을 제공한다. 이러한 방식으로 상징적인 경험을 느낌으로써 우리가 본 것에 대해 더 잘 이해할 수 있다.

모래놀이에서의 느낌에 대한 몇 가지 차원이 고려되어야 하는데 그것들은 다음과 같다.

- 모래상자를 하는 동안 내담자가 어떻게 느끼는 듯하고, 어떠한 느낌을 말하는가?
- 모래상자를 완성한 후에 내담자가 어떻게 느끼거나 느끼는 듯한가?
- 내담자가 상자를 만들 때 치료자는 어떻게 느꼈는가?
- 모래상자가 완성된 후에 치료자는 어떻게 느꼈는가?
- 상자를 만드는 동안과 그 후에 그 방의 느낌은 어떠한 듯한가?
- 하나의 완성된 상자로서 모래놀이의 느낌은 어떠했는가?
- 모래놀이 영역의 느낌은 어떠한가?
- 모래놀이 과정에 대한 절차를 거치면서 감정의 움직임과 변화는 어떠한가?

치료자는 이러한 느낌의 다양한 차원에 주목해야만 한다. 또한 치료자는 정서의 다양한 차원들 중에서 일관성 혹은 비일관성의 가능한 의미들을 고려해야 한다. 내담자, 모래상자, 치료자 사이에서 일관된 느낌의 경험은 전체적인 모래놀이 경험에 부가적 의미를 제공해 준다. 가령 내담자가 눈에 띄게 슬프다면, 치료자도 슬픔을 느끼고 모래상자도 슬픔을 느끼며, 그러한 정서는 명백하여야 하며 분명히 담아 두어야 한다.

내담자, 모래상자와 치료자 간의 불일치한 느낌의 경험은 이해하기 어려운 더 복잡한 가능성을 시사한다. 이처럼 정서의 불일치성은 모래놀이 과정의 맥락에서 고려되어야 한다. 예를 들어, 모래상자가 매우 무섭거나 험악하게 표현되어 치료자는 격한 불안감을 느끼게 되었는데 내담자는 당당하게 보이거나 경험에 특별히 감동하지 못한다면, 내담자의 무의식적 거부감 혹은 좀 더 깊은 변형을 위한 의식적 준비가 부족한 내담자의 태도에 대해 치료자는 좀 더 주의를 기울여야 할지도 모른다.

다른 한 가지 가능성은 내담자가 모래놀이를 통해 깊이 감동을 받았는데 치료자가 무감각할 경우 일어난다. 이러한 상황에서 치료자는 내담자가 보고 있지 않는 것과 담아 주지 않은 것들을 검토해야만 한다. 또한 치료자는 내담자가 작업을 통해 유발되는 것에 대한 치료자 자신의 저항 문제에도 유념하여야 한다. 자문과 개인치료를 해 보면 치료자 자신의 문제가 모래놀이 작업에 대한 적절한 담아두기를 방해한다는 것을 보여 준다.

내담자와 치료자, 모래상자 사이의 정서적인 일치와 불일치에 대한 가능한 경험은 꽤 많이 존재한다. 모래놀이 과정의 절차를 넘어선 정서의 탐색은 치료자에게 과정을 거쳐서 관계를 상기시키는 데 도움을 줄 수 있다. 효과적인 고찰은 주의 깊게 지켜보고 생각하는 것이다. 우리가 인식한 느낌의 특성들을 완벽하게 확신할 수 없는 것처럼, 치료자도 내담자에 대한 것들에 대해서 정확할 수는 없다. 하지만 치료자로서 개방적이고 마음이 따뜻하고 호기심이 가득하다는 것을 상기시켜야 한다. 왜냐하면 상징적인 만족은 모래상자가 정서적으로 우리에게 일으키는 동요가 있기 때문이고 그것은 느낌에 대한 만족으로 옮겨 가기 때문이다. 치료자는 분명해야 하고 여전히 내부에서 내담자 스스로를 울리기 위해 모래놀이를 받아들일 수 있어야 한다. 모래상자에 대한 정서적인 구성요소에서 좀 더 조화롭게 하기 위해서는 종종 모래상자를 전망과 장소로서 생각할 수 있어야 한다. 그러고 나서 장소에 대한 특성들을 고려해야 한다. 상상으로 모래상자 공간 속으로 들어가거나 그 공간이 소유한 맥락 내에서 경험을 위한 시도로 조망할 수 있어야 한다.

빈약한, 풍부한, 이국적인, 친숙한, 광대한, 제한된 동떨어진 느낌이 드는가? 열정적인가? 혼란스러운가? 만약 모래상자가 비어 있다면 앉아서 그 상자의 느낌을 경험해야 한다. 우울감이나 박탈감이 느껴지는가? 혹은 고요한 느낌인가? 모래상자에 비어 있거나 꽉찬 공간이 있을 때 나는 이것이 모래상자 전체에서 보여지는 것인지 특정영역에서 보여지는 것인지 확인한다. 나는 한 모래상자 안의 영역 간 관계에 대해 질문을 하기 전에 모래상자의 각 영역이 나에게 말을 건네게 한다. 모래놀이 과정에 좀 더 깊이 함께하는 방법에 대해서는 모래놀이의 이해와 관련된 놀이에서 탐색할 것이다.

4장 결론

사실대로 말하자면, 상징적 과정 전체는 형태 없는 정서의 차원에서 일어난다. 일상적인 일들을 정의하고 묘사하는 말들이 생성되기도 전에 상징은 그것을 묘사할 수 있는 우리의 의식적 능력을 벗어나서 느낌이라는 경험의 강력한 파도에 따라 우리의 정신을 움직인다.

모래놀이에서 정서적 차원은 중요한 주제의 구성요소가 될 것이며 그것의 전언어적 특성은 그에 관해서 말할 것이 거의 없게 한다. 모래놀이 작업에서 중요한 고려사항은 정서에 대한 중요성을 과소평가해서는 안 된다는 것이다. 게다가 말없는 영역과 오래도록 친밀하게 작업하도록 격려해 주어야 한다.

2편 결론

이것으로 모래놀이의 주제에 대한 탐색과정을 끝내고자 한다. 우리는 상징적 과정에서의 정신적 변화 추이에 주의를 기울이는 수단으로써 내용, 공간관계, 동작과 정서에 대한 구성요소들을 검토하였다. 이처럼 모래놀이에서 주제에 대한 특징들을 이해하고 주의를 기울이는 것은 치료자에게 상징의 강력함과 보이지 않는 정신적 역동 간의 관계로 다가갈 수 있는 풍부하고 다양한 방법을 제공해 준다.

이러한 도구와 논점에 대한 초점으로 우리들 자신이 익숙해짐으로써, 우리는 모래놀이의 전체적인 과정에 대한 이해를 발전시킬 수 있는 방법으로는 어떠한 것이 있는지 그 접근법을 탐색할 수 있게 될 것이다.

제 3 편

모래놀이치료 이해하기

이 시점에서 우리는 다양한 차원에서 모래놀이치료에 대해 탐색하고자 한다. 우리는 정신 현상과 그 변화에 대해 이해하기 위해 Jung의 성격이론을 검토하였다. 상징들이 어떻게 형성되고 인간의 정신이 성장하고 변화하는데 상징이 어떠한 영향을 주는가에 대해서 조사했다. 또한 모래놀이 과정에서 중요하고 강력한 치료자의 역할을 면밀히 살펴보았다. 풍부하고 종합적인 모래놀이의 가능성과 생생한 관계를 촉진하기 위해 모래상자에 나타난 주제 내용의 차원들을 탐색하였다. 더불어 고대 신화, 신경생물학적 연구, 심리학적 이론이라는 다양한 렌즈를 통해 정신의 성장과 치유의 기능에 대한 발달적 차원을 탐색하였다.

이 부분에서 우리는 종합적으로 모래놀이 과정을 이해하기 위한 논점을 보는 방법을 탐색할 것이다. 많은 논의 후에 모래놀이 이해하기라고 말하는 것조차 다소 왜곡하는 것임을 알게 될 것이다. Jung 학파의 모래놀이에서 이해는 지식의 차원과는 그다지 관계가 없고 버텨주기의 문제와 관련이 있다. 모래놀이를 이해하는 것은 이성적으로 아는 것이 아니라 오히려 밝혀지는 내용들을 적절하게 담을 수 있는 용기를 제공하기 위해 정신적으로 자리 잡는 것을 말한다. 모래놀이를 이해하는 것은 아래에 서서 모래놀이 과정을 버텨 줄 치료자의 마음가짐과 준비에 대한 것이다. 이것은 담아두기에 관한 것이다.

이와 같은 경우라면 모래놀이를 하기 위해서 이처럼 힘든 연구들을 할 필요가 있는지에 대해 어떤 사람들은 의아해할지도 모른다. 이런 질문에는 예와 아니요로 답할 수 있다.

'예' 라고 답한 경우에는 우리가 재검토했던 다양한 주제에 관한 지속적 연구에 대해 책임을 져야만 한다. 더욱이 치료자 자신이 매우 잘 훈련되고 자격이 있는 모래놀이 전문가와 함께 모래놀이를 하는 것이 중요하다. 사실 치료자로서 필요한 경력에는 자신의 모래놀이를 여러 번 수행하는 것이 기본이다. 성장과 발달은 멈추지 않으며, 오히려 우리에게 더 깊이 있게 학습하도록 하는 압박이 지속된다. 이와 같은 경우 계속적으로 모래놀이 작업 안에서 성장과 발달을 위해 치료자가 견딜 수 있어야 한다. 모래놀이는 결코 정적인 작업이 아니다.

'아니요' 라고 답한 경우는 모래놀이에서 학습의 합리적인 구성요소와 관계된다. 모래놀이를 할 때는 모든 것을 치워 놓아야 한다. 우리가 내담자와 모래상자에 앉아 있을 때는 완전히 비울 수 있어야 한다. 현존하는 가능한 방법은 무엇이든지 제공할 수 있도록 개방적이어야 한다. 지식의 양이나 합리성으로는 이러한 침착함과 분명한 존재감에 대한 결과를 가져다줄 수 없다. 모래놀이에 대한 치료자의 관계가 정확하면, 그들의 준비와 연구는 내담자와 작업을 같이하도록 준비시킨다.

앞에서 살펴본 것과 마찬가지로, 이 장에서 우리는 Lowenfeld와 Jung 학파의 전통에서 모래상자의 의미를 해석하기 위한 몇 가지 증명된 방법을 탐색함으로써 우리의 연구를 계속 진행할 것이다.

처음 우리는 Margaret Lowenfeld와 Charlotte Buhler의 초기 세계 기법 연구를 살펴볼 것이며, 다음으로 Jung 학파 모래놀이치료를 이해하기 위해서 Dora Kalff의 접근에 대해 조사할 것이다. 그러고는 현대 몇몇 연구자의 모래놀이 작업 이해에 대한 연구들의 기여에 대해 검토할 것이다. 우리는 모래놀이 이해에 대한 두 가지 중요한 관점에 대해 간략히 논의할 것이다. 즉, 연속적 상자들에서의 첫 번째 상자와 소위 사분면(quadrant) 이론이라고 불리는 것이다. 마지막으로 모래놀이에 대한 이해를 촉진하기 위해 내가 개발한 주관적 몰입 분석 도구를 간략하게 탐색할 것이다.

제1장

세계 기법 이해하기: Margaret Lowenfeld

서 론

Margaret Lowenfeld(1979/1993)는 아동의 내적인 사고과정에 대한 직접적인 표현을 위한 수단으로서 세계 기법을 발전시켜 왔다. 그녀는 세계 기법 작품들(세계)이 의식적인 것과 의식적이지 않은 것 사이의 중간 정도의 상태를 표현하는 것 같다는 것을 관찰하게 되었다. 아동과 함께 만들었던 세계에 대한 그녀의 경험에서 발전된 어떤 이론도 수용하는 것을 선택하여, Lowenfeld는 세계를 만드는 데 네 가지 과정이 있다는 것을 추론하게 되었다.

Lowenfeld가 분류한 개별적 혹은 통합적으로 나타나는 것은 다음과 같다.

- 통일성 있는 이야기 혹은 장면에 대한 구성
- 모래나 물체 혹은 이 둘을 사용한 하나의 패턴 창조
- 하나의 사진 장면과 같은 순간의 창조

- 일관된 이야기 혹은 장면의 결핍

세계 기법에 대한 그녀의 경험은 Lowenfeld(1979/1993)가 다섯 가지 축을 고려하여 세계를 분석하도록 하였다.

1. 시간
2. 움직임
3. 일관성/비일관성
4. 상징
5. 패턴/디자인

우리는 각각의 축을 개별적으로 살펴볼 것이다.

시 간

Lowenfeld(1979/1993)는 사용된 상징뿐 아니라 일관되고 비일관된 세계 안의 패턴을 분별하기 위해서 세계의 연속성을 연구하였다. 그녀는 다음의 것들을 결정하기 위해 세계 내에서의 시간 구조에 대해서 연구해 왔다.

- 현재 혹은 역사적인 시간이 재현되는지의 여부
- 시간이 움직이는지 혹은 정지되었는지
- 세계가 이야기 경로를 따라 펼쳐지는지의 여부
- 이야기의 에피소드 혹은 사건들이 극적으로 표현되었는지의 여부
- 이야기 내에서 움직임이 지금 막 일어난 것인지 혹은 일어나려고 하는 것인지

Lowenfeld는 이러한 시간의 매개변수에 대한 분석을 통해 내담자가 어떻게 시간의 경과에 대해서 인식하는가 하는 것이 지적된다는 것을 알 수 있었다.

움직임

Lowenfeld(1960, 1979/1993)는 세계 기법 과정에서 사물의 위치로 혹은 사물의 직접적인 조작을 통해 움직임을 암시하는 것은 내담자가 움직임과 자신을 동일시하도록 허용하므로 중요하다는 것을 알았다. 이것은 Lowenfeld가 E라고 부른 것에 대해 표현 혹은 고정하도록 촉진한다. 모래놀이의 동작 주제에서 논의되었던 것을 상기해 보면, E는 Lowenfeld가 인간 성격을 활성화하는 에너지로 나타냈던 용어다. 초기 Freud 학파의 리비도에 관한 개념과 비슷하지 않은 것은 아니지만, Lowenfeld는 E를 정신과 신체에 대해 중립적인 것으로 인식했고 다양한 방법으로 드러나고 표현된다고 지각하였다. 세계 기법에 대한 Lowenfeld의 수많은 분석은 세계 안에서 표현되고 나타난 E의 움직임에 대한 장애물과 자유와 관련이 있었다.

Lowenfeld는 초기 원형 체계(early proto-system)라고 언급했던 초기 세계에서는 순환적 움직임으로, 중간 세계에서는 수평적인 움직임으로, 그리고 후반부 작업에서는 수직적인 움직임으로 나타나는 발달적 진보가 있음을 관찰할 수 있었다.

일관성/비일관성

Lowenfeld(1979/1993)는 외부 현실을 표현한 세계는 일관성이 없는 표현이라기보다 발전되어 가는 중이라는 것에 주목하여 많은 요인을 조사하기 위해 조직화 혹은 조직화의 결여를 분석하였다. Lowenfeld는 세계 기법에서의 표현은 내담자의 외부와 내부 세계 양 측면으로 표현된다고 간주하였다. 그녀는 내담자가 세계를 만들면서 하는 것, 그리고 그것을 그들이 치료실 밖에서 하는 것과 어떻게 비교해야 하는지를 치료적 질문의 가능성 지표로서 검토하였다.

또한 Lowenfeld는 세계를 만드는 방법과 세계에서 세계로 이행하는 과정에서 일어나는 변화를 관찰하였다. 그녀는 세계 내에서 주제를 찾았고 세계의 시리즈를 통해 주제에 대한 변화를 찾았다. Lowenfeld는 하나의 세계에 대해서는 E의 본성을 결정하기 위해 일관성과 비일관성을 분석하였고, 시리즈를 통해서는 질서와 타인과의 관계를 향한 E의 변화를 분석하였다.

Lowenfeld는 개념의 경직성에서 어떠한 변화가 있는지 조사해 왔고, 어떻게 요소들이 좀 더 넓게 인식되었는지 관찰해 왔다. 그녀는 치료적 증진을 자기실현과 통제, E의 방향이라는 용어로 설명했다(Lowenfeld, 1979/1993, p. 149). 많은 세계에 대한 연구들을 통해, Lowenfeld(1948)는 전언어적인 사고의 특징과 구조를 설명하기 위해 원형 체계의 존재를 이론화시켰다. 앞서 살펴보았던 것처럼, Lowenfeld는 어린 아동이 내적인 경험에 감각적 · 정서적으로 연결되어 초기에 구조화된 집단으로 결집을 형성한다고 생각했다. 그녀는 세계 안에서 밝혀지는 것들을 이해하기 위해서 결집들을 살펴보았으며, 특히 연속적 세계들에서 좀 더 적응적이고 발전된 형태로 요소들이 움직이는지를 주목해 왔다.

Lowenfeld(1979/1993)는 내담자가 세계 안에서 사용했던 상징들을 바깥 삶에서의 치유를 향한 첫 단계로 가정하였다. 내담자의 내적인 상황을 세계의 사물에 투사함으로써 새로운 다양한 기법의 발전이 세계 안에서 상징적인 상호작용과 실험을 통해 이루어질 것이다. Lowenfeld는 아동 내부에서의 보상 혹은 치유를 다음과 같이 정의하였다.

- E와의 관계에서 의지와 결정의 발달
- 보통 사람과의 접촉의 발달
- 마음과 지적인 힘의 사용

Jung 학파의 모래놀이 실제와 달리 Lowenfeld가 자주 내담자의 세계를 해석하였다는 것은 흥미로운 사실이다. 이를 통해 그녀는 내담자와 치료자 사이에 의미 있는 대화가 이루어졌다고 느꼈다.

제2장

세계 검사: Charlotte Buhler

1950년 초반에 비엔나 대학의 연구자로 유명한 Charlotte Bertha Buhler(1893~1974)가 아동의 인지적, 발달적 과정에 관한 연구에 Lowenfeld의 세계 기법을 적용하였다. Lowenfeld의 세계 기법(1993, 1979/1993)에 기초하여 Buhler는 병리적인 징후를 알아내기 위한 진단 도구를 개발하였다. Buhler의 연구는 축소된 세계를 진단을 위해 사용하려는 것이었지만, 그녀는 그것이 모래놀이치료를 위해 활용될 수 있음을 발견하였다.

Buhler(1952)는 '장난감 세계 검사(Toy World Test)' 로도 알려진 그녀의 연구 도구를 '세계 검사(World Test)' 라고 불렀으며, 같은 국적을 가지고 있는 사람들처럼 특정 집단의 사람들이 그들의 세계 안에서 유사한 투사적 패턴을 보이는지 알고 싶어 했다.

아동의 마음에 대한 작업을 표현하기 위한 세계 기법에 대한 능력을 인정했던 Buhler(1951)는 아동의 인지적, 발달적 과정에 대한 연구에서 진단검사로 활용하는 방법을 표준화하기 위한 시도들을 하였다. 초기에 Lowenfeld의 지지와 격려를 받아, Buhler는 런던에 있는 병원에서 세계 만들기를 관찰해 왔다. 1950년 후반에

Lowenfeld와 Buhler가 만나 자신의 연구들을 논의하면서, Lowenfeld는 Buhler의 세계 검사가 그녀의 세계 기법의 연구 목적과 서로 엇갈린다는 것을 알게 되었다(Bowyer, 1970; Lowenfeld, 1950a, 1950b).

세계 검사(Buhler, 1951a, 1951b)는 모래 없이 테이블 혹은 마루 위에서도 할 수 있고, 160~300개의 축소형 피겨들을 사용할 수 있다. 내담자에게는 그들이 원하는 것은 무엇이든지 창조할 수 있다고 말해 준다. 표준화된 검사 범주를 사용하는 Buhler는 세계에 대한 그녀의 분석에서 신호(signs)라고 부르는 것을 찾아내었다. 하나의 신호는 대개 모든 세계에서 발견될 수 있지만, 두 개 이상의 신호들의 출현은 감정적인 혼란 혹은 정신지체임을 보여 준다. 특히 신호 중 하나가 폐쇄적이고 경직되고 혼란스럽다면 그렇게 진단한다.

- A 신호: 공격적인 세계 신호: 사고, 싸우는 군인, 위협적이고 사나운 동물 혹은 격렬한 폭풍우 장면을 포함한다.
- B 신호: 공허한 세계 신호: 50개의 구성요소 혹은 적어도 5개 유형의 구성요소를 포함한다. 이러한 세계에는 종종 사람이 존재하지 않기도 한다.
- CRD 신호: 폐쇄적이고 경직되고 혼란스러운 세계 신호: 부자연스럽게 잘리거나 둘러싸인, 배열이 도식적인, 불연속적이거나 혼란스러운 것일 수 있다.

Buhler(1951a, 1951b)는 세계 내에서 사용된 상징물의 유형과 개수에 근거하여 세계 검사에서 점수화한다. 일반적으로는 세계 안에 특정한 피겨가 있는지의 여부보다 일관된 패턴이나 주제가 있는 도식으로 사용된 피겨가 풍부하고 다양한지가 건강의 지표로 간주된다. 점수화는 피검자의 세계에 대한 검사 시행자의 개요에 기초하여 기록지에 기록하는 것이다.

Buhler는 그녀가 검사한 정서적으로 불안한 모든 피검자의 세계에 적어도 하나의 CRD 신호가 있음을 알았다. 그녀는 CRD 신호가 불안한 사람이라는 말과 상호교환적으로 사용될 수 있음을 알아냈다. 그들은 닫힌 세계 혹은 혼란스러운 세계를 창조할지도 모른다고 말할 수 있다. Buhler는 CRD 신호가 불안에 대한 지표가 될 수 있다고 추측하였다.

제3장

모래놀이치료 이해하기: Dora Kalff

모래놀이에 대한 그녀의 분석에서, Kalff(1966, 1980/2003)는 하나의 과정으로서 연속적 모래상자에 대해서 연구하였다. Kalff는 모래놀이 과정이 건강하고 좀 더 적응된 자아의 발달이 일어나도록 자기(Self)의 중심부인 정신 내부로 내려간다는 것을 인식하게 되었다.

과정이라는 단어로 Dora Kalff가 의미하고자 했던 것은 잘못 이해될 수 있다. 언어의 한계로 인해 그 단어를 종종 하나의 명사로 사용하기 때문이다. 모래놀이 치료자들은 빈번하게 하나의 과정, 나의 과정 등의 말을 한다. 우리는 묘사하는 것들이 활동적이며 움직이는 살아 있는 정신 현상일 때도 그것을 하나의 인공물, 물건으로 생각하게 되는 경향이 있다.

비록 3차원적 모래상자의 내용이 내담자의 내적인 세계의 한 부분을 재현하는 것이지만, Kalff(1980/2003)는 모래놀이를 모래상자를 만들면서 내담자 내부에서 발생하는 정신적 변화에 대한 즉각적이고 직접적인 과정으로 간주하였다. 우리가 모래놀이 과정을 연구할 때, 사실 우리는 시간과 공간의 제한 때문에 소홀히 했던 영겁의 차원으로 들어가게 된다. 따라서 모래상자에 대한 하나의 연속성을 연구하는 것은 글자 그대로 내담자와 함께 이러한 적극적인 과정에 대한 경험을 하는 것이다.

모래놀이에 대한 Kalff의 분석과 그녀의 교육적 접근은 사례연구 방법이었다. Dora Kalff로부터 모래놀이를 배운 것은 경이로운 경험이었다. 그녀의 수업은 전형적인 형태를 따랐다. 수업은 아침 9시 30분에 집합하고 회기당 2시간 30분 정도로 구성되었다. 그리고 긴 점심시간과 오후 휴식 시간을 가진 후 3시 혹은 4시 30분에 수업을 재개하여 2시간에서 2시간 반을 지속했다.

Dora Kalff는 강단에서 짧은 강의로 연속적 수업을 시작하였다. 나는 1989년 3월 31일 캘리포니아 카멜에서의 Kalff 교수법의 심오한 특징과 어조를 전하기 위해 그녀의 수업에 대한 나의 기록을 나누고자 한다.

> 우리 자신의 깊이에서는 우리가 의식적으로 알지 못하는 것을 안다. 우리는 모래놀이를 통해 집단 무의식에 접촉할 수 있다. 이것은 우리가 나아가기 위해 필요한 길을 보여 줄 수 있다. 모래놀이는 개인화 과정을 촉진하고, 무의식의 내용을 의식화해 주며, 그것을 우리의 삶과 통합할 수 있게 해 준다.
>
> 내부와 외부의 행복은 동시 발생적 사건으로 존재한다. 상징과 함께 나타난 것은 내부와 외부의 사건들이 함께 발생하게 한다. 이것은 인간 발달에 대한 다음 단계를 제공한다.
>
> 그러므로 우리는 꼭 언어적일 필요는 없지만 직관으로라도 무슨 일이 일어나고 있는지를 이해하는 것이 중요하다.
>
> 모래에서 반복되는 이미지들을 보았을 때, 우리는 무엇이 일어나고 있는지 내담자에게 질문해야 한다. 내가 내담자의 무의식을 이해하자마자 그 이미지들은 변화하게 될 것이다.
>
> 이러한 내적인 이해는 동양에서 좀 더 알려져 있다. 여기서 우리는 사물을 의식적으로 이해하도록 훈련받았다. 진정한 전이는 의식에서만 일어나지 않는다.

강의 자료를 제시한 후, Kalff는 모래놀이 사례의 슬라이드를 보여 주었다. 이것은 서서히 진행되는 심화과정이었다. 모래상자 슬라이드는 빈번히 한 시간 혹은 그 이상 스크린에 비춰졌다. Kalff는 수업 참여자들에게 무엇을 보았는지 물었다. 그녀의 훈련은 수업 참여자들의 응답에서 나온 대화를 통해 이루어졌다. Kalff와 그녀의 학생들은 모래놀이 과정에 적극적으로 참여하였고 이를 통해 더 깊은 의식 수준에 대해 알 수 있게 되었다. 그것은 힘든 일이었다. 그래서 긴 휴식이 필요했다. 정규적인 휴식 시간을 고수했던 Kalff는 모래놀이가 우리에게 너무나 많은 것을 요구하고 우리 스스로를 돌봐야만 한다는 것을 상기시켜 주었다.

상징적 내용과 과정에 대한 연구를 통해 Kalff는 각각의 개인적인 모래놀이 사례가 보여 주는 의미의 독특함을 인정할 필요가 있다는 것을 발견하였다. 우리가 배웠던 것처럼, Kalff는 모래상자의 상징적 내용을 통해 정신의 성장과 변화를 추적하기 위해 Erich Neumann(1971)의 발달이론을 끌어들였다. 내담자가 피겨에 부여한 특별한 의미를 존중하였지만, Kalff의 모래상자의 상징적 내용에 대한 이해는 모래놀이 전체 과정을 고려하여 상징의 원형적 내용을 사례별로 깊이 있게 검토하는 것이었다.

제4장

Jung 학파의 모래놀이치료 이해를 위한 다른 원칙

Kalff를 따르고 그녀와 함께 연구해 왔던 Jung 학파 모래놀이 치료자들은 주제에서 약간의 차이를 보이지만 사례연구 접근방법을 따르는 경향이 있다. 다양한 접근방법이 있지만 모든 분석의 중심이 되는 것은 자기(Self)에게로 내려가 자아 구조를 재통합하는 핵심 과정이라고 할 수 있다.

Dora Kalff의 몇몇 학생들은 모래놀이 사례에 대한 연구를 촉진하기 위해 도구와 지침서를 개발했다. 우리는 이들 중 좀 더 중요하고 도움이 될 만한 몇 가지에 대해 다음에서 살펴볼 것이다.

모래놀이 과정에 대한 이해 – Estelle L. Weinrib

Kalff의 전통을 따르고 Dora Kalff의 초기 미국계 학생 가운데 한 명이었던 Jung 분석가인 Estelle L. Weinrib(1983/2004)은 모래놀이 과정의 분석적 지침을 위하여 Jung의 개인화 과정에 기초하였다. Weinrib은 모래놀이 과정에 네 가지 기본 단계가 있다고 보았다.

Weinrib의 모래놀이 과정의 기본 4단계

1. 주요 콤플렉스의 부분적 해결
2. 전체성에 대한 중심 원형의 표현 혹은 자기 배열
3. 분화된 반대 성적인 요소(아니마/아니무스)의 출현
4. 자기의 상대적인 새로운 자아

Kalff가 그랬던 것처럼, Weinrib(1983/2004)은 개인화에 대한 이와 같은 단계를 실례로 설명하기 위해서 사례연구 방법을 사용하였다. Weinrib은 구성물의 세부적인 것보다 오히려 모래놀이의 변형적 과정에 그녀의 분석적 지침의 초점을 맞추었다.

Katherine Bradway와 Barbara McCoard의 모래놀이 이해를 위한 지침

Dora Kalff의 초기 학생이면서 Jung 분석가인 Katherine Bradway와 그녀의 공저자이며 Jung 정신분석가인 Barbara McCoard의 모래놀이 이해를 위한 지침서는 그들의 오랜 세월 동안의 모래놀이에 대한 풍부한 경험에서 나온 것이다(Bradway & McCoard, 1997).

Bradway와 McCoard(1997)는 모래놀이에 대한 그들의 분석에서 수준, 단계, 연속과 주제들에 대해 발견하게 되었다.

수준

이것은 내담자가 작업한 것의 의식 수준에 대한 언급이라고 할 수 있다. 이와 같은 수준은 서로 상호작용한다는 것이 관찰되며 내담자가 의식하고 있는 심리적 외상뿐 아니라 무의식으로 남아 있는 외상적 사건을 포함한다. 중요한 관계와 사건에 대한 느낌과 경험은 모래놀이에 의해 나타나거나 활성화되고 치료자를 향한 부정적 혹은 긍정적 전이의 지표가 될 수 있다. 또한 원형적인 경험이 모래상자 안에서 나

타나고 활성화되기도 한다.

단계

이것은 모래놀이 과정의 시작과 종결에 대한 부분이다. Bradway는 첫 번째 모래상자에 대한 분석을 위한 열 가지 지침을 언급하였다.

1. 내담자의 느낌에 대한 의식과 존중
2. 치료자 자신의 느낌에 대한 인식
3. 모래상자에 묻혀 있거나 감춰진 것과 후에 발견된 것
4. 혼돈 혹은 질서에 대한 존재
5. 전이에 대한 표시
6. 양육에 대한 신호
7. 물이 있는 지역이나 물 혹은 물과 관련된 피겨의 사용
8. 모-아 단일체에 대한 지표
9. 문제 혹은 해결에 대한 지표
10. 모래상자가 치료자에게 불안을 일으킬 경우의 자문의 필요성

자기의 심화, 양육과 배열의 기간을 포함하는 많은 가능성이 모래놀이 과정에서 시작과 종결 사이에 존재한다.

연속

이것은 피겨들의 배치 질서에 대한 부분이다. 치료자는 특정 모래상자에 놓여 있는 피겨들의 연속성을 관찰할 수 있어야 한다. 또한 피겨의 연속성과 지속적으로 모래상자에서 나타나는 피겨의 위치에 대해 인식하는 것은 중요한 일이다.

주제

이것은 모래놀이 사례에서 나타나는 주제 경향에 대한 부분이다. 주제에 대해 고려해야 할 사항은 다음과 같다.

- 성장과 변형이 필요한 어떤 것을 위해 보호 혹은 은신처가 되는 울타리와 같은 부화의 장소
- 언어적으로 혹은 모래를 사용할 뿐 아니라 피겨의 선택 혹은 배치를 통해 나타내는 힘의 자원 혹은 힘에 대한 방해물
- 여행 혹은 길과 움직임에 대한 지표
- 내담자의 통제력, 권위와 분노에 대한 표시
- 남성적 혹은 여성적 힘의 출현과 발달
- 상반된 것의 출현과 조합 그리고 귀중품을 얻는 것

Bradway와 McCoard(1997)의 분석을 위한 기초는 변형과정과 관심 주제에 주의를 기울인다는 점에서 특히 종합적이다.

Geri Grubbs의 모래놀이 범주 체크리스트

Jung 분석가인 Geri Grubbs(1991, 1997)는 학대를 받았거나 그렇지 않은 아동의 모래상자에 대한 연구에서 모래놀이 분석을 위한 모래놀이 범주 체크리스트를 발전시켰다. 모래상자의 표현 양식인 모래상자 구성에 대한 질적이고 기술적인 요인이 되는 체크리스트는 첫 번째 모래상자에서 다음 모래상자로 이어지면서 나타나는 변화의 형태들을 강조하였다. Grubbs의 체크리스트는 모래상자 구성에 대해 열아홉 가지 항목을 분류하는 데 적용한 세 가지 견해를 포함하고 있다.

- 모래상자를 만드는 과정과 주제 내용
- 모래상자에 대한 내담자의 이야기
- 하나의 모래상자에서 다음 모래상자까지의 진보적이거나 퇴행적인 변화

또한 Grubbs는 치료자의 주관적인 인상과 그들의 함축된 의미에 대해서 고려하였다. 체크리스트의 19개 범주는 다음과 같다.

직접적인 관찰과 객관적인 분석

1. 이야기: 모래상자가 완성되는 동안이나 그 이후에 내담자가 말하는 것(어떤 것이든)
2. 피겨: 사용된 피겨 개수와 묘사. 내담자가 말했던 피겨의 의미
3. 세팅: 모래상자의 주제 혹은 환경(무질서함, 가족, 영적, 상징적 등), 피겨 간의 움직임 혹은 관계
4. 창조과정/극놀이: 모래상자 창조과정에서 발생한 변화. 극놀이
5. 인간과 동물 피겨의 사용: 어떤 인간과 동물의 피겨를 사용하고 그것을 어떻게 배열하였는가
6. 모래의 사용: 젖은 모래 혹은 마른 모래의 선택, 모양과 묻기
7. 상자의 사용: 모래상자에 대한 풍부함과 빈약함. 상자의 주요 초점이 되는 공간, 비어 있는 공간과 중심을 이루고 있는 곳
8. 만드는 사람의 반응: 모래상자를 만들면서 나타난 내담자의 감정

주관적인 인상과 함축된 의미

9. 주된 심리적 표현: 파괴, 공격, 자기방어, 의식 등과 같은 모래상자에 대한 중요한 심리적 표현
10. 인지적 발달과 장면의 진행: 모래상자 작품의 발달적 연령 수준과 모래놀이 내용의 진보 혹은 퇴행
11. 장면 전체와 부분의 조화: 모래상자 안에서의 조직화 정도
12. 관계의 구조화: 개인 간의 조직화와 모래상자 안에 배열된 인간과 동물 간의 상호작용의 정도와 질
13. 경계선: 모래상자 자체와 모래상자를 만든 사람에 의해 창조된 것의 경계선 사용과 질
14. 움직임/장애물: 모래상자 안에 나타난 움직임 혹은 움직임을 방해하는 장애물
15. 부분과 상반된 것의 관계: 상반된 것의 출현과 관계

16. 치료자의 인상: 모래상자를 만드는 중이거나 만든 후의 치료자의 감정 혹은 인상
17. 중요한 상징적 표현과 주제놀이: 모래상자에 대한 상징적 내용
18. 중요한 반복적인 주제와 사용된 피겨: 상징적으로 적절한 피겨와 반복적으로 사용된 주제
19. 떠오른 의문: 모래상자를 보았을 때 일어나는 치료자의 의문

Grubbs는 Bowyer(1970)의 발달적 규준과 Kalff(1980/2003)의 자기의 재현에 대한 논의와 그녀 자신의 연구에 기초하여 『모래놀이 분석을 위한 지침서(*Guidline for Sandplay Analysis*)』(1997, pp. 11-13)를 만들었다. 이 지침서에서 그녀는 장애, 힘의 신호, 진보, 훈습(working through), 통합의 지표를 만들었다.

Grubbs 연구의 강점은 모래상자 분석을 위해 Lowenfeld가 제시한 문헌 중 최고의 것, 특히 Bowyer의 치료적 자세를 유지하면서, 작품에 대한 과정 지향적인 적극적 치료자 개입을 하고, 특히 치료자의 감정과 의문 등을 분석의 중요한 요소로 활용하는 통합적 접근을 하는 데에 있다.

모래놀이치료 이해를 위한 스무 가지 고려사항 – Martin Kalff

Martin Kalff(1993)는 다차원적 자세로 모래놀이에 대한 이해를 위해 접근해 왔다. Kalff는 모래놀이 분석에서 고려해야 할 다음 스무 가지 사항에 대해서 자세히 설명하였다.

1. 내담자의 역사와 외적인 환경: 유사한 모래놀이 장면은 내담자의 임상적인 역사에 따라 다른 의미를 내포하고 있으므로, 모래놀이에서는 내담자의 외부와 내부 환경의 조건 모두가 고려되어야 한다. Kalff(1993)는 모래놀이에서 나타나는 장면에서 실제적인 삶의 환경에 대한 기대가 자주 등장한다는 사실을 기억하는 것은 중요한 일이며, 그렇기에 때때로 모래상자에 나타난 장면은 이후 얼마 동안 외부 삶에서는 깨닫지 못할 수도 있다고 하였다.
2. 회기 내용: 회기를 진행하는 동안 내담자와 치료자 간의 상호작용뿐만 아니라 내

담자가 모래상자에서 드러내는 언어적 · 비언어적 표현에 대한 적절함도 고려되어야 한다. 내담자의 모래상자에 대한 견해와 감정적인 반응, 심지어 꿈조차 모래놀이에서는 의미 있고 중요한 내용을 제공한다.

3. 치료자의 감정: 치료자가 모래놀이에 참여하는 동안 전반적으로 혹은 요소에 대해서 가진 감정적인 반응을 고찰해 보는 것과 어떠한 투사가 있는지 알아내기 위해 치료자가 모래놀이를 경험하기 전의 감정이 어떠했는가를 비교하는 것은 중요한 일이다. 모래상자에 대한 치료자의 감정적인 반응과 내담자가 느끼는 정서적 반응을 비교하는 것도 매우 중요한 일이라고 할 수 있다.
4. 공간: 모래상자에서 공간의 사용은 모래놀이 분석에서 매우 중요한 정보를 제공해 준다. 공간에 나타난 이미지는 무의식적인 활동을 나타내며, 텅 빈 장면들은 우울이나 낮은 에너지를 나타낸다. 다른 상황에서는 비교적 빈 상자가 내적인 명확함과 냉정함의 표시일 수도 있다. 일관되게 모래상자의 반이나 혹은 부분들이 텅 비어 있는 것은 위협이 되는 내적 경험 혹은 심한 불균형을 표현하지 못하는 것을 나타낼 수도 있다.
5. 모래의 선택과 사용: 내담자가 젖은 모래 혹은 마른 모래를 선택하고 그에 대해 언급하는 것은 모래놀이 과정에서 내담자에 대한 의미 있고 중요한 정보를 제공해 준다. 모래에 어떻게 접촉이 이루어지는지 혹은 이루어지지 않는지도 유사하게 중요하다. 모래만지는 것을 머뭇거리거나 내켜 하지 않는 것은 삶의 물리적 측면과 관련하여 무의식적인 공포 혹은 문제를 나타내는 것일 수 있다. 그리고 모래를 고르게 펴는 것은 감정을 통제하거나 강박적 방어를 하려는 욕구일 수 있다.
6. 피겨의 배열과 모래의 형태: 치료자는 모래로 모양을 만드는 것과 피겨의 배열에서 형태의 질과 지배적인 것이 무엇인지 관찰해야 한다. 주로 둥근 모양은 여성적 힘의 우월성 혹은 감정적 특성을 나타낼 수 있고, 기하학적인 모양은 지배적인 남성적 힘과 지적인 가치를 나타낼 수 있다. 또한 모래로 모양을 만드는 태도와 배치된 피겨는 내담자의 관점에 대한 중요한 표시를 제공해 준다. 좀 더 주의 깊게 모양을 만들고 배열하는 것은 큰 의미를 담고 있으며, 임의적인 산발성은 의지 혹은 주의력의 부족을 나타낼 수 있다. 모래놀이 과정에 의해 영향을

받는 물리적 수준은 모래의 배열이나 신체의 부분이나 기관을 나타내는 사물의 배치에 의해서 나타난다.

7. 색: 모래놀이에서 나타나는 지배적인 색깔의 선택은 모래놀이 과정에 대한 의미 있는 부분들을 나타낸다. 강렬한 붉은색은 삶에 대한 열망으로 표현된다. 우울증이 있는 사람들의 모래놀이에서 강한 붉은색은 보상적인 태도로 작용한다. 초록색이 지배적으로 나타나는 것은 고요하고 생장적인 내적 태도를 나타내 주기도 한다.
8. 모래상자의 푸른 바닥 사용: 모래상자에서 푸른 바닥은 계획된 패턴에서 오염되지 않은 지역이라는 것을 나타내기 위해서나 병원처럼 깨끗한 영역을 나타내기 위해서 사용되기도 하지만, 일반적으로는 물을 나타내는 것으로 활용된다. 내담자가 물의 수준으로 어떻게 내려오는가를 관찰하는 것은 중요한 일이다. 만약 내담자가 모래를 열어 물을 보이는 것을 회피한다면 정신내적으로 너무 깊이 들어가는 것을 두려워하는 것일 수 있다. 또 내담자가 처음부터 물에의 접근을 요구한다면 내담자가 내부의 깊고 양육적인 자원으로 접근하려는 것을 나타낼 수 있다. 푸른 부분이 분명하게 물로 사용되었는지 혹은 그에 대해서 혼란스러운지에 주목하는 것은 중요한 일이다. 물에 육지 물체가 놓여 있거나 수중 동물과 수송 수단이 육지에 놓이는 것은 구별 능력이 미발달했음을 나타내기도 한다.
9. 피겨: 치료자는 사용된 피겨뿐만 아니라 그것이 어떻게 사용되었는지를 인식하고 있어야 한다. 또한 특정 범주의 피겨를 한정적으로 사용하거나 회피하는 것은 내담자의 모래놀이 과정을 이해하는 데 중요한 정보가 될 수 있다. 특정 피겨를 회피하는 것은 방어의 표시일 수 있다. 식물의 출현이나 부족은 내담자의 성장, 억압, 희망 혹은 외로움의 경험에 대한 중요 정보를 제공해 줄 수 있다.
10. 공간 안에서 피겨의 배치: 모래상자의 대각선으로 반대편 모퉁이에 사물을 배치하는 것은 두 피겨가 가능한 한 멀리 배치되어 있는 것이며, 표상된 특정한 상징적 의미가 상반되는 특성을 나타낼 수 있다.
11. 분화의 수준: 자아발달 수준은 모래놀이 장면의 분화로부터 인식할 수 있는 것이다. 이것은 미분화된 채로 피겨를 상자 안으로 던져 버리는 것에서부터 아

무렇게나 배치하는 것, 어느 편인지 불분명한 전투 장면, 가장 분화된 분명한 경계가 있는 잘 구성된 장면에 이르기까지 다양한 가능성을 연결해 준다.

12. 피겨와 장면 요소 간의 관계: 피겨가 서로 연결되어 있는지, 그들이 어떻게 상호작용하는지에 대해서 주목하는 것은 가치 있는 일이다. 이것은 내담자가 다른 사람과의 관계에서 어떠한 느낌을 갖고 있는지, 내담자의 정신적 측면이 어떻게 연관되었는지를 나타낼 수 있다. 피겨 간에 그리고 연속적 요소 간의 관계 질의 변화는 치유 방향의 좋은 지표가 된다. 관련되지 않고 수평적인 장면들은 심각한 장애의 표시일 수 있다. 이런 경우에는 모래놀이 과정에서 관련되어 있지 않은 조건에서 더 큰 관계로 변화하는 것을 관찰하는 것이 중요하다. 다리의 존재는 성격의 분명한 측면으로의 연결과 좀 더 큰 에너지 수준으로의 접근을 나타낼 수 있다. 동일한 요소를 연결하는 다리나 아무렇게나 놓인 다리는 낮은 에너지 혹은 결정을 하는 능력의 부족함을 나타내는 것일 수 있다.
13. 개인적 표현: 독특한 개인적 표현의 욕구가 내담자가 모래로 얼굴이나 몸을 만드는 것에서 관찰될 수 있다. 내담자는 모래상자에서 특별하고 독특한 표현을 위해 자신의 피겨를 만들거나 집에서 가져오기도 한다.
14. 역동적이거나 정적인 특성: 모래상자에서 움직임의 존재 혹은 방해는 내담자 에너지의 움직임에 대한 중요한 정보들을 제공해 준다. 움직임이 보존되는지, 연결되는지, 자유롭거나 혹은 무질서한지에 대한 고찰은 필수적이라고 할 수 있다. 방해받은 움직임에 대한 경우는 차단된 에너지의 출구를 표시한 것을 찾는 것이 중요하다. 또한 이는 닫힌 체계의 특성을 탐색하는 데 가치 있는 것이다. 그것이 안정, 집중과 경계를 요구하는 것인지, 활동을 방해하고 좌절된 에너지를 나타내는 것인지를 이해하기 위한 시도가 있어야 한다.
15. 모래 사용에 대한 두 가지 차원: 모래상자와 피겨는 2차원적 그림을 그리는 것과 같이 사용될 수 있다. 이러한 모래 사용의 중요성은 전체적인 모래놀이 과정의 맥락 안에서 고찰되어야 한다. 이는 그림의 내용은 3차원 맥락의 완전함을 실현할 수 없다는 것을 지적하는 것이다.
16. 의식의 접근: 모래상자의 의식 혹은 무의식의 수준은 매일 반복되는 현실 장면의 특성에 의해서 나타난다. 멀리 떨어진 장소와 시간이 함께 존재하는 모래

상자 혹은 상상의 장소는 일상의 삶에서 나타나는 평범한 장면보다 의식에서 좀 더 떨어져 있다. 또한 혼합되어 있는 다양한 의식 수준도 관찰될 수 있다.

17. 상징적 내용: 상징 내용의 해석은 신화, 상징, 종교, 동화 이야기와 꿈에 대한 해박한 지식이 요구되고 내담자의 사례별로 특정 작품 안에서 고려되어야 한다. 비록 내담자가 무의식적으로 상징에 대한 집단적 의미를 사용할지라도, 특정 상징에 대해 내담자가 가진 연상과 감정에 특별한 비중이 주어져야 한다. 모든 상징은 특성상 부정적인 극단적 내용에서부터 긍정적인 극단적 내용까지의 다양한 의미를 가진다. 특정 상징적 내용이 고려 중인 특정 사례와 어떻게 관련되는지를 증명하는 것이 중요하며, 단순히 상징 사전에서 의미를 이끌어 내는 것으로는 불충분하다.
18. 전체 과정 맥락에서의 해석: 치료자는 모래상자들의 전후관계 속에서 각 모래상자를 분석해야 한다.
19. 내적인 발달 패턴에 따른 해석: 장면에 대한 피겨와 요소 사이의 관계에 대한 주의 깊은 분석은 Jung 학파의 개인화 과정의 발달 패턴 과정에 대한 지표일 수 있다. 자기의 표현과 이에 따른 자아발달 단계들은 그림자, 아니무스와 아니마의 출현과 같은 모래놀이 과정에 대한 분석에서 특히 중요하다. Neumann (1973)의 의식발달 단계는 Freud(1966; Brill, 1966), Erikson(1963), Grof (1976)와 같은 유명한 이론가들이 언급해 온 발달 패턴을 따르는 발달 지표처럼 모래놀이 과정에서 인식될 수 있다.
20. 내담자와 치료자 간의 관계: 모래놀이와 그 요소들은 치료자와 내담자의 관계, 전이, 역전이, 혹은 공동 전이 특성의 지표가 될 수 있다. 이것은 마치 내담자와 치료자 간의 의식적·무의식적 행동과 반응의 복잡한 상호관계가 모래놀이에서 나타나는 것과 같다. 자기의 표현은 치료자가 과정을 담아 두는 자유롭고 보호된 공간에서 형성된 관계의 자연스러운 결과다. 피겨 간의 관계는 치료자에 대한 내담자의 관계가 편하거나 어려움을 표현하는 것일 수 있다. 특별한 피겨에 대한 내담자의 선택은 의식적이든 무의식적이든 치료자의 특성을 표현한 것일 수도 있다. Martin Kalff의 요소(parameter)는 모래놀이 내용과 과정에 대한 폭넓은 이해를 제공한다. Kalff는 상징적 과정의 역동에 대한 견고한

이해와 초월적 기능에 대해서 강조하였다. 그의 모래놀이치료 이해를 위한 지침서에서는 내담자의 개인적인 역사와 경험에 대한 지식을 바탕으로 작업이 이루어져야 한다고 강조한다. 중요한 것은 Kalff의 지침서에 따른 다양한 관점은 모래놀이 과정 안에서 치료자의 존재에 대한 특성과 본질에 초점을 두고 있다는 것이다. 이는 우리의 연구를 통해서도 강조된 핵심이라고 할 수 있다.

Martin Kalff의 모래놀이 분석 요소는 모래놀이 이해를 위한 접근으로 아주 좋은 지침을 제공한다. 모래놀이의 다양한 이론과 주제와 발달적 차원을 함께 사용하여, Kalff의 지침서는 치료자에게 모래놀이에 대한 몰입과 관계 형성을 위한 폭넓은 의미를 제공해 주었다.

첫 번째 상자의 중요성

Dora Kalff(1988)는 연속적 모래상자들의 첫 번째 모래상자에 특별한 관심을 가졌다. 첫 번째 상자는 내담자의 치유를 위한 방향과 자원의 지표일 뿐 아니라 종종 모래놀이 과정에서 나타난 문제의 지표를 포함한다.

우리가 공간관계에 대한 논의에서 상기할 수 있듯이, Kalff는 모래상자에서 최대한 가장 먼 거리에 위치하고 있는 대각선상의 피겨는 연속적 모래놀이를 시작하면서 내담자가 전달하고자 하는 갈등으로 정의되는 상반되는 극단적 힘을 나타내는 것으로 가르쳤다. 이러한 양극적 대치가 1번 모래상자 혹은 초기 단계에서 발생했을 때, 피겨의 상징적 내용은 종종 수행해야 하는 과업이 된다. 예를 들어, 1번 모래상자 혹은 연속물의 초기 상자에서 대각선으로 반대편 위치에 피겨들이 모성화 혹은 부성화에 대한 어둡고 밝은 얼굴을 보인다면, 내담자의 모래놀이는 어머니 혹은 아버지에 대한 원형적인 구성요소의 상처 치유와 변형과 관련이 있음을 나타낼 수 있다. 게다가 Kalff(1988)는 첫 번째 모래상자가 치료에 대한 내담자의 일반적 감정과 무의식에 대한 내담자의 관계를 나타내는 것임을 강조하고 있다.

Weinrib(1983/2004)은 연속된 것의 첫 번째 상자는 좀 더 의식적 · 현실적 장면이 될 수 있지만, 그럼에도 내담자의 문제와 가능한 해결에 대한 방향일 수 있음을 지적하였다. Friedman(Mitchell & Friedman, 1994)은 첫 번째 모래상자를 검토하는 것이 특별하게 강력하거나 문제되었던 부분을 알아내거나 어떤 집단적 유형들이 모래상자에 존재하는지를 검토하고, 내담자 작업의 방향 지표로서 문제와 강점에 주의를 기울이게 한다고 제안하였다.

나의 경험에 따르면 첫 번째 상자는 모래놀이 과정을 담아두기에 절대로 필요하고 중요한 측면이다. 내담자가 처음 모래놀이를 시작했을 때 문이 열린다. 내담자가 치료자를 초대하는 것이다. 첫 번째 상자는 내담자의 정신세계가 자신의 미지의 깊은 영혼으로 같이 여행함으로써 가장 심오하고 신성한 인간관계의 가능성에 동참하도록 치료자를 초대하는 출발점이 된다. 첫 번째 상자는 함께 여행할 이러한 영혼들의 첫 만남이다. 첫 번째 상자는 여행의 분위기를 조성하고 적절하게 존중하면서 건전한 태도로 비언어적인 상징적 내면세계에 대해 친밀하게 내담자와 함께 참여하기 위한 치료자의 처음 기회다.

첫 번째 상자는 앞으로 일어날 과정으로 충만하다. 모래놀이가 진행된 후라도 첫 번째 상자로 돌아가 계속 참고하는 것은 매우 중요한 일이다. 1번 상자와의 관계에서 내담자가 현재 진행 중인 작업 단계의 위치를 고려하는 것이 담아두기에 매우 큰 도움이 될 것이다. 좀 더 중요하게는 1번 상자에 대해 빈번하게 참고하는 것은 치료 작업의 전체 과정에서 내담자의 과정을 치료자가 덜 의식적으로 이해하게 되는 것을 조정하는 기능을 한다.

애런 우리는 대각선에 대한 논의에서 애런의 1번 상자에 대해 검토하였다. 우리는 1번 상자를 전체적 모래놀이 과정을 담고 있는 풍부한 능력이 있는 탁월한 예로서 다시 살펴보게 될 것이다.

애런의 내적 도전은 그의 1번 상자에서 분명히 나타나 있다. 이 상자에서 대각선의 배치는 애런의 지속적인 발전을 위하여 폭발하기 쉽고 깊은 정신적 본성에 대한 상징적 양극성을 교차적으로 배치한 것이라고 할 수 있다. 그의 발달하는 남성성과 관련하여 그가 직면한 혼란한 문제들과 아버지가 모델인 무책임한 남성적 역할에 대한 그의 좌절도 나타나 있다. 그러나 이와는 크게 다른 특성인 내적 평화가 애런의 극적이고 상징적인 긴장에 의해서 옮겨진 정신적 전체성과 통합될 필요가 있다. 이는 상대에 대한 방어적인 위치에서 감금되고 갑옷을 입은 기사들이 중앙에 교차되어 그대로 드러난다.

1번 상자에서 애런의 정신은 그의 내적 · 외적 갈등, 방어, 고립과 그의 영적 본성에 대한 의식적인 통합 안에서 발견될 수 있는 해결을 보여 주는 여행을 위한 상징적 지도를 나타내 준다. 그의 마지막 15번 상자에서 애런의 정신은 그의 작업을 승리의 컵으로 종결하게 한다. 그의 1번 상자에서의 무거운 금속의 방어에서 벗어나서, 그의 승리에 대한 마지막 트로피는 1번 상자의 갑옷을 입은 기사에서 예견되는 것이었다. 학습 자료로서 나는 애런의 모래놀이 사례를 읽어 볼 것과 1번 상자에서 언급된 각각의 모래상자를 점검해 볼 것을 제안한다. 모래놀이 안에서 정신의 존재는 기품있다. 치료자로서 이러한 초대를 받아들일 수 있는 것도 우리의 일이라고 할 수 있다.

모래놀이 분석에 대한 사분면 이론

몇몇 치료자들은 모래상자의 구역이나 영역에 대해 특별한 의미를 부여하는 것으로 모래놀이 분석을 시도하고자 한다(Ammann, 1991; Ryce-Menuhin, 1992). 이러한 분석적 도구는 일반적으로 모래상자를 구분하기 위해 모래상자를 수직적 · 수평적 구분을 통한 사분면으로 구분한 사분면(quadrant) 이론으로 언급된다.

Ryce-Menuhin은 세 가지 정신 수준(의식, 개인 무의식, 집단 무의식)이 단독으로 혹은 결합하여 모래상자에 투사됨을 관찰하였다. Ryce-Menuhin은 모래상자에서 더 의식적인 정신 자료는 상자의 먼 오른쪽으로 놓고 좀 더 무의식적이고 원형적인 자료는 가까운 왼쪽에 놓는 경향이 있음을 관찰하였다. Ryce-Menuhin은 모래상자의 먼 왼쪽 구석에는 아니마와 아니무스와 같은 반대 성적인 요소가 있고, 모래상자의 중앙에는 자기 배열을 하고 가까운 오른쪽 구석에는 가족 배열을 한다는 것을 관찰하였다.

또한 모래놀이 과정의 분석을 위해 연금술적 주제를 적용한 Ammann(1991)에 따르면 모래상자의 먼 쪽 반은 내적 세계 문제를 나타내고, 나머지 가까운 쪽 반은 좀 더 의식적이고 본능적인 부분을 담당하고 있다. Ammann은 모래상자의 왼쪽 반은 좀 더 무의식적인 것으로, 오른쪽 반은 의식적인 외적세계에 대한 부분으로 구분하였다. Ammann이 모래상자에서 자아 표현에 대한 부분을 관찰한 결과 상자의 중앙에 존재하였다.

Bradway와 McCoard(1997)는 Dora Kalff가 모래상자의 영역 사용에 대한 분석 연구를 해 왔으나, 모래상자가 전체적으로 무의식적이라는 것을 알게 된 이후에는 그만두었다는 것을 알게 되었다. Bradway와 McCoard는 이러한 사분면 이론 모두가 그들이 모래놀이에서 경험한 것과 상관이 없음을 주목하게 되었다.

Martin Kalff(1993)는 2차원적 조직망이 모래놀이 같은 3차원적 매체에 적용 가능한지에 의심을 나타내며 사분면 이론의 사용에 대해서 충고하고 있다. 나는 그의 견해에 동의한다. 상자의 영역이나 정신적 과정의 파편을 분배하려는 시도는 나에게는 본질상 비합리적이고 질적인 것을 합리화하고 양화하려는 것처럼 보인다. 방향과 공간의 원형적인 영향은 상징적 과정의 요인으로 작용하지만, 그 의미에 대해 공식적인 분배를 시도하는 것은 현명해 보이지 않는다. 예를 들면, 무의식으로 향한 움직임은 특별한 모래놀이에서 모래상자의 왼쪽 면으로 향한 피겨의 움직임으로 나타날 수 있다. 그러나 모래상자의 영역에 대해서 전면적으로 적용하여 그것은 이걸 의미한다고 말하는 것은 전부 혹은 대부분의 경우에는 부정확하다고 할 수 있다. 우리는 개인적인 과정과 관계를 맺어야 하며, 그것이 우리에게 알려 주는 것을 허용해야만 한다.

제5장

주관적 몰입 분석

서 론

주관적 몰입 분석(Subjective immersion analysis: SIA)은 내가 모래놀이 과정의 이해를 위하여 개발한 분석 도구다. 그것은 어느 저녁에 내가 연구실에서 모래상자를 정리할 준비를 하던 중 관찰을 통해서 우연히 떠올랐다. 나는 만약 내가 내담자의 모래상자 속 작은 피겨 중 하나라고 상상해 본다면 상징적 과정의 맥락 속에 있다는 것이 어떤 것인지를 갑자기 느낌으로 감지할 수 있다는 데 주목하게 되었다. 나는 큰 구조물 안의 점박이 도둑고양이 한 마리가 무시무시한 괴물과 온갖 위협적인 장애물에 둘러싸여 있는 것을 떠올렸다. 내가 그 고양이라고 생각하자, 나는 두려움과 경각심, 상황을 헤쳐 나가야 할 필요성, 그리고 나(고양이)의 내재된 힘과 균형을 위압하는 위험 가운데서도 느낄 수 있었다.

이런 우연한 경험은 내가—모래상자의 주인공 피겨가 되는—모래상자에 '들어가게' 되는 것이 상징의 활발한 모체 속에 직접적으로 몰두하게 되는 방법이 될 수 있고, 이런 방법으로 모래놀이의 깊이 있는 이해를 끌어낼 수 있는 것이 아닐까 하는 궁금증으로 이어졌다. 나는 이렇게 하는 것이 모래놀이 분석을 할 때 상징적 과정의 특성인 구체적 정의가 부족한 점을 보완할 수 있는 방법이 아닐까 생각했다.

모래놀이 사례에 대한 주관적 몰입 분석의 적용

모래상자 안의 피겨에 주관적으로 동일시해 보는 몇 차례의 가벼운 실험을 해 본 후, 나는 이 방법을 전체적인 모래놀이치료 사례에 정식으로 적용해 보았다. 나는 컴퓨터 키보드 옆에 슬라이드 영사기를 설치하고 모래상자를 하나씩 순서대로 관찰해 보았다. 이 초기 단계의 연구에서 내가 특별히 적용한 사례는 9세인 애런의 치료 사례다.

각 상자에서 나는 중심이나 눈에 띄는 피겨 하나씩을 선정하여 나 자신을 그 피겨에 동일시하고, 상상을 통하여 모래상자 속 내용의 맥락 속에 몰입하여 보았다. 내가 선택한 피겨(중심 피겨로 지칭하는)의 관점에서 바라보며, 나는 나 자신(피겨로서의)과 나의 위치에 대하여 묘사하였다. 나는 나의 생각, 감정, 반영에 대하여 메모를 하였으나, 나에게 어떤 일이 일어났는지에 대한 것을 감지하려는 시도는 하지 않았다. 중심 피겨에 대한 주의 집중에 지쳤을 때, 나는 모래상자 안의 다른 요소로 눈길을 돌렸다. 그러면서도 나의 목소리는 계속해서 중심 피겨의 관점을 들려주었다. 그것은 나 자신이 중심 피겨로서 모래상자 안의 다른 요소에 대하여 설명하여 주는 것을 말하며, 또 그 요소의 위치, 그것에 대한 나(중심 피겨)의 관찰, 느낌, 생각, 기억 등에 대한 설명도 포함한다. 나는 그것이 완성되었다고 느낄 때까지 이 같은 과정을 계속하였다. 이 과정은 15개로 이루어진 상자 시리즈 안의 각 모래상자마다 반복되었다. 모래놀이 사례에 대한 SIA의 전체 사본은 부록에 제시되어 있다.

이 전체적인 모래놀이 사례에 대한 SIA 적용은 나에게는 매우 보람되고 유익했고, 애런이 경험하는 과정에 대해 더 깊이 있는 이해를 하도록 도와주었다. 내가 애런의 치료과정에 오랜 기간 동참하였고 그에 대해 많은 것을 알고 있었음에도 불구하고, 주관적 몰입 분석 방식은 그에 대한 또 다른 면을 알게 해 주었다. 애런과 그의 어머니와 함께한 치료과정이 끝난 후 6년째 되는 해에 나는 이 사례에 대하여 전체적으로 검토할 기회가 있었다. SIA를 사용한 그 통찰은 모래놀이 과정과 그 후의 발달과정에 대한 애런 자신의 이해로부터 비롯되었음을 알 수 있었다.

이제 15세가 된 애런과 함께 모래놀이치료를 검토하는 가운데, 애런은 모래상자 속에서 자신 깊숙이 자리 잡고 있는 종교적이고 예민한 감수성과 아버지의 거칠고 화내는 방식으로 세상을 살아가는 방법 사이에서 큰 갈등을 겪었던 것을 알게 되었다. 이 젊은이가 좀 더 성숙한 관점에서 어린 소년으로서의 모래놀이에 대하여 반영한 것은 내가 SIA를 사용하여 얻어 낸 분석과 같았다. 예를 들어, 2번 상자에서 애런은 좌측 상단 구석에 특이한 모습으로 서 있는 한 커플에 대하여, "…그것은 엄마와 아빠의 관계 속에서 느꼈던 갈등 같아요. 부모님은 정말 달랐고 항상 싸우셨어요…."라고 말하였다. 또 후에 5번 상자에서 애런은 야구 경기를 관람하고 있는 여러 유형의 남자를 보면서 "그들은 우리 아빠의 모습 같아요."라고 조용히 말했다.

주관적 몰입 분석 방식에 대한 연구

SIA를 사용한 초기 관찰 결과들은 효과적일 수 있다는 가능성과 함께 모래놀이 분석의 효용 가능성을 입증해 주었다. 후속적으로 나는 17명의 모래놀이 치료자들과 함께 SIA 방식을 사용한 연구를 시작하였다(Turner, 1998). 두 명을 제외한 모든 치료자가 SIA 도구가 도움이 되며 배우기 쉽다고 하였다. 대부분이 SIA 도구가 모래놀이 안에서 발생하고 있는 상징의 역동성에 대한 인식을 더욱 깊게 만들어 주었다고 관찰하였다.

하지만 두 명은 SIA 방식에 대해 어려움이 있었다. 한 명은 모래상자를 이해하는 데 SIA를 사용하는 것에 대하여 노골적으로 반대를 표명하였고, 다른 한 명은 모래상자 속 역동의 발생에 관하여 망상적 지각에 근접하게 몰입된 것으로 관찰되었다.

물론 SIA 방식이 모든 이에게 맞는 것은 아니다. 어떤 치료자에게는 도움이 될 수 있지만, 다른 치료자에게는 그렇지 않을 수 있다. SIA는 모래놀이 과정에 참여하는 방식 중 매우 심도 있고 주의 깊은 집중을 요하는 작업이다. SIA 방법을 전체 사례에 적용하는 것은 매우 보람된 면이 있지만 한편으로는 부담스러운 일이기도 하다. SIA 도구는 혼돈스럽고 문제가 발생하는 모래놀이 사례에서 관계 형성을 해야 할 필요가 있을 때 사용되는 것이 최선의 방법일지 모른다. 아마도 시리즈에서 첫 번째 상자에 SIA 방법을 사용한다면 치료자가 내담자의 치료과정의 본질에 대하여 깊은 지각력을 배양하는 데 도움이 될 것이다.

나의 연구는—모래놀이에 관련된 다른 사례에서와 마찬가지로—다시 한 번 치료자의 안정성과 준비성이 근본적인 필요 요건임을 확인시켜 주었다. SIA 방식은 치료자를 모래놀이의 상징적 과정에 즉각적으로 밀어 넣어 주는 능력이 있다. 치료자는 출현할 일들을 견고하게 담아낼 수 있도록 강인하고 명확하며 준비된 용기가 되어야만 한다.

공식적 연구에서와 같이 다음은 SIA 방법에 관한 지침이다. 치료자는 자신이 어떤 식으로 상징적 과정의 참여에 임할 수 있는지 알기 위하여 이와 같은 방법으로 모래놀이 과정에 참여하는 실험을 원할 수 있다.

주관적 몰입 분석에 관한 지침

당신은 상상 속에서 모래상자 안의 현실로 들어가 연구하게 될 것입니다.

모래 상자 안에서 눈에 띄는 피겨 하나를 고르세요. 우리는 그것을 중심 피겨라고 부르겠습니다. 상상 속에서 당신은 그 중심 피겨가 되고 정체성을 추측할 수 있습니다.

종이나 컴퓨터에 당신을 설명하는 메모를 하는 것으로 시작하십시오. 당신에게 일어나는 모든 것들을 기재하십시오. 생각, 감정, 반영, 연상을 포함시키십시오.

중심 피겨로서 당신이 설명과 반영을 모두 완성했다면 같은 과정을 모래상자 안의 다른 요소에도 똑같이 적용시켜 진행하십시오.

계속해서 중심 피겨로서의 정체성을 유지하면서 중심 피겨의 목소리로 다른 요소를 설명하십시오. 방금 전과 마찬가지로 당신의 생각, 감정, 연상과 반영, 의미의 해석 등을 기록하십시오.

예를 들어, 모래상자 안 한편에 빨간 사과가 있다면 당신은 그것을 중심 피겨로 선택할 수 있을 것입니다.

나는 크고 빨갛고 맛있는 사과입니다. 나는 많이 무겁고 잘 익었으며 즙도 풍부합니다. 내 껍질은 정말 반들거려서 내 주위에 어떤 일이 일어나는지 다 비칠 수 있을 정도입니다. 나는 두 장의 신선한 초록 잎을 가지고 있는데 그것들은 나에게 그림자를 제공해 주고 또 보호해 줍니다. 나는 만족과 충만함을 느낍니다.

그 상자 속에는 다람쥐 한 마리가 놀고 있을 것입니다. 중심 피겨는 아마 이렇게 말할지 모릅니다.

"내 뒤에, 내 왼쪽으로 다람쥐 한 마리가 오고 있습니다. 그는 매우 작고 약합니다. 아마도 나를 한 입 먹고 배가 부르면 더 강해질지 모릅니다."

주관적 몰입 분석 방식의 장점은 의식적으로 모래놀이를 관찰하는 것을 줄이고 치료자로 하여금 상징적 작업에 더 즉각적으로 참여할 수 있도록 도와준다. 이것은 치료자가 견고하고 강인하게 자신의 중심을 지킬 수 있는 것을 요구한다. SIA 연구의 한 참가자처럼 매이지 않는 상상력은 무한한 경험을 가능케 해 준다. 모든 모래놀이의 접근처럼, SIA 방식은 치료자 개인에게 적합하다고 느낄 때만 적용 가능하다.

3편 결론

우리가 검토해 보았던 모래놀이 과정을 이해하기 위한 다양한 접근법은 어떤 경우에는 매우 중요한 가치가 있는 풍부한 도구를 제공하기도 하며, 또 어떤 경우에는 관련이 없기도 하지만 풍부한 도구를 제공해 주기도 한다. 모래놀이 치료자로서 준비되는 과정 중 한 부분은 우리가 모래놀이를 이해하기 위하여 적합하게 연구된 모든 접근법에 익숙해질 필요가 있다는 것을 알려 준다. 그러고 나서 우리가 공부해 왔던 모래놀이의 모든 방법처럼 우리는 그것을 잠시 잠재적으로 보류해 두고 모래놀이 과정 자체가 우리를 이끌어 가도록 놔두는 것이다. 우리는 각 상자가 들려주는 깊은 정적에 귀 기울여 그 독특한 방향성을 들을 수 있어야 한다.

2부 결론

이것으로 모래놀이치료의 과정 개념에 대한 우리의 결론을 내리고자 한다. 우리는 다음과 같은 것들을 탐색하였다. 먼저 모래놀이 정신의 성장과 발달, 상자 안에서 치유와 변화가 나타난 주제, 그리고 모래놀이 치료과정을 이해하고자 하는 다양한 방법이 그것이다.

이제 우리는 모래놀이치료의 절차에 대한 토의를 통해 모래놀이를 사용하기 위한 실제적 문제로 우리의 관심을 돌리려 한다. 모래놀이치료 과정에 대해 다양한 각도에서 살펴보았기에, 우리는 모래놀이를 실시할 수 있는 준비가 되었다. 다음에서 우리는 치료자와 내담자 모두의 활동을 모래놀이 회기 전, 회기 중, 회기 이후에 걸쳐 탐구해 볼 것이다.

제3부

절차적 개념: 모래놀이치료의 사례 적용

제 1 편

모래놀이 회기 전

제1장

치료자

훈련

모래놀이치료를 책임지고 적용하는 것은 방대한 분량의 내적 · 외적 훈련을 요한다. 우리가 관찰한 바와 같이 모래놀이는 겉으로는 매우 단순해 보이며, 이에 우리는 현혹되기 쉽다. 모래놀이치료는 현존하는 가장 복잡한 심리치료 양상 중의 하나다. 모래놀이는 상징적으로 존재의 핵심에 침투해야 하기 때문에 모래놀이치료의 훈련과 연구에는 완성 지점이 없다. 우리가 여기서 논의할 훈련과 준비는 이 여정의 시작을 알리기 위한 목적임을 밝혀 둔다.

모래놀이 훈련은 치료자 자신이 의미 있는 모래놀이치료 과정을 내적으로 경험함으로써 시작된다. 이것은 숙련되고 경험이 많고 고도로 훈련된 모래놀이 치료자만이 해낼 수 있다. 모래놀이 훈련의 이 같은 과정은 필수적이다. 이는 우리가 모래놀이라는 매개체를 통하여 인격적으로 몰입할 수 있도록 해 주며, 모래놀이를 안팎으로 완전히 경험하게 해 주는 유일한 방안이다. 만약 우리 자신이 모래놀이치료 과정을 경험하지 않은 상태에서 모래놀이치료를 실시하려는 시도를 한다면, 적합한 적용을 할 수 없고 우리의 내담자에게 깊이 있는 치료를 실시할 수 없다.

국제모래놀이치료학회(International Society for Sandplay Therapy: ISST)는 Dora Kalff에 의해서 설립되었으며, 모래놀이 치료자 자격증을 취득하기 위한 엄격한 훈련 지침을 제시한다. 이런 지침은 단체의 지역 사무소에서 받아 볼 수 있다. 이 단체의 미국 내 대표 기관은 STA(Sandplay Therapists of America)다. 모래놀이치료를 실시하기 위하여 법적인 자격 요건을 갖추어야 하는 것은 아니지만, 훈련 지침은 모래놀이치료에 있어서 견고하고 구조화된 접근법을 제시하여 준다. 덧붙여서 전문 자격증과 임상 훈련을 위하여 이 훈련 지침은 개인적인 모래놀이치료 과정을 거치는 것을 포함하는데, 100시간이 넘는 방대한 교과과정과 최소 75시간의 임상 사례 실습을 거쳐야 한다. 자격증 과정은 많은 서류의 인가와 제출을 요하는데, 그중에는 치료자 자신의 모래놀이치료 경험을 기술한 완성된 서류 제출도 포함된다.

이런 지침을 지지하며 이 책에서 연구하고 있는 주제들을 수반하는 훈련과정은 모래놀이치료의 실제 장면에 활용될 수 있는 기반을 마련하여 줄 것이다. 이런 과정을 경험한 치료자는 모래놀이치료를 시작할 준비가 되어 있을 것이 당연하다. 이와 같은 정도의 자기 인식과 자기 존중은 모래놀이치료 준비의 필수적인 요소다.

도구와 재료

선반

치료 장면에서 모래놀이를 활용하려면 사람들이 쉽게 사용할 수 있도록 선반을 둘 장소가 필요하다. 선반은 높을 수도 있으므로 발판이나 낮은 사다리를 구비하여 놓는 것이 중요하다. 이렇게 하면 아동이나 키가 작은 성인도 높은 선반에 있는 도구들을 활용할 수 있을 것이다. 어떤 사람은 책장을 선반으로 활용하기도 한다. 다른 이들은 폭이 좁은 선반을 벽에 설치하기도 한다. 나는 항상 깊은 폭의 책장을 사용하여 왔으나, 폭이 좁은 선반이 접근에는 더 용이할 것이라고 생각한다. 좁은 선반은 12인치 폭 깊이의 선반보다 피겨들을 보기가 더 쉬울 것이다. 책장 활용에 있어서 다른 어려움은 내담자가 선반 뒤에 있는 피겨를 꺼내기 위해 팔을 뻗을 때 앞의 피겨들이 넘어지는 일들이 자주 발생한다는 것이다.

모래상자

두 개의 상자를 사용할 것을 제안한다. Dora Kalff는 가능하면 마른 모래상자와 젖은 모래상자를 갖출 것을 권장한다. 모래상자는 직사각형이며 28.5×19.5×3인치의 크기다. 상자 안쪽의 바닥과 벽은 파란색이며, 하늘빛과 같은 하늘색의 파란색을 선택하도록 한다. 이것은 중간 톤이지만 밝은 느낌의 파란색이어서 모래상자치료 과정을 더 중립적인 방향에서 진행토록 도와주며, 무엇보다 어두운 톤의 파란색이 정신적으로 어두운 방향으로 '유도' 할 수 있는 가능성을 방지한다.

사람들은 모래상자로 모든 종류의 용기를 활용하는데 옷장 서랍이나 플라스틱 양동이를 쓰기도 한다. 상업적 용도로 전문적으로 멋있게 만들어진 상자도 있으며 자신만의 상자를 주문 제작할 수도 있다. 나는 오래전부터 주문 제작한 상자를 사용하여 오고 있다. 부엌 가구를 제작하여 주는 공장에 가서 나무와 싱크대 상판으로 쓰이는 하늘색 선반으로 상자 내부 벽을 마무리하여 주었다. 나는 이 상자들을 무척 좋아하며 아직도 사용하고 있다.

아마도 지금이 모래상자에 쓰일 재료의 질에 관하여 논의하기 적절한 시점이라 생각된다. 모래놀이는 심오하고 의미 있는 치료과정이기 때문에 나의 생각은 좋은 양질의 재료를 사용함으로써 우리의 내담자와 모래놀이치료 과정을 존중할 수 있다고 느낀다. 성인 내담자에게 모래놀이는 매우 심오하고 효과적인 치료라는 것을 설명한 직후에 마루에 놓인 플라스틱 세숫대야 앞에 앉기를 지시하는 것은 당황스럽고도 터무니없다고 생각된다. 우리의 치료 장면은 바로 그 상자이며 그것은 우리의 치료과정을 존중할 수 있는 것이어야 마땅하다.

모래상자 카트 혹은 테이블

모래놀이를 할 때는 테이블이나 카트가 필요하다. 가능하다면 내담자가 모래상자 주변을 자유롭게 이동할 수 있는 것이 중요하다. 테이블의 높이는 치료자의 선호도에 따라 조절할 수 있다. 어떤 치료자는 성인과 아동이 서 있는 상태에서 편안한 높이를 선호하며, 다른 치료자는 성인이 의자에 앉았을 때 편안한 높이의 테이블을 선호한다. Dora Kalff는 이와 같은 방식으로 치료하였으며, 그녀 자신이 긴 쪽에 앉고 맞은편에 내담자를 앉게 하였다. 카트나 테이블 밑에 바퀴를 달아 자유롭게 이동할 수 있게 하는 방법도 도움이 될 것이다.

치료 공간의 면적은 치료자가 많은 것을 결정할 때 가장 큰 영향을 주는 요소다. 나는 전에 매우 멋지고 큰 공간에서 작업하였는데, 그곳은 두 개의 모래상자와 벽을 둘러 선반을 갖추고도 공간의 여유가 많았다. 현재 나의 연구실은 전에 비해 무척 작지만, 치료에는 무리가 없다. 치료자로서의 준비됨은 공간이 주는 많은 제약을 뛰어넘을 수 있다.

물

내담자가 모래에 뿌릴 수 있는 물이 필요하다. 물은 예쁜 모양의 용기나 물병에 담아 놓을 수 있다.

손 헹굼 그릇

나는 모래 묻은 손가락을 씻어 낼 깨끗한 물이 담긴 그릇을 모래상자 주변에 두는 것을 선호한다. 치료자는 모래놀이 후 손을 씻기 위해 예쁜 조개 껍데기나 돌이 담긴 유리 그릇을 두기도 한다. 모래가 하수구에 내려가면 하수관에 쌓여 막히게 되고 후에 큰 배수 공사가 필요하게 될 수 있으므로 나는 모래와 물을 바깥 정원에 버린다.

수건

나는 내담자가 손을 씻은 후 닦을 수 있도록 개인용의 작고 깨끗한 수건을 접어서 충분히 준비해 놓는다. 아동에게 자신만을 위한 깨끗한 수건을 제공하는 것은 그들에게 치료과정의 사랑, 안정, 존중을 지원받게 되는 결과를 가져오게 되며, 이런 작은 배려는 치료 결과에 차이를 가져온다.

모래놀이 도구

모래를 조각하고 파고 나르기 위한 단순한 몇 개의 도구가 필요하다. 나는 모래상자 밑 카트 아래 선반에 이런 도구를 둔다. 도움이 되는 도구로는 작은 삽, 갈퀴와 수저 등이 있다. 폭이 좁은 나무막대기처럼 모래를 평평하게 만들기 위한 직선의 면이 있는 도구와 소 · 중 · 대 크기의 붓들은 상자 안 모서리에 모래와 물이 뭉쳐 있는 부분을 쓸어 내고 깨끗이 정리하는 데 도움이 된다. 크고 작은 채들은 모래를 뿌리고 고르는 데 사용될 수 있으며 모래놀이 후 치료자가 작업을 분해할 때도 도움이 된다.

소장품

치료자는 피겨와 깊은 상징적인 유대를 형성하는 결과를 가져오기 때문에 소장품은 치료자 생명력의 확장이다. 지극히 문자적 표현으로 소장품은 모래상자의 살아 있는 면모다. 치료자가 선택한 피겨는 치료자의 적극적이나 보이지 않는 정신적 참여로 각 개체에 대한 원형적인 유대감을 불러일으킨다. 소장하는 피겨의 존재는 통합된 하나의 개체의 역할을 하며, 그 피겨를 소장하는 치료자의 독특한 개성과 더불어 깊은 원형적 에너지를 지니게 된다.

모래놀이 소장품에 공식은 없다. 소장품의 목적은 삶과 환상의 모든 영역의 표상이 되게 한다는 것이다. 그러나 기억할 점은 상징적 과정을 거치는 데는 꼭 정교할 필요는 없다는 점이다. 즉, 정신은 적절히 담아 주면 아주 적은 양의 소장품으로도 표현되고 이동이 가능하다. 덧붙여 내담자가 소장하고 있는 피겨 외에 다른 것을 만들고 싶어 할 때를 대비하여 만들기 재료를 준비해 놓는 것도 좋은 방안이다.

모래놀이 소장 품목은 방대하고 화려할 수 있으나 꼭 그럴 필요는 없다. 이 시점에서 나는 치료자 건강에 경각심을 불러일으키는 것이 필요하다고 생각하는데, 내가 알고 있는 모든 모래놀이 치료자가 피겨를 수집하는 데 정열을 다 쏟아붓는 모습을 보았고 그것은 거의 병적인 수준에 견줄 만했다! 물론 농담이다. 그러나 모래놀이 작업이 우리의 신체, 정신, 영혼, 즉 우리의 모든 것을 필요로 한다는 것은 사실이다. 모래놀이 치료자들이 이런 연유로 상징과 모래놀이 피겨 소장 목록을 늘리는 데 사로잡힌다. 소장품을 늘리려는 우리의 열정은 우리 안의 심연에 있는 무언가에 의해 유발된 것이다.

모래놀이 소장품 피겨

기본적인 모래놀이 소장품은 아래와 같다. 기본적으로 군인, 사람, 동물 피겨 중 몇 종류를 여러 개 가질 수 있다. 또 다른 때는 한 범주당 하나의 피겨만이 필요할 수도 있다. 예를 들어, 유니콘 혹은 왕의 피겨는 한 개만 있어도 족하다. 다음 목록을 지침으로 제시하고자 한다.

사람

아기, 아동, 성인
여러 인종
친숙한 인종 및 외국인
젊은 사람 및 늙은 사람
활동하거나 여러 다른 작업을 하는 모습의 사람
경찰, 소방관과 구조대원

집 내부

가구
집 안에서 흔히 볼 수 있는 물건
음식

건축물

집, 탑, 교회
절/사원, 가게
국내 및 국외 건축물
전통적 및 신식의 건축물

교통수단

육지, 항공, 해상
전통적 및 현대식
구조나 돕기 위한 교통 차량

군대 차량

군대

현대적 군인과 무기

역사상의 군인과 장비

동물

육지, 해상, 공중

가축 및 야생

마술적 동물

유니콘, 페가수스, 용

동화책 속에 나오는 말(순백색, 파란색)

마술적 인물

마술사, 요정, 마법사

동화, 만화 속 인물

영웅과 악한

고대 동물

공룡

원형적 피겨

신화 속 피겨

사람들-왕, 여왕, 왕자, 공주

모양-정육면체, 원구, 원, 정사각형, 삼각형, 피라미드, 해, 달, 별

보석-유리구슬, 비드, 금 줄, 보물상자, 선물

그림자와 죽음 관련 피겨

해골, 비석, 관

뼈, 괴물, 어둡고 무서운 피겨

종교적, 영적 피겨

여러 종류의 문화적 배경(동양과 서양)의 인물과 문화 유물

날씨 관련 작용

불, 얼음, 풍차, 물레방아, 우물, 풍선, 깃발, 삽

자연물

바위, 조개껍질, 나무

나무, 관목, 꽃, 풀

과일, 채소

연결 및 분리 환경

울타리, 다리, 길과 교통신호

전화

만들기 재료

타일, 스틱, 찰흙, 종이, 실, 풀

소장품 마련하기

모래놀이치료 시작 세트를 파는 여러 회사가 있다. 세트는 소장을 시작하기 위한 좋은 방법이지만 필수적이지는 않다. 작은 피겨들을 파는 곳이 많이 있는데 장난감 가게, 벼룩시장, 인형 집을 전문적으로 파는 가게, 기차놀이 판매상, 공작 재료상, 기념품점 등이 있다. 어디서 어떻게 피겨를 구하는지에 관한 것은 우리가 누구인가를 반영해 준다. 다음은 몇 가지 제안사항이다.

자신의 소장품을 위해 몇 개의 피겨를 만들어 보는 것도 보람된 일이다. 예를 들어, 견고한 나무를 만드는 일은 어려운 일일 수 있으나 석고 모형에 인조 풀을 붙여서 만드는 작업은 쉬운 일이다. 석고 모형을 점토로 모양을 내고 굽고 물감을 칠하여 '불' 처럼 구하기 어려운 물건을 만들 수도 있다. 이렇게 수작업을 한 피겨는 액체 플라스틱을 사용하여 스프레이 하는 것을 추천하는데, 이것으로 모래상자 안에

서 물기로 피겨들이 망가지는 것을 방지할 수 있을 것이다. 우리가 사랑하는 자연 환경이나 장소에서 우연히 발견한 돌멩이나 나무 조각 같은 물건들은 소장품에 의미를 더해 줄 수 있다. 각각의 개체는 기억과 감정을 수반하기 때문이다.

모래놀이 피겨의 크기는 각자의 선호도에 달려 있다. 어떤 이는 피겨가 서로 비율이 맞는 것을 선호하며, 다른 이는 비율이 맞지 않는 피겨의 과대한 크기가 상징적 과정에서 중요성을 시사한다고 생각한다. 나는 피겨 간의 크기 비율을 비슷한 수준으로 맞추는 것을 선호하는데, 그럼에도 불구하고 몇몇의 큰 괴물 피겨나 아주 작은 크기의 피겨도 함께 사용하고 있다.

소장품 배치하기

소장품을 어떻게 배치하느냐는 전적으로 치료자의 취향에 달려 있다. 치료자는 이 문제를 다양한 방법으로 시도하는데 그럴 때 자신의 다양한 개성을 반영하게 된다. 소장품을 배열하고 유지하는 것은 치료자 개인의 중요한 한 부분이 되며 전체 놀이치료 과정을 지탱하며 담아두기 하는 독특한 방법이 된다. 결국 치료자 자신의 방대한 에너지, 성격, 스타일이 소장품의 선택과 배열에 투자되는 것이다.

나는 질서정연하고 정교하게 배열된 소장품에서부터 완전히 무작위로 어지럽게 놓아 둔 소장품도 보았다. 개인적으로 나는 일상적으로 분류하는 방식에 따라 피겨를 의미 있게 그룹 지어 배열하는 것에 가장 편안함을 느낀다. 이렇게 하면 두 가지 점에서 유익이 있다. 첫째로 내담자가 특정한 피겨를 찾을 때 선반에서 찾는 것이 어렵지 않게 된다. 둘째로 편안하게 내담자에게 소장품을 보여 줄 수 있으며 내담자의 정서를 거슬리거나 혼란스럽지 않게 만들 수 있다. 다시 말해, 나는 내담자가 자신이 원하는 특정한 종류의 사람을 찾을 때 인물 피겨 그룹에서 찾을 수 있으므로 무작위로 이곳저곳을 찾지 않아도 되며 편안히 고를 수 있을 것이라 생각한다. 피겨 분류 방식은 앞서 설명한 모래놀이 소장품 피겨 부분에서 볼 수 있을 것이다.

그룹 지어 배열하기로 결정하였다면, 다음 물음은 이제 어떻게 그룹을 정할 것이냐 하는 것이다. 나는 발달과 원형적 지침의 혼합형을 따르는 것을 선호한다. 발달상에 따른 분류 방식은 내담자의 일반적인 체격과 신장을 고려하여 또래 나이 그룹의 아동이 주로 선호하는 피겨를 쉽게 고를 수 있도록 배열하는 것이다. 이것은 동물, 사람, 가구, 만화 및 동화 캐릭터 등을 아래 선반에 배치한다는 뜻이다. 또한 군인, 군대 교통 수단 및 말은 중간 선반에 두어 초등학생 연령의 아동이 쉽게 접근할 수 있도록 하였다. 바위, 나무, 조개 껍데기과 같은 자연 환경에서 취득한 물건들은 바닥 쪽에 두고 영적 · 종교적 피겨는 위쪽 선반에 두는 것을 선호한다. 더 세분화시켜 동양 종교에서 쓰이는 물건과 인물은 상위 좌측에 두고 서양 종교의 물건과 인물은 상위 우측 선반에 두었다. 더불어 죽음 관련 피겨는 더 위쪽 선반에 두었다. 발달상으로 아동은 보통 이러한 피겨를 치료과정에서 활용하지 않기 때문에 눈높이에 두지 않아도 된다. 그러나 아동이 원형적 피겨를 원한다면 그는 발견할 수 있을 것이다. 그의 심리는 위쪽을 바라보도록 할 것이며 '위에는 무엇이 있는지 알아보려고' 사다리를 밟고 올라가 찾게 된다. 소장품을 이용하는 편안한 방법을 찾기 위해서는 다소의 노력이 필요하다. 이 모든 것이 포괄적인 모래놀이의 일부다.

공간 준비

모래놀이 공간은 언제 내담자가 방 안에 들어서더라도 작업을 시작할 수 있도록 준비되어 있는 상태여야만 한다. 이것은 테메노스—일상적 시간과 공간과는 구분된 성역—를 창조한다. 이런 방식은 모래놀이를 항상 이용 가능하게 하며 내담자를 그 자신의 안전하고 존중되는 심도까지 초대하게 한다.

이것은 피겨가 선반 위 제자리에 항상 놓여 있어야 하고, 모래는 깨끗하게 치워지고 반듯하게 정돈되어야 한다는 것을 의미한다. 물, 도구, 수건은 항상 사용 가능토록 준비되어 있어야 한다. 내담자가 언제든지 모래놀이를 할 수 있도록 준비된 상태를 유지하는 것은 전체 모래놀이 과정에서 중요한 부분을 차지한다.

(사진: B. Turner, 2003)

두 유형의 모래놀이 소장품을 보여 준다. 저자의 동료의 연구실로 위 사진은 벽을 따라 좁은 폭의 선반을 사용하였다. 아래 사진은 저자의 연구실로 깊은 책장을 사용 중이다.

제2장

내담자: 내담자에게 모래놀이 소개하기

모래놀이 상자에서 모래놀이를 하기 전에, 내담자는 모래놀이에 대해 알고 싶어할 것이다. 치료자가 어떻게 모래놀이치료를 소개하느냐는 대부분의 성인이 모래놀이를 할 것인지 말 것인지 여부와 큰 관계가 있다. 아동 내담자의 경우, 아동은 모래놀이에 바로 빠져드는 경향이 있지만 그의 부모는 모래놀이가 왜 중요한지와 이것이 그냥 집에서 노는 것과 어떻게 다른지를 이해할 필요가 있다. 우리가 새 내담자와의 첫 만남에서 치료자로서 모래놀이를 어떻게 진행 혹은 유지하느냐 하는 것은 이후의 전체 치료 과정에 강력한 영향을 미칠 수 있는 수용 측면에서 매우 중요하다. 새로운 사람이나 사물에 대한 우리의 첫인상은 매우 중요하다. 이것은 우리의 모래놀이 작업에 광범위하게 적용된다.

성인 내담자에게 모래놀이 설명하기

성인 내담자는 처음 치료실에 들어가면 모래놀이 상자나 소장품을 볼 것이다. 내담자는 "아, 당신은 주로 아이들과 작업하시는군요."라고 말하거나 그냥 소장품을 흘낏 쳐다볼 것이다. 이 시점이 모래놀이를 소개할 기회다. 모든 첫 회기가 긴장되는 것은 당연하기 때문에 여기에 상냥하고 간단한 소개를 제시한다. 새 내담자를 반기고 치료실을 함께 둘러보는 동안 나는 다음과 같이 말한다.

> 이것이 모래놀이치료입니다. 우리는 이것을 아동뿐만 아니라 성인을 위해서도 사용합니다. 이것은 우리를 안전하고 비언어적인 방법으로 소통할 수 있게 하는 꿈과 같은 강력한 치료입니다. 저는 이것이 우리에게 잘 맞을지는 모르겠습니다. 앞으로 알게 되겠지요.

그러고 나서 나는 시작하기 위해서 내담자를 앉게 한다.

나중의 치료과정에서 내담자는 모래놀이에 관심을 표현할 수도 있다. 이때가 모래놀이치료를 어떻게 하는 것인지 보여 주어야 할 시점이다. 이 시점에 나는 내담자를 모래상자 쪽으로 오게 하고 다음과 같이 말한다.

> 제가 모래놀이를 어떻게 하는지 보여 드리겠습니다. 이것은 모래상자라고 합니다. 이 방법을 모래놀이라고 합니다.
>
> (보여 주기 위해서 모래를 치우며) 모래상자의 바닥은 파란색이에요. 만약 당신이 강이나 호수나 디자인을 만들고 싶다면 바닥을 이용할 수 있어요.
>
> 모래를 조금씩 움직여 보세요. 모양을 만들 수도 있어요. 젖은 모래가 건조한 모래보다 더 부드럽고 모양을 잘 유지하지요. (두 개의 모래 상자로 시범보인다.)
>
> (선반에서 두세 개의 피겨를 선택해 보여 주면서) 이제 당신은 선반으로 가서 당신의 주의를 끄는 무엇이든지 골라서 모래상자에 둘 수 있어요.
>
> 당신이 그렇게 했을 때 어떤 풍경이나 세계가 만들어질 수도 있고 아닐 수도 있어요. 당신이 만들고 싶은 것에 대한 아이디어를 떠올릴 수도 있고 아닐 수도 있지요. 그것은 전혀 상관이 없으며 미술대회도 아니에요. 이것은 단지 우리 마음속의 것, 언어로 표현되지 않는 것들을 상징적으로 나타내는 것입니다.
>
> 당신이 이것을 하는 동안 (내 의자를 가리키면서) 저는 저곳에 조용히 앉아서

당신이 하는 것을 작은 지도로 그릴 거예요. 중간에 모양을 바꾸는 데 크게 신경 쓸 필요가 없어요. 제가 다 쫓아갈 수 있답니다.

당신은 작업이 끝나는 시점을 알게 될 거예요. 그때 제가 와서 당신과 함께 모래놀이 한 것을 볼 거예요. 당신이 그것을 하는 동안에 어떤 연상이 있었는지 질문을 할 수도 있어요. (내가 모래상자에 한 것을 가리키면서) 당신은 "저것이 저것을 쫓아가고 있어요. 이것(이 사람)이 아파요. 나머지는 전혀 모르겠어요." 같은 식으로 설명해 주면 돼요. 저는 그냥 그것을 받아 적고 보관을 위해 사진을 찍을 거예요. 우리가 같이하던 작업이 완성될 시점에는 우리가 함께 사진들을 보면서 이 작업이 무엇에 관한 것이었는지 이해하게 될 거예요. 그때가 되면 당신이 저에게 말해 줄 수 있을 거예요. 그게 다예요. 당신의 모래상자를 분해하지 말고 그냥 당신의 마음속에 살게 하세요.

혹시 지금 모래놀이를 하고 싶으신가요, 아니면 나중에 할까요?

성인 내담자가 결과적으로 모래놀이를 언급하지 않는 경우, 나는 치료적인 신뢰가 형성되고 모래놀이가 적절하다고 느끼게 될 때에 모래놀이가 매우 효과적일 것이고 우리는 모래놀이를 시작하는 것을 진지하게 고려해야겠다고 말할 것이다. 그리고 나서는 내담자를 모래상자로 초대하고 위와 같은 방법을 소개할 것이다.

부모와 아동에게 모래놀이 설명하기

부모에게 모래놀이 소개하기

나는 아동을 만나기 전에 내담자의 부모를 먼저 만난다. 이것은 몇 가지 중요한 과업을 이루게 하여서 아동의 치료에 도움이 된다. 이렇게 함으로써 나는 평가에 도움이 되는 풍부한 발달사를 듣게 된다. 이 만남은 부모와 좋은 라포를 형성하게 하고, 아동의 치료자에 대한 확신을 주며, 치료에서 무엇을 기대해야 할지를 알려 준다. 나는 부모에게 아동을 두세 번 만난 후에 다시 그들과 만나서 아동에 대한 평가와 치료에 대한 제안을 의논하겠다고 말한다.

부모가 치료에 참여한다고 느끼게 하는 것은 부모로 하여금 치료자에 대한 확신을 갖게 하기 때문에 작업의 수용적 측면에서 중요한 부분이다. 이것은 아동이 치료자와 가깝게 결속하고 있을 때나 변하기 시작했을 때 생기는 어떠한 염려도 막을 수 있는데, 그들은 이런 것이 어떻게 해서 생기는지 잘 알지 못한다. 아동과 작업할 때 우리는 작업을 유지하고 지속하기 위해서 부모와의 치료적인 동맹이 필요하다. 이는 특히 아동의 정신이 완성된 작업을 충분히 받아들이기 위한 시간을 필요로 할 때 매우 중요하다. 모든 조기 종결은 모래놀이 과정에서 관계의 불화를 의미한다. 아동 치료에서는 부모와의 동맹이 작업의 지속을 위해 매우 중요하다.

부모와의 첫 만남 동안 나는 우리가 이전에 살펴본 것과 비슷한 말을 사용하여 모래놀이치료를 소개한다. 나는 부모에게 우리가 또한 그림도 그리고 게임도 한다고 말한다.

덧붙여 나는 부모에게 다음과 같이 말한다.

> 아동은 연령과 뇌의 발달 수준 때문에 성인과 같이 자신이 경험한 것으로부터 거리를 두고 분석하지를 못합니다. 아동의 언어는 이미지며 상징입니다. 그들은 모래놀이를 통해서 저에게 표현합니다.
>
> 그러니 그들이 그냥 노는 것처럼 보이지만 사실은 자신의 내면 작업에 몰두해 있는 것입니다. 놀이가 아동의 작업방법입니다. 어떤 면에서 아동은 이 사실을 알고 있습니다. 아동은 이곳에 와서 모래놀이 활동을 하고 싶어 합니다.
>
> 그렇지만 재미있게도 우리가 아동에게 회기 동안 무엇을 했냐고 물어보면 그들은 이런 식으로 말할 것입니다. "나는 색칠을 했고요. 체커놀이를 했어요. 모래 그림도 만들었고요."

평가 면담을 위해서 다시 부모를 만났을 때, 나는 아동에게 필요한 나의 전체적인 임상적 소견을 나눈다. 나는 이러한 정보를 처음 두세 번의 모래놀이 회기에서 유추하는데, 여기의 모래상자에는 아동의 상처, 장점, 강점, 치료의 방향성이 담겨 있다. 이 만남은 치료자가 아동의 증상을 이해하고 치료의 가능성에 대해 명확한 설명을 제공하기 때문에 치료자에 대한 부모의 확신을 증진시킨다.

부모가 아동을 치료하는 것에 저항하거나 아동의 필요를 부인할 때, 부모에게 확신을 주고 아동이 진짜 필요로 하는 것에 대해서 부모와 의사소통하는 것은 매우 중요하다. 이것은 특히 아동이 학교나 지역 기관에 의해 치료를 권장받은 경우에 일어난다. 치료과정 초기에 치료자는 부모의 협력이 반드시 필요하지만 조심스럽고 존중하는 태도로 그들의 저항을 다루어야 한다. 어떤 경우 나는 아동의 초기 모래놀이 사진을 부모에게 보여 준다. 이것은 내가 상징을 통하여 그의 더 깊은 자아와 직접 말로 하길 원하는 것을 소통하는 방법이다. 아동의 모래놀이 사진을 시각적으로 보는 것은 나의 말보다 더 큰 효과가 있다. 내가 평가 면담 중에 처음으로부터 두세 장의 처음 사진을 늘 보여 주는 것은 아니지만, 그럴 경우에는 다음과 같이 말한다.

> 우리는 아동이 자신의 문제를 대처할 자신만의 공간을 필요로 하기 때문에, 대개 부모님과 모래놀이를 공유하지 않습니다. 그러나 때때로 말보다 사진이 더 많은 것을 말해 줍니다.

이것은 아동의 모래놀이를 보는 것이 일상적인 행위는 아니라는 것을 말해 준다. 하지만 어떤 사례에서는 이렇게 함으로써 부모의 신뢰감과 협력을 더 확보할 수 있다.

당연히 아동과 함께하는 것과 가정의 환경과 역사를 이해하는 것은 평가와 큰 관계가 있다. 하지만 아동이 모래놀이를 통해 경험하게 되는 내적인 활동은 표면적으로 드러난 것과는 다른 속성을 지닌다는 것이 참 흥미롭다. 이러한 예는 아이비의 사례에서 볼 수 있다. 아이비는 자신의 오빠와 늘 싸우고 학교에서 잘하지 못하는 이유로 치료실에 오게 되었다. 우리가 이전에 함께 살펴본 바와 같이, 그녀의 모래놀이 활동은 그녀의 정체성역할과 여자로서의 지각에 문제가 있음을 보여 주었다. 당연히 그녀는 모래놀이 작업 후에 학교에서 더 잘했고 오빠와도 덜 싸웠지만, 내부와 외부의 상황관계는 즉각적으로 분명하지는 않았으며 그녀의 엄마나 아빠도 확실하게 알 수 없는 것이었다.

아동 내담자의 갑작스러운 모래놀이 중단

아마도 갑작스러운 모래놀이 중단에 대한 말이 이 시점에서 필요할 것이다. 아동 내담자와의 모래놀이에서 큰 위험은 부모의 비자발성이나 아동의 작업이 완성에 이르는 것을 보지 못하는 것이다. 모든 아동 치료자가 알듯이, 아동 내담자의 갑작스러운 모래놀이 중단은 꽤 흔한 일이다.

비록 우리가 부모의 신뢰와 협력을 얻기 위해 최선을 다하지만, 아동의 치료가 갑작스럽게 완성되지 않은 채 중단될 수 있다는 것은 어쩔 수 없는 사실이다. 이런 경우에 치료자나 아동 내담자는 감정적으로 어려움을 느낀다. 아동에게는 이 갑작스러운 치료 중단이 버려짐과 같으며 처음으로 존중받고 관심 있게 관찰된 신뢰 있고 안정된 관계의 상실과 같다. 치료자에게는 이 갑작스러운 중단이 아동에게 치유의 희망보다는 오히려 아픈 상처를 주게 되었다고 느끼게 한다.

우리가 모래놀이치료를 적절히 지시받고 임무를 잘 수행했다고 믿을 때, 그런 아픈 종결은 아동 치료의 실제적인 부분이 된다. 이러한 상실은 아동이 겪는 고통과 무기력을 참고 수용하는 아픈 현실의 일부다. 그렇지만 나는 가슴 깊은 곳으로부터 자유롭고 보호받는 환경에서 안전하고 존경스러운 성인과 비록 짧은 시간이라도 함께한 것은 아동에게 힘의 깊은 원동력이 됨을 알고 있다. 아동의 미래가 예측 불가능하고 위험하고 추할지라도, 진정한 자기 대 자기의 관계로 치료자에게 존중받은 것은 아동의 안에 있는 이러한 가능성을 일깨워 준다. 나쁜 상황 가운데 있을지라도 자유롭고 보호받는 모래놀이 장소에서 존중받았던 아동은 자신 주변에서 일어나고 있는 것이 옳지 않으며 뭔가 다른 희망이 있음을 알게 될 것이다. 모래놀이치료를 경험한 아동은 그것을 절대 잊지 않는다.

치료자는 스스로에게 부모와 아동에게 우리가 할 수 있는 한 최선을 다해서 보살폈는지를 물어야 한다. 우리가 실수한 게 있다면 그것을 고쳐야 하고 실패에서 배워야 한다. 만약 우리가 할 수 있는 모든 것을 다했는데도 부적당한 끝맺음을 하게 되었다면, 우리는 아동이 자기 안의 안전하고 사랑하는 관계에서 잠시나마 진실해질 수 있고 스스로를 치유하고 자랄 수 있는 기회를 가졌음을 확신하는 신념을 가져야 한다.

치료자의 상징적 과정의 역동적인 분야에서 있었던 아동과의 서로를 위하는 관계는 아동이 더 이상 치료를 받지 않는다는 이유만으로 끝나 버리는 것이 아니다. 매우 깊은 수준에서의 아동에 대한 정서적 공명은 치료자가 감당할 수만 있다면 시공의 한계를 초월한다. 아동이 치료를 갑작스럽게 중단하게 될 때, 나는 이러한 영원한 수용에 관심을 두고 사랑을 지속하려고 노력한다.

아동에게 모래놀이 소개하기

아동에게 모래놀이를 설명하는 것은 별로 어렵지 않다. 주로 아동은 치료자가 모래놀이에 대해 굳이 언급하기 전에도 모래놀이를 한 적이 있다. 아동의 모래놀이로 뛰어들려는 준비성은 늘 우리의 정신은 스스로를 치유하고 전체로 가려는 자연스러운 경향이 있다는 것을 알려 준 Jung의 관찰을 떠오르게 한다. 놀이와 심상은 아동에게 자연스러운 것이므로 아동은 모래놀이를 물을 만난 물고기처럼 하게 된다.

아동이 이미 모래를 움푹 파고 움직이고 있을 때에도, 나는 모래놀이에 대한 몇 가지 이야기를 해 준다. 이것은 모래놀이에 대한 상호 이해를 도와준다. 난 아동에게 다음과 같이 말한다.

> 이것은 모래놀이야. 우리는 이것을 모래놀이 상자라고 불러. 젖은 모래와 마른 모래가 있어. 그것들은 다른 촉감을 가지고 있어.
>
> 이 상자는 바닥이 파랗고, 강과 디자인을 만드는 데 쓸 수 있어.
>
> 너는 모래상자에 그림을 만들기 위해서 여기 어떤 장난감이든지 쓸 수 있어. 너의 세계를 만드는 것과 같아.
>
> 가끔은 네가 오는 날 내가 우리가 함께할 것들을 가지고 있을 거야. 그림 그리기, 게임하기 같은 것 말이야. 또 어떨 때는 우리가 무엇을 할지 네가 고르게 될 거야. 하지만 넌 언제나 모래놀이를 할 수 있어.
>
> 모래놀이에는 오직 한 가지 규칙이 있단다. 밥 선생님께는 절대 모래를 던지지 않는 거야.

이렇게 말하는 것은 수용의 일부다. 이것은 허용과 함께 제한을 하는 것이다. 나는 이러한 의사소통을 하는 것이 매우 중요하다고 생각한다. 하지만 언젠가 한 번 이미 바쁘게 모래를 다루는 꼬마 여자애한테 "왜 이렇게 말이 많은 거야."라는 말을 들은 적은 있다.

청소년에게 모래놀이 소개하기

내가 모래놀이를 청소년에게 소개할 때는 모래놀이가 유아나 하는 것이라는 의심을 없애는 데 주의를 기울인다. 나는 보통 다음과 같은 식으로 말한다.

> 이것은 모래놀이치료야. 우리는 이것을 아이뿐만 아니라 성인한테도 쓴단다. 여기 올 때 언제든지 이것을 마음껏 해도 된단다. 어떻게 하는지 보여 줄게.
>
> (성인에게 하는 것과 같이 절차를 설명해 준다.)
>
> 모래놀이는 매우 깊은 치료야. 하지만 당연히 아이들은 그냥 자신이 논다고 생각하지!
>
> 이것은 비언어적이며, 뭐가 어떻게 진행되는지를 이해하게 하는 좋은 방법이야.

어떤 치료자는 청소년이 모래놀이 하기를 주저한다고 말한다. 이것은 나의 경험이다. 모래놀이에 있는 정신적인 깊이와 청소년기의 발육적인 변화의 시작이 모래놀이를 주저하는 데 기여한다고 본다. 하지만 청소년기 학생과 모래놀이를 잘 다루는 치료자도 있다. 스위스의 Jung 분석가인 Kaspar Kiepenheuer(1990)는 청소년기 학생들을 매우 성공적으로 다루었으며, 이 분야에 대한 가치 있는 자료를 많이 썼다.

모래놀이에 대한 내담자의 준비성

모래놀이가 어떤 내담자에게 적절한 치료인지 아닌지는 대부분 담아두기의 문제다. 앞에서 모래놀이가 정신분열증이나 정신병에는 적합한 치료가 아니라고 말했지만, 고도로 숙련되고 유능한 모래놀이 치료자는 이 부류의 환자를 잘 다루고 모래놀이를 아주 효과적으로 사용한다. 모래놀이는 이런 환자의 내면의 고통에 대한 외부의 담아두기 역할을 함으로써 중요한 치료적 의미를 지닌다(Baum, 2002). 이것은 모래상자를 표현을 위해 사용하는 것 이상이며, 정신병증상이 아닌 내담자를 위한 전통적인 모래놀이와는 다르다. 그럼에도 불구하고, 이러한 내담자와 편안한 임상가들의 주의 깊은 담아두기는 매우 효과적이다.

정신병적 증상이 있는 환자와 함께 작업하는 모래놀이 치료자에 대한 똑같은 충고는 모든 치료적 관계의 내담자에게도 확장된다. 모래놀이는 치료자가 적절히 그것을 담아 둘 수 있을 때 적합하다. 내담자가 모래놀이를 하고 싶은지 하고 싶지 않은지는 또 다른 문제다. 그것은 바로 저항의 주제다.

모래놀이에 대한 내담자의 저항

모래놀이에 대한 성인의 저항

모래놀이에 대한 저항은 치료 중 어떤 시기에도 일어날 수 있다. 맨 처음 모래놀이를 시도할 때의 저항은 여러 가지 정신적인 과정에서 나올 수 있다. 저항의 한 종류는 두려움이다. 불안의 수준은 단순한 불안부터 매우 격렬한 공포까지 다양하다. 내담자가 두려워하게 된 원인 또한 여러 가지다. 예를 들어, 현실에 대한 통제를 잃을 것에 대한 두려움일 수도 있고, 매우 깊은 정신적 불안정성에서 오는 두려움일 수도 있다. 또한 무언가를 수행해야 한다는 데서 오는 두려움일 수도 있고, 판단이나 비판의 대상이 될 것 같은 데서 오는 두려움일 수도 있다.

성인 내담자가 모래놀이를 하기 두려워한다면, 치료자는 모래놀이에 대해서 내담자가 두려워하는 것이 무엇인지와 치료 중 그 두려움을 의식적으로 유지하는 것을 촉진하는 것이 적합한지 아닌지, 또는 촉진한다면 언제가 적합한 시기인지를 평가해야 한다. 때때로 내담자에게 모래놀이를 하는 것이 조금 두렵냐고 친절하게 묻는 것이 적절할 수도 있다. 이것은 좀 더 의식적이며 공개적으로 함께 공포를 전달하는 민감한 방편일 수 있다. 때로는 아예 모래놀이에 대한 공포를 질문하는 것이 적절하지 않을 수도 있다. 치료적인 모래상자는 시시각각 변하는 살아 있는 유기체와 같다. 오직 충분히 준비된 치료자만이 그 시점에 무엇이 올바른지를 알 수 있다.

내담자의 모래놀이에 대한 저항은 과정을 시작해 버린 이상 모래놀이 하기를 주저하는 것과는 다르다. 아동이나 성인 내담자가 서너 번 주저하지 않고 모래놀이를 했다면 그 후의 저항은 그들이 지금까지 해 왔던 작품에 더 많은 시간을 들여야 하는 데서 나오는 것이다. 이 예에서 저항은 점점 더 커져 가는 자기 인식과 자신만의 공간을 정신적인 변화로 존중해야 하는 필요를 나타낸다. 만약 치료자가 이것이 치료적으로 적합하다고 생각하면 모래놀이에 대한 저항을 내담자가 자신의 내부 세계의 자각을 인식하는 방법으로 사용한다는 것을 내담자와 함께 확인해야 한다.

내담자가 모래놀이를 시작하는 것이나 그 과정을 더 나가기를 주저할 때에 우리는 알려지지 않은 것 앞에서 소중한 삶을 지키려 하는 것이 자아의 경향성이라는 것을 염두에 두어야 한다. 신성한 시공간에 대해 우리가 살펴본 바를 잠깐 회상하면, 신성한 것에 대한 저항은 모든 깊이 있는 변형 경험의 고유한 특징이다(Eliade, 1958/1996). Jung 학파 심리학의 관점에서 이것은 자신이 지켜 온 정체성을 외부로 방출하는 것에 대한 자아의 저항이라고 간주될 수 있다. 모래놀이에서 진행되었던 정신적인 과정은 두려움이 될 수 있다는 것을 기억하는 것은 중요하다.

많은 성인은 모래놀이를 하는 것이 어리석다고 생각하기 때문에 저항할 가능성이 크다. 이것은 서양 문화가 우리의 에너지를 밖으로 방출할 뿐 내면세계는 그다지 존중하지 않는 데서 오는 일상적인 반응이다. 그래서 많은 성인은 그들의 인생에 고통스럽게 불만족하게 되고, 필요 이상으로 합리적이 되려 하며 깊이와는 멀어지면서 치료에 들어오게 된다. 내담자와의 첫 번째 회기에서 나는 우리가 위에서 살펴본 바와 같이 모래놀이를 소개하고, 강한 치료적 동맹이 형성된 후에는 내담자 자신의 내적 자원의 신뢰와 불신의 관점에서 모래놀이를 새롭게 설명하게 된다.

발달적 문제가 내담자의 뚜렷한 저항에 영향을 줄 수도 있다. 어렸을 때 자신의 주도성의 발달에 상처를 입은 적이 있는 성인은 모래놀이를 스스로 하려 하지 않을 것이다. 만약 성인 내담자가 매우 엄하고 통제하는 부모 밑에서 자랐다면 이 내담자의 내적인 조절력과 힘은 항상 외부적인 지시를 기다려야만 할 정도로 좌절되었을 수 있다. 이러한 경우 내담자의 모래놀이 저항은 스스로 무엇을 시작할 수 있는 능력의 부족에서 오는 경우가 많다. 어떤 경우 그는 모래놀이를 하도록 지시하는 게 적합할 수도 있다.

모래놀이에의 저항은 치료자의 부적합한 담아두기에서 초래될 수도 있다. 치료자는 자신이 인식하지 못하는 중요한 모래놀이의 요소가 있는지 스스로에게 솔직하게 질문해야 한다. 또한 치료자는 내담자와 모래놀이 과정 간의 정신적인 관계를 잘 검토해야 한다. 아마도 내담자의 과정을 방해하는 치료자의 문제가 있을 수도 있다. 어떤 경우든 치료자는 이와 같은 사례에 자신에게 도움을 줄 수 있는 자문을 구하는 것이 매우 중요하다.

해럴드 해럴드의 모래놀이 작업은 손상된 주도성의 좋은 예다. 그는 치료를 받을 당시 60대였지만 여전히 자신의 노모에게서 지시를 받곤 했다. 그리고 노모는 그의 삶의 모든 부분에 대해 견해를 제시하고 비판을 하였다. 해럴드는 그의 부인의 권유로 치료를 받기 시작했다. 그리고 모래놀이치료는 나의 추천으로 하게 되었다. 모래놀이치료를 접하면서 그는 자신의 진정한 내면의 자원을 건드리게 되었다.

6번 상자를 만드는 도중 생각에 잠겨서 "난 아이스링크로 사용할 무엇인가가 필요해요!"라고 말했다. 대수롭지 않게 여기면서, 나는 "저기에 몇 개 있잖…아요."라고 말했다. 갑자기 그가 불을 뿜는 듯한 눈으로 나를 똑바로 보면서 "내가 할 거예요!" "늘 나를 무시하는 게 싫었어요!"라고 소리쳤다.

해럴드는 수공예 탁자의 페인트를 벗기기 위해 사용하는 플라스틱 깔개를 선택했다. 의미심장하게도 해럴드의 아이스 스케이팅 링크는 어질러지고 얼룩졌다. 그것은 완벽성에 대한 그의 강박적인 다른 요구와 극적인 대조를 이루었다. 이러한 선택과 함께 해럴드는 스스로를 위한 토대를 준비하였다. 그의 정신은 그가 자유와 즐거움으로 흘러갈 수 있는 새로운 토대를 형성하였다. 모래놀이의 상징적인 맥락 속에서 해럴드는 진정한 의도로 행동을 시작하는 자신의 능력을 발전시킴으로써 초기 발달의 제한을 극복하였다.

섀넌 섀넌은 치료자의 담아두기를 신뢰함으로써 모래놀이에 대한 저항을 극복했다. 강하고 매우 이성적인 사고 유형을 지닌 섀넌은 첫 회기에서 명백하게 자신은 단지 약간의 조언을 원하며 치료를 1년 미만에 끝낼 것이라고 하였다. 마침내 그녀는 나를 신뢰했기 때문에 모래놀이를 시작하였다. 그녀는 자주 "이건 바보 같은 거야! 난 오직 당신 때문에 이걸 하는 거예요!" 하는 태도를 보였다. 여러 해가 지난 후, 그녀는 애정이 담긴 목소리로 말했다. "아시죠, 나는 여전히 이것이 이해되지 않아요. 나는 단지 당신이 원하기 때문에 이것을 하는 거예요!" 그럼에도 불구하고 섀넌의 모래놀이는 그녀 영혼의 깊은 곳까지 그녀를 데리고 가서 심오한 사랑의 힘의 원천으로 둘러싸서 그녀를 변화시켰고 많은 어려움 가운데서도 그녀를 지켜 주었다. 그녀의 마지막 39번 상자에서 섀넌의 정신은 무지개 바로 뒤편에 있는 전원적인 장터에 정착했다. 중앙에는 아기 개구리가 그의 어미와 함께 평화롭게 앉아 있다. 그들 옆에는 섀넌이 겪었던 거대한 내외적인 변화를 암시하는 작은 원뿔 나선형의 조개 껍데기가 있다. 수유하는 새끼돼지들이 작은 투명 크리스털 공을 통해서 풍족한 미래를 예언하고 있다.

모래놀이에 대한 아동의 저항

아동 내담자가 모래놀이를 하는 것에 대한 두려움을 보일 때, 나는 자유롭게 놀 수 있는 능력을 손상시켰을 발달과정에서의 방해에 대해 고려하게 된다. 아동의 과거에 대해 아는 것은 대부분의 사례에서 유용하지만, 지식을 가지고도 우리가 놀랄 일이 있을 수 있다. 아동이 충분히 놀이를 할 수 있었는지의 여부는 아동이 모래놀이를 할 만큼 충분히 발달되었는지를 알아보는 매우 중요한 척도가 된다. 보통 정상적으로 발달하는 아동이 모래상자를 이용할 수 있는 최소의 나이는 3세다. 내 경험상, 어떤 3세 아동은 모래놀이를 위한 준비가 되어 있지만, 다른 아동은 준비되어 있지 않다. 발달이 지연된 3세 아동은 모래를 붓고 섞고 요리하는 데 쓸 것이다. 이것은 발달상 모래를 상징적으로 이용하는 단계의 전 단계에 주로 적합한 중요한 형태이다. 경험에서 볼 때, 보통 치료자는 놀이 능력에 별다른 손상이 없는 4세 정도의 아동이면 모래놀이의 좀 더 의미 있는 이용을 기대할 수 있다.

정상적 발달 단계상 아동은 생후 몇 주쯤에 간단한 까꿍놀이[역자 주: 숨어 있다가 갑자기 나타남으로써 상대방을 놀라게 하고 호기심을 주는 놀이]를 부모와 함께하곤 한다. 놀이를 할 수 없는 아동은 정상적인 놀이의 발달이 불가능할 정도로 초기 외상이나 박탈 경험을 겪는다. 이러한 아동은 보통의 다른 건강한 아동처럼 모래 속에 바로 빠져들지는 않을 것이다. 그들은 모래놀이를 할 준비가 되어 있지 않고 그보다 선행하는 발달사항을 필요로 한다. 그들에게는 모래로 뛰어들기 전에 초기 애착과 감각적인 요구를 만족시켜 줄 수 있는 치료적 차원의 개입이 필요할 것이다.

한편 놀이 능력은 발달되었지만 지금 당장 시작하기를 두려워하는 아동은 다른 임상적 그림을 보여 준다. 이런 경우가 흔치는 않지만, 실제로 발생한다면 치료자는 아동이 두려워하는 것과 아동에게서 자연스러운 놀이 능력을 빼앗아 간 것이 무엇인지 이해해야 한다. 아동의 두려움에 주의하고 그 원천을 파악하는 것은 중요한 담아두기 주제가 된다. 아동은 내인성의 불안 문제로 고통받고 있을 수도 있다. 그들은 과거 혹은 현재의 심한 외상을 견뎌야만 할 수도 있다. 아니면 가정 안에 무의식적으로 아동을 거의 마비상태로 만들 수 있는 두려운 요소가 있을 수 있다. 이것은 아동 내담자에게 모래놀이에 대한 저항을 줄 수 있는 많은 가능성 중 몇 가지에 불과하다. 신뢰 쌓기를 통해 우리는 그런 아동이 서서히 모래와 피겨와 가까워져서 모래상자에 자신의 생각을 자유롭게 표현할 수 있기를 희망한다.

나는 치료자가 부드럽게 피겨를 다루면서 겁을 먹은 아동과 함께 공유하는 훌륭한 모래놀이 작업들을 보아 왔다. 여러 회기 동안 치료자는 아동에게 노는 것이 절대적으로 안전함을 다시 한 번 상기시키려는 듯이 한두 개의 피겨를 모래 위에 놓는다. 이와 같은 치료자의 인내와 사랑은 아동의 놀이 능력을 회복시키고 아동이 모래놀이 작품에 더욱더 집중할 수 있게 한다.

모래놀이 횟수

모래놀이를 얼마나 자주 해야 하는지에 대한 정해진 규칙은 없다. 그것은 상황마다 달라질 수 있다. 적절한 담아두기 과정은 각각의 치료적 관계에 달려 있다. 각 회기에 한 번의 모래놀이를 하는 성인도 있을 수 있다. 몇 년 혹은 몇 달에 한 번씩 가끔 하는 사람도 있을 수 있다. 그렇더라도 이러한 과정은 큰 변화를 가져다줄 수 있다. 섀넌의 모래놀이는 거의 몇 년에 걸쳐 때때로 이루어졌지만 효과가 있었고 변화를 가져다주었다. 섀넌의 11번 모래상자와 39번 모래상자 사이에는 총 11년이라는 시간이 흘러갔다.

아동은 한 회기에 2개의 상자를 하고 싶어 할 것이다. 어떤 아동은 아무런 주저 없이 2개의 상자를 끝낼 것이다. 어떤 아동은 2개의 모래상자를 만들 수 있는지 물어볼 것이다. 그가 물어보면 나는 이렇게 대답한다. "음, 우리는 하나로 유지하도록 노력할 것이지만 만약 우리가 그렇게 하지 못한다면 2개도 괜찮아."

내가 '그것을 하나로 유지하는 것' 이라고 표현한 것은 의도적이다. 이를 아동에게 말할 때, 나는 그 아동의 가장 깊은 부분에 얘기하는 것이다. 제한적이고 훈계하는 말투가 아니라 '오직 하나만을 하려고 노력할 거야.' 라는 말은 그것이 매우 의미 있는 작업이고 과정이라는 것을 전달한다.

치료자가 담아두기를 위해서 주의 깊게 지켜보는 일은 각각의 순간에 각자 독특한 내담자에게 일어나는 일들에 대처할 수 있도록 충분히 유연해야 한다. 가장 중요한 것은 치료자가 내담자의 내면의 과정과 필요를 잘 알고 내담자의 자라나는 자각을 촉진하는 것이다.

모래놀이와 다른 치료방법의 통합

성인

모래놀이 치료자들은 모래놀이가 꿈 작업이나 언어적 분석이나 능동적인 상상과 같은 다른 방법과 잘 통합될 수 있다는 데 동의한다(Donelan, 2000). 하지만 치료방법들에는 아주 분명한 차이점이 있다. 꿈 작업, 언어적 분석, 능동적인 상상의 경우 치료자가 주도적으로 해석하고 통찰을 제공하는 반면에 Jung 학파의 모래놀이에는 아무런 해석도 필요 없다. 그 이유는 언어를 사용하는 치료의 내용이 모래놀이에 드러난 자료보다 의식적 자각에 더 가깝기 때문이다. 모래놀이의 내용과 과정이 의식적이기 위해서는 더 많은 시간이 필요하다.

성인의 모래놀이치료가 다른 방법과 통합되면 비슷한 치료들이 동시에 일어나는 것과 같은 현상이 된다. 언어를 사용하는 치료에서는 더욱 의식적인 문제가 보고되는 반면, 모래놀이에서 작동하는 것은 내담자가 그 당시에는 전혀 모르는 경우가 많다. 결과적으로 치료의 의식적 · 무의식적 측면들에는 내용과 과정의 차이가 생긴다. 치료자는 내담자 과정의 두 수준 모두를 담아 두어야 한다.

아동

아동과의 작업에서 나는 모래놀이를 다른 놀이치료 방법과 통합하였다. 앞의 '아동에게 모래놀이 소개하기' 에서 보았듯이 모래놀이가 우리의 주요 활동임을 분명히 하고 싶다. 어떤 모래놀이 치료자는 다른 사용 가능한 재료가 없어서 그들의 작업을 모래놀이만으로 제한한다. 나의 경험에 따르면 아동은 늘 모래놀이를 하고 싶은 것은 아니며 따라서 다른 표현의 수단도 필요하다.

만약에 아동이 모래놀이를 하고 싶은 분위기가 아니거나 "저는 정말 그림을 그리고 싶어요."라고 말한다면 나의 마음과 직관은 아이의 필요를 따르라고 말한다. 정신은 전체성을 향해 스스로를 치유하고 성장하는 자연스러운 경향이 있다는 Jung의 관찰은 아이의 놀이 영역에도 적용된다. 나는 모래놀이 주변에 있는 모든 것은 모래놀이와 상관이 있다고 믿는다. 모래놀이는 아동의 작업의 중심이다. 아동은 적절한 시간이 되면 모래놀이 상자에서의 작업으로 되돌아올 것이다.

아동은 성인보다 치료에서 의식과 무의식 측면 간의 경계가 매우 적다. 특히나 더 어린 아동은 상징과 신화의 현실과 직접적으로 연관되어 있다. 그들의 놀이를 지켜보고 그림을 공부하고, 어떤 놀이가 그들에게 끌리고, 그것이 어떻게 그들의 모래놀이 과정에서 일어나고 있는지 관련성을 살펴보는 것이 매우 중요하다.

애런 애런의 작업은 그의 모래놀이 과정을 다른 놀이방법과 통합한 좋은 예다. 그는 모래놀이를 하는 동안 시종일관 화산에 매료되었다. 비록 그는 모래놀이에 화산을 쓴 적은 없었지만, 모래놀이 상자 사이에 있는 지점토에 화산을 새겨 넣었다. 그는 나중에 분출하는 화산들의 그림을 그리기도 하였다. 아버지의 무책임한 행동에 대한 애런의 실망감과 당혹스러움의 결과로 키워진 분노와 성인으로 성장하는 것이 무엇을 의미하는지에 대한 혼란스러움은 모래놀이를 통해 다루어졌다. 분노가 표현되었고 예술적 효과로 발산되었다.

제 2 편

모래놀이 회기 중

제1장
치료자

서 론

모래놀이 회기 동안에 치료자의 활동은 성인 내담자에게나 아동 내담자에게나 비슷하다. 아동에 있어서는 조금 특별한 고려사항도 있는데 그것은 다음에 논의할 것이다. 우리는 연구를 통해 치료자의 담아 두는 사람으로서의 역할을 검토했다. 이번 장에서 우리가 자세히 살펴볼 것은 내담자가 모래상자를 하는 동안 치료자가 무엇을 할 필요가 있느냐에 관한 것이다.

자세와 고요함

모래놀이 회기 중 치료자의 자세는 매우 중요하지만 이것은 설명하기 힘들 정도로 매우 미묘한 것이다. 내담자가 모래놀이를 할 때 함께한다는 것은 영광스러운 것이다. 모래놀이 회기를 함께하는 경험은 내담자가 자신의 가장 깊고 알지 못하는 영역에 대해서 치료자에게 믿고 맡기는 신성한 작업이다.

치료자가 모래놀이 회기 중에 말을 하지 않아야 한다는 것으로는 충분하지 않다. 겉으로는 조용하면서 안으로는 시끄러운 것은 도움이 안 된다. 게다가 가끔은 내담자와의 조용한 언어화나 상호작용이 매우 적절할 때도 있다. 치료자는 고요하게 있어야 한다고 하는 게 더 적절하겠다. 모래놀이 치료자의 훈련과 준비의 모든 것은 내담자가 자신을 표현하는 과정 중에 고요히 앉아 있는 능력을 키우는 것이다.

기록 보관하기

모래놀이에 대한 총체적인 기록을 보관하는 것은 작업을 유지하는 데에 결정적인 측면이다. 우리는 모래놀이 과정을 영구적으로 반영하고 유지하기 위해서 문서와 사진 기록에 의존한다. 기록 없이 단지 기억에만 의존하거나 혹은 잘 기록하지 않고 모래놀이를 적절하게 유지하는 것은 불가능하다. 그 이유는 내담자의 모래놀이에서 나타나는 상당 부분이 우리에게는 무의식적인 것이기 때문이다. 우리에게 계속해서 정보를 주도록 하기 위해, 우리는 그 작업과 함께하는 방법을 가지는 것이 중요하다. 모래상자를 볼 때, 우리는 그것의 더 큰 부분을 보지 못한다. 오히려 조용히 모래놀이를 목격하기 위한 시간과 공간을 가짐으로써 우리는 생생하고 의미 있는 방식으로 상징적인 모체 속에 들어갈 수 있을 것이다.

내담자의 정신은 그가 상징적인 차원으로 참여할 때 움직인다. 모래놀이를 하면서 내담자는 모래놀이 상자 안에서 자신의 내면세계에 대한 구체적 이미지를 조종하여 자신의 정신 구조를 바꾼다. 상징적인 차원에서 물리적으로 참여하여 각각의 모래놀이를 3차원적으로 구현하는 것은 내담자에게 새로운 정신 형태를 구성하게 하는 조각 틀(sculptural mold)과 같다. 모래놀이와 함께 정신내적인 주사위는 던져지고, 그것은 모래상자 안에 형성된 새로운 배열 속으로 의식을 재배열하기 위해 내담자의 정신을 작동하게 한다. 다르게 얘기하면, 내담자가 모래상자를 끝내고 나면 그의 심리는 모래놀이의 상징적인 맥락에서와 같은 방향과 조건으로 바꾸는 효과를 가진다.

모래놀이는 치료자에게도 효과적이다. 하지만 모래놀이는 근본적으로 치료자가 아닌 내담자의 정신적 작업이다. 따라서 내담자의 모래놀이에서 나타나는 상징적인 구성물을 수용하고 담아두기 위해서 치료자는 이미지와 기록을 필요로 한다. 내담자의 상징적인 과정에 대해 중요한 관계를 유지하려면, 치료자는 내담자에게 일어나고 있는 것에 참여하는 방식을 가지고 있어야 한다.

내담자가 모래놀이를 할 때, 치료자는 조용히 앉아서 내담자가 하는 것에 대한 기록과 간단한 스케치를 한다. 내가 선호하는 것은 모래놀이 상자를 사이에 두고 내담자에게서 가로질러 모래상자에서 몇 미터 반대편에 앉는 것이다. 이것은 내담자로 하여금 모래상자 주변을 자유롭게 움직일 수 있도록 충분한 공간을 제공해 준다. 또한 내담자가 무엇을 하는지에 대한 깨끗한 시야를 제공해 준다. 내담자로부터 반대쪽에 가로질러 앉는 것의 유일한 문제점은 치료자가 모래상자를 거꾸로 보거나 내담자의 시각 반대쪽에서 봐야 한다는 것이다. 어떤 치료자는 옆면 쪽에 앉거나 내담자 약간 뒤에 앉는 것을 선호한다. 나는 다양한 작업 환경의 주어진 가능한 공간에서 두 가지를 다 해 보았다. 어디에 앉을지를 결정할 때 중요하게 고려해야 할 것은 모래상자에서 충분히 가까워야 하고 내담자가 그 과정에 잘 참여할 수 있게 하는 것이지만, 더불어 충분히 거리를 두어서 내담자가 필요한 작업을 할 수 있는 물리적·심리적 공간을 제공하는 것이다.

모래놀이 기록용지

몇 년 동안의 자문 활동에서 동료들이 허락해 준 공동의 경험을 통하여, 나는 모래놀이의 기록 부분에서 효과가 좋았던 모래놀이 기록용지를 개발하였다. 나는 이 용지를 그림으로 포함시켰다. 이것을 자유롭게 복사해서 당신의 필요에 맞게 수정하여 사용하기 바란다.

나는 이 용지를 모래놀이 구역의 내 의자 근처에 있는 클립보드 위에 보관한다. 그리고 내담자가 모래상자에서 작업을 하기 시작하면 내담자의 이름과 모래놀이를 한 날짜, 내담자의 모래놀이 순서의 번호를 기록한다. 예를 들면 다음과 같다.

이름: 마리 브라운　날짜: 2003년 10월 15일　모래놀이 순서 번호: 14

그러고 나서 나는 모래상자가 마른 것인지 젖은 것인지를 확인하며, 만약 내담자가 물을 첨가하면 그것을 기록한다.

모래놀이를 시작하면서 내담자가 하는 어떤 언급은 내가 축약해서 '언급' 이라고 표시해 놓고 종이의 윗부분에 따옴표로 기록한다. 나는 또한 이 부분을 중요한 감정적이고 정신적인 영향을 줄 내담자의 인생에 일어나고 있는 것에 대한 나만의 코멘트를 기록하는 데 쓴다. 만약 그러한 정보의 양이 많으면 '회기 기록을 보시오.' 라고 적어 놓는다. 만약에 내담자가 노래를 허밍하거나, 울기 시작하거나, 손을 떨거나, 공격적으로 행동하거나 어떤 다른 모래놀이 과정에 관계된 행동을 하면 언급 부분에 그에 대하여 기록한다. 만약 내담자가 모래를 만지고 작업을 하거나 아예 만지지를 않아도 그에 대해 기록한다.

내담자가 피겨를 배열하기 시작하면, 나는 모래놀이 기록용지의 오른쪽 윗부분에 직사각형의 모래놀이 지도를 그린 다음 피겨의 위치에 따라서 연속적으로 차트를 만든다. 내담자의 건너편에 모래놀이 상자를 사이에 두고 앉기에 나의 지도는 거꾸로 뒤집힌 모양이 될 수밖에 없다. 그럼에도 불구하고 이것은 어떤 것이 들어가 있고 어디에 들어가 있고 어떤 순서로 들어가 있는지에 대한 정확한 기록을 제공해 준다. 그림 1은 지도에서 번호 1로 첫 번째로 표시된다. 그러고 나서 나는 이 용지의 왼쪽 가장자리의 번호가 매겨진 단에 어떤 품목이 있는지를 기록한다. 이러한 방법으로 우리는 변화의 연속을 살펴볼 수 있다. 뱀이 들어간 후나 다른 무언가가 오기 전에 모래놀이 상자에서 암탉이 사라졌다는 것을 눈치 채는 것은 꽤 중요할 수 있다. 번호가 매겨진 순서 사이에 나는 모래를 움직이거나 우물을 만들거나 강을 넓히는 것과 같은 것 등에 대한 과정을 유사하게 기록한다.

모래놀이 기록용지를 이용해서 가상의 모래놀이 구성의 도입을 따라가 보자. 우선 나는 모래놀이 상자에서의 내담자의 위치에 대한 기록을 남긴다. 그리고 내가 어디에 앉아 있는지도 표시한다.

만약 내담자가 큰 빨간 외양간을 모래놀이 상자의 중간에 위치시키면, 나는 나의 지도에서 그 부분에 번호 1을 적는다. 그러고 나서 '외양간' 이라는 단어를 첫 번째 품목으로 기록용지의 배치 순서 부분에 적는다.

모래놀이 기록용지	(피겨 배치에 대한 지도)
내담자 ____________ 날 짜 ____________ 모래상자 번호 ____________ 모래 상태 젖음 ________ 건조함 ________	

초기 관찰 내용/소견—(치료자) 또는 '내담자'

배치 순서		
1	14	27
2	15	30
3	16	31
4	17	32
5	18	33
6	19	34
7	20	35
8	21	36
9	22	37
10	23	38
11	24	39
12	25	40
13	26	

내담자의 끝맺음 및 정리하는 말

배치 순서

1. 외양간
2.
3.

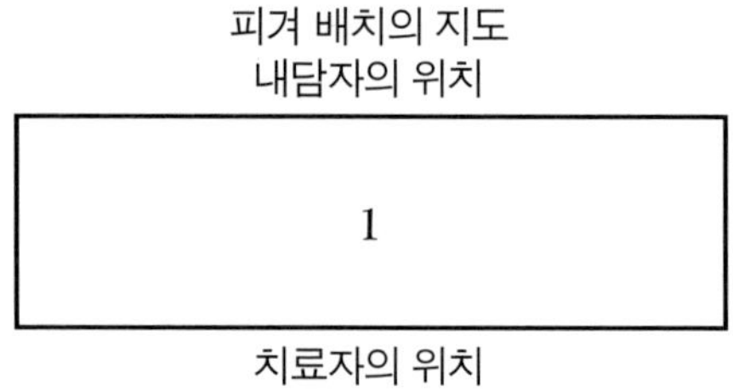

만약 내담자가 외양간 앞에 암탉을 배치하면, 나는 나의 시각에서 암탉이 있는 곳에 2라고 표시하고 다음과 같이 쓴다.

배치 순서

1. 외양간
2. 암탉
3.

가끔 내담자의 피겨 배치가 너무 빨라서 번호만을 받아 적는 것이 가능한 경우도 있다. 나중에 회기 중이나 사진에서 내가 회기 동안에 놓친 것이 무엇이었는지 기록할 수 있다. 가끔은 내담자가 동시에 많은 피겨를 놓을 수도 있다. 일어나는 일을 그냥 기록하라. 최선을 다하라. 그것은 어려운 일일 수 있다!

내담자가 피겨를 치우면 나도 내 지도와 번호가 매겨진 목록에서 그 피겨를 지운다. 또한 나는 그 순서에서 그 품목이 치워진 시점을 표시한다. 예를 들면, 우리의 예시 모래상자에서는 이제 품목 5가 진행되고 있고 내담자가 품목 2를 치운다. 나는 다음과 같이 기록한다.

배치 순서

1. 외양간
2. ×암탉
3. 농부
4. 다람쥐
5. 뱀(2를 치움)

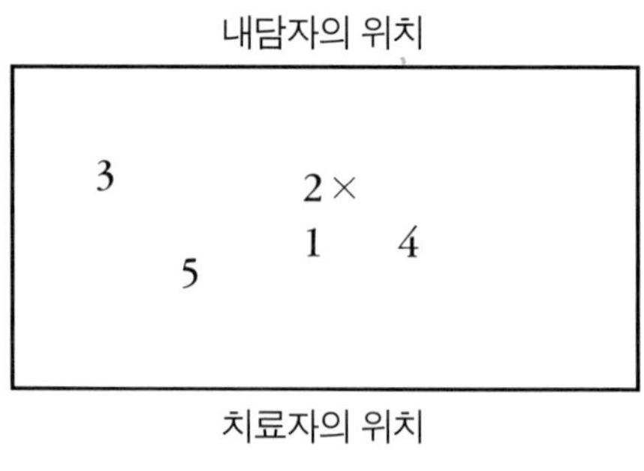

에이드리엔 에이드리엔의 작업에서 예를 들어 보자. 에이드리엔의 1번 상자의 모래놀이 기록용지의 배치 순서에 따르면 첫 번째로 중심에 한 남자를 배치시킨 것을 볼 수 있는데, 그녀는 그를 아버지라고 불렀다. 그녀가 그를 '아버지' 라고 언급한 것을 인용부호인 따옴표로 표시했다[1. "아버지"]. 에이드리언의 두 번째 피겨는 아기였는데, 그녀는 아기를 아버지의 무릎 위에 올려놓았다. 나는 괄호 안에 그녀의 행동을 기록하였다[2. 아기(아버지의 무릎 위)]. 에이드리언이 모래상자에 관한 반영을 하는 동안에 그녀는 아기를 움직이고, 오토바이와 컵을 뒤집어 엎었다. 이러한 동작은 그녀가 언어적으로 반영하는 과정 동안 일어난 것들로 괄호 안에 기록되었다.

아기와 오토바이 그리고 컵의 움직임은 에이드리엔의 과정에서 중요한 양상을 수반한다. 피겨의 배치 순서 그리고 그녀의 정서와 동작을 돌아봄으로써, 에이드리엔의 과정에서 중요한 부분은 남성(아버지의 무릎)의 적절한 '수용' '자유' (오토바이), '양육' (컵)과 관련되어 있다는 점이 명확해진다. 세 가지 피겨의 움직임은 에이드리엔의 발달과정에서의 이러한 상처 간의 긴밀한 정신적 연결성을 강조하고, 비로소 그녀에게 자신의 상실을 슬퍼할 수 있게 한다.

치료자는 이러한 기록을 유지하는 한편 내담자의 정서, 특정 피겨를 집을 때 하는 말 등도 역시 기록해야 한다. 모래상자가 완성되면 우리는 시각적인 기록을 위해서 사진을 찍는다. 기록하는 것을 통해서 우리는 모래놀이를 하는 과정을 남기고자 한다. 전체적인 모래놀이 사례에 대한 모래놀이 기록용지는 4부의 애런의 사례에 포함되어 있다. 구성과정을 좇아서 예시를 순차적으로 따라 하게 되면 내담자의 작업과 우리의 관계가 더욱 깊어지고 정신적인 움직임을 지탱할 수 있는 능력을 갖는 데 도움이 될 것이다. 또한 애런의 작업에 대한 기록용지를 공부한다면 초심자는 기록용지를 사용하는 방법과 모래놀이에서 필요한 기록법에 친숙해질 것이다.

모래놀이 기록용지의 예

내담자: 에이드리엔
모래상자: 1
날짜: 치료 8개월째
젖은 모래상자 X
건조한 모래상자

내담자의 위치

2/1
5 5
3
5 4

치료자의 위치

초기 관찰 내용/소견
(모래상자 왼쪽 면에서 작업함)

배치 순서

1. "아버지"
2. 아기(아버지의 무릎 위)
3. 오토바이
4. 컵
5. 풍선들

내담자의 끝맺음 및 정리하는 말

(슬픔)
제가 처음 남편을 만났을 때 그에게 오토바이가 있었어요. 정말 유쾌했지요. 자유, 구속에서 벗어남.
더 이상 이렇게 살지 않겠어요. 그 의미는 분명해요. 저는 단 한 번도 제가 놓치고 있었다는 걸 깨닫지 못했어요, 아버지와 딸의 관계가 어떤 것인지 말이에요. 저는 남자들과 만나는 것을 어려워해요. 늘 제가 판단받는다고 느꼈어요. 아버지가 저와 함께하는 시간을 가졌더라면 제가 그에게 특별하다고 느낄 수 있었을 거예요. 하지만 아버지에게는 어머니가 중요했어요.

(아버지로부터 아기를 옮긴다. 오토바이와 컵을 뒤집어엎는다.)

최근 들어 저는 다시 아기를 갖고 싶은 충동을 느껴요.

성인 내담자와의 상호작용

모래놀이 회기는 대부분 말없이 이루어지지만 가끔은 적당한 언어적인 교환이 있기도 하다. 만약 언어화가 회기에서 필요하면, 치료자가 주위를 조용하게 유지한 채 부드럽고 느린 태도로 말하는 것이 매우 중요하다. 예를 들면, 만약 내담자가 "불이 있으세요?"라고 물으면 치료자는 내담자에게 말을 한마디도 하지 않은 채 어디 있는지 가르쳐 줄 수 있다. 만약 "혹시 불이 머리에서 뿜어져 나오는 푸들이 있으세요?"라고 물으면, 치료자는 조용하고 천천히 "아니, 하지만 점토로 네가 만들 수는 있습니다."라고 반응하면서 어디에 점토가 있는지 가리켜 줄 수 있다.

비록 이 예에서는 유머를 썼지만, 모래놀이 회기에서는 정말 깜짝 놀랄 만한 일도 일어날 수 있다. 내담자가 자신의 무의식을 3차원으로 표현하고 그것을 치료자와 공유할 때 아주 취약하다. 치료자의 태도는 일정하고 쉽게 반응하지 않는 것이어야 한다. 치료자는 내담자의 과정을 솔직하고 안전하게 수용해야 한다. 그리고 내담자의 가장 깊은 본질과의 무언의 협력으로 모래놀이 과정을 안정적으로 이끌고 버텨주어야 한다.

만약 치료자가 내담자에게서 일어나는 것에 대해 강한 반응을 지닌다면 즉시 전문가의 자문을 받는 것이 중요하다. 내담자의 작업이 주의와 치유가 필요한 치료자의 상처를 건드리기도 한다. 그러한 경우에 치료자가 그러한 이슈를 다루기 위해서 분석이나 치료를 다시 받는 것이 중요할 수 있다.

모래놀이 회기가 일반적으로 침묵 상태로 이루어지기는 하지만, 공유하는 모래놀이 경험의 깊이가 내담자와의 언어적 교환을 도출하는 순간이 있다. 예를 들어, 내가 기억하는 어떤 회기에서는 모래상자를 완성하였을 때 내담자가 눈에 띄는 피겨를 만지면서 울먹이는 목소리로 다음과 같이 말했다.

> "그녀는 아름다워요, 그렇지 않나요?" (내 눈을 똑바로 바라보며) 나는 조용히 대답했다. "네, 그녀는 무척 아름다워요."

그녀의 깊은 곳에서부터 자신의 새로운 모습이 나타났을 때, 내담자는 내가 그것을 그녀와 함께 알아주기를 정중하고 기쁜 마음으로 요청하였다. 그 순간에는 그렇게 하는 것이 옳은 것이었다.

우리는 이제 모래놀이에는 고정된 규칙이 없다는 것을 안다. 그렇기에 치료자의 준비가 매우 필수적이다. 정확한 순간에 내담자와 함께할 수 있으려면 치료자는 비어 있는 상태로 들어가야만 한다. 이런 식으로 모래놀이 회기에서 필요로 하는 것이 그 고요함에서 나오게 되는 것이다.

수다스러운 성인 내담자

때때로 치료자는 모래놀이 회기 중에 너무 말을 많이 하는 내담자를 만나게 된다. 이런 일이 일어나면 그 수다가 도대체 무엇에 대한 것인지 아는 것이 중요하다. 그것이 단지 모래놀이에서 일어나는 일인가, 아니면 불안에 대처하고 방어하는 내담자의 방식인가? 각 상황의 특징은 치료자에 의해서 개별적으로 평가되고 설명되어야 한다.

너무 말이 많은 내담자와 모래놀이를 할 때에 내담자가 좀 더 깊이 내면으로 들어가는 것이 중요하다고 느껴질 경우, 나는 대체로 모래놀이 과정이 그 자체로 점차 이 목적을 촉진하는 것을 지켜보며 기다린다. 자주 내담자는 몇 번의 모래상자 후에는 과정에 차분히 몰두하게 되어서 자신이 진심으로 편안해지는 동안 처음과 같은 불안은 더 이상 느끼지 않게 된다. 만일 내담자가 계속해서 수다를 떨고 내가 우리의 관계에 대한 확신이 있는 경우라면 나는 내담자의 손을 부드럽게 잡고 다음과 같이 말한다.

> "당신 영혼이 무슨 말을 하고 싶어 하는지 들어 볼까요. 가끔 우리는 일상적인 말로는 그것을 들을 수가 없어요."

치료자는 이런 개입을 할 때에 매우 주의해야 하는데 내담자가 그것을 수치감을 주는 비난으로 받아들일 수도 있기 때문이다.

제2장

모래놀이 회기의 진행: 내담자

모래놀이에 대한 내담자의 접근

내담자는 모래상자에서 다양한 방식으로 작업할 수 있다. 내담자는 우리가 제시한 절차를 따라 모래를 이리저리 움직여 보거나, 형태를 만들다가 피겨를 선택하기 위해 선반으로 갈 수도 있다. 내 경험으로 볼 때, 내담자는 모래상자에서 각기 자신만의 접근법으로 작업을 하는 것으로 보인다. 어떤 사람은 여러 개의 피겨를 모아 모래상자 옆이나 중앙에 세워 놓기도 하고, 어떤 사람은 모래를 가지고 모양을 만들기도 한다. 또 어떤 사람은 모래로 모양을 만드는 것과 피겨를 놓는 것을 번갈아 하기도 한다.

내담자는 이러한 과정을 여러 번 번갈아 할 수도 있다. 때로는 완성되었거나 거의 완성되어 가는 모래상자를 한참 들여다보기도 하고, 그러다 갑자기 모든 것을 다 치워 버리고 다른 것을 하기도 한다. 이것은 Dora Kalff와 함께 작업한 나 자신을 생각나게 한다. 내 맞은편에 Kalff가 앉아서 나와 함께 작업을 했는데, 나는 상자를 들여다보고 있다가 갑자기 그것이 적절치 않음을 알았고 곧 따로 떨어져 나왔다. Dora Kalff는 그대로 말없이 앉아 있었다. 나는 다른 것을 만들어서 작업을 마쳤다.

기록을 보관하기 위해서는 '모래놀이 기록 용지' 에 있는 모래상자 그림에 선을 그려 넣고 용지의 왼쪽에 있는 숫자 사이에 선을 그어 진행되는 과정의 지점을 표시한다. 예를 들어, 내담자가 상자에 7개의 피겨를 놓은 다음 치워 버렸다면 7과 8 사이에 선을 긋고 다음과 같은 표시를 한다.

(갑자기 상자의 피겨를 치워 버림)
(천천히 상자의 피겨를 치워 버림) 등

그리고 첫 번째 구성은 '상자 A' 라는 명칭을 붙이고 다시 사각형을 하나 그려서 두 번째 구성을 위해 사용하고 '상자 B' 라고 이름 붙인다. 왼편 목록에 계속해서 다음 번호의 숫자를 붙여 나간다. 위의 예에서는 8번이 될 것이다. 이런 절차가 다소 복잡한 것 같아도 모래상자 구성의 과정을 기록하는 이점이 있다. 기록을 잘해 두면 종결된 이후에도 그 과정을 되돌아보고 의미 있게 연결시킬 수 있게 된다.

모래놀이 회기 동안 내담자의 태도

내담자가 모래놀이를 진행해 가는 동안 내담자의 태도는 변화를 겪게 된다. 내담자의 기분은 극적으로 달라질 수도 있고 회기 동안 오르락내리락할 수도 있다. 치료자는 이러한 변화를 알아차리고 적절하게 지지해 주어야 한다. 치료자는 모래놀이 회기 동안 자신의 기분 변화를 경험할 수도 있다. 갑자기 어떤 이미지나 생각, 신체적 느낌 등을 경험할 수 있는데, 이는 그 회기와 관련된 것이다. 역전이를 고려하여, 치료자는 이러한 것이 자신에게서 오는 것인지 내담자에서 비롯되는 것인지를 구별해야 한다. 이러한 기분과 느낌의 동요는 어디에서 오는 것이든 상관없이 기록해서 남길 필요가 있다.

모래놀이 회기 동안, 내담자는 모래나 피겨에 대해 반응을 보일 수 있다. 때로 이것은 언어로 표현되기도 하는데, 대부분은 말 없는 몸짓이나 얼굴 표정으로 나타난다. 이러한 표정이나 반응은 많은 정보를 제공해 준다. 30대 후반이었던 한 내담자가 생각나는데, 그녀는 일하고 있던 직장의 책임자가 치료를 받아 보라 권유해서 치료실에 왔다. 직장에서는 분노 문제를 처리하기 위해 그녀가 무엇을 하는지에 따라 앞으로 일을 계속할 수 있을지 결정하게 될 것이라고 충고했다. 그녀는 꽤 많은 모래놀이 피겨 앞에 다가서서 큰 소리로 말했다.

"내가 필요로 하는 것은 없군요!"

그녀에게 필요한 것이 내게 없었음은 사실일 것이다. 동시에 나는 마음 아프게도 그녀가 자신이 정말 필요로 하는 것을 받아 본 적이 없음을 느낄 수 있었다.

때로 내담자는 피겨나 작업의 어떤 측면을 언급할 경우도 있을 것이다. 내담자는 여자 피겨를 집어 들고 "이 녀석, 비열한 놈이네!" 라고 하거나 '소방서' 라고 분명히 표시되어 있는 건물을 '집' 이라고 말하는 경우도 있다. 치료자는 내담자의 지각에 주의 깊게 관심 기울일 필요가 있다.

아동의 상호작용 놀이

연령이나 발달 단계에 따라 아이들은 모래에서 능동적인 놀이를 할 수도 있다. 모래놀이 행동과 발달에 대한 논의에서 보았듯이, 아이들은 6세나 7세경에 좀 더 표상적인 모래놀이 장면을 만들 수 있다. 이 나이쯤 아동의 인지적 기술은 증가하여 모래상자에 피겨를 놓는 것이 가능하게 되는데, 이는 아동이 신체적으로 움직이지 않고도 자신의 행동과 관계들을 하나의 장면으로 만들 수 있게 되는 것이다.

상호작용 놀이는 어린 아동에게 정상적이고 적절한 것이다. 4세의 아동은 언어기술과 상상의 내면세계가 발달되어 가면서 특히 상호작용 놀이를 능숙하게 해 간다. 상호작용 놀이에서 나오는 모든 것을 포착하려는 것은 불가능하다. 아동은 피겨를 옮기고 자주 새로운 인물로 변형시키고 새로운 역할을 떠맡긴다. 피겨를 작업 중인 모래상자나 다른 여러 개의 모래상자에 넣기도 하고 치워 버리기도 한다. 중요한 상징 요소를 파묻고, 파내고, 죽이고, 다시 살리고, 잃어버리고, 찾는 것이 반복된다.

마크 4세인 마크의 5번 상자는 상호작용 놀이의 좋은 예다. 모래놀이를 끝마쳤을 때 마크의 상자에 남아 있는 피겨는 하나도 없었다. 그는 자신의 작업을 상자에 손자국을 찍음으로써 끝마쳤다. 회기 동안 일어났던 일이 다음에 제시되어 있다. 나의 기록은 괄호로 표시하였고 마크가 한 말은 인용구로 표시하였다.

(닌자 거북이 네 마리를 두 대의 제설기 앞에 줄지어 놓는다. 제설기 한 대로 모래를 판다.)

"내 생각에 난 이 녀석들과 놀고 싶지 않아."

(거북이들을 치운다. 견인트럭과 지게차를 포함시킨다.)

(견인차와 지게차를 치워 버린다.)

(제설기 두 대를 치운다.)

"이건 아빠야."

(악어 두 마리와 뱀 한 마리를 포함시킨다.)

(아빠 악어는 뱀을 물고 싸운다.)

(도마뱀을 포함시킨다.)

(아빠 악어는 도마뱀을 물고 싸운다.)

"도마뱀은 자기 아이를 죽이고 싶어 했어."

(아빠 악어는 도마뱀과 싸우고 도마뱀을 방 저쪽으로 던져 버린다.)

(고양이와 사슴을 포함시킨다.)

"야옹, 야옹!"

(아빠 악어는 고양이와 싸운다.)

"고양이는 새끼들에게 아무 짓도 안 했어. 이제 새끼들은 자기 아빠를 쫓아다니면서 이 녀석(사슴)을 잡아먹으려 할 거야."

"새끼 고양이들이 아빠를 구했어!" (상자 밖으로 내놓음)

(무기를 포함시킴)

(마른 모래상자로 옮김)

"이것들로 모래를 갈라야지" (톱과 검을 갖고서)

(마른 모래상자에 무기를 묻음. 모래를 가볍게 두드림)

(아빠 악어를 마른 모래상자에 넣고 창의 덮개를 벗겨 아빠 악어를 죽임)

"다른 새끼들도 죽였어!"

(파묻었던 톱과 검을 꺼내 모래상자에 놓음)

(악어들을 치움. 무기도 치움. 마른 모래상자의 뚜껑을 덮음. 방 주변에 있던 동물을 집어 선반 위로 되돌려 놓음.)

(모래에 손자국을 남김.)

우리가 볼 수 있었듯이, 마크의 모래놀이 과정 동안 상당히 많은 것이 일어났다. 분명히 나의 기록에는 놀이의 중요한 특징이 빠져 있었다. 그러나 마크 작업의 주제와 진행을 알아낼 수 있고 그 과정을 적절하게 보관할 수 있도록 충분히 기록하였다. 마크의 5번 상자는 이런 방식의 모래놀이 작업을 한 장의 사진으로만 남기기에는 적절치 않은 좋은 예다. 상호작용 놀이의 경우에 우리는 작업의 과정을 기록한 것에 의존하게 된다.

아동 내담자와의 상호작용

어린 아동의 상호작용 놀이에서 추가적으로 고려할 것은 아동과의 놀이에서 치료자의 언어적 표현과 참여다. 모래놀이의 모든 특징이 그러하듯, 치료자가 더욱 능동적으로 참여할 필요가 있는지는 순간순간 결정될 수 있다. 아동과 함께 놀이에 참여할 것인지의 여부는 언어적 반영을 해 줄 것인지의 여부보다 더 명확히 구분된다.

어린 아동은 연령상으로나 발달적으로 모래를 가지고 만들고 섞고 쏟아붓는데, 나는 그것을 요리 행동이라고 부른다. 모래상자에 초대되었을 때, 나는 아동과 함께 요리하고 먹는 것이 매우 적절하다고 느낀다. 이러한 놀이는 아동에 대해 초기 양육과 공유, 유능성의 많은 과업을 성취하게 한다. 치료자와 함께 모래놀이 상자에서 이룬 것은 모래상자의 특별한 성질을 알게 하고 아동과 치료자 간의 깊은 유대를 촉진시킨다. 아동이 이 단계의 놀이를 완수해야만 다음으로 넘어갈 것이다. 이 시점에서 아동은 치료자를 놀이에 초대하지 않거나 작업이 새로운 방향으로 가고 있음을 나타내는 어떤 행동이나 말을 할 수도 있다.

모래상자에서 좀 더 표상적 방식으로 놀이를 할 수 있는 아동은 치료자를 놀이에 초대할 수도 있다. 이러한 경우, 나는 아동이 자유롭게 하고 싶은 대로 하게 하는 입장을 지키려 한다. 일반적으로는 상자에서 피겨를 갖고 하는 놀이에 아동과 함께 참여하는 것이 적절치 않다고 느낀다. 예외는 있지만, 대부분의 경우 아동에게 방해가 되지 않도록 하는 것이 매우 중요하다. 치료자가 아동의 놀이에 조금만 관여해도 아동의 놀이 방향에 영향을 줄 수 있다. 내 경험상 치료자를 놀이에 초대하는 일부 아동은 자신의 삶에서 성인의 욕구에 지나치게 주의를 기울이는 아동이었다. 물론 아동이 선천적으로 매우 사교적이어서 그럴 수도 있다. 어떤 경우에도 자유롭고 보호된 공간의 본질적 특성을 이해하고 아동이 자신만의 방식으로 그 장소에서 치유와 변화를 위해 안전하게 자신의 정신을 열도록 해 주어야 한다. 상황에 따라 나는 다음과 같이 말하는 경우도 있다.

> "…너도 알다시피, 아이들은 혼자서 무엇이든 할 수 있는 장소를 가져야 하는 경우가 많이 있지."
>
> "…아, 고마워. 난 네가 혼자 할 필요가 있는 것은 무엇이나 할 수 있는 장소를 가졌으면 해."
>
> "…고맙다. 그런데 이것은 모두 너를 위한 것이야."

아동이 상호작용 놀이를 하는 동안, 나는 때로는 아동 놀이의 한 요소를 언어적으로 반영해 주는 것이 적절하다고 느낀다. 그러나 이런 방식이 적절한 경우는 매우 한정되어 있다. 나는 그 순간에 옳다고 느끼면 참여하는데, 이런 경우는 흔치 않다. 나 또한 실수를 한다.

마크 마크의 4번 상자는 치료자가 하는 언어적 반영의 예다.

마　크: 한 번에 하나씩! (트랙터가 모래를 통과해 감)

치료자: (조용하게) 한 번에 하나씩…

마　크: 길을 닦고 있어.

치료자: 길을 만들고 있고…

마　크: 집으로 가려고 해.

이 사례에서 나는 주로 사실에 근거한 반응을 하기로 결정했는데, 그렇게 하는 것이 옳다고 느꼈기 때문이다. 되돌아보면 나는 그것이 마크가 자신의 일을 돌파해 가는 것을 인정해 주는 방식이라고 생각했던 것이다. 다른 경우는 예외적이다. 이 예는 마크의 20번 상자에서 볼 수 있다.

마　크: (검을 가지고 모래에 모양과 선을 그리는데 그것은 머리, 눈, 입 같기도 하다.)

치료자: 얼굴을 그리고 있는 거니? (조용히)

마　크: 아니요! (날카롭게)

나는 아주 당황했고 마크의 작업에 이런 식으로 개입한 것을 몹시 후회했으나 이미 일은 벌어진 뒤였다. 나는 그 후에 상당히 조심했고 D. W. Winnicott의 충분히 좋은 환경(1958/1975, p. 214)의 적절성에 대한 개념을 떠올리면서 나 자신을 위로했다. 다행히 우리의 치료적 관계는 그런 실수는 묵인해 줄 정도로 단단했다.

제3편

모래놀이 회기 이후

제1장

내담자와 치료자

모래상자의 완성

내담자가 "다 했어요."라고 말하면 치료자는 내담자가 주로 작업했던 위치로 간다. 그것은 모래상자 앞이나 측면이 된다. 내담자와 치료자가 모래놀이를 함께 나누는 이때가 가장 조심스러운 때다. 상자의 앞으로 이동하는 것은 치료자가 내담자의 아주 성스러운 공간으로 초대받는 것이다. 우리는 있는 그대로 그것을 존중해야 한다. 내담자가 치료적 상자에 옮겨 놓은 것을 조용히 경건하게 수용해야 한다. 모래놀이를 둘러싸고 있는 평화로움이 깨지지 않도록 조심하면서 서두르지 않고 부드럽게 묻는다.

(성인에게) "상자에서 작업하는 동안 연상되는 어떤 것이 있었습니까?"

(아동에게) "이것에 대한 이야기나 제목이 있니?"

치료자는 내담자가 말하는 것을 말 그대로 기록한다. 여기에는 내담자가 머리를 조용히 옆으로 기울인 것부터 상세하게 이야기한 내용까지의 모두가 포함된다. 아이들이 하는 긴 이야기는 기록하기 어려울 수 있다. 나는 가끔은 약호로 기록하기도 하나 때로는 어려움이 있다. 당신이 할 수 있는 한 최선을 다하라. 주제와 정취와 핵심을 파악하라. 상호작용 놀이에서처럼 핵심을 기록하도록 하라. 이런 식으로 우리는 내담자의 과정을 살아 있는 생생한 방식으로 계속 이끌어 나갈 수 있다.

치료자는 또한 자기 자신의 지각을 내담자의 작업에 귀인하지 않도록 조심해야 한다. 피겨의 성별이나 정체성이 너무 분명해서 우리가 그것을 당연한 것으로 여기는 경우에 더욱 조심해야 한다. 완성된 모래놀이를 내담자와 함께 되돌아볼 때, 치료자는 피겨에 대해 언급할 경우 이름이나 성별을 말하는 것을 특히 조심하면서 피해야 한다. 이것, 여기, 저기라는 용어를 사용하는 것이 비교적 안전하다. 예를 들어, 완성된 상자에 대한 내담자의 언급이 다음과 같은 경우를 보자.

내담자가 "그들은 모두 신에게로 갔어요."라고 하는데 신을 나타내는 피겨가 분명히 남자라 해도 치료자는 아주 조심해야 한다. 치료자는 "그 사람들은 모두 여기로 갔구나."라고 말해 준다. 만일 치료자가 신을 '그 남자'로 말하는데 내담자가 "그 신은 여신이에요!"라고 말한다면 그 과정은 깨질 위험성이 커진다.

내담자와 치료자가 모래상자를 지속하고 경험을 함께 연결시키는 것이 이와 같은 것들에 의해서도 삐걱거릴 수 있다. 치료자는 실수를 하게 된다. 중요한 것은 가능한 한 빨리 무난하게 내담자와의 조화로 되돌아오는 것이다. 위의 예에서 치료자는 "아, 물론 그렇지! 미안하다."라고 말할 수 있을 것이다.

모래놀이 해석에 대한 내담자의 욕구

모래놀이가 끝난 후 매우 이성적인 성인은 치료자에게 돌아서서 "자, 무엇을 의미하는 건가요?"라고 묻는 경우가 있다.

지적인 성인 내담자가 하는 이러한 요청은 치료자에게 매우 도전적이 될 수 있다. 내담자가 해답과 정보를 얻고 싶다고 주장할 때, 보이지 않는 내적 세계의 심층에서 우리를 이끌어 주고 방향 지어 주는 것에 대한 치료자의 확신과 대립하게 된다. 어떤 의미로 이와 같은 요구는 본질상 질적이고 눈에 보이지 않는 것보다는 볼 수 있고 양적으로 나타낼 수 있는 것에 더 가치를 두는 서구 문화의 가치 체계 속에서 모래놀이 치료자가 직면하게 되는 문제다. 우리 세계의 일상적인 가치와 지각이 혼란스러운 가운데 확신을 가지고 수많은 피겨와 모래상자와 함께 작은 사무실에 있는 것은 그리 쉬운 일이 아니다.

때때로 나는 내담자에게 모래상자를 만들라고 하는 것이 미친 짓이 아닐까라고 혼란스러워하면서 모래놀이실에 앉아 있음을 인정한다. 그러나 내적 가치에 대한 나 자신의 의식적인 의문이 있음에도, 전체성을 향한 무의식적 동기 또는 그 무엇인가가 나를 모래놀이에 깊숙이 개입하게 한다. 난 어떤 사람에게서는 변화의 기적을 보게 되며 그 사람과 같이 계속 성장하고 발전해 간다.

서구 문화의 산물로서, 우리는 불가피하게 모래놀이의 가치와 타당성에 대해 의문을 갖고 있다. 모래놀이는 우리가 옳다고 알고 있는 모든 것, 우리의 가치관에 손쉽게 도전한다. 서구인으로서 우리는 의문을 제기하고 증거를 원한다. 물론 모래놀이 내담자와 치료자는 모래놀이에 도전할 것이다. 우리는 스스로를 구할 수밖에 없다. 치료자로서 우리가 할 수 있는 것은 침묵의 소리를 듣기 위해 우리 내면의 의식에 계속해서 주의를 기울이고 내담자도 이와 같은 방식으로 하도록 격려하는 것이다. 따라서 내담자가 도전을 할 때, "좋아! 그건 어떤 의미가 있지?"라고 한다. 우리는 다음과 같이 말할 수도 있다.

> 그것이 우리 안에 살아 있게끔 내버려 둡시다. 성급히 모래놀이를 분석하려 하지 말아야 합니다. 그것이 무엇인지 우리에게 말하도록 내버려 두면 때가 되어 우리에게 말할 것입니다.

모래놀이를 마칠 때, 어떤 성인은 스스로 분석하기 시작할 것이다. 이런 경우에 나는 위와 같이 이야기한다. 다음과 같은 말을 덧붙이기도 한다.

모래놀이는 우리에게 아주 다양한 방식으로 작용합니다. 사실, 피겨, 언어, 원인 대신에 이미지로 우리 자신의 깊은 부분에서 작용합니다. 우리의 모든 언어와 이성 그 근저에서 우리 자신의 일부를 치유합니다. 이를 위해 시간을 줍시다.

모래놀이 사진

모래놀이의 전반적인 사진 기록을 보관하기 위해서는 과정을 적절하게 담아 두는 것이 필수적이다. 상징은 살아 있는 것이므로, 모래상자에서 한번 표현된 이미지는 내담자와 치료자에게 계속 작용하게 된다.

필요한 사진

치료자의 기록 보관을 위해 두 가지 형태의 사진 기록이 필요하다. 파일을 만드는 데는 즉석사진이 필요하다. 슬라이드나 디지털 사진은 모래놀이 전 과정의 상세한 순간과 연구에 필요한 다양한 장면을 제공해 준다.

즉석사진은 치료자가 내담자의 모래놀이를 쉽고 빠르게 살펴볼 수 있게 해 준다. 이를 통해 치료자는 내담자가 진행하는 과정과 내담자가 현재 어떤 단계를 진행하고 있는지를 기억하게 된다. 정신의 보다 깊은 수준에서, 즉석사진을 통해 치료자는 자신의 정신세계를 내담자의 내적 과정에 맞추어 바라보는 것이다. 회기 시작 전에 파일로 되어 있는 사진을 재빨리 보는 것은 회기 중에 치료자의 정신이 내담자와 열정적으로 만나게 하도록 준비시키는 장점이 있다. 실제적 수준에서도 파일로 되어 있는 즉석사진은 치료자가 사진실에서 슬라이드를 분류하는 데 도움이 된다. 또한 모래놀이의 상세한 이미지는 사라지거나 슬라이드를 잃어버릴 수도 있지만 즉석사진은 여전히 유용하다. 내가 하는 절차는 내담자가 작업한 상자의 즉석사진을 모래놀이 기록 용지에 붙여 놓고 회기가 끝난 후 내담자 파일에 즉시 넣는 것이다. 슬라이드나 디지털 사진은 모래놀이를 아주 상세히 연구하고 반영하게 해 준다.

사진 장비

사진 기술에서의 변화는 모래놀이 기록을 위해 많은 선택을 할 수 있도록 해 준다. 나는 여러 해 동안 즉석사진으로 폴라로이드 카메라와 마이크로-매크로 렌즈가 있는 35밀리 카메라를 사용했다. 지금 사용하고 있는 디지털카메라는 사진을 프린트해서 가질 수도 있고 디스크나 컴퓨터에 저장할 수도 있다. 모래놀이 치료자는 심층적인 연구를 위해 전통적으로 스크린에 그림을 띄울 수 있는 컬러 슬라이드를 사용했다. 더 새로운 디지털 장비로 디지털 프로젝터나 디지털 영상으로 만들어진 컬러 슬라이드를 사용할 수 있다. 물론 기술은 계속 변화할 것이고, 이는 모래놀이 치료자에게 중요한 기록을 위한 더 많은 선택권을 제공해 줄 것이다.

어떤 장비를 선택할 것인가는 취향과 예산의 문제다. 모래놀이 작업을 기록하는 데 고가의 카메라를 사용할 필요는 전혀 없다. 카메라 판매원에게 상의할 때 실내에서 클로즈업하는 사진이라는 것을 말하는 것이 중요하다. 판매원은 이러한 정보를 알면 작업하기에 제일 좋은 카메라를 제시해 줄 것이다. 많은 카메라 상점들은 클로즈업이냐 전망용이냐에 따른 전문적인 사진기를 분류하여 갖추고 있다.

사진 찍기

모래놀이 사진 기록은 상자의 전면에서 시작한다. 이곳은 내담자가 작업한 주요 위치이며 내담자가 상자를 주로 어떻게 보았는지를 나타낸다. 내 절차는 나머지 세 방향에서도 각각 사진을 찍는 것이다. 상자가 매우 단순할 때 네 가지 방향에서 찍는 것이 반드시 필요한 것은 아니다. 모래상자의 특성과 요소에 따라 상자의 아래 방향 또는 위 방향에서 전체적인 모습을 찍을 수도 있다. 또한 먼 거리에서는 잘 나오지 않는 중요한 세부묘사는 클로즈업해서 찍을 수도 있다. 대상물이 감추어지거나 파묻혀 있을 때, 나는 상자를 치우는 과정에서 그것을 찍는다. 따라서 하나의 모래놀이에 대해 즉석사진과 더불어 한 장에서 열 장까지의 여러 방향에서 찍은 사진을 갖게 된다.

어떤 치료자는 나중에 슬라이드를 편하게 분류하기 위해 카드에 내담자의 이니셜과 날짜를 써서 모래상자에 부착해 놓는다. 이것은 슬라이드를 파일로 만들기 위해서는 편리하다. 그러나 신원이 드러나는 슬라이드는 치료자의 목적을 위해서만 사용될 수 있다. 담아두기와 비밀보장을 위해서 신원 확인 카드는 모래놀이 과정의 일부에 포함될 수 없다. 상자 앞부분에서 신원 카드 없이 추가 사진을 찍도록 한다. 이후에 자문을 받을 때 치료자는 비밀보장을 위반할 위험 없이, 또 모래상자의 추가적 요소에 방해받지 않고서 내담자의 과정을 보존할 수 있다.

디지털카메라는 회기 후에 치료자가 컴퓨터 파일로 이미지를 저장하거나 디스크에 저장할 수 있다. 이러한 방법은 슬라이드를 처리하고 파일화하기 위해 사진실에 필름을 보내는 데 걸리는 시간을 절약하고 자료를 보관하는 데 도움이 된다.

내담자가 있을 때의 사진

일부 모래놀이 치료자는 내담자가 간 후에 사진을 찍는다. 어떤 사람은 내담자가 있을 때 찍는다. 선택은 치료자가 무엇이 적절하다고 느끼는지와 담아두기의 문제다. 내가 선호하는 것은 내담자가 있을 때 찍는 것이다. 내 느낌은 이것도 과정 담아두기에 포함되는 일부로서 내담자와 치료자에게 모래놀이의 중요성을 확증해 준다. 아동 내담자의 경우에 자신의 작업을 사진으로 찍는 것은 개인적 중요성과 성장을 강력하게 인정하는 것이다. 그것은 아동과 함께 비언어적 놀이의 실제적 중요성을 가치 있게 여기는 것과 연결된다. 아동은 자신의 모래놀이가 중요하며 절박하기조차 한 것으로 느끼게 된다. 치료자가 사진을 찍는 것은 치료자도 이러한 사실을 알고 있음을 확인시켜 준다.

내담자가 떠난 후에 사진을 찍는 것이 중요하다고 느끼는 치료자는 사진을 찍는다는 것을 내담자가 알게 하는 것이 중요하다. 치료자는 내담자에게 치료가 이루어지고 나서 오랜 후에 모래놀이 사진을 함께 되돌아볼 수도 있음을 상기시켜 줄 수 있다.

사진을 요구하는 아동

아동 내담자의 앞에서 즉석사진을 찍을 경우, 아동은 흔히 그것을 집에 가져 갈 수 있느냐고 묻는다. 어떤 치료자는 주기도 하지만 나는 다음과 같이 말하는 방식을 선호한다.

> 그것을 네 마음속에 살아 있도록 하고 그렇게 되도록 작업해 보자.

그러나 모래놀이의 다른 측면과 마찬가지로 사진 역시 정해져 있는 규칙은 없다. 나는 아이가 사진을 집에 가져가는 것이 옳다는 느낌이 들면 그렇게 하도록 한다.

아동 내담자는 껌 하나가 아닌 세 개를 요구해 보는 것과 마찬가지로 사진을 치료자의 제한을 시험하는 수단으로 사용하기도 한다. 이 경우에 주된 문제는 모래놀이 사진이 아니라 안전성, 책임, 담아 두기의 문제다.

모래놀이를 그대로 두고 떠나기

모래놀이 회기를 마칠 때 모래상자는 그대로 두고 떠나게 한다. 이것은 Jung 학파 모래놀이 치료 규칙 중의 하나다. 치료자는 아동이 보는 앞에서 상자를 정리해서는 절대로 안 된다. 이제까지 내담자의 보이지 않고 알려지지 않았던 내면세계의 상징적 내용이 상자 안에서 3차원의 형태로 드러났다. 내담자와 치료자가 구체적인 형태로 보게 된 그 상징은 심층에서 내담자의 정신을 움직이는 것으로 의식적인 지각 너머에 있는 것이다. 이제 막 눈뜨기 시작하는 내담자의 변형물을 그 앞에서 치워 버리는 것은 생각할 수도 없다.

대부분의 성인은 모래놀이를 그대로 두고 떠나는 것에 대해 별다른 의문을 갖지 않는다. 그러나 어떤 아동에게 이것은 낯선 일이다. 나는 그들에게 다음과 같이 말한다.

> 모래놀이는 우리가 스스로 치우지 않아도 되는 장소란다!

이렇게 말하면 그들은 기뻐한다. 자신의 뒤에 무언가를 남기고 떠난다는 것, 특히 그것이 그에게 매우 의미 있고 개인적인 어떤 것이라는 것은 그의 작업에 미묘하지만 강력한 영향을 미칠 수 있다.

내담자 자신의 독특한 일부를 사무실에 놔두고 가는 것을 허용하는 것은 아동이든 성인이든 자신의 존재를 치료자가 수용하는 것을 아주 자랑스럽게 여기게 한다. 아주 깊은 수준에서 완성된 모래놀이를 보존하려는 치료자의 태도는 내담자의 독특한 자질과 고유한 가치를 전적으로 수용하는 것이다.

모래놀이를 부모에게 보여 주기

아동은 흔히 그가 모래상자에 만들어 놓은 놀라운 작업을 자신의 부모에게 보여 주길 원한다. 이것은 다루어야 하는 도전적인 문제다. 부모에게 보여 주려는 동기는 여러 가지 이유에서 비롯된다. 아동은 자신의 놀라운 창조물을 부모와 나누는 것을 단순히 즐기려는 것일 수 있다. 아동의 이러한 열광은 전적으로 이해 가능하다. 아동은 자기 자신만의 독특한 어떤 것을 표현했으므로 자신의 부모가 그것을 봐 주길 원한다. 부모에게 보여 주려는 또 다른 경우는 부모 자신의 상처로 인해 아동이 자율성을 거의 가지지 못했거나 아예 없는 경우다. 이러한 아동은 자신의 모든 측면을 부모에게 침해당한 채 살았고 자신이 부모의 결점을 채워 주는 존재 이상은 아니었다. 또한 아동이 모래놀이의 상징성을 통해 부모와 긴급하게 소통하고 싶어 그럴 수도 있다.

아동이 첫 회기나 아주 이른 시기에 부모에게 모래놀이를 보여 주길 요청할 때 나는 다음과 같이 말한다.

> 우리는 대개 부모님께 모래놀이를 보여 주지 않아. 그게 비밀이어서가 아니야. 사람은 자신이 한 것을 다른 사람이 보고 무슨 생각을 할지 걱정하지 않고서도 자기 일을 할 수 있는 장소를 필요로 한단다.

이것은 우리 작업의 특성에 대해 인정해 줄 것을 나타내는 심오한 말이다. 이는 아동에게 자신이 중요한 작업을 할 필요가 있다는 것을 치료자가 인정함을 알려 주는 것이며, 작업을 하면서 치료자의 지지와 협력을 쌓아 가도록 해 준다.

이러한 문제는 아동과 의사소통되어야 한다. 그런 다음 우리는 부모에게 상자를 보여 주겠다고 고집하는 아동에게 작용하는 치료적 역동을 다룰 필요가 있다. 이런 경우에 반응하는 방법은 치료적 필요성과 적절한 제한에 기초하여 그 순간에 결정하는 것이다. 이런 일이 첫 회기에 나타나고 아동이 흥분을 하게 되면, 나는 "좋아, 딱 한 번뿐이야."라고 허용한다. 아동이 그 절차를 아는 이후에도 계속 부모에게 보여 주려 하면 각 상황에 따라 다르게 반응한다. 나의 반응은 다음과 같다.

> "알고 있지, 조니. 나는 네가 너 혼자서만 너의 생활을 나타낼 어떤 공간이 진짜 필요하다고 생각해. 엄마에게 보여 주지 말자."
>
> "음, 너는 엄마 아빠가 이것을 진짜 볼 필요가 있다고 생각하니? 좋아."
>
> "안 돼, 난 그게 필요하다고 생각하지 않아."
>
> "아냐, 모래놀이에서는 그렇게 하지 않아."

모래놀이에 대한 부모의 반응

부모가 아동의 모래놀이를 볼 때의 반응은 자녀와의 관계에 대한 특성을 드러내 준다. 더욱 적절한 한계를 인식하는 부모는 말없이 흥미를 갖고 감상하는 듯하다. 그들은 "오, 정말 멋지구나!"와 같은 말을 하기도 한다. 덜 적절한 부모는 상자에서 일어난 일을 규정하거나 설명하려 하고, "왜 저런 것을 했니?"라고 비판하는 반응을 보인다.

아동의 모래놀이를 부모와 이야기하기

아동과 함께 작업할 때, 집에서 어떤 일이 일어났는지, 아동의 행동이 어떻게 변화하는지에 대해 부모와 상담하는 시간을 자주 갖는다. 나는 대개 집에서 어떻게 지내는지를 묻는 것으로 부모와의 면담을 시작한다. 이는 부모가 아동의 작업을 존중하고 능동적 방식으로 참여하게 해 준다. 동시에 부모의 문제를 내놓을 수 있는 좋은 방식이기도 하다.

또한 치료에서 아동의 진전에 대해 부모와 정보를 공유하길 원한다. 나는 대개 이것을 아동이 하는 작업의 주제와 방향의 관점에서 부모와 이야기한다. 나는 다음과 같이 이야기한다.

> 아동의 모래놀이는 아동이 더 직접적으로 마음의 상처에 접근하고 있고 그때 일어나는 자신의 분노와 접하기 시작하고 있음을 나타냅니다. 이는 당신이 집에서 보게 되는 아동의 고집에 대해 설명해 줄 것입니다.

부모는 전체 치료 장면에서 능동적인 부분을 맡고 있다. 아동은 자신의 부모를 필요로 하며, 치료는 그의 부모를 필요로 한다. 적절하게 병행하는 부모상담은 아동의 모래놀이 작업을 결코 방해하지 않는다.

제2장

모래놀이 회기 이후

치료자

모래놀이를 정리하기

모래놀이 절차는 내담자가 사무실을 떠날 때 끝나는 것이 아니다. 치료자는 필요한 모든 사진을 찍고 모래놀이 기록 용지에 남은 과정을 표시하고 기록해야 한다. 이러한 것이 이루어진 후에야 모래놀이를 정리하여 피겨를 닦고 선반의 제자리에 돌려놓는다. 모래는 평평하게 해 놓고 모래놀이실은 다음 내담자를 위해 중립적 위치로 돌려놓아야 한다. 흔히 스케줄 때문에 이러한 것을 10~15분 안에 해야 하는 경우도 있다. 이러한 경우 나는 도움이 되는 몇 가지 절차를 사용하는데, 이는 동료를 통해 알게 된 것도 있고 나 스스로 개발한 것도 있다.

피겨를 선반에 되돌려놓기 전에 닦아 주면 선반에 모래가 쌓이는 것을 막을 수 있다. 많은 노력을 해도 선반에 모래가 쌓이는 경우는 스스로 체념하기도 한다. 내담자가 많은 피겨를 사용하는 경우에는 젖은 천으로 선반을 닦아 준다.

2인치 크기의 납작한 페인트 솔은 피겨를 닦을 때 그 사이에 낀 모래를 제거하기에 좋다. 피겨들을 파묻어 두었거나 모래로 덮어 놓은 경우, 나는 피겨를 큰 망사 체에 받쳐 물이 담긴 양동이에 담근다. 모래는 즉시 떨어져 나가고 양동이 바닥에 모이는데 나중에 다시 모래상자에 넣기도 한다. 젖은 피겨는 면 타월로 닦아 재빨리 더러움을 씻어낸다. 망사 체는 상자 안에 파묻힌 피겨를 모아 물 양동이에 담아 쉽게 씻어내는 데 효과적이다.

한 회기가 끝나고 다음 회기까지 시간이 부족해 모래상자를 비울 수 없는 경우도 있다. 이런 경우는 상자가 조그만 피겨로 가득 차 있거나 대부분 파묻혀 있고 수많은 작은 플라스틱 개미가 젖은 모래에 묻혀 있거나 작은 물건이 모래상자 속에 뒤섞여 분류하는 데 시간이 많이 걸린다. 상자가 다음 회기까지 정리되고 준비될 시간이 없으면 방에서 가져 나와 아무도 볼 수 없는 곳에 놓아둔다. 이런 경우, 나는 짙은 색의 테이블보로 상자를 덮고 벽장으로 옮겨 놓는다. 벽장이 없는 사무실에서는 미리 이러한 것에 대비한 진열장을 만들어야 한다. 준비되지 않은 상자를 구석에 있는 화분 뒤나 가구 뒤, 소파 밑에 넣기도 한다. 짙은 색의 덮개 천은 시야에서 모래상자를 가리는 데 도움이 될 것이다. 모래놀이의 또 다른 규칙은 내담자가 작업한 것을 다른 내담자나 외부인 등 어떤 사람도 볼 수 없게 해야 한다는 것이다.

상자에 물이 있거나 중립적 상태로 돌려놓기에는 너무 젖어 있을 때는 방에서 상자를 치우거나 모래를 다시 바꾸어 넣는다. 이러한 경우를 위해 많이 젖은 모래를 담기 위한 빈 양동이 하나와 마른 모래가 담긴 두 개의 양동이를 준비해 놓는다. 내담자가 상자에서 높은 구조물을 쌓아 올리기 위해 더 많은 모래를 필요로 할 때를 대비해서 여분의 모래를 준비해 놓는 것도 현명한 일이다.

모래놀이를 정리하는 것은 실제적으로 상자를 깨끗이 하면서 물리적이고 에너지로 가득 찬 공간을 중립적 공간으로 되돌리기 위해 치료자가 수행하는 의례적 행동이다. 모래놀이 상자를 초기화시키면서 치료자 역시 자신을 비우고 정화하고 재정리하여 균형 잡힌 자세로 되돌려놓는 것이다. 치료자와 환경은 이런 방식으로 준비되어 다음 내담자를 맞이해야 한다.

모래놀이 기록을 조직화하고 관리하기

보관될 필요가 있는 기록에 대해 다소 상세하게 알아볼 것이다. 치료자가 이러한 기록을 어떻게 조직화하고 보관하느냐는 중요하게 고려되어야 할 사항이다. 각각의 사례는 많은 기록 용지와 수백 장의 사진 기록을 남기게 된다. 모래놀이 경력을 쌓아 가는 동안 치료자는 수천 장의 기록과 사진을 갖게 된다. 모든 자료는 안전하게 보관되고 쉽게 찾아볼 수 있어야 한다. 모래놀이 경력을 쌓아 갈 때 일찍이 조직화 계획을 세우면 이후에 생길 수 있는 문제를 비켜 갈 수 있을 것이다.

모래놀이 기록을 조직화하는 데는 여러 방식이 있다. 어떤 치료자는 내담자별로 사진 기록을 위한 폴더나 바인더를 갖는다. 어떤 사람은 사진과 함께 기록한 노트를 보관한다. 또 다른 사람은 별개의 파일로 보관한다. 나는 내가 쓴 회기 노트를 가지고 내담자별로 모래놀이 기록 용지와 즉석사진을 포함하는 개별 파일을 만든다. 슬라이드 사진을 사용할 경우에도 마찬가지 방식으로 파일을 보관한다. 디지털 사진의 경우 파일로 이미지를 보관하는 CD를 갖고 있다.

슬라이드는 어두운 장소에 깨끗한 플라스틱 시트에 보관하는 것이 질을 유지하는 데 중요하다. 캐비닛이나 분류 용기에 파일로 보관하면 좋다. 슬라이드는 시간이 지남에 따라 흐려지므로 잘 보관해야 색상과 세밀함의 생명을 유지시킬 수 있다.

사진 기록을 날짜별로 보관하는 것은 매우 중요하다. 슬라이드 사진을 사용한 경우, 되돌려놓을 때 정리해 놓으면 심각한 문제를 피할 수 있다. 사진을 쌓아 놓고 모래놀이 후 몇 달 지나 분류하려면 심각한 문제가 일어날 수 있다.

디지털 사진을 분류하고 저장하는 것은 슬라이드를 다루는 것보다는 다소 쉽다. 디지털 사진을 컴퓨터로 업로드 하여 내담자 개인별 파일에 저장하면 된다. 백업을 위해 CD에 저장해 놓을 수도 있다. 이것도 모래놀이가 끝난 날 해 놓으면 이후에 분류하고 저장하는 번거로움을 피할 수 있다.

모래놀이 기록에 대한 최상의 충고는 체계를 세우고 사용하라는 것이다. 담아두기의 모든 특징을 상세히 고려하면서 작업을 하라.

모래놀이를 마음에 담아두기

모래놀이가 끝나 주를 달고 사진 찍고 저장하고 조직화시킨 후에도 모래놀이는 치료자에게 계속 살아 있다. 치료자는 각 내담자의 모래놀이 과정을 몸과 마음, 영혼에 지니고 있다. 상징의 변형적 에너지의 생명력을 유지하기 위해, 모래놀이 치료자는 과정의 모든 측면을 이해하는 작업에 계속 참여해야 한다. 이것은 모든 이론과 정신과정의 특징에 대한 깊은 연구를 포함한다. 또한 치료자 자신의 심층적 내면과 삶의 모든 측면에서 자기에 대한 끊임없는 의문에 대해 혹독한 탐색이 수반되어야 한다.

이 책에서 우리가 탐색하는 자료는 모래놀이 연구의 방향과 주제에 대한 좋은 지침을 제공한다. 모래놀이의 이러한 특징에 덧붙여, 치료자는 내면의 안내에 귀 기울이는 것이 중요하다. 진지한 되돌아봄, 명상, 꿈에 관심을 기울이는 것과 더불어, 치료자는 자신의 성장과 자기 이해에 필요한 연구 방향을 위한 내적 안내를 받아들여야 한다.

자신의 실습을 통해 모래놀이 작업을 연구하는 것은 매우 많은 정보를 제공해 준다. 열린 마음으로 그림을 정관하고, 의식적인 합리성을 내려놓는 것만으로도 치료자는 학습과 성장에 필요한 방향으로 움직이게 된다. 이는 꿈의 이미지, 신체 감각, 사고 또는 의식을 불러일으키고 특정 이론, 신화, 상징 이미지에 대한 연구로 이끈다. 모래놀이 치료자는 내면의 고요함을 듣는 것으로 이 과정을 따를 수 있다.

모래놀이치료에 대한 정규 수업을 들을 때 치료자는 자신의 스승을 잘 선택하는 것이 중요하다. 교사의 배경과 모래놀이에 대한 접근법을 아는 것은 자신이 그 사람과 함께 연구할 수 있을지를 결정하는 데 필요하다. 교사는 모래놀이의 정신을 지니고 있는 것이 중요하다. 또한 다양한 목소리에서 나온 모래놀이 접근법을 폭넓게 알기 위해서는 여러 교사에게서 공부하는 것도 좋은 생각이다. 국제 모래놀이 치료학회는 Jung 학파 모래놀이 전문교사의 자격증을 발행한다. ISST 미국 협회인 '미국 모래놀이 치료학회(Sandplay Therapists of America)' 는 모래놀이 수업과 연구에 대한 좋은 정보를 갖고 있다(www.sandplay.org).

모래놀이 자문회의

모래놀이 자문회의는 치료자가 검토와 연구를 위해 자문 집단 또는 개인 자문가에게 자신의 모래놀이 사례를 자문받는 것이다. 우리는 앞 장에서 모래놀이 치료자의 역할에 관한 자문을 논의했다. 전문적인 자문의 중요성에 대한 간략한 개요에 이어 좀 더 세부적인 사항과 수반되는 절차를 살펴볼 것이다.

자문은 모래놀이 절차에서 절대적으로 필요한 과정이다. 사실 이는 필수적이다. 모래놀이에서는 치료자가 개인적으로 담아두기에는 너무 많은 일이 일어난다. 이에 지속적인 자문 없이 모래놀이치료를 하는 것은 위험하고 무책임하다. "모래놀이 치료자는 항상 자문에 참여해야 한다."라는 모래놀이의 세 번째 규칙이다.

개인 모래놀이 자문가는 대개 모래놀이 전문교사의 자격증을 갖고 여러 해 동안 치료한 경험이 있다. 개인 자문가의 자문은 내담자의 모래놀이 작업과정의 일부다. 모래놀이 자문 집단은 자격증 있는 치료자가 이끌며 6명까지 구성될 수 있다. 자문 집단은 정기적인 회합을 하는데, 그 안에서 구성원들은 돌아가며 자신의 모래놀이 작업을 제시한다. 개인 자문가와 마찬가지로 자문 집단 역시 모래놀이 과정의 연장이라 할 수 있다. 자문의 목적은 모래놀이 치료자를 위해 자유로우면서도 보호된 공간을 만드는 것이다. 자문 집단은 치료자의 모래놀이 작업이 형식에 구애되지 않고 검토되고 연구될 수 있는 안전하고 존중받는 환경이 되도록 해야 한다.

좋은 자문 집단을 찾아 연계하는 것은 모래놀이치료 작업에서 아주 중요한 자산이다. 모래놀이 집단은 대개 통찰력과 지지를 풍요롭고 깊게 교환하는 의미 있는 모임으로 발전하게 된다. 많은 모래놀이 자문 집단은 수년간 계속된다. 때때로 치료자는 집단에 참여하거나 개인 자문가를 구하기 위해 꽤 먼 거리를 여행하기도 한다. 집단과 자격 있는 전문가들이 더 많아질 때까지 이러한 일은 모래놀이치료 작업을 위해 받아들여야 하는 것 중 하나다. 미국 모래놀이 치료학회는 이용 가능한 자문 집단에 대한 정보를 갖고 있다.

모래놀이 자문의 구조

자문에 대한 다양한 접근법이 있으나 일정한 방식을 따르는 경향이 있다. 개인 자문에서 자문가와 치료자는 치료자의 모래놀이 사례 자료 슬라이드를 공유하고 검토한다. 모래놀이 과정에 대해 의미를 부여하거나 고정시키지 않고 치료자와 자문가는 모래놀이 슬라이드를 순서대로 검토한다. 그들은 함께 내담자 작업의 본질과 과정을 이해해 간다.

개인이나 집단 자문을 통해 모래놀이를 함께 나눔으로써 내담자 모래놀이 작업의 여러 차원은 치료자에게 더욱 의식적으로 되어 갈 것이다. 많은 가능성 가운데 내담자가 분투하는 문제를 더욱 잘 이해하게 될 것이다. 내담자의 정신세계를 움직이는데 작용하는 상징적이고 원형적인 구성물의 본질이 드러나기 시작하면서 내담자가 작업하는 진행과정과 단계는 더 분명히 나타나기 시작한다. 이전에 알려지지 않은 과정들의 요소도 드러나게 된다. 또한 그 과정을 담아 둘 필요가 있는 치료자의 정신세계의 무의식적 요소가 활성화된다는 점이 중요하다.

자문을 통해 치료자는 타인과 지지 체계로부터 배움의 풍요로운 선물을 제공받고 모래놀이의 도전적 작업을 유지하도록 도움을 받는다. 집단 구성원으로서 치료자는 집단의 작업을 존중하고 동료들의 작업을 함께할 책임을 갖는다.

사례 제시를 준비하기

자문용 사례를 제시하기 위해 준비해야 하는 것은 수업 상황에서 요구하는 사례 자료의 형식에 따라 다르다. 좀 더 공식적인 수업 상황에서 교사는 이미 연구되고 검토된 모래놀이 사례를 심층적으로 다룬다. 이를 위해 교사는 공식적인 사례 제시에 대비하여 폭넓은 연구와 계획을 세울 필요가 있다. 자문을 위한 사례 준비는 사례 기록을 검토하고 조직화하는 것을 포함하므로, 치료자는 슬라이드를 순서대로 제시하고 자신의 노트를 쉽게 참조할 수 있도록 준비해야 한다.

집단 자문에서 사례를 제시할 계획이 있는 경우, 나는 모임에 앞서 미리 슬라이드 원형 회전판에 슬라이드를 넣어 놓는다. 집에서 슬라이드 프로젝트를 사용하여 검

슬라이드 프로젝터에 탑재하기	
	슬라이드를 넣기 전에 회전판을 거꾸로 뒤집어 탑재 슬롯(뚫려진 공간)을 0에 맞춘다. 슬라이드를 정확히 탑재하기 위한 좋은 방법은 테이블 위에 있는 회전판을 당신 앞에 놓고 슬롯 넘버를 3시 방향에 맞추는 것이다. 번호가 2, 3, 4번으로 올라갈수록 점차 당신의 배 방향으로 움직이게 된다.
슬라이드를 잡고 위를 12시 방향이 되게 하고 6시 방향으로 회전시킨다. 즉, 슬라이드를 정면에서 보려면 모래놀이가 있는 사진을 뒤집어 넣어야 한다. 제시된 사진을 참고로 하면 된다. 슬라이드를 넣을 때 'up' 화살표가 아래로 향하게 한다.	

토하면서 순서가 뒤바뀌지 않게 바르게 되어 있는지를 확인한다. 슬라이드는 슬라이드 회전판에 거꾸로 넣어 필름의 감광 면이 스크린을 향하게 한다.

예를 들어, 애런의 1번 모래상자를 탑재하는 경우, 나는 앞에서 슬라이드의 윗부분을 잡고 중앙에는 큰 검을, 왼쪽에는 동양의 현자를, 오른쪽에는 만화 캐릭터를 보게 된다. 이는 상자 전면이고 애런이 보는 방식이다. 나는 그것을 회전시켜, 이제 검은 뒤집히고 현자는 오른쪽으로, 만화 캐릭터는 왼쪽으로 간 상태에서 슬라이드 회전판에 넣는다.

슬라이드를 탑재하는 또 다른 방법은 스크린에서 보기 원하는 위치에 슬라이드를 넣는 것이다. 테이블 위에 슬라이드를 놓고 슬라이드 윗부분은 건너편 방향으로, 밑부분은 배 방향으로 향하게 한다. 오른쪽으로 두 번 회전시켜 이 위치의 회전슬롯 안에 넣는다.

나는 먼저 상자의 전면을 탑재한다. 만일 옆면이나 전면에서는 쉽게 볼 수 없는 세부적인 면을 클로즈업한 사진을 가지고 있을 경우 이를 의미 있는 순서로 탑재한다. 나는 각 모래상자 사이에 회전판의 빈 공간을 남겨 둔다. 1번 상자에 두 개의 슬라이드가 있으면 이것을 회전판의 1과 2 구멍에 넣고 세 번째 구멍은 빈 채로 둔다. 2번 상자의 슬라이드는 네 번째 구멍 이후로 간다. 자문에서 슬라이드를 제시할 때 빈 슬롯은 다음 모래상자로 미리 가지 않도록 막아 주는 역할을 한다.

자문에서 사용하는 디지털 이미지

소규모 자문에서는 휴대용 컴퓨터 스크린이나 디지털 영사기를 통해 디지털 이미지로 제시할 수 있다.

자문 시에 사례를 제시하는 방법

자문을 할 때 내가 선호하는 것은 치료자에게 간략한 내담자 개인사를 제시하게 하는 것이다. 사례를 효과적으로 검토하기 위해 알 필요가 있는 모든 것을 모래놀이가 대부분 알려 주므로 아주 상세할 필요는 없다. 모래놀이 자문을 위해 개략적으로 필요한 개인사에는 다음의 것이 포함될 수 있다.

- 내담자의 연령, 성별
- 국적과 종교적 배경
- 가족 구성원
- 현재의 문제
- 외상, 질병과 같은 의미 있는 발달사건

예를 들어, 애린의 사례를 자문받을 경우에는 다음과 같이 제시한다.

> 이것은 부모가 최근 이혼한 9세 소년의 작품입니다. 아버지는 천주교인이고, 약물과 알코올 중독이며 언어적 · 신체적으로 폭력적입니다. 이 아동은 어머니, 남동생, 10대인 누나와 함께 삽니다. 외조부모가 아동의 삶에 주된 역할을 합니다. 아동은 건강하고 학교에서 잘 지내나 폭발적인 감정 발작을 보입니다. 어머니는 아동의 분노를 다루는 치료를 받기 원합니다. 저는 4개월간 아동을 만났고 6회기의 모래놀이를 했습니다.

이 경우는 정보가 많은 편이다.

다음으로 모래놀이 슬라이드를 보기 시작한다. 이때 집단에서 사례를 제시하는 것이라면 6개의 모래놀이를 보여 주는데 1시간 20분쯤 걸린다. 또 각 상자를 검토하는 데 10~15분 정도 걸린다. 제시하는 사람과 자문 집단이 서로 보조를 맞추는 것이 좋다.

치료자는 모래상자의 정면 사진을 우선 제시한다. 치료자는 배치 순서에 따라 피겨를 명명하고 위치를 가리키고, 상자의 측면과 상세한 사진을 제시하고, 다시 정면 사진으로 돌아온다. 상자의 피겨와 이미지를 가리키기 위해 자문 동안 포인터를 쓰는 것이 도움이 된다.

집단은 모래놀이와 더불어 앉아 자문가의 지도 아래 바로 그 순간에 그들에게 살아서 다가오는 모래놀이의 특징을 논의한다. 이것은 모래놀이의 내용과 과정의 다양한 측면을 포함할 수 있다. 집단 구성원은 모래놀이에 대한 강한 느낌과 직관을 나눌 수 있다. 동일한 모래놀이 작업을 다양한 때에 아주 다양한 방식으로 연결시켜 경험할 수 있음을 기억하는 것이 중요하다. 집단 구성원과 자문가는 판단의 두려움 없이 자유롭게 이야기할 필요가 있다. 그리고 그 순간에 나타나는 침묵도 편안하게 느끼도록 한다. 모래놀이에 대한 의문은 생생하고 촉진적인 배움으로 이끌게 된다. 검토해야 할 몇 가지 이미지가 있다면 이 과정은 각 모래상자마다 반복된다.

자문 집단은 안심하고 자유로운 토론을 할 수 있어야 한다. 옳은 말을 해야 한다거나 잘못된 말을 할까 걱정하는 것에서 벗어나야 한다. 자문에서 모래놀이를 보는 것은 아주 깊은 수준이 건드려지는 경험이다. 집단은 치료자의 더 깊고 덜 의식적인 측면이 안전하게 표출되고 발전될 수 있도록 충분히 편안해야 한다.

우리는 내담자에게 그들의 작업을 가지고 자문을 받는다는 것을 결코 말할 필요가 없다. 그것은 우리 과정의 일부이기 때문이다. 내담자에게 그들이 한 작업을 자문받고 있음을 말하면 모래상자는 방해를 받고 부적절해질 것이다. 그러나 자문을 통해 사례를 공유하는 것은 치료자와 내담자 모두에게 강력한 경험이 될 것이다. 자문을 통해 담아두기와 버텨주기가 좀 더 더해지면 상징적 과정에 구체적인 영향력을 미치며, 그것은 흔히 내담자의 작업에 반영된다. 내담자가 자문에 대해 전혀 모르고 있을지라도 자문에서 사례를 검토한 후에 내담자의 과정에서 극적인 변화와 움직임을 볼 수 있는 것은 흔한 일이다.

3부 결론

이것으로 모래놀이치료 절차에 대한 우리의 논의를 결론짓겠다. 여기에서 우리는 모래놀이 회기를 시작하기 전, 진행 중, 그 이후의 실제에 대해 실용적인 부분들을 탐색했다.

많은 사람이 모래놀이의 실제적 절차에 대한 책을 내는데, 이 책은 모래놀이에서 최소한의 것을 제시한 것이다. 모래놀이를 하는 단순한 과정의 근저에는 방대하게 복합적인 신비성이 자리 잡고 있다. 모래놀이치료가 가치와 의미를 갖기 위해서는 치료자가 우선 이러한 절차를 지지하는 이론과 과정에 대한 깊은 이해를 길러야 한다.

이것으로 모래놀이에 대한 우리의 고찰을 막 내리려 한다. 4부에서는 사례 예시와 부록이 제시된다.

1부에서 3부까지 후기

이제까지 우리가 충분히 느꼈듯이 모래놀이치료는 믿을 수 없을 만큼 단순한 치료 양식으로 존재의 깊이를 측량할 수 있는 강력한 수단이다. 모래놀이는 정신 에너지의 가장 미묘한 응축을 변형시킨다. 모래놀이는 상처를 치유하고 자기의 중심으로 정신적 내용을 재배치하고, 감추어진 자원과 잠재된 능력을 개발하고 표출하는 잠재력을 갖고 있다. 모래놀이치료는 심오한 사랑의 능력과 자기의 고요한 중심에 자리 잡고 있는 지혜의 영역을 열어 준다.

Jung 학파 모래놀이치료를 실습하는 것은 치료자에게 남아 있는 삶의 모든 측면에 영향을 줄 수 있는 진지한 결정이다. 모래놀이는 성실함과 열린 마음을 갖고 이루어져야 한다.

모래놀이의 잠재력이 빛을 던지듯이, 모래놀이는 어두운 그림자도 던질 수 있다. 모래놀이는 매우 강력하고 그 힘이 유혹적이다. 치료자가 모래놀이에서 건드려진 힘을 자기 자신의 힘을 위해 사용하는 실수를 하면 파괴적이 될 것이다. 전체성에 도달하기 위한 수단을 소유하려 하면 탐욕적이고 소유적인 측면을 가진 위험한 자아 팽창으로 이어진다. 모래놀이 작업을 할 때 우리는 자신과 내담자의 전체성을 발견하기 위한 수단으로서의 매개자임을 염두에 두어야 한다.

한번은 성인 남성 내담자가 내게 값진 통찰력을 선물로 주었는데, 그것은 모래놀이의 본질과 적절한 관계에 대해 지속적으로 나를 일깨워 준다. 그의 친절한 허락으로 여기에서 함께 나누어 보겠다.

> 모래상자는 반의식적이거나 보다 의식적인 방식으로 내게 아주 오래 머물러 있는 것 같았습니다. 모래놀이는 우리의 심층이 나올 수 있도록 문을 여는 것입니다. 그것은 우리의 본성으로 깊이 파고들어야 하는 것은 아닙니다. 우리는 단지 비켜서서 그것이 열리게 내버려 두면 됩니다. 모래놀이는 살아 있는 것이 되어야 합니다. 그것은 그 순간에 일어나는 꿈과 같은 상태입니다. 모래놀이에서 나는 자

신의 일부를 찾고 자신의 일부를 인식합니다. 선반 위에 있는 모든 피겨가 단지 일거리로 느껴지곤 했지만 이제 나는 그것들을 친구로 바라봅니다.

한쪽으로 비켜서서 모래놀이가 심층의 문을 열도록 허락하라.

우리가 논의했던 것보다 더 많은 것을 배우고 연구하라. 계속 공부하고 쉼 없이 자기 탐구에 참여하라. 그런 후 모래놀이실에 들어가 모든 것을 부드럽게 밀쳐 두라. 자신을 텅 비게 하고 귀 기울여 들으라….

제4부

내담자 사례 예시

사례 예시

사례 예시는 교재에서 사용했던 것과 같은 순서로 배열한다. 사례 중 약 반은 내담자가 작업한 모든 모래놀이 자료를 포함한다. 전체 자료가 다 제시되지 않는 사례에서는 첫 번째와 마지막 모래놀이 작업을 항상 포함시켜 작업의 시작과 끝을 볼 수 있도록 하였다.

*애런	아이비	마크
에이드리엔	제이슨	마르티나
애니	카일리	노먼
아티	래리	레이철
빌리	리라	레지나
캐리	리네	로사
찰리	레오	샌더
엘리자베스	릴리	섀넌
해럴드	메이지	타라
아이작	말콤	

* 애런의 모래놀이 사례는 다음과 같은 모든 기록이 포함된다.

1. 모래놀이 기록용지: 기록용지는 애런의 모래놀이 회기 동안 완성된다. 여기에는 모래놀이 구성에 대한 기록, 피겨 배치 순서, 모래 형태와 피겨의 위치, 내담자의 설명과 치료자의 관찰 등 모든 것이 기록되어 있다.

2. 사례 분석 쓰기: 상징적 과정을 이해하는 여러 방식 중 한 표본으로 애런의 모래놀이 작업을 분석한 것이 사례 예시 뒤에 제시되어 있다.

3. 주관적 몰입 분석(SIA): 애런의 사례에 대한 SIA가 부록 A에 있는데 이는 모래놀이 작업의 심층적 이해를 위한 방법의 예로 제시되어 있다.

모래놀이 기록용지 코딩

(괄호 안에 있는) 단어 = 치료자의 기록과 관찰

"인용구" 에 있는 단어 = 내담자가 한 말

물결 표시 = 상자의 푸른 바닥

점 = 모래영역

숫자 옆의 'X', 예를 들어 '3X' = 처음에 피겨 3개를 놓았다가 나중에 옮기거나 치움

숫자 사이의 '/', 예를 들어 '7/6' = 다른 피겨 위에 올린 피겨, 즉 7/6은 피겨 6 위에 피겨 7을 올려놓은 것

내담자 프로파일

애런

- 남아, 9세
- 3형제 중 둘째, 누나와 남동생 있음
- 만성적인 부모갈등
- 부모 이혼
- 부는 약물 및 알코올 중독, 폭력
- 부는 가톨릭, 모는 유대교
- 모가 치료에 데려옴. 모는 애런의 변덕스러운 기분과 분노 폭발 염려

모래놀이	언급된 곳
모래상자 1	26, 77, 261-2, 278, 295-6, 354-5, 358-9, 378-9
모래상자 2	77, 359
모래상자 3	77, 166
모래상자 4	77, 166, 296
모래상자 5	359
모래상자 6	91, 262
모래상자 7	91, 163
모래상자 8	
모래상자 9	165
모래상자 10	165
모래상자 11	
모래상자 12	253
모래상자 13	
모래상자 14	168, 172-3
모래상자 15	95, 163, 355

모래놀이 기록용지

애런

상자 1 — 1회기
마른 상자
젖은 상자 X

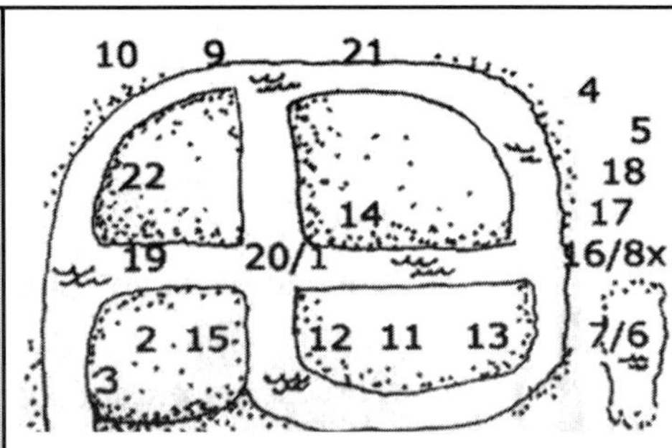

초기 관찰 내용/소견 — (치료자) 또는 '내담자'
없음

배치 순서

1) 다리(몇 개의 차와 오토바이가 다리를 건넘, 힘차게는 아님)
2) 크리스털 공
3) 원숭이를 데리고 있는 동양인
4) ~ 5) 스키어
6) 뗏목
7) 펭귄(뗏목 안에)
8) 슈퍼맨 "그는 사자를 찾고 있어요."
9) 호랑이
10) 야생동물 조련사
11) ~ 13) 전사
14) 거인 기사(언덕 위에)
15) 동양인(#8을 치움)
16) 배트맨
17) 조커(눕혀 놓음)
18) 로빈
19) 경찰차
20) 자동차(다리 위)
21) 참나무
22) 작은 나무

내담자의 정리하는 말
"배트맨은 조커를 잡았어요. 경찰차는 다른 차를 쫓아가고 있어요. 중국 남자는 마술을 하고 있어요. 이것(#14)은 싸움을 하고 있는 사람이에요. 이 사람(#10)은 조련사고요. 이 사람들(#4, 5)은 스키 타는 사람이에요."

[애런] 모래상자 1

모래놀이 기록용지

애런

상자 2 — 2주 후
마른 상자
젖은 상자 X

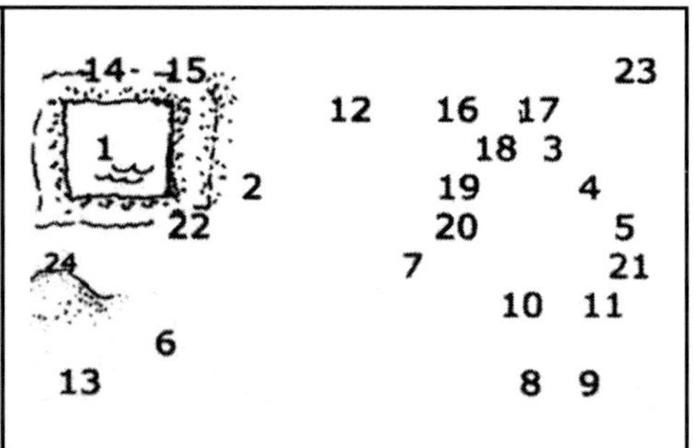

초기 관찰 내용/소견 — (치료자) 또는 '내담자'
"…나는 오늘 만화 세상을 만들 생각을 했어요!" (왼쪽 구석에 사각형을 만듦)

배치 순서

1) 작은 권투선수가 큰 권투선수를 때리고 있음
2) 카메라를 가진 미키
3) 미니마우스
4) 미키마우스
5) 플루토
6) 망원경 가진 오리
7) 오리
8) 스머프
9) 망치를 가진 스머프
10) 소녀
11) 늑대
12) 참나무
13) 작은 나무
14) 루타바가맨
15) 바나나 여자
16) 마녀
17) 도로시
18) 겁쟁이 사자
19) 허수아비
20) 양철맨
21) 작은 나무
22) 치어리더 미니마우스
23) 착한 마녀 글렌다
24) 작은 권투선수(배치 순서 모름)

내담자의 정리하는 말
"이 소녀(#15)는 당근 남자를 위해 내려왔어요. (#13) 이 소녀는 금을 찾는 이 녀석(#7)을 지켜보고 있어요. 이 녀석(#8)이 너무 웃어서 다른 녀석이 그의 머리를 때리려고 해요. 그는 어떤 것도 좋아하지 않는 사람이에요. 마녀는 그 사람들이 나무에서 사과를 먹으려 해 화가 많이 났어요. 마녀는 나무 뒤에 숨어 있다 나와요. 이 공주님(#23)이 쳐다보고 있어요. 이 늑대(#11)가 공주를 잡아먹으려 해요."

[애런] 모래상자 2a

[애런] 모래상자 2b –세부 사진

모래놀이 기록용지

애런

상자 3 — 3주 후
마른 상자
젖은 상자 X

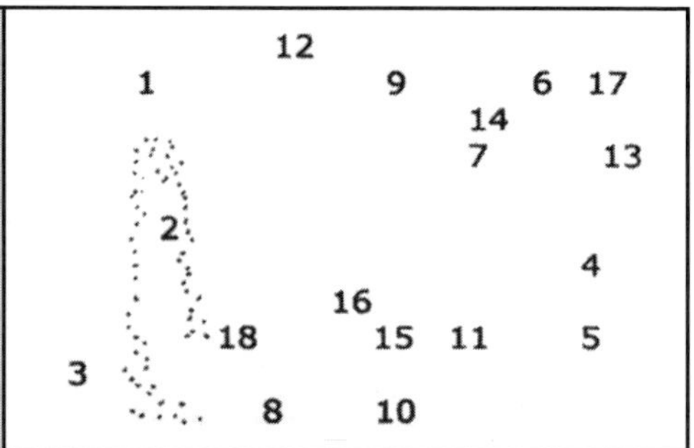

초기 관찰 내용/소견 — (치료자) 또는 '내담자'
"여기에 놀라운 세상이 만들어질 거예요."

배치 순서

1) 대성당
2) 마차
3) 우주선
4)~5) 우주비행사
6) 머리 두 개인 용
7) 슈퍼맨
8) 묘지 위의 해골
9) 소의 해골
10) 교수형에 처해지는 남자
11) 페가수스
12) 유니콘
13) 머리 세 개인 용
14) 머리 두 개인 용
15) 외계인
16) 전사
17) 야자수
18) 참나무

내담자의 정리하는 말
"놀라운 세계지요. 우주선이 막 착륙했어요. 옷을 입고 있는 이 사람들은 외계인이 나와도 다치지 않았어요. 이것(#2)은 공이 될 거예요. 슈퍼맨은 도마뱀이랑 싸우고 있어요. 이것들(#15, 16)은 죽은 사람들과 죽은 동물이에요."

[애런] 모래상자 3

모래놀이 기록용지 **애런** 상자 4 — 1주 후 마른 상자 젖은 상자 X	15 20 23 22 18 14 24 6 5 10 9 2 8 17 19 1 4 11 3 7 21 13 12 16
초기 관찰 내용/소견 — (치료자) 또는 '내담자' 없음	

배치 순서

1) 모닥불
2) ~ 5) 인디언
6) 카치나(인디언 수호신)
7) 가면
8) ~ 11) 인디언 여자
12) 데이비 크로켓
13) ~ 14) 라마야나 가면
15) 인디언 아이(가장자리) "난 이 소녀를 불 위에 떠 있는 영혼이 되게 할 거예요."
16) ~ 19) 나무
20) 달
21) 보아 뱀
22) ~ 24) 인디언 천막

내담자의 정리하는 말

"이 사람들은 인디언 의식을 하고 있어요. 이 사람은 지켜보고 있고(#12) 이 남자(#5)는 자신의 영토를 침범한 그를 죽이고 싶어 해요. 이들(가면)은 그들이 기도하는 신이에요. 이 사람(#15)은 첫 번째 인디언인데 지금은 죽고 영혼이 되었어요. 이것(#22 ~ 24)은 그들이 잠자는 텐트예요. 여기 뱀이 있는데 불을 쬐고 싶어 해요.

치료자: 그 뱀은 위험하니? "네."

[애런] 모래상자 4

모래놀이 기록용지

애런

상자 5 — 2주 후
마른 상자
젖은 상자 X

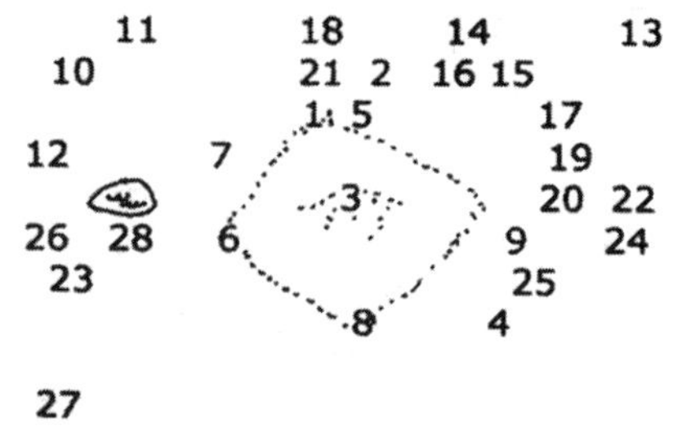

초기 관찰 내용/소견 — (치료자) 또는 '내담자'
(손가락으로 모래에 다이아몬드 형태를 그림)

배치 순서

1) 포수
2) 심판원
3) 투수
4) 내야수
5) 타자
6) 내야수
7) 카메라맨
8) 내야수
9) 외야수
10) 맥주를 들고 의자에 앉아 있는 남자
11) 엄지손가락을 다친 남자
12) 농부
13) 취해 있는 남자
14) 어깨 위에 남자 아이를 태운 남자
15) ~ 22) 턱시도를 입은 남자
23) ~ 24) 나무
25) 태양(고리에 걸려 있음, 호수를 만듦)
26) 낚시 금지 푯말
27) 픽업 트럭
28) 관목

내담자의 정리하는 말

"야구를 하고 있어요. 이 남자들은(왼쪽) 여기 농장에 살아요(왼쪽). 그 사람들은 관람할 의자를 가져왔어요. 이 남자(#13)는 방망이로 머리를 쳤어요. 트럭이 길을 잃었는데 게임을 보러 갈 길을 찾았어요. 이 사람(#7)은 투수의 모든 동작을 지켜보고 있어요. 이 사람들(턱시도)은 시작할 때 노래를 불렀던 사람들이에요. 이 사람은 낚시를 해서(#12) 법을 어겼어요."

[애런] 모래상자 5

모래놀이 기록용지

애런

상자 6 — 2주 후
마른 상자
젖은 상자 X

28
23 10 9
18 1
16 11
15 24 2
4 25 19 26 12
5 20 13
8 3 17
6 14 21
7 27 29 22

초기 관찰 내용/소견 — (치료자) 또는 '내담자'
"난 전쟁터를 만들 거예요."

배치 순서

1)~8) 군인
9)~12) 기마병
13) 군인
14) 남북전쟁 군인
15) 현대 군인
16)~22) 남북전쟁 군인
23) 현대 군인
24) 아돌프 히틀러
25) 나팔수
26) 모래부대로 쌓은 벙커
27) 들것을 갖고 있는 위생병 "됐어요! 이제 사소한 것들은…"
28)~29) 참나무

내담자의 정리하는 말
"그들은 이제 막 전쟁을 시작하려 해요. 이 사람(#25)이 나팔을 불면 시작할 거예요. 이 사람(벙커 뒤에 있는)은 이미 사람을 쏘아서 자격이 없어요. 그는 나쁜 사람이에요. 착한 사람은 여기(왼쪽)에, 나쁜 사람은 오른쪽이에요. 이 사람(히틀러)은 나쁜 팀의 지휘관이에요. 이 사람(#25)은 좋은 팀의 지휘관이에요."

[애런] 모래상자 6

모래놀이 기록용지

애런

상자 7 — 1달 후
마른 상자
젖은 상자 X

15
13 2
14 3x 8 7/6
3
18/5
17x/1 16
12 11
17 10/4 19/9

초기 관찰 내용/소견 — (치료자) 또는 '내담자'
없음

배치 순서

1) 탁구대
2) 새장 안의 새
3) 침대
4) TV
5) 옷장
6) 테이블
7) 컴퓨터(테이블 위)
8) 의자
9) 트렁크/상자
10) 우승컵(TV 위)
11) 우산(접혀 있음)
12) 사다리(침대와 테이블 위치에 맞추어 오른쪽으로 옮김)
13) 욕조
14) 변기
15) 세면대
16) 거울(옷장 뒤에 위치)
17) 축구공(테이블 위, 그 후 사다리로 옮겨짐)
18) 소형 군대 지프(옷장 위에 줄을 맞춤)
19) 돛단배(상자 위)

내담자의 정리하는 말
"작은 아이의 방이에요. 부모가 부자라서 이런 모든 물건을 갖추고 있어요. 이것(#10)은 축구경기 우승컵이에요. 아버지가 사무실에서 가져와 내게 준 컴퓨터가 있어요. 이 새는 나올 수 없어요. 이것은 물건을 치울 수 있는 사다리예요. 이것은 겨울옷을 담아 둔 겨울용 상자에 있는 우산이에요. 이것은 그 아이의 새인데 이름이 '프레드'예요. 그는 자기만의 거울을 갖고 있어요."

[애런] 모래상자 7

모래놀이 기록용지

애런

상자 8 — 11주 후
마른 상자
젖은 상자 X

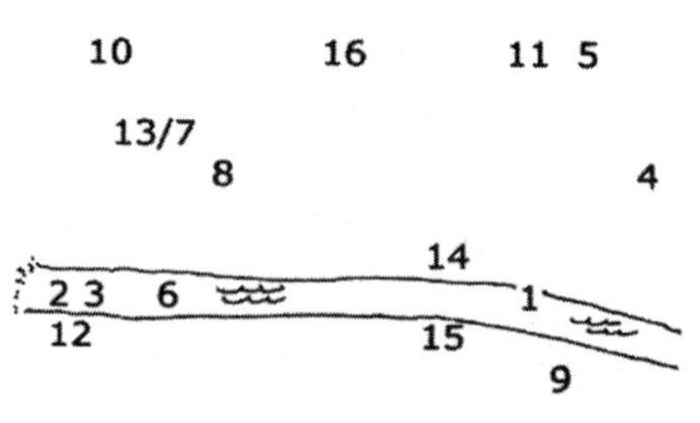

초기 관찰 내용/소견 — (치료자) 또는 '내담자'
(모래를 단단하게 두드림)

배치 순서

1) 다리(그 아래 강이 흐르도록 모래를 팜)
2) 곤돌라
3) 우산(곤돌라 위)
4) 참나무
5) 집
6) 물고기-3
7) 벤치
8) 바다 갈매기
9) 거위들
10) 참나무
11) 자동차
12) 비둘기(받침이 있는 고리에 매달려 있음)
13) 개(벤치 위)
14) 뗏목
15) 낚시하는 사람

내담자의 정리하는 말
"여기는 강가에 있는 나라예요. 이 남자는 물고기를 잡아요. 이것은 어떤 사람의 집이에요."

[애런] 모래상자 8

모래놀이 기록용지

애런

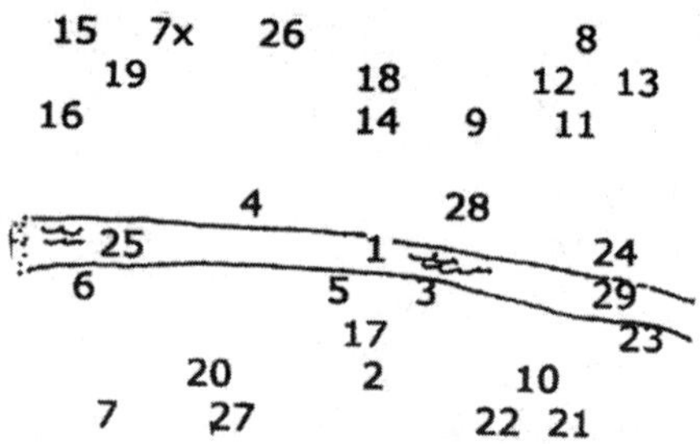

상자 9 — 1주 후
마른 상자
젖은 상자 X

초기 관찰 내용/소견 — (치료자) 또는 '내담자'
"나는 샌프란시스코를 만들 거예요. 왜냐하면 거기 있는 숙모 집에서 밤을 보낼 거니까요. 나는 중국인 마을도 만들 거예요."

배치 순서

1) 큰 중국식 다리(강을 만듦)
2) 사원
3)～5) 탑
6) 정자
7) 탑
11)～13) 다리
14) 정문(#7로 옮김)
15)～23) 중국식 건물
24) 나무(강을 넓힘)
25) 보트
26)～27) 나무
28) 은색 소나무
29) 큰 물고기

내담자의 정리하는 말
"여기는 중국이에요. 모든 사람이 자기 집에 있어요. 이 보트는 떠나려고 해요. 아주 이른 아침인데, 음식과 물건들을 막 내려놓았기 때문이에요. 이것은 돌고래예요. 바다로 헤엄쳐 가고 있어요. 낚시하는 사람(남자)은 돌고래를 잡으려 하지만 돌고래는 도망갔어요."

[애런] 모래상자 9

모래놀이 기록용지

애런

상자 10 — 2주 후
마른 상자
젖은 상자 X

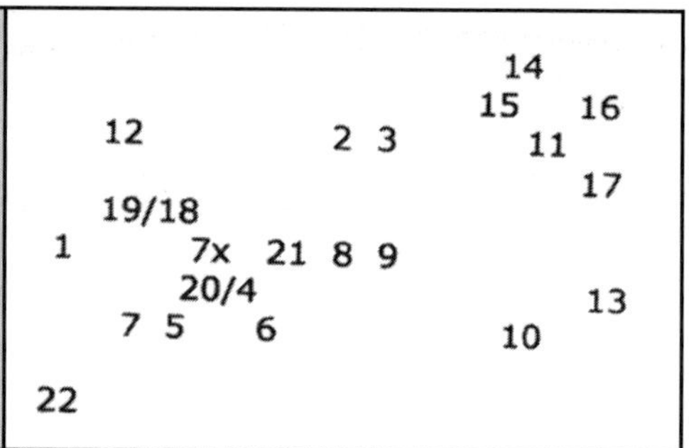

초기 관찰 내용/소견 — (치료자) 또는 '내담자'
없음

배치 순서

1) 칠판
2) 책상과 의자 2개
3) 사람(의자에)
4) 책상 "선생님 책상"
5) 의자
6) 서류가방
7) 선생님
8) 책상과 의자 2개
9) 사람(의자에)
10) 사람 있는 그네
11) 슬라이드
12) 차트
13) 아이가 있는 회전목마
14) 사람 있는 벤치
15) 아이가 있는 유모차
16) 지갑
17) 벤치
18) 테이블(선생님 옮김)
19) TV(테이블 위)
20) 라디오(선생님 책상 위)
21) 휴지통
22) 아이가 앉은 의자(구석에)

내담자의 정리하는 말

"이 사람들(책상에 있는 아이들)은 수업 중이고 이 사람들(운동장의)은 휴식 시간에 조용히 하려 애쓰고 있어요. 선생님은 조용히 하길 원하지만 이 사람들은 그러지 못해요. 이 사람들(교실에 있는)은 공룡에 대한 영화를 보고 있어요."

치료자: 얘는 여기서 무엇을 하는 거니? (구석에 있는 아이)

"그 아이는 열등생이에요. 그 아이는 연필을 갖고 놀아요. 이 사람(#14)은 아기를 가진 엄마예요. 선생님은 이 아이(그네에 서 있는)가 서 있어서 화가 많이 났어요."

[애런] 모래상자 10

모래놀이 기록용지

애런

상자 11 — 3개월 후
마른 상자
젖은 상자 X

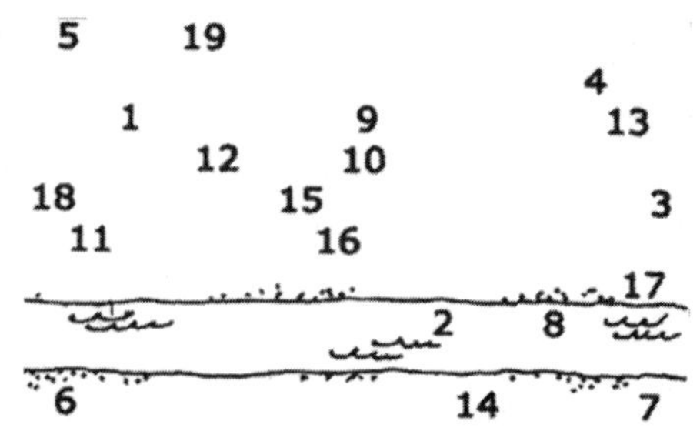

초기 관찰 내용/소견 — (치료자) 또는 '내담자'
(상자 왼쪽 끝에 물을 갖다 놓음. 앞에서 작업)

배치 순서

1) 기차
2) 다리
3)~4) 집
5) 태양(고리에 매달려 있음, 큰 돌 위에 고리는 안전함)
6) 바위 벽(상자 뒤 가장자리를 따라)
7) 벤치
8) 물고기-4
9) 전망대
10) 테이블과 의자
11) 우물
12) 바위
13)~15) 눈이 있는 나무(약간 더 뒤로 움직여 전망대 위치와 맞춤)
16) 소나무
17) 은색 나무
18)~19) 소나무

내담자의 정리하는 말
"크리스마스예요. 사막처럼 눈은 전혀 없는 곳이에요. 모든 사람은 장식하면서 가족을 만나길 원해요. 기차는 가족이 있는 곳으로 가고 있어요. 그래서 둘러보아도 사람은 아무도 없는 거예요."

[애런] 모래상자 11

모래놀이 기록용지 **애런** 상자 12 — 1개월 후 마른 상자 젖은 상자 X	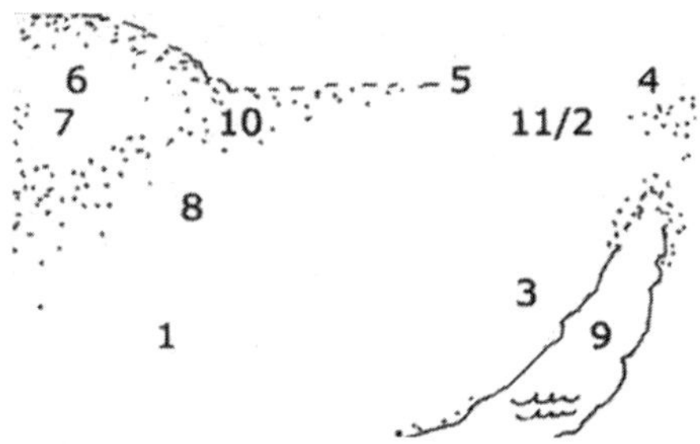
초기 관찰 내용/소견 — (치료자) 또는 '내담자' 없음	

배치 순서

1) 달려오는 말
2) 이글루(강을 만듦)
3) 북극곰 "얼음나라에서 말은 무엇을 하고 있나?"
4)~5) 눈이 있는 나무
6)~7) 스키어
8) 눈송이(주변에 뿌림)
9) 얼음 큐브(강에)
10) 큰 크리스털 별(상자 위 천장에 달려 있음)
11) 크리스털 링(이글루 위에)

내담자의 정리하는 말

"여기는 겨울나라예요."

[애런] 모래상자 12

모래놀이 기록용지

애런

상자 13 — 5개월 3주 후

마른 상자

젖은 상자 X

2 21 28 16 17
1 4 3 8 7 26
12 24 20
14 25
29 30
22
11 23
9
5 18 6 15 10 13
27 19

초기 관찰 내용/소견 — (치료자) 또는 '내담자'
(만드는 도중 상자 주위를 돌음)

배치 순서

1) 벙커
2) ~ 10) 군인(어둠 대 밝음으로 배치)
11) 캐논
12) ~ 15) 탱크
16) ~ 19) 지프
20) 탱크
21) 캐논
22) ~ 24) 제트기
25) 군인
26) 위생병과 들것 위에 있는 남자
27 ~ 28) 군인
29) 제트기(상자 위 고리에 걸려 있음)
30) 벽(벙커를 만듦)
31) 제트기(바위 위)

내담자의 정리하는 말

"이것은 페르시아만 전쟁이에요." (페르시아만 전쟁이 오늘 시작됨)

치료자: 넌 어떻게 느꼈니?

(진저리치면서) "그건 아주 쓸모없고 유치해요."

[애런] 모래상자 13

모래놀이 기록용지

애런

상자 14 — 2개월 후
마른 상자
젖은 상자 X

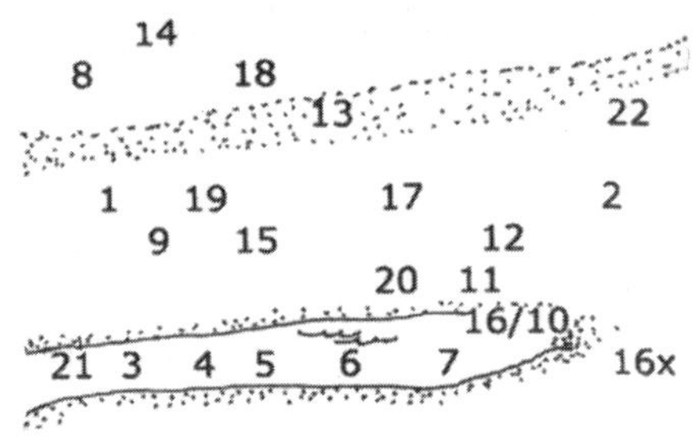

초기 관찰 내용/소견 — (치료자) 또는 '내담자'
"난 골프 코스를 만들 거예요." (장난스럽고 짓궂은 분위기)

배치 순서

1) 골퍼
2) 깃발과 홀
3) ~ 7) 자전거 타는 사람 "이건 재미있는 모습인데 자전거 타는 사람이 물에서 타고 있기 때문이에요."
8) 스키어
9) 망원경으로 보고 있는 스파이
10) 다리(손으로 길을 만듦)
11) ~ 12) 자동차
13) 큰 기차(웃음)
14) 눈송이
15) 우물
16) 다이버 "야, 깊은 바다의 다이버!"
17) 소 "야, 음메."
18) 북극곰 "이 사람(스키어)은 북극곰을 보면서 언덕에서 스키를 타요!"
19) 딕 트레이시
20) 가솔린 펌프
21) 물고기 뼈 "죽은 물고기가 떠다녀요"
22) 우주왕복선(기찻길 밖으로 이동함)

내담자의 정리하는 말

"여기는 이상한 나라예요. 이 남자(자전거 타는 사람)는 자전거를 강에서 뒤로 타요. 우주왕복선은 출발하려 해요. 모든 것이 골프 코스에 있어요. 이 사람(스파이/클루소와 트레이시)은 골프공이 폭발할 거라 생각해서 그것을 바라보고 있어요. 스키 타는 사람은 언덕 위로 가요."
치료자: 여기는 안전한 장소니, 두려운 곳이니?
"아주 안전하지는 않아요. 다치지는 않을 테니 그것을 생각할 필요는 없어요."
(사진 찍기 전에 다이버를 다리 위로 옮김)
"이 사람은 다이빙을 할 준비가 되어 있어요!"

[애런] 모래상자 14

모래놀이 기록용지

애런

상자 15 — 종결, 5개월 후
상자 1 이후로 1년 6개월 경과
젖은 상자 X

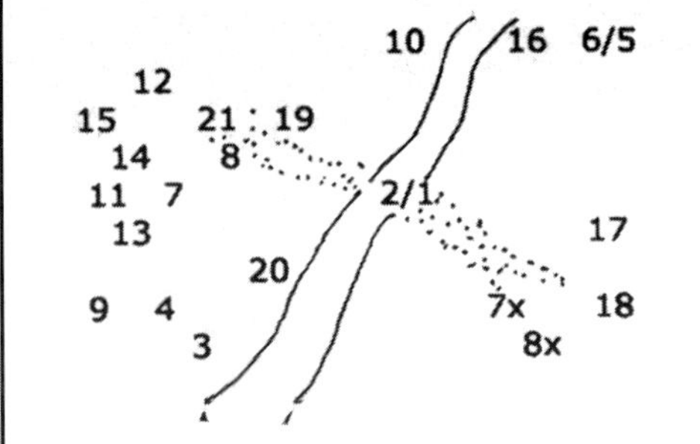

초기 관찰 내용/소견 — (치료자) 또는 '내담자'
(강을 만듦) "길을 만드는 것은 아주 어려워요."

배치 순서

1) 다리(다리 위의 길을 따라 왼쪽 구석에서 오른쪽까지 길을 만듦)
2) 자동차(다리 위)
3) 기찻길
4) 기차 엔진
5) 벤치
6) 숙녀(벤치 위)
7) 레슬러(누워 있음)
8) 권투선수
9) 나폴레옹 상
10) 로켓맨(다리 근처 강 위 고리에 달려 있음)
11) 데이비 크로켓 "내가 이전에 알던 모든 나쁜 녀석들이 필요해."
12) 머리가 두 개인 용
13) 머리가 세 개인 용
14) 조커
15) 히틀러
16)~18) 참나무
17)~20) 작은 나무

내담자의 정리하는 말
"이 사람(권투선수)이 나고 여기 있는 모든 사람은 내가 죽일 나쁜 놈들이에요. 이것(#9)은 내 동상이에요. 이것은 전쟁터에서 내가 떠날 때 탈 기차예요. 이것은 호수이고 사람들은 운전을 하고 있어요. 이것은 로켓맨인데 나쁜 녀석들을 죽일 때 나를 도와줘요. 이 사람(#6)은 싸움을 지켜볼 여자예요. 이 사람은 우리 엄마예요. (#9) 이것은 내가 받은 트로피예요. (#21 추가)
21)은 트로피(권투선수 #8 옆에 세움) "이것은 나만큼 커요."

[애런] 모래상자 15a

[애런] 모래상자 15b – 세부 사진

내담자 프로파일

에이드리엔

- 32세 여성
- 기혼
- 2년제 대학
- 자녀 없음: 자녀 원함
- 부모에게 방임되어 왔음
- 오빠 1명
- 유태인이나 종교 없음
- 8, 9세 이전 기억이 거의 없음
- 16세경 부가 암으로 사망
- 모를 미워함: 모래놀이에서 이 문제를 다루어, 이후에 자신의 자녀와는 이러한 양상을 반복하기 원치 않음

모래놀이	언급된 곳
모래상자 1	403
모래상자 10	34
모래상자 11	34, 76
모래상자 12	34
모래상자 20	76, 78
모래상자 26	76, 176
모래상자 42	

[에이드리엔] 모래상자 1－치료시작 8개월 후

[에이드리엔] 모래상자 10－1년 10개월 후

[에이드리엔] 모래상자 11—1주 후

[에이드리엔] 모래상자 12—2주 후

[에이드리엔] 모래상자 20−5개월 후

[에이드리엔] 모래상자 26a−4개월 후

[에이드리엔] 모래상자 26b – 세부 사진

[에이드리엔] 모래상자 42 – 종결, 4년 5개월 후
모래상자 1 이후 7년 경과

내담자 프로파일

애니

- 11세 소녀
- 조부모와 동거
- 태내에서 약물과 알코올 접촉
- 발달 지연, 학업 및 사회성 문제
- 행동 문제
- 양극성 장애
- 심한 성적 학대 경험

모래놀이	언급된 곳
모래상자 1	
모래상자 2	
모래상자 3	201
모래상자 4	201
모래상자 5	201
모래상자 6	201

[애니] 모래상자 1–1회기

[애니] 모래상자 2–2주 후

[애니] 모래상자 3−4주 후

[애니] 모래상자 4a−2개월 후

[애니] 모래상자 4b—세부 사진

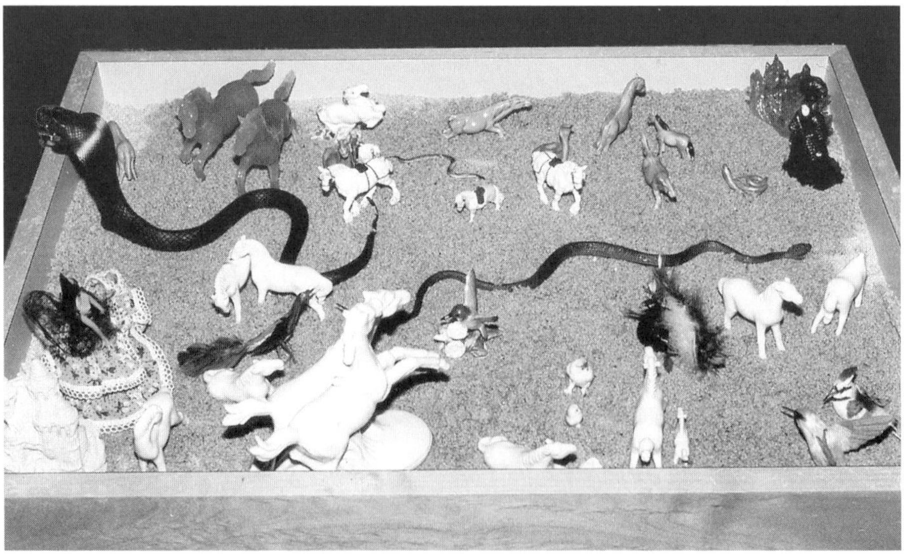

[애니] 모래상자 5—3개월 후

[애니] 모래상자 6-종결, 7주 후
모래상자 1 이후로 11개월 경과

내담자 프로파일

아티

- 7세 남아
- 부모는 갈등이 많은 이혼과정에 있음
- 공동 양육권
- 임신 내내 모는 아픔: 정상 분만
- 학교 입학 후 공포와 불안, 악몽
- 매일 복통, 학교 거부
- 매우 활동적임
- ADD 평가에서 부정적 결과

모래놀이	언급된 곳
모래상자 1	
모래상자 12	236-41
모래상자 13	236
모래상자 18	236
모래상자 28	233
모래상자 29	233
모래상자 30	233
모래상자 41	236
모래상자 42	236

[아티] 모래상자 1—1회기

[아티] 모래상자 12a—10개월 후

[아티] 모래상자 12b—세부 사진

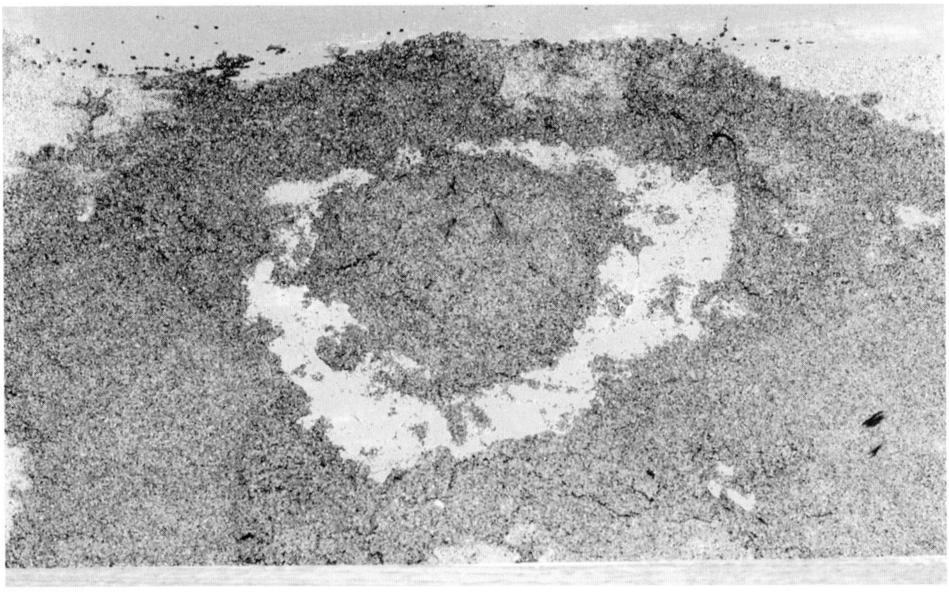

[아티] 모래상자 13—1주 후

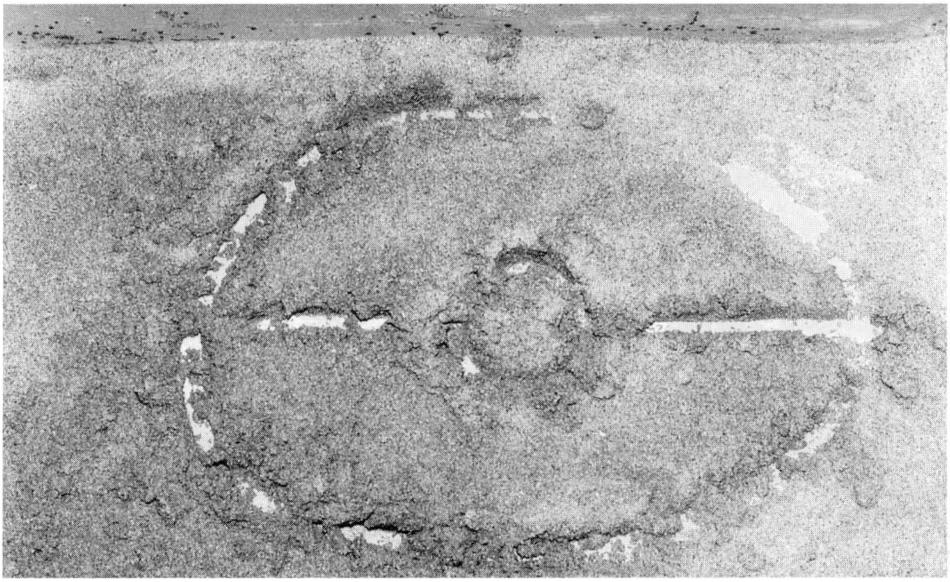

[아티] 모래상자 18—3주 후

[아티] 모래상자 28a—8개월 후

[아티] 모래상자 28b–세부 사진

[아티] 모래상자 29–1주 후

[아티] 모래상자 30–동일 회기

[아티] 모래상자 41–6개월 후

[아티] 모래상자 42－종결, 3개월 후
모래상자 1 이후로 3년 5개월 경과

내담자 프로파일

빌리

- 3세 반 남아
- 부가 모를 때리는 가정폭력 목격
- 부모 이혼: 부를 만나지 못함
- 빈번한 악몽과 두려워하는 행동을 모가 보고
- 12세 형 한 명 있음

모래놀이	언급된 곳
모래상자 1	292-3
모래상자 2	
모래상자 3	
모래상자 4	221, 293
모래상자 5	293

[빌리] 모래상자 1—선반, 1회기

[빌리] 모래상자 2a—1주 후

[빌리] 모래상자 2b—세부 사진

[빌리] 모래상자 3a—2주 후

[빌리] 모래상자 3b—세부 사진

[빌리] 모래상자 4—2주 후

[빌리] 모래상자 5a－종결, 3주 후
모래상자 1 이후로 2개월 경과

[빌리] 모래상자 5b－세부 사진

내담자 프로파일

캐리

- 40세 여성, 기혼
- 자녀 없음
- 자매 1명
- 고등학교 졸업
- 취업
- 20세에 병으로 모 사망
- 모의 죽음에 대해 어떤 감정도 가져 본 적 없음
- 부는 알코올중독자
- 가족사와 부에 대한 반감을 탐색하기 위한 치료

모래놀이	언급된 곳
모래상자 1	199
모래상자 2	199
모래상자 3	199
모래상자 4	199
모래상자 5	199
모래상자 6	129, 199
모래상자 7	123, 199
모래상자 8	199
모래상자 15	199
모래상자 21	199
모래상자 23	199
모래상자 24	199
모래상자 41	

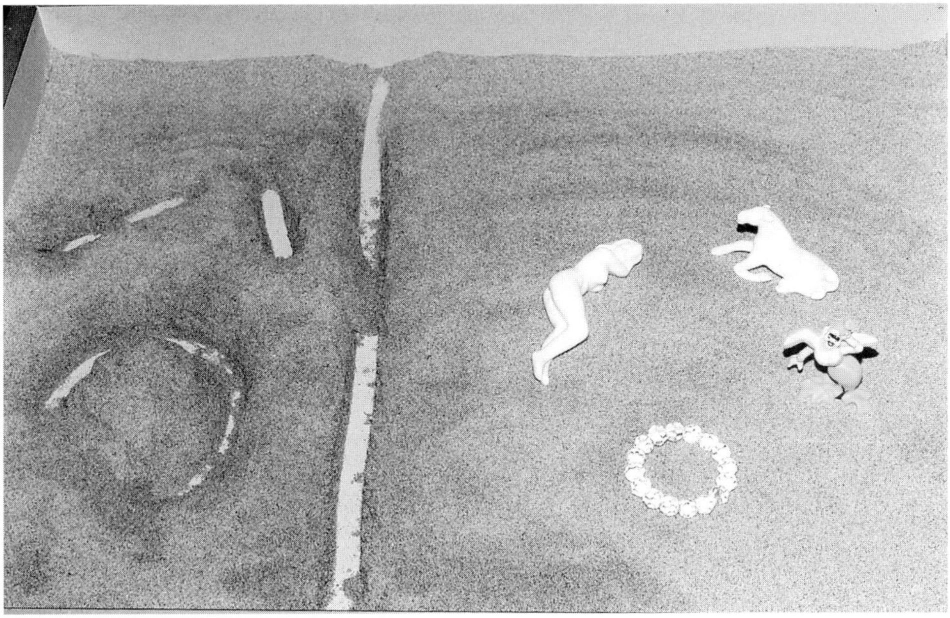

[캐리] 모래상자 1－치료 초기

[캐리] 모래상자 2－6주 후

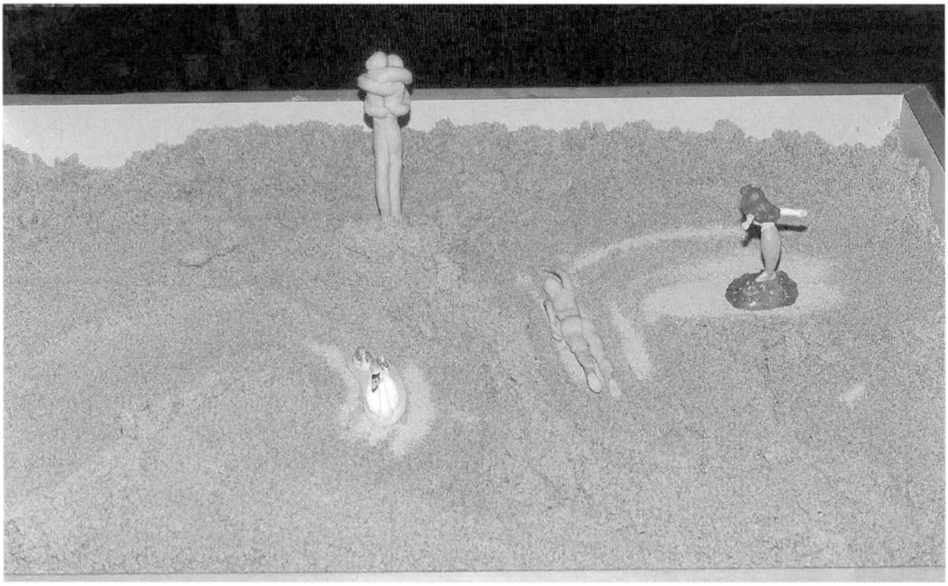

[캐리] 모래상자 3－2주 후

[캐리] 모래상자 4－3주 후

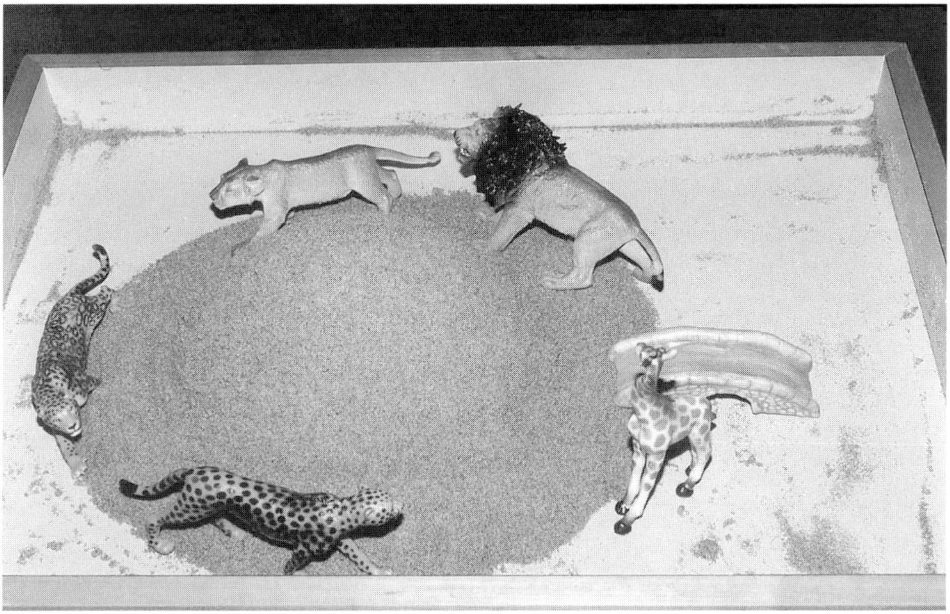

[캐리] 모래상자 5—2주 후

[캐리] 모래상자 6a—3주 후

[캐리] 모래상자 6b—세부 사진

[캐리] 모래상자 7—2주 후

[캐리] 모래상자 8—2주 후

[캐리] 모래상자 15—6개월 후

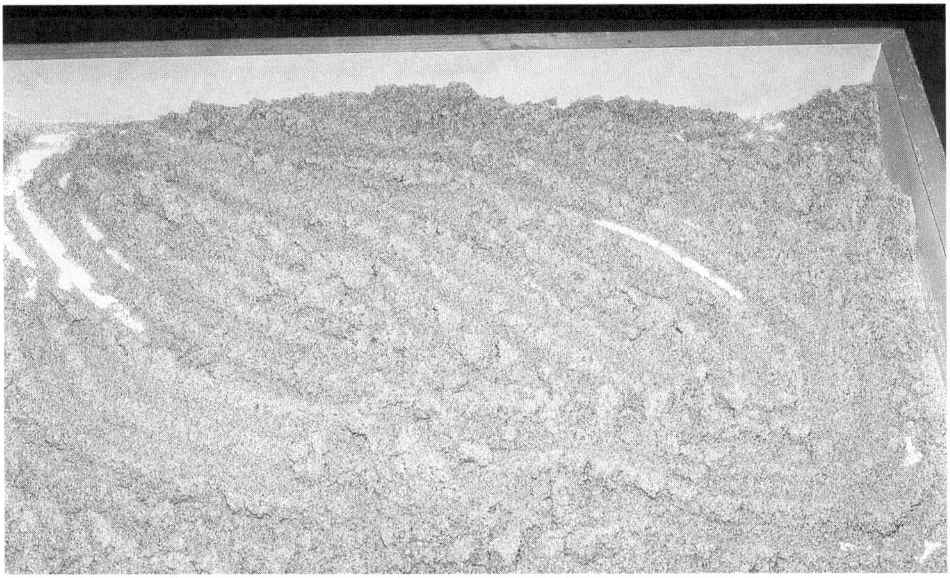

[캐리] 모래상자 21－10 개월 후

[캐리] 모래상자 23－6주 후

[캐리] 모래상자 24－2개월 후

[캐리] 모래상자 41a－종결, 5년 후
모래상자 1 이후로 7년 경과

[캐리] 모래상자 41b—세부 사진

[캐리] 모래상자 41c—세부 사진

내담자 프로파일

찰리

- 8세 남아
- 영어를 하지 못하는 이민자 부모
- 외상 후 스트레스 장애로 소아과에서 의뢰됨
- 최근 오토바이 사고 후 악몽과 심한 불안 반응

모래놀이	언급된 곳
모래상자 1	129
모래상자 2	129
모래상자 3	129
모래상자 4	129
모래상자 5	129
모래상자 6	129
모래상자 7	129

[찰리] 모래상자 1－1회기

[찰리] 모래상자 2－1주 후

[찰리] 모래상자 3—1주 후

[찰리] 모래상자 4—2주 후

[찰리] 모래상자 5—1주 후

[찰리] 모래상자 6—2개월 후

[찰리] 모래상자 7a—종결, 1개월 후
모래상자 1 이후로 4개월 경과

[찰리] 모래상자 7b—세부 사진

내담자 프로파일

엘리자베스

- 40대 초반 여성
- 고학력, 전문직 종사
- 기혼, 자녀 없음
- "…내 안에서 나타나고 들리는 것이 무엇인지 알기 위해" 모래놀이 시작

모래놀이	언급된 곳
모래상자 1	263
모래상자 2	180, 268
모래상자 3	180
모래상자 4	
모래상자 5	209
모래상자 6	128
모래상자 7	
모래상자 8	
모래상자 9	
모래상자 10	137, 276
모래상자 11	202, 263

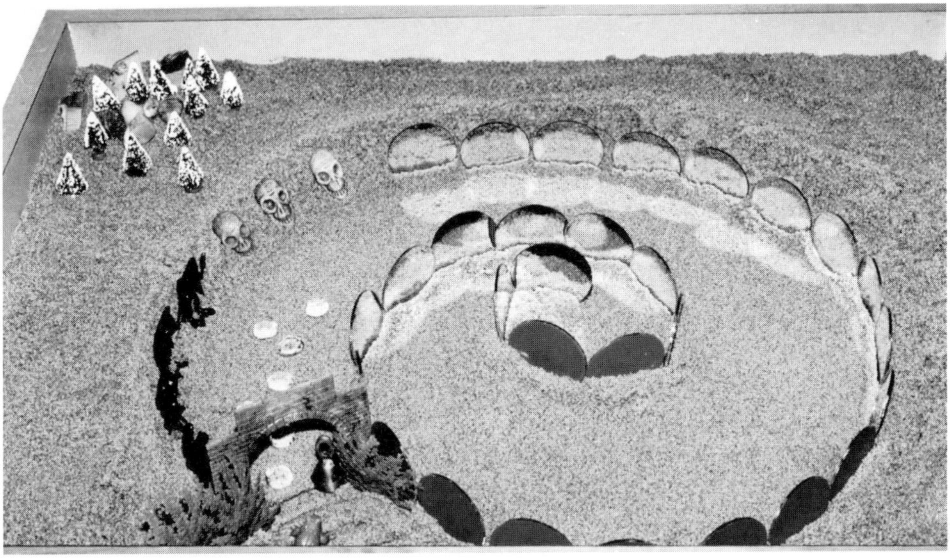

[엘리자베스] 모래상자 1a—1회기

[엘리자베스] 모래상자 1b—세부 사진

[엘리자베스] 모래상자 2—1주 후

[엘리자베스] 모래상자 3—1개월 후

[엘리자베스] 모래상자 4-2주 후

[엘리자베스] 모래상자 5-2주 후

[엘리자베스] 모래상자 6a—2주 후

[엘리자베스] 모래상자 6b—세부 사진

[엘리자베스] 모래상자 7－5개월 후

[엘리자베스] 모래상자 8－1개월 후

[엘리자베스] 모래상자 9–7년 후

[엘리자베스] 모래상자 10–1년 후

[엘리자베스] 모래상자 11a—종결, 1년 4개월 후

[엘리자베스] 모래상자 11b—세부 사진

내담자 프로파일

해럴드

- 60대 남성
- 아내의 권고로 치료받으러 옴
- 폭력적인 분노 폭발
- 세 번째 결혼, 아이들 있음
- 전문직, 두 번째 아내로 인해 들어감
- 모와 아직 같이 살고 있음: 아버지는 모름
- 모가 자신을 통제하려 한다는 것에 대해 불평

모래놀이	언급된 곳
모래상자 1	75
모래상자 2	75
모래상자 3	75
모래상자 4	75
모래상자 5	75
모래상자 6	389
모래상자 7	
모래상자 8	95

[해럴드] 모래상자 1—치료 시작 수개월 후

[해럴드] 모래상자 2—1주 후

[해럴드] 모래상자 3－2주 후

[해럴드] 모래상자 4－1개월 후

[해럴드] 모래상자 5—3주 후

[해럴드] 모래상자 6—1개월 후

[해럴드] 모래상자 7—3개월 후

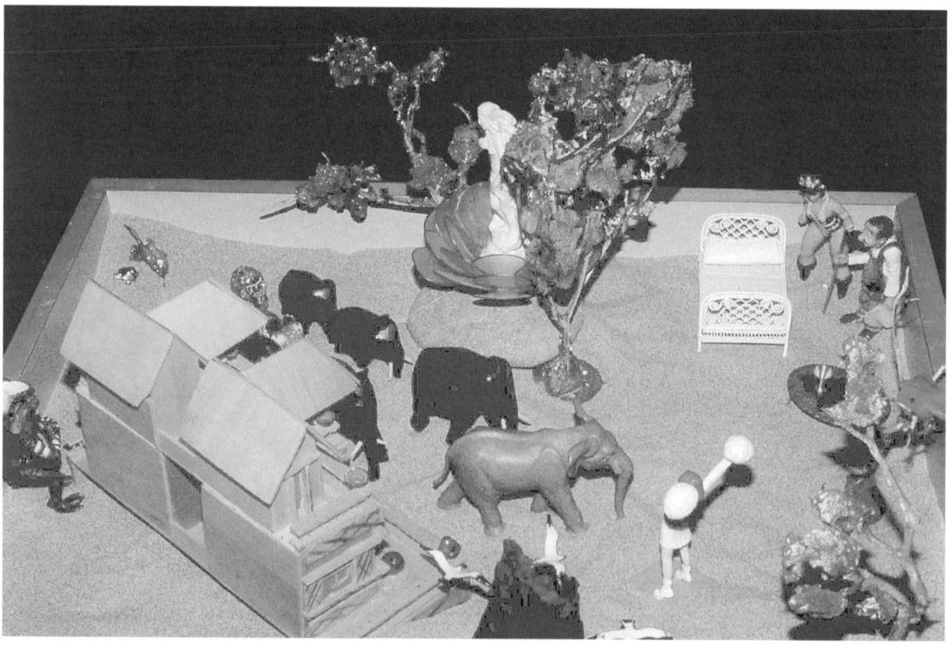

[해럴드] 모래상자 8—종결, 5개월 후
모래상자 1 이후로 1년 경과

내담자 프로파일

아이작

- 11세 남아
- 최근 그가 좋아하던 삼촌이 경찰에 쫓기다 죽은 후로 외상과 상실 문제로 치료에 옴

모래놀이	언급된 곳
모래상자 1	
모래상자 6	
모래상자 7	
모래상자 8	
모래상자 23	264
모래상자 24	

[아이작] 모래상자 1–1회기

[아이작] 모래상자 6–4개월 2주 후

[아이작] 모래상자 7—4주 후

[아이작] 모래상자 8—동일 회기

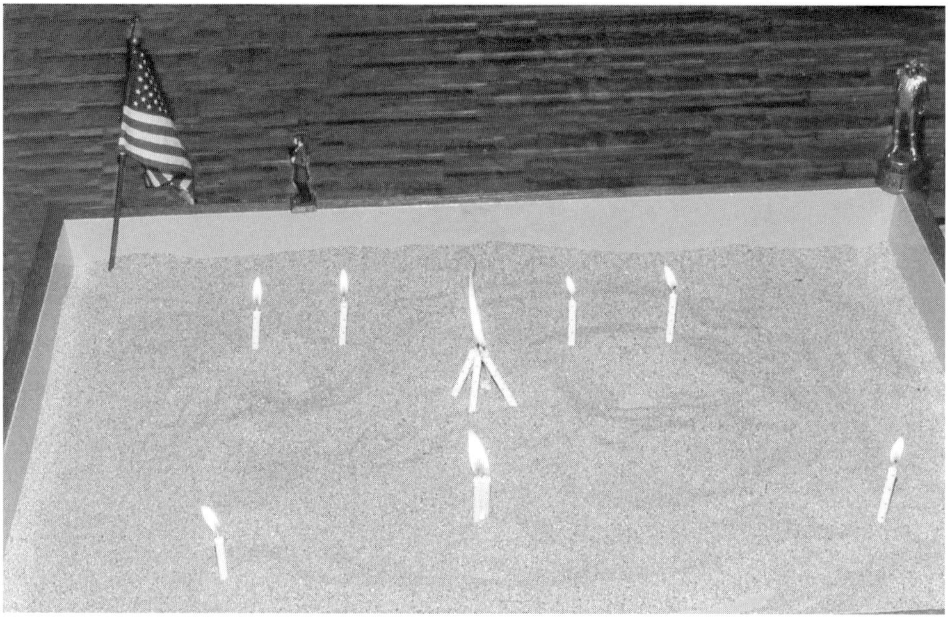

[아이작] 모래상자 23—1년 5개월 후

[아이작] 모래상자 24a—종결, 6주 후
모래상자 1 이후로 2년 경과

[아이작] 모래상자 24b—세부 사진

내담자 프로파일

아이비

- 9세 여아
- 3남매 중 맏딸
- 가족에게 아들이 생김
- 딸이 7세 남동생과 계속 싸우는 것을 염려하여 모가 치료에 의뢰
- 계속되는 부모갈등
- 부는 알코올중독으로 집을 들락날락함

모래놀이	언급된 곳
모래상자 1	275, 383
모래상자 2	76
모래상자 3	
모래상자 4	78, 183, 233
모래상자 5	183, 233
모래상자 6	
모래상자 7	
모래상자 8	166
모래상자 9	90
모래상자 10	87
모래상자 11	87
모래상자 12	87
모래상자 13	94

[아이비] 모래상자 1－1회기

[아이비] 모래상자 2－1주 후

[아이비] 모래상자 3－1주 후

[아이비] 모래상자 4－2주 후

[아이비] 모래상자 5－1주 후

[아이비] 모래상자 6－4주 후

[아이비] 모래상자 7-1주 후

[아이비] 모래상자 8-2주 후

[아이비] 모래상자 9－5주 후

[아이비] 모래상자 10－1주 후

[아이비] 모래상자 11－2주 후

[아이비] 모래상자 12－1개월 후

[아이비] 모래상자 13a—종결, 7개월 후
모래상자 1 이후로 1년 1개월 경과

[아이비] 모래상자 13b—세부 사진

내담자 프로파일

제이슨

- 40대 남자
- 기혼, 자녀 없음
- 만성적인 직업 불만족과 건강 문제로 치료에 옴
- 목회 공부를 함
- 매니지먼트로 일하고 있음

모래놀이	언급된 곳
모래상자 1	
모래상자 2	
모래상자 19	254
모래상자 20	254
모래상자 21	254

[제이슨] 모래상자 1—치료 시작 수 주일 후

[제이슨] 모래상자 2—동일 회기

[제이슨] 모래상자 19—3년 후

[제이슨] 모래상자 20—3주 후

[제이슨] 모래상자 21—종결, 2주 후
모래상자 1 이후로 3년 1개월 경과

내담자 프로파일

카일리

- 7세 반 여아
- 편모의 4남매 중 둘째
- 가족의 재정적 문제
- 학교에서 어려움
- 형제들과 싸우고 행동화

모래놀이	언급된 곳
모래상자 1	263, 281-4
모래상자 2	263, 281-4
모래상자 3	263
모래상자 4	263
모래상자 5	263
모래상자 6	284
모래상자 7	

[카일리] 모래상자 1–1회기

[카일리] 모래상자 2–3주 후

[카일리] 모래상자 3—2주 후

[카일리] 모래상자 4—4개월 후

[카일리] 모래상자 5—동일 회기

[카일리] 모래상자 6—4개월 후

[카일리] 모래상자 7 – 종결, 1개월 후
모래상자 1 이후로 10개월 경과

내담자 프로파일

래리

- 5세 남아
- 외상 치료를 위해 입양부모가 치료에 데려옴
- 원가족에서 4형제 중 셋째
- 친부모에 의한 심각한 방임과 성적 학대
- 태내 알코올 및 약물 손상 가능성

모래놀이	언급된 곳
모래상자 1	171
모래상자 2	171
모래상자 3	171
모래상자 4	
모래상자 5	171
모래상자 7	
모래상자 8	

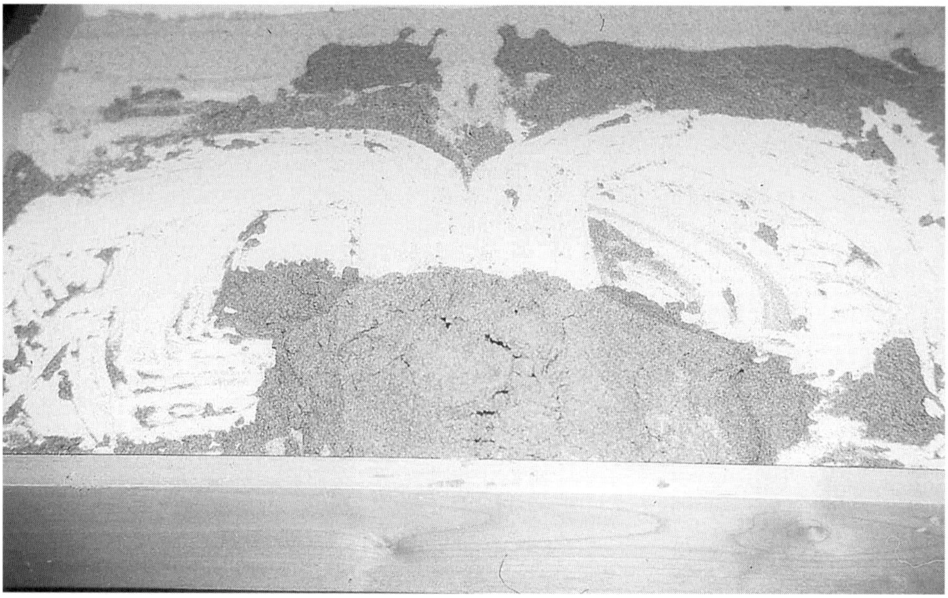

[래리] 모래상자 1—치료 시작 2개월 후

[래리] 모래상자 2—5개월 후

[래리] 모래상자 3-5개월 후

[래리] 모래상자 4-1주 후

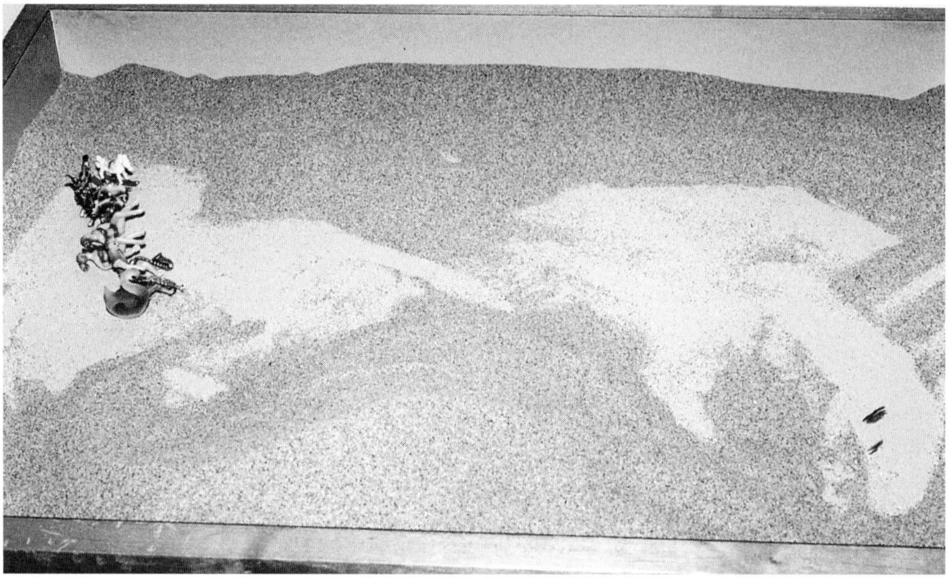

[래리] 모래상자 5a－3개월 후

[래리] 모래상자 5b－세부 사진

[래리] 모래상자 6—5개월 후

[래리] 모래상자 7—3주 후

[래리] 모래상자 8—종결, 2년 8개월 후
모래상자 1 이후로 4년 2개월 경과

내담자 프로파일

리라

- 5세 반 여아
- 부모의 갈등 많은 이혼으로 초래된 불안을 다루기 위해 치료에 데려옴
- 모와 함께 살고 부는 주말에 몇 시간 방문
- 부모는 수년간 서로 대화하지 않음

모래놀이	언급된 곳
모래상자 1	
모래상자 11	285
모래상자 12	285

[리라] 모래상자 1a-1회기

[리라] 모래상자 1b-세부 사진

[리라] 모래상자 11—종결, 1년 후
모래상자 1 이후로 1년 경과

[리라] 모래상자 12—동일 회기

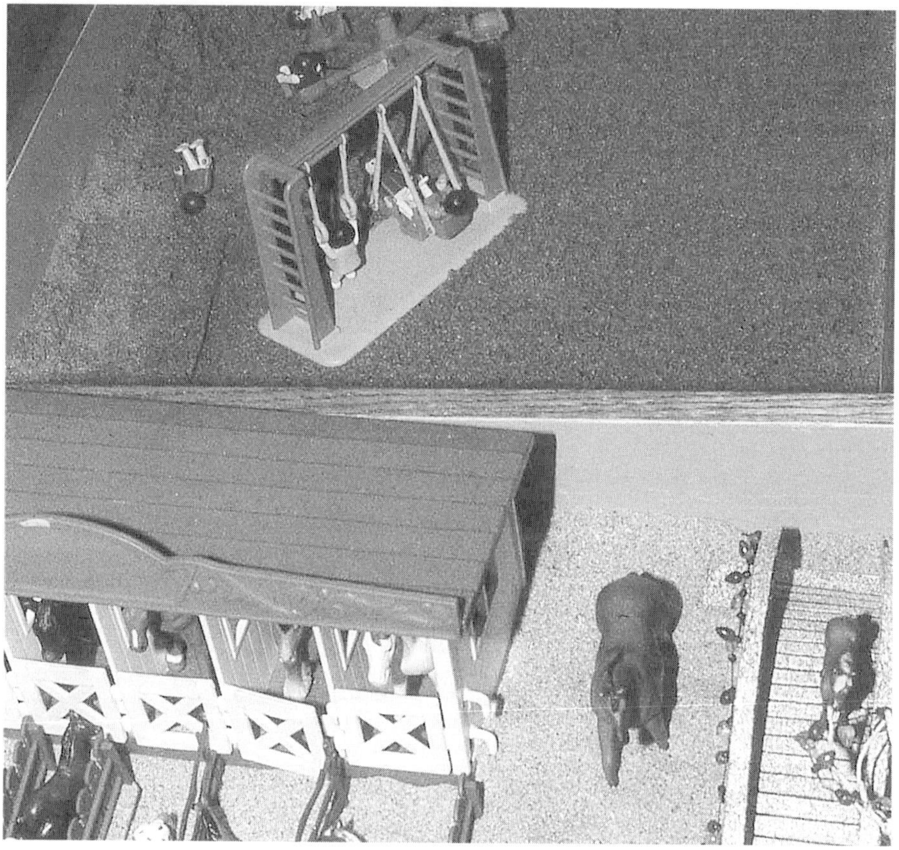

[리라] 모래상자 11과 12

내담자 프로파일

리네

- 7세 여아
- 두 자매 중 막내: 10대 언니
- 부모 별거
- 모와 함께 살고 부는 방문
- 부는 알코올중독
- 최근에 의심스러운 상처가 있어서 부의 성적 학대를 의심하여 모가 치료에 데려옴

모래놀이	언급된 곳
모래상자 1	22, 242
모래상자 6	22
모래상자 14	87, 297
모래상자 15	87
모래상자 19	87
모래상자 20	87
모래상자 41	296
모래상자 42	296
모래상자 43	296
모래상자 44	296
모래상자 45	297, 310
모래상자 46	298, 310
모래상자 49	311
모래상자 50	311
모래상자 51	311

[리네] 모래상자 1—1회기

[리네] 모래상자 6—1개월 후

[리네] 모래상자 14—2개월 2주 후

[리네] 모래상자 15—1주 후

[리네] 모래상자 19－1개월 후

[리네] 모래상자 20－2주 후

[리네] 모래상자 41—6개월 2주 후

[리네] 모래상자 42—1주 후

[리네] 모래상자 43—2주 후

[리네] 모래상자 44—2주 후

[리네] 모래상자 45—1주 후

[리네] 모래상자 46—2개월 1주 후

[리네] 모래상자 49a—2개월 2주 후

[리네] 모래상자 49b—세부 사진

[리네] 모래상자 50—10개월 후

[리네] 모래상자 51—종결, 3개월 후
모래상자 1 이후로 2년 6개월 경과

내담자 프로파일

레오

- 8세 남아
- 만성적인 부모 불화
- 부가 집을 나감
- 혼란스러운 생활 환경

모래놀이	언급된 곳
모래상자 1	27
모래상자 4	27
모래상자 6	27

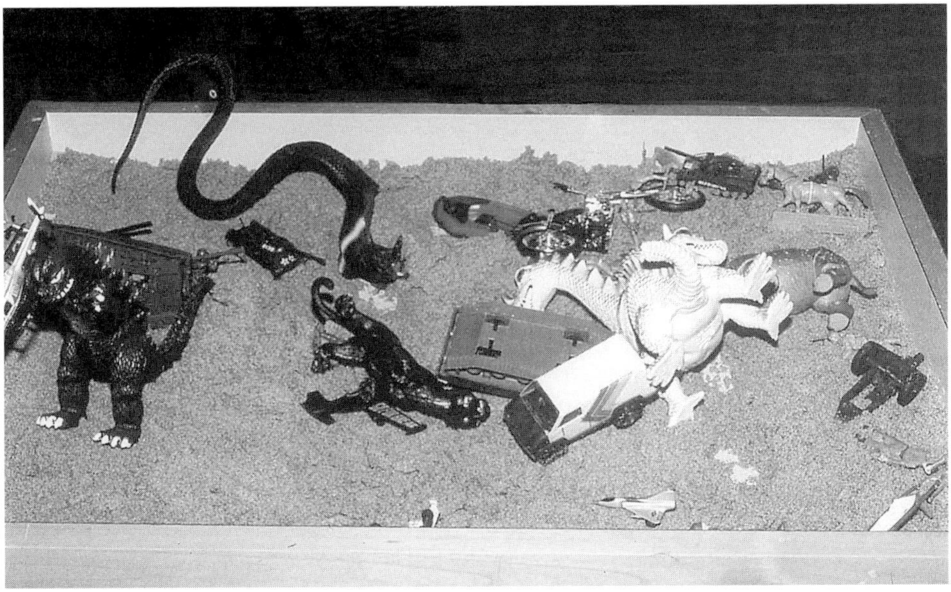

[레오] 모래상자 1–1회기

[레오] 모래상자 4–6주 후

[레오] 모래상자 6－종결, 3주 후
모래상자 1 이후로 2개월 1주 경과

내담자 프로파일

릴리

- 7세 여아
- 두 남매 중 맏딸
- 약물 중독 모에 의해 유기됨
- 상실과 외상 문제로 계부가 치료에 데려옴

모래놀이	언급된 곳
모래상자 1	
모래상자 2	155
모래상자 5	42
모래상자 10	42, 155
모래상자 11	

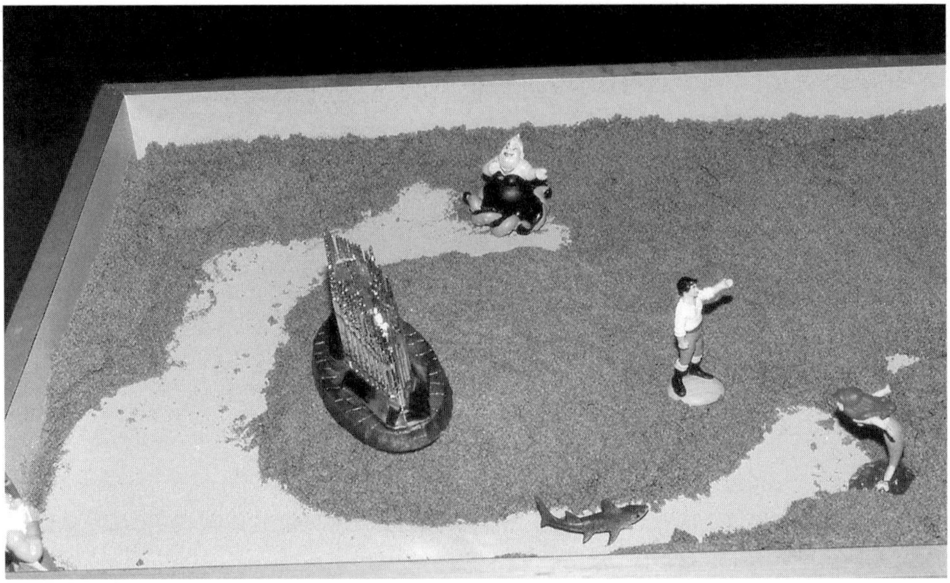

[릴리] 모래상자 1—1회기

[릴리] 모래상자 2a—1주 후

[릴리] 모래상자 2b—세부 사진

[릴리] 모래상자 5—3주 후

[릴리] 모래상자 10a—4개월 후

[릴리] 모래상자 10b—세부 사진

[릴리] 모래상자 10c-바닥 놀이, 동일 회기

[릴리] 모래상자 11-종결, 3주 후
모래상자 1 이후로 7개월 경과

내담자 프로파일

메이지

- 8세 여아
- 모의 약물 남용과 이혼으로 모와 떨어짐
- 부 재혼
- 아동은 혼합가족과 새형제들에게 적응하는 중
- 불안 증상

모래놀이	언급된 곳
모래상자 1	242
모래상자 9	43
모래상자 10	43

[메이지] 모래상자 1a—1회기

[메이지] 모래상자 1b—세부 사진

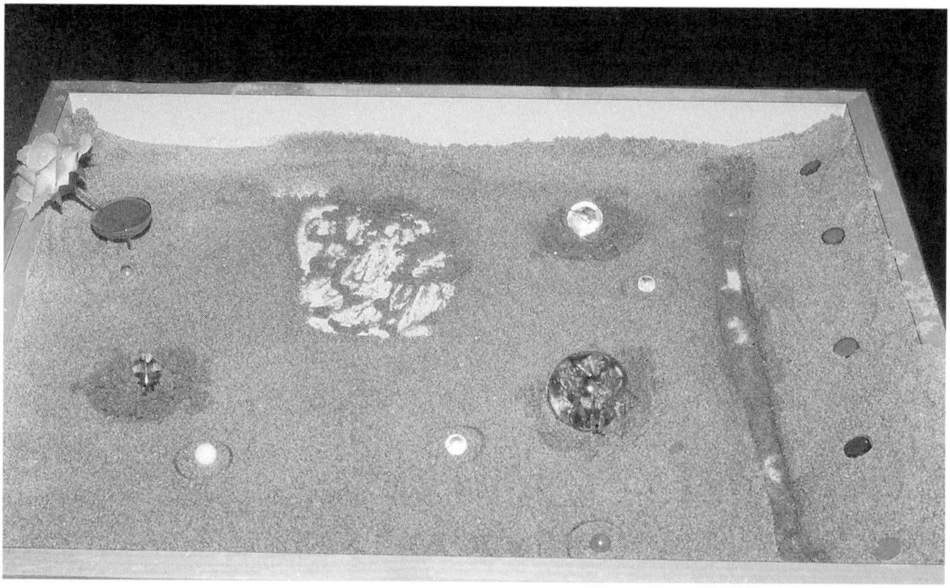

[메이지] 모래상자 9a—7개월 2주 후

[메이지] 모래상자 9b—세부 사진

[메이지] 모래상자 10a—종결, 3개월 2주 후
모래상자 1 이후로 1년 경과

[메이지] 모래상자 10b—세부 사진

내담자 프로파일

말콤

- 8세 남아
- 부가 치료에 데려옴
- 부모 이혼, 부와 함께 살고 있음
- 모는 심한 우울증, 여러 번의 입원과 자살 시도
- 모가 상태 좋을 때 방문
- 부는 아동이 살고 싶지 않다고 표현한 것과 우울증을 염려

모래놀이	언급된 곳
모래상자 1	249
모래상자 2	249
모래상자 8	249
모래상자 9	249
모래상자 27	249

[말콤] 모래상자 1—1회기

[말콤] 모래상자 2—1주 후

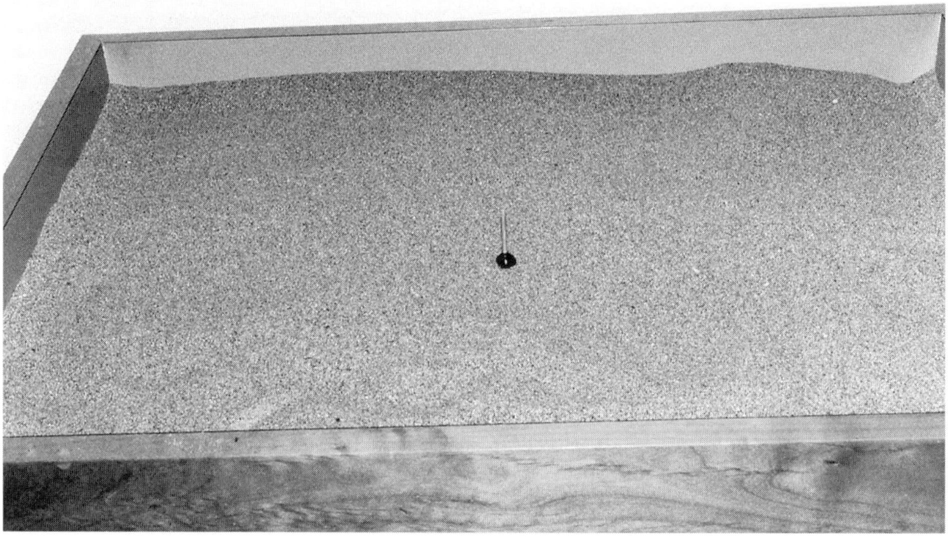

[말콤] 모래상자 8a–3개월 2주 후

[말콤] 모래상자 8b–세부 사진

[말콤] 모래상자 9—1개월 1주 후

[말콤] 모래상자 27—종결, 1년 10개월 후
모래상자 1 이후로 2년 3개월 경과

내담자 프로파일

마크

- 4세 남아
- 부모 별거 후 최근 이혼
- 모가 데리고 내원함
- 부부 공동양육권
- 최근 부 재혼
- 두 명의 새로운 의붓자매
- 악몽, 잠들기 어려움
- 좌절 인내력 낮음
- 퇴행 행동

모래놀이	언급된 곳
모래상자 1	
모래상자 4	412
모래상자 5	410
모래상자 20	413
모래상자 25	

[마크] 모래상자 1a – 1회기

[마크] 모래상자 1b – 세부 사진

[마크] 모래상자 4a–5주 후

[마크] 모래상자 4b–세부 사진

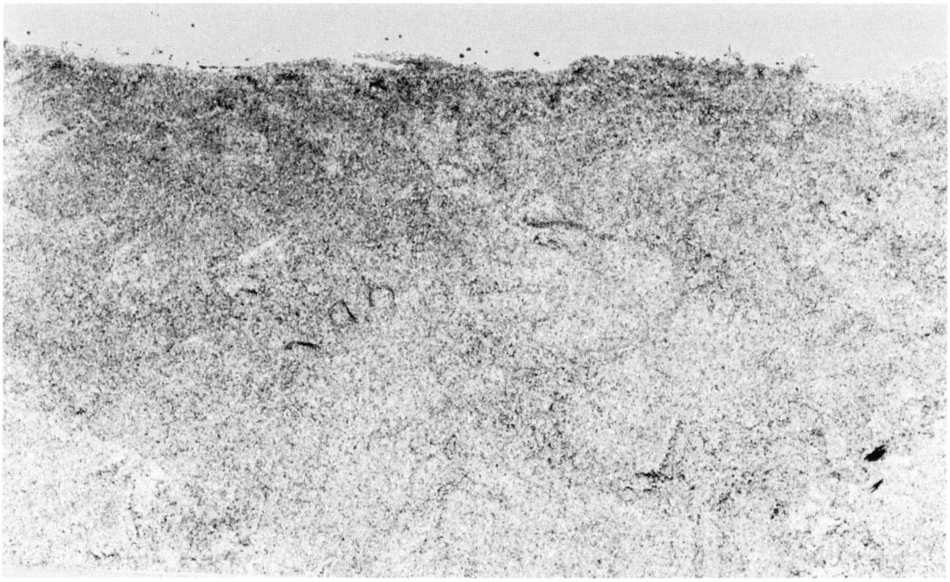

[마크] 모래상자 5－1개월 후

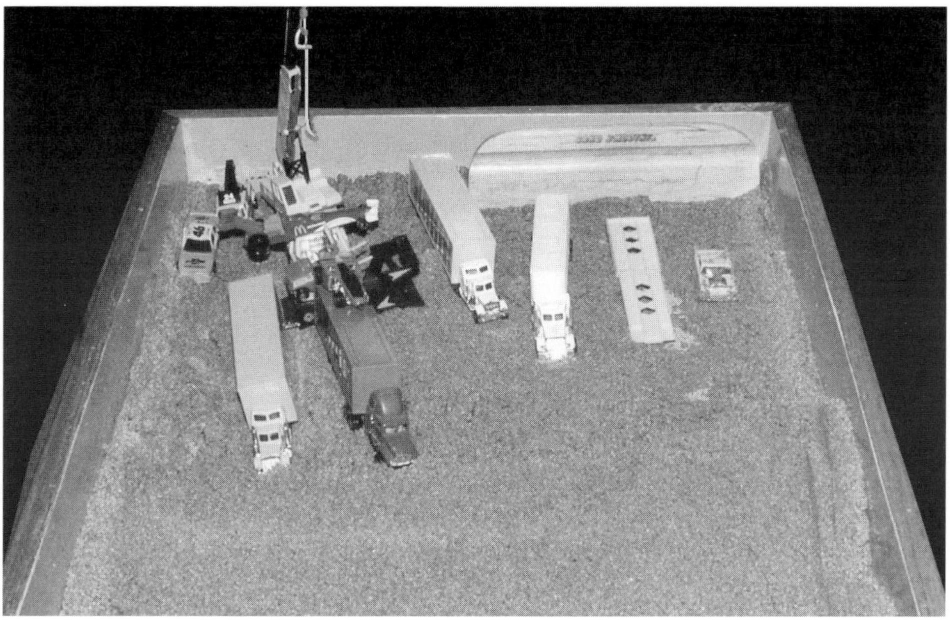

[마크] 모래상자 20－1년 3개월 후

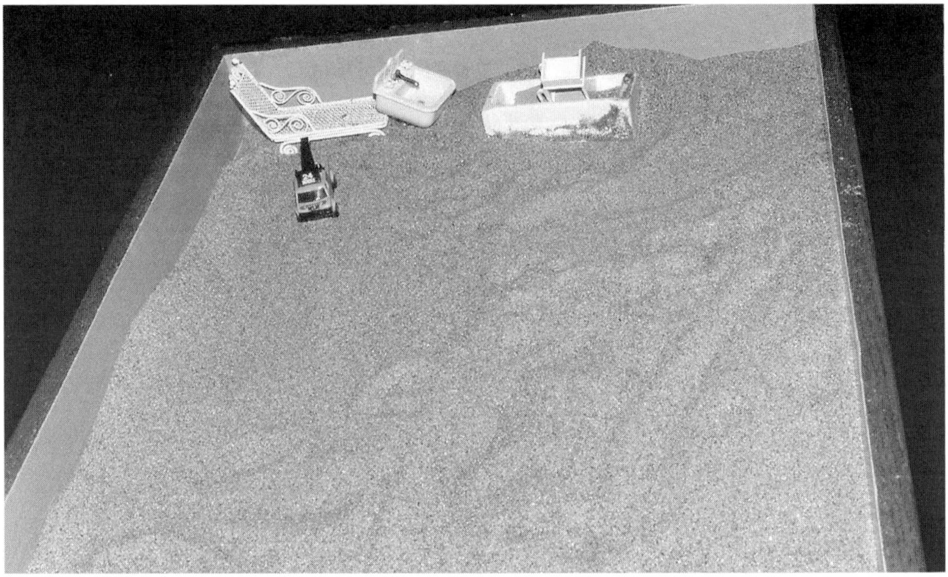

[마크] 모래상자 24 – 3개월 후

[마크] 모래상자 25 – 종결, 동일 회기
모래상자 1 이후로 1년 8개월 경과

내담자 프로파일

마르티나

- 5세 여아
- 오빠 1명
- 부는 알코올중독, 집을 들락날락함
- 부모 최근 별거
- 부모갈등의 영향에 대해 걱정하는 모가 치료에 데려옴
- 본래 5회기 치료 받음
- 6세에 남성 보모에 의한 성추행, 13세에 다시 치료에 옴
- 18세까지 정기적으로 치료에 옴
- 마지막 모래놀이는 15세에 종결

모래놀이	언급된 곳	모래놀이	언급된 곳
모래상자 1	109	모래상자 29	
모래상자 5		모래상자 32	
모래상자 10		모래상자 34	
모래상자 11		모래상자 36	
모래상자 15		모래상자 38	
모래상자 19		모래상자 40	
모래상자 22		모래상자 41	
모래상자 25		모래상자 42	
모래상자 26		모래상자 44	
모래상자 28		모래상자 45	

주: 마르티나의 모래놀이 작업은 109쪽에 제시함. 5~15세까지의 작업 중 선택한 자료는 아동기에 걸친 발달적 변화를 나타냄.

[마르티나] 모래상자 1－1회기

[마르티나] 모래상자 5a－1년 후

[마르티나] 모래상자 5b – 세부 사진

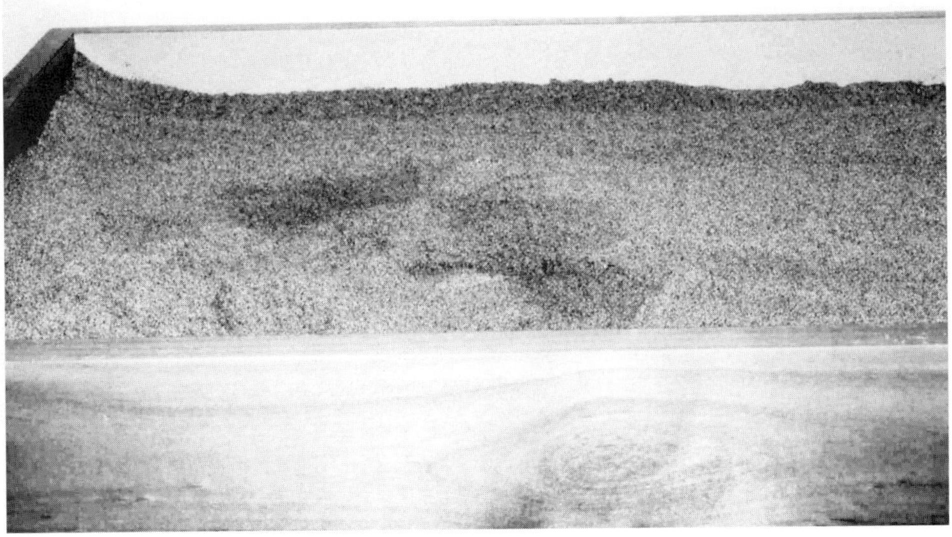

[마르티나] 모래상자 10a – 5개월 후

[마르티나] 모래상자 10b – 세부 사진

[마르티나] 모래상자 11a – 1주 후

[마르티나] 모래상자 11b－세부 사진

[마르티나] 모래상자 15－6개월 후

[마르티나] 모래상자 19 — 3개월 후

[마르티나] 모래상자 22a — 5개월 후

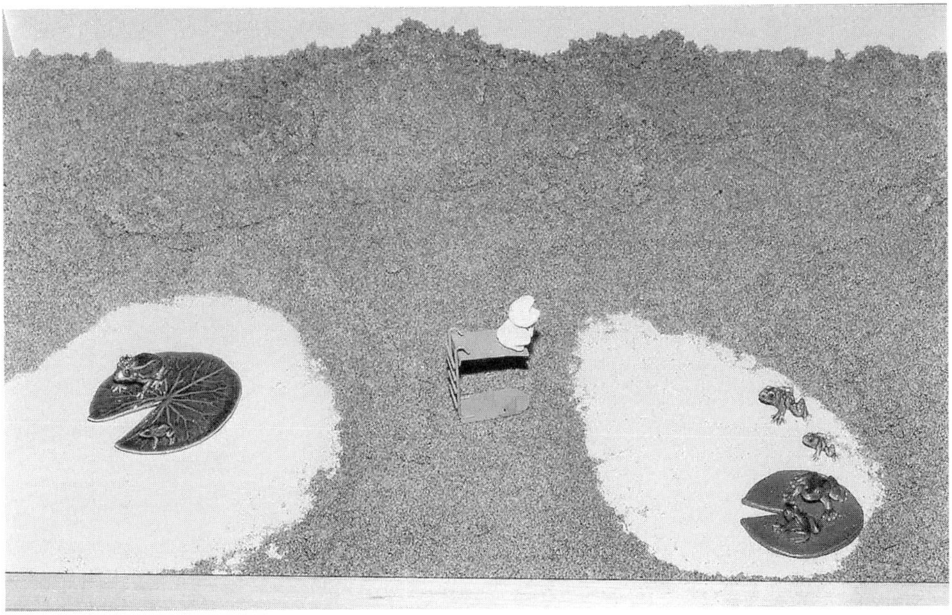

[마르티나] 모래상자 22b – 젖은 상자와 마른 상자 동시에 사용

[마르티나] 모래상자 22c – 세부 사진

[마르티나] 모래상자 25a – 6개월 후, 젖은 상자와 마른 상자 동시에 사용

[마르티나] 모래상자 25b – 세부 사진

[마르티나] 모래상자 25c—세부 사진

[마르티나] 모래상자 26—5개월 후

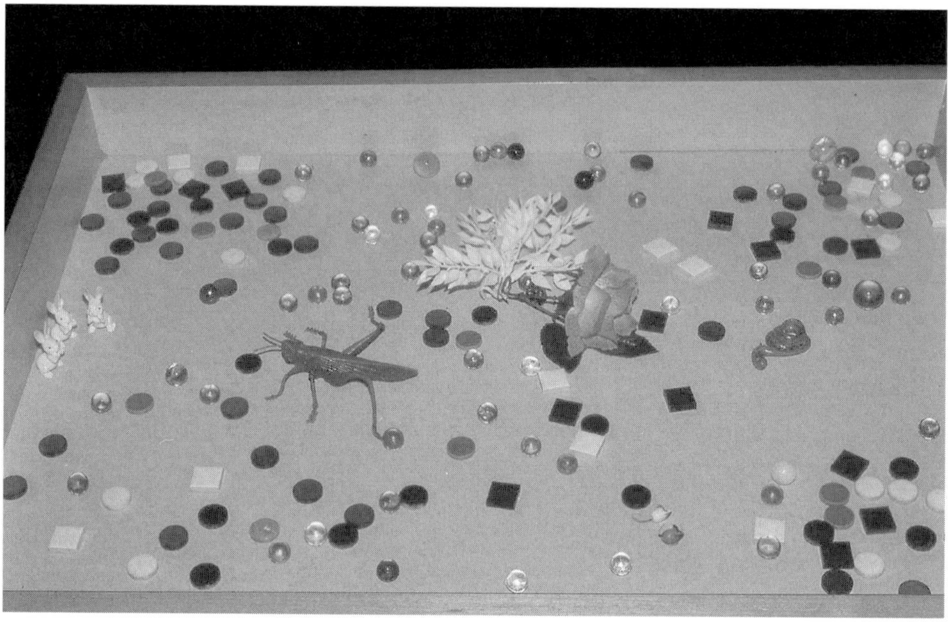

[마르티나] 모래상자 28 – 3개월 후

[마르티나] 모래상자 29a – 3주 후

[마르티나] 모래상자 29b – 세부 사진

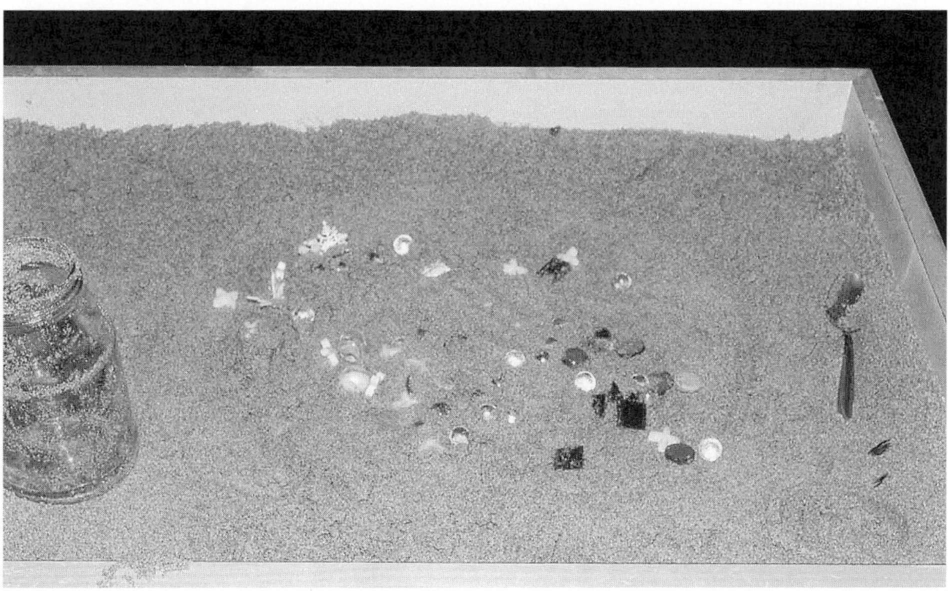

[마르티나] 모래상자 32 – 2개월 후

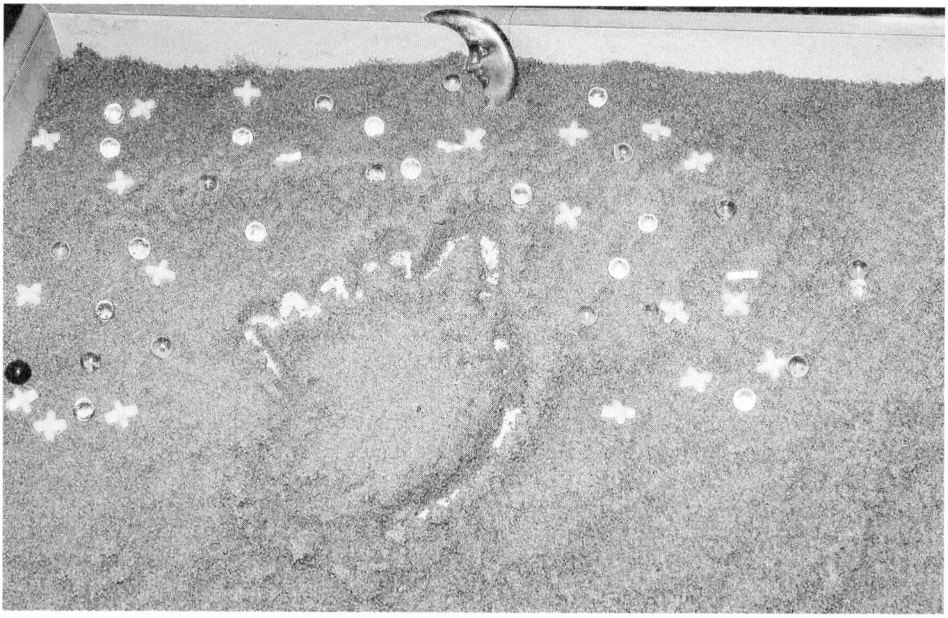

[마르티나] 모래상자 34 – 4개월 후

[마르티나] 모래상자 36 – 6개월 후

[마르티나] 모래상자 38a – 4개월 후

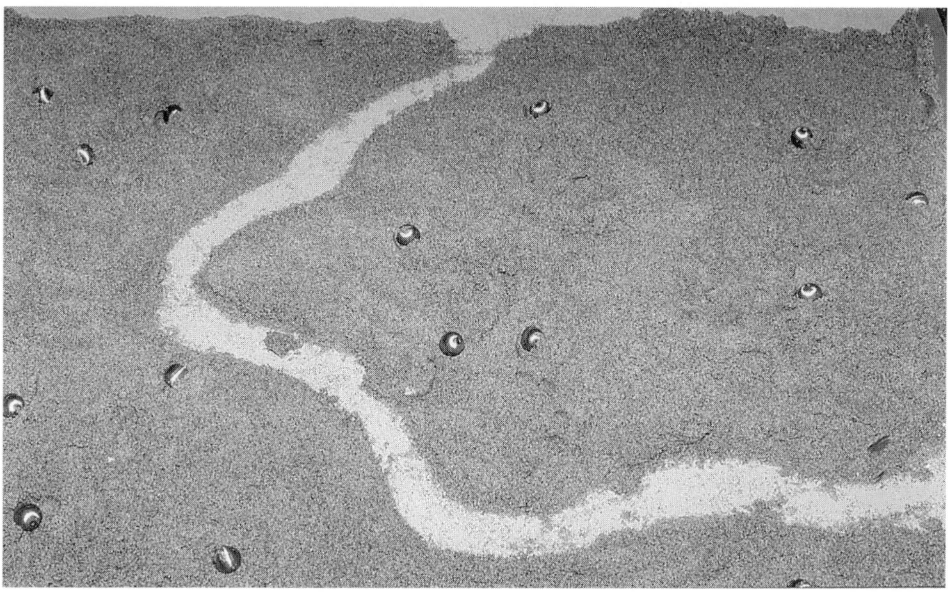

[마르티나] 모래상자 38b – 세부 사진

[마르티나] 모래상자 40 – 6개월 후

[마르티나] 모래상자 41 – 1개월 후

[마르티나] 모래상자 42 — 1개월 후

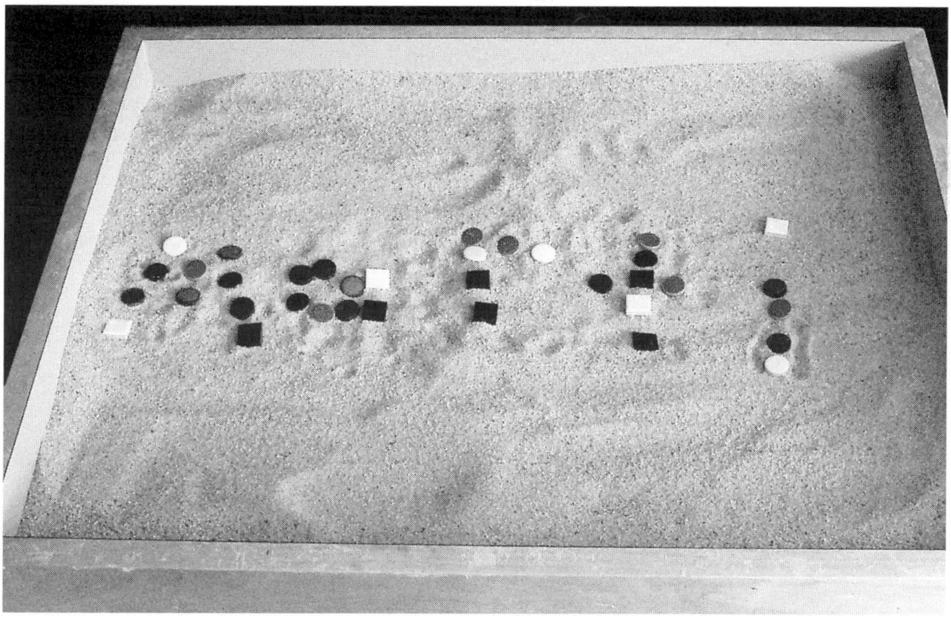

[마르티나] 모래상자 44 — 종결, 4개월 후
모래상자 1 이후로 6년 경과

[마르티나] 모래상자 45 — 3년 6개월 후
1회 방문 위해 옴

내담자 프로파일

노먼

- 40대 중반 남성
- 이혼
- 두 명의 자녀는 모와 함께 살고 있음
- 발기부전과 관계의 어려움으로 치료에 옴

모래놀이	언급된 곳
모래상자 1	32, 310
모래상자 5	32
모래상자 11	
모래상자 12	
모래상자 13	
모래상자 14	

[노먼] 모래상자 1a – 치료 시작 수 주일 후

[노먼] 모래상자 1b – 세부 사진

[노먼] 모래상자 5a—1년 10개월 후

[노먼] 모래상자 5b—세부 사진

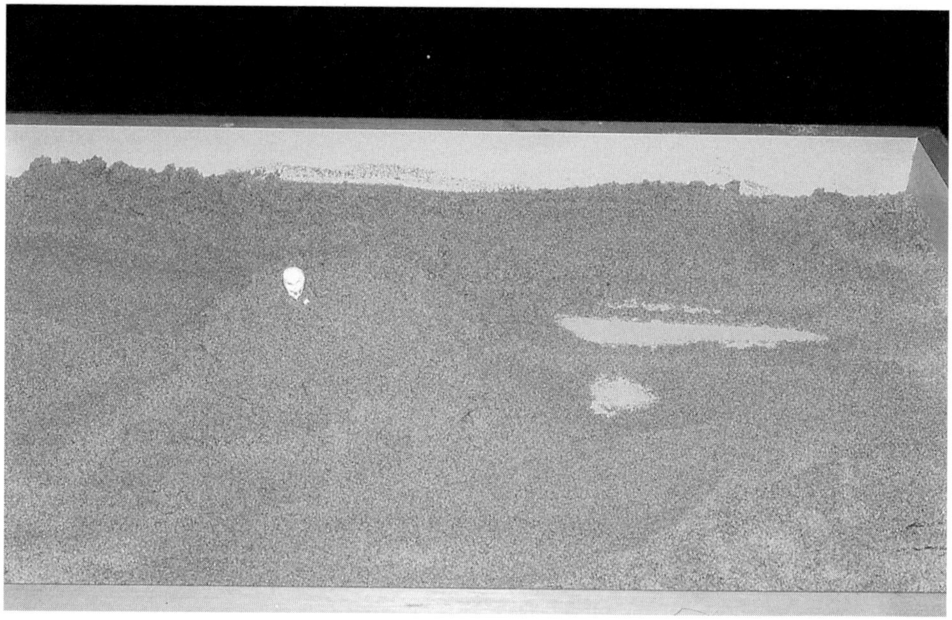

[노먼] 모래상자 11－6개월 후

[노먼] 모래상자 12－1주 후

[노먼] 모래상자 13－6주 후

[노먼] 모래상자 14－종결, 3주 후
모래상자 1 이후로 2년 6개월 경과

내담자 프로파일

레이철

- 15세 소녀
- 방임, 신체적 · 성적 학대, 폭력의 장기간 지속
- 태내 알코올과 약물 섭취 가능성
- 친부모 모두 심한 정신병
- 7형제 모두 입양됨
- 기분 급변
- 학업 및 사회성 문제
- 양부모에 의해 내원

모래놀이	언급된 곳
모래상자 1	223
모래상자 5	223
모래상자 9	223

[레이철] 모래상자 1—1회기

[레이철] 모래상자 5a—1년 10개월 후

[레이철] 모래상자 5b – 세부 사진

[레이철] 모래상자 9a – 종결, 8개월 후
모래상자 1 이후로 1년 9개월 경과

[레이철] 모래상자 9b – 세부 사진

내담자 프로파일

레지나

- 7세 여아
- 부모 모두 약물 및 알코올 중독
- 암페타민 양성으로 태어남
- 모와 불안정한 거리 생활함
- 부는 자녀와 같이 살지 않았음
- 모가 살인죄로 기소되어 모의 보호에서 벗어남
- 아동은 범죄 목격
- 최근에 조부모가 있는 안정된 가정으로 옮김
- 학업 및 사회성 발달 지연

모래놀이	언급된 곳
모래상자 1	179
모래상자 2	179
모래상자 3	179
모래상자 7	179
모래상자 12	

[레지나] 모래상자 1－1회기

[레지나] 모래상자 2－동일 회기

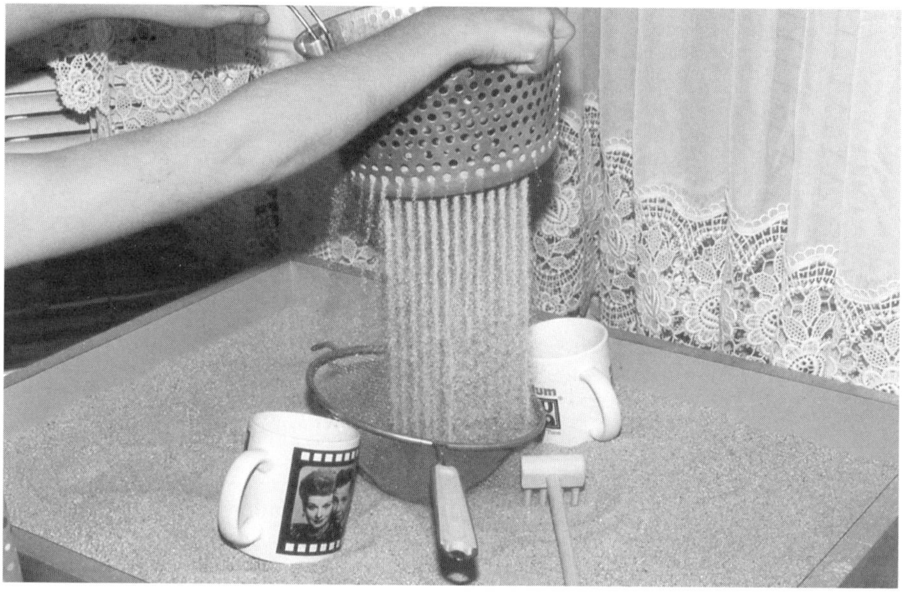

[레지나] 모래상자 3－1주 후

[레지나] 모래상자 7－4개월 후

[레지나] 모래상자 12a－종결, 1년 후
모래상자 1 이후로 1년 5개월 경과

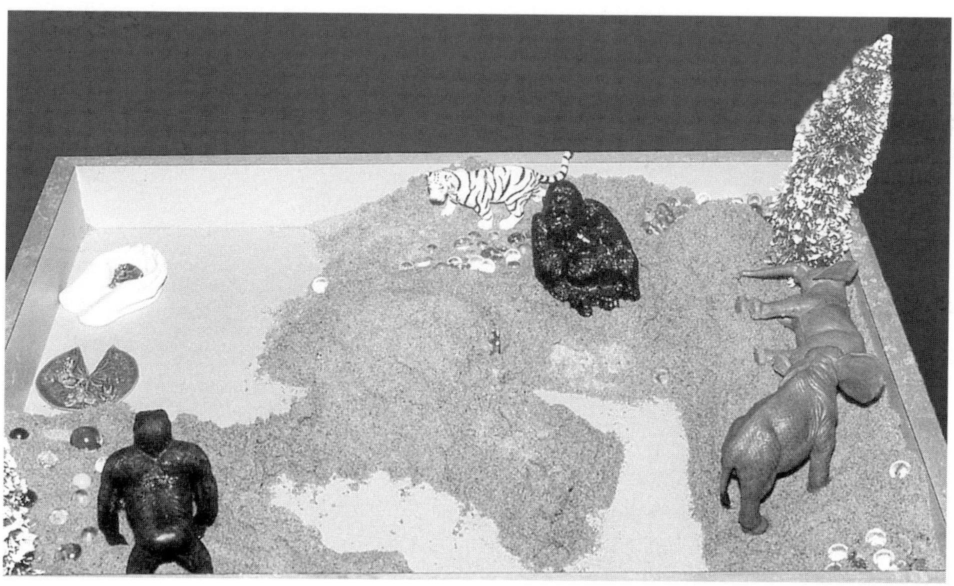

[레지나] 모래상자 12b－세부 사진

내담자 프로파일

로사

- 12세 여아
- 3남매 중 맏딸, 여동생 1명과 남동생 1명
- 원리주의 종파
- 부모는 고등학교 교육 조금 받음
- 모는 아동이 9세경부터 우울, 10.5세경부터 과도하게 먹기 시작했다고 보고
- 6주 빨리 조산
- 임신 시에는 건강했음: 70시간 산고
- 친구 없음
- 학교 수행 낮음

모래놀이	언급된 곳
모래상자 1	26, 287
모래상자 2	287
모래상자 3	288

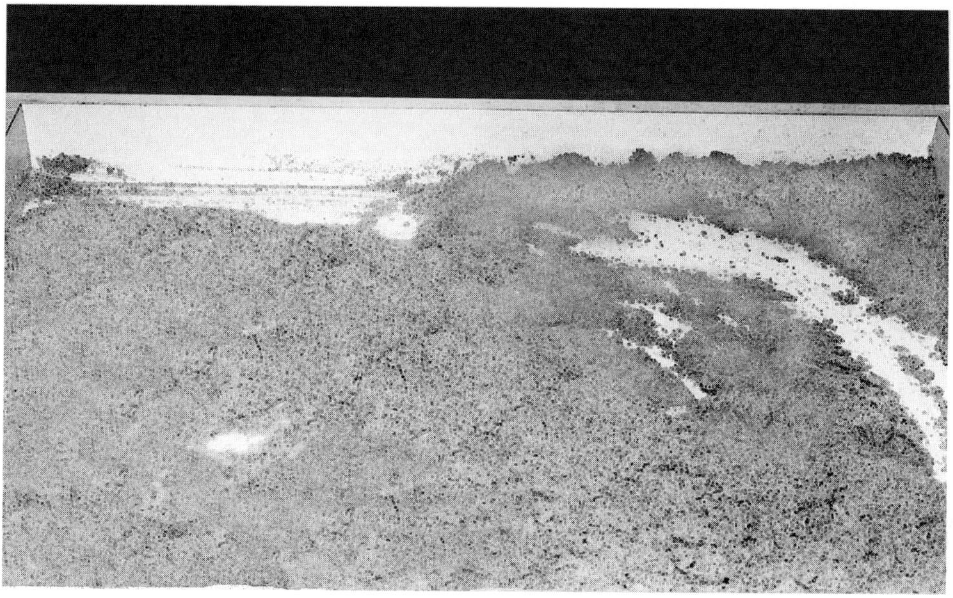

[로사] 모래상자 1－1회기

[로사] 모래상자 2－1개월 후

[로사] 모래상자 3a – 종결, 1주 후
모래상자 1 이후로 6주 경과

[로사] 모래상자 3b – 세부 사진

내담자 프로파일

샌더

- 7세 남아
- 3형제 중 둘째
- 만성적 부모갈등
- 임신 중 심각한 정서적 고통
- 모에 의해 내원, 모는 아동의 수면 문제, 악몽, 혼자 있는 것에 대한 공포를 염려

모래놀이	언급된 곳
모래상자 1	
모래상자 9	238
모래상자 22	
모래상자 23	

[샌더] 모래상자 1 – 1회기

[샌더] 모래상자 9 – 4개월 후

[샌더] 모래상자 22－11개월 후

[샌더] 모래상자 23－종결, 1주 후
모래상자 1 이후로 1년 4개월 경과

내담자 프로파일

섀넌

- 50대 중반 여성
- 이혼
- 독학
- 두 명의 언니: 큰언니는 심한 발달 지연, 작은언니도 유사
- 알코올중독 부모, 방임
- 아동기 성적 학대
- 자신을 항상 불행하다고 진술
- '삶에 대한 새로운 관점' 을 얻기 위해 치료 시작

모래놀이	언급된 곳
모래상자 1	275, 391
모래상자 6	275
모래상자 8	240, 275
모래상자 10	240
모래상자 15	275
모래상자 17	275
모래상자 39	390-1

[섀넌] 모래상자 1 – 치료 시작 1년 4개월 후

[섀넌] 모래상자 6 – 6주 후

[섀넌] 모래상자 8 – 6주 후

[섀넌] 모래상자 10 – 5주 후

[섀넌] 모래상자 15—3개월 후

[섀넌] 모래상자 17—3주 후

[섀넌] 모래상자 39 – 종결, 10년 9개월 후
모래상자 1 이후로 11년 4개월 경과

내담자 프로파일

타라

- 32세 여성
- 관계 문제로 인해 치료 시작
- 아동기 성적 학대

모래놀이	언급된 곳
모래상자 1	26, 241
모래상자 19	
모래상자 20	26

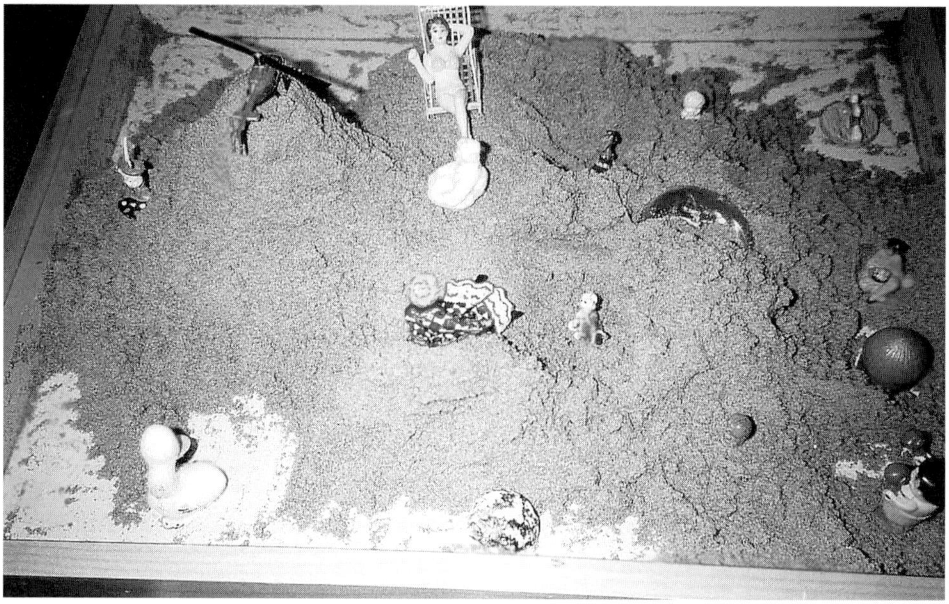

[타라] 모래상자 1－치료 시작 1개월 후

[타라] 모래상자 19－11개월 후

[타라] 모래상자 20a – 종결, 6개월 후
모래상자 1 이후로 1년 5개월 경과

[타라] 모래상자 20b – 세부 사진

애런의 모래놀이 사례

자신의 남성성을 되찾은 아홉 살 소년

다음은 완결된 모래놀이에 대한 기록 양식의 일례다. 모래놀이 사례는 보통 학습과 교수를 목적으로 이와 같은 방식으로 기록되고 분석된다. 여기서는 각 모래상자의 사진, 모래놀이 기록용지, SIA 기록이 모두 포함되어 있는 애런의 사례를 선택하였다.

우리는 상징과정의 복잡성을 완벽하게 설명할 수 없다는 점을 잘 안다. 사례를 통하여 변형과정 전체를 적절하게 포함하는 예리한 설명을 파악할 수 있기를 바란다. 아울러 예시된 기록은 모래놀이 과정의 심층적 측면과 적절한 담아두기를 보여 줄 것이다.

(주: 사례에서 기술된 모래상자 사진은 앞의 애런의 모래놀이 사진을 참조하라.)

서 론

이것은 '애런 스미스' 라는 익명으로 자신을 소개한 9세 소년의 모래놀이 사례다. 애런은 잦은 분노 발작을 일으켜 1990년 2월에 어머니에 의해 치료실에 오게 되었다. 애런의 어머니는 그녀가 애런의 아버지와 별거하고 치료받기 2년 전 이혼을 한 이후로 애런의 분노 발작이 시작되었으며, 그 전에는 얌전하고 책임감 강한 아동이었다고 설명하였다. 애런은 3남매 중 중간 아이이다. 애런의 누나는 가정 밖에서 다양한 활동을 하는 활기찬 10대다. 애런의 신중하고 책임감 있는 면은 격주 주말마다 애런과 그의 남동생이 아버지를 방문하게 되어 애런이 7세 된 동생을 돌보면서 생겼다.

애런의 어머니는 애런의 아버지를 알코올중독과 약물(암페타민)의존의 폭력적인 인물로 묘사하였다. 스미스 부인은 애런의 아버지가 화가 나면 애런에게 소리 지르고 사정없이 주먹으로 벽을 치는 것을 목격하였다. 애런의 어머니는 아들의 안전과 보호에 진지한 관심을 표명하였다. 그녀는 두 형제가 아버지와 좋은 관계를 맺기를 원하면서도 그들의 안전을 걱정했다. 게다가 스미스 부인의 전남편은 총기에 관심을 갖기 시작했다. 그녀는 애런의 아버지가 술에 취했거나 약물복용 상태일 때에는 두 아들의 방문을 제지하였다.

유태계의 조신한 스미스 부인은 애런이 오토바이에 관심을 갖는 아버지의 생활방식에 대해 불쾌하게 생각하고 당황해한다고 설명했다. 애런의 아버지가 천주교를 믿는 이탈리아인임에도 불구하고 애런은 회당에서 활동하고 유대 학교에서 성년축하 행사를 준비하고 있었다. 이혼의 영향과 경제적 어려움이 더해지면서, 애런은 종교나 생활 형태에서 매우 다른 부모님의 결합과 화해도 생각했을 것이다. 게다가 가정 분위기상, 본질적으로 상이한 두 가지의 방식으로 길러진 애런 자신의 남성성에 대한 정의와 발견은 그의 발달에 걸림돌이 되었다.

폭력, 이혼 그리고 매우 상이한 문화적, 종교적 배경이 혼재된 가족 맥락은 9세 소년이 감당하기에는 벅찬 과제임에도 불구하고, 치유와 재조정(reorder)을 위한 거대하고 경이로운 정신적 힘은 모래놀이 작업의 안전한 틀 속에서 표현되었다. 애런은 18개월의 치료 기간 동안 30회기 중 총 15개의 모래상자를 완성하였다. 치료가 종결된 지 5년 후인 1995년 10월에 애런은 그의 모래놀이 과정을 재검토하기 위하여 다시 내원하였다. 학교에서 잘 적응하고 신앙심이 깊은 15세 축구선수가 된 애런에게 이는 몇 해 전의 어려움과 깊은 치료 작업을 함께 돌아보는 감동적인 경험이었다.

모래상자 1－묘사

이 상자는 젖은 모래에서 이루어졌다. 상자 왼쪽에서 보면 숫자 9를 거꾸로 놓은 것과 같은 형태의 물길로 된 섬이 중앙에 있다. 큰 키의 은빛 기사가 섬의 중앙 언덕에 서 있다. 검은 옷을 입은 닌자 전사 세 명이 섬의 중앙 전면을 향하여 서 있다. 다리가 섬을 왼쪽의 반도와 연결하고 있다. 경주차가 다리 위에서 섬을 향해 가고 있고 뒤에 경찰차가 따른다. 상자 왼쪽 근처를 향해 두 명의 동양인이 크리스털 공을 주시하고 있다. 상자의 왼쪽 끝부분에는 야생동물 조련사가 큰 사자와 마주하고 있다. 사자 뒤, 상자의 뒤쪽 중앙에는 큰 참나무 한 그루가 서 있다. 작은 낙엽송 한 그루가 왼쪽의 작은 섬에서 자라고 있다. 상자의 오른쪽 구석 끝에는 두 명의 스키어가 가파른 언덕을 내려오고 있는데, 언덕은 배트맨과 로빈 뒤편에 있고, 리들러와 펭귄은 상자의 오른쪽에서 밝은 빨강 뗏목과 차례로 마주친다.

모래상자 1－분석

이 상자에서 가장 눈에 띄는 것은 상자의 왼편을 향하여 서 있는 중앙의 큰 기사 피겨다. 기사의 등은 오른쪽을 향하고 있다. 아마도 기사가 등을 돌리면 보게 될 희극적이고 기괴하게 나타난 슈퍼 영웅 배트맨과 로빈의 전투 방식에 대한 뭔가 새로운 무의식의 방향을 보고 있는 듯하다. 기사는 그 오른편의 외로운 참나무를 제외하고는 어떤 것보다도 높고 크게 서서 경직되고 차갑게 보인다. 키와 무거운 금속 용기 때문에 다른 피겨로부터 제외된 키 큰 기사는 대상과의 관계, 고통스러운 소외, 보호 및 근본(뿌리)의 부족과 관련된 애런의 주관적 경험을 나타내는 듯하다. 이 상자에서 다른 피겨와 접촉하지 못하고 연결되지 못하게 하는 기사의 금속 용기는 주변으로 비밀이 새어 나가는 것에서 자신을 보호하는 기능뿐 아니라 자신을 감금하고 있는 기능을 하고 있다. 상자를 완성한 후, 애런은 이것은 '싸우는 한 소년의 상'

이라고 말했다.

기사는 동양인 닌자 전사 세 명과 중앙의 섬을 공유한다. 닌자들은 무서운 얼굴과 위협적인 자세로 상자의 중앙에 있다. 이 위험스러운 페르소나는 모든 것이 쇠창살 뒤에 갇혀 있고 차가운 기사와 극적으로 대조된다. 애런의 성격, 인성, 그리고 깊은 자기의 어떤 측면이 마치 자신의 생존이 달려 있는 듯 이 용기 속으로 숨어 버려야 했는지 나는 슬픔 속에서 의아하게 바라보았다.

다리를 가로질러 중앙 섬으로 빠르게 경주용 차가 오고 있고 그 뒤를 경찰차가 바짝 추적하고 있다. 마치 불법의 세상에 정의가 이러한 속도로 올 것 같은 느낌이다. 여기서 정의와 정직은 때때로 속도위반을 하고 위법을 하는 아버지와 애런의 관계를 보는 듯하다. 주목할 점은 두 차 모두 중앙에 있는 기사를 향하고 있다는 점이다. 아마도 이는 중앙의 기사 피겨가 금속 감옥으로부터 자유를 얻는 데 도움이 되는 생명감과 활력 혹은 도움되는 어떤 것을 나타내는 듯하다.

두 명의 동양인은 경찰차가 지나는 작은 섬에서 깊이 명상하며 앉아 있다. 그들은 마치 미래를 보듯 크리스털 공을 주시하고 있다. 그들이 무엇을 보는지 궁금하다. 그들은 해결책을 보고 있나? 상자가 완성된 후, 애런은 "이 중국인 남자들은 마술을 부리고 있어요."라고 말했다. 이 상자의 다른 요소와 대조되게, 동양인 피겨는 조용하고 정적이다. 애런의 1번 모래상자에서 동양에서 온 노인 현자는 아마도 애런의 정신과는 멀리 떨어져 있는 지혜롭고 영적인 부분으로 여겨진다. 아마도 두 현자는 마치 이중성의 근본이 되는 양극처럼, 이 소년에게 나타나길 바라는 측면인 듯하다. 그것은 크리스털 공을 사이에 두고 함께 명상하는 자기(Self)의 전체성이기도 하다. 그들은 오른쪽 위 대각선에 있는 즐겁고 균형 잡힌 남녀 스키어와 더불어 영적인 전체성을 향하는 남성성과 여성성의 균형 잡힌 통합으로서 애런의 치유 방향을 나타내기도 한다. 전체성을 향한 이러한 배치는 키 큰 참나무 배경에도 반영된다. 키 큰 참나무가 강건함, 장수, 불멸성으로 알려진 것은 그것이 남성성으로서 태양왕(Sun King)과 관련되고 여성성으로서의 위대한 여신(Great Goddness)에 희생되는 것과 관련된다(De Vries, 1984, pp. 347-348).

이 두 동양인은 중앙 섬에서 모두 검은 옷을 입고 무기를 휘두르며 공격 자세를 취한 채 전쟁 중인 그들의 맞수들과 매우 다르다. 두 동양 현자의 고요함은 애런이 분노의 자세를 취해야 하는 것에 지쳐 있다는 느낌을 준다. 이 1번 상자를 보면서, 나는 만약 애런이 항상 싸우느라고 피곤하지 않았다면 어땠을까, 닌자 혹은 배트맨과 로빈과 같은 슈퍼 영웅인 척했다면 어땠을까 하고 생각하였다. 만약 애런이 자유롭기를 갈망하지 않았다면 상자 왼쪽 위 구석 로빈 뒤의 언덕에서 두 스키어가 그렇게 즐겁게 미끄러져 내려올까? 애런의 정신적 측면이 철제 우리에 남아 미발달되고 억압되어 있는 동안에는 스키를 탈 수 없을 것을 생각하니 마음이 아팠다. 자신에 대한 충분한 표현은 그가 안전하게 느끼게 될 심리적, 환경적 측면이 개발되기 전에는 드러나지 않을 것임이 분명하다. 상자의 왼쪽에 있는 작은 녹색 나무는 성장과 발달에 대한 잠재력을 나타내는 희망적 참조물이다.

의미심장하게도, 다리는 기사가 있는 중앙 섬과 동양 현자, 경찰을 연결하고 있다. 이 다리는 상자에서 애런이 가장 먼저 놓은 피겨다. 그의 1번 모래상자에서 첫 번째 제스처로서(자신의 나이인 숫자 9의 형태를 모래로 만들고 나서), 애런의 모래놀이 과정은 그의 정신의 분리된 측면을 잇는 기능을 하였다. 그의 '숫자 9 서명'을 만들고 나서, 애런은 곧바로 그가 자기에게 누구였는지에 대한 감각을 재배치하였다. 이 다리를 놓음으로써 그 자신의 연결을 형성하였고, 치유와 발달의 놀라운 과정을 움직임으로 배치하였다. 모래상자의 자유롭고 안전한 공간과 치료자의 관심 어린 담아두기 안에서, 전쟁과 같은 곤란한 환경 속에서도 마음의 측면에 깊게 뿌리박힌 남자로서의 측면을 안전하게 유지하는 방법을 만들어 가는 과정이 시작되었다.

금속 기사의 오른쪽 물 건너편에는 야생동물 조련사가 거대한 호랑이와 맞서고 있다. 호랑이 바로 앞쪽에 서서 보호 장비도 없이, 조련사는 이 야수를 길들이기 위해 많은 일을 해야 하는 것처럼 보인다. 그는 왼손을 위협적으로 들고 있으며 자신의 위치에 확신을 갖고 있는 것처럼 보인다. 그는 무엇을 해야 하는지 안다. 아마도 호랑이는 길들여지고 유능한 조련사가 여기 있기를 원하는 듯하다. 조련사의 제스처에 대해 호랑이가 명백하게 존경을 표하는 것은 모래놀이 과정에서 가능한 치유적 담아두기에 대한 애런의 무의식적 감각을 나타내는 전이로 기능하는 듯하다.

기사의 강철 갑옷 뒤에서 갑갑함을 느끼는 애런의 정신이 호랑이의 분노로 표현되었음을 상상하기는 어렵지 않다. 아버지의 약물과 알코올 중독에서 비롯된 부모 이혼의 황폐함과 재정적 어려움이 애런에게 깊은 상처를 남겼다. 덧붙여 남자가 되는 것이 무엇인지에 대한 모델로서 아버지가 보여 준 모습은 애런을 심하게 실망시켰다. 남자가 되기 위해서 그는 싸워야 하고 거칠어야 하며, 자신의 실제적이고 유연한 힘을 위한 여지를 남겨 두지 말아야 함을 나타낸다. 애런의 아버지는 가족을 고통스럽고 가슴 아프게 한 채 떠났다. 이것이 애런의 고통의 근원이다. 얼마 후 이 상처는 더 심해지고 분노로 변한다.

모래상자 2—묘사

두 번째 상자는 젖은 모래에서 이루어졌다. 위쪽 왼쪽 코너에 작은 권투선수가 더 큰 상대를 때려눕힌 닫힌 사각형 형태의 틀이 있다. 순무 야채 형태를 한 사람과 바나나 모습의 여자 한 명이 위 왼쪽 코너에 있다. 작은 권투선수는 상자의 왼쪽 중앙의 마운드에 서 있다. 미키마우스가 권투 시합을 비디오로 촬영하는 동안 미니마우스는 치어리더처럼 행동한다. 왼쪽 코너 앞에 있는 작은 낙엽송 뒤로 작은 오리 피겨가 중앙의 금화를 들고 있는 스크루지 맥덕 방향으로 시야를 맞춘 금색 망원경을 갖고 서 있다. 다른 작은 초록 나무 뒤로 미키, 미니, 플루토가 오른손 위쪽 코너에서 원을 그리며 모여 있고, 오즈의 마법사(Hearn, 1973)에 나오는 도로시, 양철맨, 겁쟁이 사자, 허수아비는 상자 중앙 뒤쪽의 오래된 참나무 오른편에 서 있는 마녀와 마주친다. 선한 마녀 글렌다는 오른쪽 위 코너의 상자 틀에 있다. 오른쪽 앞 코너에는 헨젤과 금발의 작은 그레텔(Grimm, 1972)이 큰 회색 늑대와 마주하고 서 있고, 큰 나무 망치를 가진 스머프가 또 다른 스머프의 머리를 뒤에서 치기 위해 살그머니 다가간다.

모래상자 2—분석

모래상자의 위 왼쪽 구석에 사각형태로 모래를 가지런히 하는 것으로 시작하면서, 애런은 "오늘은 만화 세상을 만들 생각이야."라고 말했다. 여기서 애런은 그의 치유 여행 동안 나타나는 창조적인 내적 삶의 다채롭고 상상력이 풍부한 측면이 허용되는 환상의 세계를 만들어 낸다.

상자 왼쪽의 마운드에 서 있는 작은 권투선수는 조용히 이 상자 속의 많은 활동을 훑어본다. 그는 마치 자기 주변에서 무엇이 드러나는지를 뚜렷하게 보기 위함인 듯 높은 곳에 서 있다. 그의 앞 왼편으로 그를 복제한 사람이 날쌘 주먹으로 거구의 상대를 때려눕힌다. 분명히 드러난 사각형은 싸움을 위해 꾸며지고 통제된 영역인 권투 경기장이 되었다. 미키와 미니 마우스가 보인다. 미니는 미키가 모든 사람이 경기를 볼 수 있게 녹화하고 보존하기 위해 비디오 촬영을 하는 동안 응원을 한다. 그들은 적의 패배를 축하하며 흥분하고 열광한 것처럼 보인다. 그들의 붉은 의상과 깃털 장식은 그들의 활력을 확인해 준다. 아마도 애런은 자신의 힘과 관련된 이런 생명력과 감정의 근원을 가볍게 건드리기 시작한 듯하다.

권투 경기장의 건너편 왼쪽 위에는 매우 묘한 커플이 서 있다. 남자는 얼빠진 것처럼 보이는 야채이고 여자는 매력적인 바나나 숙녀다. 어떻게 상이한 종이며 커플로서 우스워 보이는 과일과 야채가 쌍이 되었는지 의아스럽다. 아마도 이는 애런 부모의 희극적인 결혼에 대한 표상인 듯하다. 그들 역시 상이한 종처럼 서로 다르다. 애런은 작은 선수(정상적으로 보이는 젊은 남자)가 적을 패배시킴으로써 이 묘한 커플의 유산에 대해 화해를 시작한 듯하다. 그들이 여기 있다는 점이 중요하게 여겨진다. 그들은 매우 가까이 서 있으며 적과 같은 편에 있다.

상자의 중앙에는 늙은 스크루지 맥덕이 손바닥을 펴고 금화를 보이고 있으며, 어린 오리는 왼쪽 구석 앞쪽의 나무 뒤에서 금색 망원경을 통해 이를 쳐다보고 있다. 이는 1번 상자의 크리스털 공처럼 자기(Self)의 황금과 같은 큰 의미를 가졌으며 이 모래상자에서 중심 초점처럼 여겨진다. 어린 오리가 나이 든 오리에게서 지혜와 방향성을 찾고자 하는 가능성이라는 점이 명확해졌다. 자기를 예견하는 이 내적 보물은 애런의 정신적 경기가 그의 가정 맥락에서 과도하게 커진 적을 극복하면서 나타날 것이다.

상자를 멀리 가로질러 오른쪽 위에 미니와 미키 마우스의 또 다른 표상이 롤러스케이트를 타는 플루토와 유쾌하게 이야기하고 있다. 애런은 플루토가 "스케이트를 타다가 넘어졌어요."라고 말했다. 아마도 애런의 본능적이고 동물적 감각이 나타나기 시작하였지만 아직 굳건한 발판을 찾지는 못한 듯하다. 그들은 모두 즐겁게 보이고 서로 이야기하면서 웃는다. 애런은 살아남기 위해 인생이 무엇인가 이해해 주고 상처와 슬픔으로부터 보상적 위안을 주는 이러한 환상의 친구가 필요한 듯하다. 애런은 그의 풍부한 환상적 삶을 생산적으로 사용하는 듯싶다. 희극적인 해방이 그에게 무엇을 제공하든, 그것은 그의 내적 · 외적 갈등의 내용으로 채워진다. 그것은 순수한 도피라고 볼 수 없다.

오른쪽 앞에 귀여운 그레텔이 늑대에게 접근한다. 애런은 이를 '무섭다' 고 표현하고, "늑대가 그녀를 잡아먹으려 해요." 라고 말했다. Grimm(1972)의 동화에서 그레텔은 식량이 부족하자 사악한 계모와 수동적인 아버지로부터 집에서 쫓겨나 숲에서 길을 잃는다. 깊은 숲속에서 사악한 마녀의 유혹에 빠져 헨젤은 그레텔이 잔인한 늙은 마녀를 이기고 그를 구해내기 전까지 철제 우리에 갇혀 있었다. 1번 상자에서 기사의 차가운 철 갑옷 뒤에 있는 애런의 남성성의 속박처럼, 그의 해방을 위해서는 도움을 주는 이 어린 여성성 피겨의 등장이 필요하다. 젊고 건강하며 순진한 여성성 에너지는 억압된 여성성의 어두운 측면을 구현하는 마녀로 변형되어 도움을 준다.

동화에서 그레텔은 "만약 숲 속의 야수가 우리를 집어 삼키면 우리는 함께 죽을 수밖에 없어." 라며 그들의 곤경에 슬퍼한다(Grimm, 1972, p. 92). 모래상자에서 그녀는 만화 주인공 플루토의 야생의 맞수 늑대와 대면한다. 늑대가 그녀를 삼킬까? 이 순간 그들은 극적인 긴장 속에 서 있다.

최근의 발달 연구에서는 현대 서구 문화가 소년과 소녀 모두에게 많은 희생을 요구한다는 점을 지적한다(Gilligan, 1993; Levinson, 1978; Miller, 1984, 1986 & 1991). 청소년기의 소녀에게는 문화 속에서 관계 유지를 위한 요구의 결과로서 내적인 여성적 특성과 관련하여 자신의 목소리를 포기할 것을 요구하고 있다. 잠재기의 소년에게는 그들 내부의 여성적 특성을 안내하고 가르치는 어머니를 밀쳐내기를 요구한다. 소년과 어머니와의 친밀감이 길어지는 것을 남성의 자율성을 요구하는 부계 문화를 위협하는 것으로 여긴다. 역사적으로 그리고 상징적으로, 마녀는 이렇게 포기한 여성적 측면을 나타낸다. 여성성은 소년에게는 금지된 연결성이며 소녀에게는 거부된 목소리다(Turner, 1996a, 1996b). 남성이 마녀를 다시 갖기 위해서(남성 자신의 포기한 강력한 측면을 다시 통합하기 위해서), 그는 다른 사람과의 연결을 수립해야 하고 연결감 속에서 자기감을 유지하는 것을 배워야 한다. 여성이 마녀를 다시 갖기 위해서는 그녀의 독특성을 소유하고 자신의 힘을 존중해야 하며 이 자아를 관계적 맥락에서 유지해야 한다. 각 성은 모두 자신의 남성적 특성과 여성적 특성을 존중해야 하고, 연결감의 새로운 패러다임 속에서 협동적으로 기능해야 한다.

마녀와 관련된 참조물이 이 모래상자에 세 번 나타난다. 상자의 중앙 뒷부분에서

도로시, 양철맨, 겁쟁이 사자, 허수아비가 사악한 마녀와 마주칠 때, 착한 마녀 글렌다는 그들 뒤편 위쪽에 있다. 비록 마녀는 무섭지만, 이들 각각의 인물은 욕구를 갖고 있으며 항복할 수 없다. 양철맨은 느낄 수 있는 심장을 갖고 싶어 한다. 허수아비는 분명하게 사고할 수 있는 머리를 갖고 싶어 한다. 겁쟁이 사자는 두려움 없이 살아갈 수 있는 용기를 갖고 싶어 한다. 그리고 도로시는 집으로 돌아갈 길을 찾고 싶어 한다(Hearn, 1973). 애런의 이런 모든 부족한 측면은 잃어버린 것을 찾기 위해 마녀의 공포와 맞서야 한다. 애런은 그의 발달에서 거부되거나 쫓겨난 이러한 어두운 측면과 직면해야 하고 잃어버린 요소를 통합해야 한다. 여기서 도로시, 양철맨, 겁쟁이 사자, 허수아비는 마녀와 용감하게 맞선다. 그들이 그렇게 하는 동안, 글렌다는 위에서 주시하며 서 있다. 도로시와 그녀의 상처 입은 친구들은 글렌다를 보지 못한다. 아마도 그들은 어둠의 심연과 충분히 직면하기 전까지는 새 빛의 존재를 보지 못할 것이다.

글렌다는 상자 위에서 모든 것을 보며 서 있다. 그녀가 전체적으로 모든 요소가 어떻게 기능하는지를 보고 있는 것처럼 보이면서, 그녀의 앎과 긍정적 존재는 희망적으로 느껴진다. 글렌다는 애런과 치료자의 상징적 과정에서 상호적 개입에 의해 적극적으로 생성된 상호 전이의 담아두기로 보인다.

두 명의 스머프가 모래상자의 앞에서 오른편 앞 쪽에 서 있다. 한 스머프는 해머를 갖고 다른 스머프의 뒤로 살그머니 다가서서 머리를 때리려는 자세를 취한다. 그는 화난 듯하다. 그는 그의 맞수를 쓰러뜨리길 원한다. 스머프는 지하에 산다. 난쟁이와 카비리(cabiri)[역자 주: 그리스 신화의 신비한 악마]처럼, 스머프는 무의식의 땅 밑의 방식을 안다(Jung, 1953/1977). 해머를 가진 화난 스머프는 무언가를 부숴 버리거나 이 상황에 대해 뭔가 의식적인 것을 만들기를 원하는 것 같다. 그는 틀림없이 화가 나 있다. 황금을 얻기 위해서는 모든 요소의 힘이 모아지고 함께 작업해야 한다.

좀 더 자세히 보면, 애런의 치유와 발달의 방향은 모래상자 내의 병렬적 주제 속의 요소가 복제되는 것이 확인되면서 좀 더 분명해진다. 스머프는 허수아비의 더 큰 의식을 향한 욕구를 반영한다. 미니와 미키 가족은 양철맨의 수용과 연결을 향한 열망을 반영한다. 그레텔과 늑대는 겁쟁이 사자가 원하는 야수를 길들이기 위해 필요한 부드러운 용기를 반영한다. 그리고 스크루지 맥덕은 자기를 찾기 위해 집으로 돌아가길 원하는 도로시의 황금 보배를 뜻한다. 이 2번 모래상자에서 애런의 상처 특성과 치유의 필요성이 더욱 분명하게 나타났다.

이 상자에서 금을 갖고 있는 흰 오리와 같이, 헨젤과 그레텔이 동화에서 보석과 재물을 갖고 일상의 삶으로 돌아가기 위해 건널 수 있는 물이 흰 오리의 뒤편에 있다(Grimm, 1972). 애런의 치유에 관한 예측과 건강한 발달의 회복은 치유의 요소가 강력한 상호 전이의 맥락에서 정의되고 표현되면서 이 모래상자에서 강하게 드러난다.

모래상자 3—묘사

이 상자는 젖은 모래에서 이루어졌다. 오른편 위쪽 구석에 슈퍼맨이 머리가 두 개인 큰 용 한 마리, 머리가 세 개인 좀 작은 용 한 마리, 머리가 두 개인 더 작은 용 한 마리와 마주하고 있다. 큰 야자수 한 그루가 큰 용 뒤에 있다. 슈퍼맨의 왼편에는 희고 푸른 유니콘이 소의 해골 위에 뒷다리로 버티고 서 있다. 상자의 중앙 앞쪽에는 두 개의 스타워즈 피겨와 푸른 페가수스가 교수대에 매달린 죽은 사람과 마주하고 있다. 교수대 뒤는 해골이 놓여 있는 무덤이다. 상자의 왼쪽 앞 큰 참나무 뒤에 황금 마차 한 대가 상자의 왼쪽 뒤편에 있는 황금 성을 향하고 있다. 성으로 가는 길은 모래로 깨끗하게 포장되어 있다. 오른편 앞쪽에는 흰 옷을 입은 두 명의 우주비행사가 둥근 은빛 우주선에 다가간다.

모래상자 3—분석

저 멀리 영웅 슈퍼맨은 마치 세 마리의 용에게 "멈춰라, 더 이상은 못 간다."라고 말하듯 용감하게 그의 왼팔을 든다. 세 마리 용은 이전 상자에서의 세 마녀를 떠올리게 하는데, 여기서는 영웅의 여정의 고전적 형태로 나타났다. 남성성은 부정적 여성성이 죽기를 요구하며 자신을 어머니에게서 떼어 놓는다. 야자수 한 그루가 뒤에 위치한 것은 이 용들의 원초적 특성을 반영하며, 용들이 모두 일곱 개의 머리를 가짐으로써 이 영웅의 과제는 감당하기 어렵게 된다. 슈퍼맨은 마치 공격하려는 듯 오른손을 들지 않고 단지 왼손을 들었다. 이 제스처는 그의 아버지와는 매우 다른 남성성으로, 남성성의 온화한 표현을 나타낸다. 애런은 어머니의 어린 아들로서의 자기 동일시에서 분리된 자신을 규정하기 시작하였으며 남자로서의 역할로 옮겨 가기 시작하였다. 일곱 개의 용머리는 숫자 3과 4를 나타내며 이것의 더 깊은 목적은 남성성과 여성성의 통합, 영혼과 신체의 통합이다.

괴물이 멈춰 서면서 슈퍼맨 뒤의 죽음 장면이 나타난다. 전사 한 명과 외계인 한 명이 측면에 있고, 페가수스는 무덤 위의 해골과 매달려 있는 사람을 쳐다본다. 그리스 전설에 따르면, 하늘을 나는 말 페가수스는 죽은 고르곤의 여왕 메두사의 피에서 나온다(Leach & Fried, 1972). 이전 상자의 마녀처럼, 그리고 이 상자의 용처럼, 애런의 여정에는 성숙한 남성성으로 옮겨 가기 위해 자신의 내부 어두운 여성성 이미지와 마주치는 것이 필요하다. 부계 문화적 요구를 지키기 위해서는 어머니에게서 분리된 남성을 발달시키고 혼자가 되어야 했다. 전통적인 정신역동 이론은 이런 직면을 영웅의 '승리' 혹은 용의 '죽음' 이라고 규정한다(Neumann, 1971). 애런의 상징적 과정이 폭력에 의한 분리가 아니라 남성으로서의 자신과 자신을 위협하는 어두운 여성적 에너지 사이의 경계를 분명히 하는 것으로 이루어지는 점은 참 흥미롭다. 왼손을 듦으로써 여성성으로부터 자신을 갈라놓기보다, 애런은 자기 정신의 강력한 측면과의 접촉을 남겨 놓은 방식을 만들었다. 애런은 현대 서구 문화의 아들들이 그렇게 하듯, 어머니의 세계에서 자신을 제거하고 자신의 내적인 여성적 특성을 피하지 않으며 강력한 내적 에너지와 직면하는 방식을 찾았다. 이는 애런으로 하여금 남자로서의 전체가 되는 잠재력을 허용하며 한편으로는 다른 사람 및 자신의 깊은 내적 감정 경험과 연결되도록 한다.

애런의 여성성과의 연결이 갖는 힘은 모래상자의 중앙 뒤편에 말라 죽어 놓여 있는 뿔 두 개 달린 해골 위에 뒷다리로 버티고 선 큰 유니콘의 이미지에 반영된다. 정숙과 맹렬함의 상징인 유니콘은 사랑의 힘을 상징한다. 전설에서 유니콘의 뿔은 독약의 해독제이며, 물에 한 방울 떨어뜨리면 물이 정화된다(Leach & Fried, 1972). 이는 슈퍼맨이 그의 왼손을 들어 일곱 개의 용머리가 멈추도록 하는 사랑의 힘이다. 신화학자 Robert Graves는 유니콘의 뿔을 "왕이 곧바로 다다를 수 있는 정점, 태양의 가장 뜨거운 점인 '위쪽의 극(the upper pole)'" (1994, p. 411)이라고 기술하였다. 애런이 가장 어두운 여성성과 관계를 형성하고 접촉하면서, 그는 동시에 이러한 순수하고 사랑스러운 피조물을 통해 태양과의 연결을 수립한다. 그의 제한된 자아 동일시의 다양한 얼굴은 죽어 사라졌고, 그의 새로운 측면이 도래할 여지를 만든다.

Jung은 유니콘 주제를 리시야시링가(뿔 달린 것)가 왕의 딸 샨타에 의한 고립에서 구원되는 힌두의 서사시 '라마야나(The Ramayana)' 에서도 찾을 수 있음을 알았다. 그들의 결혼으로 지구의 무서운 가뭄은 끝이 났다(1953/1977). 애런에게 그것은 유니콘을 통해 이루어진 태양과의 연결뿐 아니라 지구에 비를 뿌리고 토지를 비옥하게 하는 여성성과도 연결된다.

모래상자의 오른쪽 앞 구석에는 둥근 은빛 우주선이 먼 곳에서 와서 바로 착륙했다. 잘 갖추어 입은 두 명의 우주비행사가 팔을 무겁게 움직이며 새로 온 사람과 인사하려고 한다. 모래상자를 끝내고, 애런은 "이 우주인들은 외계인이 나올 때 다치지 않아요."라고 말했다. 나는 애런의 무의식에서 나온 이런 새로운 요소가 어떻게 나타나는지를 지켜보면서 흥분했던 감정이 떠오르고 애런이 그들을 맞을 준비를 하고 있음을 알게 되어 위안을 받았다.

둥글고 빛나는 우주선은 자기(Self)의 또 다른 표현이다. 상자의 왼쪽 위 정반대 대각선에는 황금 성이 자리 잡고 있으며, 품위 있는 참나무의 보호 아래 뒤쪽으로부터 황금 마차가 성을 향해 움직인다. 애런은 이 마차가 '공이 될 것' 이라고 말했다. 그의 유연한 남성성의 힘으로 길은 분명하게 집으로 향한다. 2번 상자의 스크루지 맥덕의 금은 이제 자리와 운송 수단을 찾았다.

모래상자 4—묘사

네 번째 상자는 축축한 모래에서 이루어졌다. 아메리칸 원주민 남녀가 중앙의 큰 화롯불 원을 그리며 둘러서 있다. 나무 네 그루가 이러한 중앙의 이벤트 주변으로 사각형을 이루고 있다. 나무 세 그루 사이로 힌두의 라마야나 시에 나오는 라마, 시타, 라바나 가면이 서 있다(Reyna, 1984). 카치나[역자 주: 인디언의 수호신으로 비의 신]는 나무로 형성된 사각형의 왼쪽 위편에 있다. 카치나 뒤로 세 개의 원뿔형 천막이 있고, 그중 가장 큰 천막에 아기가 산다. 뱀 한 마리가 오른쪽에서 불 쪽으로 기어간다. 외로운 아메리칸 인디언의 전사 한 명이 활로 상자 왼쪽 구석 가장자리에 서 있는 데이비 크로켓 피겨(보이지 않음)를 겨눈다. 어린 인디언 처녀 한 명이 큰 은빛 달의 왼쪽, 상자의 중앙 뒤편 가장자리에 서 있다.

모래상자 4—분석

애런은 이전의 표현으로 예견된 자기(Self)를 이번 상자에서는 완전한 침묵으로 표현하였다. 비록 여러 해가 흘렀지만, 나는 여전히 장엄함을 기억하며, 애런이 자기의 출현을 경험한 것으로 이 상자를 규정한다. 이 상자는 성스러움의 경험으로 남아 있다.

애런은 중앙에 불을 놓는 것으로 시작하였다. 그 후 Dora Kalff(1980/2004)가 전체성의 원형적 상징이라고 일컫는 네모난 원을 만들었고, 애런은 '그들이 숭배하는 신' 이라고 하며 나무 네 그루의 사각형 틀 속에 아메리칸 원주민의 링을 놓았다. 영(링)과 물질(사각형)의 완전한 결합, 중앙 지점에서의 애런의 독특한 표현은 그를 위협하는 갈등의 교정을 나타낸다. 여기서 그는 아메리칸 원주민의 대지, 그녀의 리듬, 몸 그리고 본능적 특성을 향한 따뜻한 연결감을 고대 인도의 심오한 영성과 연합시킨다. 여기서 단순한 숭배심으로, 이 9세 아이는 스스로 신앙심이 깊어지는 방법을 접하고 다른 사람과 애정적인 연결을 유지하면서도 강하고 안전해지는 방법을 접한다.

집단 무의식을 가볍게 건드리면서, 애런은 고대 라마야나의 상징으로 돌아왔다. 고대 힌두 서사시에서 나온 라마, 시타, 라바나 가면은 애런의 갈등과 치유의 핵심이다. 힌두 전통에서 라마, 시타는 이상적인 남자와 여자로 여겨진다. 비슈누 신의 환생인 라마는 그의 부드러운 힘과 불변성으로 널리 존경받는다. 락슈미 여신에서 전래한 시타는 여성성 핵심의 구현이며 대지의 밭고랑에서 태어났다고 전해진다(Mitchell, 1993). 라마야나는 스리랑카의 사악한 왕 라바나가 라마에게서 시타를 어떻게 빼앗았는지에 대한 이야기다. 라마는 소중한 여성성의 한쪽이 없어 교란되며, 그는 그녀를 되찾기 위해 용감하게 싸운다. 결국 원숭이 왕 하누만의 도움으로 그녀는 라바나의 손아귀에서 빠져나오고 다시 라마와 함께한다(Reyna, 1984). 이 9세 아이에게 완전하게 무의식적인, 집단에서 나온 이 고대 신화는 여성성에서 분리된 남성성의 황폐함과 몸과 영이 함께 구현되도록 본능의 협조를 구할 필요성을 보여준다.

모든 세계인은 중앙에 있는 불의 원 주변으로 모인다. 저 멀리서 차가운 달빛이 빛나며 그들은 모여 온기를 더한다. 뱀은 온기를 향해 움직인다. 그것의 조용한 힘이 여기서는 환영받는 것으로 느껴진다. 중앙의 불은 강력하며 돌로 된 링 안에 담겨 있다. 그것은 불의 온기로 몸을 녹이고, 불의 힘을 축하하며, 불의 전능을 존경하는 원주민의 관습을 이끄는 강한 힘이다. 여기서 애런은 상징적으로 정신의 중심적 원형에 동일시한다. 그것의 힘과 에너지가 알려지더라도 위협이 되지는 않는다. 그것은 다양한 자아 동일시가 조직화되고 상대적으로 다루어져 세력을 회복하는 계기로서 작용할 것이다(Weinrib, 1983/2003).

아름다운 아메리칸 원주민 공주는 부드러운 달빛 옆의 높은 곳에 있다. 애런은 "그녀는 지금은 죽었지만 첫 번째 인디언이었어요. 그녀는 인디언 의식에서 불 위에 떠다니는 영혼(spirit)이에요."라고 말했다. 자기가 배열되면서 오래된 여성성 피겨의 영혼은 중앙의 불 위로 풀려나왔다. 이 영혼은 오래되고 원형적이지만, 동시에 여기서 그녀가 자신의 외양을 아이로 만들었다는 점에서 젊다. 이는 자기가 배열되면서 애런이 청소년기나 초기 성인기에 도달했을 때 충분히 발달될 잠재력으로서의 아니마가 나타난 것이라고 볼 수 있다.

그것은 영혼 아래서 일어나는 성스러운 의식이다. 이 '첫 번째 인디언' 처럼 카치나 역시 초자연적 존재다. 현생 인류의 신화적 조상을 대표하며, 호피(Hopi) 그리고 다른 푸에블로(Pueblo) 인디언은 카치나가 대지를 비옥하게 하기 위하여 매해 겨울마다 반 년 동안 돌아온다고 믿는다(Leach & Fried, 1972, pp. 566-567). 이 카치나는 영혼이 성스러운 중심인 대지로 다시 돌아올 때 애런이 겪는 변형의 깊은 질서를 나타내는 '나비' 다. 첫 인디언의 영혼에 깃든 아니마의 초기 표현을 반영하면서, 나비는 무의식에서 풀려나온 마음(soul)의 표상이라고 생각된다(Woodman & Dickson, 1996). 이제 겨우 9세인 애런은 앞으로 많은 발달을 거치게 되겠지만, 모래상자에서의 작업은 그의 가장 깊은 마음과의 연결을 유지하면서도 충만하고 완성된 남성성을 위해 그에게 필요한 모든 요소에 접근하는 것을 제공하였다.

내부의 여성적 마음은 이제 중앙의 남성적 불과 관계를 정리하였다. 애런의 불은 이 부드러운 대지의 영혼에 의해 안내되고 부드러워진다. 이제 그의 영혼에 닻이 되는 그의 남성성은 형태와 방향을 지녔다. 이제 더 이상 통제에서 벗어나서 타오르지 않는다. 남성으로서의 그의 힘은 이제 그의 내면 깊은 진실, 바로 그 자신의 진실과 연결되었다. 이제 이 불은 애런의 생산적인 성장과 창조성을 이끌 것이다. 애런의 예술적 창조성은 치료의 이 시점에서 시작되었다. 매우 다양하게 분출되는 화산 그림 시리즈를 그리고 폭발하는 화산을 조각하면서, 애런은 그렇게 오랫동안 갖고 있던 분노를 생산적이고 안전하게 분출하였다. 에너지와 창조적인 유연성을 갖고 한 이런 작업은 그것이 이루어지는 동안 우리 둘을 기쁘게 하였다.

토속적 집 세 채가 왼쪽 위 구석에 있다. 한 집에는 아기가 있다. 아마도 이 새로운 아기, 애런에게 열린 새로운 잠재력의 탄생을 축하하는 의식이며 이제 그는 이 장소에서 지혜를 향해 움직일 것을 약속한다. 상자의 왼쪽 끝에는 데이비 크로켓이 있고 인디언 전사 한 명이 활로 그를 겨눈다. 이것은 이 성스러운 불의 원에 서구의 침략자를 위한 자리는 없다는 것을 나타낸다. 이 새로운 아기가 애런에게 태어남으로써 그는 서구의 가부장 문화의 명령에서 놓이게 되는 듯하다.

모래상자 5－묘사

상자 중앙 앞쪽의 축축한 모래에 만들어진 것은 야구장의 2루에서 일어나고 있는 야구 경기다. 전체가 황금색 유니폼을 입은 선수들은 경기를 위해 자세를 취하고 있다. 카메라맨은 1루에서 게임을 보고 있다. 상자의 중앙 위쪽에 있는 포수 뒤편으로 턱시도를 입은 8명의 남자가 V자로 서서 게임을 보고 있다. 그들 뒤로 V자 꼭지에 어깨에 어린 소년을 태운 나이 든 남자가 있다. 왼쪽 위 구석에는 세 남자가 경기를 지켜보고 있다. 그 세 사람은 농부, 맥주를 들고 앉아 있는 남자, 바로 전에 자신의 엄지를 친 해머를 들고 있는 남자다. 그들 앞에는 '낚시 금지' 푯말이 서 있는 모래에 판 작은 연못이 있다. 픽업 트럭(보이지 않음) 옆, 상자의 왼쪽 앞에 큰 참나무 한 그루가 서 있다. 오른쪽 위 구석에는 작은 나무 뒤로 머리에 얼음 주머니를 올리고 인사불성으로 취해 있는 남자가 의자에 앉아 있다. 그 남자 앞에는 오른쪽 상자 위로 황금 태양이 걸려 있다.

모래상자 5-분석

이전 모래상자에서 자기가 출현한 데 이어, 여기서 애런은 성격의 남성적 특성과 여성적 특성이 분화하는 미성숙한 자아의 과제를 보여 준다. 4번 상자의 네모난 원은 이제 황금색 선수들로 채워진 야구장이 되었다. 중앙의 피겨로 나타난 자기의 전체성은 황금이며 경기장은 다이아몬드다. 모래상자 안의 사람은 모두 남자다. 모래상자의 맨 오른쪽 구석 위에 걸려 있는 태양은 남성 창조자, 하늘, 영웅과 동일시되며, 더 나아가 이것은 남성적 작업으로 규정된다(De Vries, 1984). 애런은 남자로서의 그의 정체성을 재배치하는 과제를 수행하는 것 같다.

게임을 관전하는 사람은 그 생김새와 태도가 매우 다양하다. 애런이 15세 때 다시 그의 모래상자를 보았을 때, 그는 "이들은 모두 내 아버지의 분신이에요."라고 말했다. 9세에 애런은 그의 아버지가 보여 준 남성성의 다양한 양상을 살펴보았다. 중요한 것은 애런의 게임을 관전하는 사람이 '아버지'라는 점이다. 모든 선수가 제 위치에 있으며, 게임이 진행되고 있고, 진행을 관장하는 룰이 있다. 모래상자가 완성된 후, 애런은 "픽업 트럭은 길을 잃었지만 결국에는 경기장으로 가는 길을 찾았어요."라고 말했다. 이는 애런이 사물을 분별할 수 있는 중심을 찾은 것으로 느껴진다.

마치 본루의 뒤편에서 게임을 받쳐 주듯이 턱시도 입은 8명의 남자가 V자로 서 있다. 그들 뒤로 V자 꼭지에는 어깨에 어린 소년을 태운 나이 든 남자가 있다. 그는 관록 있는 남성적 지혜로 소년을 지지한다. 이 남자들은 오른쪽과 왼쪽의 희극적이고 애처로운 대응자와 비교하여 정상적으로 보인다. 애런은 비록 덜 매력적인 측면에 대항하면서 그 측면을 다루지만, 그는 이러한 남성성 특성과 가장 가깝게 동일시한 듯싶다.

왼쪽 끝에는 곡괭이를 놓고 경기를 오래 지켜보는 수수한 농부가 있다. 농부로서 그는 땅을 갈고 곡물을 재배하며 자라나게 하고 영양을 준다. 나는 이 피겨가 나타난 것이 희망적인 것으로 느껴진다. 농부의 오른쪽에 있는 작은 연못 옆에 '낚시 금지'라는 푯말이 있다. 고기가 깊은 자신의 연못으로 홀로 떠나도록 놓아 주어야 할 시점이라는 점에서 중요하게 여겨진다. 이는 성장하고 발달할 시간이 필요한 깊은 영혼을 나타낼 수 있다. 농부가 생명이 자라나는 것을 기다려 주듯, 고기는 보호받고 성장해야 한다. 상자가 완성된 후 이 피겨와 관련된 애린의 연상은 농부의 외적 모습과는 극적으로 대비된다. 애린은 “이 남자는 낚시를 하고 있는데 이는 위법이죠.”라고 말했다.

농부 옆에는 맥주를 든 남자가 앉아 있다. 희극적으로 보이지만 그 남자는 정상인 듯하다. 그의 왼편에는 해머로 자신의 오른손 엄지를 때린 남자가 서 있다. 그는 상처입었고, 스스에게 그렇게 했다. 그에게는 치료가 필요할 것이다. 그는 해머를 잘 사용하는 법을 배울 필요가 있다. 그렇지 않으면 그는 또 자신에게 상처를 입힐 것이다. 이 세 피겨의 병렬적 배치는 알코올중독인 애린 아버지의 다양한 면을 반영한다. 애린은 자기 자신과 화해해야 한다. 맥주를 마실 때, 하지 말아야 할 곳에서 낚시를 할 때, 그리고 법을 어길 때, 그는 틀린 방향에서 영혼을 찾는다. 그 역시 자신을 상처입힌다. 오른쪽 위 구석의 야구 경기 주변부에 있는 네 번째 피겨는 의자에서 늘어져 있는 술 취한 알코올중독자의 비극적 모습을 고통스럽게 나타낸다. 이 남자는 의식이 없다. 이런 남성성 측면은 깨었다 해도 시야가 가려지는 나무의 뒤쪽에 앉아 있다. 취중의 남자는 아들의 황금 야구장 게임을 보지 못한다. 그는 태양 뒤편 어둠 속에 앉아 있다. 만약 재배자로서의 농부가 법 위반자 그리고 알코올중독자로서의 농부를 억제하면 어떻게 될지 궁금하다. 나는 이 피겨에 관한 매우 상이한 연상이 애린에게 고통스럽기는 하지만 그의 무의식적이고 쓸모없는 아버지와의 초기 경험에서 나온 성장과 지혜를 갖게 할지 궁금하다.

모래상자 6—묘사

두 무리의 군대가 전투를 위해 상자의 오른쪽과 왼쪽 가장자리를 따라 서로 마주 보고 정렬해 있고 군인은 싸울 태세를 취한다. 이 축축한 상자의 중앙에는 아돌프 히틀러와 나팔수가 싸우기 위해 준비하는 연합군 한 명과 동맹군 한 명과 마주하고 있다. 상자의 중앙 앞쪽에는 위생병 두 명이 들것으로 부상병을 옮긴다. 큰 참나무 한 그루가 상자의 왼쪽 위편에 있고, 대각선 건너편에는 다른 큰 참나무가 있다.

모래상자 6-분석

애런은 이 모래상자에서 "나는 전쟁터를 만들 거예요."라고 말하였다. 진지하고 확실하게 그는 대치하는 군대를 배치하고 서로 마주 보게 정렬하였다. "그들은 싸움을 시작하기 위한 준비가 되었어요. (나팔수가) 나팔을 불면 전쟁이 시작될 거예요. (벙커 뒤에 있는) 이 남자는 이미 총을 발사해서 실격될 거예요. 그는 나쁜 남자예요. 좋은 편은 왼쪽에 있고 나쁜 편은 오른쪽에 있어요. 이 남자(히틀러)는 나쁜 편의 지휘관이고, 이 남자(나팔수)는 좋은 편의 지휘관예요."라고 애런이 말했다.

여기서 상징적 과정의 반대되는 양극이 극적인 긴장 상태로 서로 마주하고 있다. Jung은 이러한 팽팽한 상황을 자아는 참아내기 어렵다는 점을 관찰하였다. 이러한 동등하고 강력한 정신적 힘의 대치는 엄청난 압력 상태를 만들어 내고, 적절하고 안정된 담아두기는 당면한 문제 주변의 새로운 내용을 무의식적으로 활성화하는 데로 정신 에너지를 하강시킨다(Jung, 1960/1981). 애런은 마치 전쟁 중인 두 군대 사이의 압력의 균형을 강조하듯 참나무 두 그루를 배치하면서 상자를 완성하였다. 이 모래상자에서의 긴장의 역동은 엄청나지만, 튼튼한 참나무 두 그루의 확고함은 치료자와 내담자 사이에 강력한 상호 전이를 일어나게 하는 담아두기의 강한 힘을 강조하는 것 같다.

중앙의 금속 피겨는 여기서 나팔수의 나팔이 되었고, 변형의 시작을 알릴 준비를 하고 자세를 취한다. 나팔은 공간에서 양성적인 것으로 생각된다. 길고 관통한다는 점에서 그것은 활동성과 남성성으로 여겨진다. 동시에 나팔의 종은 용기로서 여성성으로 여겨진다(De Vries, 1984). 나팔이 소리를 내면서 성스러운 전투에서 싸우는 영혼을 축하한다(Cirlot, 1971). 애런의 사례에 나타나는 힌두교적 주제에서, 나는 '바가바드 기타 (Bhagavad Gita)' (Edgerton, 1944)에 나오는 아르주나의 전투가 떠올랐다. 아르주나 전투는 애런의 것과 같이 이 시점의 변형적 가능성이다. 고대 인도 경전에 나오는 아르주나처럼, 애런에게는 이 전쟁터가 현세가 자기(Self)에게 자유를 얻게 하는 의지와 운명의 영원한 교차점과 만나는 그러한 지점이다.

애런은 자신의 남성적 측면의 분화과정을 계속 겪고 있는데, 여기서 그는 자신의 남성으로서의 감각에 이르고자 시도하면서 자신의 성별의 상반된 특성 간의 싸움이 일어난다. '좋은 편' 이 상자의 왼쪽에 있다는 점이 흥미롭다. 1번 모래상자에서 보았듯이, 애런의 성장과 발달에 필요한 치유 에너지는 여성성의 방향에서 나온다. 이미 한 남자가 총을 발사했다는 것을 알아차린 것으로 애런은 부상을 인식한다. 동시에 등장하는 동물이 모두 가축이라는 점에 주목하면 애런의 공격성이 길들여지고 있음을 알게 된다. 게다가 금속 무기를 가지고 싸우는 중앙의 칼을 든 두 검객은 아주 잘 어울리기까지 한다. 검객에게는 균형, 질서, 평정이 필요하다. 그것은 고요한 힘을 요구한다. 이 절박한 전투의 역동적인 긴장이 높지만, 거기에는 질서가 있다. 애런은 '실격되었다.' 고 말하면서 규칙을 어긴 특정인을 분명히 했다. 비록 거대한 변형이 진행될 것이지만, 더 이상 통제되지 않고 싸우거나 격노하지 않을 것이다.

모래상자 7-묘사

이 상자는 젖은 모래에서 이루어졌으며 방의 모습이다. 욕조, 세면대, 변기가 있는 욕실이 왼쪽 위편에 있다. 욕조에는 작은 목욕 스펀지가 있다. 하얀 철제 침대가 상자의 중앙에 있다. 컴퓨터가 놓인 테이블은 마주 보는 의자와 함께 오른쪽 위편에 있다. 상자의 오른쪽에는 큰 거울이 달린 화장대가 있다. 화장대 위에는 작은 탱크 네 대가 있다. 화장대의 오른쪽, 상자의 오른쪽 앞쪽을 향하여 접힌 분홍색 파라솔과 작은 돛단배가 위에 놓여 있는 캐비닛이 있다. 상자의 왼쪽 앞에는 빈 탁구대가 있고, 왼쪽 구석에는 빨간 사다리가 있다. 상자의 중앙 앞쪽에는 또 다른 캐비닛이 있는데, 거기에는 은빛의 큰 친목의 잔[역자 주: 연회에서 친목을 다지기 위해 돌아가며 마시는 큰 술잔] 우승컵이 있다. 상자의 중앙, 침대의 왼편에는 작은 흰 새가 있는 황금색 새장이 있다.

모래상자 7-분석

이전의 상자에서의 빛나는 나팔은 여기서 작은 흰 새 한 마리가 있는 황금색 새장이 되었다. 그 새장은 모래상자의 중앙에 위치하며, 이제 영혼이 나타나서 안전하고 아름다운 용기 안에 담긴 것처럼 보인다. 여성성의 존재를 담고 있음을 균형적으로 인식하면서 애런의 남성적 영혼이 나타난다. 6번 상자의 극적인 대치에서 벗어난

이 방은 조용한 질서가 있다. 이제 애런은 그의 초월적 경험에서 야기된 변형된 남성적 특징을 갖고 일상의 삶, 매일의 의식으로 돌아온다.

이 방은 개방되었으며 여기 사는 사람을 환영한다. 씻을 수 있는 좋은 욕실이 있고, 아름다운 가구, 창조적으로 일하는 컴퓨터 영역, 높은 곳에 이를 수 있는 빨간 사다리, 그리고 게임을 위한 탁구대가 있다. 두 면이 너무 깨끗한 탁구대의 말끔한 표면은 6번 상자의 전쟁터를 생각나게 한다. 깨끗이 치워지고 새로운 삶을 위한 자리가 그 주변에서 나온다.

화장대 위 거울 앞에는 작은 탱크 네 대가 있다. 그것이 있다는 것이 중요하다. 지금 탱크는 작지만, 지난 전투의 기억과 같다. 1번 상자에서의 갑옷의 우세와 크기를 떠올리면, 이 탱크 피겨는 과거의 무거운 제약을 대변한다. 여기서 영혼이 새처럼 나타났지만, 그것은 여전히 금속 용기 속에 있다. 이제 황금색 막대 뒤로 1번 상자의 강철 갑옷이 더 이상 어둡고 무겁고 차갑지는 않지만, 새는 아직 자유롭게 날아가지 못한다. 돛단배 모형이 끝 쪽의 작은 테이블 위에 있다. 그것은 가벼워 보이고 바람이 불면 순풍에 항해할 것처럼 보인다. 이 배는 영혼의 바람을 잡는 더 자유로운 방식을 암시한다. 그늘과 보호를 제공하기 위한 준비를 하는 것처럼 보이는 접힌 파라솔의 존재 역시 희망적으로 보인다.

이전 상자에서 부상당한 남자의 위치인 상자 중앙 앞쪽에 은빛으로 빛나는 우승컵이 있다. 우승컵은 승자에게 주어진다. 여기서 우승컵의 존재는 희망적이고 확신적이다. 그것은 전 과정을 볼 수 있는 애런의 잠재력뿐 아니라 현재까지 진행되는 그의 성공을 대변한다. 이 우승컵은 달의 빛깔인 은색이다. 우승컵은 때때로 '친목의 잔'으로 불리며, 4번 모래상자에서의 달의 영혼을 떠올리게 한다. 그것은 애런의 삶의 중앙에 있는 양육하는 존재의 승리에 대한 증거다. 아직 애런은 태양 힘에 포위되어 있다. 비록 용기는 더 개방되고 빛나지만, 아직 그는 자유롭지 않다. 애런이 밖으로 날아가고 은빛 친목의 잔을 제 것이라고 주장하길 희망한다.

모래상자 8–묘사

왼쪽에서 오른쪽으로 흐르는 작은 강이 모래상자를 나눈다. 강둑의 앞쪽에는 잡은 작은 물고기를 쳐다보는 외로운 어부 한 사람이 있다. 어부 오른쪽으로 돌로 된 다리가 두 강둑을 연결한다. 하얀 경주마 두 마리가 다리의 오른쪽에 있다. 푸른 물고기 세 마리가 왼쪽에서 오른쪽으로 헤엄치며 다리 왼쪽으로 다가간다. 세 마리의 물고기 뒤로 파라솔로 덮이고 사공이 조정하는 베네치안 곤돌라가 있다. 상자의 왼쪽 뒤편 구석의 큰 참나무 그늘이 있는 곳 벤치 위에 개 한 마리가 앉아 있다. 작은 흰 새 한 마리가 벤치의 오른쪽 땅에 앉아 있다. 또 다른 작은 흰 새는 왼쪽 머리 위의 고리로부터 날아간다. 커다란 참나무 두 그루 측면, 오른쪽 구석 뒤로 큰 집이 자리 잡고 있다. 푸른색 자동차가 집의 왼쪽에 주차되어 있다.

모래상자 8–분석

5번 상자에서의 낚시 금지 푯말이 없어지고, 여기서 어부는 깊은 곳에 자유롭게 들어간다. 그는 낚은 물고기를 높게 든다. 낚시를 하는 행위는 심연에 대한 탐구심을 말하며, 찾고자 하는 사람에게 이용 가능한 파악하기 어려운 무의식의 보고다(De Vries, 1984). 애런은 이제 자신의 이런 자원을 건드릴 수 있다. 크고 아름다운 푸른 물고기 세 마리가 왼쪽으로부터 헤엄친다. 다면적 상징으로서의 이 물고기는 삶, 풍요, 성, 생식을 의미한다. 또한 마음, 불멸, 자기(Self)를 암시한다(De Vries, 1984). 역동적인 변화의 숫자 3으로, 이 물고기는 애런의 성장과 발달을 위한 남성성, 풍요, 생식 가능성의 변형을 나타낸다. 물고기는 왼쪽으로부터 치유, 부드러운 에너지를 가져오며, 아름다운 베네치안 곤돌라가 뒤따른다. 멀리 이탈리아에서 온 우아한 운송 수단과 물고기는 이탈리아인 아버지가 보여 준 남성성에 대한 애런의 갈등 해소를 알린다. 1번 모래상자에서의 문제 많고 통제를 잃은 경주차는 여기서 이 조용한 수중 운송 수단으로 대치된다. 사고와 위험으로 자신을 몰아넣는 레이서와는 달리, 곤돌라의 사공은 강바닥에 닿도록 조용히, 그러면서도 강하게 노를 저어 그의 배를 조종한다. 이 배를 조종하는 사람은 자신의 깊은 곳과 접촉하고 안전하다. 7번 모래상자에서 나온 파라솔은 불타는 태양 광선에서 승객을 보호하기 위해 다시 나타났다. 남성적 태양의 출현이 감지되면서, 파라솔은 이 배의 승객에게 그림자를 드리워 부드럽고 여린 빛을 보낸다.

다리는 이전의 가정 장면을 떠오르게 한다. 왼쪽에는 공원의 벤치 위에 개 한 마리가 평화롭게 앉아 있고, 작은 바다 갈매기 한 마리가 곤돌라가 지나가는 옆에 조용히 앉아 있다. 두 마리의 거위가 어부의 오른쪽으로 걸어간다. 보통 감시하고 경계하는 이 한 쌍의 거위는 조용하고 위협적이지 않다. 동물 모두 자연스럽고 편안해 보인다. 그들은 집에 있고 위협적이지 않다. 애런의 본능적 부분인 동물은 그의 집을 찾기 시작하였다. 어부의 세계와 집과 정원 세계 간의 연결을 형성하는 이 다리는 일상적 삶과 관조의 세계를 연결한다. 애런의 남성성이 자기(Self)에게 재정리되면서, 동시에 그는 자신의 반영적이며 영적인 특성과 중요한 연결을 가질 수 있게 된다.

내 왼쪽 머리 위 높은 곳에 하얀 새 한 마리가 날고 있다. 이전 상자의 새장에 있던 작은 새는 여기서 자유로워지고, 이런 고요한 세상이 오는 것을 허락한다. 나는 웃으며 모래상자 위의 줄에 새를 매달면서 즐겁게 말하던 애런을 잊을 수 없을 것이며, 이 작은 새가 이제 새장에서 자유로워지는 것을 확인하고는 내 심장이 뛰었던 것도 잊을 수 없을 것이다. 새가 높이 날아가면서 영혼도 깊은 곳에서 빠져나왔다. 왼쪽에서 얻은 그의 새로운 잠재력으로, 애런은 여기서 남성성과 여성성, 하늘과 대지 간의 깊은 파트너십을 이루었다.

모래상자 9—묘사

또다시 강이 왼쪽에서 오른쪽으로 가로지르는 상자 9는 동양식 건물들이 여기저기 흩어져 있다. 상자의 중앙에 있는 큰 탑 형태의 동양적 다리는 강 양편을 연결한다. 다리의 오른쪽에 크고 푸른 돌고래가 헤엄친다. 다리의 왼편 강에는 나무로 된 중국 범선이 떠 있다. 세 그루의 나무가 상자의 오른쪽 위, 왼쪽 위, 중앙 앞쪽에 있다. 은빛 소나무 한 그루는 중앙 다리의 오른쪽 뒤편에 있다.

모래상자 9—분석

"여기는 중국이에요. 모든 사람은 자기 집에 있어요. 이 배는 떠나고 있어요. 음식과 재료가 없는 걸 보면 이른 아침이에요. 이것은 돌고래예요. 돌고래는 바다로 헤엄쳐요. 어부는 그것을 잡으려고 하지만 놓쳐요."라고 애런이 말했다. 성스러운 안식으로 둘러싸인 이 모래상자에서 애런은 스스로 갈 수 있는 가장 먼 곳을 여행한다. 마치 존재의 내면을 여행하는 것 같다. 이전 상자에서 그의 내적 삶과 외적 삶이 연결되면서, 애런은 그의 깊은 무의식 안의 매우 특별하고 성스러운 장소에 간다.

이전 상자처럼 이 배도 물고기의 뒤를 따른다. 이 배는 물 위에서 사람들이 살고 일하며 모든 삶을 영위하는 범선이다. 아버지와의 근본적 갈등이 해소되면서, 애런은 자신이 그렇게 얻기를 바랐으나 전에는 분명한 외현적 힘을 요구하던 남성성에 의해 거부된 자신의 깊은 속에서 진행되는 무의식과의 생생한 연결을 허락하는 운송 수단을 찾을 수 있게 되었다. 애런은 우리에게 이 배는 그의 정신의 먼 영역을 먹이고 기르기 위해 음식과 일용품을 가져온다고 말한다. 어부의 손아귀에서 벗어난 배와 물고기는 이제 내부와 외부 세계 간의 경계를 이루는 것처럼 보이는 탑의 아치 길을 뚫고 항해한다. 애런은 배와 물고기가 이 성스러운 장소의 출구를 만들면서 자신의 깊은 영역에 접근할 수 있게 되었고, 영혼과 내적 삶과의 심오한 연결을 제공하는 그의 남성성은 이제 확고하게 자리 잡았다.

모래상자 10—묘사

축축한 모래 위에 온통 색색의 플라스틱 장난감으로 만들어진 이 상자는 칠판 옆, 학생들 앞의 자신의 책상에 앉은 선생님과 교실을 묘사한다. 외로운 한 아이가 왼쪽 앞 구석을 마주하고 앉아 있다. 오른쪽은 그네, 미끄럼틀, 회전목마가 있는 놀이터다. 아이들은 기구에 올라가 놀고, 한 여자가 오른쪽 위 벤치에 앉아 지켜보고 있다. 그녀의 왼쪽 유모차 안에 그녀의 아기가 있다.

모래상자 10-분석

이 모래상자에서 애런은 일상생활로 돌아와 색색의 잘 갖춰진 학교를 창조하였다. 상자를 완성한 후, 애런은 "그들은 공룡에 대한 영화를 보고 있어요."라고 말했다. 애런은 아직 과거의 자취가 남아, 괴물을 직접 대면하는 것에서 나와서 일정 거리를 두고 그들을 살피는 것으로 가는 것 같다. 그렇게 함으로써 활기찬 학습 환경이 그의 주변에 나타난다. 애런은 "선생님은 아이들을 조용히 시키려고 하지만 아이들은 떠들어요(에너지의 충만은 이 형형색색의 장소다.)."라고 말했다. 그러나 이런 높은 활동적 환경에도 질서가 있다. 왼쪽 앞 구석에 앉아 있는 작은 소년을 보고 애런은 "그는 자기 연필을 갖고 노는 열등생이에요."라고 지적했다. 이 선생님은 주어진 일을 잘하고, 고도로 에너지가 필요한 창의적 놀이와 학습이 그녀의 분명한 구조의 안전한 용기 속에서 자유롭게 일어난다. 이것은 애런이 자기 속에서 안전함을 유지하면서도 놀이처럼 창조하고 탐색하기에 자유로운 장소를 찾았다는 것을 깊이 인식하게 해 준다.

아이들이 시소와 회전목마를 타며 씩씩하고 즐겁게 뛰노는 놀이터는 그대로 교실로 확장된다. 놀이가 그의 삶과 학습의 중요한 한 부분이라는 점을 애런이 깨달은 듯하며, 놀이가 나타나면서 그는 결국 자신의 조심스럽고 심각하며 과도하게 반응적인 태도를 포기할 수 있게 되었으며 자신의 자유스러운 정신을 해방시켰다.

오른쪽 위 구석에 아기와 엄마가 함께 앉아 있다. 비록 그녀의 아기는 학교에 보내기에는 너무 어리지만, 이 어머니는 아이를 쳐다보면서 선생님과 마찬가지로 자녀의 성장에 지지적이고 양육적인 영향력을 준다. 애런이 모래에서 작업하는 동안 내가 앉았던 자리도 이 구석이었다는 점에서 보면, 오른쪽 위 구석에 있는 이 보호자 어머니가 상호 전이 속에 애런의 작업을 담아둔 것에 대한 표현이 아닐지 궁금해진다.

모래상자 11-묘사

젖은 모래에서 이루어진 11번 상자는 앞쪽에 작은 물길이 가로지르고 있으며 네 마리의 푸른 물고기가 오른쪽에서 왼쪽으로 헤엄친다. 상자의 앞 모서리(사진에는 보이지 않음)에 바위로 된 벽이 줄지어 있다. 눈 덮인 소나무 한 그루와 벤치가 상자의 양 강둑을 잇는 다리 근처 오른쪽에 있다. 왼쪽 앞에는 우물이 있다. 푸른 소나무와 두 개의 큰 돌 옆에 크고 검은 기차 한 대가 상자의 중앙 위쪽을 향하여 왼쪽에서 오른쪽으로 움직이고 있다. 거대한 황금빛 태양이 기차 앞쪽 지점의 머리 위에 매달려 있다. 잘 꾸며진 전망대가 상자의 중앙에 있다. 그것은 테이블 하나와 의자를 갖추고 있다. 오른쪽 위 구석에는 큰 집이 한 채 있고 오른쪽 구석에는 작은 집이 한 채 있다. 작은 집 오른쪽에는 은빛 소나무 한 그루가 있고, 큰 집 오른쪽에는 눈 덮인 소나무 한 그루가 있다. 또 다른 눈 덮인 소나무는 기차와 전망대 사이에 있으며 크고 고독한 초록색 소나무는 전망대의 바로 앞쪽 중앙에 있다.

모래상자 11—분석

집중해서 이 상자를 만들면서, 애런은 "크리스마스 시즌이에요."라고 말했다. 모든 사람이 사물을 장식하고 가족을 보러 간다. 기차는 가족에게로 가는 것이므로 주변에 아무도 없다. 어둡고 무거운 철로 된 기차는 1번 상자에서 금속 용기 갑옷의 추억이다. 여기서 태양 아래를 지나는 기차는 사람들을 그들 가족에게 데려다 준다. 용기로 된 갑옷 아래에 담겨졌던 그의 분노의 그늘은 이 기차가 태양의 나라에서 앞쪽에 있는 눈의 나라로 가면서 좀 더 통합을 향해 움직인다. 돌로 된 벽은 여기서 무엇이 드러나는지를 확고하게 점검하듯 모래상자의 정면 경계를 명확히 정한다. 그것은 '주의' 라고 강하게 말하는 것 같은 느낌이 든다.

기차 위, 기차가 향하는 바로 그 지점에 커다란 황금빛 태양이 매달려 있다. 기차가 있는 곳의 왼쪽에는 푸른 소나무가 있다. 오른쪽에는 나무들이 눈으로 덮여 있어 마치 여름과 겨울이 교차하는 것 같고, 애런은 지금은 크리스마스라고 말했다. 지금은 새 빛이 나타날 수 있는 1년 중 가장 어두운 시기다. 기차가 떠나면서 무거운 화석 같은 바위를 지나간다. 애런의 기차가 겨울나라를 향하면서 뒤로 과거의 추억이 남고, 그에게는 가족, 타인과 연결될 새로운 가능성이 열린다. 길은 그에게 뛰어난 친밀감과 감정을 갖고도 자신의 전체성과 독특성을 안전하게 지키는 것을 허용한다.

집에서 좀 떨어진 오른쪽에 은빛 나무 한 그루가 있다. 4번 모래상자의 원주민 공주의 오른쪽에 있던 은빛 달이 생각난다. 애런 성격의 남성적 측면과 여성적 측면이 분화의 과정을 계속 거치면서, 아마도 애런의 기차는 남성성을 형성하는 황금빛 태양나라에서 남자가 되는 은빛 달 길로 움직이는 것 같다.

왼쪽 앞에는 우물이 있다. 그것은 5번 상자의 낚시가 금지된 작은 연못을 떠올리게 한다. 이제 네 마리의 물고기가 오른쪽에서 왼쪽으로 헤엄친다. 이는 이전 상자에서 헤엄치던 것과는 반대 방향이다. 물고기는 우물의 방향으로 물의 근원을 향하여 헤엄친다. 아마도 넷(4)은 물고기가 그의 성(sexuality)과 영혼이며 이제 확고하게 형태를 갖게 된 애런의 '어류성(fish-ness)'에 대한 물질적 표현임을 암시한다. 그의 외형적 남성성이 새로운 영토로 움직임에 따라 그것의 표현 방식을 다시 규정해야 하고, 물의 깊은 발원이라는 점에서 영원한 근원에 대한 내면적 인식이 그에게 남았다. 겨울로 가는 기차 앞에 물은 아름다운 크리스털 얼음과 눈으로 변형된다. 존재의 깊은 샘에 대한 근원을 갖고, 애런은 이제 이 세계에서 남자로서의 자신의 방식을 예술적이고 정교하게 표현할 수 있다.

모래상자 12—묘사

12번 상자는 축축한 모래에서 이루어졌으며, 상자의 오른쪽 앞 구석을 대각선 방향으로 가로지르는 작은 물길을 갖고 있다. 얼음 큐브 두 개가 강에 있고, 북극곰 두 마리가 근처에 있다. 크고 흰 이글루가 오른쪽 위 구석에 자리 잡고 있다. 눈 덮인 소나무 두 그루가 옆에 있는 이글루 위에는 크리스털 링이 있다. 왼쪽 위 구석의 언덕에 스키어 두 사람이 내려오고 있으며, 흰색 말 두 마리가 왼쪽 앞에서 달려오고 있다. 큰 눈송이가 여기저기 흩어져 있는 풍경이며 큰 크리스털 별이 상자 위에 매달려 있다.

모래상자 12—분석

모든 것이 크리스털이고 눈빛인 이 모래상자를 애런은 겨울나라라고 불렀다. 실제로 눈이 내리듯 아주 조용한 가운데, 애런은 말 두 마리, 곰 두 마리, 얼음 큐브 두 개, 눈 덮인 소나무 두 그루, 그리고 스키어 두 명을 짝 지었다. 원시의 전체성에서 새롭게 출현하듯이 이러한 이중성에서 원형적 나라의 태고의 순수를 볼 수 있다.

이전 상자의 검은 철로 된 기차는 완전하게 겨울나라로 들어섰고, 크고 충만한 흰 말 쌍으로 변형되었다. 마치 애런의 영혼이 강력하고 영예로운 방식으로 자유롭게 된 것 같다.

오른쪽에는 순백의 북극곰 두 마리가 얼음이 떠 있는 물에 다가간다. 크고 강한 곰은 고향에 있는 것 같다. 곰들은 수컷과 암컷으로 균형을 이룬다. 쌍 중 더 큰 곰이 물속 얼음 큐브에 접근한다. 물은 얼어서 큐브 형태로 변형되었다. 사각형처럼 큐브는 현실 공간의 모든 차원을 나타낸다(Smith, 1992). 여기에는 큐브 두 개가 있고 곰은 그것에 초점을 맞추어 접근한다. 아마도 이런 쌍은 물질적 표현에서의 전체성을 나타내는 듯하다.

곰 뒤로 이글루가 있다. 아름답고 둥근 이글루는 얼음 큐브로 만들었다. 얼음 큐브 전체가 모여 둥근 집을 만든 것 같다. 3차원의 현실에서 애런은 원과 사각형을 통합하여 그의 새롭고 경이로운 나라 속에 거처할 장소를 만들었다. 이글루 옆에는 눈 결정체가 덮인 소나무 쌍이 편하게 자리 잡고 있고, 그것은 눈이 많은 주거지에 단단히 심어졌다. 이 모래상자를 만들며 애런이 취한 마지막 제스처는 마치 성스러움과 전체성을 강조하듯 크리스털 링을 이글루에 왕관처럼 씌우는 것이었다. 나는 그가 작업을 시작할 때 가졌던 전위의 느낌을 이제 결코 느끼지 않으리라고 확신하며, 그가 전적으로 자신에게 속한 이 순수하고 전체적이며 단순한 가정(home)인 그의 정신세계 속으로 깊이 들어간다는 것을 알았다. 그는 그의 감수성 및 조용한 힘과 갈등할 수도 있었지만, 이제는 충만하고 가장 진실한 방식으로 자신에게 속하게 되었다.

1번 상자에서 등장했던 스키어가 다시 나왔는데, 여기서 왼쪽 끝 구석으로 옮겨졌다. 남녀 쌍인 그들은 이 눈의 세상에서 솜씨 좋게 그들의 길을 타협할 수 있다. 애런이 남성성과 여성성 에너지 간의 아름다운 균형을 찾은 것 같다.

상자 위에는 뾰족뾰족한 크리스털 별이 매달려 있다. 이전 상자의 태양은 기차가 어두운 겨울로 들어서면서 없어졌다. 지금은 밤이고 이 크리스털 별은 영광스러운 새 별의 출현인 듯하다. 이 별빛은 태양빛보다 부드럽고 이 장대하고 새로운 세계에 잘 어울린다.

모래상자 13 – 묘사

젖은 모래에서 이루어진 상자 13에서 다양한 군인과 군사 장비는 서로 안쪽으로 마주 보며 원을 그리고 있다. 오른쪽 위 구석에서 위생병은 들것으로 부상당한 군인을 나르고, 제트기는 상자 위에 매달려 있다.

모래상자 13 – 분석

빠르게 피겨를 배치하며 상자 주위를 걸으면서, 애런은 이 상자에서 불쾌한 고통 감수의 감정을 창조하였다. 이날은 1991년 초 중동에서 전쟁이 난 날이다. 애런은 "이것은 페르시아만에서 일어난 전쟁이에요. 전쟁은 나쁘고 그들은 어린애같이 행동하죠."라고 말했다. 이것은 애런에게 익숙했던 방식, 즉 싸우고 적대적인 것을 드러내는 국제적 사건이다. 외부 환경의 영향으로 애런은 이 모래상자에서 그가 타인과 자신에게 했던 익숙한 방식으로 다시 돌아왔다. 그러나 자기에게 재정돈된 관계를 가지고 돌아왔다. 그는 전쟁이 야비하고 미성숙하다는 것을 발견했고 이를 더 이상 수용하지 않았다. 그는 이제 타인과의 관계에서 더 이상 이런 방식으로 자신을 보지 않으며, 수많은 타인, 성인, 세계적 지도자들이 이런 적대적 투쟁을 아직도 계속한다는 사실을 고통스럽게 깨달았다. 그는 격퇴하였으며 많은 것을 깨달았다.

모래상자 14—묘사

이 상자는 마른 모래에서 이루어졌으며, 왼쪽 위 구석에 큰 북극곰 한 마리에게 쫓기는 스키어 한 사람이 눈송이가 여기저기 흩어진 언덕을 향하고 있다. 상자의 중앙 위쪽 영역에는 큰 검은 기차가 모래 표면을 파서 만든 길을 따라 왼쪽에서 오른쪽으로 향하고 있다. 딕 트레이시와 수사관 클루소는 상자의 왼쪽 앞에서 골퍼 한 사람과 마주하고 있다. 우물 하나가 상자 중앙 근처에 있다. 우물 오른쪽으로 가솔린 펌프 두 개와 자동차 두 대가 있다. 소는 골프 그린을 향하여 왼쪽에서 오른쪽으로 움직인다. 오른쪽 뒤에 우주왕복선이 하늘을 향해 서 있다. 오른쪽 앞에 다리 하나가 상자의 앞을 가로지르는 작은 물길에 걸쳐 있다. 다리 위에는 스쿠버 다이버가 엎드려 있고, 강을 따라 다섯 명이 자전거를 타고 있다. 큰 물고기 뼈가 강의 왼쪽 끝에 있다(사진에는 보이지 않음).

모래상자 14—분석

장난스럽고 성가신 기분에서 이루어진 이 상자를 애런은 '미친 세상(Crazy Land)' 이라고 불렀다. 이 말은 골프 코스를 만들며 했는데, "자전거 타는 사람은 자전거를 강에서 타고, 우주왕복선은 이륙하려고 해요. 사람들은 골프공 안에 폭탄이 있다고 생각하기 때문에 골프공을 조사하고 스키어는 언덕을 올라가요." 라고 말하면서 애런은 웃었다. 그리고 "이 장소는 안전하지 않아요. 당신은 다치지는 않겠지만뭔가를 기대할 수는 없어요." 라고 덧붙였다. 이 상자를 완성한 지 5개월 뒤, 애런은 자발적으로 이에 대해 언급하며 그것을 자신의 생활과 연결 짓고, "내 생활처럼 나는 항상 일이 내가 그래야 된다고 생각하는 방식대로 일어날 것으로 기대할 수 있는 것은 아니에요." 라고 말했다는 점이 매우 흥미롭다. 깊은 내적 탐구 후에 애런은 완전히 새로운 방식으로 그것을 볼 수 있는 그의 일상적 삶으로 돌아왔다. 새로운 자아 상태의 획득으로, 그의 시각은 재미있게 재정돈되었다. 모든 것이 '거꾸로' 되고 당연히 해야 하는 것이 없어졌다.

미친 세상에서 나타나는 것은 4번 상자에서 카치나의 의식에 나타난 재미있고 색다른 어릿광대다. 호피(Hopi)와 주니(Zuni) 원주민 전통에서, 어릿광대 카치나는 자주 자신을 거꾸로 하며 사람이 할 수 있는 가장 어려운 방법을 보여 주듯 사다리를 거꾸로 내려온다. 원주민은 어릿광대가 자신들이 너무 심각해지는 것을 막아 준다고 믿는다. 책략가처럼 이 어릿광대는 삶의 보상적 균형을 맞추며, 때때로 기대와는 반대로 행동한다(Griffin-Pierce, 1995). 인류학자 Geoffrey Turner는 카치나 어릿광대의 이러한 행동을 "선한 행동의 규칙에 대한 허가된 전도"(Turner, 1979, pp. 89-90)라고 언급하였다. 그것은 자기 훈육을 강조하는 원주민 사회가 만든 긴장에 대해 안전밸브 같은 역할을 한다. 여기서 애런은 새로워진 시각과 장난스러운 마음을 갖고 그의 삶의 역설을 바라본다. 그의 과장되게 심각한 페르소나는 이제 유머와 지혜로 다듬어졌다.

이런 우스꽝스러운 골프 코스 위의 모든 혼란에서도, 골퍼는 집중하여 샷을 깨끗하게 정조준한다. 이 골퍼와 같이 애런도 이제 그가 어디로 향해야 하는지 정확하게 안다. 이 상자를 목격하며 나는 가족의 긴급한 도전뿐 아니라 자신이 인생에서 맞게 될 어떤 문제라도 모두 다룰 수 있는 애런의 능력에 대해 깊은 확신을 느낄 수 있다. 동시에 나는 그가 과제에서 유머와 지혜를 보여 줘 기쁘다.

이륙하려는 우주왕복선이 이 상자에서 애런이 가장 나중에 놓은 피겨다. 그가 과정을 마칠 때가 다가오고 이제 떠날 준비를 하는 것은 아닌지 궁금했다. 그렇게 되기까지 그는 모래상자 하나를 더 완성하였다.

모래상자 15—묘사

젖은 모래에서 이루어진 이 상자에서 구부러진 물길 하나가 상자의 왼쪽과 오른쪽을 나눈다. 상자 양편은 다리로 연결되고, 다리 위에는 모래 위로 난 길을 따라 왼쪽에서 오른쪽으로 향하는 작고 푸른 자동차 한 대가 있다. 상자의 왼쪽에는 슈퍼맨이 머리 두 개 달린 용 한 마리와 머리 세 개 달린 용 한 마리, 펭귄, 데이비 크로켓, 헐크 호건, 히틀러와 마주하고 있다. 왼쪽 앞 구석에는 크고 은빛 나는 19세기 초기의 프랑스 군인이 있고, 꼬마 열차가 왼쪽을 향하여 원을 그리며 돌고 있다. 상자의 왼쪽 영역 중앙에 작은 권투선수 한 명이 은빛 우승컵 옆에 있다. 오른쪽 끝 위 구석에는 여자 한 명이 벤치에 앉아 있다. 로켓맨은 강이 있는 곳의 상자 위에 매달려 있다. 나무들이 여기저기 흩어져 있다.

모래상자 15—분석

마지막 과정을 시작하면서, 이 마지막 모래상자에서 애런이 처음 취한 제스처는 다리를 배치하는 것이었다. 1번 모래상자의 경찰에 쫓기는 말썽 많은 경주차와는 달리, 여기의 작고 푸른 자동차는 8번 상자에서 나온 평화로운 가정의 풍경에서 나왔으며, 오른쪽에서 왼쪽으로 통과하고 있다. 자신을 2번 상자에서 돌아온 승리자 권투선수로 동일시하면서, 애런은 "이 사람이 나고, 나머지 모든 사람은 내가 죽이거나 혹은 곧 죽게 될 나쁜 사람이에요."라고 말했다. 왼쪽 앞 구석의 군인에 대해서는 "이것은 내 동상이고 이것은 내가 타고 전쟁터로 갈 기차예요."라고 말했다. 그리고 마지막 제스처로서 그는 은빛 우승컵을 권투선수의 왼쪽에 놓으며, "이것은 내 우승컵이예요. 나만큼 크죠."라고 말했다.

이 은빛 친목의 잔 우승컵은 7번 상자에서 다시 나왔으며, 권투선수의 왼편인 그의 여성성 자리에 있다. 이제 1번 모래상자의 금속 용기에서 자유로워졌고, 그는 아주 멀었던 개인적 승리에 기뻐한다. 한때 그의 패배와 감옥이었던 성가신 갑옷은 이제 변형되어 새롭게 출현한 자기(Self)의 능력과 승리에 대한 번쩍이는 증거가 되었다.

싸움터를 뒤로 하고 떠나 모든 것이 평화로운 다른 쪽으로 가기 위해 다리를 건널 준비를 하면서, 애런은 의식과도 같이 그의 적대자를 모으고 그 앞에 승리자처럼 섰다. 잘 준비되었고 유능한 조력자와 함께 있는 그를 아무도 위협하지 못한다. 로켓맨은 과거 세계와 새로운 세계를 가르는 강의 궤도를 따라 날아간다. 더 이상 그의 폭발적 분노는 없으며, 그의 불타는 공격적 에너지는 변형되어 로켓의 연료로 쓸 수 있게 연결되었다. 스키에서의 강력하고 운동적인 기민성으로, 로켓맨은 마치 슈퍼맨이 그렇듯 하늘에 도달하라는 명령을 받았다. 신체와 영혼의 현저한 통합을 인식하면서, 애런은 스스로 대지와 하늘 사이를 이동할 수 있는 자신의 능력을 존경한다. 이제 애런은 집에 있는 느낌이고 두 차원 모두에서 안전하며, 남성성과 여성성 에너지 간의 자신만의 독특한 균형감으로 평화를 찾았다.

앞으로도 계속 성장하고 발달하면서 남성성과 여성성 에너지의 발견과 분화가 계속되겠지만, 그가 작업에 참여하면서 모래놀이 작업은 그에게 분명한 재조정과 세워야 할 확고한 기반을 제공하였다. 애런은 오른쪽 위 구석에 있는 여자가 자신의 어머니라고 말했다. 애런 어머니의 사랑에 찬 지지는 그의 작업에서도 분명하게 나타났다. 나는 그녀의 출현에 대한 그의 공손한 존경을 깊게 느꼈다. 상징적 과정의 다차원적 측면에서 이 여성이 앞으로 애런에게 펼쳐질 아니마의 분화와 통합도 될 수 있는지 궁금하다. 또한 이 피겨가 내가 앉은 위치인 모래상자의 구석에 있는 것으로 봐서 치료자의 존재에 대한 참조물, 그리고 이 깊은 치유과정 속의 상호 전이 힘의 참조물이 될 수 있는지 궁금하다.

후 기

1995년 가을 애런이 그의 어머니와 함께 다시 왔을 때, 그는 아주 훌륭하게 사회적으로 적응하고 있었다. 그는 소녀들에게 인기 있으며 학교에서도 아주 잘 지내고 있었다. 스미스 부인과 애런 모두 애런의 깊은 신앙심과 애런이 회당에 계속 참여할 것임을 확신하고 있었다. 스미스 부인은 그녀의 아들에 대해 자랑스러워하며, 그가 분명한 직업적 방향을 갖고 있고 공학을 공부하기 위해 대학에 갈 계획이라고 말했다. 어머니와 아들 모두 애런과 아버지의 관계가 치유되었음을 감사해했다. 그의 아버지는 애런에게 존재할 수 있었으며, 그들은 자주 서로 만나고 있었다.

부록 A

주관적 몰입 분석: 애런의 모래놀이 사례의 SIA 조사 사본

다음은 애런의 모래놀이의 주관적 몰입 분석(SIA)의 원판 사본이다. 원본 기록에 대해 미세한 철자와 언어의 교정만 이루어졌다. 애런 상자의 사진을 자주 참조하면서 이를 읽는 것은 이 사례의 상징적 맥락에 대한 SIA 조사에 대한 나의 경험을 잘 보여 줄 것이다.

이 SIA는 여러 날에 걸쳐 이루어졌다. 이것은 애런이 작업을 완성한 몇 년 후에 착수되었다. 이는 기록된 사례 분석과 자신의 작업에 대한 애런의 추후 회고에 앞서 행해졌다.

일부 모래놀이의 SIA가 완료된 후에도 계속 나에게는 새로운 생각과 이해가 일어났다. 내가 의식적으로 중심 피겨들을 연결시키지 않으려 해도 SIA는 계속되는 것 같다. 이러한 것들은 'SIA 후의 반영(Post SIA Reflections)'에 포함되어 있다.

특정 모래놀이 작업에 대한 각 치료자의 SIA 고찰은 비록 다르지만, 이 사례에 대한 나의 SIA 경험을 검토하는 것은 이 도구에 친숙해지는 좋은 방법이 될 것이다.

조사의 목적

모래상자 내의 중심 또는 두드러진 피겨의 우월한 지점에서 애런의 모래놀이 과정을 연구하기를 제안한다. 이 연구의 목표는 상자 자체 요소의 조망으로부터 상자를 목격하는 주관적인 경험을 통해 모래놀이 과정에 대한 더 크고 깊은 이해를 얻는 것이 될 것이다.

이 연구에서 생겨난 질문은 다음과 같다.

이 상자, 지금 여기에 존재하는 것은 무엇 같은가?

모래상자 1
중심 피겨: 중앙의 갑옷을 입은 기사

이 상자 안의 기사로서 나는 금속으로 싸여 있다. 나는 상자의 중앙에 있는 금속 철장에 작은 새를 놓고 이후에 마지막 상자에서 승리를 거둔 권투선수와 그 옆의 우승컵은 옆에 놓으리라고 미리 생각한다. 육체가 금속에서 나와서 나름대로 강하게 서 있다.

나는 여기에서 왼쪽을 향해 서 있다. 나의 등은 오른쪽을 향하고 있다. 아마도 무엇이 오고 있는지를 알기 위해 여성성의 방향을 보고 있을 것이다. 내 뒤에 있는 것은 슈퍼 영웅의 전투다. 배트맨과 로빈이 조커와 펭귄과 싸우고 있다.

나는 섬 위에 서 있으며 내 오른편의 외로운 참나무를 제외한 그 모든 것보다도 더 크고 더 높다. 나는 경직되고 차가우며 고립되어 있다. 나는 그 밖의 누구, 어떤 것과도 연결되어 있지 않으며 연결될 수도 없다. 나의 키와 이 무거운 금속 갑옷 때문에 나는 너무 멀리 떨어져 있다.

나는 이 섬을 세 명의 동양인 닌자 전사와 함께 공유하고 있다. 그들은 무섭고 흉포하며 무시무시한 표정을 짓고 있으나, 내가 정말로 느끼는 것은 다음과 같은 것이다. 이 철제 감옥에는 모든 것이 잠겨 있고 차단되어 있고 싸늘하다. 내가 왜 이러한 갑옷 안에 틀어박혀야만 했던 것인가? 나의 생존이 그에 달려 있는 것처럼 말이다.

나는 확실히 슬픔을 느끼고 있다.

고속 경주차가 다리를 건너 질주하여 나의 섬으로 오고 있다. 그 뒤에는 한 조의 차들이 있다. 이것이 그 차를 꼼짝 못하게 할 것이다. 그것이 정의를 가져올 것이다.

두 명의 동양인 남자가 경찰차 옆의 작은 섬에서 명상에 잠겨 앉아 있다. 그들은 마치 미래를 내다보는 것처럼 크리스털 공을 응시하고 있다. 나는 그들이 무엇을 보는지 궁금하다. 그들은 바깥으로의 길을 보는 것인가? 그들은 매우 조용하고 정지한 것 같다. 거기는 매우 따뜻한 것처럼 보인다. 그들은 나의 섬에 있는 그들의 적과는 매우 다르게 모두 검은색으로 차려입었고 무기를 머리 위로 쳐들고 있으며 공격 자세를 취하고 있다. 나는 그들처럼 되기에는 너무 싫증난다. 내가 강철 갑옷 안에 나의 진정한 자아를 숨겼는지는 알고 싶지 않다. 비록 나는 그것을 보존하고 안전하게 하겠지만 말이다.

나는 또한 이 만화 속의 전쟁에서 싸우는 것에 싫증나 있다. 나는 실제는 배트맨 같은 슈퍼 영웅이 아니다. 나는 단지 나일 뿐이다. 그러나 나는 모든 시간 동안 싸우는 것에 지쳐 있다. 로빈 뒤의 슬로프 아래에서 신나게 스키를 타고 있는 두 명의 스키어처럼 자유로워지길 얼마나 열망해 왔던가. 나는 이 철창 안에서는 스키를 탈 수 없다. 나는 심지어 거의 움직일 수조차 없다. 비록 적어도 내가 나의 방향으로 오는 피할 수 없는 폭풍에서는 보호받고 있지만 말이다.

나는 내 섬과 동양인과 경찰의 섬 사이에 다리가 있다는 것이 반갑다. 아마도 나는 내가 생각하는 것보다 이들과 더 많이 연결되고 싶은가 보다. 아마도 나는 이 구조자들과 이 평화롭고 관조적인 삶의 방식으로 다가가는 방법을 가지고 있을 것이다. 오, 이는 희망적으로 느껴진다.

내 오른편의 물을 건너 한 명의 야수 조련사가 거대한 호랑이와 맞서고 있다. 그가 저 야수를 길들이기 위해 해야 할 많은 일이 있으나 그의 자세는 자신 있어 보인다. 그는 보호받지 않은 채 호랑이 앞에 직접적으로 노출되어 있다. 나는 그가 하고 있는 것을 정말로 잘 알고 있다고 생각한다. 나는 저 호랑이를 안다. 호랑이는 기분이 언짢으며 분노로 가득 차 있다. 호랑이는 그러길 원치 않았으나 그렇게 하고 있다. 때때로 호랑이는 맹렬하게 공격한다. 나는 호랑이가 길들여지길 원치 않는다고 생각하기에 여기에 유능한 조련사가 있다는 것이 반갑다. (치료적 담아두기로의 전이)

당신이 이 철제 갑옷 중 하나에 상당히 오래 갇혀 살아야만 했을 때 당신은 매우 화가 났다. 당신이 남자가 되기 위해서는 닌자처럼 싸우고 강인해져야만 한다고 말했으나, 당신의 진실되고 친절한 강점이 보이지 않았을 때 당신은 정말로 상처받았다. 잠시 후 이 상처는 굳어졌고 분노로 변했다. 그렇다. 저 호랑이는 진정으로 길들여지길 원한다.

나는 더 이상 적을 죽이면서 내가 마치 배트맨인 척하길 원하지 않는다.

SIA 후 반영

내가 기사와 동일시한 순간, 나는 애런의 모래놀이 사례를 통해 철제 갑옷이 했던 역할을 느끼고 이해했다. 전이와 관련하여 내담자는 이 1번 모래상자에서 충분히 안전감을 느꼈고, 아버지를 모델링하고 가치 있게 여겼던 남성성의 사나운 특성과 외부 세계에서의 위치를 찾지 못했던 자신의 더 친절한 강점 사이의 내적 갈등을 드러내었다. 그가 자신의 더 조용한 남성성을 나이 든 동양인의 피겨로 드러낼 수 있었던 것은 적어도 그가 치료 상황에서 보이던 이러한 자신의 부분을 드러내는 데 충분한 안전감을 느꼈음을 시사한다. 거대한 야수에 직면한 매우 유능한 조련사는 그의 작업에서 그의 내면의 격노한 야수를 길들이는 데 대한 큰 가능성을 제안한다. 이 치료 상황 내에서의 변형을 위한 잠재력과 관련된 그의 긍정적 전이를 강력히 진술하고 있다.

모래상자 2
중심 피겨: 작은 권투선수

비록 나는 작지만 글러브를 끼고 자세를 취한 채 싸울 준비를 하며 여기에 서 있다. 나는 고요함을 느끼며 주변을 보는 것처럼 중앙에 있다. 여기에서는 많은 것이 일어나고 있다. 나는 작은 언덕에 서 있어서 내려다볼 수 있으며, 그리하여 내 주변에서 일어나는 것을 볼 수 있다.

내 앞쪽 오른편에 있는 권투 링 안에서 나는 위엄과 힘을 지닌 거대한 적과 대결하고 있다. 나는 불가능한 전투처럼 보이는 것을 극복하고 있다. 나의 만화 친구인 미키마우스와 미니마우스가 관람하고 있다. 미니는 나의 승리를 응원하고 미키는 대결을 비디오 녹화하고 있다. 그래서 나는 녹화되어 모든 이가 볼 수 있도록 보존될 것이다. 그들은 나의 정복을 축하하며 흥분되고 열광한 것 같다. 그들의 붉은 의상과 깃털 장식은 나의 승리를 지켜보며 매우 열정적으로 지지하고 있다.

왼쪽 멀리에는 괴이한 커플이 서 있다. 그들은 과일과 야채 사람이다. 남자는 얼빠지고 어리석게 보이는 야채다. 여자는 매력적인 바나나 숙녀다. 그들이 어떻게 함께 있게 되었는가? 그 쌍은 도저히 이치에 맞지 않다. 그들은 상이한 종이다. 나는 이것이 엄마와 아빠인지가 궁금하다. 또한 그들은 내가 거대한 적과 대결할 때 지켜보았다. 그들이 이것을 본다는 것이 중요하다. 그들은 상대편과 매우 가까이 서 있다. 그래도 나는 이것을 해낸다. 나는 그를 쓰러뜨렸고 그들은 이것을 본다. 아마도 야채와 관능적인 과일의 결혼은 괴물을 낳을 것이다. 이것이 나의 유산이다.

상자의 중앙에는 자신의 황금을 보고 있는 스크루지 오리가 있다. 그는 내가 그것을 보길 간절히 원한다. 그는 숨기려는 어떠한 노력도 하지 않는다. 그의 어린 조카 오리는 그를 직접적으로 겨눈 금색 망원경을 가지고 내 오른편 앞쪽의 버드나무 뒤에 숨어 있다. 이러한 재물, 이러한 황금은 드러나야 한다. 아마도 이것은 내가 너무 큰 적을 정복함에 따라 출현한 내적 보물인 것 같다.

상자를 멀리 가로질러 내 반대편에는 미니, 미키와 플루토가 함께 유쾌하게 대화에 참여하면서 서 있다. 그들은 서로 애정을 품고 방문하면서 함께 웃고 있다. 이들은 나의 만화 친구이다. 그들은 환상의 피겨이다. 아마도 나는 모든 것이 어떻게 되려고 하는지, 삶이란 어떤 것인지를 이해하도록 도와줄 환상의 친구를 필요로 하는 것 같다. 아마도 나는 그들이 단지 지나가 주기를 바라는 것 같다. 그들은 나의 상상 속에서 매우 즐거운 삶을 살고 있다.

그렇다 하더라도 모든 것은 그렇게 쉽지 않다. 상자를 가로질러 귀여운 그레텔이 늑대와 접촉하려 한다. 그레텔은 숲 속에서 길을 잃었는데 그녀의 사악한 계모가 그녀와 헨젤을 위한 음식을 주지 않았기 때문이다. 그 아이는 늑대에게 잡아먹힐 것인가, 아니면 1번 상자에서의 조련사처럼 그녀가 늑대를 조련할 것인가? 그 아이는 훈련받은 조련사가 아니다. 그녀는 천진난만하게 늑대에게 왼손을 뻗는 조그마하고 유순한 어린 소녀다. 이렇듯 매우 온화한 에너지가 접촉하여 동물의 야생성을 평화롭게 만들려고 추구하는 것처럼 보인다. 그녀는 이것을 할 수 있는가? 그녀의 팔은 찢겨질 것인가?

두 명의 스머프가 상자의 먼 오른편 앞쪽에 서 있다. 한 명은 커다란 해머를 가지고 머리를 내려칠 자세를 취하며 다른 스머프 뒤로 몰래 다가가고 있다. 그는 화난 듯 보인다. 그는 자신의 맞수를 어떤 의미에서든 때려눕히길 원하는가? 스머프는 지하세계에서 살고 있다. 그들은 아래, 무의식으로 내려가는 길을 알고 있다. 무엇인가를 눈뜨게 하길 원하는 이러한 분노가 이러한 상황에 대해 무언가를 의식화하도록 만든 것인가? 그는 진정이다. 다른 하나는 불행과 게으름뱅이인 것 같다. 그가 화난 것은 당연하다. 우리 모두는 함께 작업할 필요가 있다.

나의 먼 왼편에는 도로시, 겁쟁이 사자, 허수아비와 양철맨이 사악한 마녀와 맞서고 있고, 착한 마녀 글렌다는 그들의 뒤편 위쪽에서 주시하고 있다. 마녀는 위협하고 있으나 그들 모두는 욕구를 가지고 있고 포기하려 하지 않는다. 비록 그들은 매우 겁을 먹고 있으나 무서운 그녀의 존재에 맞서고 있다. 양철맨에게는 심장이 필요하다. 그래야 그는 느낄 수 있다. 허수아비에게는 두뇌가 필요하다. 그래야 그는 생각할 수 있다. 겁쟁이 사자에게는 용기가 필요하다. 그래야 두려움 없이 살 수 있다. 도로시는 집으로 돌아가는 방법을 찾아야 한다. 이들은 나의 모든 부분이다. 스머프는 더 큰 의식화에 대한 허수아비의 욕구를 반영한다. 미니와 미키의 가족은 애정어린 수용에 대한 양철맨의 갈망을 반영한다. 그레텔과 늑대는 야성을 길들이기 위한 온화한 용기를 반영한다. 스크루지 오리는 자기 안의 집에 대한 도로시의 갈망의 황금보물을 반영한다.

보이지 않는 모든 부분은 어둠 중의 어둠인 이 마녀의 공포에 맞서야 한다. 이는 마치 집으로 돌아가는 여정의 전환점 같다. 잃어버린 모든 것을 찾고 야수성을 정복하기 위해서 그들은 알려지지 않은 가장 어두운 공포의 악령과 용감하게 직면해야 한다. 그러나 그들이 그렇게 할 때 글렌다는 위에서 지켜보며 서 있다. 나는 그것을 보면서 편안해짐을 느낀다. 나는 그녀가 거기 있다는 것을 안다. 비록 도로시와 그녀의 상처 입은 친구들은 그녀를 보지 못하지만. 그들은 어둠의 심연에 충분히 직면할 때까지는 새로운 빛의 존재를 볼 수가 없다.

글렌다는 이 모든 것을 내려다보고 있다. 그녀는 나처럼 모든 것 위에 서 있다. 그녀의 지식과 긍정적인 존재는 매우 희망적이다. 어쨌든 그녀는 모든 것이 함께하도록 움직인다. 그녀가 내려다보는 모든 것은 전체의 부분들이다. 그녀는 모두의 위에 서서 모든 것이 어떻게 조화되는지를 볼 수 있다.

SIA 후의 반영

헨젤과 그레텔은 아이를 잡아먹는 마녀와 맞서고 있는데, 마녀는 자신의 화로에 불을 때고 있다. 그러고 나서 아이들은 마녀의 보물을 가지고 잘 살기 위해 집으로 돌아가는데, 거기에서 그들의 사악한 계모가 죽었음을 발견하게 된다. 요정 이야기의 핵심적인 요소는 아이를 잡아먹는 마녀, 버려진 아이, 사악한 계모와 사라진 흔적이다.

모래상자 3
중심 피겨: 슈퍼맨

나는 슈퍼맨이고 강하다. 나는 외계에서 왔고 초강력 힘을 가지고 있다. 나는 여러 개의 머리를 가진 세 마리의 용과 싸워야 하기 때문에 여기에서 해야 할 일이 많다. 7개의 머리가 있다. 나는 머리 위쪽의 그들을 향해 "멈춰, 더 이상은 안 돼. 충분해. 너는 더 이상 가면 안 돼."라고 말하는 것처럼 왼손을 들고 있다. 아마도 이는 내 본성의 여성적이고 더 온화한 측면이기 때문에 왼손을 들었을 것이다. 나는 마치 공격하는 것처럼 내 오른손을 들지 않는다. 아마도 싸움이 끝났기에 나는 이 두려운 괴물의 파괴를 담아 두기 위해 더 온화한 남성성을 사용할 수 있는 것이다. 괴물의 뒤에는 야자수 한 그루가 서 있는데 아마도 이 고대 악마들의 원시적 잔존물인 것 같다.

내가 괴물을 정지시켰을 때 내 뒤에서 재미있는 일이 벌어졌다. 죽음의 장면이다.

전사에 의해 측면을 공격당한 페가수스와 한 명의 외계인이 무덤 위의 해골과 매달려 있는 사람을 지켜보고 있다. 고르곤 메두사가 죽었을 때 페가수스가 나타났다. 그는 메두사의 피에서 생겨났다. 메두사는 밤이 가까운 가장 먼 서쪽에 살고 있는 죽음의 고르곤의 여왕이다.

2번 상자의 마녀와 성공적으로 맞선 것으로 보인다. 왜냐하면 페가수스가 생겨났기 때문이다. 나는 괴물을 멈추게 했고 내 뒤에는 죽음이 있다. 아마도 새로운 것이 생겨날 시간인 것 같다.

나의 오른쪽에는 잘 갖추어 입은 우주비행사 두 명이 외계에서 온 배를 영접하고 있다. 그들은 행복하게 팔을 흔들며 새로 온 사람들을 열정적으로 환영한다. 나는 이 둥근 형태의 은빛 우주선에서 무엇이 나타날지 궁금하다. 나는 그것을 고대하면서 흥분감을 느낀다.

나의 왼쪽으로는 하얀색의 거대한 유니콘이 죽은 가축의 두개골 위에서 길러지고 있다. 유니콘이 가축을 죽였나? 왜 유니콘인가?

온화한 사랑의 힘인 유니콘은 또한 해독제다. 이것이 내가 7개의 머리에 내 왼손을 들어서 그것을 멈추도록 한 힘이다.

유니콘의 옆, 아름다운 늙은 참나무의 보호 아래 황금 마차가 향해 가고 있는 황금성이 있다. 이 온화한 남성성의 힘과 함께 이 길은 명백히 집으로 가는 길이다. 2번 상자의 스크루지 오리의 황금은 이제 자리와 운송 수단을 찾은 것이다. 나는 거기에 가길 원한다. 그곳이 나의 진정한 집이다.

모래상자 4
중심 피겨: 인디언 공주

나는 어둡고 아름다운 고대에 있다. 나는 달 위에서 모든 것을 내려다보고 있다. 나는 내 밑의 모든 것에 신의 축복을 내려주기 때문에 나의 팔은 손바닥을 위로 한 채 밖을 향해 뻗어 있다. 이곳은 매우 신성한 장소다. 나는 은색의 초생달빛을 받으며 여기에 있다. 이는 위에서 비춰지는 온화한 빛이다. 나는 달의 공주다.

신성한 의식이 아래에서 일어나고 있는데, 거기에는 모든 세계인이 원형의 불을 중심으로 모여 있다. 차가운 달빛이 비춰지기 때문에 그들은 다같이 따뜻한 불로 가고 있다. 뱀이 온기를 찾아 움직이고 있다. 그들의 고요한 힘은 여기에서 환영받고 있다. 존재하는 모든 것의 중앙에 불이 있다. 아직은 주변의 돌로 인해 봉쇄되어 있으나 그것은 크고 강력하다. 이는 거대한 힘으로 지금은 원주민이 사용하고 있다. 그들은 온기로 몸을 녹이고 강함을 찬양하며 불의 힘을 숭배한다.

세 원주민 가정이 나란히 서 있다. 한 가정에는 아기가 포함되어 있다. 아마도 그들은 새로운 아기의 탄생과 그들이 가진 잠재력이 이곳에서 지혜로 이동함을 축하할 것이다.

멀리 떨어진 인도에서 온 영혼의 얼굴인 고대 가면이 참여하고 있다. 여기에 드러나는 것은 정말로 고대의 것이다. 영들이 모여서 이 중심을 목격하고 있다. 네 번째 목격자인 인디언의 수호신 카치나가 중심의 원을 사각형 형태로 만들고 있다. 이 영혼들은 중심으로부터 발생하는 것을 이해하기 때문에 온 것이다. 그들은 또한 그들의 네 모서리로 이것을 담아두고 있다. 영혼들은 또한 이 신성한 작은 숲을 표시하면서 네 나무 사이에 서 있다.

데이비 크로켓은 나의 먼 오른쪽에 서 있으나 한 명의 전사가 화살을 자기 쪽으로 겨눔에 따라 지금 떠나고 있다. 이 신성한 불의 원 안에는 서구의 침입자를 위한 자리는 없다. 그는 새로운 아기가 태어나기 때문에 지금 떠날 것이다.

모래상자 5
중심 피겨: 투수

나는 지금 중앙에서 투구를 하고 있다. 나는 많은 기술과 계획을 갖고 있다. 나는 게임의 중심에 있다. 타자는 공을 칠 자세를 하고 있으며 다른 모든 선수는 준비하고 있다. 우리는 황금으로 되어 있으며 야구장 주변에 모여 있다. 나는 내야의 중앙에 서 있다. 카메라맨은 모두가 볼 수 있도록 나의 모든 움직임을 찍고 있다.

많은 사람이 게임을 지켜보려 모여 있다. 8명의 남자가 포수 뒤에 서서 지켜보고 있다. 그들은 이 모든 것을 보기 위해, 이것이 어떻게 일어나는지를 보기 위해 지금 와 있다. 그들은 이 게임의 복잡성과 완벽함을 보기 위해 여기에 있다. 그들은 야구장의 각 지점에 머물면서 V자 형태로 서 있다. 절정의 순간 그들 뒤에서 나이 든 사람이 어린아이를 어깨 위로 들어올렸다. 그는 소년이 이 게임이 어떻게 진행되는지를 볼 수 있도록 자신의 숙련된 남성적인 지혜로 지지하고 있다. 소년은 안전하고 잘 지탱되고 있으며 잘 보호되고 있는 것처럼 보인다.

더 먼 거리에서는 네 명의 남자가 구경하고 있다. 그들도 목격하러 와 있다. 내 먼 왼편에는 변변찮고 소박한 농부가 있는데, 그는 게임을 지켜보기 위해 매우 긴 자신의 곡괭이를 세워 두었다. 그는 우리에게 양분을 공급할 수 있도록 대지를 경작하고 식물을 재배한다. 나는 그가 구경하러 온 것이 반갑고 경이롭게 느껴진다. 그의 오른쪽 작은 연못 옆에는 '낚시 금지' 라는 푯말이 있다. 나는 왜 그들이 우리가 물고기를 낚아 올리는 것을 원하지 않는지 알고 싶다. 어떤 이유 때문에 그들은 우리가 물고기를 놔두고 떠나서 물고기가 연못 깊은 곳에 있기를 원한다. 아마도 이는 물고기가 자라고 성장할 기회를 주기 위한 것 같다. 농부가 자연의 성장에 관여하는 것만큼 물고기 또한 자랄 수 있도록 보호받고 있는 것 같다.

농부의 왼편에는 한 남자가 맥주를 갖고 앉아 있다. 그는 내가 상상할 수 있는 가장 정상적인 보통 남자로 게임을 지켜보고 있다. 그가 지켜보는 것이 안심이 된다. 그의 왼쪽에는 해머로 자신의 오른손 엄지를 친 한 남자가 서 있다. 그는 자기 스스로를 다치게 했다. 그는 지금 다쳐 있고 치료가 필요할 것이다. 그는 이 해머를 적절히 사용하는 것을 배워야 하며 그렇지 않으면 다시 다칠 것이다. 내 오른편 멀리 위쪽 구석에는 술 취한 남자가 의자에 늘어져 있다. 그의 캔맥주는 목구멍으로 넘어갔고 그는 머리에 얼음 팩을 얹고 있다. 그는 여태 의식이 없다. 그는 술에 취해서 이 황금 야구장 게임을 볼 수가 없다. 이에 대해 나는 매우 슬픔을 느낀다. 그는 관객 측면에 서 있는 한 그루 나무 뒤에 앉아 있다. 그가 깨어난다 하더라도 이 나무가 그의 시야를 방해할 것이다.

이 나무가 거기에 있다는 것이 기쁘게 느껴진다. 관객의 참석을 머물게 하여 중단시키는 것 같다. 또 다른 나무와 작은 관목이 왼편 멀리 있는데 작은 낚시구멍을 숨겨주고 있다. 나무의 성장이 안심된다. 한 대의 픽업 트럭이 내 왼쪽 뒤쪽에 주차하고 있다. 이동하면서 많은 것을 운반할 수 있는 운송 수단을 가지는 것은 근사한 일이다.

경기장 위 오른편 멀리에는 아름다운 황금색 태양이 떠 있다. 태양은 우리 모두에게 황금 빛을 내리쬐면서 태양 뒤에 앉아 있는 주정뱅이를 살려 주고 있다. 나는 충만한 태양의 황금 광채 속에서 공을 던지면서 경이로움과 완전함을 느끼고 있다.

모래상자 6
중심 피겨: 나팔수

나는 내 나팔을 쥐고 벌판을 내려다보고 있다. 모든 것이 전쟁을 위한 준비 상태이며 무기가 세워지고 있다. 전쟁이 시작되려 한다. 내 바로 앞 중앙에 있는 두 명의 검객이 검을 치켜들고 준비를 하고 있다. 그들은 갈등의 측면을 대표한다. 나팔 소리와 함께 전쟁은 시작될 것이다. 반대 측면들은 최후까지 적과 대결하고 전쟁을 할 것이며 갈등은 해결될 것이다.

아돌프 히틀러는 두 명의 검객의 반대편, 나와 대각선 방향에 서 있다. 그의 오른손은 거수경례를 하고 있다. 또한 그는 전투를 시작할 준비가 되어 있다. 이는 선과 악, 우리와 그들의 대결이다. 나의 팀은 히틀러에 대항한다. 이렇듯 대립하는 세력의 힘으로 분위기는 차갑고 팽팽하다.

이 전투는 아직 시작되지 않았으나 이미 한 명의 사상자가 생겨났다. 위생병들이 부상당한 사람을 내 뒤로 운반하고 있다.

전쟁터는 견고하고 오래된 참나무 두 그루로 명확히 구분되어 있다. 한 그루는 내 뒤, 또 한 그루는 히틀러 뒤에 서 있다. 나무들은 마치 "우리는 여기에 있어. 여기가 모든 것이 있는 그곳이야."라고 말하는 것처럼 전쟁터를 한정시키며 서로 마주 보고 서 있다. 나는 아르주나가 바가바드 기타에서 싸웠던 전쟁터가 생각난다. 그의 전쟁터는 여기처럼 지금 이 순간의 변형 가능성이었다. 이것은 과거에는 아르주나에게, 지금은 나에게 세속과 영원이 만나는 지점이며, 의지와 자기가 해방을 얻는 운명을 만나는 교차 지점이다.

모래상자 7
중심 피겨: 새장 속의 새

나는 매우 특별하다. 나는 이 방의 중앙에 있는 황금 새장에서 살고 있다. 여기는 매우 근사한 방이다. 주위를 둘러보았을 때 이곳이 질서정연하고 고요하다는 것을 알았다. 여기에는 해야 할 많은 것이 있기는 하나 적막감이 있다. 목욕을 위한 멋진 욕실, 아름다운 가구, 창조 작업을 위한 컴퓨터 영역, 높은 장소에 도달하기 위한 빨간 사다리와 게임을 위한 탁구대가 있다. 양면이 명확히 표시되어 있는 탁구대의 깨끗한 표면은 나에게 6번 상자의 전쟁터를 상기시킨다. 여기는 깨끗이 치워졌고 새로운 삶을 위한 자리가 주변에 생겨나 있다.

화장대 거울 앞에 작은 탱크 네 대가 놓여 있다. 그것이 있다는 것이 중요하다. 그것은 작으나 과거 전쟁을 기억나게 한다. 아마도 그것은 무거운 갑옷의 필요성을 기억나게 할 것이다. 그것은 더 이상 위협을 주지는 못하나 매우 속박되었던 과거를 나에게 생각나게 한다. 나는 1번 상자에서의 갑옷 한 벌과 갑옷의 크기, 지배를 회상한다. 아마도 작은 탱크들은 엄중히 감시받았던 과거의 유물인 것 같다.

이제 내 방은 개방되어 있고 여기에 살고 있는 이들을 환영하고 있다. 모형 돛단배는 작은 테이블에 놓여 있다. 이는 돛에 바람을 가득 받으며 매우 자유롭고 활기차 보인다. 이는 장갑 탱크의 강철 벽 내에서는 불가능했던 바람 또는 영혼을 붙잡기 위한 더 자유로운 방법을 생각나게 하는 것 같다.

나는 이 모든 것을 내 주변에서 볼 수 있으나 나의 황금 새장 창살을 통해서다. 나는 아직 중앙의 여기, 금속 새장 안에 들어 있다. 비록 더 이상은 1번 상자에서의 갑옷처럼 어둡고 무거우며 찬 강철이 아닌 황금 창살 뒤에 넣어져 있기는 하나, 나는 여전히 감금되어 있다. 나는 이제는 1번 상자에서보다 훨씬 더 좋은 것을 지켜볼 수 있다. 당신 또한 나를 볼 수 있다. 나는 한 마리의 하얀 새다. 나는 날고 노래 부를 수 있기를 갈망한다.

내 바로 앞의 또 다른 작은 테이블 위에 희미하게 빛나는 우승컵이 놓여 있다. 우승컵은 우승자와 이를 만든 사람에게 수여된다. 앞쪽의 중앙에 매우 자랑스럽게 놓여 있다. 이는 달빛의 은으로 되어 있다. 4번 상자의 달의 영혼이 생각난다. 아마도 이는 그녀의 승리의 증거일 것이다. 내가 갇혀 있는 장소는 태양의 색인 황금으로 되어 있다. 아마도 나는 어떤 방식이든지 태양의 힘에 사로잡혀 있는 것 같다. 나의 감금이 훨씬 더 자유롭고 빛난다 하더라도 나는 아직까지도 자유롭지 못하다. 나는 날아가서 은색의 우승컵을 되찾길 원한다.

모래상자 8
중심 피겨: 어부

나는 통발, 모자, 장구 모두를 갖춘 어부다. 나는 강에서 작은 고기를 잡는데, 그곳은 나의 감탄을 불러일으키는 곳이다. 나는 여기에 있는 것을 사랑한다. 이곳은 매우 평화롭고 아름답다. 어부로서 나는 조용한 사람이다. 나는 자연에 동조하며 자연의 리듬을 이해한다. 나는 인내심을 가지고 고기를 기다리며 조용하다. 나는 지금 고기를 잡을 수 있다. 그래 왔기 때문에 고기잡이에 반대하는 어떠한 금지도 없다. 나는 이제 고기를 강 깊이에서 잡을 수 있고 그것을 자유롭게 기를 수도 있다. 여기에는 고기가 풍부하다. 나는 내 쪽으로 오는 세 마리의 아름다운 고기를 볼 수 있다.

고기는 아름다운 베네치안 곤돌라 옆을 따라오고 있다. 이는 멀리 이탈리아에서 온 우아하고 아름다운 운송 수단이다. 아마도 이는 내 운명의 부분을 고치는 데 관련된 무언가를 가지고 있을 것이다. 내 아버지의 가족은 이탈리아인이다. 1번 상자의 다루기 힘든 경주차를 대신하여 조용한 배 한 척이 이제 여기로 오고 있다. 그 경주차는 안락하게 준비된 곤돌라로 대체되는데, 지금은 1번 상자의 자동차와 동일한 장소다. 곤돌라 사공은 자신의 배를 노로 힘차게 저으며 조용하게 인도하고 있다. 그는 항해할 때 자주 노래한다. 그는 베니스의 운하를 항해하는 데 명수다. 이 곤돌라는 이글거리는 태양 광선에서 승객을 보호할 큰 파라솔을 갖고 있다. 태양이 너무 뜨겁게 이글거리고 있다. 태양의 빛이 여기에서는 점점 더 잦아들고 온화해지고 있다.

내 앞에는 다리가 있어서 아름다운 가정 장면을 이끈다. 차 한 대가 옆에 주차되어 있는 널찍한 집 한 채가 세 그루의 튼튼한 참나무 사이에 반쯤 가려져 있다. 나를 초대하는 것처럼 보인다. 내 왼쪽으로는 개 한 마리가 공원 벤치에 평화롭게 앉아서 곤돌라가 옆을 지나가는 것을 지켜보고 있다. 벤치 오른편의 땅에는 작은 바다갈매기 한 마리가 조용히 앉아 있다. 이 동물 방문자는 매우 자연스럽고 편안해 보인다. 그는 편안하고 위협당하지 않는다. 아마도 나 자신의 동물적인 부분이 그의 안식처도 발견한 것 같다. 내 오른쪽 아래에는 두 마리의 거위가 서 있다. 보통은 경계하고 자지 않으면서 지키나, 이 쌍은 조용하고 위협적이지 않다. 이들은 자신의 집에서 고기를 잡는 나를 편안하게 해 주는 것 같다.

내 왼편 머리 위쪽으로 멀리 하얀 새 한 마리가 날고 있다. 아마도 새장 속의 작은 새가 자유로워진 것 같다. 새가 날고 있음으로써 이 평온한 세계는 자유롭고 안전한 것처럼 느껴진다. 이 작은 새가 그렇게 자유롭게 멀리 나는 것을 지켜보면서 나의 가슴은 부풀고 있다. 더 이상 철제 새장에 갇혀 있지 않고 새는 이제 자유롭게 하늘로 올라가고 있다. 새가 위로 날아감에 따라 나는 심층으로부터 영혼을 끌어당겼다. 이는 아름다운 전환점이다.

모래상자 9
중심 피겨: 푸른 돌고래

나는 이 강에서 멀리까지 헤엄쳐서 다리 건너편으로 건너가고 있다. 나는 그렇게나 멀리 여행해서 존재의 다른 면, 가능한 한 가장 먼 장소에 도달하였다. 이곳은 중국이다. 이곳보다 더 먼 장소는 없다.

내 뒤에는 배 한 척이 따라오고 있다. 8번 상자에서처럼 이 배는 고기를 따라왔다. 이 배는 고물이다. 사람들은 이 배에서 거주하고 일을 하면서 물에서 그들의 모든 생활을 한다.

세 그루의 나무로 감추어진 이곳은 옛날 고대의 아름다운 장소다. 이곳은 신성하다. 여섯 개의 성스러운 탑이 중앙의 다리를 둘러싸고 있다. 이 주변에는 여러 개의 작은 절과 사당이 놓여 있다. 이러한 신성한 아치를 통과하는 것은 축복이다.

모래상자 10
중심 피겨: 교사

나는 교사이고 시설이 매우 잘 구비된 학교 앞에 앉아 있다. 내 왼쪽에는 커다란 칠판이 있다. 이것을 벗어나서 공룡을 보여 주는 차트가 과거 시간의 자취다. 나의 책상에는 교실 안으로 음악을 들려주는 라디오 한 대가 있다. TV가 중앙의 작업대에 놓여 있고 네 명의 학생이 앉아서 자신의 책상 뒤에서 시청하고 있다. 한 아동은 내 오른편 구석 쪽으로 내 뒤에 앉아 있다. 그는 틀림없이 나쁜 짓을 하였다.

나는 교실에서 학교 운동장까지 볼 수 있다. 아동들은 수영하고 유쾌하게 회전목마 놀이를 하고 있다. 그들의 놀이는 이 학교의 한 부분이다. 이는 부분, 즉 교실과 놀이 마당의 총체다. 아동은 배우고 자라기 위해 자유롭게 놀아야 한다.

여기는 매우 다채롭다. 모든 것이 밝고 생동감 있고 에너지로 가득 차 있다.

내 왼편 앞쪽 먼 구석에는 어머니가 유모차 안의 어린아이와 함께 벤치에 앉아 있다. 아마도 그녀는 언젠가는 아이가 학교에 가서 학습할 준비를 해야 할 것이라고 생각하고 있을 것이다. 이제 그들은 거의 열망하거나 감탄하며 앉아서 지켜보고 있다. 그들이 내 뒤 구석에 있는 이 작은 부정행위자와 직접적으로 정반대라는 것이 나에게는 흥미롭다. 이 어머니의 어린 자녀는 여기에 있기를 원하는 것처럼 보이나, 내 뒤에 있는 아동은 그가 수업에 참여할 수 없을 방법으로 나쁜 행실을 하고 있다. 나는 그가 자신을 그렇게 배제시키기 위해 했던 것을 알고 싶다. 벤치 건너편의 이 어머니는 언젠가는 어린 자녀를 여기 학교로 보내서 어린 자녀가 자라고 발달하도록 돕는 것을 지원하는 것 같다. 나는 이 어머니가 멀리 구석에서 하는 것처럼 이 아동들을 보호하여 성장하도록 돕고 있다.

모래상자 11
중심 피겨: 기차

나는 매우 어둡고 육중하다. 내가 오른편을 지나자 태양은 바로 내 머리 위에 있다. 나는 튼튼하고 강하다. 아무도 나를 꿰뚫어 볼 수 없다. 나는 매우 무거운 강철로 만들어져 있다. 아마도 나의 무거운 금속 갑옷은 태양이 길을 비춤에 따라 이제는 떠날 수 있을 것이다.

겨울인 것처럼 보인다. 일부 나무에는 눈이 덮였다. 그러나 일부는 그렇지 않다. 내 오른편에는 크고 무거운 바위 화석이 있다. 아마도 나는 또한 뒤편의 오래된 과거의 화석을 떠나고 있을 것이다. 겨울 나무는 내 앞에, 여름 나무는 내 뒤에 있다. 나는 여름과 겨울의 틈새에 있는 것 같다. 중앙에는 손님 테이블과 의자가 있는 아름다운 전망대가 하나 있다. 그렇긴 하나 그 안은 비어 있다. 아무도 거기에 앉아 있지 않다.

내 앞쪽 오른편의 마을은 사랑스럽고 평화롭다. 매우 고요하며 아무도 없다.

나와 큰 소나무 뒤에는 우물이 있다. 우리는 이 우물로 깊은 장소에 도달할 수 있다. 강머리에 서 있다. 고기 네 마리가 이전의 상자에서 오고 있었던 길과 반대 방향으로 강을 따라 헤엄치고 있다. 그들은 우물의 방향으로 헤엄치고 있다. 아마도 고기들은 강의 근원으로 헤엄치는 것 같다.

우물에서 우리는 대지의 깊은 곳으로부터 물을 끌어올리고 있다. 겨울의 대지에 있는 우리 앞에는 물이 아름다운 크리스털 얼음과 눈으로 변형되었다. 급진적인 변형을 겪어서 섬세하게 아름다운 것이 되었다.

위쪽의 태양이 우리의 눈의 대지로의 이동을 위한 길을 비춰 주고 있다. 내가 태양의 대지를 떠나 새로운 곳으로 이동하는 중인가? 내가 뒤쪽의 이러한 태양의 남성성을 떠나서 변형된 무언가, 매우 다른 무언가로 지금 움직이고 있는 것인가?

여기에서 발생하는 것을 확실하게 강조하는 것처럼, 바위 벽이 강의 다른 편에서 상자의 정면 경계를 정하고 있다. 바위 벽은 '주의' 라고 말하는 듯하고 확고하게 그렇게 하고 있다.

전망대를 벗어나 집의 오른쪽 멀리 은빛 나무가 한 그루 서 있다. 아마도 우리는 황금 태양의 땅에서 은의 대지로, 남성성의 황금 태양의 형태로부터 한 인간으로서의 은색 달의 방식으로 이동하고 있는 중인 것 같다.

모래상자 12
중심 피겨: 짐을 싣고 있는 말

지금 우리는 여기로 오고 있다. 가까운 왼편에서 강력하게 돌진한 우리의 엄청난 말굽 소리는 이 눈 오는 동화나라에 의해 조용하게 지워지고 있다. 이제 아무것도 우리를 방해할 수 없다. 우리는 여기에 있고 강하며 굉장히 아름답다. 우리는 순결하고 명예롭다. 이곳은 매우 특별한 장소다. 섬세한 눈송이들이 전망에 점을 찍고 있다. 모든 것이 크리스털 결정과 하얀 눈으로 이루어져 있다.

우리의 오른편에는 순백색의 북극곰 한 쌍이 얼음 강으로 다가가고 있다. 그들은 크고 힘이 세다. 아마도 이들은 부부이고 수컷과 암컷일 것이다. 그들은 여기 집에 매우 오래 있었다. 이곳은 그들이 완벽하게 편안해하는 곳이다. 곰 쌍 중 더 큰 곰이 강의 두 개의 얼음 큐브에 접근하고 있다. 물은 변형되어 얼어 버렸고 얼음의 형태를 띠게 되었다. 사각형처럼 큐브는 현실 공간의 모든 차원을 나타낸다. 여기에는 두 개의 큐브가 있다. 북극곰은 그것에 초점을 두고 접근하는 것 같다. 아마도 이 전체성의 쌍은 존재하도록 불려온 것일 것이다. 큐브 한 쌍이 있고 물은 변형되었으며 곰은 오른쪽 앞에 있다. 마치 곰은 우리가 사물이 극적으로 변화되었다는 것을 알길 원하는 것처럼 보인다. 이제는 완전하다. 순수하고 아름답고 강력하다.

곰들 뒤에는 이글루 한 채가 있다. 이글루는 아름답고 둥글며 거의 구형이다. 얼음 큐브로 만들어져서 매우 둥근 형태를 갖추게 되었다. 얼음 큐브가 함께 어울려져 둥근 집을 형성한 것 같다. 이곳은 이 동화나라에서의 휴식 장소다. 정상에는 그 신성함과 전체성을 강조하는 것처럼 크리스털 링이 얹혀 있다.

눈 결정체가 덮인 소나무 한 쌍이 이를 숨기고 이 설경 속에 확고하게 씨를 뿌리면서 이글루의 측면에 서 있다.

우리의 바로 앞에는 한 쌍의 스키어가 눈 덮인 슬로프로 교묘하게 나아가고 있다. 이들 쌍, 부부 또한 여기의 가정에 매우 오래 머물고 있다. 그들은 솜씨 있게 조종하여 이 눈 덮인 대지를 뚫고 나아갈 수 있다.

우리(말) 둘, 두 마리의 곰, 두 개의 얼음 큐브, 두 그루의 눈 덮인 소나무와 두 명의 스키어가 있다. 이들은 새롭게 출현하여 있도록 요구받았기 때문에 여기에서 짝을 짓고 있다.

우리 모두 위에는 뾰족뾰족한 별이 매달려 있다. 아마도 밤인 것 같다. 신성한 새로운 별이 떠오르고 있는 것 같다. 별빛은 태양빛보다 더 온화하다.

모래상자 13
중심 피겨: 상처입은 군인

나는 다쳤다. 이 전쟁에서 나는 상처를 입었다. 나를 전쟁터 밖으로 옮기기 위한 도움의 손길이 뻗쳤다. 이제는 이러한 싸움과 교전 모두가 무의미하게 된 것 같다.

사면은 정렬되어 명확히 구분되었다. 그들이 이제는 똑같아 보이는 것이 얼마나 재미있는가. 내가 퇴장했기 때문에 나에게는 전쟁이 끝났다.

모래상자 14
중심 피겨: 골퍼

나는 집중해서 나의 골프 샷을 정확히 정조준하였다. 나는 내가 어디로 가고 있는지 잘 알고 있다. 바로 나의 정면이다. 그러나 그 방향에는 많은 것이 있다.

딕 트레이시와 수사관 클루소, 두 명의 가상 수사관이 나와 직면하고 있다. 그들은 유쾌하고 위협적이지 않다. 클루소는 그의 거울로 내 골프공의 영역을 조사하고 있다. 딕 트레이시의 권총이 하늘로 향하였으나 위협적이지는 않다. 그들이 무엇을 찾고 있는지 알고 싶다. 이 장소는 만화 시리즈 같다. 나의 골프 샷은 이러한 모든 장해물 때문에 쉽지 않을 것이다. 그럼에도 불구하고 나는 집중한다. 방해가 되는 우물이 하나 있다. 나는 길을 가로질러야 하는데, 거기에는 두 대의 경주용 차와 한 대의 가솔린 펌프가 있다. 이는 전혀 골프 코스 같지 않다. 또한 나의 홀 쪽을 향해 소 한 마리가 오고 있다. 황소는 골프 코스에서 무엇을 하고 있는 것일까?

홀 바로 뒤편에는 우주왕복선이 이륙할 준비를 하고 있다. 내 오른쪽에는 다이버 한 명이 다리 꼭대기에 엎드려 쉬고 있으며 여러 명의 자전거 타는 사람들이 강 밑으로 달리고 있다. 여기서는 모든 것이 뒤섞여 있다.

나의 왼쪽에는 커다란 검은 기차가 우주왕복선의 방향으로 움직이고 있다. 기차는 골프 코스에서 무엇을 하고 있는 것인가?

위쪽 왼편 구석에는 북극곰 한 마리가 눈 덮인 언덕 위로 스키어를 쫓아가고 있다.

이곳은 모든 것이 뒤섞인 매우 재미있는 장소다. 그러나 나는 내가 어디로 가고 있는지를 정확히 알고 있다.

모래상자 15
중심 피겨: 권투선수

나는 나의 빛나는 은빛 우승컵 옆에서 복받친 감정 속에 의기양양해하며 서 있다. 나는 이겼다. 나의 모든 경기에서 전투를 극복해 냈다. 나는 다리를 건너 모든 것이 평화로운 다른 지역으로 떠날 준비를 하면서 당신들 각자, 나의 모든 적 앞에 서서 맞서고 있다. 나의 작은 자동차는 다리 위를 달릴 준비를 한 채 서 있으며 새로운 땅을 통과할 것이다.

세 개의 머리가 달린 용 두 마리, 너희를 내가 정복했기 때문에 남겨 두고 떠날 수 있다. 펭귄, 히틀러, 데이비 크로켓, 헐크 호건, 너희 중 아무도 더 이상 나에게 어떤 위협도 가하지 못한다. 육중한 검은 기차조차도 훨씬 더 작아졌으며 떠나갈 것이다. 이제는 기차도 나의 적들 사이에 서서 나의 승리를 인정하고 있다.

나의 강점과 개인적 힘을 반영하고 있는 슈퍼맨은 의기양양하게 나를 지지하고 있다. 내 위의 로켓맨은 과거 세계와 새로운 세계 간의 구분을 명시하면서 강 방향을 따라 날고 있다. 그는 매우 강력하고 스키를 신은 채 매우 민첩하게 움직인다. 그는 슈퍼맨이 그러한 것처럼 하늘에 도달하라는 명령을 받고 있다. 우리는 우리의 소유물인 지상과 하늘을 되찾았고 쉽고 품위있게 그리고 활기차게 지상과 천국 사이를 이동하고 있다.

우승컵은 내 왼쪽, 즉 나의 여성성 쪽에 놓여 있다. 나는 1번 상자의 철제 갑옷에서 해방되었다. 나의 방어이자 감옥이었던 무거운 갑옷이 이제는 변형되어 승리와 나의 출현하는 자기의 능력에 대한 빛나는 증거로서 놓여 있다.

오른쪽 먼 구석에는 한 여성이 앉아서 지켜보고 있다. 그녀는 언제나 거기에 있으면서 나를 믿어 주고 내가 탄생했을 때에도 존재했던 것처럼 보인다. 그녀에게는 강하고 견고한 무언가가 있다. 나는 그녀가 거기에 있어 주어 기쁘다.

—SIA 조사 기록의 끝

결 론

모래놀이 사례의 주관적 몰입 분석(SIA)은 치료자로서의 나에게 상징적 맥락에서 변형된 의미를 파악하는 수단을 제공하였다. SIA를 이용하면서 나는 정신적 변화 과정의 매개체로서 피겨 간의 관계를 더 잘 이해할 수 있었다. 이러한 친밀성은 사례를 평가하는 나의 능력을 매우 향상시켜 주었다.

나는 SIA 방법이 모래놀이를 이해하고 담아 두는 데 유용한 도구라는 것을 발견하였다. 나는 모래놀이 치료자들이 그들의 작업에 도움이 될 수 있는지를 결정하기 위해 SIA를 시험해 볼 것을 권유하는 바다.

부록 B

모래놀이치료의 역사와 발전

일반적으로 영국의 소아과 의사이며 아동 정신의학자인 Margaret Lowenfeld (1979/1993)가 1928년에 런던에서 열었던 신경증적이고 까다로운 아동을 위한 클리닉(Clinic for Nervous and Difficult Children)에서 모래상자에 축소모형 피겨를 치료적으로 사용하는 것을 발전시키는 공헌을 하였다. Lowenfeld는 H. G. Wells의 『마룻바닥 게임(*Floor Games*)』(1911)을 기억해 내었는데, 거기에서 Wells와 그의 자녀들이 다양한 작은 놀잇감과 블록으로 마룻바닥 위에 창조해 내었던 경이로운 축소모형 세계를 기술하고 있다(Turner, 2004). 마룻바닥 게임의 출현과 창조적 성질은 Lowenfeld를 크게 감명시켰으며, 그녀는 신비한 상자(wonder box)라고 불렀던 것 안에 작은 놀잇감과 재료를 구비한 것을 자신의 병원에 설치하였다. 그녀가 '세계기법' 으로 이름 붙인 것을 1929년에 탄생시킨 것은 그녀의 아이들 덕분이었고 그들은 신비한 상자를 세계라고 언급하면서 자발적으로 병원 놀이실 안의 모래상자에 축소모형 세계와 장면을 만들기 시작하였다(Bowyer, 1970; Lowenfeld, 1979/1993).

아동의 사고과정이 성인과 매우 다르다는 것을 인식한 Lowenfeld(1939, 1946)의 의도는 아동의 정신적 · 정서적 경험의 직접적인 표현을 가능하게 하는 방법을 개발하는 것이었다. 또한 그녀는 아동의 창조물을 연구하기 위해 특정한 기록 보관 형식을 제공하는 방법을 원했다. Lowenfeld는 아동의 작품에 특정 이론을 과잉 부과하는 것을 피하는 데 관심을 가졌고, 아동의 작업 자체에서 직접적으로 전개되는 어떠한 이론이든 허용하는 것을 선호하였다.

> 아동과 작업하면서 나 자신의 시도는 아동이 전이나 해석에 의한 성인의 개입 없이 자신의 정서, 정신적 상태에 대한 표시를 보일 수 있는 도구를 고안해 내는 것이고, 이러한 표시에서 만들어진 기록을 허용하는 것이다. 나의 목표는 아동이 그 자체로 존재하고 어떤 이론과도 독립적인 무언가를 만들어 내도록 돕는 것이다(Lowenfeld, 1979/1993, p. 3).

최초의 세계 기법의 전문적인 시범은 1937년 파리에서 개최된 임상 컨퍼런스에서였다. 컨퍼런스의 참석자였던 Carl Gustav Jung은 Lowenfeld가 제시한 세계를 분석하였다(Bowyer, 1970). 거기서 세계 기법의 치료적 가치가 많은 주목을 받았고, Lowenfeld의 아동 병원에서 입증되었으며, 20세기 중반까지 성인에게도 효과적인 치료 수단으로 인식되게 되었다(Bowyer, 1970; Lowenfeld, 1950b, 1993).

이후에 많은 임상가가 자신의 독특한 치료적, 진단적 목적에 적합하도록 적용 · 수정하면서 세계 기법에 대해 연구하였다. 그들 가운데는 스웨덴의 임상가인 Goesta Harding이 있었는데, 그는 Hanna Bratt으로부터 영향을 받았고 1933년에는 Lowenfeld와 함께 연구를 하였다. Harding은 1949년에도 Lowenfeld와 잠깐 연구하고 에리카 방법(Erica Method)이라는 것을 발전시켰는데, 그 이후 스웨덴에서 번성하였다(Harding, 1969/1972). Harding은 Gudrun Seitz를 신뢰하였는데, 그는 1941년에 스톡홀름의 치료교육학 연구소(Institute for Therapeutic Pedagogy)에서 세계 기법을 처음 소개하면서 Lowenfeld와 함께 연구하였다(Bowyer, 1970). 에리카 방법은 Lowenfeld의 도구와 방법을 병행하면서 진단과 치료적 적용에 이용되었다.

비엔나 대학의 주목받는 아동발달 연구가인 Charlotte Buhler 또한 세계 기법을 자신의 연구와 임상 목적에 적용시켰다. 세계 기법이 아동의 마음세계의 작용을 표현하는 능력이 있음을 인정한 Buhler(1951)는 아동의 인지와 발달 과정 연구에서 진단적 검사로 사용하기 위해 이 기법을 표준화하는 작업을 하였다. Lowenfeld의 전폭적인 지원과 격려로, Buhler는 런던의 병원에서 만들어지는 세계를 관찰하였다. Buhler는 그녀의 도구를 세계 검사라고 명명하였다. 160～300개의 제한된 수의 축소모형 피겨를 사용하는 세계 검사는 모래보다는 테이블 위에서 실시되고 정상적인 세계에서 병리적인 세계를 변별해 내도록 고안된 표준화된 평정척도를 사용하여 채점된다. 이후 Lowenfeld와 Buhler가 그들의 작업을 논의하기 위해 1950년에 만났을 때, Lowenfeld는 Buhler의 세계 검사가 세계 기법에 대한 자신의 작업과 매우 반대되는 목적을 가진 것을 발견하였다.

Buhler는 두 명의 프랑스 임상가 de Beaumont과 Arthus에게 영향을 미쳤다. 그들은 1940년대에 네덜란드에서 Buhler의 세계 검사 재료의 시범을 본 후에 프랑스로 돌아가 임상 평가에 적용되는, 세계 기법의 또 다른 수정판인 마을 검사(Village Test)를 발전시켰다(Arthus, 1949; Bowyer, 1970). 마을 검사의 장비와 해석은 Pierre Mabille(1950)에 의해 추후 표준화되었다.

Lowenfeld와 Buhler의 작업과 동시에, 이후 Erik Erikson으로 알려진 Erik Homberger(1937)의 극 만들기 검사(Dramatic Production Test: DPT)가 개발되었다. 세계 기법이나 세계 검사를 알지 못하였으나, Erikson은 인간의 행동을 더 잘 이해하기 위한 시도로 한정된 공간에 축소모형 피겨를 사용하였다. Erikson은 두 개의 잘 알려진 연구에서 DPT를 활용하였다. 하나는 하버드 대학교 학생들에 대한 연구였고, 다른 하나는 버클리 대학교의 20년 종단연구의 부분으로서였다(Erikson, 1951). 하버드 연구에서 참가자들에게 극 장면을 만들도록 요구하면서, Erikson은 테이블 위에서 축소모형들의 배치로 나타나는 것이 아동기의 정신적 외상을 대표하는 장면이라고 추측하였다. Erikson은 DPT 구성이 참가자가 능동적인 놀이 반복을 통해 정신적 외상을 극복하려는 아동기의 노력을 멈추었던 것의 재개라고 결론지었다. 버클리 대학의 발달 연구에서도 Erikson은 가족갈등, 질병이나 신체적 염려의 주제와 심리성적 갈등의 장면과 더불어 유사한 초기 정신적 외상의 주제를 관찰하였다.

평가, 진단과 관련해 Lowenfeld의 세계 기법의 또 다른 수정판은 오스트리아 임상가인 Hedda Bolga와 Lisolette Fischer의 수정판이다. 그들은 임상적 진단을 보조하기 위해 비언어적 투사검사를 개발하는 데 관심이 있었다. Lowenfeld와 Buhler의 작업과 유사하게 그들은 1930년대 중반에 작은 세계 검사(Little World Test)를 개발하였다(Bolgar & Fischer, 1940). 작은 세계 검사는 표준화된 232개의 단순하거나 도식적 형태의 유색 나무나 금속 축소모형으로 구성되어 있고 팔각형의 테이블 표면에 실시하는 것이다. 검사는 6개의 범주, 즉 선택, 분량, 형태, 내용, 행동과 언어화로 채점하였고, 정상 프로파일에서 임상 프로파일을 변별하는 데 사용하였다(Bowyer, 1970).

스코틀랜드의 심리학자이며 예술원 회원인 Laura Ruth Bowyer는 열정적으로 세계 기법에 대해 연구하였다. Margaret Lowenfeld의 격려로, 그녀는 세계 기법의 역사와 사용에 대한 포괄적인 조사를 하였고 세계 기법의 작업에 중요한 기여를 하였다(Bowyer, 1970). Lowenfeld의 전통을 따른 작업에 기여한 것 중에 Bowyer는 세계를 더 잘 분석하기 위한 채점 범주를 발전시켰고 임상 전집과 정상 전집에서 아동과 성인의 발달 규준을 추론해 내었다.

Lowenfeld의 세계 기법을 진단 목적으로 또 다르게 적용한 것은 네덜란드 유트레히트 대학교의 L. N. J. Kamp에 의해 이루어졌다. Kamp는 1940년대에 캔자스 토피카의 공립학교에서 일할 때 발달 척도를 공식화하는 데 세계 기법을 사용하였다. 조지타운 대학의 E. S. Kessler와 함께 일할 때, Kamp는 세계 작품에서 지적되는 것처럼 발달 규준을 결정하기 위한 채점과정을 고안하였다(Kamp & Kessler, 1970).

독일 교육자인 P. C. Ojemann은 Kamp의 작업과 교육자 Maria J. Krabbe(1991)의 작업을 토대로 학령기 아동의 학습 문제를 조기 발견하기 위해, 학습 스타일로서 자신이 이미지 사고(image thinking)라고 불렀던 것의 진단을 위한 Wereldspel 테이블 마을 구성검사를 개발하였다(Ojemann, 개인적 서신, November 1992, Groningen, Holland).

모래 안의 축소모형의 치료적 사용을 발전시킨 또 다른 유명 인물은 Dora Maria Kalff였다. 스위스에서 Emma와 Carl Jung의 이웃이자 친구였던 Kalff는 심리학적 작업을 수행하도록 격려받았다(Mitchell & Friedman, 1994; Kalff, 2003). 아동과 함께 일하는 Kalff의 능력을 관찰한 후, Jung은 Kalff가 Jung 심리학에서 탐색되지 않은 영역에 주의를 기울이도록 제안하였다. 이는 Kalff에게 많은 기호논리학적 어려움을 안겨 주었다. 전통적인 Jung 분석은 아동에게 적합하지 않았는데, 이는 그들에게 아직 언어적 분석으로 기울도록 만드는 인지 기술이나 발달적 능력이 발달되지 않았기 때문이다. Kalff는 1949년에 쿠스나흐트의 Jung 연구소에서 연구를 시작하였고, 1954년에는 세계 기법에 관해 Margaret Lowenfeld가 공개한 강좌에 참석하였다. Kalff는 아동에게 상징적 도구로서 세계 기법을 사용하는 가능성에 흥미를 가지고 감명을 받았다. Jung의 격려로 Kalff는 1956년에 분석 훈련을 수료하자마자 Margaret Lowenfeld와 함께 세계 기법을 공부하기 위해 런던으로 향하였다 (Weinrib, 1983/2004).

세계의 원형적 내용과 상징과정을 인식하면서, Kalff는 세계 기법을 Jung의 이론에 접목시켰고 자신의 기법을 Lowenfeld의 세계 기법과 구별하기 위해 모래놀이치료라고 명명하였다.

Margaret Lowenfeld(1979/1993)가 치료가 끝나기 전 아동의 세계를 습관적으로 해석했던 반면, Dora Kalff(1980/2003)는 지연된 해석이 내담자로 하여금 정신의 가장 깊은 수준에서 변형을 경험할 가능성을 허용하기 때문에 중요하다고 인식하였다. 정신이 전체성을 향해 이동하는 고유한 경향을 갖는다는 기본적인 Jung 학파 개념에 근거하여 Kalff는 모래놀이 과정에서 치료자의 조용한, 그러나 숙련된 참여가 내담자의 이러한 잠재력을 활성화시킨다고 보았다. Lowenfeld가 세계 기법을 아동의 사고와 정서의 의사소통과 표현을 위한 수단과 내적 실체와 외적 실체 간의 불일치(모순)에서 유래한 갈등과 긴장의 이완을 위한 매체로서 여긴 반면, Kalff는 모래놀이 자체의 창조에서 일어나는 정신의 직접적인 재정리로 보았다. Jung 심리학의 배경과 철저히 직관적인 특성으로, Kalff는 원형적인 상징 변형의 과정이 일련의 모래놀이를 통해 발생한다고 인식하였고 아동의 Jung 분석 치료를 위한 완전한 매체라고 느꼈다.

Kalff와 Lowenfeld는 자신들의 다른 모래상자 접근에 대해 의사소통하였고, 1950년대 후반에 두 접근을 구별하기 위해 명칭의 차이를 두는 데 합의하였다(Mitchell &

Friedman, 1994). 모래놀이치료는 이후 Jung 분석과 Jung 학파 치료자 사이에 가치 있는 치료적 매체로서 대중적으로 성장하게 되었다. 세계 기법에서 발생하였던 것처럼 모래놀이는 아동 내담자뿐 아니라 성인 내담자에게 사용하는 데도 지지를 얻게 되었다.

참고문헌

Amatruda, K., & Helm-Simpsond, P. (1997). *Sandplay the sacred healing: A guide to symbolic process*. Novato, CA: Trance Sand Dance Press.

Ammann, R. (1991). *Healing and transformation in sandplay: Creative processes become visible*. La Salle, IL: Open Court.

Arthus, H. (1949). *La Village: Test d'activite creatice*. Paris: Presses Universitaires de France.

Bahti, M., & Bahti, T. (1997). *Southwestern Indian ceremonials*. K. C. Publications: Las Vegas, NV.

Baldrian, F. (1995). Taoism (C. Le Blanc, Trans.). In M. Eliade (Ed.), *The encyclopedia of religion, Vol. 14* (pp. 288–305). New York: Macmillan Publishing Company.

Baum, L. F. (2003). *The wonderful wizard of oz*. New York: Modern Library.

Baum, N. (2002). People with Schizophrenia, In N. Baum & B. Weinberg (Eds.), *In the hands of creation: Sandplay images of birth and rebirth*. Toronto: Muki Baum Association.

Bolgar, H., & Fischer, L. K. (1940). The toy test: A psychodiagnostic method. *Psychological Bulletin, 37*, 17–18.

Bowyer, R. (1956). *The importance of sand in the World Technique: An experiment. A normative study of sand tray worlds*. Paper read at British Psychological Society Annual General Meeting, Manchester, England.

Bowyer, R. (1970). *The Lowenfeld world technique: Studies in personality*. London: Pergamon Press.

Bradway, K., & McCoard, B. (1997). *Sandplay: Silent workshop of the psyche*. New York: Routledge.

Brill, A. A. (1966). *The basic writings of Sigmund Freud*. New York: The Modern Library.

Bryant, B. (1993). *The wheel of time sand mandala: Visual scripture of Tibetan Buddhism*.

San Francisco: Harper Collins.

Buhler, C. (1941). Symbolic action in children. *Transactions of the New York Academy of Science, 17,* 63–65.

Buhler, C. (1951a). The world test: Manual of directions. *Journal of Child Psychiatry, 2,* 24–35.

Buhler, C. (1951b). The world test, a projective technique. *The Journal of Child Psychiatry, 2*(1), 4–23.

Buhler, C., Kelly(Lumry), G., & Carrol, S. (1951). World-test standardization studies. *The Journal of Child Psychiatry,* 2, 76.

Buhler, C. (1952). National differences in world test projection patterns. *Journal of Projective Techniques, 16*(1), 42–55.

Burke, V. J. (1996). Sandtray characteristic of school children by gender, ages seven through eleven. *Masters Abstracts International,* 35-01.

Cirlot, J. E. (1971). *A dictionary of symbols.* New York: Philosophical Library.

Cohn, D. P. (2000). Gender differences among children during the struggle stage of sand tray therapy. *Dissertation Abstracts International, 61*(5-B), 2749.

Collins, S. (1995). Buddhist Concepts. In M. Eliade (Ed.), *The encyclopedia of religion, Vol. 13* (pp. 443–446). New York: Macmillan Publishing Company.

Cory, G. A., & Gardner, R. (Eds.) (2002). *The evolutionary neuroethology of paul MacLean: Convergences and frontiers.* Westport, CT: Praeger.

Davidson, H. R. E. (1964). *Gods and myths of northern Europe.* Baltimore, MD: Penguin Books.

Dillard, A. (1999). *For the time being.* New York: Alfred A. Knoph.

De Groot, J. J. M. (1964). *The Religious System of China, Vol. 6.* Taipei. (Original work published 1910)

De Vries, A. (1984). *Dictionary of symbols and imagery.* Amsterdam, The Netherlands: Elsevier Science Publishers B. V.

Donelan, J. (2000). What makes sandplay unique? Sandplay therapists' views on how sandplay relates to verbal techniques and the beneficial effects of using these modalities concurrently. *Dissertation Abstracts International, 60* (9-B), 4884.

Eastwood, P. S. (Ed.) (2002). *Nine windows to wholeness: Exploring numbers in sandplay therapy.* Honolulu, Hi: Sanity Press.

Ebrey, P. B. (Ed.) (1993). *Chinese civilization: A sourcebook* (2nd ed.). New York: The Free Press.

Edgerton, F. (1944). *The Bhagavad Gita.* New York: Harper Torchbooks.

Edinger, E. F. (1972). *Ego & archetype: Individuation and the religious function of the psyche.* Boston: Shambhala.

Edinger, E. F. (1990). *Anatomy of the psyche: Alchemical symbolism in psychotherapy.* LA Salle, IL: Open Court. (Original work published 1985)

Eliade, M. (1959). *The sacred and the profane. The nature of religion.* (W. Trask, Trans.). London: Harcourt Brace Jovanovich.

Eliade, M. (1974). *Shamanism. Archaic techniques of ecstasy.* (W. R. Trask, Trans.) Princeton, NJ: Princeton University Press. (Original work published 1964)

Eliade, M. (1979). *The forge and the crucible: The original and structures of alchemy,* 2nd ed. (S. Corrin, Trans.) Chicago: University of Chicago Press.

Eliade, M. (1990). *Images and the symbols: Studies in religious symbolism.* (P. Mariet, Trans.). Princeton, NJ: Princeton University Press. (Original work published 1952)

Eliade, M. (1996). *Pattern in comparative religions.* Lincoln, NE: University of Nebraska Press. (Original work published 1958)

Erikson, E. H. (1951). Sex differences in the play configurations of pre-adolescents. *American Journal of Orthopsychiatry, 201,* 667-92.

Erikson, E. H. (1963). *Childhood and society.* New York: W. W. Norton & Company, Inc. (Original work published 1950)

Erikson, E. H. (1980). *Identity and the life cycle.* New York: W. W. Norton & Company. (Original work published 1959)

Flavell, J. H. (1963). *The developmental psychology of Jean Piaget.* New York: D. Van Nostrand Company.

Frazer, J. G. (2002). *The golden bough.* Indypublish.com. (Original work published 1922)

Freud, S. (1933). *Collected papers.* London: Hogarth Press.

Freud, S. (1966). *The basic writings of Sigmund Freud: The interpretation of dreams* (A. A. Brill, Trans., Ed.). New York: Modern Library. (Original work published 1913)

Gilligan, C. (1993). *In a different voice: Psychological theory and woman's development.* Cambridge: Harvard University Press.

Gimbutas, M. (1963). *The Balts: Ancient peoples and places, Vol. 33.* Praeger, London.

Glendenning, C. (1994). *My name is Chellis & I'm in recovery from western civilization.* Boston: Shambala Publications, Inc.

Goswami, A., Reed, R. E., & Goswami, M. (1993). *The self-aware universe: How consciousness creates the material world.* New York: Tarcher/Putnam.

Gould, S. J. (1997). *Ontogeny and phylogeny.* Cambridge: Harvard University Press.

Graves, R. (1994). *The white goddess.* New York: Farrar, Straus and Giroux.

Griffin-Pierce, T. (1995). *The encyclopedia of native America.* Viking: New York.

Grimm (1972). *The complete Grimm's fairy tales.* New York: Pantheon Books.

Grof, S. (1976). *Realms of the human unconscious.* New York: Dutton Paperback.

Grubbs, G. (1991). *A categorical and comparative analysis of the sandplay process of abused and non abused children.* Doctoral dissertation: California Graduate School of Family Psychology.

Grubbs, G. (2005). *The sandplay categorical checklist (SCC) for sandplay assessment.* Woodinville, WA: Rubedo Publications.

Haeffner, M. (1994). *Dictionary of alchemy: From Maria Prophetissa to Isaac Newton.* San Francisco: Acquarian.

Hamilton, E. (1942). *Mythology.* Boston: Little, Brown and Company.

Harman, W. (1988). *Global mind change: The new age revolution in the way we think.* New York: Warner Books.

Harding, G. (1972). *Spieldiagnostik.* (Trans into German: Bohm, E.) Weinheim: Beltz Verlag. (Original work published 1969)

Hearn, M. (1973). *The annotated Wizard of Oz: The wonderful wizard of oz by L. frank Baum.* New York.: Clarkson, Potter, Inc.

Herbart, J. F. (1901). *Outlines of educational doctrine.* New York: Macmillan.

Homberger, E. (1937). Dramatic productions test. (Part of larger article, Configurations in play: Clinical notes). *Psychoanalytic Quarterly, 6,* 139–214.

Hveberg, H. (1962). *Of gods and giants: Norse mythology.* (P. S. Iversen, Trans.). Oslo: Johan Grundt Tanum Forlag.

I ching: Book of changes (1971). (R. Wilhelm & C. F. Baynes, Trans.). Princeton, NJ: Princeton University Press. (Original Bollingen Foundation Publication 1950) publication 1950.

Janet, P. (1903). *Les obsessions et la psychasthenie.* Paris.

Jones, L. E. (1982). The development of structure in the world of expression: A cognitive-developmental analysis of children's "sand worlds". *Dissertation Abstracts International,* 43-09B.

Jung, C. G. (1976). *Symbols of transformation: An analysis of the prelude to a case of schizophrenia.* (R. C. F. Hull, Trans.). Princeton, NJ: Princeton University Press. (Original work published 1956)

Jung, C. G. (1977). *Psychology and alchemy.* (R. F. C. Hull, Trans.) Princeton: Princeton University Press. (Original work published 1953)

Jung, C. G. (1977). *Psychological types.* (R. C. F. Hull Revision of H. G. Baynes, Trans.). Princeton, NJ: Princeton University Press. (Original work published 1971)

Jung, C. G. (1977). *Two essays on analytical psychology.* (R. C. F. Hull, Trans.). Princeton, NJ: Princeton University Press. (Original work published 1953)

Jung, C. G. (1980). *The archetypes and the collective unconscious.* (R. C. F. Hull, Trans.). Princeton, NJ: Princeton University Press. (Original work published 1959)

Jung, C. G. (1981). *The development of personality.* (R. F. C. Hull, Trans.). Princeton, NJ:

Princeton University Press. (Original work published 1954)

Jung, C. G. (1981). *The structure and dynamics of the psyche.* (R. C. F. Hull, Trans.). Princeton, NJ: Princeton University Press. (Original work published 1960)

Jung, C. G. (1983). *Alchemical studies.* (R. F. C. Hull, Trans.). Princeton, NJ: Princeton University Press. (Original work published 1967)

Kalff, D. M. (2003). *Sandplay: A psychotherapeutic approach to the psyche.* Cloverdale, CA: Temenos Press. (Original work published 1980)

Kalff, D. M. (1988). *Sandplay in Switzerland.* (Seminar notes). Zurich: University of California at Santa Cruz.

Kalff, M. (1993). Twenty points to be considered in the interpretation of a sandplay. *Journal of Sandplay Therapy, 2*(2), 17–35.

Kamp, L. K. J., & Kessler, E. S. (1970). The world test: Developmental aspects of a play technique. *Journal of Child Psychology and Psychiatry, 11,* 81–108.

Kawai, H. (1988). *The Japanese psyche: Major motifs in the fairy tales of Japan.* Dallas, TX: Spring Publications, Inc.

Kiepenheuer, K. (1990). *Crossing the bridge: A Jungian approach to adolescence.* (K. R. Schneider, Trans.). La Salle, IL: Open Court.

Klein, M. (1932). *Psychoanalysis of children.* New York: Norton.

Krabbe, M. J. (1991). *The image thinker at school.* Amsterdam: Stichting Beelddenken.

Leach, M. & Fried, J. (Eds.). (1972). *Funk & Wagnalls standard dictionary of folklore mythology and legend.* San Francisco: Harper & Row, Publishers.

Levinson, D. J. (1978). *The seasons of a man's life.* New York: Ballantine Books.

Lowenfeld, M. (1939). The world pictures of children: A method of recording and studying them. *British Journal of Medical Psychology, 18*(1), 65–101.

Lowenfeld, M. (1946). Discussion on the value of play therapy in child psychiatry. *Proceedings of the Royal Society of Medicine, 39,* 439–42.

Lowenfeld, M. (Ed.) (1948). *On the psychotherapy of children. A report of a conference held at the Institute of Child Psychology, London, August, 1948, on the theory and technique of direct objective therapy.* London: The Institute of Child Psychology.

Lowenfeld, M. (1950a). Combined approach to the study of treatment of disturbed children. *American Journal of Psychotherapy, 4,* 627–42.

Lowenfeld, M. (1950b). The nature and use of the Lowenfeld world technique in work with children and adults. *The Journal of Psychology, 30,* 325–31.

Lowenfeld, M. (1993). *Understanding children's sandpaly: Lowenfeld's world technique.* Great Britain: Antony Rowe Ltd. (Originally published as *The world technique,* George Allen & Unwin Ltd., 1979)

Lucas, G. (Writer/Director). (1977). *Star wars* [Motion picture]. United States: Lucasfilm.

(Released by 20th Century Fox)

Lumry, G. K. (1951). A study of world test characteristics as a basis for discrimination between various clinical categories. *The Journal of Child psychiatry, 2*, 24-35.

Mabille, P. (1950). *La technique du test du village.* Paris: Presses Universitaires de France. (Reprinted: Dufour, 1970.)

Mahler, M. S., Pine, F., & Bergman, A. (1975). *The psychological birth of the human infant: Symbiosis and individuation.* New York: Basic Book, Inc.

Major, J. S. (1995). Yin-Yang Wu-Hsing. In M. Eliade (Ed.), *The encyclopedia of religion, Vol. 15* (p. 515). New York: Macmillan Publishing Company.

Markell, M. J. (2002) *Sand, water, silence: The embodiment of spirit, explorations in matter and psyche.* London: Jessica Kingsley Publishers.

Meador, B. D. S. (1994). *Uncursing the dark: Treasures from the underworld.* Wilmette, IL: Chiron Publications.

Metzner, R. (1994) *The well of remembrance: Rediscovering the earth wisdom myths of northern Europe.* Boston: Shambhala.

Miller, J. B. (1984). *The development of women's sense of self.* Work in Progress: The Stone Center, No. 12. Wellesley: Wellesley College.

Miller, J. B. (1986). *Toward a new psychology of women.* Boston: Beacon Press.

Miller, J. B. (1991). *The construction of anger in women and men.* In J. Jordan et al, *Women's growth in connection* (pp. 181-196). New York: The Guilford Press.

Mitchell, A. G. (1993). *Hindu gods and goddesses.* New Delhi: UBS Publishers' Distributors Ltd.

Mitchell, R. R., & Friedman, H. S. (1994). *Sandplay: Past, present and future.* New York: Routledge.

Montague, A. (1981). *Growing young.* New York: McGraw-Hill Book Company.

Morena, G. D. (2001). *The wisdom of oz.* Berkeley, CA: Frog, Ltd.

Nestler, E. J., Hyman, S. E., & Malenka, R. C. (2001). *Molecular neuropharmacology: A foundation for clinical neuroscience.* New York: McGraw-Hill companies, Inc.

Neumann, E. (1971). *The origins and history of consciousness* (R. F. C. Hull, Trans.). Princeton, NJ: Princeton University Press.

Neumann, E. (1972). *The great mother: An analysis of the archetype* (R. Manheim, Trans.). Princeton, NJ: Princeton University Press. (Original work published 1955)

Neumann, E. (1973). *Amor and psyche: The psychic development of the feminine, a commentary on the tale by Apuleius* (R. Manheim, Trans.). Princeton, NJ: Princeton University Press. (Original work published 1953)

Neumann, E. (1973). *The child: Structure and dynamics of the nascent personality* (R. Manheim, Trans.). New York: Harper & Row.

Newberg, A., & D'Aquili, E. (2001). *Why God won't go away: Brain science & the biology of belief.* New York: Ballantine Books.

Nicholson, M. J. (1997). *Mountain gloom and mountain glory: The development of the aesthetics of the infinite.* Seattle: University of Washington Press. (Original work published 1959)

OED *Oxford English Dictionary* (2nd ed.). New York: Oxford University Press Inc.

Pennington, Y. V. (1996). The sandtray assessment of development: A refinement of Bowyer's research into Lewin's theory of development: A preliminary investigation of the instrument (Kurt Lewin). *Dissertation Abstracts International, 57-04B.*

Perry, B. D. (2001). The neuroarcheology of childhood maltreatment: The neurodevelopmetnal costs of adverse childhood events. *The cost of maltreatment: Who pays? We all do,* 15-37. (K. Franey, R. Geffner & R. Falconer, Eds.) San Diego, CA: Family Violence and Sexual Assault Institute.

Perry, B. D. (2002). Childhood experience and the expression of genetic potential: What childhood neglect tells us about nature and nurture. *Brain and Mind, 3,* 79-100.

Pestalozzi, J. H. (1895). *Leonard and Gerard.* Boston: Heath.

Piaget, J. (1975). *The child's conception of the world.* Totowa, NJ: Littlefield, Adams & Co. (Original work published 1928)

Piaget, J. (1976). *Judgment and reasoning in the child.* Totowa, NJ: Littlefield, Adams & Co. (Original work published 1928)

Piaget, J. (1970). Piaget's theory. In P. H. Mussen (Ed.), *Carmichael's manual of child psychology, Vol. I,* 3rd ed. New York: Wiley.

Qur'an. (1996). (Abdullah Yusuf Ali, Trans.). Maryland: Amana Publications.

Rao, T. A. G. (1985). *Elements of hindu iconography, Vols. 1-2.* Delhi: Motilal Banarsidass. (Original work published 1914)

Reyna, R. (1993). *Dictionary of Oriental philosophy.* New Delhi: Munshiram Manoharlal Publishers Pvt. Ltd.

Reynolds, D. W. (1998). *Star Wars: The visual dictionary: The ultimate guide to Star Wars characters and creatures.* New York: DK Publishing.

Ryce-Menuhin, J. (1992). *Jungian sandplay: The wonderful therapy.* New York: Routledge.

Siegel, D. J. (1999). *The developing mind: How relationships and the brain interact to shape who we are.* New York: The Guilford Press.

Smith. H. (1992). *Forgotten truth: The common vision of the world's religions.* San Francisco: Harper San Francisco.

Smitter, M. (2002, December). Sand. Retrieved 1/10/03, from http://www.seafriends.org.nz/oceano/sand.htm

Stein, M. (1982). *The aims and goal of Jungian analysis.* In M. Stein (Ed.), *Jungian analysis* (pp. 27-44). Boulder, Co: Shambala.

Steinhardt, L. (2000). *Foundation and form in Jungian sandplay*. London: Jessica Kingsley Publishers.

Stern, D. N. (1985). *The interpersonal world of the infant: A view from psychoanalysis and developmental psychology*. New York: Basic Books, Inc.

Storm, H. (1972). *Seven arrows*. New York: Harper and Row.

Sturluson, S. (1984). *The prose edda: Tales from Norse mythology* (J. I. Young, Trans.). Berkeley, CA: University of California Press. (Original work published 1954)

Thomas, D. H., Miller, J., White, R., Nabokov, P. & Deloria, P. J. (1993). *The native Americans: An illustrated history*. Atlanta: Turner Publishing, Inc.

Turner, B. (1994). Symbolic process and the role of the therapist in sanplay. *Journal of Sandplay Therapy, 3*(2), 84-95.

Turner, B. (1996a). *The witch: Some considerations for female development*. Unpublished manuscript, California Institute of Integral Studies, San Francisco.

Turner, B. (1996b). *The witch*. Unpublished manuscript.

Turner, B. (1998). An evaluation of the effectiveness of training in Subjective Immersion Analysis as an analytic tool in Jungian sandplay therapy. *Dissertation Abstracts International, 9904979*.

Turner, B. (Ed.) (2004). *H. G. Wells Floor Games: A father's account of play and its legacy of healing*. Cloverdale, CA: Temenos Press.

Turner, G. (1979). *Indians of North America*. Blandford Press: Great Britain.

Walker, E. H. (2000). *The physics of consciousness*. Cambridge, MA: Perseus Publishing.

Weinrib, E. L. (2004). *Images of the self: The sandplay therapy process*. Cloverdale: Temenos Press. (Original work published 1983)

Wells, H. G. (1911). *Floor games*. London: Frank Palmer.

Werner, H. (1973). *Comparative Psychology of mental development*. New York, International Universities Press, Inc. (Original work published 1940)

Wickes, F. (1966). *The inner world of childhood*. New York: Spectrum. (Original work published 1927)

Winnicott, D. W. (1992). *Through paediatrics to psycho-analysis: Collected papers*. New York: Brunner/Mazel. (Original work published 1958)

Woodman, M. & Dickson, E. (1996). *Dancing in the flames: The dark goddess in the transformation of consciousness*. Boston: Shambhala.

Zimmer, H. (1971). *The philosophies of India*. (J. Campbell, Ed.). Princeton, NJ: Princeton University Press.

찾아보기

《인 명》

《내 용》

저자 소개

Barbara A. Turner, Ph.D.

그녀는 임상 수련 초기에 환자가 모래놀이 작품을 만들면서 놀라운 진전을 보이는 것을 보고 모래놀이치료를 시작하게 되었고, 이후 모래놀이치료의 놀라운 치료 잠재력을 깨닫게 되면서 이에 대해 더 많은 것을 배우고자 했다. 그녀는 1988년 스위스로 가서, Jung학파의 모래놀이치료법의 창시자인 Dora M. Kalff와 함께 이에 대해 연구하였다. 그녀는 "상징적 차원과 우리라는 관계는 계속해서 우리에게 도전해 왔다. 우리는 그 관계에 대해 결코 싫증 내지 않았고 그 관계는 영원히 새로운 것이다."라고 말하면서 연구를 결코 멈추지 않았다. 그녀는 모래놀이치료법을 책으로 발간하고 또 다른 전문가와 이를 공유하면서 모래놀이의 신비한 측면을 명료화하기 위해서 *The Handbook of Sandplay Therapy*를 저술하게 되었다.

Turner 박사는 자매인 Charlotte Turner 박사와 함께 오랫동안 절판되었던 모래놀이의 고전적 연구들을 편집하고 재출판하는 작업을 해 왔다. 이러한 연구 중에는 Dora M. Kalff의 *Sandplay: A Psychotherapeutic Approach to the Psyche*, Estelle L. Weinrib의 *Images of the Self: The Sandplay Therapy Process*와 H. G. Wells의 *Floor Games: A Father's Account of Play and Its Legacy of Healing* 등이 있다.

그녀는 모래놀이 및 놀이 치료에 대한 다수의 논문을 썼으며, 전 세계를 돌며 모래놀이에 대한 강의를 하고 모래놀이의 이론과 실제에 대한 온라인 강좌도 개설하였다. 현재 그녀는 북부 캘리포니아에 살면서 모래놀이치료를 지속하고 있으며, 홈페이지 www.barbaraturner.org에서 그녀를 만나 볼 수 있다.

〈학력〉

1998 Ph.D. California Institute of Integral Studies, San Francisco Integral Studies-Transformative Learning

1987 M.A. California Institute of Integral Studies, San Francisco Counseling Psychology

1974 B.A. San Diego State University Religious Studies

〈자격증〉

Marriage Family Child Therapist-California(MFT, License No. MFC 25907)

Registered Play Therapist-Supervisor(RPT-S, Certificate No. S396)

Certified Sandplay Therapist-Teacher(CST-T, The Sandplay Therapists of America)

역자 소개

• **김태련**

성균관대학교 심리학과 박사

현 아이코리아 회장/이화여자대학교 심리학과 명예교수

• **강우선**

이화여자대학교 심리학과 박사

현 이루다 아동발달 연구소 부소장/덕성여자대학교 심리학과 겸임교수

• **김도연**

이화여자대학교 심리학과 박사

현 이화여자대학교 발달장애아동센터 심리치료실장

• **김은정**

서울대학교 심리학과 박사

현 아주대학교 심리학과 부교수

• **김현정**

이화여자대학교 심리학과 박사

현 University of North Texas, Center for Play Therapy 방문교수

• **박랑규**

이화여자대학교 심리학과 박사

현 아이코리아 부설 치료교육연구원 원장/한양대학교 아동심리치료학과 겸임교수

• **방희정**

이화여자대학교 심리학과 박사

현 이화여자대학교 심리학과 교수

• **신문자**

단국대학교 특수교육학과 박사

현 조선대학교 언어치료학부 교수/신 · 언어임상연구소 대표

• **신민섭**
연세대학교 임상심리학 박사
현 서울대학교 의과대학 신경정신과 교수

• **이계원**
이화여자대학교 심리학과 박사
현 서울특별시 청소년 담당관/경기대학교 청소년학과 겸임교수

• **이규미**
이화여자대학교 심리학과 박사
현 아주대학교 교육대학원 부원장 및 상담심리 전공 주임교수

• **이정숙**
한양대학교 가정학과 박사
현 한양대학교 대학원 아동심리치료학과 교수

• **이종숙**
University of Iowa 교육심리학과 박사
현 덕성여자대학교 심리학과 교수 및 발달지원상담센터 센터장

• **장은진**
이화여자대학교 심리학과 박사
현 침례신학대학교 상담심리학과 교수

• **조성원**
이화여자대학교 심리학과 박사
현 송파구 건강가정지원센터장

• **조숙자**
이화여자대학교 심리학과 박사
현 서강대학교 강사

모래놀이치료 핸드북

The Handbook of Sandplay Therapy

2009년 3월 25일 1판 1쇄 발행
2024년 11월 20일 1판 10쇄 발행

지은이 • Barbara A. Turner
옮긴이 • 김태련 · 강우선 · 김도연 · 김은정 · 김현정 · 박랑규 · 방희정 · 신문자
신민섭 · 이계원 · 이규미 · 이정숙 · 이종숙 · 장은진 · 조성원 · 조숙자

펴낸이 • 김 진 환

펴낸곳 • (주) 학지사
04031 서울특별시 마포구 양화로 15길 20 마인드월드빌딩 5층

대표전화 • 02) 330-5114 팩스 • 02) 324-2345

등록번호 • 제313-2006-000265호

홈페이지 • http://www.hakjisa.co.kr
인스타그램 • https://www.instagram.com/hakjisabook

ISBN 978-89-6330-052-8 93180

정가 23,000원